安徽省志

Chorography of Anhui Province

出版志

Press and Publication

(1986—2008)

安徽省地方志编纂委员会办公室
Compilatory Commission of Anhui Chorography

方志出版社
Publishing House of Local Records

图书在版编目（CIP）数据

安徽省志．出版志：1986—2008 / 安徽省地方志编纂委员会办公室编．— 北京：方志出版社，2018.2
ISBN 978－7－5144－1999－3

Ⅰ．①安… Ⅱ．①安… Ⅲ．①安徽省 — 地方志②出版事业 — 概况 — 安徽省 — 1986—2005 Ⅳ．① K295.4

中国版本图书馆 CIP 数据核字（2016）第 102632 号

安徽省志·出版志（1986—2008）

编　　者：安徽省地方志编纂委员会办公室
责任编辑：刘　珊

出 版 人：冀祥德
出 版 者：方志出版社
地址　北京市朝阳区潘家园东里 9 号（国家方志馆 4 层）
邮编　100021
网址　http://www.fzph.org
发　　行：方志出版社发行中心
电话（010）67110500
经　　销：各地新华书店
印　　刷：安徽新华印刷股份有限公司

开　　本：889 × 1194　　1/16
印　　张：28
字　　数：745 千字
版　　次：2018 年 2 月第 1 版　　2018 年 2 月第 1 次印刷
印　　数：0001~1500 册

ISBN 978－7－5144－1999－3　　定价：360.00 元

安徽省地方志编纂委员会

曾任安徽省地方志编纂委员会成员

王金山	李　斌	王　信	田唯谦	仲建成	吕振凡
孙亚军	朱文根	吴　行	张武扬	张岳峰	夏邦文
董介林	谢广祥	马新民	王　洵	王宇铭	王守亚
王佛生	王林建	王学银	王宜斌	方志华	邓顺华
叶如强	朱　宁	任兆祥	刘　泉	刘成典	刘志祥
刘战平	江刘伍	江明安	毕美家	孙永吉	李　明
李玉华	李抗美	李迎春	李明阳	李维勇	杨本清
杨绿章	肖桂兰	吴　浩	吴　静	吴韦人	吴世平
吴桂和	余　群	汪华东	汪建国	汪炳瑜	沈　毅
张　永	张少国	张正耀	张华建	陈　平	陈亚萍
陈运才	陈素伟	林　红	罗　宏	罗建国	罗曙生
金　燕	俞凤翔	周　庆	周建春	郑　宏	郎　涛
赵卫弘	胡　冰	施立业	洪治社	洪禹候	秦亚东
聂庆义	聂皖辉	莫　欣	夏育才	徐礼国	徐家声
郭　敏	郭本纯	高　莉	高俊文	高维岭	黄玉明
黄发友	黄红文	黄家华	曹承锋	崔海燕	董　庆
蒋传华	蒋福亮	楚建平	蔡建平	樊　勇	

《安徽省志》总编室

主　　任: 郭德成

副 主 任: 刘成典　吴　静　吴良琴

成　　员:（按姓氏笔画为序）

王富宏　计媛媛　史五一　朱海滨　孙　平　苏爱梅

杜中文　李宇涵　杨永成　余祖本　张　军　周小平

胡　利　胡卫星　黄志军　章慧丽

《安徽省志·出版志》审稿组

初　　审: 吴良琴　李诗谊

复　　审: 吴　静　朱训义

核　　审: 车敦安　陈　烨　吴　静

审查验收

安徽省人民政府

《安徽省志·出版志》编纂委员会

主　　任：郭永年　车敦安　陈　烨

副 主 任：朱训义　杨绿章　沈光继　董　庆　项中胜

　　　　　莫　欣　牛　昕　林清发　刘建伟

委　　员：李诗谊　周之林　王立信　王春阳　查结联

　　　　　胡文生　郑永胜　吴安宁　夏光明　郭志学

　　　　　汤　坦　阮守应　韩　进　王宏金　林　兰

《安徽省志·出版志》编辑室

主　　任：莫　欣(兼)

副 主 任：胡文生(兼)

成　　员：黄勤堂　江　婷

主　　编：莫　欣

副 主 编：黄勤堂

编　　辑：莫　欣　黄勤堂

安徽人民出版社出版的
《中国少数民族哲学史》
1993年获第七届中国图书奖

安徽人民出版社出版的
《毛泽东与中国传统文化》
1994年获第八届中国图书奖

安徽人民出版社出版的
《邓小平新时期党的建设理论研究》
1997年获第六届中宣部“五个一工程”奖

安徽人民出版社出版的
《社会主义历史、理论与现实》
2001年获第八届中宣部“五个一工程”奖

安徽人民出版社出版的《徽州文化全书》

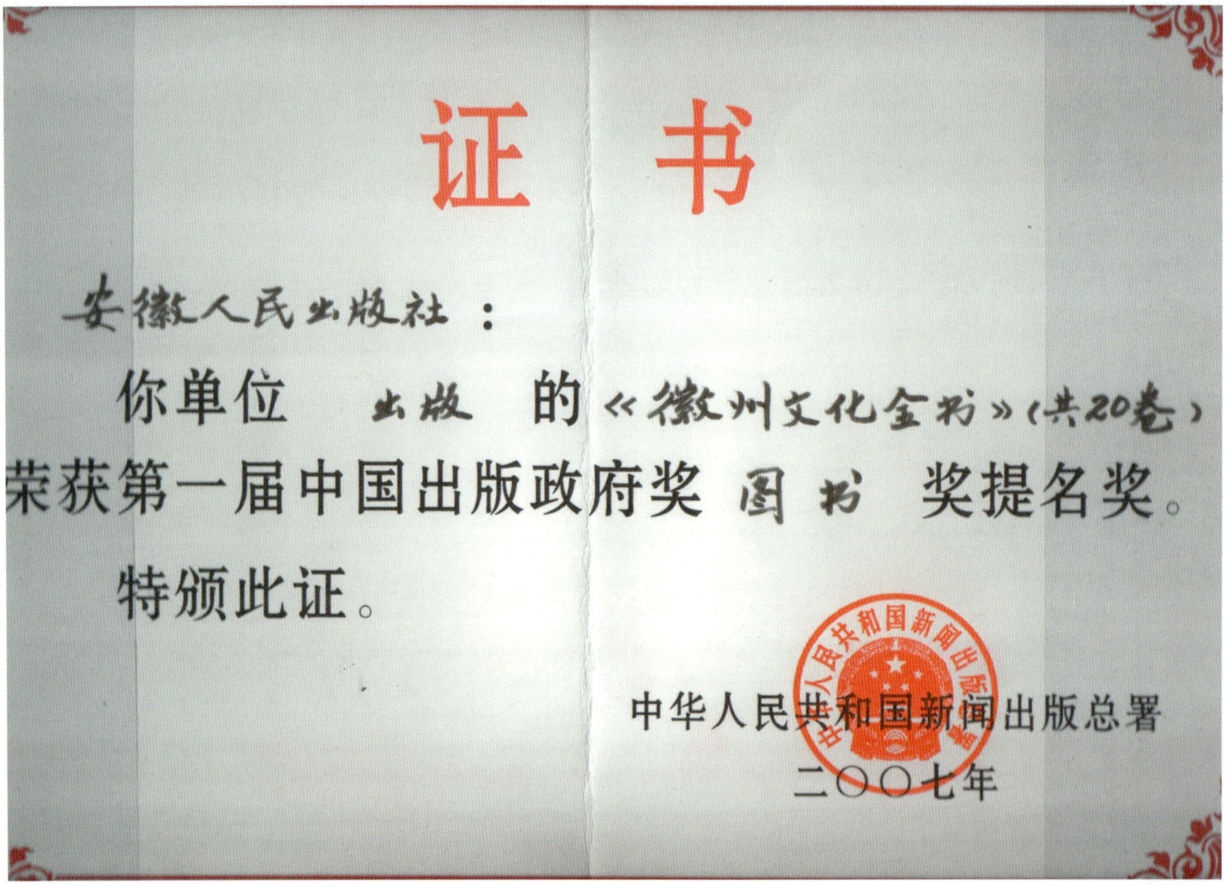

证书

安徽人民出版社：

你单位 出版 的《徽州文化全书》(共20卷)荣获第一届中国出版政府奖 图书 奖提名奖。

特颁此证。

中华人民共和国新闻出版总署

二〇〇七年

安徽人民出版社出版的《徽州文化全书》获奖证书

安徽人民出版社出版的
《灾后心理自助手册》封面

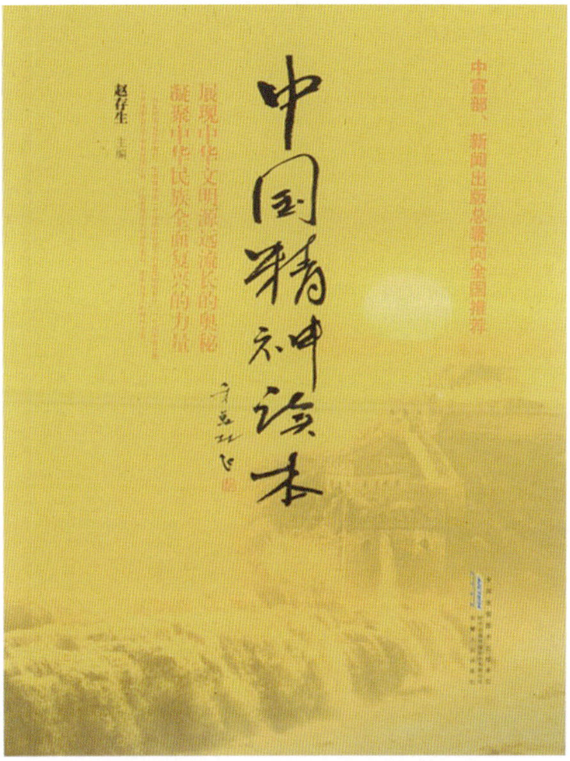

安徽人民出版社出版的《中国精神读本》
2008年度首届优秀通俗理论读物推荐入选

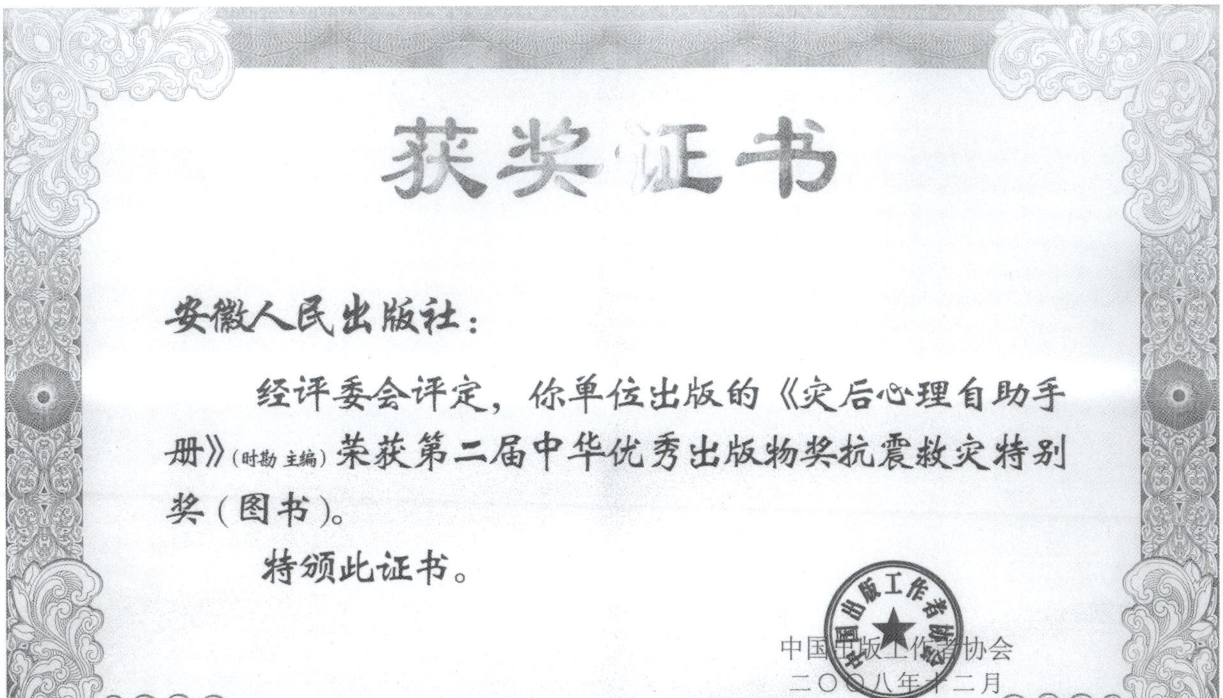

获奖证书

安徽人民出版社：

经评委会评定，你单位出版的《灾后心理自助手册》(时勘 主编)荣获第二届中华优秀出版物奖抗震救灾特别奖（图书）。

特颁此证书。

中国出版工作者协会
二〇〇八年十二月

安徽人民出版社出版的《灾后心理自助手册》获奖证书

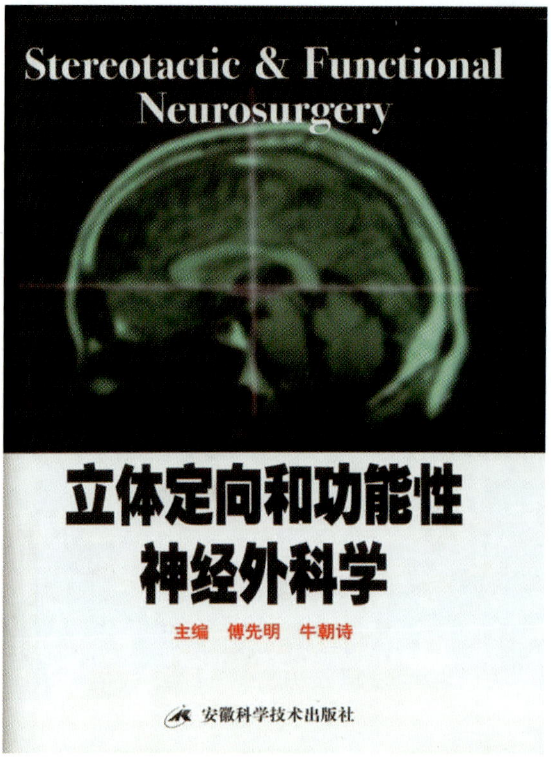

安徽科学技术出版社出版的《立体定向和功能性神经外科学》
2006年获首届中华优秀出版物奖图书奖(提名)

国家图书奖

获奖证书

安徽科学技术出版社:

你社出版的《京九铁路》一书荣获第五届国家图书奖提名奖。特颁此证。

中华人民共和国新闻出版总署

2001年11月

安徽科学技术出版社出版的《京九铁路》2001年获第五届国家图书奖提名奖

安徽科学技术出版社获奖图书奖杯

安徽科学技术出版社获奖图书证书

安徽科学技术出版社出版的《新电工手册》
二〇〇二年度评为全国优秀畅销书

安徽科学技术出版社出版的《中国国家级自然保护区》
二〇〇三年获第六届国家图书奖提名奖

安徽科学技术出版社出版的《环球航行——中国海军舰艇编队首次环球航行访问记事》获安徽省第十届『五个一工程』奖

安徽科学技术出版社出版的《心灵鸡汤》评为全国优秀畅销书

安徽教育出版社出版的《全宋文》（全360册）获第一届中国出版政府奖

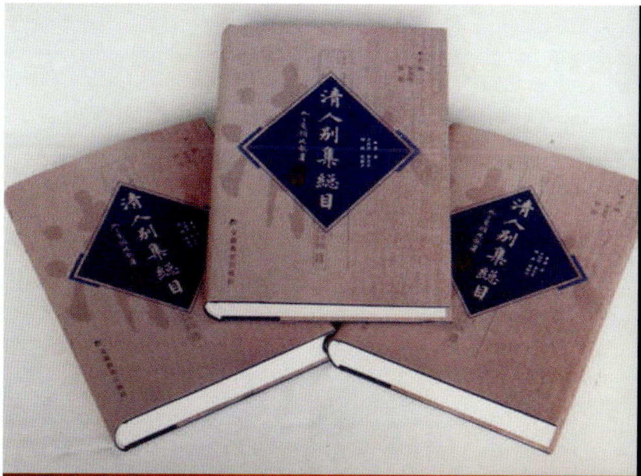

安徽教育出版社出版的《钟敬文文集》获第六届国家图书奖提名奖
安徽教育出版社出版的《科学理性的沉思》获第一届中国出版政府奖提名奖
安徽教育出版社出版的《院士思维》获第十二届中国图书奖
安徽教育出版社出版的《清人别集总目》获第五届国家图书奖提名奖

安徽教育出版社出版的《中华三德歌》获中宣部第六届“五个一工程”奖图书奖

安徽教育出版社出版的《朱光潜全集》获第八届中国图书奖

安徽文艺出版社出版的《傅雷译文集》（全15册）获第一届国家图书奖提名奖

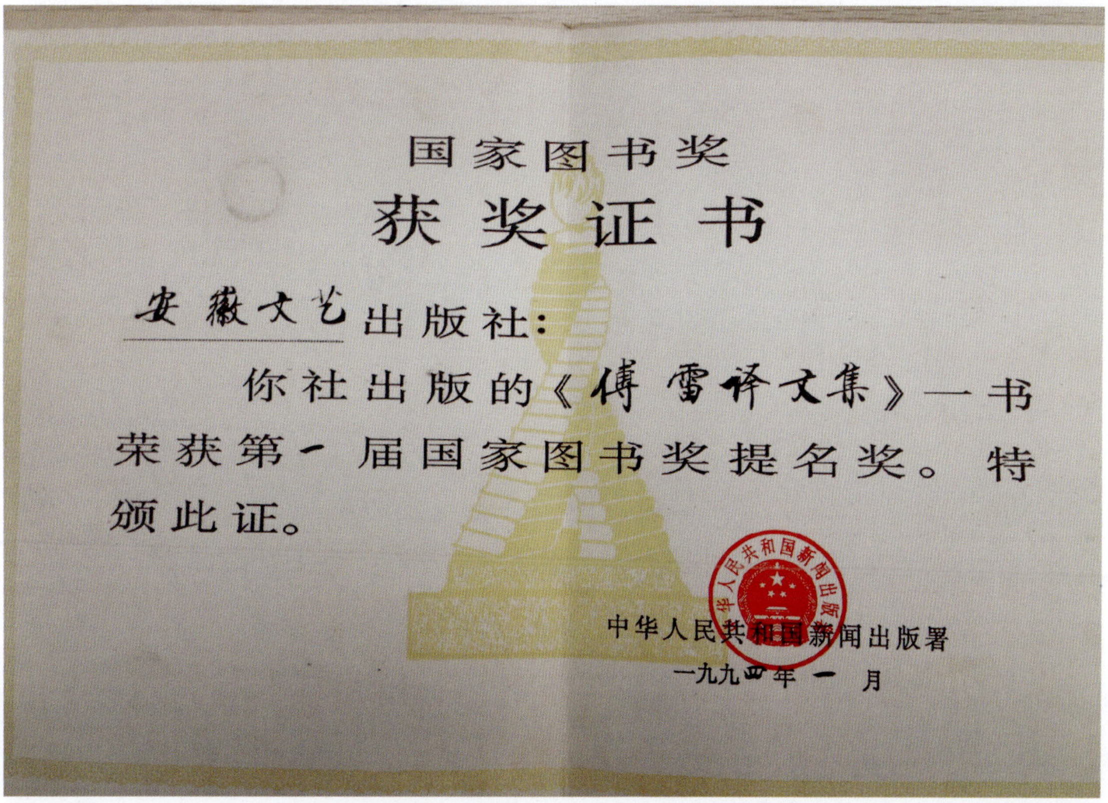

国家图书奖

获奖证书

安徽文艺出版社：

你社出版的《傅雷译文集》一书荣获第一届国家图书奖提名奖。特颁此证。

中华人民共和国新闻出版署

一九九四年一月

安徽文艺出版社出版的《傅雷译文集》获奖证书

安徽文艺出版社出版的《中国徽班》获第一届中国出版政府奖图书奖提名奖

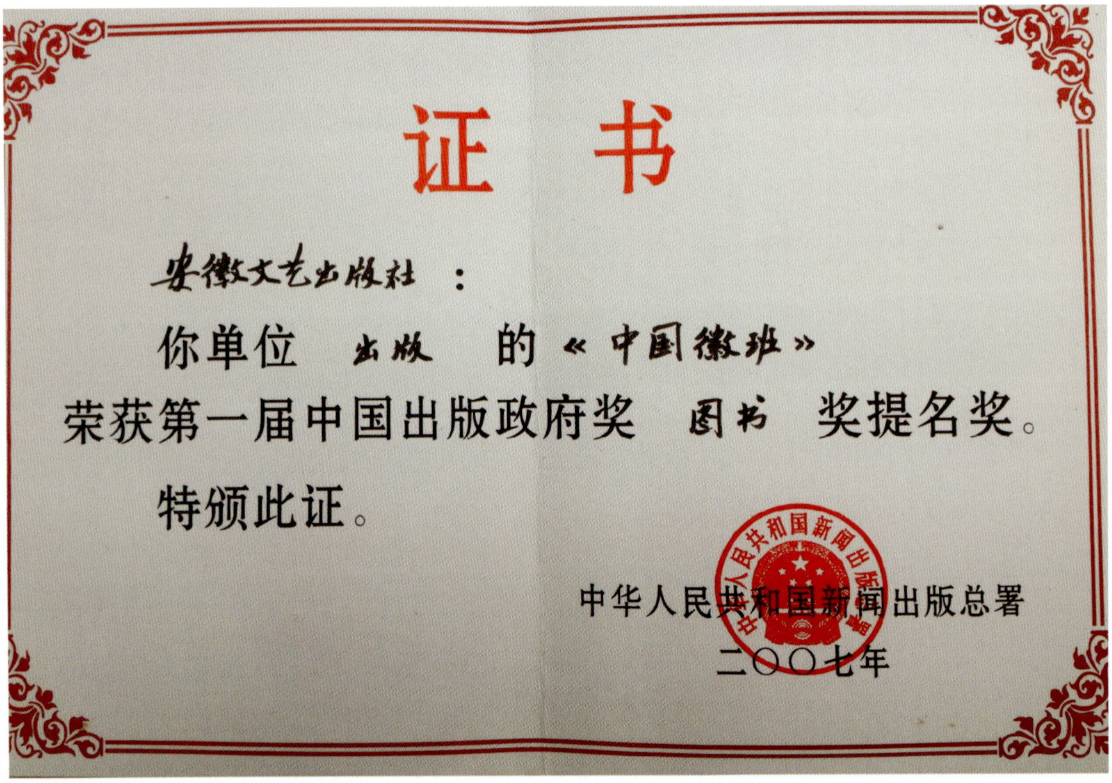

证 书

安徽文艺出版社：

你单位 出版 的《中国徽班》

荣获第一届中国出版政府奖 图书 奖提名奖。

特颁此证。

中华人民共和国新闻出版总署

二〇〇七年

安徽文艺出版社出版的《中国徽班》获奖证书

安徽文艺出版社出版的《美丽的村庄》获中宣部第十届『五个一工程』奖图书奖

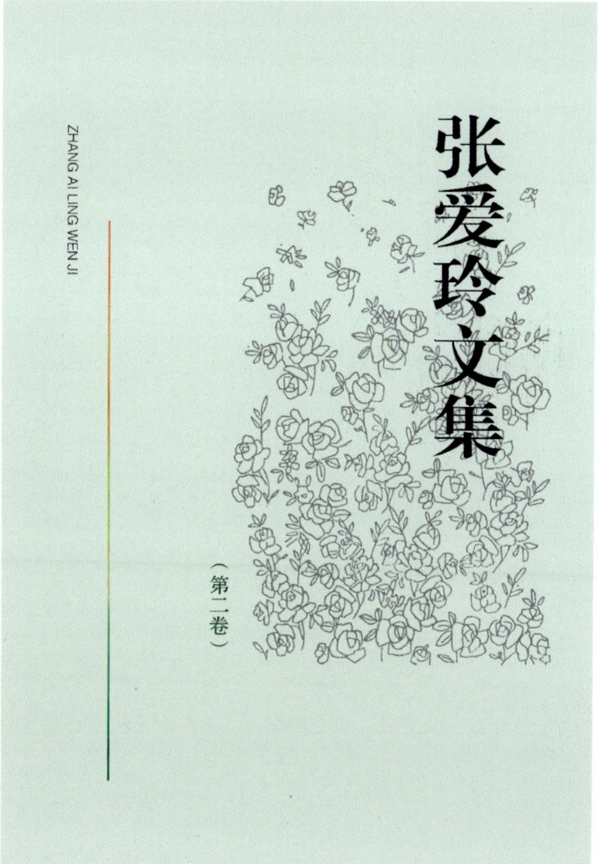

安徽文艺出版社出版的《张爱玲文集》（全四卷）入选《中国图书商报》『改革开放三十周年最具影响力的300本图书。』

黄山书社出版的《中葡关系史》获第一届中国出版政府奖图书奖

黄山书社出版的《燕乐新说》获第十四届中国图书奖

黄山书社出版的《安徽古籍丛书》为国家“十一五”重点图书出版规划项目、国家古籍整理“十一五”重点出版规划项目。从二十世纪90年代起，黄山书社历经了长时间的整理与出版，陆续出版了《戴震全书》《吴汝纶全集》《凌廷堪全集》等徽学、桐城派名家著作近百种

黄山书社出版的《胡适遗稿及秘藏书信》（全42册）

黄山书社出版的《中国基本古籍库》是对中国文化的基本文献进行数字化处理的宏伟工程，被列为国家重点电子出版物

《中国基本古籍库》共收录自先秦至民国（公元前11世纪至公元20世纪初）历代典籍一万种、计十七万卷。每种典籍均提供一个通行版本的全文和一至二个重要版本的图像，计全文十八亿字、版本一万二千七百个、图像一千万页，数据量约400G。其收录范围涵盖全部中国历史与文化，其内容总量相当于3部《四库全书》。不但是世界目前最大的中文数字出版物，也是中国有史以来最大的历代典籍总汇

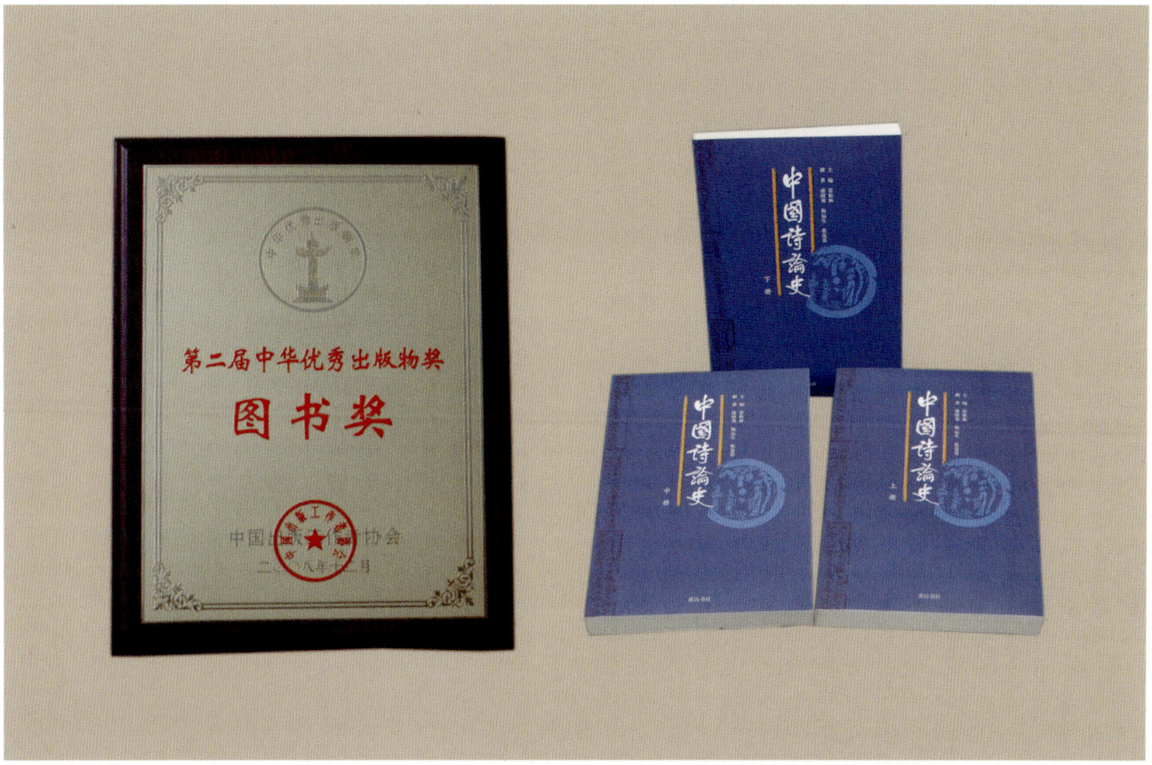

黄山书社出版的《中国诗论史》获第二届中华优秀出版物奖

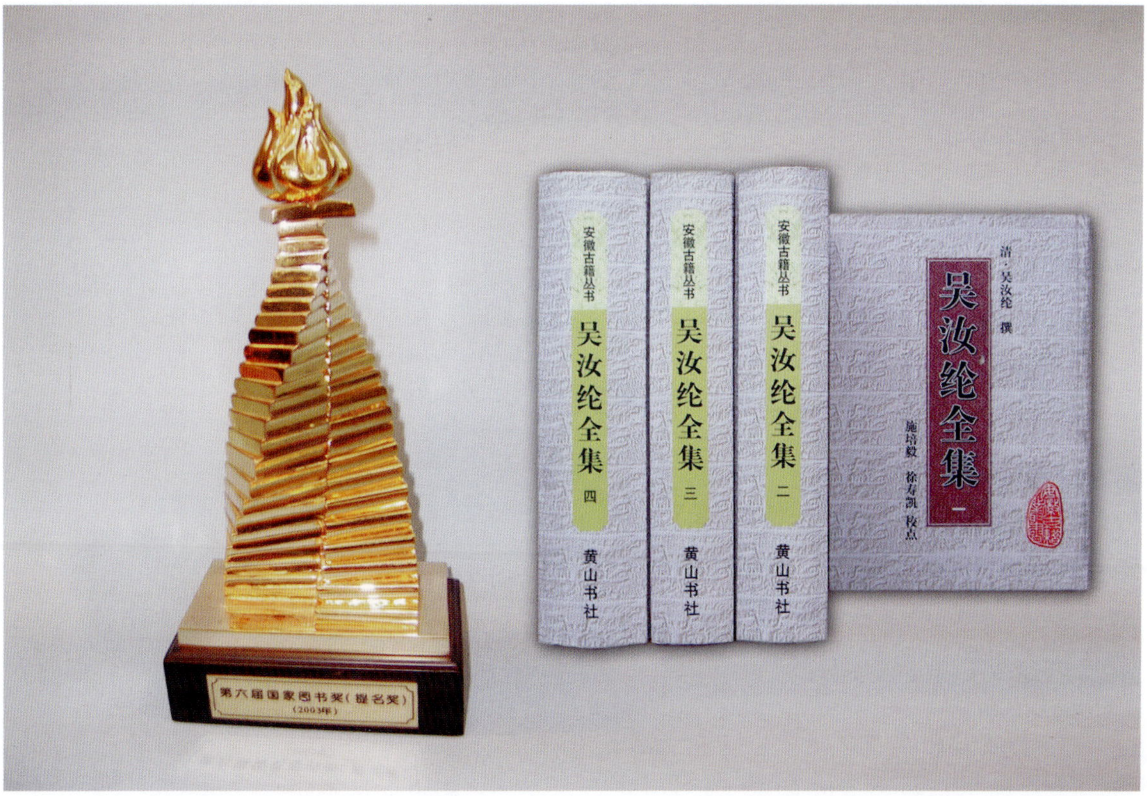

黄山书社出版的《吴汝纶全集》获第六届国家图书奖提名奖

安徽少年儿童出版社出版的《虹猫蓝兔七侠传》
获第二届中华优秀出版物奖图书奖提名奖

安徽少年儿童出版社出版的《百将传奇》
获中宣部第一届“五个一工程”奖图书奖

安徽少年儿童出版社出版的《感受坚强》
获第十二届中国图书奖

安徽少年儿童出版社出版的《跨世纪的丰碑》
获中宣部第二届“五个一工程”奖图书奖

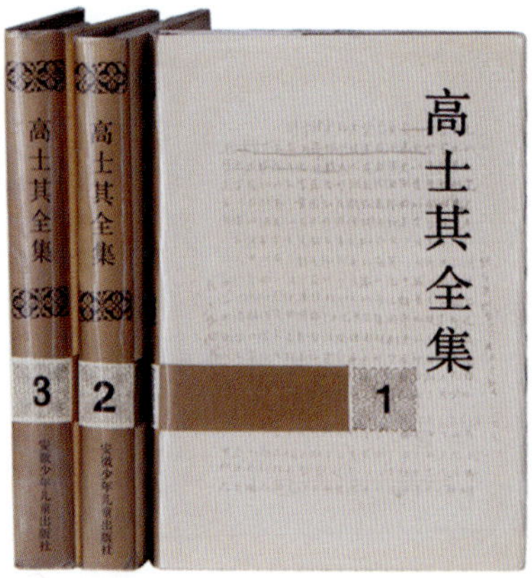

安徽少年儿童出版社出版的《高士其全集》
获第二届国家图书奖

安徽少年儿童出版社出版的《鸽子树的传说》
获中宣部第七届“五个一工程”奖图书奖

安徽少年儿童出版社出版的《秦文君文集》（全5册）获第四届国家图书奖提名奖

安徽少年儿童出版社出版的
《泡泡书：世界经典童话》
获第二届中国出版政府奖装帧设计奖

安徽少年儿童出版社出版的
《青春风景创作丛书》
获中宣部第二届“五个一工程”奖图书奖

安徽少年儿童出版社获奖图书奖杯和证书

安徽美术出版社出版的《徽州三雕艺术》获首届(1980—1990)
中国优秀美术图书奖银奖、获第五届中国图书奖提名奖

安徽美术出版社出版的《安徽革命史画册》
获第十四届中国图书奖

安徽美术出版社出版的《中国清代宫廷版画》（全40册）
2003年获国家图书奖艺术类图书三等奖、第六届安徽图书奖一等奖

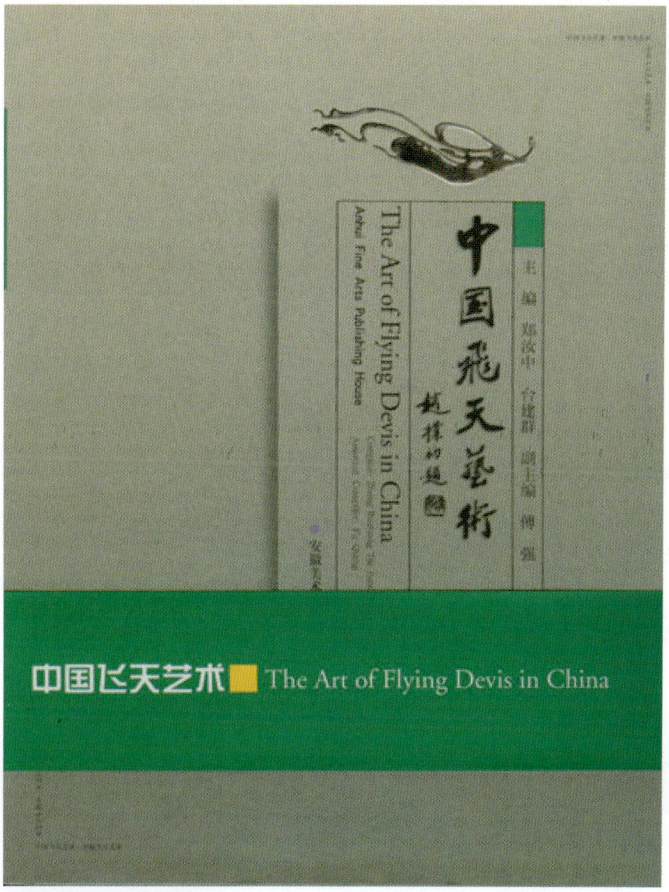

安徽美术出版社出版的《中国飞天艺术》
2001年获安徽图书奖一等奖

安徽美术出版社出版的《文化徽州》
2003年获国家图书奖艺术类图书奖

中国科学技术大学出版社出版的《中国古代四大发明——源流、外传及世界影响》获第十一届全国优秀科技图书奖一等奖、第六届国家图书奖提名奖和精神文明建设『五个一工程』第九届《入选作品奖》

中国科学技术大学出版社出版的《生物大灭绝与复苏——来自华南古生代和三叠纪的证据》获首届中华优秀出版物奖图书奖，《陡山沱期生物群——早期动物辐射前夕的生命》获第十四届中国图书奖和第十一届全国优秀科技图书奖一等奖

2008年11月18日，时代出版传媒股份有限公司成立暨上市大会，在安徽合肥政务文化新区天鹅湖大酒店召开
参加会议主要领导：吴尚之（右一）、张小影（右二）、谢广祥（右三）、詹夏来（右四）、孙志刚（右五）、蒋建国（右六）、王金山（左七）、杨多良（左六）

2008年12月10日全省农家书屋工程建设工作电视电话会议召开

新闻出版总署署长柳斌杰到安徽省新闻出版局视察指导工作

2007年12月1日国家动漫产业发展基地（安徽芜湖）揭牌

总 凡 例

一、《安徽省志（1986—2005）》以马克思列宁主义、毛泽东思想、邓小平理论、“三个代表”重要思想、科学发展观、习近平新时代中国特色社会主义思想为指导，坚持辩证唯物主义和历史唯物主义的立场、观点和方法，全面、客观、系统地记述1986—2005年间安徽省自然、政治、经济、文化、社会等方面的情况。

二、本志贯彻国务院《地方志工作条例》《安徽省地方志工作条例》，依法修志。

三、本志遵循中国地方志指导小组《地方志书质量规定》，力求存真求实、客观公正、全面系统，寓观点于记述之中。

四、本志各分志名称为《安徽省志·××志（1986—2005）》。

五、本志记述的地域范围为2005年的安徽省行政区域；时间上限为1986年，下限为2005年，少数分志的时限根据情况作适当上溯或下延，特色分志不设时限。

六、本志采用述、记、志、传、图、表、录等体裁，以志为主。各分志一般为篇章节条目体，部分为章节条目体，个别分志根据实际需要采用条目体。

七、入志人物坚持生不立传的原则。除人物志外，各分志坚持以事系人、人随事出的原则，不设人物录、人物简介。

八、本志采用规范书面语体文、记述体。表述力求严谨、朴实、简洁、流畅。语言文字、标点符号、计量单位等使用规范，按国家规定执行。

九、本志资料由各承编单位搜集整理，文中不注明出处。

十、本志采用省统计部门公布的法定数据，没有列入统计范围的，采用业务主管部门的统计数据。

十一、本志所涉组织、机构、法律法规、文件、会议等专有名称，第一次使用时用全称，简称括注于全称之后。各类译名以新华通讯社译文为准。

十二、本志所用地图均以安徽省测绘部门和有关部门绘制或审定的为准。

十三、本志设总凡例，各分志设凡例。

凡　例

一、《安徽省志·出版志（1986—2008）》（以下简称“本志”）的时间下限，由省志办统一规定的2005年下延了三年，即本志的编纂启动之年——2008年。目的是为了能把成立于2005年年底的安徽出版集团这一安徽出版改革重大成果写入本轮志书。

二、本志按科学分类和职能分工相统一的原则，横排门类，分出版、印刷复制、发行、管理4篇，采用篇章节条目体，前有概述，后有附录，全面、客观、系统地记述安徽出版行业的历史和现状。

三、为了突出行业特色，图书编辑出版所占篇幅较大。

四、获奖图书和电子音像出版物，只收录获得国家级三大奖、省级二等奖以上（含二等奖）和全国性行业奖的出版物目录，华东地区奖和省级三等奖以下（含三等奖）的不收录。

五、本志资料文稿、照片、图表、数据资料均由各承编单位提供并审核。资料来源一般不注明出处。

六、本志表格排列按所在篇章编排顺序，如“表3-2-10”，为第三篇第二章第十个表。

七、本轮志书为首轮《安徽省志·出版志》的续志，首轮《出版志》时间下限至1994年，与本志上限1986年交叉9年。交叉年份的资料，或复载，或拾遗补阙，或纠错改写。

目　录

Main Contents

概　　述

本轮《出版志》的时限为1986—2008年,这段时间恰好是中国改革开放事业全面发展时期,也是安徽出版业大改革、大发展、大变化、大跨越时期。安徽省新闻出版局大力实施出版体制改革,积极创新服务管理方式,有力促进了安徽出版业的繁荣发展。成立于2005年11月的安徽出版集团是全国第一家组建集团并同时完成整体转企改制的企业。2008年,成功重组“科大创新”,成立时代出版传媒股份有限公司,成为全国新闻出版领域第一家真正的出版主业整体上市企业。同年,该集团输出版权项目286种,居全国第一。其在俄罗斯兴建的新时代印刷公司是全国唯一“走出去”发展的印刷企业。成立于2002年的安徽新华发行集团在2008年中国企业500强评比中,集团资产收益率居全国文化企业之首,该集团还是全国第一家通过产权挂牌交易、引进战略投资者、实施股份制改造的文化企业。

一

二十多年的实践证明,安徽出版业的发展和繁荣,始终是与党的改革开放政策分不开的。

安徽省新闻出版局经过出版体制的大改革,行政机构更加健全,实现了政事分开、政企分开、政资分开和管办分离,理顺了政、企、事和市场中介组织的关系。政府职能得到了切实转变,由权力型、审批型政府转变为服务型政府,省新闻出版局把主要精力放在宏观调控、市场监管、公共服务、依法行政上来,解决了长期存在的既办出版又管出版、既当裁判员又当运动员的自管自的政企不分问题。在此期间,安徽省在出版体制改革和创新管理方面实现了重大突破,安徽省新闻出版局在服务支持中体现管理,在繁荣发展中创新管理,为企业做大做强创造了良好的环境和条件,安徽出版业实现了具有历史意义的大跨越、大发展。作为全国出版改革的试点单位,安徽的出版改革取得了圆满成功。2008年,安徽的出版体制改革在全国受到了表彰,安徽出版集团和安徽新华发行集团受到了中宣部、文化部、广电总局、新闻出版总署联合表彰,被授予“全国文化体制改革优秀企业”称号。

二

二十多年来，安徽出版业一直在改革的道路上前行。

1979 年 1 月，伴随着科学春天的到来，安徽科学技术出版社应运而生。党的十一届三中全会以后，改革的春风吹进了出版部门，20 世纪 80 年代初是安徽出版机构“裂变”时期。1982 年，安徽教育出版社成立。1984 年，安徽人民出版社、安徽文艺出版社、黄山书社、安徽少年儿童出版社、安徽美术出版社同时成立。至此，安徽省属出版社由 1 个发展到 7 个。各专业出版社的成立，如同兄弟分家，分居异爨，成为独立核算、自负盈亏的实体，出版社开始由生产型向生产经营型转变。改革对出版业的发展起到了积极的促进作用，但在改革初期也出现了一些偏差，一些认识还不够明确，一些改革措施还不够完善，编辑出版工作中还存在一些急功近利现象。

为了将改革引向深入，从 1988 年开始，安徽出版系统推行了以全面质量管理为内涵的承包经营责任制。全省出版系统先后实行两轮承包经营，即从 1988—1990 年实行的“上缴所得税递增包干，超收自留”的第一轮经营承包和 1991—1993 年实行的“上缴所得税包死基数，超收分成”的第二轮承包。第一轮在同省财政厅签订的承包协议书中明确承包任务的各项指标：省出版总社① 系统以上缴所得税 600 万元为承包基数，从 1988 年起每年递增 3% 上缴，一定三年不变，超收自留。皖版图书以 1987 年 884 种为基数，每年递增 3%，优秀图书不得低于总种数的 15%，重版书不低于出书总数的 15%。

第一轮承包取得了显著的社会效益和经济效益。三年间，出书 3452 种，比承包基数 2815 种增长 22.6%，其中获奖图书 440 种，再版书 620 多种，比承包指标分别增长 4% 和 46.5%。全省出版系统利润有了较大增长，超额完成国家税收。三年实现利润 10385.1 万元，比承包指标 8036.34 万元增长 29.2%；上缴所得税 2888 万元，比承包指标 1910.18 万元增长 51%。三年共上缴国家各种税款 7948.6 万元。

1991—1993 年的第二轮经营承包协议是同安徽省财政厅、省国有资产管理局签订的。规定承包期间，省出版总社上缴所得税基数为每年 850 万元；出书品种每年不低于 1300 种，其中优秀图书和重版书不得低于出书总数的 15%。对列入“八五”计划的 100 种（套）重点选题的图书（包括 33 种列入国家级的重点图书），要按计划规定保

①省出版总社：1984 年 7 月 22 日，安徽人民政府编制委员会下文，将安徽人民出版社改名为安徽省出版总社，统一管理全省图书编辑、印刷、发行和印刷物资供应等工作。1987 年 9 月 22 日，经国务院批准，成立安徽省新闻出版局，负责全省新闻出版事业的行政管理工作，同时保留“安徽省出版总社”的名称，与省新闻出版局一个机构、两块牌子。2000 年 8 月，撤销“安徽省出版总社”牌子

质保量完成。

第二轮承包也取得了较显著的社会效益和经济效益。1991年、1992年、1993年分别出书1462种、1434种和1521种，超额完成出书品种每年不低于1300种的规定。全省出版系统3年实现销售收入219144.18万元，年均增长16.75%；实现利润13382.73万元，年均增长12.85%；上缴各种税款12176.48万元，年均增长11.34%；上缴所得税3338.34万元，比承包指标年均增长9.67%。

1993年年底，两轮承包经营结束后，出版部门不再实行承包经营。为了进一步深化出版改革，增强出版单位自主经营、自负盈亏、自我积累、自我发展能力，推动出版事业由总量增长向优质高效转移，省新闻出版局决定，从1994年起，安徽出版系统内部实行经营管理目标责任制和干部聘任制，安徽省出版总社与直属的10个单位签订了《经营管理目标责任书》，分别建立了社会效益指标考核体系和经济效益指标考核体系，细化、量化两个效益的各项指标，完善考核和奖罚办法，把严格考核和激励机制结合起来，体现将社会效益放在首位，实现社会效益和经济效益相统一的原则，保证出版业沿着健康、有序、繁荣的方向发展。

1991—1995年的“八五”期间，列入“八五”计划的一批重点图书陆续出版，使皖版图书的整体质量得到了明显提升。实施重点图书工程，使一大批学术价值高、社会效益好的学术著作得以问世，提高了皖版图书的档次和影响。

“八五”末的1995年，出版图书1763种，比1990年的1326种增长32.9%，年均增长6.6%；再版率超过15%。“八五”期间，在全国各类图书评奖中，特别是在国家图书奖、“五个一工程”奖、中国图书奖三大国家级图书评奖中，皖版图书榜上有名，如《徽州三雕艺术丛书》1991年获中国图书奖提名奖；《百将传奇》1993年获中宣部第一届“五个一工程”图书奖；《傅雷译文集》（15卷）1994年1月获第一届国家图书奖提名奖；《朱光潜全集》（20卷）1994年获中国图书奖；《宗白华全集》（4卷）1995年获国家图书奖。

1995年，安徽省出版总社所属7家出版社实现利润2267万元，比1990年的1136万元增长99.5%，年均增长19.9%。

“九五”末的2000年，出版图书2591种，比“八五”末的1995年的1763种增长46%，年均增长9.2%。

“九五”期间，获国家三大奖的图书有：《中华三德歌》获1997年中宣部“五个一工程”图书奖，中央电视台《焦点访谈》节目作过专题报道；获中宣部“五个一工程”图书奖的还有《邓小平新时期党的建设理论研究》《心灵长城——中华爱国主义传统》《起点——中国农村改革发端纪实》《鸽子树的传说——高洪波儿童诗自选集》等；获中国图书奖的有《院士思维》《空间等离子体数值模拟》《现代临床遗传学》《感受坚强——中国女孩桑兰》等。

“九五”末的2000年，实现利润15704万元，比“八五”末的1995年增长592%，年均增长118.4%。

“十五”末的2005年，出版图书3673种，比“九五”末的2000年增长14.7%，年均增长8.3%。

“十五”期间，获国家三大奖的图书有：《文化徽州》获国家图书奖，《公民道德歌》《邓稼先文集》《现代科学思想史》《世纪畅想曲——理想之歌》《唤醒巨人——成功教育启示录》《中国革命史画册》等获中国图书奖，《社会主义历史、理论与现实》获中宣部“五个一工程”图书奖。

“十五”期间，经济效益整体数据有所下降。2005年实现利润4551万元，比2000年的15704万元下降了245%，年均下降49%。下降的主要原因是教辅图书的印数下降。

2005年，出版体制大改革，局社分开。在安徽省新闻出版局所属出版社、印刷厂和省教材出版中心的基础上，组建安徽出版集团。2008年9月18日，出版主业——时代出版传媒股份有限公司上市，被称为“2008年全国唯一上市文化企业”。

2006—2008年，集团共出版图书11378种，年均出书3792种；共有400余种图书获得各种奖项，其中有22种出版物获中宣部“五个一工程”奖、中国出版政府奖、中华优秀出版物奖。集团投资拍摄的电影和配套图书《美丽的村庄》双双入选中宣部“五个一工程”奖，是全国唯一一次获两类大奖的出版集团。《全宋文》《徽州文化全书》等9种出版物获首届中国出版政府奖，《地下工程浅埋暗挖技术通论》获首届中华优秀出版物（图书）奖，获奖数量位居全国出版集团前列。《朱子全书》《胡适全集》《李鸿章全集》等一批重点出版工程在知识界产生了广泛影响。

2006—2008年，连续三年实现销售收入、利润、主业收益年增幅30%以上，资产从2005年的8亿元跃升到2007年的32亿元。2008年，实现销售总额45.4亿元，较2005年增长37.33亿元，增幅为462.58%，三年平均增长154.19%；利润3.2亿元，较2005年增长2.6亿元，增幅为433.33%，三年平均增长144.44%。2006—2008年，集团三年累计实现销售收入100亿元，利润8亿元，主要经营指标涨幅居全国同行业前列。

版权贸易逐步扩大。在改革开放的形势下，安徽省出版业积极向海外拓展图书市场，逐步走向世界。安徽的版权贸易从1987年开始，安徽少年儿童出版社1987年第一本版权贸易图书是《中国的世界之最》，向商务印书馆香港分馆输出版权。黄山书社1987年10月出版的《小学生常用字典》一书首次与新加坡智力出版社达成贸易协议，输出版权。1993年12月，成立安徽省版权事务所（对外称安徽省版权代理公司），为使用者获得授权使用作品提供代理服务。1993年以后，安徽省各出版社先后配备版权专干，社内设立对外合作部（编辑室）。到1995年，各出版社共登记版权贸易合同200份，涉及图书400余种。到2005年，共有千余种图书在欧美和东南亚国家以及中国港台地区进行版权贸易。

安徽出版集团成立后，大力实施出版“走出去”战略。重点开拓版权输出、合作出版、出版物实物出口、文化产品出口、境外办实体、文化装备出口六大业务。每年投入数百万元专项资金，加大发展力度。首创图书、光盘和电子等产品出口捆绑销售，直接进入欧美主流社会家庭，促进外国人真正了解中华文化。2006—2008 年，集团共输出版权 724 种。2006—2008 年，皖版图书版权输出逐年上升，形成一条上扬线，引进版权与输出版权的比例已经由 2005 年的 1.1∶1 下降至 2008 年的 0.6∶1，形成一条下降线，一升一降两条线反映了皖版图书"走出去"的发展现状。版权输出了 30 多个国家和地区，其中对非华语区的输出量占到 47%。集团先后被商业部列为重点支持的"走出去"文化企业、"国家对外推广计划"成员单位，并获得"2007—2008 年度国家文化出口重点企业"等称号。

出版规模迅速发展，出版能力迅速壮大。改革开放之前，安徽只有一家出版社，到 2008 年已发展到 10 家图书出版社（其中省属出版社 7 家，大学出版社 3 家）和 7 家电子音像出版社（其中独立的 3 家）。形成了门类齐全、布局合理、具有安徽特色的图书出版体系，既承接和弘扬优秀出版文化传统，又拥有数码传播、数字出版等新兴业态优势的开放式现代产业体系。

三

印刷业二十多年来有了长足的进步，增长势头强劲。1986 年，全省有印刷企业 1002 家，1989 年有 2448 家，从业人员 64638 人。截至 2008 年 4 月，全省有印刷企业 2686 家，其中 230 家出版物印刷企业、1055 家包装装潢印刷企业、1344 家其他印刷品印刷企业、57 家专项印刷企业，复制企业 4 家，其中 1 家光盘生产企业、3 家磁介质生产企业。全行业从业人员 83600 人。2007 年，全省印刷产业总产值已达 125.61 亿元，销售收入为 5000 万元至 1 亿元的有 16 家。

印刷业的发展格局也发生了变化，不断扩大对内对外开放，非公有资本和外资已经全面进入印刷领域。真正形成了以公有制为主体，各种所有制共同发展的产业格局。

全省已拥有以安徽新华印刷股份有限公司、黄山永新股份有限公司、安徽安泰新型包装材料有限公司等为代表的一批印刷龙头企业。安徽新华印刷股份有限公司综合实力位居全行业前 6 位。建立了以印刷专业为主的高技能人员培训基地——安徽新闻出版职业技术学院。形成了印刷教育、印刷物资供应、印刷机械制造的相关产业链，形成了合肥的书刊印刷中心和桐城的包装印刷中心。

安徽旭日光盘有限公司、黄山永新股份有限公司和安徽出版集团所属的在俄罗斯创办的新时代印刷有限公司扩建项目入选国家文化出口目录，新时代印刷有限公司成为全国唯一"走出去"发展的印刷企业。

四

出版物发行业蓬勃发展。十一届三中全会以后，全省新华书店进入快速发展的新时期。

转变经营机制，建立新的企业管理秩序。1985年，全省新华书店系统全面开展企业整顿，整顿范围涉及书店管理的各个方面，业务工作的各个环节。1985—1987年，全省书店实行“超销售奖励和提取承包费”的承包责任制，效益显著。1988—1993年，实行两轮“包销售、包利润、包固定资产增值和联系销售、联系利润”的“工效挂钩、三包两挂”承包办法。1994年，随着国家税制改革和新的会计制度的实施，书店加快了建立现代企业制度的步伐。1994年，劳动生产率达到14万元，比1978年增长5.2倍，人均创利5400元，比1978年增长3.6倍；利润总额达到2037万元，比1978年增长7.5倍，缴纳各项税金达2491万元，而80年代初，税金缴纳额一年只有400万元左右。

“八五”末的1995年，全省图书销售总额130526万元，比“七五”末的1990年的56114万元增长132.26%。

1997年，全系统实行经营管理目标责任制，增加社会效益、精神文明和经营管理等内容，使经营管理更加全面科学。

2002年9月，安徽新华发行集团挂牌成立。2003—2007年连续5年超额完成各项经济指标，销售收入年均增长11.58%，5年销售收入增长近20亿元。2007年，实现销售码洋45.4亿元，利润2.25亿元，资产总额30亿元。2008年，实现销售码洋53.18亿元，利润2.27亿元，资产总额33亿元。

改革图书流通渠道，加快发行网点建设。“七五”期间新建32个，“八五”期间新建54个，重建、改建20个，使全省农村图书发行网点数增加到523个。2006年，全省网点改为“新华书店便民店”，将产业和事业一起办，把经营和公益一起推进，500多家便民店遍布全省市县和254个乡镇。2008年，便民店实现销售2151.07万元，同比增长38%，其中一般图书销售516.54万元，同比增长15%。2008年，集团以资产利润率位居中国服务业500强上榜文化企业之首。2008年入选“首届全国文化企业30强”，位居出版发行类第6位，发行行业第2位。2008年，完成股份制改造，建立国有控股、产权多元的混合所有制，是全国最早完成股份制改造的图书发行企业之一（2010年1月上市）。

出版物发行呈现多元化趋势，民营书业发展势头良好。民营书业包括书刊批发交易市场和民营书业经营单位。

全省有民营书刊批发交易市场6个，即合肥安徽书刊批发市场、蚌埠统一仓库书刊市场、芜湖长江市场园书刊市场、安庆湖心中路书刊市场、阜阳瑶海书刊市场、宿州书刊文化大市场。进入市场的出版物经营单位约250家，从业人员5500余人，2007年销售码洋16.2亿元。六大书刊集团交易市场已形成规模效应。全省民营书业经营单位3341家，其中批发单位253家，零售单位3088家，从业人员约21000人，2007年销售总码洋约66亿元。从数量上看，民营书业占据着整个出版物发行量的“半壁江山”，但其中80%以上的店贩摊亭还是属于小本买卖，且90%以上都从事中小学教辅图书销售,品种比较单调。但是,在经过市场竞争的考验后,安徽的民营书业中也涌现了一批有规模、有特色的书刊发行单位,在全省乃至全国都产生了一定的影响。安徽省儒林书业集团在图书馆配领域的市场占有率和营销收入均居全国前列, 2008 年销售额近 4 亿元。安徽经纶文化传媒有限公司 2008 年销售额逾 4 亿元,是安徽民营书业总发行第一家。

二十多年来,安徽出版业的改革从机构改革、经营承包开始到实行经营管理目标责任制,再到出版体制大改革,组建了集团,完成了政企分开的政府职能转变,实现了出版单位的转企改制。改革使安徽做大了出版产业,做强了出版主业,推动了出版产业的跨媒体、跨行业、跨地区、跨所有制的大发展,使安徽的出版产业逐步成为安徽经济的支柱性产业。

第一篇　出　版

1986—2008年，安徽省共有17家出版社，其中省属出版社7家，大学出版社3家，独立电子音像出版社3家，即安徽人民出版社、安徽科学技术出版社、安徽教育出版社、安徽文艺出版社、安徽少年儿童出版社、安徽美术出版社、黄山书社、中国科学技术大学出版社、安徽大学出版社、合肥工业大学出版社、安徽电子音像出版社、安徽音像出版社、安徽新华音像出版社。另外，安徽科学技术出版社、安徽教育出版社、中国科学技术大学出版社和合肥工业大学出版社4家出版社内部都设立（电子）音像部，对外称（电子）音像出版社，一个机构，两块牌子。

2005年11月，安徽出版体制大改革，局社分开，组建安徽出版集团有限责任公司。将安徽人民出版社、安徽科学技术出版社、安徽教育出版社、安徽文艺出版社、安徽少年儿童出版社、安徽美术出版社、黄山书社和安徽电子音像出版社8家出版社的主管和主办单位由安徽新闻出版局变更为安徽出版集团有限责任公司，大学出版社、安徽音像出版社和安徽新华音像出版社的主管和主办单位未变。

二十多年来，安徽出版业走改革开放之路，有了很大发展。改革开放之前，安徽省只有一家安徽人民出版社，到2008年，已发展到10家图书出版社、7家电子音像出版社。图书出版社的从业人员从1986年的192人增加到2008年的761人。省属7家出版社销售收入从1986年的3001.3万元增加到2008年的53231.41万元，2008年是1986的17倍。利润从1986年的679.36万元增加到2008年的10717.28万元，2008年是1986的15倍。出书品种从1986年的729种增加到2008年的4401种，2008年是1986的6倍。1986—2008年，获国家级大奖图书90种，平均一年4种，在全国名列前茅。

二十多年来，安徽出版业始终把社会效益放在首位，坚持社会效益和经济效益相统一，取得了出版业的发展和繁荣，取得了社会效益和经济效益双丰收。出版产业逐步成为安徽经济的支柱产业，在全国出版界的位次不断提升。

第一章　安徽出版集团及所属出版社

2005 年 10 月，根据新闻出版总署《关于同意组建安徽出版集团有限责任公司的批复》精神，经安徽省人民政府同意，批准组建安徽出版集团。11 月 28 日，安徽出版集团在合肥正式挂牌运营，这是全国第一家组建集团同时整体转企改制的出版企业。

安徽出版集团作为省属大型国有独资企业，由省委宣传部领导，接受省政府有关部门监督管理，拥有安徽省教材出版中心、安徽人民出版社、安徽科学技术出版社、安徽教育出版社、安徽文艺出版社、安徽少年儿童出版社、安徽美术出版社、黄山书社、安徽电子音像出版社、安徽旭日光盘有限公司、安徽画报社、安徽普兰德置业公司、安徽华文国际经贸股份有限公司、安徽新华印刷股份有限公司、安徽出版印刷物资有限公司 15 家全资子公司和控股公司，集图书、报刊、电子音像及网络出版物的编辑出版、印刷、复制、发行、物资供应与经营、房地产开发、对外经济技术合作、进出口贸易等业务于一体，形成了既承接和弘扬优秀出版文化传统，又拥有数码传播、数字出版、信息服务等新兴专业优势的开放式现代产业体系。2008 年 9 月 18 日，获得中国证监会核准，成功重组的"科大创新"实现上市，成为全国第一家出版主业整体上市的出版集团，实现文化产业与新兴科技及资本市场对接。新组建的上市公司——时代出版传媒股份有限公司包括安徽省教材出版中心、安徽人民出版社、安徽科学技术出版社、安徽教育出版社、安徽少年儿童出版社、安徽美术出版社、黄山书社、安徽电子音像出版社、安徽画报社、安徽新华印刷股份有限公司、安徽旭日光盘有限公司、安徽省印刷物资公司、安徽新九雅图书有限公司、原科大创新股份有限公司等 15 家出版、传媒及相关业务单位。至 2008 年年底，集团下属单位已发展到 25 家。出版主业整体上市后，集团对外共有 9 种股权投资，即上市公司时代出版、文化创意传媒、商业物产、内外贸流通、酒店旅游、投资管理和非银行金融业务（典当行）及参股银行等，形成上市公司主攻出版主业、集团公司主攻投资拓展，实行多元化经营两大板块。2006—2008 年，集团三年累计实现销售收入 100 亿元，利润 8 亿元。除投资各银行和发行集团都有较大增值外，按上证 2500 点时的时代出版股票市值计算，集团总资产已达 91 亿元，净资产 77 亿元，分别是 2005 年集团成立之初（总资产 21 亿元，净资产 15 亿元）的 4.33 倍和 5.2 倍，等于再造了 4 个出版集团。集团成立之初，净资产收益率与总资产报酬率分别只有 2.04% 和 2.75%，在出版行业中相对较低。2008，年净资产收益率高达 14%，总资产报酬率为 8%，资产负债率为 35%，属于行业优秀水平。2008 年，集团实现销售收入 45.4 亿元，较 2005 年增长 37.33 亿元，增幅为462.58%,三年平均增长154.19%;2008年,实现利润3.2亿,较2005年增长2.6亿元,增幅为433.33%,三年平均增长144.44%。主要经营指标涨幅居全国同行业前列。

集团先后入选“全国文化体制改革优秀企业”、首届及第二届全国“文化企业30强”“中国服务业企业500强”“安徽企业100强”“国家文化出口重点企业”“中国版权产业最具影响力企业”等荣誉榜。在新浪网170万网友投票的“2008中国书业年度评选”以及出版业“丰碑30年”等大型评选活动中,集团连续获评“中国年度出版人”、“2008年度人物”和“2008年度创新风云奖”,凸显了“专业有品位、社会有地位”的良好企业形象,在安徽省乃至全国发挥了文化产业主力军作用。

安徽出版集团领导班子成员一览表

表1-1-1

职 务	姓 名	籍 贯	任 期
集团党委书记、总裁	王亚非	安徽省 凤台县	2005年10月—
集团党委委员	田海明	河南省 上蔡县	2005年11月—2008年11月 集团党委副书记、纪委书记
集团党委副书记、纪委书记	牛 昕	安徽省 无为县	2005年11月—2008年11月 集团党委委员、集团副总裁 2008年11月— 集团党委副书记、纪委书记
集团党委委员、常务副总裁	王 民	安徽省 涡阳县	2005年11月—2006年8月集团总裁助理 2006年2月— 集团党委委员 2006年8月— 集团副总裁
集团党委委员、副总裁	范恒森	安徽省 太和县	2006年1月—
集团党委委员、副总裁	王士雄	安徽省 青阳县	2006年2月—2007年1月 集团总裁助理 2007年1月—2008年11月 集团总经济师 2008年4月— 集团党委委员 2008年11月— 集团副总裁
集团党委委员、副总裁	刘建伟	安徽省 涡阳县	2005年11月—2007年12月
集团党委委员、副总裁	陈 烨	安徽省 青阳县	2007年12月—
集团党委委员	林清发	安徽省 庐江县	2007年1月—2008年11月 集团总编辑 2008年4月— 集团党委委员
监事会主席	章石生	安徽省 望江县	2006年1月—

时代出版传媒股份有限公司领导班子成员一览表

表 1-1-2

职　务	姓　名	籍　贯	任期
公司党委书记、董事长	王亚非	安徽省凤台县	2008 年 10 月—
公司党委副书记、副董事长、总经理	田海明	河南省上蔡县	2008 年 10 月— 公司党委副书记、总经理
公司副董事长、党委委员	牛　昕	安徽省无为县	2008 年 10 月—
公司副董事长、党委委员	王　民	安徽省涡阳县	2008 年 10 月—
公司党委委员、董事、总编辑	林清发	安徽省庐江县	2008 年 10 月—
公司党委委员、董事、常务副总经理、财务总监	吴寿兵	安徽省合肥市	2008 年 10 月—
公司党委委员、副总经理、出版业务部主任	韩　进	安徽省桐城县	2008 年 10 月— 公司副总经理、出版业务部主任
公司党委委员、副总经理、办公室主任	程光明	安徽省肥西县	2008 年 10 月— 公司副总经理、公司党委委员
公司监事会主席	朱维明	安徽省合肥市	2008 年 10 月—
公司党委委员、纪委书记	刘玉英	山东省菏泽市	2008 年 10 月—

第一节　安徽人民出版社

安徽人民出版社是在原安徽人民出版社的政治理论编辑部的基础上于 1984 年 11 月建立的，主管单位是安徽省出版总社。

出书范围　安徽人民出版社主要出版马克思列宁主义、毛泽东思想理论著作；以马克思主义为指导的哲学、政治、法律、经济、历史、文化等研究著作、辞书、工具书；宣传党的方针、政策的读物和时事宣传读物；党史、党建读物和通俗政治理论读物，青年思想教育读物，农村读物。

机构设置　1986 年，安徽人民出版社下设政治编辑室、理论编辑室、青年读物编辑室、办公室、发行科；1987 年，增设农村读物编辑室、财务科；1989 年，成立综合编辑室，同时增设新学科编辑室；1996 年，印制业务脱离办公室，独立成立出版科；1997 年，增设校对科。1998 年，安徽人民出版社为加强管理、优化结构，各编辑室设置调整为：第一编辑室、第二编辑室、第三编辑室、第四编辑室。2005 年，增设安徽师范大学编辑部，由安徽人民出版社对其进行综合管理。2007 年，各编辑室设置调整为：理论编辑室、经济编辑室、青年读物编辑室、综合编辑室、旅游编辑室等 5 个编辑室。2008 年，各编辑室设置调整为:心理学编辑室、经济管理编辑室、文化编辑室、综合编辑室、对外合作部5个编辑室。

安徽人民出版社社号为212号。

队伍建设 安徽人民出版社自1984年改制以来,队伍逐年扩大。1986年,全社有职工18人,其中编辑人员11人,占61%;行政人员4人,占22%;校对人员3人,占17%。

2008年,有职工60名,其中正式人员39名,占65%;聘用人员21名,占35%;离退休人员8名,占13%;高级职称15人,占25%;本科以上学历者35人,占58%;硕士学历5名,占8%;会计师3名,占5%;外语专业本科毕业人员1名,占1.67%;编辑人员29人,占48%;销售人员11人,占18%;党员24人,占24%;中层干部10名,占17%。单位职工平均年龄为39.8岁。

担任社长的先后有张召奎、郭明刚、汪鹏生,担任总编辑的先后有郭明刚、梁鸿猷、杨咸海。

安徽人民出版社一贯重视人才的的引进和培养。1984年以来,在用人制度方面一直遵循计划经济体制下的通用模式,人员配置由上级部门同意、主管机关核定编制人数。随着出版业的快速发展,出版社在用人制度上也进行了一些改革。20世纪90年代中后期,把社内中层干部由任命制变成聘用制,并加快引进人才的步伐,开始以招聘的形式吸引编辑、校对、设计、财务管理等方面的人才。

2005年11月,安徽出版集团成立,安徽人民出版社由于肩负公益出版工作,保留了事业单位性质,由安徽出版集团代管。2009年4月,根据文化体制改革的需要,安徽人民出版社顺利实现了由事业转企业的体制变更。在人事管理上,原有的人员身份为全员合同聘用制所代替,实行以岗定薪、同工同酬、按绩效取酬的收入分配机制。招收员工自从2005年开始采用公开招考方式进行。经过文化课考试、专业面试等过程,既重视学历,更重视能力。新员工进社后,要进行岗位培训,然后根据专业特长和工作需要,安置到合适的岗位上。

安徽人民出版社根据新闻出版总署和时代出版传媒有限公司的要求,制定了有关人力资源管理的政策、制度。社委会负责根据各职能部门的工作需要,确定岗位设置;依据时代出版传媒股份有限公司有关人事政策,选择、调配能够胜任的人员从事相应岗位的工作。办公室负责组织各部门制订相应的岗位说明,规定各岗位的学历、专业知识、工作能力和经历的要求。

出版社成立以来,社委会一贯重视职工的培训工作,通过常态化的职工培训,提高全社职工的业务素质、业务能力、质量意识、遵纪守法的自觉性,确保各岗位员工认识到所从事活动的相关性和重要性,以及如何为实现本社及部门质量目标做出贡献。

每年,办公室要协助社委会,根据ISO 9000的要求,结合出版社发展的需求、各部门提出的培训需求申请,会同各部门制订“年度员工培训计划”,并负责组织实施。办公室按年度对员工培训的实际效果进行评估，并负责保存员工的教育、培训、经历和资格方面的资料与记录。按照员工的分工，每年有30%的员工进行在职培训或进修，每三年员工就要培训一次。安徽人民出版社多年的持续不间断的培训和进修，提高了员工的素养，发展了企业文化。

安徽人民出版社还根据自己的专业特点，除了定期的岗位培训外，还有计划地邀请全国著名的心理学专家、经济学家、教育专家来给员工开讲座，提高员工的专业修养；组织编辑人员去书店、印刷厂、仓库参观了解情况；安排编辑人员到全国书市、图书博览会、图书订货会参观学习。

经营状况 安徽人民出版社是1984年建立的。建社初期，沿用安徽省出版总社的各项经营管理制度。同时为了适应出版社自身的发展，对省出版总社的各项经营管理制度进行了修改，初步形成了一套适合自己的规章制度，如编辑加工、编校质量、财务管理、用人等方面的规章制度。之后，为了满足出版社的快速发展的需要，逐步建立和完善了各项规章制度，出版社的管理也逐步走上了制度化、规范化、科学化的管理道路。

经过20多年的发展，安徽人民出版社在改革中求生存，在创新中求发展，构建了自己的经营管理体系，在提升经营工作的质量与水平的同时，也产生了显著的经济效益。2002年以后，为适应现代企业经营管理的要求，安徽人民出版社提出了一系列科学的预算管理思路，既维护了财务预算的严肃性，又不因此影响、束缚正常业务的开展，收到了较好的效果。先后出台了一系列规章制度和内部控制制度，如《稿酬管理规定》《书稿流程管理规定》《图书（期刊）质量管理办法》《财务管理工作制度》《财务支出预算审批管理暂行规定》《会议费管理的暂行规定》《差旅费管理暂行规定》《文档管理制度》《员工岗位培训与人才培养计划》等，这一系列规章制度对安徽人民出版社保持较快速度的发展，提供了可靠的保障。

20多年来，安徽人民出版社始终坚持守法经营理念，始终按照国家的有关法规处理会计事务，坚持把国家的利益摆在第一位，安徽人民出版社先后被安徽省国家税务局、安徽省地方税务局评为全省A级纳税信用单位。

安徽人民出版社自成立以来，历经20多年的发展，经过几代人的努力，到2008年，销售码洋由1986年的163.69万元增长到4701.67万元，增长了28.7倍；销售收入由1986年的114.58万元增长到2821.33万元，增长了24.6倍；利润由1986年的20.81万元增长到315.08万元，增长了15倍。

安徽人民出版社坚持“双效”和“质量第一，信誉第一”的方针，坚持“服务读者、繁荣学术、弘扬民族文化”的理念，始终把社会效益放在第一位。20多年，来出版了大量深受广大读者喜爱的优秀图书，有300多种图书获得包括“五个一工程”奖、中国出版政府奖（国家图书奖）、中华优秀出版物奖（中国图书奖）等在内的各类优秀图书奖，出版社也多次获得多项荣誉称号。在重视社会效益的同时，根据市场需求有计划、分步骤地推出一批批适销的新品种图书，并根据市场反馈的信息，及时重印或修订，如心理学名家系列、经济学家系列、地方文化系列、马克思主义文丛系列等一大批两个效益较好的图书。通过加强成本管理，在定价不变的情况下使利润率逐步提高，从而可以让“精品图书”通过“低价位”战略，快速渗透扩散，抢占市场份额，扩大安徽人民出版社的影响。经过20多年的经营和发展，安徽人民出版社的经济效益稳步增长，出版实力明显增强。较为雄厚的经济基础，为安徽人民出版社进一步开拓市场，多出好书，打下了厚实的基础。

1986—2008年安徽人民出版社图书码洋、销售收入、利润情况统计表

表1-1-3

年份	图书码洋（万元）	销售收入（万元）	利润（万元）
1986	163.69	114.58	20.81
1987	189.91	104.45	13.87
1988	280.73	154.40	18.57
1989	239.97	131.95	34.07
1990	361.99	199.09	38.05
1991	362.01	199.04	41.23
1992	457.70	251.16	48.09
1993	667.81	366.84	87.78
1994	546.27	300.41	29.54
1995	357.88	196.80	27.31
1996	676.77	372.22	32.44
1997	489.77	269.35	28.40
1998	756.26	415.83	35.94
1999	895.99	492.20	39.49
2000	2124.63	1168.55	50.35
2001	1913.37	1052.33	65.82
2002	2187.63	1200.45	83.29
2003	2477.11	1362.41	113.28
2004	3415.27	1878.40	122.28
2005	2233.76	1228.45	48.63
2006	4577.88	2501.78	168.29
2007	5072.86	3007.62	270.07
2008	4701.67	2821.33	315.08

社会效益详见第一篇第四章

第二节　安徽科学技术出版社

安徽科学技术出版社于 1979 年 1 月正式成立，社号为 200 号，是一家综合性的地方科技出版单位，也是安徽省成立的第一家专业出版社。

出书范围　坚持为人民服务、为社会主义服务的根本方针，立足本省，面向全国，侧重编辑出版为“四化”建设服务的理工、农、医各学科普及读物和应用技术读物。尤其是农村科技读物。同时努力开拓安徽科技方面的著作潜力，适当扩大出版科技基础理论著作，组织出版新兴学科图书、高校中专教材、工具资料书籍、翻译书籍以及生活科学用书。

机构设置　建社初期，设有农业、医药卫生、科普和理工 4 个编辑室，职工 6 名。1999 年，设有农业、理工、医卫、综合、策划、音像（1995 年起，省出版总社音像中心与本社音像编辑室合署办公）、对外合作 7 个编辑室，以及社办期刊《保健与生活》编辑部。职能科室有办公室、编务室、财务科、校对科、出版科、发行科、音像生产经营科。

2005 年 11 月，安徽出版集团成立。原属安徽省新闻出版局领导的事业单位性质的安徽科技出版社等 6 家出版社，改制为国有企业性质的出版集团公司下属的子公司。

2008 年，设有理工编辑部、农业编辑部、医卫编辑部、外语编辑部、综合编辑部、教材开发部、教育图书发展部计 8 个编辑部，《保健与生活》《海外英语》《家庭与家教》3 个期刊编辑部，另有安徽科技音像有限公司（对外称出版社）、对外合作部、出版印刷部、市场营销部、编校中心、办公室、计划财务部、事达公司。编辑部及相关职能部门共计 18 个，员工 100 余人，其中编辑人员 50 余人。

20 多年来，该社获得的荣誉有：1992 年，被新闻出版署和人事部授予全国新闻出版系统先进单位称号。1995 年、1997 年，连续两届被新闻出版总署评为良好出版社。2001 年，被评为“全国图书版权贸易先进单位”。2004 年 2 月，经新闻出版总署评定，被列为全国服务“三农”图书出版发行工作“先进单位”。2006 年 12 月，被新闻出版总署授予全国新闻出版行业“服务社会主义新农村建设出版发行先进集体”称号。2007 年 2 月，被安徽出版集团评为 2006 年度“先进单位”；4 月，被共青团中央命名为“青年文明号”单位。

队伍建设　20 世纪 90 年代，为了适应出版事业快速发展的新形势，该社在用人制度上推出了一系列的改革举措。1991 年，开始实行岗位目标管理，10 月制定了《编辑工作条例》。1991—1992 年，先后制定了《员工行为准则》《中层管理人员行为准则》《社委会成员行为准则》。1994 年，开始实行《全员聘任制》。1997 年，开始实行职称、工资制度改革。1999 年 11 月，制定了《科室负责人行为规范》，其内容有 6 条：1. 坚持正确的政治方向；2. 提高开拓创新精神，创造性地开展工作；3. 敢于和善于管理；4. 自觉接受社委会领导，不搞自由主义；5. 坚持实事求是；6. 坚持加强合作精神。同时遵守出版协会倡导的《出版工作者自律公约》。

遵照国家、省有关人事制度改革的精神，结合新闻出版局人员调进的要求，2000年10月，该社制定了《关于做好人才引进工作的规定》。凡引进的人员，必须同时具备大学本科和学士学位两项基本条件，新进人员必须经过考试，择优录取，并报局党组批准。在工资、福利、职称评定、职务晋升和人事任用等方面享受正式职工同等待遇。

2001年年初，该社实行制度化、规范化管理，对建社以来所制定的规章制度进行清理，废除了一些不适用的规章制度；对于保留的规章制度，根据新情况、新要求，进行了修订或补充。

2005年改制后，社委会成员及科室负责人全部留任。新选拔的社委会领导成员，由出版集团党委考察任命。科室负责人由社长、社委会考察任命，其中办公室主任、财务科科长须报出版集团人事部门备案。

建社时，有社长1名，编辑人员5名。未设编辑室，书稿根据编辑各人专长安排，社长也担任编辑工作。1981年，设办公室、农业编辑室、理工编辑室、医卫编辑室，办公室兼管编务和出版。本版图书一律由省、市新华书店包销，业务联系由办公室兼管。随着本社图书品种和数量的增加，为了适应扩大图书发行的需要，1986年，成立图书服务部和图书经营门市部，负责本社图书的营销和邮购业务。人员结构开始分成编辑人员、行政人员和发行人员。1999年，在职人员71人，其中具有高级职称的19人，中级职称的22人，初级职称的13人。2008年，全社人数128人。

建社初期，社领导都是长期从事文化、新闻工作的老干部，具有较高的文化素养、文字水平，工作经验丰富，对贯彻、执行党的出版方针、政策态度坚决，对干部、编辑人员要求很严。当时，对编辑人员的培养和编辑队伍建设主要采用大会报告和个别谈话方式。副局长黎洪、总编左其煌，曾多次作历史文化知识方面、编辑业务方面的专题报告。书稿报送局（社）总编、副总编终审，发现问题，由总编、副总编与责任编辑直接交流，当面指导。1986年，该社第一任总编辑任弘毅热心为作者做嫁衣的事迹，曾在《光明日报》第一版专题报道，成为编辑学习的榜样。局（社）领导很重视邀请知名专家讲学，20世纪80年代初，曾任上海出版局局长、语言文字学家、《汉语大词典》主编罗竹风应邀到本局做关于编辑工作问题的报告。会后，中国出版工作者协会主办的《出版工作》全文刊载了这篇报告，在全国出版界引起了积极的反响。

从1986年开始，社委会要求所有策划编辑每年都要到各地新华书店进行调研，了解图书销售信息，以优化图书结构，推出本社的“双效”图书。20世纪80—90年代，每年进入本社的新编辑人员都要到省局培训中心接受短期培训后才能进入岗位。

担任社长的先后有石正勉、张道辉、席广辉、朱智润、黄和平，担任总编辑的先后有任弘毅、汪承模、孙述庆、席广辉、黄和平。

经营状况 建社初期，面对各种困境，积极探索，形成了一系列适合自己发展思路的规章制度。为提高图书质量，20世纪80年代即在全省最早实行编辑责任制，同时在图书版权页上实行署名“责任编辑”制度。1991 年，在全国出版界较早实行了岗位目标责任制。1994 年，又实行了全员聘任制。之后，为了满足出版社的快速发展，在执行国家法规的前提下，经广泛征求意见，安徽科学技术出版社建立健全了一整套涵盖编辑、校对、出版、发行、财务和办公室工作的规章制度，并在实际工作中严格执行动态考核，对各部门起到了规范和约束作用，如《编辑工作条例》《图书选题管理条例》《出版工作条例》《校对工作条例》《发行工作条例》《封面设计条例》《财务工作条例》《人力资源管理暂行办法》《职务聘任管理暂行办法》《企业薪酬制度管理办法》《关于加强编辑工作三审制的规定》《图书出版前审读的有关规定》等，使出版社的管理走上了制度化、规范化、科学化的道路。

2005 年 11 月，安徽科学技术出版社在安徽出版集团成立并成功转型后，从事业单位转制为国有企业，又从国有企业转变成上市公司，经营管理工作进一步走向成熟和规范，先后制定了《图书选题战略规划》《产品销售战略规划》《期刊经营战略规划》《选题论证的原则、方法和目标》《图书质量管理流程》《市场营销部管理实务》等。此外，出版社较早将出版流程实现计算机管理，较早实现网上办公，网络管理制度不断完善。安徽科学技术出版社还自主开发并运行了智能出版系统管理软件和图书成本销售核算软件。在此基础上，进一步规范了从图书选题申报到出书以及销售各个流程和操作，掌握了出版进度，实现了储运与业务的远程信息交流，极大地提高了整体业务工作的效率，为决策提供了可靠的依据，提高了企业的整体生产经营管理水平。2008 年，安徽科学技术出版社又出台了一系列新的制度，如《印章使用管理办法》《预支款项、费用报销流程暂行管理规定》《样书管理暂行办法》《市场营销部管理实务》等。

近 30 年来，安徽科学技术出版社已形成了一个既适应社会主义市场经济体制，又适应本社专业特点和发展需要的内部管理运行机制，使出版社不断实现新的跨越有了制度上的充分保障。

安徽科学技术出版社自成立以来，经过近 30 年的发展，经过几代人的努力，由年出书 29 种，发行码洋几十万元，发展到 2008 年出书 741 种，其中新书 317 种，发行码洋为 9470.3 万元；固定资产由 1990 年的 181 万元，增加到 2008 年的 402 万元。

安徽科学技术出版社以安徽出版集团的发展战略和“做强做大”为目标，已确立了英语阅读、学术专著、大众生活保健、职业培训教材、基础教育、农业图书六大板块作为出版社的重点发展方向，始终把社会效益放在第一位，出版了大量的深受广大读者喜爱的优秀图书，累计出版图书 6000 多种，引进版权 400 多项，输出版权 90 多项，有 600 多种（次）图书在全国、华东地区及省部级优秀图书评选中获奖，出版社也被授予多项荣誉称号。

在重视社会效益的同时，安徽科学技术出版社根据市场需求，有计划地推出一批适销对路的新产品，并不断重印或及时修订已出版图书，如建设社会主义新农村系列、心灵鸡汤系列、英语听力系列、一招鲜系列等。

1986—2008 年安徽科学技术出版社图书码洋、销售收入、利润情况统计表

表 1-1-4

年份	图书码洋（万元）	销售收入（万元）	利润（万元）
1986	913	612	99
1987	1076	721	112[
1988	1357	896	172
1989	1459	963	197
1990	1785	1178	256
1991	948	626	109
1992	1703	1124	168
1993	1368	903	115
1994	1500	990	132
1995	1757	1142	248
1996	2371	1541	289
1997	3052	1984	428
1998	4886	3176	781
1999	5052	3284	950
2000	6949	4517	1006
2001	6747	3183	539
2002	7301	3417	560
2003	6379	2964	374
2004	6431	2477	382
2005	6938	3444	334
2006	6729	3453	404
2007	6835	4093	413
2008	9470	4898	701

社会效益详见第一篇第四章

第三节 安徽教育出版社

1981 年 11 月 13 日，国家出版局批准成立安徽教育出版社，社号为 276 号。1982 年 1 月，安徽教育出版社正式挂牌，该社主办单位初为原安徽人民出版社，其后是安徽省出版总社，实行“事业单位，企业管理”的管理模式。

2004 年 2 月，经新闻出版总署批复，安徽省机构编制委员会批准，安徽教育出版社增挂“安徽教育电子音像出版社”副牌。

2005 年 11 月，组建安徽出版集团有限责任公司，出版社进行文化体制改革，安徽教育出版社建制划归安徽出版集团管理。

出书范围　根据 1981 年 9 月安徽省编制委员会文件规定，安徽教育出版社出书范围为：教材和教学参考图书。根据 1990 年 5 月新闻出版总署《关于核准安徽教育出版社重新登记注册的批复》文件规定，安徽教育出版社出书范围为：学校和业余教育的教材、教学参考书、教育科学理论、学术著作。根据 2003 年 11 月新闻出版总署文件规定，同意安徽教育出版社设立互联网出版机构，从事社会科学教育内容的互联网出版业务。根据 2004 年 3 月安徽省编制委员会文件规定，安徽教育出版社增挂“安徽教育电子音像出版社”副牌，其主要职责是承担音像制品和电子出版物的出版业务。

安徽教育出版社是安徽省唯一一家拥有图书、期刊、电子、音像、网络等出版资质的跨媒体（介质）出版社。

机构设置　根据新闻出版总署和安徽省新闻出版局文件规定的出书分工范围和社内图书编辑、管理工作的阶段性中心工作需要设置机构。

1982年建社后，开始按学科设置编辑组。1984年2月，经安徽人民出版社文件批复，设立文科第一编辑室、文科第二编辑室、理科编辑室、综合教育编辑室，后增设总编办。1985 年 12 月，为适应出版工作的需要，加强编辑业务、出版行政的领导与管理，安徽教育出版社撤销总编办，文科第一、二编辑室，综合教育编辑室四个科室，设立办公室、印制科、发行科、第一编辑室（文科）、第二编辑室（理科）、第三编辑室（初等教育、学前教育、教育理论）、第四编辑室（职业教育、成人教育、特殊教育）。1986 年 5 月，成立合肥九州文教书店，尝试自办发行。1989 年，内设机构为办公室、出版科、发行科、理科编辑室、文科编辑室、综合编辑室、小教编辑室。1991 年，设立校对室。1992 年，设立计划财务科。1993 年，增设第五编辑室、编务室、经营开发部。1994 年 5 月，成立安徽教育出版社图书发行部，原合肥九州文教书店更名为安徽教育出版社文教书店（集体所有制独立核算企业）。1994 年 8 月，成立《中学生周报》编辑部。1995 年 12 月，内部组织机构为：办公室、第一编辑室、第二编辑室、第三编辑室、第四编辑室、第五编辑室、第六编辑室、教材编辑室、校对室、《中学生周报》编辑部、编务室、出版科、质量检查科、发行科、计划财务科以及南方商贸公司、文教书店。1997 年 4 月，成立电子音像编辑部、照排部。1998 年 12 月，内设机构为：办公室、编务室、全集编辑室、一编室、二编室、三编室、四编室、五编室、六编室、七编室（教材一室、教材二室）、八编室、《当代中学生》杂志社、出版科、质检科、财务科、发行科、照排部以及南方商贸公司、飞腾公司、火凤凰广告公司、文教书店。1999 年 8 月，内设机构为：一编室、二编室、三编室、四编室、五编室、杂志编辑室、财务科、办公室、编务室、发行科、出版科、纸张科、校对科。2002年5月，内设机构为：一编室、二编室、三编室、四编室、电子出版物编辑室（对外称安徽教育电子音像出版社)、《红蜻蜓》杂志社、《青苹果》杂志社、校对室、办公室、财务科、编务室、出版科、计算机管理中心、发行科、照排部、纸张科、物业公司。2003年7月,设置审读室,负责图书版前审读及编校质量管理。2004年4月,为适应新课标教材开发和教材出版工作,成立教材一部、教材二部、教材三部。是年,社属机构北京马头墙公司和安徽信诚置业公司设立。截至2008年年底,内设机构为:办公室、总编办、对外合作编辑部、教材编辑部、小学教育编辑部、初中教育编辑部、高中教育编辑部、高等教育编辑部、中等职业教育编辑部、综合编辑部、教育理论编辑部、电子音像编辑部、美术(图文书)编辑部、期刊编辑部、编校中心、出版科、纸张科、营销中心(内含业务一部、业务二部、业务三部、结算部、储运部、客服中心)、财务科、行政部、照排部、物业部。

队伍建设 建社后的较长时期内,安徽教育出版社在用人制度方面一直遵循计划经济体制下的通用模式,人员配置由上级部门同意、主管机关核定编制人数。20世纪80年代中期以后,该社开始用人制度的改革,一方面从社会公开聘用一些急需专业技术人员,另一方面在社内全力推行干部竞聘上岗的做法,以竞争机制推动社内各项工作的改革。随着出版业的快速发展以及自身经营管理工作的需要,20世纪90年代以来,该社加快了人才引进步伐,以招聘方式吸收了包括编辑、校对、设计、制版、财务等多方面专业人才,特别是由于编辑工作量的急剧增加,使一般的文字加工人员明显不足,这一时期从有关单位及人才市场上招聘录用了大批文科、理科文字编辑人员,并通过选调、占编聘用等形式接收了一批硕士研究生以上的高层次编辑人员,人员结构比例也随之发生较大变化。

自2005年11月,根据文化体制改革的需要,安徽教育出版社顺利实现了由事转企的体制变更。在人事管理上,原有的人员身份为全员合同聘用制所代替,实行以岗定薪、同岗同酬、按绩效取酬的收入分配机制。从2006年开始,企业的新增员工一律采用公开招考方式进行录用。2006—2008年,安徽教育出版社共招考聘用编辑、营销人员2 0名,均为大学以上文化程度。新聘人员一律采用人事代理制,个人档案存放人才市场,工资薪酬及相关福利待遇等一律比照同岗位其他职工。

至2008年年底,全社在岗职工141名,其中管理人员5名,技术人员118名,技术人员中的营销人员20名,技术人员占职工总人数的84%。2008年年底,全社共有编辑人员70名,大学本科以上学历70名,占编辑总人数100%;编辑人员按专业技术职称构成为:高级30名,占43%,中级24名,占34%,初级16名,占23%;从编辑人员年龄结构看,截至2008年年底,平均年龄约30岁,其中50—59岁5人,40—49岁10人,30—39岁24人,20一29岁31人,编辑队伍实现了年轻化。

担任社长的先后有王克、张崇贵、黄书元、曹露明、吴寿兵、朱智润,担任总编辑的先后有王安龙、张崇贵、童本道、罗法新、鲍康健。

建社以来,历届社委会始终重视对职工的教育培训工作,通过常态化的教育培训,努力使职工特别是中青年职工在理想操守、职业技能方面健康成长,承担起服务教育、传播新知的社会责任。社委会在年初制定工作计划时，将职工教育培训工作纳入到年底工作目标，加大了投入力度，建立职工培训台账及考核记录，并以此作为职工业务档案的重要内容。有计划地邀请知名出版人和高等学校、科研院所的专家、学者来社讲学辅导，定期组织员工特别是编辑人员深入基层学校、印刷厂、书店、仓库了解书业行情，到书市（书博会）、北京国际图书博览会、图书订货会参观学习。选派优秀青年员工到高等院校脱产学习。社内定期组织业务座谈会、研讨会，青年员工相互交流，分享各自的业务经验体会。在社内大力倡导老同志对年轻同志在业务上的"传、帮、带"，努力为年轻职工特别是优秀人才的成长和发展提供良好的土壤。二十多年来，在这片充满浓郁书香的环境里，一大批青年人才脱颖而出，有的在全国青年编校技能大赛中获第一名，有的成为业务熟稔、在专业上有很深造诣的学问家；不少青年还从这里走上了各级领导岗位，为出版事业的发展奉献着自己的聪明才智。

安徽教育出版社三次被新闻出版总署评为"良好出版社"，并授予"全国新闻出版系统先进集体"称号。此外，还被授予全省"职业道德建设先进集体""尊师重教先进单位""青年文明号"等称号。2006年被评为安徽出版集团"明星企业"，2007年、2008年被评为安徽出版集团"最佳贡献单位"。

经营状况 二十多年来，安徽教育出版社始终恪守质量与效益并举的原则，在创新求变中，逐步建立和完善了规章制度，努力构建自身的经营管理体系，提升经营工作的质量与水平，使经营管理产生了显著的效益。

重视经营管理制度建设。建社初期，安徽教育出版社一直沿用安徽省出版总社的各项经营管理制度，初步建立了编辑加工、印务管理、发行管理、财务管理等制度和规章，这些制度有效地保证了生产经营的正常运行，虽然带有浓厚的计划经济色彩，但是却发挥了重要作用。

20世纪90年代初期，根据历年的工作情况，安徽教育出版社整理出一套较为完善的管理制度。1993年以后，由于国家实行了新的会计制度，以会计改革为核心，安徽教育出版社各项管理制度逐步完善，特别是实行增值税改革以后，以财务、税务为核心的管理制度逐步建立，修订和制订了如《加强图书编辑出版工作管理规定》《岗位目标管理办法》等一系列规范性文件。

1999年，根据历年来经营管理的经验与体会，安徽教育出版社编辑印制了《安徽教育出版社管理实务》（以下简称《管理实务》），对原有的各项制度进行完善、补充，该社经营管理走上了一条制度化、规范化、科学化的轨道。《管理实务》分五大部分，分别是：准则，职能与职责，部门工作细则，管理制度，目标责任与考核办法等。其内容涵盖了出版社经营管理工作的方方面面，原则而具体，全面而实用，被省内外多家同行参考和仿效。

2005年11月，安徽出版集团正式挂牌成立，安徽教育出版社经营管理工作开始进入一个新的历史时期。随着转企改制工作的全面展开，该社逐步按照现代企业的特点和属性要求，进一步制订了完善的财务制度，先后制定和公布了《费用报销管理办法》《合并会计报表编辑制度》《财务预算管理制度》《会计档案管理制度》《会计电算化管理制度》《经济合同管理办法》《二级公司财务管理办法》《内部审计管理制度》《招标管理制度》《成本和费用管理办法》《货币资金管理制度》《资金管理及审批制度》《流动资产管理制度》《固定资产管理制度》《应收账款管理制度》《存货管理制度》《风险控制与管理办法》等一系列与财务管理有关的规章制度，凸显了经营管理中以财务为核心的时代特点。在日常工作中，强化过程控制和流程管理，注重管理效益及企业利益的最大化，全面推行了人事管理工作的改革和实践，进一步完善了目标责任制和部门职工个人考核管理办法，制定并实行转企后《职工薪酬管理办法》，建立了责、权、利相统一的绩效管理和收入分配制度，极大地调动了全社职工的劳动积极性和创新发展意识。坚持以人为本，积极培育人才，大胆提拔和使用青年才俊，加大了对职工智力投资的力度，用心营造团结、和谐、奋进的良好氛围，注重企业文化的规划与建设，使全社职工的整体素质有了全面提高，为安徽教育出版社的可持续发展奠定了可靠的人才和智力支撑。

营销是出版社经营管理的重中之重。改制后的几年中，安徽教育出版社进一步加大了营销宣传工作的力度，并积极探索营销模式的改革，增强营销策划的主动性，有效拓展发行渠道和网点建设，加强对经销商、代理商的管理，强化客户服务功能，重视顾客满意度，不断塑造良好的职业精神和品牌形象，受到了广大读者、顾客的普遍赞誉。

安徽教育出版社自建社以来，经过了几代职工艰辛的努力和顽强奋斗，图书销售收入从1986年的784万元增加到2008年的18864万元，增长了24倍。利润从1986年的247万元增加到2008年的5265万元，增加了21倍。二十多年中，累计实现主营业务收入26.3亿元，累计实现利润7.6602亿元。

建社20余年来，安徽教育出版社以文教图书的出版发行为主业，紧扣时代脉搏，高效优质地完成了全省教辅图书的供货任务，与此同时还出版了一大批高品位、高质量的学术著作和大众精品读物，有600多种图书获得包括“五个一工程”奖、中国政府出版奖（国家图书奖）、中华优秀出版物奖（中国图书奖）等在内的各类优秀图书奖，社会效益、经营业绩多年位居安徽省出版系统榜首和全国出版社前列，被授予多项荣誉称号。

1986—2008年安徽教育出版社图书码洋、销售收入、利润情况统计表

表1-1-5

年份	图书码洋（万元）	销售收入（万元）	利润（万元）
1986	1170.26	784.07	247.63
1987	896.99	600.98	136.81
1988	1400.27	938.18	172.26
1989	1939.82	1299.68	227.53

续表 1-1-5

年份	图书码洋（万元）	销售收入（万元）	利润（万元）
1990	2820.77	1889.91	401.13
1991	2992.88	2005.23	402.59
1992	3347.63	2442.92	524.00
1993	3450.54	2311.86	800.36
1994	5232.51	3505.78	1203.78
1995	8439.20	5654.27	1496.75
1996	10744.26	7198.6 5	2255.35
1997	16530.39	11075.36	3597.95
1998	26200.44	17554.30	7358.06
1999	36481.52	24442.62	10331.13
2000	44104.21	29549.82	11308.58
2001	27805.65	18629.79	8400.00
2002	29843.58	16940.89	6277.51
2003	44161.27	19713.11	5684.60
2004	35300.83	16543.88	3616.49
2005	34110.64	148 50.67	1541.97
2006	34839.37	19595.93	2851.41
2007	40419.46	21262.41	2900.05
2008	37095.07	18864.14	5265.76

社会效益详见第一篇第四章

第四节　安徽文艺出版社

安徽文艺出版社于 1984 年 9 月 26 日正式成立，社号为 378 号。

1984 年 9 月至 2005 年 11 月，主管单位为安徽省新闻出版局。2005 年 11 月至今，主管单位为安徽出版集团。

出书范围　文化部于 1984 年 9 月 26 日发文《同意成立安徽文艺出版社等四家专业出版社》中指出“安徽文艺出版社着重出版反映本省‘四化’建设新风貌的文艺作品，特别是广大农民群众所喜爱的通俗文艺读物。对外国文学，要根据本省的翻译、编辑力量，有选择、有计划地适当出版”。根据这一文件精神，安徽文艺出版社的出版专业分工为通俗文艺读物、外国文学等。

机构设置　1984 年，安徽文艺出版社成立之初，内设一个办公室，两个编辑室。

1986年9月16日,安徽省出版总社下发《关于安徽文艺出版社要求领取营业执照的批复》,同意批准安徽文艺出版社“为事业单位、企业管理的专业出版社。系全民经济性质,在经济上是自负盈亏、独立核算的经济实体;其经营范围为文艺图书;经营方式为图书的出版、发行(包括批发、零售、邮购)”。1986年2月21日,安徽省出版总社下发了《关于安徽文艺出版社科级机构设置的通知》,同意安徽文艺出版社下设现代文学编辑室、古典文学编辑室、外国文学编辑室、文化艺术编辑室和办公室五个科级机构。1987年7月7日,安徽省出版总社下发《关于同意你社成立出版发行科的通知》,同意安徽文艺出版社设立出版发行科,为科级机构。1987年9月9日,安徽省出版总社下发《关于同意你社调整内部科级机构的批复》,同意将安徽文艺出版社原设的现代文学、古典文学、外国文学、文化艺术四个编辑室,更名为一、二、三、四编辑室。为适应安徽文艺出版社发行工作需要,搞好自办发行,1989年4月10日,安徽省新闻出版局下发《关于同意成立“安徽文艺出版社读者服务部”的批复》,同意成立安徽文艺出版社读者服务部,为科级机构,集体所有制性质。1989年4月10日,安徽省新闻出版局下发《关于同意文艺出版社撤销出版发行科,成立出版科、发行科的批复》,同意安徽文艺出版社撤销出版发行科,成立出版科和发行科(均为科级机构)。到1995年,安徽文艺出版社发展到54人,内设五个编辑室,以及办公室(出版科)、财务科、发行科三个管理科室,此外还下设了一个读者服务部。2005年11月,安徽出版集团成立,安徽文艺出版社由事转企为安徽出版集团的全资子公司。2007年成立雅特文化公司,为安徽文艺出版社的全资子公司。2008年,时代出版传媒股份有限公司成为上市公司,安徽文艺出版社隶属时代出版传媒股份有限公司。2008年,成立安徽省九歌文化有限责任公司。

安徽文艺出版社被评为2007年度十佳网络流行图书出版社。

队伍建设 2005年之前,安徽文艺出版社受事业单位编制的约束,人员进出流动性受到限制。转企改制后,用人单位自主权提高,聘用大批高学历青年员工,整体素质有所提高,人员结构比例日趋合理。

1986—2001年,安徽文艺出版社用人制度遵守事业单位用人制度,由安徽省新闻出版局统一向省人事厅报批,人员编制由省编办核定编制指标。安徽文艺出版社经省编办核定编制人数50人,凡涉及人员升降、调进调出、离退休等人事变动,须上级主管部门安徽省新闻出版局批准并上报省人事厅审批。

从2001年起,随着国家和安徽省对自收自支的事业单位用人制度的不断完善,安徽省新闻出版局先后下发《关于规范局属事业单位聘用人员管理的通知》和《关于规范局属事业单位聘用人员管理的补充通知》两份文件,其核心是在安徽省新闻出版局直属事业单位基本建立以聘用合同制为核心的用人制度。安徽文艺出版社聘用合同制分为A、B、C类管理,A类为占编合同聘用,B类为合同聘用和C类为临时聘用,这是用人制度的重大改革。1986年,全社34人,中高级职称占33%;2001年,全社55人,中高级职称占34%。

2005 年 11 月，安徽文艺出版社整体改制，由事业单位转变为企业单位。根据上级主管部门安徽出版集团的文件规定，引进人一律由集团统一组织考试，统一招聘。2005 年，全社 59 人，中高级职称占 44%；2008 年，全社 76 人，中高级职称占 44%。

安徽文艺出版社组织青年员工上党课，积极发展优秀员工入党，提拔充实各类管理人才到各部门领导岗位，配合上级部门做好公开竞聘相关领导岗位的工作。

安徽文艺出版社社委会成员参加新闻出版总署举办的社长、总编培训班，新进员工参加集团统一组织的岗前培训，选派编辑人员到北京参加中国编辑学会举办的文学编辑培训班。到 2008 年，已选派了 5 人参加培训。2007 年 11 月至 2008 年 8 月，安徽文艺出版社还组织两批人参加集团与上海交通大学联合举办的高级经理工商管理硕士研修班学习。

担任社长的先后有黄勤堂、梁长森、李国平、丁怀超、林清发、刘正功，担任总编辑的先后有朱守中、刘明达、裴善明。

经营状况　2001 年，安徽文艺出版社成立经营管理工作委员会，制定安徽文艺出版社财务管理条例。随着事业单位聘用人员制度的推广，聘用了一批具有专业特长的优秀人才充实编辑岗位，尤其是音乐编辑。从 2003 年起，安徽文艺出版社与人民音乐出版社合作出版皖版地方音乐教材，被誉为合作经营典范。2006 年 4 月，安徽文艺出版社成立音乐编辑部，经过几年的不断努力，使音乐艺术类图书出版成为该社的重点板块之一。

安徽文艺出版社自成立以来，经济效益逐年攀升，从建社初的注册资金 45 万、年销售收入 100 万元的保本微利运行的企业，发展到 2008 年注册资本 1500 万元、销售收入 2830 万、利润 345 万元的企业。

1987 年，安徽文艺出版社实现利润比 1986 年增长 15%，完成年初目标，但经济基础还较为薄弱。在出版业务方面，突出抓好“文艺社会学译评丛书”和“精神分析学译评丛书”等重点图书，并发挥自身优势，在外国文学和通俗文学上实现突破。

1988 年 12 月，安徽文艺出版社与安徽省出版总社签订承包合同，承包期限为三年。1989 年 10 月，安徽文艺出版社成立经营管理小组，负责全社经营管理工作。1988—1990 年三年承包期间，安徽文艺出版社完成了合同规定的出书种数，其中再版图书占新出版图书的 20% 以上。有 30 种图书获省级以上各类图书奖，占新书品种的 15.7%。在新出图书中，反映改革开放、“四化”建设和为广大群众喜闻乐见的图书，每年都安排 60% 以上。三年的年平均利润增长略高于 3%，各种税收和上缴基金均按规定及时上缴。三年期间，该社不断提高选题质量，杜绝“人情稿”“关系稿”和平庸选题，建立健全社内机构，落实各部门负责人并充实工作人员，同时制定了《财务工作制度》《行政经费管理条例》《选题管理制度》等约 30 项规章制度，做到各项工作有章可循。

1994 年，安徽文艺出版社积极应对由生产型向生产经营型转变的新形势，对社会主义市场经济情况下商品的生产、流通、交换、消费等主要环节进行深入调查和研究，以指导图书生产的全过程，在出书品种、经济效益各方面均超额完成安徽省出版总社下达的利税指标。1995 年，安徽文艺出版社改变经营管理主要靠社办公室开展工作的局面，步入更科学的量化管理阶段，重视发挥财务部门的作用。当年，全面完成经营承包责任书规定的指标。

1996 年，安徽文艺出版社在全国书刊印刷质量评比中，被列为全国三十强出版社之一，名列全国第 23 位。各项任务指标的完成均超过 1995 年。

特别是自安徽出版集团成立，完成企业改制后的三年时间内，规模和效益明显提升。企业净资产从2005年的962万元，增长至2006年的1100万元，2007年的1650万元，2008 年的 2600 万元。销售收入和利润也有了较大增长，资产质量取得了显著提高。

1986—2008 年安徽文艺出版社图书码洋、销售收入、利润情况统计表

表 1-1-6

年份	图书码洋（万元）	销售收入（元）	利润（元）
1986	361	2529080.03	396084.07
1987	597	4184842.86	450868.93
1988	354	2480406.40	515633.32
1989	242	1697834.13	318998.11
1990	415	2690092.89	337819.50
1991	638	4147445.88	347343.15
1992	893	5817526.49	396689.45
1993	664	4311912.19	397399.20
1994	844	5489505.50	260902.84
1995	403	2621208.29	291073.96
1996	833	5423874.77	347179.70
1997	1104	6845610.99	503588.20
1998	1270	7888908.15	421972.13
1999	1754	10881608.5	671708.88
2000	1527	9468240.51	–54093.87
2001	1120	6949469.27	–9706.43
2002	1033	6406480.59	–873.75
2003	1156	7164528.75	57737.4
2004	921	5705828.55	1325307.33
2005	1956	11744454.87	440582.27
2006	2877	17260823.33	6369311.48

续表 1-1-6

年份	图书码洋（万元）	销售收入（元）	利润（元）
2007	3973	23836302.02	4771021.62
2008	4716	28300244.97	3450104.71

社会效益详见第一篇第四章

第五节　黄山书社

黄山书社于1984年9月26日成立，为自收自支的事业单位，处级建制。主管单位是安徽省新闻出版局，主办单位是安徽省出版总社。实行“事业单位，企业管理”的管理模式，社号为379号。

2005年11月，组建安徽出版集团，黄山书社划归安徽出版集团有限责任公司管理，成为安徽出版集团下属子公司，国有企业性质。

出书范围　1984年，根据文化部文件《同意成立安徽文艺出版社等四家专业出版社》规定：黄山书社“主要任务是有计划地整理、出版本省有学术研究价值的古籍和有关的研究著作，以及出版具有本省地方特色的通俗历史读物和旅游读物”。

1990年，新闻出版总署《关于核准黄山书社重新登记注册的批复》重申，“出版当地所藏古籍、方志以及文史工具书、文史知识性读物；或承担国家交办的古籍出版任务，以及具有安徽特色的通俗历史和文化旅游读物”。

机构设置　1986年，经出版总社批准，设立古籍编辑室、旅游文化编辑室、历史编辑室、辞书编辑室、办公室，计5个科室。1987年5月，经安徽省出版总社批准，黄山书社成立宣传发行科。1989年，社内机构形式有所调整，调整后为全社设编辑部和经理部。编辑部下设：旅游文化编辑室、古籍整理编辑室、古典文学编辑室、辞书编辑室、历史编辑室5个科室，另设组稿编辑（正科）1名；经理部下设：办公室、出版科、财务科3个科室。同年，黄山书社成立读者服务部。1991年1月22日，经批准，成立古籍方志编辑室、文史编辑室（原古籍整理编辑室、古典文学编辑室、辞书编辑室、历史编辑室撤销）、文化旅游编辑室、财务科、出版科、发行科。1993年，社内机构为：旅游文化编辑室、古籍方志编辑室、文史编辑室、综合编辑室和办公室（总编办公室）、出版科、财务科、发行科8个科室。1996年，设校对室，由办公室（总编办公室）代管。1998年5月，对部分科室进行了调整：原办公室（总编办公室）划分为办公室（兼印制）、总编办公室2个科室，撤销出版科、校对室，增设经营开发部。其余科室仍保留。2001年，增设青少年读物编辑室，经营开发部撤销。2004年，增设对外合作编辑室和技术设计室。2005年年初，成立亚施文化用品有限公司（副科级）。2006年，技术设计室更名为文化生活编辑室。调整原办公室（兼印制）为出版科（技术设计室），调整原总编办公室为办公室（总编办公室）。2007年年底，古籍方志编辑室改名为古籍文史编辑室。2007年年中，成立安徽亚施艺术设计公司。2008年4月，成立古籍整理出版中心编辑室。3月，成立纸张科，与亚施文化用品有限公司合并办公。至2008年年底，黄山书社设有10个科室：文化旅游编辑室、文化生活编辑室、文史编辑室、对外合作编辑室、综合编辑室、青少年读物编辑室、古籍整理出版中心、发行科、财务科、办公室（总编办公室），2个二级机构：安徽亚施文化用品有限公司、安徽亚施艺术设计公司。

队伍建设 黄山书社的前身为原安徽人民出版社文史编辑部。1984年成立之初，只有成员7人，主要是编辑人员。至2008年年底，全社有职工78名，其中编辑人员32名、技术人员15名、营销人员11名，编辑技术人员占总人数的60%。

按学历构成：大学本科学历14人，占编辑人数的44%；硕士学历12人，占编辑人数的38%；大专学历6人，占编辑人数的18%；本科以上学历人员占编辑总人数的81%。按职称构成：高级9人，占28%；中级7人，占22%；初级4人，占13%。取得职称人数占编辑总人数的63%。1996年，经评选产生全国优秀中青年编辑1人。

编辑年龄结构：截至2008年年底，平均年龄37.5岁。其中50—59岁5人，40—49岁7人，30—39岁11人，20—29岁9人，编辑队伍实现了年轻化。

担任社长的先后有胡士萼、孔凡仲、黄勤堂、程德和、左克诚，担任总编辑的先后有黄勤堂、王安龙、张子仪、左克诚、赵国华。

在计划经济体制下，黄山书社作为一家正处级别的事业单位，在成立后的近二十年里，在用人上一直沿用"事业单位，编制人员"管理模式，出版社上报需求，上级主管部门分配人员，省编办核定人员编制。截至2004年7月，共有事业编制人员22人。2004年9月，首次面向社会通过考试的方式公开招聘编辑人员。2005年安徽出版集团成立以来，通过集团统一考试招聘，平均每年招聘10名青年员工。专业范围也由中文、历史为主拓宽到印刷、财经、市场营销、英语等学科的专业。整体学历层次也有较大幅度提升，80%以上员工为大学本科以上，硕士研究生达到总人数的35%以上。

在用人管理上，在事业体制下人员情况相对稳定，除非离、退休，调出等情况，一般是只进不出，干部任用上总体倾向于按资排辈。转企改制以后，用人上采用聘用制，双向选择。

事业体制下，主要采取师带徒，"传、帮、带"的方式。转企改制以后，加强了员工的培训工作，年初有计划，年底有总结。除组织新员工参加集团统一组织的入职培训外，创新培训方式方法，"走出去，请进来"，优先派新员工参加新闻出版总署、中国出版工作者协会、安徽出版集团等组织的编辑、发行各类培训班、知识讲座，参加各种图书博览会、书市以及学术研讨会，还派员工到书店、印刷厂、民营书业蹲点锻炼，熟悉出版行业全流程，取经学习。同时，还积极邀请海内外高校、出版科研机构的专家教授来社办讲座，给员工上课，多方为员工提供学习的机会。

2005年，黄山书社被安徽省新闻出版局评为"安徽省新闻出版系统经营管理目标考核优秀单位"。2006年，黄山书社又被评为"安徽省新闻出版系统先进集体"。2007

—2008年，又被安徽出版集团授予“明星单位”等称号。

经营状况　建社以来，黄山书社始终坚持社会效益优先的经营战略，将认真履行党和国家赋予的光荣的出版任务作为神圣的使命，无论是经济基础薄弱的建社早期，还是初具实力的“十一五”期间，该社都将古籍、学术图书等专业出版作为出版的核心来抓，资金、人员向这些图书倾斜，用文教图书的创利补贴古籍整理与原创学术图书，稳固了黄山书社的专业地位，锤炼了出版队伍。与此同时，该社不断加强经营管理工作，坚持以制度建社为核心，规范经营管理行为，在此基础上，以不断创新提升经营能力，以高质量的产品增强核心竞争力，图书市场盈利能力显著增强，经济业绩连年递增。

黄山书社一直将制度建设放在突出位置来抓，将其视为出版社经营发展保驾护航的“防护罩”。在经营管理工作中，根据实际需要，不断建立健全有关规章制度，并随着业务的拓展和形势的变化，适时修订和完善，确保实用、适用，既有利于规范经营管理行为，又不会成为障碍和桎梏。

建社之初，黄山书社沿用安徽省出版总社的各项经营管理制度。20世纪90时代，黄山书社根据出版形势的变化及管理工作的需要，着手构建本社的经营管理体系。先后出台了《黄山书社财务管理工作细则》《黄山书社书稿档案管理办法》《黄山书社图书出版前审读规定》《黄山书社校对人员目标管理责任制细则》《黄山书社编辑工作管理条例》等一系列规章制度。

十一五期间，出台了《黄山书社编辑部目标管理责任制实施细则》《黄山书社发行科目标管理责任制实施细则》《黄山书社效益兑现暂行办法》《黄山书社出版、印制工作细则》《进一步加强黄山书社图书编校质量管理的整改措施》《黄山书社职业自律细则》《关于提高黄山书社图书印刷质量的若干措施》，并对原有规章制度进行了修订，经营管理体系得以完善和提高，对于防范经营风险，促进健康发展起到了重要作用。

2005年安徽出版集团成立以后，黄山书社以转企改制为契机，建立现代企业制度，着手构建以规范化、制度化、科学化为特点的经营管理新模式，全面加强了以财务为核心、质量控制为重点的经营管理体系建设。2006年6月，制订了《黄山书社行政经费管理暂行规定》等12个规章制度，促进费用节流，降低生产成本。2007年，又先后出台了《黄山书社图书选题管理制度》《黄山书社图书编校质量检验实施办法》《黄山书社书稿质量管理办法》《黄山书社编务工作细则》《黄山书社编辑工作细则》《黄山书社图书质量管理奖惩办法》《黄山书社绩效与考核管理办法》《黄山书社对外合作出版及版权贸易管理办法》《黄山书社出版合同管理办法》《黄山书社图书发行工作细则》《黄山书社招聘、解聘管理制度》等近40个管理制度，涉及规范经营行为、财务管理、业务管理、绩效考核、人事管理等各个方面。

作为一家地方古籍出版社，从建社起到21世纪初的十余年间，缺乏经济效益显著的图书品种，主要产品为古籍、学术图书。这些图书虽然社会效益显著，但专业性强，市场狭小，经济效益较差，除了少数古籍图书获得国家出版补贴能稍有盈余外，大多数古籍图书是保本经营,甚至是亏损。因而,很长一段时期里,黄山书社虽然出版了不少享誉业界的好书、品牌书,但却一直没有创效显著的经济支柱性项目,经济实力薄弱,缺乏发展所需的资本。21 世纪初,黄山书社开发出“报考指导”“学生作业”“中华传统文化经典导读”教材教辅等一批经济支柱项目和一大批适销对路的文史通俗读物和传统文化普及读物,图书创利能力显著提升。

1986—2008 年黄山书社经营状况统计表

表 1-1-7

年份	销售收入(万元)	实现利润(万元)
1986	113.78	10.34
1987	48.02	–2.61
1988	155.34	12.42
1989	191.20	22.72
1990	182.71	23.62
1991	237.29	15.06
1992	123.38	16.56
1993	123.84	17.67
1994	131.30	13.50
1995	186.34	15.35
1996	232.73	16.58
1997	297.58	15.41
1998	391.74	18.55
1999	577.91	82.60
2000	948.54	126.52
2001	1162.31	131.67
2002	1461.71	150.54
2003	2352.61	251.21
2004	4224.37	259.25
2005	3732.54	455.59
2006	5236.06	780.30
2007	5117.46	703.54
2008	6342.00	1355.26

社会效益详见第一篇第四章

第六节　安徽少年儿童出版社

安徽少年儿童出版社于1984年9月26成立，社号为380号，为自收自支事业单位，处级建制。主管单位是安徽省新闻出版局，主办单位是安徽出版总社。出版社实行的是“事业单位，企业管理”的管理模式。

2005年11月，出版社进行文化体制改革，组建安徽出版集团，安徽少年儿童出版社划归安徽出版集团管理。

出书范围　出版以15岁以下少年儿童为对象的政治、思想品德教育读物，儿童文学作品，连环画，科普读物以及少儿工作者和家长培养教育少儿的辅导读物。

机构设置　1986年3月，经安徽省出版总社批准，成立了少儿读物编辑室、幼儿美术编辑室、《课外生活》编辑室和办公室。1987年7月，《课外生活》杂志在整顿的基础上，办理了登记注册手续。1988年2月5日，经安徽省编制办批准，增加编制6名，社编制由25人增至31人。1989年3月12日，经安徽省新闻出版局批准，增设发行科。1989年11月30日，经安徽省新闻出版局批准，将少儿读物编辑室更名为儿童文学编辑室，并增设知识读物编辑室。1990年2月，经新闻出版署批准，低幼刊物《青蛙呱呱》（季刊）创刊。1991年5月，经安徽省编制办批准，增加编制10名，社编制数由31人增至41人。1992年5月，成立读者服务部，性质为大集体，编制7人，实行独立核算，自负盈亏，具有独立的法人资格，经理由发行科科长兼任。1993年6月1日，低幼刊物《青蛙呱呱》更名为《娃娃乐园》，改季刊为双月刊，6月1日出创刊号。1993年6月，增设校对科、《娃娃乐园》编辑部。1994年4月，增设美术编辑室，社内的机构设置调整如下：知识读物编辑室、儿童文学编辑室、低幼读物编辑室、美术编辑室4个编辑室，《课外生活》《娃娃乐园》2个期刊编辑部，出版校对科、发行科、办公室等9个部门。1995年，撤销读者服务部，成立安徽少年儿童图书发行公司。1998年7月，增设财务科、编务室。2000年，《课外生活》杂志社成立。2003年，远航文化传播有限责任公司成立，具有独立的法人资格。2003年，《苹果电脑与数码设计》杂志创刊。2004年，一般图书与教材教辅读物发行业务分离，另设教育图书发展部，负责本版教材教辅的发行工作。2005年，设立对外合作部。2006年3月，将《苹果电脑与数码设计》更名为《学前课程研究》。2006年7月，成立安徽少年儿童出版社期刊中心。2006年，安徽少年儿童出版社信息中心成立。2007年9月，取消图书发行部法人资格，发行业务和人员归发行科，财务归财务科。2008年，社内机构调整为：一编室（学前教育）、二编室（少儿科普）、三编室（地方教材）、四编室（益智游戏）、五编室（少儿艺术）、六编室（儿童文学）6个编辑室，1个期刊中心（包括《娃娃乐园》《课外生活》《学前课程研究》3个杂志编辑部），图书发行科和教育图书发展部2个发行部门，办公室、编务室、财务科、出版科、编校中心、信息中心、对外合作部和远航文化传播有限责任公司8个行政管理与服务科室。

1986年,安徽少年儿童出版社被评为安徽省少年儿童工作先进单位,由安徽省人民政府授予“倾满腔热情,育祖国花朵”锦旗。1988年,在中国儿童文学研究会主办的全国儿童文学理论评奖活动中,被评为先进单位。2000年,被共青团安徽省委与安徽省新闻出版局授予首批“青少年维权岗”先进单位称号,被安徽省政府、省妇联授予“安徽省儿童工作先进集体”称号,被安徽省人事厅、安徽省新闻出版局授予“全省新闻出版系统先进集体”称号。2003年,被共青团安徽省委授予“全省深化爱心助学行动突出贡献奖”。2006年,被人事部、新闻出版总署授予“全国新闻出版系统先进集体”称号;被安徽省地税部门评为A级纳税信用单位,成为安徽省出版系统唯一的国税、地税双A级纳税信用单位;被省直工委评为“安徽省工委先进集体”;被安徽出版集团授予“明星企业”称号。2007年,被安徽省委组织部、安徽省国资委党委授予“全省国有企业创建‘四好领导班子先进集体’”称号,被安徽出版集团授予“明星企业”称号,被国家版权局授予“全国图书版权输出先进出版单位”称号。

队伍建设 安徽少年儿童出版社是在安徽人民出版社少儿读物编辑室基础上成立的,人员以编辑为主。到1986年,21名职工当中,从事编辑工作的人员占了15名,社长、总编辑也都是管理和编辑一身兼。一些编辑人员从事编辑工作之余,也兼做发行和行政工作。20多年来,随着人员的增加,分工逐步明确,人员配备也逐步合理。至2008年,安徽少年儿童出版社的在岗员工已达117人,其中管理人员5人,高级职称7人,中级职称23人;专业技术人员95人,占职工总人数的81%。

担任社长的先后有吕思贤、王安龙、刘建伟、刘玉英、张克文,担任总编辑的先后有陈永镇、黄勤堂、朱智润、张克文。

安徽少年儿童出版社一贯重视人才的培养和引进。建社之初,在用人制度方面一直遵循计划经济体制下的通用模式,人员配置由上级部门同意、主管机关核定编制人数。随着出版社的快速发展,出版社对用人制度也进行了一些改革。1993年,将社内中层干部由任命制改成聘用制,并加快了引进人才的步伐,开始以招聘的形式引进编辑、校对、设计、财务管理等方面的人才。

自2005年11月起,根据文化体制改革的需要,安徽少年儿童出版社顺利实现了由事业单位转企业的体制变更。在人事管理上,原有的人员身份为全员合同聘用制所代替,实行以岗定薪、同工同酬、按绩效取酬的收入分配机制。招收员工开始采用公开招考的方式,经过文化课考试、专业面试等程序,既重视学历,更重视能力。新员工进社后,要进行岗位培训,然后根据专业特长和工作需要,安排到合适的岗位上。

安徽少年儿童出版社根据新闻出版总署和时代出版传媒有限公司的要求,制订了有关人力资源管理的规章、制度。社委会负责根据各职能部门的工作需要,确定岗位设置;依据时代出版传媒股份有限公司有关人事制度,选择、调配能够胜任的人员从事相应岗位的工作。办公室负责组织各部门制订相应的岗位说明,规定各岗位的学历、专业知识、工作能力和经历等方面的要求。

出版社成立以来，社委会一贯重视职工的培训工作，通过常态化的职工培训，提高全社职工的业务素质、业务能力、质量意识和遵纪守法的自觉性，强化各岗位员工对所从事活动的相关性和重要性的认识，自觉为实现本社及部门质量目标做出贡献。

办公室则协助社委会，根据本社发展的需求、各部门的年度培训申请，制订“年度员工培训计划”，并负责组织实施。办公室按年度对员工培训的实际效果进行评估，并负责保存员工的教育、培训、经历和资格方面的资料与记录。按照员工的分工，每年有30% 的人进行在职培训或进修，全社员工三年就可培训一遍。通过多年持续不间断的培训和进修，提高了全社员工的素养，发展了企业文化。

安徽少年儿童出版社还根据自己的专业特点，除了定期的岗位培训外，还有计划地邀请全国著名的儿童文学作家、评论家、幼儿教育专家给员工开讲座，提高员工的专业修养；组织编辑人员去书店、印刷厂、仓库走访、调研；安排编辑人员到全国书市、图书博览会、图书订货会参观、学习。

经营状况 安徽少年儿童出版社建社初期，沿用安徽省出版总社的各项经营管理制度。20 世纪 90 年代，随着出版形势的变化和出版社自身发展的需要，对出版总社的各项经营管理制度进行了必要的修改，初步形成了一些适合自己经营特点的规章制度，如编辑加工、编校质量、财务管理、用人等方面的规章制度，但这只能适应计划经济体制下的出版社运营。2005 年安徽出版集团成立后，为了适应出版社的快速发展，逐步建立和完善了新形势下的各项规章制度，出版社的管理也逐步走上了制度化、规范化、科学化的道路。

经过 20 多年的发展，安徽少年儿童出版社在改革中求生存，在创新中求发展，构建了自己的经营管理体系，在提升经营工作的质量与水平的同时，管理也产生了显著的经济效益。2000 年以后，为适应现代企业经营管理需求，安徽少年儿童出版社提出了“科学预算，加强控制，据实调整”的预算管理思路，既维护了财务预算的严肃性，又不因此影响、束缚正常业务的开展，收到了较好的效果。围绕这个思路，先后出台了一系列规章制度和内部控制制度，如《稿酬管理规定》《书稿流程管理规定》《图书（期刊）质量管理办法》《财务管理工作制度》《财务支出预算审批管理暂行规定》《会议费管理的暂行规定》《差旅费管理暂行规定》《文档管理制度》《员工岗位培训与人才培养计划》等等，这一系列规章制度的建立对安徽少年儿童出版社保持较快速度的发展，提供了可靠的保证。

2005 年 11 月，安徽少年儿童出版社随安徽出版集团整体转企改制，从事业单位转制为国有企业，又从国有企业转变成上市公司，逐渐发展为具有一定规模的现代化企业，经营管理工作走向成熟和规范。

20 多年来，安徽少年儿童出版社始终坚持守法经营理念，坚持按照国家的有关法规处理会计事务，坚持把国家的利益摆在第一位，先后被安徽省国家税务局、安徽省地方税务局评为全省A级纳税信用单位。

安徽少年儿童出版社自成立以来，经过20多年的发展，经过几代人的努力，到2008年，图书码洋由1986年的762.38万元增长为3.2亿元，增长了41倍；销售收入由1986年的533.67万元增长为1.25亿元，增长了22倍；利润由1986年的192万元增加到2431万元，增长了近12倍。2008年，总资产已达2.05亿元，与1986年相比，增长了64倍；净资产已达1.74亿元，与1986年相比，增长了484倍；图书码洋17.84亿元，累计销售收入9.46亿元，利润2.58亿元。

安徽少年儿童出版社自成立以来，坚持“立足本省，面向全国，发展对外”和“质量第一，信誉第一”的方针，坚持“心存孩子，面向未来”的理念，始终把社会效益放在第一位，20多年来出版了大量的深受小读者喜爱的优秀图书，有600多种图书获得包括中宣部“五个一工程”图书奖、中国政府出版奖（国家图书奖）、中华优秀出版物奖（中国图书奖）等在内的各类优秀图书奖，出版社也多次获得了多项荣誉称号。在重视社会效益的同时，根据市场需求有计划、分步骤地推出一批批适销的新品种图书。并根据市场反馈的信息，及时重印或修订，如金葫芦挂图系列、黑眼睛丛书系列、好好玩泡泡书系列、宝宝膝盖书系列、虹猫蓝兔系列、变形金刚系列等一大批经济效益可观的图书，获得了良好的经济效益。通过加强成本管理，在定价不变的情况下使利润率逐步提高，从而可以让“精品图书”通过“低价位”战略，快速渗透扩散，抢占市场份额，扩大安徽少年儿童出版社的影响。经过20多年的经营和发展，安徽少年儿童出版社的经济效益在稳步增长，出版实力明显增强。较为雄厚的经济基础，为安徽少年儿童出版社进一步开拓市场，多出好书，打下了厚实的基础。

1986—2008年安徽少年儿童出版社图书码洋、销售收入、利润情况统计表

表1-1-8

年份	图书码洋（万元）	销售收入（万元）	利润（万元）
1986	762.38	533.67	192.12
1987	654.06	457.85	140.55
1988	1200.43	804.29	185.46
1989	1973.11	1321.98	202.09
1990	2054.58	1356.02	300.37
1991	2091.15	1380.16	285.18
1992	2517.38	1632.29	400.45
1993	2686.09	1745.96	477.63
1994	2788.00	1812.20	407.52
1995	3281.41	2132.91	430.33

续表 1-1-8

年份	图书码洋（万元）	销售收入（万元）	利润（万元）
1996	4430.73	2879.97	538.56
1997	5548.41	3604.46	694.36
1998	9131.93	5583.93	1519.97
1999	9609.58	6246.22	2700.85
2000	11039.85	7175.90	2852.78
2001	8678.37	4579.50	1380.19
2002	8784.68	4606.99	1453.02
2003	12509.28	5555.93	1711.27
2004	11033.45	5834.19	1867.72
2005	7639.56	4759.12	1784.48
2006	15867.01	7112.73	2133.84
2007	21806.10	10979.94	1742.13
2008	32317.47	12466.34	2431.98

社会效益详见第一篇第四章

第七节　安徽美术出版社

安徽美术出版社于 1984 年 9 月 26 日成立，社号为 381 号。

出书范围　出版各类美术理论书籍、画册、书法、碑帖、美术技法、资料、工具书、年画、挂历等图书。

机构设置　1986 年，该社下设年画编辑室、连环画编辑室、《传奇画报》编辑室、总编办公室等 4 个科室。1987 年，调整为连环画艺术编辑室、年画编辑室、理论画册编辑室、出版发行科和办公室 5 个科室。此后，随着人员的扩充和业务量的增加，机构也不断作相应调整。2001 年，机构设置增加为图书编辑室 4 个、杂志编辑室 1 个、办公室、总编办公室、出版科、发行科、财务科 10 个科室。2003 年，设有图书编辑室 3 个、教材编辑室和期刊编辑室各 1 个以及办公室（总编办）、出版科、发行科、财务科 9 个科室。

2005 年 11 月 18 日，安徽出版集团正式挂牌成立，在全国出版系统内率先改制，安徽美术出版社遂由事业单位改为企业。2006 年，机构设置调整为第一编辑室、第二编辑室、图书策划部、《书画世界》编辑部、《至品生活》编辑部、教材发展部、出版科、发行科、财务科、办公室（总编办）。2008 年 11 月 18 日，安徽出版集团成立时代出版传媒股份有限公司，成功重组"科大创新"并顺利上市，安徽美术出版社随之成为时代出版传媒股份有限公司的全资子公司，主管、主办单位变更为时代出版传媒股份有限公司。2008年,机构调整为图书编辑室3个、教材编辑室1个、期刊编辑室2个、编务中心1个以及办公室(总编办)、校对室、出版科、图书营销部、教材营销部、财务科等13个科室。

2001年和2002年,被省新闻出版局评为“经营目标管理优秀单位”。2004年,被省人事厅授予全省出版系统“免于年度报告事业单位法人”称号。2005年,被人民美术出版社、人民音乐出版社、中国地图出版社评为“年度课程标准试验教科书宣传推广先进单位”。2006年,被安徽省委宣传部评为“全省新闻出版文艺战线大练兵活动先进集体”。

队伍建设 至2008年年底,全社在岗职工60名,其中管理人员4名,技术人员39名,营销人员14名,技术人员占职工总人数的65%。

2008年年底,全社共有编辑人员36名,大学本科以上学历36名,占编辑总人数100%。编辑人员按专业技术职称构成分析,高级7名,占19%,中级18名,占50%,初级11名,占31%。从编辑人员年龄结构看,截至2008年年底,平均年龄约34岁,其中50—59岁3人,40—49岁7人,30—39岁12人,20—29岁14人,编辑队伍实现了年轻化。

安徽美术出版社的用人制度随着时代的发展而呈现出不断变化的态势。

1984年经文化部批准成立至20世纪80年代末期,安徽美术出版社的单位性质是事业单位,无用人自主权,人员进出均需报政府人事部门审批,执行的是“定岗、定编、定责”的“三定”用人政策。

20世纪90年代初,市场经济被逐步引入到出版领域,出版社从单一注重社会效益转为既注重社会效益又兼顾经济效益,力争实现“两个效益”的最佳结合。1995年,安徽美术出版社实施全员岗位聘任制,推行“绩效考核、竞争上岗、择优录取、双向选择”的用人机制,打破了收入分配上的“大锅饭”,砸烂了人员任用上的“铁饭碗”。这一机制提高了职工的工作积极性、主动性、创造性,使该社的“两个效益”实现了跨越式发展。

2005年11月28日,安徽出版集团成立,标志着安徽出版业从此彻底实现了由事业单位向企业性质的转变,是安徽出版业发展的里程碑。为顺应出版体制的转变,安徽美术出版社的用人机制也与时俱进,开拓创新。从2006年1月1日起,该社推行了全员劳动合同聘用制,人员管理实现了从身份管理到合同管理的转变。细化了岗位责任目标,理顺了业务流程,加大了绩效考核力度,建立起“人员能进能出、职务能上能下、收入能高能低”的常态人员竞争机制,为安徽美术出版社的发展注入了新的活力。

担任社长的先后有石正勉、陶有法(兼)、朱秀坤、牛昕、曾昭勇,担任总编辑的先后有朱秀坤、武忠平。

建社以来,历届社委会始终重视对职工的教育培训工作,通过各种的教育培训,使职工在职业技能方面快速成长起来,该社每年度有计划地邀请知名出版人和清华美院等高等学校、科研院所的专家、画家来社讲学辅导,定期组织员工特别是编辑人员深入基层学校、印刷厂、书店、仓库了解书业行情，到书市、书博会、图书订货会参观学习。社内定期组织业务座谈会、研讨会，青年员工相互交流，分享各自的业务经验体会。在社内大力倡导老同志对年轻同志在业务上的“传、帮、带”，努力为刚进社的新员工创造良好的成长环境，使优秀员工能充分挖掘自身潜力，提高工作能力。不少青年员工通过几年的磨炼，走上了各级领导岗位，为出版事业的发展奉献着他们的聪明才智。

经营状况 安徽美术出版社建社之初，图书的出版发行仍处于计划经济时期，虽有庞大的连环画、年画市场作为依托，但由于人员过少，未能抓住时机扩大原始积累。1990—1996 年，出版经营加大了向市场经济转型的步伐，图书市场出现剧烈波动，经济效益一路下滑。

1998 年，新一任领导班子为该社带来了新的经营理念和工作作风。经过 5 年的拼搏，终于步入了经济快速增长的轨道。从 1999 年始，安徽美术出版社取得教材发行业务，收入利润指标大幅上升，连续几年销售收入及利润增长幅度都在 20% 以上。2002 年，安徽美术出版社财务核算实现了从手工记账模式转变为电子化记账模式，为安徽美术出版社优化业务流程、推进科学管理工作打下了坚实基础。

随着 2006 年转企改制，安徽美术出版社进入了一个崭新的高速发展时代。在日常工作中，强化流程控制标准、注重管理控制及经济效益，全面推行人事制度、薪酬制度改革，进一步完善了管理目标考核和编辑、发行业绩考核制度。

该社逐步建立起经营决策管理制度、预算管理制度、图书选题管理制度、图书质量跟踪检查制度、印务管理制度、发行管理制度、业务流程管理制度、财务管理制度、材料采购管理制度、营销管理制度、薪酬绩效考核制度、人事管理培训制度、档案管理制度、安全生产管理制度等涵盖生产经营管理过程的各种规章制度、办法、条例等，并逐年予以修订完善，为生产经营提供了保障。

1986—2008 年安徽美术出版社图书码洋、销售收入、利润情况统计表

表 1-1-9

年份	图书码洋（万元）	销售收入（万元）	利润（万元）
1986	1111.54	590.20	70. 20
1987	956.55	507.90	83. 00
1988	985.55	523.30	69. 50
1989	1264.28	671.30	81.30
1990	967.85	513.90	85.40
1991	652.58	346.50	46.10
1992	924.72	491.00	51. 60
1993	839.97	446.00	40.70

续表 1-1-9

年份	图书码洋（万元）	销售收入（万元）	利润（万元）
1994	774.99	411.50	20.20
1995	906.83	481.50	22.00
1996	1194.03	634.00	24.60
1997	1319.84	700.80	220.00
1998	1533.03	814.00	35.50
1999	1873.92	995.00	45.50
2000	2813.70	1494.00	366.80
2001	3396.97	1803.70	34.70
2002	4526.97	2403.70	88.70
2003	5480.31	2909.90	164.40
2004	5786.17	3072.30	269.10
2005	4748.26	2521.20	344.00
2006	7345.00	3900.00	622.20
2007	10330.46	5485.20	788.30
2008	13654.18	5009.60	303.20

社会效益详见第一篇第四章

第八节　安徽省教材出版中心

安徽省教材出版中心承担着全省中小学教材的出版租型、印刷供货任务。

2001 年 12 月，经省编委会研究并报省政府批准，由省新闻出版局印刷管理处出版科、质检科，省新闻出版局物资处纸张科，永青仓库，省新闻出版局计划财务处一部分合并成立安徽省教材出版中心（正处级事业单位），继续担负全省中小学教材的租型、印制工作。2005 年 11 月，安徽出版集团有限责任公司成立，安徽省教材出版中心随之并入。与此同时，中心为适应基础教育课程改革后集团代理教材的宣传推广和服务需要，成立发展部，设部长 1 人，员工 8 人。2007 年，安徽出版集团成立出版物印刷质量管理中心，办公室设在安徽省教材出版中心质检部。2008 年 4 月，永青仓库从安徽省教材出版中心剥离，划归安徽出版集团浆源中心管理。

2008 年 10 月，根据教材工作发展需要，中心增设发展二部，负责协调公司内部各出版社学生教辅用书出版；增设培训部，负责教材培训组织与协调；增设研发部，负责公司中等职业教育教材研发与推广；原发展部更名为发展一部，职能不变。2008 年 11 月，安徽出版集团重组“科大创新”股份有限公司上市，成立时代出版传媒股份有限公司，安徽省教材出版中心转入该公司。

业务范围 安徽省教材出版中心主要负责公司中小学教材代理、宣传推广、教材服务、印制和质量监控工作，同时还担负着公司各社学生教辅用书的统筹与协调。2008年，与安徽省教材出版中心具有教材代理关系的中小学教材原创出版社主要有人民教育出版社、江苏教育出版社、大象出版社、北京师范大学出版社、广东出版集团、中国地图出版社、星球·商务出版社、教育科学出版社、中国地质出版社等多家出版社。2008年，中心代理教材品种700个，年出版教材13509.231万册，涉及当前基础教育20个科目，年教材码洋83320.391万元。

机构设置 目前，安徽省教材出版中心有主任1人，副主任2人，下设办公室、发展一部、发展二部、培训部、出版部、质检部6个职能部门，中心现有员工19人。办公室负责内部日常行政管理工作，发展一部负责中小学教材宣传推广与服务，发展二部负责时代出版传媒股份有限公司各出版社中小学教辅的统筹协调，培训部负责教材培训组织与协调，出版部负责代理教材印制计划的编制、下发与监控，质检部负责代理教材的质量检测。

经营状况

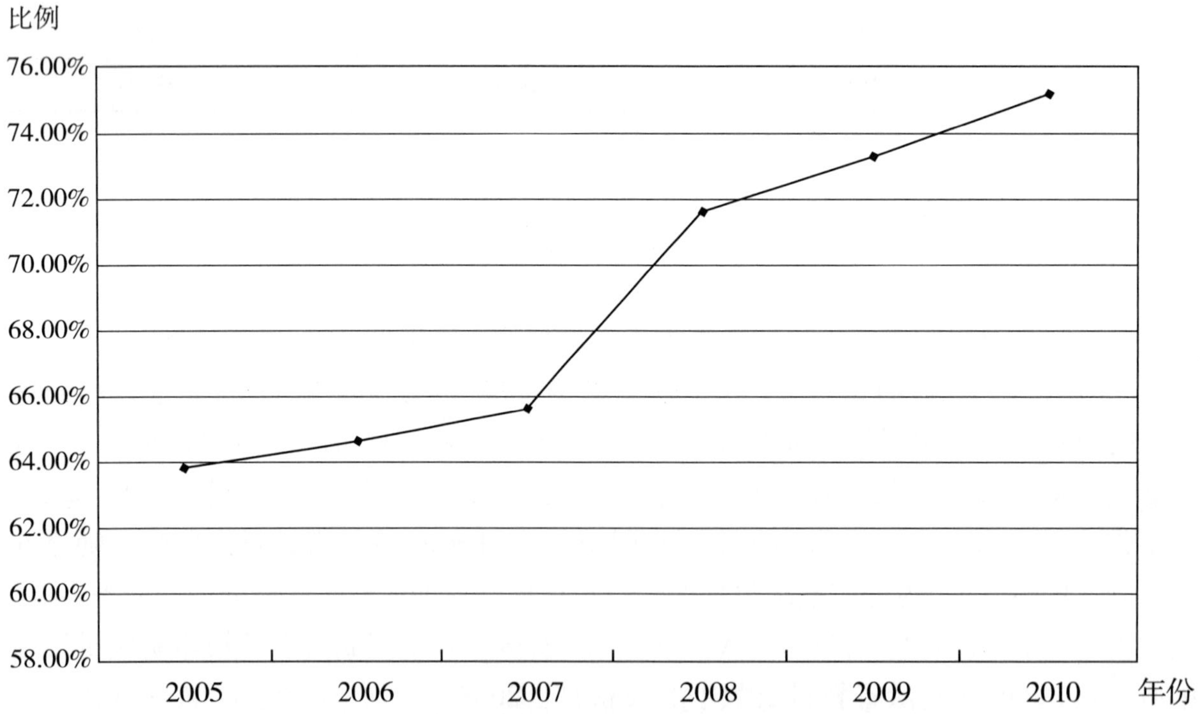

图 1-1-1 集团成立以来中心教材市场情况图

注：1. 集团成立以来义务教育教材市场比例

2. 集团成立以来，高中教材市场占有率一直保持在76%

集团成立以来中心教材出版情况统计表

表 1-1-10

年份	品种数	册数（万册）	印张（千）	总码洋（万元）
2005	508	14144.067	778209.976	74292.020
2006	502	13380.006	735926.266	73268.138
2007	634	13832.559	801676.358	78477.767
2008	700	13509.231	799934.552	83320.391

安徽出版集团组建以来,安徽省教材出版中心“立足教材服务,狠抓教材市场,坚持教材质量”,各项工作均取得了较大进展。

在教材市场上,自 2002 年安徽省全面进入基础教育课程改革,尤其是 2005 年 11 月组建发展部（发展一部）以后,安徽省教材出版中心教材服务工作以地市和学科为单位,分工更加细致,责任更加明确,有力地促进了教材服务工作的深化。随着教材服务的不断完善和提升,中心所代理的教材市场占有率每年均有所增长。

在教材培训上,中心根据教材使用情况,结合省市教育部门的需要,合作开展教材培训工作。2006 年培训 196 场，2007 年培训 126 场，2008 年培训 74 场。随着教材市场总体趋于稳定、大规模全员培训的完成和新课改的不断深入,教师对教材越来越熟悉,故教材培训场次呈现逐年递减的趋势,并主要转向以教研为主。集团成立以来,中心通过坚持不懈地开展教材培训活动,使中心代理的教材更好地为一线教师所掌握,促进了本省课改试验区教育教学事业的发展。

在教材印制上,中心是省内中小学教材“课前到书,人手一册”政治任务最重要的承担者。中心每年春秋两季均圆满完成教材印制任务,确保了广大中小学生开学时领到新教材。

在教材质检方面,教材中心历来重视教材质量,视质量为生命线。中心成立以来,不断建立健全教材抽样检测、送样检测、评比、奖惩等各项质量工作规章制度,坚持送样检测与抽样检测相结合,不断提高教材抽检比例,坚持在“公平、公正、公开”的原则下开展教材评比工作,严格执行教材质量奖惩制度。2006 年以来,中心代理教材质量总体稳定并多次受到教材原创出版社的表彰和奖励。

在教辅协调方面,中心发展二部在公司的大力支持和各出版社的通力配合下,顺利完成公司内部各出版社审定学生教辅用书的市场布局、品种协调等工作,并协助公司完成与教材原创出版社的教辅编写授权谈判,为公司学生教辅用书出版的健康可持续发展做出了应有的贡献。

1998—2002 年,连续三年被人民音乐出版社、人民美术出版社、中国地图出版社联合授予“租型先进单位”称号;2000 年,当选安徽省印协副理事长单位;2006 年,被安徽出版集团授予“先进单位”称号；2006 年，被安徽省创建文明行业活动委员会授予“安徽省文明窗口”称号；2008 年，在向汶川地震灾区捐款活动中，受到四川省教育基金会表彰。

担任安徽省教材出版中心主任的先后有莫欣（兼）、朱维明、刘玉英。

第二章 大学出版社及电子音像出版社

安徽省2008年有大学出版社三家,即成立于1985年的中国科学技术大学出版社、成立于1995年的安徽大学出版社和成立于2002年的合肥工业大学出版社。(2009年,安徽师范大学出版社成立。)大学出版社以出版高校教材、教学参考书、教学工具书和学术专著为主。本省的大学出版社已出版了一批成系列的教材和教学参考书,经济效益越来越好。中国科学技术大学出版社2006—2008年销售收入和利润增长率都在20%以上;安徽大学出版社2008年的利润达386.79万元,达历史最高点;合肥工业大学出版社自建社以来到2008年,图书发行码洋和销售收入年均增长超过25%。

安徽现有独立的电子音像出版社三家,即成立于1999年的安徽电子音像出版社、成立于1984年的安徽音像出版社和成立于2008年的安徽新华音像出版社。安徽电子音像出版社自2006年重组后,2007年扭亏为盈,2008年盈利13.36万元。安徽音像出版社生产经营从高投入到良性循环,实现利润最大化。安徽新华音像出版社2008年成立,当年实现销售码洋338万元,利润2.96万元。

第一节 中国科学技术大学出版社

1985年9月20日,中国科学技术大学出版社(简称中国科大出版社)正式成立。社号为474号。事业单位,处级建制。主管单位是中国科学院,主办单位是中国科学技术大学。自成立之日起,实行“事业单位,企业核算”的管理模式。2005年4月,取消行政级别,实行管理委员会领导下的社长负责制。(2009年12月,改制为国有独资的有限责任公司。)

出书范围 出版本校设置的学科、专业、课程所需要的教材,本校教学需要的教学参考书、教学工具书,与本校主要专业方向相一致的学术专著、译著,适合高等学校教学需要的通俗政治理论读物,为尚未成立出版社的高校出版同一专业系统的高校教材。

机构设置 1987年3月,正式建立出版社直属党支部(包括校印刷厂)。到1995年,校出版社和印刷厂开始分设直属党支部。2005年7月,出版社直属党支部调整为出版社党支部,由校党委组织部代管。9月,归属学校新成立的企业工作委员会领导。

1989年8月,中国科学技术大学音像出版社正式成立。与中国科大出版社合署办公,出版发行本校的科技、教育方面的音像出版物。

社内机构根据新闻出版总署和安徽省新闻出版局文件规定的出书分工范围和出版社的图书结构特点及管理工作的需要而设置。常设机构有编辑室、总编办公室、办公室、出版部、财务部、发行部、音像部、校对室、市场部、读者服务部。

曾经设置过的科室有:第一编辑室、第二编辑室、第三编辑室（北京）、理科编辑室、技术科学编辑室、人文科学编辑室、电子与软件编辑室、外语编辑室、综合编辑室、专项出版办公室、精品教材和学术著作编辑室、高教编辑室、职教编辑室、图书馆门市部、西区门市部、北京海淀科苑书店、合肥瀚海科技图书有限公司等。

队伍建设　中国科学技术大学出版社成立之初,组成人员共 5 人,其中一人为校领导兼职,主要是管理人员兼任编辑。至 1987 年年底,经过初期阶段的组建和发展,出版社的人员增加到 22 人。之后,随着出版规模的不断扩大,出版社加快了人才队伍的建设,到 1994 年,人员发展到 50 人左右,大多数为事业编制人员,少数人为聘用人员。其中具有大学本科以上学历者 29 人（含硕士学位者 5 名）,占全体职工人数的 55%,主要从事编辑工作或担负领导职务;大专学历 10 人,占 19%,主要从事发行、校对、出版管理和编务工作;其余人员从事储运、财务和门市工作。编辑队伍中具有副高职称以上人员 13 人,占编辑人员的 45%。按年龄结构分, 40 岁以下的青年编辑占 64%。为出版社的进一步发展建立了良好的人才队伍。

按学历结构分,大学本科学历 25 人,占总人数的 36.23%;硕士学历 17 人,占总人数的 24.64%;大专学历 12 人,占总人数的 17.39%;本科以上学历人员占总人数的 60.87%。

按职称结构分,高级 7 人,占总人数的 10.14%;中级 17 人,占总人数的 24.64%;初级 25 人,占总人数的 36.23%。取得职称人数占总人数的 70.01%。1996 年、1998 年、2000 年, 3 人分别荣获全国百佳出版工作者称号;2004 年, 1 人获得全国新闻出版业有突出贡献的中青年专家称号。1999 年, 15 人入选中国出版科研人员专家库。

担任社长的先后有辛厚文、张泰永、王荣森、侯建国、郝诗仙,担任总编辑的先后有江建名、张泰永、高哲峰。

经营状况　自出版社成立以来,出版社经营状况大致分为五个阶段。

初创阶段（1985—1988 年）　出版社国有资产略有增加,发货码洋从 1985 年的 53.5 万元发展到 1998 年的 185.42 万元,平均年增长率为 43.97%。

发展阶段（1989—1998 年）　国有资产平均每年增长 29.40%,发货码洋平均每年增长 21.57%,销售收入平均每年增长 38.12%,利润平均每年增长 36.25%。

调整阶段（1999—2000 年）　经济效益呈下滑趋势,发货码洋每年下降 22.47%,利润每年下降 43.07%。

恢复阶段（2001—2005 年）　这五年的销售收入和利润时好时坏,处不稳定状态。

二次发展阶段（2006—2009 年）　四年的销售收入平均每年增长 22.25%,利润平均每年增长 20.77%,发货码洋平均每年增长 24.12%。

中国科大出版社自 1985 年 9 月成立以来，中国科学技术大学先后拨款投入资本 100 万元，至 2009 年末，出版社总资产为 3977.13 万元，净资产——所有者效益为 3326.76 万元，即建社 24 年来，出版社给中国科学技术大学所创的效益为 3326.76 万元，平均每年增长净利润 129.07 万元。

出版社自 1985 年成立至 2008 年，在财务管理上，先后制定了《出版社差旅费管理制度》《固定资产和存货管理制度》《出版社财务管理制度》《财务预决算管理制度》《薪酬分配管理制度》《选题编辑年度组稿费用管理制度》《考勤管理制度》《加班管理制度》《选题效益核算及分配管理制度》，配合领导制定企业经营方针，进行各项财务战略决策。建立和规范企业内部财务管理组织，合理配备财务管理人员。开展财务预测，定期进行财务分析，为保证法人财产的完整和高效运作，建立有效的财务激励和约束机制，规范经营者的财务行为，加强出版社的财务管理和会计核算工作，努力提高国有资产使用效率，实现国有资产的保值增值。

社会效益详见第一篇第四章

第二节　安徽大学出版社

安徽大学出版社成立于 1995 年 2 月 18 日，是一家综合性的大学出版社，安徽大学为主办单位，安徽省教委为主管单位。

出书范围　安徽大学出版社以出版学术类图书和高校教材为主。自 1997 年开始步入正轨，确立依托本校、面向全省，为教学和科研服务的基本方向。把握改革开放发展的脉搏，紧随时代前进的步伐，树立全方位服务意识，倾情教育事业，注重学术品位，努力打造文史精品，形成拳头产品。坚持科学发展观，以本科段为基点，向研究生教育尤其是高等职业技术教育延伸，出版成龙配套的系列教材。近年来，为配合中小学课程改革，于基础教育领域开拓创新，包括在地方教材建设等方面进行了卓有成效的尝试。

机构设置　出版社社长由学校党委根据中央相关文件规定任命，实行在学校领导下的社长负责制，副社长、总编辑、副总编辑由社长根据相关文件规定的任职条件向学校推荐，经组织部门考核合格予以任用。社中层（科室）干部则实行竞聘上岗制度。普通职工由三种编制构成：属于学校的事业编制，属于出版社的企业编制（人事代理制），临时劳动用工。

队伍建设　自 1995 年建社之初到 2003 年，单位职工总数基本保持在 25 人上下。

2004 年春，《安徽大学学报》整体与出版社合署办公，因而单位职工总数增加较多。此后，随着聘用人员尤其是编辑、发行部门新人的不断加盟，职工总数呈现增势，2008 年，全社人数 48 人，年轻的研究生学历人员是新军中的主力。

担任社长的先后有何功杰、杨应芹、汤奇学、康建中，担任总编辑的先后有张耀辉、袁晖、杨应芹、汤奇学。

经营状况　安徽大学出版社成立于 1995 年 2 月，经过十余年的艰苦奋斗，注册资本已由建社之初的 28.3 万元提高到 700 万元。

1995—2008 年，累计实现图书发行码洋 26278.44 万元，图书销售净收入 15983.34 万元，利润总额 2069.55 万元。

1995—2008 年图书发行码洋指标分析　建社之初的 1995 年，图书发行码洋 2.85 万元。经过一年的摸索，1996 年实现 44.08 万元，增长 15 倍。1997—2001 年，出版社逐渐走上正轨，图书发行码洋呈递增态势。2002—2004 年期间，图书发行码洋有所下降，主要是由于个别主打品种图书受到严重冲击的原因。2005—2006 年，图书发行增幅趋缓，原因是由于占有重要地位的“两课”教材受政策调整影响而几乎绝迹。2004 年开始至 2008 年，在地方教材开发方面卓有成效，也因此弥补了此前的负面影响，遏止了图书发行量下滑势头，继续迅速上升。同时，对高职高专系列教材的开发，也使图书发行有了长足的进步。

1995—2008 年图书销售收入指标分析　1995—2008 年，图书销售收入的发展趋势与图书发行码洋的发展趋势相一致。需要说明的是，建社初期的图书发行折扣较低，这与当时的图书品种及质量有关。近年来，由于图书品种的多样化、质量的提高，图书的发行折扣也有所提高，因此，销售收入也随之相应提高。

1995—2008 年利润指标分析　1995—1996 年，由于建社费用的摊销和图书发行量过少等因素的影响，致使利润出现负增长。1997—2003 年，图书发行量增长、图书成本及办公费用得到有效控制，因而，利润依然在诸多不利因素的影响下仍保持良好的增长势头。2004 年的利润降至 1999 年以来的最低点，主要原因在于：1 地方教材开发的投入过多；2 主办单位收取房租及无形资产使用费过多；3 原材料及印刷工价上涨；4 图书市场竞争激烈，相关成本上涨等。2008 年的利润较 2007 年增长 240.01 万元，达到历史最高点，其关键因素在于地方教材已经开发成龙配套、高教系列教材品种日趋多样化。

1995—2008 年安徽大学出版社图书码洋、销售收入、利润情况统计表

表 1–2–1

年份	图书码洋（万元）	销售收入（万元）	利润（万元）
1995	2.85	1.01	–5.57
1996	44.08	23.54	–10.18
1997	162.91	141.09	9.56
1998	272.91	262.47	11.50
1999	940.60	379.86	117.59
2000	1604.18	641.41	362.04
2001	1630.15	732.44	221.02

续表 1-2-1

年份	图书码洋（万元）	销售收入（万元）	利润（万元）
2002	1347.60	1179.35	278.52
2003	1377.21	1061.37	267.94
2004	1536.79	1310.68	55.98
2005	2749.32	1511.02	107.47
2006	2781.27	1873.82	120.11
2007	5724.83	3194.04	146.78
2008	6103.74	3671.24	386.79

社会效益详见第一篇第四章

第三节　合肥工业大学出版社

2002 年 3 月 8 日，经新闻出版总署批准，合肥工业大学出版社成立。5 月 20 日，完成工商登记，成为安徽省第十家图书出版单位、第三家大学出版社。教育部为出版社主管单位，合肥工业大学为出版社的主办单位。

出书范围　以出版各学科、专业、课程所需的高校教材、教学参考书、教学工具书等为主体，同时出版理工科技类、人文社科类学术专著，以及地方文化研究专著。

机构设置　出版社自成立起即实行企业化管理、社长负责制，社内设有四个编辑室以及校对室，社长、总编办公室，发行部，出版科，财务科等科室。2007 年 10 月，经新闻出版总署批准，获得音像制品出版权，对外称合肥工业大学音像出版社。

在历次由新闻出版总署、安徽省新闻出版局组织的各项检查中，合肥工业大学出版社均取得较好的成绩。如 2008 年，在新闻出版总署组织的“经营性图书出版单位等级评估”中，成立仅六年的合肥工业大学出版社被评为二类出版社。

队伍建设　出版社成立初期，除社领导具有高级专业技术职务和 1 位编辑是副编审外，其余编辑出版人员均无专业技术职务。经过近几年来的学习、培养，截至 2008 年 12 月，全社有教授职称者 1 人、副编审 8 人、编辑 4 人、高级发行 4 人，占全社编辑、出版、发行人员总数的 70%。另外，全社员工中 90% 以上具有大专以上学历。

合肥工业大学出版社成立之初，即按照现代企业制度进行市场化管理，用人制度以市场化为主。除社领导班子成员由学校任命外，编、校、印、发人员则通过笔试、面试、审核等环节进行公开招聘。

目前，社内员工分为事业编制与聘用制两类。事业编制人员由合肥工业大学人事处统一管理人事关系，按照学校的统一薪酬标准和要求核定工资；聘用制人员试用合格后签订劳动合同，出版社为其办理人事代理，按时交纳医疗、养老、失业、工伤、生育等社会保险金，同时参照学校的薪酬标准和要求核定工资。

在“人人有目标，事事有标准”的原则下，出版社确定了绩效考核指标，量化编辑、校对人员的工作量，明确发行人员销售任务，制定社长办、总编办、出版科、财务科等科室岗位职责。同时，建立科学的绩效考核制度，从思想政治素质、组织工作能力、工作作风、工作实绩、廉洁自律、综合考评六个方面，按“好、较好、一般、差”四个标准进行考核，评出“先进个人”“先进集体”，并颁发荣誉证书和奖金，以鼓舞士气，弘扬正气。对考核排名靠后的员工，通过谈话，了解症结，帮助其放下思想包袱，找准方向，迅速提高。对个别不适应现在岗位工作的员工，针对特长和兴趣调整工作岗位，用其所长，扬长避短，帮助其树立目标，心情舒畅地开始新的工作，使大家“学习有榜样，追赶有目标”。

出版社自成立以来，就十分重视编辑、发行、管理三支队伍建设，鼓励、支持员工在职攻读高一级学历，鼓励、支持员工参加总署和行业协会组织的各种专业培训。经过几年的努力，截至2008年年底，全社在岗编辑中，已获得硕士学位者12人，双学位的1人，占编辑总数的72%。另外，还有3名在读硕士（含一名在读研究生班）、2名在读博士（不含2009年秋又有1名在读博士）。目前，合肥工业大学出版社编辑人员的专业方向包括理、工、文、医、农学各专业，初步形成了一支老、中、青结合，高、中、初级专业技术职务结合，专业合理、结构优化的高素质骨干编辑队伍，为保证出版社持续、稳定的发展准备了人力基础。

合肥工业大学出版社历届领导一贯重视员工政治和业务素质的培养与提高。出版社对所有员工实行培训上岗，采取多种在职学习方式，切实提高员工的各项素质。具体做法有：一、举办专家讲座。邀请出版领域相关领导和专家，以报告的形式，指导和帮助全社员工学习、熟悉国家出版法规、政策、条例、纪律，了解最新出版形势、图书质量管理、发行渠道的拓展等内容。二、组织人员参加省局和总署举办的定期专题培训学习。三、支持员工通过有计划、有步骤的学习，开展研究工作，申报专业技术职务。四、鼓励员工在职攻读硕士、博士学位，提高员工的专业素养和学历层次。通过多种形式的培训，截至2008年12月，合肥工业大学出版社从社领导到编辑、发行、财务等各岗位持证上岗率达到90%以上，形成了一支专业素养高、业务能力强的员工队伍。

担任社长兼总编辑的有杨成斌，担任社长的有马国锋，担任总编辑的有钟玉海（兼）。

经营状况 经济效益状况分析：合肥工业大学出版社自2002年成立到2008年，克服种种困难，从零开始，逐步发展壮大。成立初期的2002年，出版社的图书发行码洋为99.80万元，图书销售收入为24.96万元，利润则是−19.10万元。到2004年，出版社的图书发行码洋与销售收入虽然分别增长到1605万元与342.72万元，但利润还是−53.08万元。从2005年开始，出版社的资产运营状况开始好转。到2008年，出版社图书发行码洋与销售收入分别达到4275万元与1277.35万元，利润收入则达到60.56万元。综合2002—2008年的经济发展数据，出版社每年的图书发行码洋、销售收入增长均超过了25%。

六年时间中,出版社每年的净资产总额增长都在50%以上,流动资产总额、税后利润、单品种平均利润等经济指标年均增长率也都保持在较高水平。在追求以社会效益为核心的前提下,合肥工业大学出版社取得了一定的经济效益,资产整体运营状况良好,国有资产的保值增值得到实现。

2002年合肥工业大学出版社成立以来,在经营管理上始终目标明确。出版社按照"立足安徽,服务教育,面向全国,奉献社会"的办社宗旨,坚持"以高校教材为主体,以理工科技及人文社科学术专著和地方文化专著为两翼"的出版方向,从成立伊始到2008年年底的六年时间里,取得了一系列发展成果。

在内部制度管理措施上,合肥工业大学出版社博采众家之长,并结合自身的特点制定了各项规章制度,主要有《关于出版社各岗位职责的规定》《关于财务管理制度的规定》《关于出版印制质量管理规定》《关于实施图书编辑出版流程的规定》《图书质量管理暂行办法》《关于严格执行重大选题备案制度的规定》等,涉及选题策划、图书质量管理、财务管理、发行管理、人力资源管理等出版流程的方方面面。同时,在完善各项制度建设的基础上,还大力加强社内各部门的执行力建设,把制度规定落到实处;强化奖惩管理,把制度的执行情况作为各项评比的重要依据。正是由于有着比较完善的经营管理制度,使出版社在六年的发展时间里取得了较好的发展成果,在历次由总署、省局组织的各项检查中均取得了较好的成绩。

2002—2008年合肥工业大学出版社图书码洋、销售收入、利润情况统计表

表1-2-2

年份	图书码洋(万元)	销售收入(万元)	利润(万元)
2002	99.80	24.96	–19.10
2003	442.00	118.26	–32.10
2004	1605.00	342.72	–53.08
2005	2132.00	474.44	34.47
2006	3149.00	857.04	47.60
2007	3945.50	1085.71	89.24
2008	4275.00	1277.35	60.56

合肥工业大学出版社自2002年成立以来,克服种种困难,从零开始,逐步发展壮大。出版社每年的图书码洋、销售收入增长率均超过了25%,资产运营状况良好,在追求以社会效益为核心的前提下,取得了较好的经济效益。

社会效益详见第一篇第四章

第四节　安徽电子音像出版社

根据新闻出版总署和安徽省新闻出版局批复，1999 年 10 月 28 日，安徽电子音像出版社正式成立。原安徽省出版总社音像中心的音像制品出版业务调整至该社，并增加电子出版物出版业务。

该社性质为事业单位，具有独立法人资格，列入自收自支事业单位管理序列。

安徽电子音像出版社自成立至 2005 年 11 月，主管单位为安徽省新闻出版局，2005 年 11 月后，主管单位为安徽出版集团。该社性质由事业单位改为企业。

出版经营范围　该社主要从事电子、音像类出版物的选题策划、制作、出版、发行以及数字出版、网络教育等，内容涉及教育、科技、文化、卫生、农业、多媒体、服务、旅游、商业、娱乐等诸多领域，宗旨是为广大读者提供健康有益、丰富多彩的电子读物、音像制品和网络服务。

机构设置　该社成立后，一直与安徽旭日光盘有限公司联合经营，财务由安徽旭日光盘有限公司代管。

安徽出版集团成立后，从 2006 年 4 月 24 日起，安徽电子音像出版社和安徽旭日光盘有限公司分开经营，原安徽教育出版社电子音像编辑室人员调整至该社。该社拥有先进的数字摄像、摄影设备，广播级的录像、录音设备，采集、剪辑、压缩、刻录设备和技术。社内设第一编辑室、第二编辑室、e-Book 编辑室、综合办公室、财务部、制作部、发行部。

该社自成立以来至 2008 年年底，获国家级电子音像出版物奖 5 项，获省级电子音像出版物奖 11 项。

队伍建设　安徽电子音像出版社自成立以来，即采用新型的用人制度，除了社领导及少数员工有事业单位编制外，大部分员工都从人才市场招聘，严格考试，择优录用，定岗定责，有进有出，优胜劣汰。

该社在管理上建立一套科学的考核奖惩制度，每半年考核一次，实行工效挂钩。用社会效益和经济效益两把尺子进行考核，其中社会效益放在首位。对于重大违规违纪者，或给出版社造成重大损失者，坚决予以辞退。建社以来，已辞退三人。该社重视专业人才，给他们创造有利的工作条件，对于做出突出贡献者，在评优、待遇上予以倾斜，并安置在重要岗位上。

由于该社条件有限，难以吸引高水平的人才，现有人才流失的情况也时有发生。鉴于此，该社自 2003 年起制定了队伍建设和人员培训计划，主要做法是在岗培训，每周安排半天时间进行业务学习、业务交流，不定期聘请专家来社里讲课。

2006 年 4 月底，安徽电子音像出版社分开经营并进行重组后，随着整个出版集团企业化改革和编辑职业资格考试制度的出台，使该社原有在编编辑的用工方式也由国家干部制转为社会化开放式的用工制度。该社随之出台与之相配套的专门针对该社员工的薪酬体系，在岗位职责明确的前提下，考核的目标更明确。出版社通过量化与非量化两个综合标准对员工进行全面考核，薪酬分配向营销和编辑一线人员倾斜。对于非量化的考核，出版社专门制定了评定方案。出版社用人制度已经与企业化接轨。

该社 1999 年成立时，人数 4 人，到 2008 年，全社人数 21 人。

该社主要负责人先后有胡正义、薛贤荣、刘桂霞。

经营状况　安徽电子音像出版社自建社至 2006 年 4 月底，一直与安徽旭日光盘有限公司联合经营。2001 年年底前，没有独立财务，经济效益无法核算。

2002 年至 2006 年 4 月底，财务由旭日光盘有限公司代管。在此期间，经济效益不好，处于微利和亏损状态。究其原因，大致有三：一是体制不顺，出版社被边缘化；二是这期间电子音像出版物市场混乱，盗版猖獗，全国的电子音像出版社出现大面积亏损，该社也未能幸免；三是该社属于新社，从业人员经验不足，个别人出现了重大失误，造成损失。此外，还有投入不足、出版资源流失等原因。

2006 年重组后，该社加强管理、理顺关系、打造队伍，努力策划原创精品，以内容决胜市场，以服务开拓市场；向新媒体出版进军，并已取得成效。自 2007 年起，实现扭亏为盈。2008 年，利润有较大幅度增长。

安徽电子音像出版社出版物码洋、销售收入、利润情况统计表

表 1-2-3

年份	出版物码洋（万元）	销售收入（万元）	利润（万元）
2002	133	70.76	1.17
2003	223	118.96	1.38
2004	87	46	–68
2005	367	198.66	–8.56
2006	350	188.97	–1.63
2007	383	204	2.58
2008	693	368	13.56

社会效益详见第一篇第四章

第五节　安徽音像出版社

安徽音像出版社（原名黄山音像出版社），1984 年 5 月经国家广电部和新闻出版总署核准成立，并由省编委会批准为县（处）级建制，经费自理，实行企业化管理，隶属于安徽省广播电影电视局。

单位性质：事业单位（自收自支）。

出版经营范围　从事音像制品采录、编辑、出版、发行和音像设备、材料的销售。

机构设置　社长室、办公室、财务室、出版部、采编部、发行部、制作中心、影视广告、海威特音像公司、安徽人民文化传播有限公司。

队伍建设　出版社为处级建制，副处以上干部由省广电局人事处任命，科以下人员自主选调管理，报主管部门备案。从业人员由管理人员（含有职称的），具有高级职称、中级职称和初级职称的技术人员以及工勤人员按结构比例组成。1984 年 5 月至 1988 年 12 月，全社由 10 人增加到 20 人；至 2008 年年底，全社从业人员 37 人。

担任社长（法人）的先后有蒋建华、张宜银、陈昌发、黄怀宁。

经营状况　安徽音像出版社先后制定了一整套的管理制度，主要有《编辑出版工作制度》《编辑工作三级审查制度》《首席编辑制度》《母带管理暂行规定》《出版档案管理内容》《办公室业务管理工作职责》《复制加工管理办法》《财务管理暂行规定》《社长职责》《发行部管理职责》《影视部管理职责》《安徽音像出版社档案管理办法》等。

弘扬主旋律，多出好的作品奉献大众。安徽音像出版社牢牢把握出版方向，以主旋律作品为先行，编辑出版了一批讴歌时代精神，歌颂党和祖国的优秀音像制品，如《难忘的时代颂歌》《风雪大别山》《纵横安徽》《黄山》《徽州古民居》等等，教育了人民，振奋了斗志，宣传了安徽，弘扬了“黄山松”精神。

围绕本社提出的“一个中心、三个基本点”开展出版工作。建社的前十年，基本上是单一的音乐、戏曲出版品种，载体只有音带、录像带两种形式。随着市场的千变万化和科技进步，单一的模式早已不适应生存和发展。因而，社里及时调整出版战略，拓宽出版领域，制定了安徽音像出版社的出版主攻方向为“一个中心、三个基本点”。一个中心：就是以中国黄梅戏为中心，大张旗鼓地宣传黄梅戏，精心编辑、制作、出版黄梅戏光盘，不断推陈出新，使黄梅戏艺术真正唱响全国，走向世界。三个基本点：一是以中国传统国粹京剧为第一出版基本点，不断地收集、整理、出版京剧系列光盘，弘扬国粹。二是以地方戏曲和传统民歌为第二基本点，挖掘、整理、编辑出版了传统庐剧、皖南花鼓戏、泗州戏、推剧、安徽大鼓以及豫剧、淮剧、扬剧、锡剧、淮海戏等一大批传统地方戏曲，并推出了全省第一张民歌 CD 专辑《当涂民歌》，传承了民族艺术瑰宝。三是广泛涉猎多种类别，拓宽出版领域，如外语类、教育类、社科类以及影视剧、风光片、专题片、动漫制品等，丰富了出版品种，打破单一的戏曲格局，谋求更大发展。

加强出版物“三审”制度。出版物“三审”制度是该社常抓不懈的日常工作，为此，社里下文指定专人负责“二审”“三审”工作，做到环环相扣，各负其责，不走过场，使“三审”工作落到实处。社里成立了“艺委会”对所有出版选题进行终审，凡是终审通不过的选题，一律撤销，不得出版，从而维护了正版音像制品的声誉，抵制了不健康音像制品流入市场。2007 年在国家出版总署和中国音像协会共同开展的音像制品大检查中，该社出版的音像制品抽查全部合格，受到了表彰。

依法规范出版工作。多年来，该社重视普法教育，常年聘请法律顾问，多次将法律顾问请到社里，给职工讲授《中华人民共和国著作权法》《音像制品管理条例》《中华人民共和国刑法》等相关法律法规，使每个编辑、出版人员都能知法、守法、懂法，并能运用法律武器维护自身的合法权益不受侵犯。

在出版经营管理中，不论是该社原创的出版物，还是合作出版的音像制品，该社首先把握住知识产权这一关，凡是知识产权权属界定不清或有争议的选题坚决不予出版，减少了知识产权纠纷案件的发生，避免由于诉讼而产生的经济损失，有力地保证了音像出版工作的顺利进行。

改变传统的发行方式，提高经济效益。1997 年前，该社的发行方式基本上是“代销”模式，由于代销制的各种纰漏和不完善，使该社不得不面对越来越多的拖欠货款和退货现象；同时，导致了大量的呆账、死账无法挽回。为了杜绝这种恶性循环，该社果断地改变了发行方式，采取现金交易，款到发货；虽然发行量减少了，但杜绝了在流通环节中大量资金损失。现金交易也被运用到合作出版和版权贸易中，从而使经济效益最大化，损失几乎为零。

做好档案管理工作。为了加强出版工作的管理，使出版工作形成系统化、制度化，有条不紊地沿着正确的轨道开展，该社总结经验教训，将出版部归入办公室，统一管理出版工作。并先后建立健全了出版物《三审表》《音像制品出版审批登记制度》，《出版编码、条形码、音像复制委托书使用审批制度》《样片审读留存制度》《样品上缴制度》等，并将上述审批资料按年度整理归档，便于查找利用，从而保障了音像出版工作的正常开展。

1986—1997 年是该社经济效益较好的一段时期，年销售收入平均 600 万元以上，但纯利润已经从年 200 多万下降到年 14 万元，“代销”制的弊端突显，在没有建立起信用体系的情况下，经常出现不负责的订货行为，使该社不得不面对越来越多的拖欠货款和退货现象，这是导致纯利润下降的主要因素；其次是由于人员工资的不断上调也是导致纯利润下降的次要因素之一；再者是体制弊端，养成少数职工“吃大锅饭”的情况，上不上班照拿工资，也是利润上不去的原因之一。所以账面上的销售收入虽然没有显著的下降，但投入的资金增大，不断地发货——催款——退货，部分零售商拖欠货款，直至变成呆账、死账，给该社经济造成了极大的损失。

1998—2008 年，为了改变“代销”制造成的恶性循环，该社果断制定了经营管理措施，变“代销”为现金交易方式。从出版物码洋表可以看出，虽然发行量减少了，但销售收入与发行金额持平。从而使损失降到最低，利润达到最大化。

1999 年为庆祝中华人民共和国成立 50 周年，中共中央宣传部、文化部、国家广电总局、新闻出版总署、中国文联等五家联合下文选择了安徽音像出版社编创、出版的黄梅戏《天仙配》《女驸马》两部戏的 VCD 光盘，进京参加“新中国成立 50 周年成就展”。该社获得了新闻出版总署颁发的“重大贡献奖”获奖证书。

1986—2008 年安徽音像出版社出版物码洋、销售收入、利润情况统计表

表 1-2-4

年份	出版物码洋（万元）	销售收入（万元）	纯利润（万元）
1986	885	743.41	206.28
1987	760	606.56	143.87
1988	690	551.93	63.55
1989	915	823.91	87.1
1990	680	530.69	84. 78
1991	910	823.71	71.40
1992	754	685.12	52.68
1993	709	631.74	20.11
1994	803	521	14.06
1995	702	612.65	15.70
1996	710	652.32	15
1997	752	664	14
1998	232	234.61	12
1999	231	230	13
2000	254	256	11
2001	260	269	12
2002	202	296（含其他收入）	10
2003	220	386（含其他收入）	11
2004	150	198（含其他收入）	10
2005	201	370（含其他收入）	10
2006	230	575（含其他收入）	12
2007	226	465（含其他收入）	9
2008	158	255（含其他收入）	8

出版物及获奖情况见第一篇第四章第二节

第六节　安徽新华音像出版社

安徽新华发行集团下属的安徽新华音像出版社，是依据中央文化体制改革精神于2008 年 3 月在收购省文化厅所属的安徽文化音像出版社改制重组的基础上创立的，是全国新华书店系统内首家跨行业收购的上游出版社。

安徽文化音像出版社是1992年8月经新闻出版总署《关于同意成立安徽文化音像出版社的批复》批准成立的。2007年8月，根据安徽省委办公厅、省政府办公厅《关于省属经营服务性事业单位转企改制工作的意见》文件精神，安徽新华发行集团有限公司（2008年2月整体变更为安徽新华传媒股份有限公司）与安徽省文化厅达成兼并重组协议。

2007年11月，根据新闻出版总署《关于同意安徽文化音像出版社变更主办主管单位并更名的批复》文件精神，安徽文化音像出版社更名为安徽新华音像出版社，主办、主管单位变更为安徽新华发行集团有限公司，出版范围不变。公司性质为国有法人独资有限责任公司。经济独立核算，自收自支。社长为谢正平

出版经营范围　出版文化艺术方面的音像制品，从事音像制品、音像器材及其他文化用品的销售，摄像、摄影。

机构设置　编辑部、出版部、制作部、发行部等。

经营状况　2008年3月，安徽新华音像出版社正式创立。该社在完成了“事改企”的制度改革（由全民所有制企业变更为有限责任公司）的基础上，依托其母公司安徽新华传媒有限公司“上下游一体化”经营战略，逐步走出了一条有特色、立体化出版发展之路。截至2008年12月，共制作、出版、发行音像制品118种，涉及农业、科技、文化、艺术、教育等诸多领域，产品投放市场后深受广大农民和读者的喜爱，成为该社最具竞争力的特色产品。

2008年，出版社实现销售码洋338万元，利润2.96万元。

出版物及获奖情况见第一篇第四章第二节

第三章　图书编辑出版业务管理

加强图书编辑出版业务管理是提高图书质量的重要保证。出版社的编辑出版业务工作首先是抓好图书选题计划的制订。多年来，出版社从选题的制订、论证到报批，已形成了一套完整的科学的程序和制度，选题计划工作已步入规范化轨道。有了好选题还要编出好书，这就要加强审稿工作，切实落实“三审制”，严格把好书稿质量关。同时，要做好重点图书的出版工作，在人力、财力上都要给予支持和保证，使重点图书得以保质保量按时出版。

第一节　选题计划管理

选题计划管理是图书出版管理的基础，体现了出版的方向、重点、特色和效益等，是出版单位的基础性业务工作。出版管理部门对选题计划的组织、指导、论证和监管活动，便于对出版物的出版进行宏观性的控制，提高出版物的质量，合理安排结构，及时了解出版动向，有的放矢地采取相关管理措施，防患于未然。选题计划管理是出版管理的重要举措。

1994 年 3 月，根据新闻出版总署的有关规定，并结合安徽省的实际情况，安徽省新闻出版局制定了《图书管理暂行条例》，对出版单位选题年度出版计划、年中调整选题、临时报批选题、选题专项报批等，都作了明确的规定和要求。

主要做法　第一，出版单位在制订选题计划时，必须坚持以中国特色社会主义理论为指导，坚定不移地贯彻党的“一个中心、两个基本点”的基本路线，坚持为人民服务、为社会主义服务的方向，贯彻“双百”方针，把社会效益放在首位，努力做到社会效益和经济效益的有机统一。

第二，出版单位制订选题计划必须遵循核定的出书范围，并要在突出主旋律、突出抓质量、突出抓结构调整上下功夫，做到短期计划与中长期计划相结合，集中力量出好本专业的图书，努力形成自己的特色。学术著作不得少于年度出版计划的 15%，重点图书和外向型图书都要占一定的比例，再版书不得少于 30%。同时随着改革开放的深入，为适应市场经济的需要，允许在坚持专业分工出书的前提下出版一些相关、相近的出版物，但不得超过本单位出书品种的 3%—5%，并专题报安徽省新闻出版局核准后方可实施。出版社转企改制以后，专业分工的规定有所放宽。

第三,凡有下列情况的,不得列入选题计划:1. 与党的路线、方针、政策和国家有关法律、法规不符,有政治错误的;2. 格调低下,涉及淫秽、色情、宣传封建迷信、凶杀暴力及伪科学的;3. 违反国家外交政策、泄露国家秘密的;4. 违反出版管理规定,变相买卖书号的;5. 严重超出专业分工范围,或超出国家授权范围的。

描写、记述或涉及新中国成立以来党和国家主要领导人工作、生活情况的图书,专题论述"文化大革命"及其历史的图书,涉及国民党上层人物和对台关系的图书,编制出版各种地图、性知识方面的图书,涉及民族、宗教问题的图书,非专业出版社出版挂历等等,必须按专业分工向省新闻出版局和有关部门专门报批。

第四,对当年的选题计划进行分层次论证。

编辑室论证。各编辑室对每一选题的质量、社会效益进行论证,并估计发行量和经济效益,然后决定是否列入编辑室的选题计划。

出版社论证。在各编辑室论证的基础上,各出版社在制定全社的年度选题计划时,采取选题报告会等形式进行论证。编辑或编辑室主任在全社人员大会上报告各自选题的思路、内容、特色和出版价值等,与会者发表意见,充分讨论后将选题计划上报审批。

省新闻出版局选题论证小组论证。安徽省新闻出版局召开选题论证小组会议,对各出版社的选题计划进行论证。首先由各出版社社长或总编辑作关于本社选题计划的指导思想、品种结构、"骨干工程"、效益预测方面的介绍,选题论证小组成员各抒己见、献计献策。各出版社根据局选题论证小组的意见再进行调整、修改、补充,报省新闻出版局。

省新闻出版局审批。安徽省新闻出版局出版管理职能处室对各出版社上报的年度选题计划逐社进行审定,然后将省局审定的年度选题计划上报新闻出版总署备案。审定的年度选题计划在执行过程中,如有新的重要选题需要在本年度内出版的,可以临时补报。年中补充、调整的选题计划也必须由省局组织论证、审批,综合上报。年中调整撤销和列为重点图书的选题,如有变更必须上报管理部门撤销、备案。

如违反图书选题管理规定,或出版质量低劣的图书,造成不良社会影响,受到省级以上(含省级)书报刊市场管理和出版行政管理部门查处的,将追究领导和责任人的责任。并视情节轻重,分别给予当事人当年不晋升职称,不提拔职务,暂停专业技术职务的聘期或高职低聘,扣发年度奖金,处以行政警告、记过处分;触犯刑律的移送司法机关查处。对责任出版社将视情况分别给予通报批评、没收违法所得、罚款等处罚;严重的报请新闻出版总署批准,给予停业整顿、撤销社号的处理。

"三审制"检查情况 2002 年,《安徽省新闻出版局对全省图书出版社 2001 年度"三审制"执行情况的检查通报》通报了对 2001 年度全省图书出版单位"三审制"检查情况:

(一)总体情况

共收到三审签单 1107 份,检查结果表明,大多数出版社执行三审制的力度比较大,安徽大学出版社、中国科学技术大学出版社、安徽科技出版社和安徽美术出版社的"三审”执行情况较好。有的出版社的三审记录过于简单、流于形式，不符合规范要求。

（二）问题分析

从检查的结果分析来看，“三审制”存在问题的主要原因有：

初审中，个别责任编辑态度不够端正。主要由工作任务重和编辑业务素质不高、审稿马虎等原因造成。

承担复审任务的编辑室主任大多是出版单位的中坚力量，肩负管理、编辑和复审的任务，加之自身发稿量大，复审时间和精力都跟不上。

有些出版单位终审意见过于简单，没有概括性的评价和指导性意见。

少数出版社的急稿为了赶时间、抢市场，从组稿到编校都搞急就章，三审流于形式。

（三）安徽省新闻出版局根据检查的情况，就加强和规范“三审制”重申：

各出版社要切实提高执行三审制的认识；

严格按照三审制的要求，进一步完善书稿的三审工作；

妥善解决由室主任或社委会成员担任责任编辑的书稿复审工作；

加强书稿审读监督，对初审中存在的问题，复审有责任指出，对复审不符合要求的地方，终审应予以指正；

各出版社认真对照检查通报中提出的意见，进一步改进、完善“三审制”，使“三审制”这项关键性的审稿制度真正落实到图书出版的编辑流程中，促进皖版图书的质量不断提高。

第二节　审稿与审读

审稿　书稿的编辑审稿是保障和提高出版物质量的重要工作环节。

1985 年 6 月，为了提高书稿质量、完善编辑岗位责任制，安徽省出版总社制定了《关于编辑定额管理和发稿质量的暂行规定》，要求编辑和复审人员消灭书稿上政治性、知识性和编排技术性错误，终审人员审查书稿能否达到出版水平并及时签发书稿。

1989 年 6 月，安徽省新闻出版局制定了《关于提高图书质量的规定》，更加明确地提出要“坚持书稿三审制”。这期间，安徽省新闻出版局编辑出版了内部指导刊物《编辑业务》，对出版单位的审稿进行业务指导。

2005 年 11 月，安徽出版集团成立，原属安徽省新闻出版局直接管理的 8 家专业出版社归属安徽出版集团，成为该集团的组成单位。书稿的审核对出版物质量的把关更显重要，为此，安徽出版集团专门成立了书稿审核的职能部门审读室，加强集团对出版单位书稿质量的监督检查。

审读　出版物审读是出版管理的基础性工作，是掌握出版动态、确保正确导向、维护出版物市场秩序、促进出版业健康繁荣发展的重要手段。

1988 年 4 月，安徽省出版总社制定了《关于建立图书审读制度的规定》，以出版社送审和抽样审读相结合,对从1988年起出版图书品种的40%—50%进行审读,规定评优图书一律由各专业出版社从经过审读的图书中择优申报参评。图书的审读包括内容与形式两方面,审读的日常工作以总编室为主,省版协协助确定审读书目,组织审读并编印《皖版图书审读简报》。

1989年3月,安徽省新闻出版局制定了《安徽省新闻出版局关于加强对报纸、期刊、图书、音像出版物审读工作的规定》,通过有选择的审读,了解报刊、图书、音像出版物内容和执行党的方针情况,掌握新闻出版动态。审读对象为:1.抽审本省正式出版的各类报纸(党报除外)、期刊、图书、音像出版物、内部出版物;2.重点审读社科类、文学艺术类出版物。审读的内容除审查是否贯彻党的路线、方针、政策和遵守国家的法律法规外,对报纸、期刊、图书、音像刊载的重要作品,有较大突破的文章专著等及其编辑和印制质量等方面作了具体的审读要求。

1989年6月,安徽省新闻出版局建立了图书审读组和审读员制度,及时向各出版社通报图书审读情况,定期向省委宣传部和新闻出版署提交综合审读报告。

1993年4月,安徽省新闻出版局制定了《安徽省书、报、刊审读暂行办法》,明确图书审读范围为本省各出版社当年出版的新版图书总品种数的8%和书刊市场收缴的非法出版物涉及需鉴定的部分。安徽省新闻出版局设立了非常设机构审读办公室,成立了有关局领导和职能处室主要负责人组成的图书审读领导小组,有专职审读员和业余审读员担任具体审读工作。

1994年7月,安徽省新闻出版局将审读工作作为"抓总量、抓结构、抓导向、抓效益"和实现新闻出版工作阶段性转移的重要保证措施之一,纳入到新闻出版管理工作中,审读工作逐步走上规范化轨道,对提高皖版图书编辑出版的整体质量起到了积极作用。9月,安徽省新闻出版局下发了《印发〈关于收缴书报刊审读定性工作的若干规定〉的通知》,对出版物市场收缴的非法书报刊的鉴定作了明确规定,凡正式出版单位所出版的出版物,一律报送省新闻出版局定性,凡需定性为政治反动、淫秽、色情、封建迷信、凶杀暴力的,无论是正式出版单位或非出版单位出版的,都由省新闻出版局定性。凡没有版权记录或版权记录不全,伪称或假冒出版单位社号及书刊号、盗版、非法加印、署名为出版单位又没有书报刊号的出版物,以及这类图书、画片、手抄本、扑克牌等物品,均由地市新闻出版(文化)管理部门认定,及时发出查禁目录,并报省新闻出版局备案。书报刊鉴定须写出审读报告,并填写出版物鉴定书和审读鉴定意见单。

根据新闻出版署关于加强报刊审读工作的通知要求,安徽省新闻出版局1999年2月依据《中华人民共和国著作权法》《出版管理条例》等法律法规制定了《安徽省新闻出版局报刊审读工作实施办法》,共分八条。凡经新闻出版行政管理部门审核批准,履行登记注册手续,领取"报刊登记证",编入"国内统一刊号"的报纸、社科类期刊列入审读范围。省新闻出版局、各市新闻出版管理机构和各报刊社设立具有上下级指导关系的三级审读组。审读员由机关管理部门和出版单位各自聘任,由省新闻出版局颁发报刊审读员证书。审读员实行聘任制，聘期一年。其职责除按照各自分工认真严肃地完成审读任务，及时报告审读情况外，要定期提交书面的综合审读报告。审读工作程序中包括样刊送达、审读登记、情况反馈、撰写报告和审读例会等环节。

为了进一步强化审读职能，发挥审读在加强新闻出版行政管理和促进出版产业繁荣发展的积极作用，经过新一轮文化体制改革，2005 年 4 月，安徽省新闻出版局成立了安徽省出版物审读室。2006 年 1 月，经省编办批准，安徽省出版物审读室为正处级建制，财政全额拨款事业单位（在编人员 8 名，年审读经费 50 万元），明确主要职责是负责指导本省图书、报刊、音像制品、电子及网络出版物内容的审读、审看、审听，对全省各市、县新闻出版审读工作负有指导责任。

2007 年 3 月，安徽省新闻出版局制定下发了《关于印发〈安徽省新闻出版局审读鉴定工作暂行办法〉的通知》（以下简称《通知》），对出版物的审读和鉴定做了相应规定，《通知》结合全省新闻出版审读和鉴定工作的实际情况，将审读和鉴定工作并行管理。省新闻出版局图书出版管理处（音像和电子出版物管理处）负责本省出版的图书、音像制品、电子出版物、互联网作品出版前审读和出版后的内容质量检查审读工作，负责非连续性内部资料性出版物印前审读工作；省新闻出版局报纸期刊管理处负责本省出版的报纸、期刊出版前审读和日常内容质量检查审读，负责连续性内部资料性出版物样本审读工作；省新闻出版局市场监督处负责受理鉴定涉嫌含有违禁内容的非法出版物，未经批准擅自出版、印制或者复制的出版物，伪造、假冒出版单位或者报刊名称出版的出版物，非法进口的出版物等；省新闻出版局版权管理处负责侵权盗版出版物的鉴定工作；省出版物审读室具体承担本省出版物的图书、报纸、期刊、音像制品、电子出版物、互联网作品和内部资料性出版物样本审读工作，负责承担机关职能处室安排的专项审读，负责日常审读工作的组织协调和督促检查，审读报告、审读意见书等整理归档以及审读经费使用的审核。该《通知》上较为原则地对审读鉴定工作在程序要求和审读经费使用上作了规定。

2007 年 8 月，安徽省新闻出版局制定了《安徽省新闻出版局出版物审读工作实施细则（试行）》，共十二条。主要内容是：成立局审读工作委员会，建立审读专家库，实行聘任制；局审读工作委员会每季度召开一次审读工作会议，由职能处室和审读室提出审读工作任务，经委员会审定，由审读室组织审读；审读室按专业对口原则从审读专家库中选取审读员，提出审读任务要求与期限，审读员在规定时限内完成审读并提交审读报告，审读报告经审读室和机关职能处室复核后，报经审读委员会负责人审定，有关职能处室依据最终审读结果，按照新闻出版管理有关规定提出处理意见，采取相应的行政管理措施，对违规出版单位作出“诫勉谈话”、撤销选题、责令整改等措施；审读室选取优秀审读报告及审读结果在编辑出版的《安徽审读》简报上登载。

2007 年 9 月，安徽省新闻出版局审读工作委员会成立，委员会主任由局长担任，副主任由副局长担任，成员由各职能处室负责人和审读室负责人组成，委员会办公室设在安徽省出版物审读室,由其负责处理日常审读工作。2008 年 9 月,安徽省新闻出版局制定了审读委员会办公室的具体工作职责。局审读工作委员会 2008 年 2 月和 9 月召开委员会会议,要求按照“有利于加强审读工作,有利于理顺工作关系,有利于提高审读质量”的原则,进一步积极开展审读工作。

审读工作的质量和水平高低与审读员队伍的政治修养与业务素质密切相关。安徽省出版物审读室成立以后，初步建立了一支具有较强政治理论水平和较高专业技术水平、了解新闻出版、热心审读工作的专家学者型审读员队伍。省新闻出版局下发了《关于印发〈安徽省新闻出版局特约审读员管理暂行办法〉的通知》，办法规定：局审读工作委员会（审读室）负责局特约审读员日常管理工作，特约审读员的任职基本条件是：(一)坚决拥护党的路线、方针、政策，具有坚定的政治立场和观念，有较强的政治敏感度和鉴别力；(二)熟悉、掌握党和国家有关新闻出版的方针及法律法规；(三)具有较强的责任心和文字综合能力，能独立、客观、公正地审读出版物并做出质量优劣的判断；(四)身体健康，能够承担审读工作，年龄一般不超过70周岁。对从事出版物内容质量审读的特约审读员除具备基本任职条件要求外，还应具备：(一)在相关学科领域具有较高的学术造诣与影响，获得副高以上专业技术职称，熟悉并了解相关学科的发展规律与发展趋势，了解新闻出版工作的程序；(二)在新闻出版行政管理部门担任处级以上领导工作，具有丰富的新闻出版管理工作经验。对从事出版物编校质量审读工作的特约审读员除具备基本任职条件要求外，还应具备：(一)从事编校工作并获得新闻出版专业技术中级以上职称，最近3年无出版物质量检查重大差错记录；(二)熟悉本专业范围内出版物的发展情况，在新闻出版行业担任科级以上职务；(三)从事新闻出版行政管理的专职人员。从事内容质量审读的特约审读员可兼任编校质量审读工作。特约审读员实行聘任制，聘期二年。特约审读员因以下原因不能继续履行审读职责，经委员会研究决定，可提前解聘或届满后不予续聘：(一)因年龄或身体等个人因素不能继续承担审读任务；(二)工作责任心不强，不能按时提交审读结果3次以上；(三)提交的审读结果不符合审读质量要求2次以上。对特约审读员的工作职责明确规定：(一)自觉学习有关法律法规、方针、政策，积极参加有关业务学习和培训活动；(二)严格遵守审读工作纪律；(三)按时、按质、按量完成审读任务并提交审读报告；(四)发现出版物中重大政治错误、重大版面事故以及产生重大社会影响等问题，立即向局审读工作委员会报告。

成立安徽省出版物审读室是安徽省新闻出版局在新形势下加强全省出版物审读工作的一项举措。

2008 年 12 月,中共安徽省委宣传部和安徽省新闻出版局共同签发了《印发〈关于进一步加强和改进出版物审读工作的意见〉的通知》,文件从指导思想、工作重点与任务、审读工作制度、审读工作要求几个主要方面提出了 18 条具体指导意见,明确审读工作是加强新闻出版管理的基础性工作和重要手段,重点是把好内容导向关、格调关和出版物质量关；工作上要建立审读员制度、联络员制度、重大情况报告制度、审读经费保障制度和出版物样本制度。省委宣传部和省新闻出版局联合成立审读工作领导小组，加强组织领导。要求各市建立相应审读机制，开展分级审读，各新闻出版单位严格执行“三审制”和出版责任制度，自我审读、自我把关。党委宣传部门和新闻出版行政管理部门针对工作实际，督促提高审读业务水平，通报审读结果，并以审读结果作为对出版物、新闻出版单位进行评估、分级、评奖和年度核验的重要依据。对审读中发现的问题，根据具体情况，依照有关法律法规，采取行政措施予以严肃处理。

安徽省出版物审读室作为审读工作的专门机构，自成立以来，按照新闻出版总署、省委宣传部、省新闻出版局的工作部署和要求，积极开展工作。2007 年，对省城 5 家都市报七、八月广告发布情况进行了审读检查，共审读报纸 310 期，11512 版，其中广告版面 3879 个；对 2007 年全省 10 家图书出版单位 199 种图书进行了编校质量审读检查，审读业务量达 2300 多万字，图书编校质量总体合格率为 87.9%；审读安徽省首届社科文艺出版奖参评出版物（图书、音像、电子出版物）内容和编校质量品种合计 82 种，3200 万字；对“三农”图书进行了专题审读。

2008 年，安徽省出版物审读室除抓好常规审读工作外，统筹安排两个专题和五个专项审读，全年审读出版物 401 种，书稿 16 部，共计 5113 万字，其中图书 383 种，405 册，3776 万字；报纸 5 种，156 期，1028 万字；期刊 13 种，30 期，309 万字。两个专题审读是徽文化专题与敏感题材专题；五个专项审读是：一、教学辅导类、少儿类期刊编校质量审读；二、根据新闻出版总署部署，以教辅读物为重点的第四次全国性专项质量审读检查；三、省城五家都市报 8 月份广告内容专项审读；四、对全省 10 家图书出版社进行了 2008 年皖版图书编校质量专项审读检查，审读新版图书 183 种；五、内部资料性图书专项审读。2007 年 8 月至 2009 年，安徽省出版物审读室共编发《安徽审读》简报 14 期，14000 册。

第三节　考核与评优

考核工作　1985 年 8 月，安徽省出版总社为落实各专业出版社向安徽省出版总社的承包方案，调动职工的积极性，提高工作效率，根据经济体制改革的实际，实行编辑定额管理和质量管理。分政治、理论、文艺、文史、少儿、理工、医卫、教育理科、农业、科普、教育文科等不同类别，明确规定编辑、助理编辑、封面设计、校对和编务人员的任务与定额。对编校质量好、超编幅度大、成绩突出的编辑和编务人员，经总社考核、批准，提取一定数量的超编费；审稿人（含二审和终审）的定额、字数按各出版社分工情况，参照编辑定额确定。对无正当理由而不能完成工作定额的，酌情扣发编辑、校对、封面设计、编务和审稿人员的奖金，因重大政治性、知识性错误造成损失的，酌情扣发责任编辑和审稿人员的超编费和奖金，直至给予必要的行政处分。编辑、校对、封面设计、编务等工作的定额、质量及其奖惩的考核,由所属部门的领导人承担;二审对一审的书稿加工情况,如书稿加工的难易程度、编辑加工的精度和差错情况等,认真写出评语;终审对一、二审均照此办理。各专业出版社的超编付酬须经总社审计后发放。编辑定额管理和书稿质量管理制度的实行,对进一步完善编辑岗位责任制,不断提高图书质量起到了促进作用。

1988 年 9 月,经安徽省出版总社和安徽省财政厅双方协商决定, 1988 年 1 月 1 日至 1990 年 12 月 31 日三年内,安徽省出版总社系统实行“上缴所得税递增包干”办法。在承包任务中,明确规定了指标,要求各出版社要以社会效益为最高准则,保证图书出版的数量和质量,皖版图书以 1987 年 884 种为基数,每年递增 3%,优秀图书的比例不得低于总种数的 15%,再版书不得低于出书总数的 15%。对安徽省出版总社完成承包任务情况,每年年终由省委宣传部、省财政厅共同考核;对总社所属二级单位,由总社和省财政厅共同考核,实行奖罚。

1991年12月，安徽省财政厅、安徽省国有资产管理局和安徽省出版总社经充分协商决定，从1991年1月1日起至1993年12月31日止，继续对安徽出版系统实行“上缴所得税包死基数，超收分成”承包经营责任制。承包期间，总社所属各单位必须坚持党的四项基本原则，反对资产阶级自由化；坚持“一手抓整顿，一手抓繁荣”的方针，优化选题，调整出书结构，提高图书质量，多出好书，更好地贯彻出版工作为社会主义服务的方针。承包期间，按合同规定，应出版图书3900种，皖版图书出书品种每年（包括重版书）不低于1300种。其中，对列入“八五”计划的100种（套）重点选题图书，应按计划规定要求，保质保量完成，优秀图书比例不低于出书总数的15%，重版图书不得少于出书总数的15%。图书出版的社会效益指标由省委宣传部、省财政厅和省出版总社负责共同考核。对完不成规定指标的，相应扣减其效益工资和资金免税限额；如出版非法出版物（如宣传资产阶级自由化的读物，淫秽、色情、封建迷信的图书），在及时查禁的同时，视情况追究直接责任人的经济责任和行政责任，并相应扣发其效益工资和奖金。

1992 年,为解决经营承包中经济效益指标在考核时便于操作,而图书编辑出版的社会效益指标在具体操作过程往往不易掌握的问题,安徽省出版总社出台了《经营承包考核奖惩暂行办法》,对出版社的社会效益指标作了进一步明确:1. 出书方向:坚持党的出版工作方针,在专业分工范围内做到图书结构合理,能满足不同层次读者的需要,遵守出版政策、法规,不出版有政策性差错和淫秽色情、宣扬封建迷信等出版物,不违反协作出版规定。2. 出书品种:完成承包皖版书品种数量和图书所产生的使用价值情况。3. 出书质量:优秀图书获奖情况,重印、再版图书种数及重印、再版率。4. 重点图书:是否按计划高质量完成重点图书和学术著作的出版。5. 图书出版周期:图书编辑、印制所需的平均时间与上年度相比较情况。在承包期间,按年度考核。考核首先由各经营承包单位在进行年度工作总结的基础上,对照承包合同的考核指标和要求进行自评,并将完成情况向总社申报。经总社审计部门进行内审后，经营承包工作小组会同省财政厅等有关部门进行全面考核。

1994 年 2 月，在安徽省出版总社第二轮经营承包完成的基础上，为进一步深化出版改革，促使安徽出版事业逐步实现走重质量和效益发展的道路，实现由总量增长型向优质高效型转移，中共安徽省新闻出版局党组决定，在出版系统内部实行经营管理目标责任制，并成立领导小组，下设办公室。经营管理目标责任制进一步科学地细化、量化了图书出版社会效益的考核指标，主要是：1. 严格遵守编辑出版各项管理规定，坚持按专业分工范围出书，制定科学合理的年度出书计划，注重形成本社出书特色。2. 年出书品种控制在新闻出版署核定的年书号使用总量内，其中，重版书（含重印书）不少于全年出书品种总量（含重印书）的一定比例（根据各出版社具体情况而定，下同）。3. 重视出版物的审读及宣传评介工作。自行组织审读的图书不少于新书品种总量的一定比例（教材、教辅图书除外），在省（含省级）以上报刊宣传评介的图书不少于当年出书品种总量的一定比例。4. 按时保质完成重点图书的出版，保证学术著作不少于新版书品种总数的一定比例。5. 依据《图书质量管理规定》的标准检测图书，编校合格率应达到 99%，其中优秀品率为 25%。6. 优秀图书不少于当年出书品种（含重印书）总数的一定比例。优秀图书参考标准：一是获省以上图书奖的图书；二是社会效益好，多次再版，累计发行量 5 万册以上（含 5 万册）的畅销书（中小学教材、教辅系列图书除外），经前次考核后，如以后年度发行累计又达 5 万册以上者，可再次计为优秀图书；三是达成版权贸易，或与外商合作出版的图书，或被译成其他语种出版的图书；四是被指定为省以上读书活动主题的图书或被国家教委指定为大中专院校教材和教辅用书的图书；五是在学术上有创见，或在艺术上有创新的图书。与此同时，还规定了图书出版的否决指标：1. 擅自出版未经管理部门批准的出版物；2. 违背出版管理规定，有买卖书号等行为；3. 出版被国家、省新闻出版管理部门和有关部门认定为泄密，或有政治性错误，有淫秽、色情内容，格调低下而明令禁止的出版物。否决指标被称为“高压线”，只要踩上其中任何一条，所有奖励兑现、工效挂钩均被取消。实行经营管理目标责任制，既是安徽出版系统继前两轮承包之后深化出版改革的一项主要举措，同时也使安徽图书编辑出版业务管理工作更加科学化、制度化。

评优评先 1985 年 11 月，为了提高图书质量，表彰和鼓励工作成绩突出的编辑和出版工作人员，进一步激发为“两个文明建设”多出好书的积极性，安徽省出版总社和安徽省出版工作者协会每年举办皖版优秀图书和优秀装帧设计等项评选活动。

图书评选范围是：凡当年见书，过去未参加过评选的图书；当年度的重版书也参加评选，但必须是过去未曾获过奖的。

推荐参评的图书必须具备的条件是：1. 有较高学术价值的自然和社会科学论著；2. 有较高参考价值，对积累文化有贡献的工具书、资料书、文献等；3. 有较高思想、艺术水平的文学、艺术书籍；4. 内容有所创新，受到广大读者称赞的，对两个文明建设有贡献的普及读物(含一般理论读物、思想教育读物、青少年及低幼读物、科普读物和应用技术读物);5. 有良好社会效益、印数较大的畅销书。

推荐参评优秀装帧设计奖必须具备的条件是:1. 设计思想新颖;2. 有较高的艺术水平;3. 有较强的时代感;4. 能形象地反映图书的内容;5. 较成功地运用各种新型装帧材料。安徽省出版总社图书评委会是评选优秀图书和优秀装帧设计的组织,负责领导评选工作,其成员每年根据情况进行适当调整。图书评委会的具体日常工作,由安徽省出版工作者协会办理,总社总编室(后为图书处、出版发行处)配合。

推荐、评选优秀图书和优秀装帧设计的要求和方法是:1. 专业出版社上报参评图书总数,为本社当年出书总数的10%,参评优秀装帧设计总数为当年出书总数的5%。2. 各专业出版社要对参评图书和封面设计进行初评后,推荐上报。3. 被推荐的图书除要上报样书外,还要上报必要的附件材料,认真填报《申请表》,以便于评委会评审。4. 评选采取自下而上的办法,即各专业社初评、推荐,总社评委会组织审读、评议、决评。5. 优秀图书和优秀装帧设计分一、二、三等,一、二、三等的数量分别占中选图书的20%、30%、50%。对中选图书和装帧设计责任编辑和作者,给予精神和物质奖励。2000年后,省局制定了《出版物印刷产品质量行业标准(系列)》和《图书奖和音像制品、电子出版物和网络出版物评奖办法》,设置奖项90个,设置一等奖、二等奖和三等奖,按照一等奖不超过获奖总量10%、二等奖不超过获奖总量30%、其余为三等奖的要求,严格进行评审。同时,每两年一次,会同相关部门,对全省新闻出版系统先进集体、先进工作者和劳动模范进行评选。进一步激励全省广大新闻出版系统职工的工作积极性和创造性,加快全省新闻出版业的大繁荣大发展,更好地服务全省经济社会又好又快发展。

第四节 合同管理

图书出版合同 1990年1月,为了维护作者和出版者的合法权益,保障双方权益的顺利实现,避免发生版权纠纷和不必要的损失,根据《图书、期刊版权保护试行条例》的有关规定,安徽省版权局制发了《关于建立健全〈图书约稿合同〉〈图书出版合同〉制度的意见》,并附《图书约稿合同》《图书出版合同》的标准合同样式。其主要内容是:

1. 各出版社应迅速建立《图书约稿合同》《图书出版合同》制度,并逐步健全和完善。各社制订本社的合同样式时,应参照国际标准合同制订,有关双方权利和义务的规定,不能与标准合同相应条款相悖。

2. 从1990年起,各社要认真做好《图书约稿合同》《图书出版合同》的签订工作。如作品已成熟定稿,可直接签订出版合同。各社1985年1月1日后所出版的图书没有签订出版合同的,应尽快补签合同。

3. 各出版社应立即着手对1985年1月1日以前出版图书进行清理,凡有重印、再版或保留价值的图书,要抓紧时间与作者补签出版合同,以便今后重印或修订再版。

4. 各出版社应建立稿件保管清理制度。对稿件应妥善保管，不得损坏和丢失。不采用的稿件，应在 6 个月内退稿。

5. 各社与作者订立合同时一定要坚持平等互利、等价有偿的原则，不得将单方意志强加于对方，合同的内容、形式和程序必须符合有关法律的规定；合同涉及双方权利与义务的条款，规定要明确，并且切合实际，能够履行。

1992 年 5 月，为了加强各出版社合同管理工作，安徽省版权局又制发了《关于建立图书出版合同管理制度的若干意见》。其主要内容是：

1. 转变观念，提高认识。要加强对全体职工，尤其是编辑、出版人员的法制教育，组织学习《中华人民共和国著作权法》及其《出版管理条例》，学习《中华人民共和国经济合同法》等有关政策法规，增强法律意识，纠正"不签订合同照样办出版"的片面认识，充分认识订立出版合同的重要性和必要性。

2. 建立、健全合同管理机制。各出版社要有一名社领导分管版权管理工作，切实加强对出版合同管理工作的领导。确定本社出版合同管理职能部门，统一管理全社的合同工作，并指定一人兼管具体工作。有条件的，还可配备一名专职人员。

3. 建立合同管理制度。（1）合同订立审批制度。与著作权人订立合同，应由法定代表人审批签字并加盖公章。法定代表人委托他人签字的，应有书面授权书。在出版合同签订前，责任编辑应将合同先送负责合同管理的本室、本社负责人审核，再送法定代表人审批。法定代表人签字后，由本社出版合同管理的职能部门登记。（2）合同档案统计制度。各类合同文本以及在合同签订、履行过程中双方往来的信函、电报、电话记录等重要的档案资料，应及时清理，立卷归档。若有遗失、损坏或者不完备的，要及时采取补救措施。各出版社合同管理部门对审核登记的合同签约率、履行率及履行情况报送省版权管理部门。（3）合同检查制度。各社合同管理职能部门负责合同订立、履行中的检查、督促工作。分管社领导要注意协调编、印、发等各方面的关系，发现问题及时解决，保证出版合同的全面履行。（4）合同奖惩制度。应将合同工作作为岗位责任制的一项重要内容，对认真签订和履行合同成绩突出的，应给予表彰或奖励；对由于不签订合同，或签订合同有误，或不认真履行合同给出版社造成不良影响或经济损失的，给予批评教育或必要处分。

4. 设聘常年法律顾问。为了维护本社合法权益，管理好合同，防止合同纠纷，各出版社可以聘请律师担任本社的法律顾问，法律顾问应在出版合同的签订、履行方面提供法律帮助并接受出版社委托，参加合同纠纷的调解、仲裁或诉讼等活动。

图书版权贸易合同　1991 年 9 月，根据国家版权局有关图书版权贸易的文件精神，结合安徽省图书版权贸易的实际情况，安徽省版权局制定了《图书版权贸易合同审核登记暂行办法》。其主要内容是：

1. 各出版社或其他版权所有者向港澳台地区或国外出版商转让或授权使用图书版权，必须经过审核登记，领取合同登记号。对与港澳台地区签订版权贸易合同须报省版权局审核登记,与国外签订版权贸易合同须送安徽省版权局转报国家版权局审批登记。

2. 凡未经审核或经审核不符合有关规定,没有颁发合同登记号的合同均为无效合同,不能作为版权贸易活动的法律依据,由此引起版权纠纷或造成损失,后果由当事者自负。

3. 申请版权贸易合同审核登记的首先应该是利权所有者。出版单位经作者书面授权后方可代行版权贸易的联系、洽谈、签约等事宜,并按有关规定转付作者稿酬或版税,除此,其他任何单位或个人不得从事版权贸易的代理活动,所报合同不予审核登记。

4. 版权贸易应有利于对港澳台地区及国外的文化交流,符合现行法律规章,既注重经济效益,更注重社会效益。各出版社应明确一名领导分管版权贸易工作,指定专人承办申请登记手续并负责文档的保存工作。

5. 申请登记者需提供以下文件:申请报告及有关情况说明,版权所有者身份证明或书面授权证明,草签合同或复印件2份,样书1份,与港澳台地区合作出版大陆尚未公开出版的图书或出版港澳台地区作品须另附出版选题的批文。

6. 合同审核的主要内容:授权使用作品的方式,是否专有使用权,授权使用的范围、期限、付酬标准、办法及货币名称,作品的修改和终审权的保留,授权使用作品的署名方式,出版时间及样书,违约责任及仲裁办法等。

7. 合同审核登记的程序:(1) 草签合同及附件报省版权局后,由承办人逐条审核,提出初审意见,经同意后,发给《图书版权贸易审核登记表》一式三份及登记卡。(2) 申请登记者逐项填好登记表并参照安徽省版权局的审核意见,改动或保留有关条款后再送版权局正式报批登记号。(3) 版权局在手续齐备后,根据合同条款的内容,一周内提出是否予以登记的意见报安徽省新闻出版局审批。(4) 合同经审批同意后,由承办人加盖合同审核登记章,编发合同登记号,连同有关材料及登记表一份退还申请者。

8. 签订版权贸易合同应了解对方,尤其是中介人或受托人的资信情况,避免失误。一份合同最好只涉及一部作品的部分版权,不宜一次性同时授权使用多部作品的版权,更不应卖绝版权,合同有效期一般不超过五年,最多不超过十年。

9. 使用港澳台地区作品经出版管理部门报批选题后,仍需进行版权贸易合同的审核登记,否则不能出版。各发行单位征订港澳台地区作者的图书,必须要出版单位出示版权管理机关发给的版权贸易合同审核登记号,否则不予征订;准予征订的图书应在征订目录上刊登合同审核登记号。

第五节 重点出版工程

为了积累一批有较高文化品位和再版价值的优秀图书，增强皖版图书的知名度，扩大安徽出版界在全国的影响，从1987年开始，安徽省出版总社致力于抓重点图书编辑出版工作，努力构建“骨干工程”，取得较好成效，优秀图书逐年增加，质量、品位都有提高。

重点图书出版措施 1989年6月，安徽省新闻出版局在《关于提高图书质量的规定》中提出要认真抓好重点图书的出版工作。要求各出版社在研究制定规划时，要确定“骨干工程”、重点图书。对既定的重点图书的出版要进行专项研究，从书稿的审定、内容的编排到装帧设计和校对等，都要有通盘的考虑和整体设想，并要具体落实。安徽省出版总社每年从所属各专业出版社年度出书计划中，选出一批重点图书作为总社重点书，并从全省出版专用基金中拨出专款，支持重点图书的出版。编辑、印刷、发行、物资供应等各部门都把重点图书作为“重点工程”，采取切实有效措施，以优质的内容、精美的装帧设计、高质量的印刷和最快的速度出版。

1990年8月，安徽省出版总社在总结以前抓重点图书取得经验的基础上，制定并出台了《关于重点图书的确定和资金补贴暂行办法》，进一步明确了重点图书的范围和要求、确定和申报程序、管理和资金补贴原则等。12月，经各出版社层层论证、筛选，总社选题论证小组再次论证，局党组审核通过，制定了安徽省出版总社“八五”期间重点图书出版规划，100种（套）图书选题列为总社重点图书。这些图书选题质量较高，主要表现在三个方面：1. 社会科学或自然科学方面有开创性的学术专著，这类图书能反映较高的学术价值或属国内外学科领先水平。2. 大型套书、丛书、工具书，大型画册，历代名人全集的首刊本和古籍珍本、善本整理等重点出版工程。这些图书有较高的学术价值、艺术价值、实用价值、资料价值，能够提高皖版图书的档次，形成皖版图书的特色，对弘扬祖国传统文化，挖掘和整理安徽优秀的文化遗产具有较大的历史和现实意义。3. 优秀通俗读物，包括政治理论、思想教育方面的著作，科普读物，文化知识读物，以及为广大读者所喜闻乐见的文学艺术类优秀双效书。

为了落实重点图书出版规划，中共安徽省新闻出版局党组成立了由分管局长和图书处、印刷处、计财处负责人组成的总社重点图书出版管理委员会，负责督促、协调重点图书的审编、印制、宣传、发行和经济补亏工作。凡经总社确定的重点书，各社均组织得力的编辑人员担任责任编辑，社领导成员中有专人抓审稿、装帧、印刷、发行等工作。为鼓励多出、快出好书，凡确立为总社重点图书的，无论盈亏，总社都给予适当的补贴，补贴数额根据每种书的价值、盈亏情况等确定部分或全部补助，总社每年对重大图书的补贴均有60万—80万元左右；各出版社也本着以书养书的原则，根据各自的情况，拿出一部分资金，确保各社申报的重点图书及本社重点图书的出版。为更好地检查、督促、落实重点图书的审定、补助、印制工作，总社有关职能部门在重点图书出版过程中积极做好保障、服务、协调工作；计财处负责重点图书基金的管理使用，掌握补助款的适时拨付，监督其有效使用，当撤销计划时，及时收回补助款；印刷处负责材料供应、印制进度和质量检查；图书处（后为出版发行处）配合有关部门做好重点图书的日常管理、协调，检查、督促编、印、发过程中各个环节的工作。

1993年8月，以“三年大发展，五年上台阶”为任期奋斗目标的安徽省人民政府将政府工作量化，实行任期目标管理，省新闻出版局承担的国家“八五”重点图书出版规划40种（套）、222册重点图书的出版任务，被列入本届政府任期目标。11月，安徽省新闻出版局对重点图书的出版任务进行了分解，与全省8家出版社和省古籍整理办公室签订了任期目标责任书，对每一种重点图书的出版时间和质量都提出了明确要求，同时出台了《国家重点图书出版考核奖惩办法》，明确了考核原则、内容、程序、等次和具体奖惩办法。为确保这批“八五”期间重点图书工程的顺利实施，采取了一系列有力措施：

实现层层负责制。继安徽省人民政府与安徽省新闻出版局、安徽省新闻出版局与各出版社签订责任书后，各出版社又进一步同有关编辑室签订了目标责任书，把重点图书的出版任务交给“精兵强将”，从而形成了一个行政首长和出版社社长负责，一级考核一级，从编辑、装帧设计、校对到印刷材料供应等逐项明确责任的有效的运行机制。

定期检查。局长和分管局长经常同有关处室负责人深入到出版社、印刷厂、书店，对重点书编、印、发情况进行调查，及时了解重点图书出版进度和出书质量，督促出版社、印刷厂按时、保质、保量地完成重点图书出版任务。

加强协调。成立任期目标重点图书出版协调领导小组，由局长、分管局长和有关处室负责人组成。协调小组具体承担重点图书出版规划和编、印、发各个环节的协调工作，对一些社会效益较好，而经济上亏损的重点图书，给予经济上的补贴。

严格考核。安徽省新闻出版局成立目标责任考核小组，由局长任组长，各副局长为成员。考核小组下设办公室，承办日常工作。考核小组依据省局与各出版社签订的责任书和新闻出版署《图书质量管理规定》，在每年年终进行年度考核。对年度考核为“完成”的单位，安徽省新闻出版局予以表彰；对“未完成”的单位，除给予通报批评外，还责令其查找原因，提出整改措施。

重点图书出版成果 重点图书工程的实施，使一大批学术价值高、社会效益好的学术著作得以问世，提高了皖版图书的品位。一批高格调、有长久生命力的好书成为皖版图书的基本框架和骨干，其具体表现在：

一、出版社建起一批丰碑式的文化工程，推出了一批有较高文化积累价值的鸿篇巨著。如700万字、20卷本的《朱光潜全集》，收集了皖籍现代文化名人、一代美学宗师朱光潜的全部著作和译作。这套书的出版，受到出版界、教育界和美学界专家学者的高度赞赏。荣获全国第四届科技图书一等奖的《生态学与大农业发展》，首次把生态学系统地、有机地应用到农业上，提出了“建立良好的大农业生态体系”的观点，是中国第一部用生态学观点阐述农业生产得失，有分析、有创见、有指导性的学术专著，为中国农业政策的修改和制订提供了理论依据，对中国农业生产的布局和发展产生了深远的影响。《徽州木雕艺术》《徽州石雕艺术》《徽州砖雕艺术》等大型系列画册，再现了徽州明清时期民居、祠堂、庙宇、牌坊、塔、桥、墓等建筑上的精美的木、石、砖雕艺术的风采，具有浓郁的民族风格和地方特色，堪称弘扬民族文化的艺术瑰宝。其他如《高士其全集》《宗白华全集》《胡适遗稿及秘藏书信》《清代笔记小说类编》《世界十大思想家》《将星璀璨》《大亚湾的环境与资源》《生态学的归宿——人类生态学》等均是高品位的著作，为我国民族文化宝库增添了异彩，有的还填补了国内学科著作的空白。

二、出书系列化，丛书、套书日益增多。一批门类齐全、内容丰富的具有较高学术价值的丛书、套书成为出版社的“拳头产品”。如张爱玲、陈香梅、苏雪林、许地山等一批现当代名家文集和《二十世纪法国文学丛书》《二十世纪意大利文学丛书》《泰戈尔文集》《普希金文集》等一批外国文学丛书，形成了皖版文艺精品的两大特色优势；一套多达140册的《高校农业技术丛书》，紧密地配合了全省农村“创文明、奔小康”的目标，较好地为科技兴农、科技扶贫、科技致富服务；《中国古代爱国人物故事连环画》《幼儿益智小丛书》《宝宝必读》等图书，从历史故事、文学启蒙、绘画风格等方面启迪读者的智慧，培养读者的兴趣；《中国传统文化精粹丛书》共10本分册，精选了中国文学、哲学、历史、艺术、军事、建筑、教育和科技等领域的杰出人物、重点事件、经典著作等，简明、生动、系统地描述中国传统文化的价值，帮助广大青少年了解中国传统文化精华；《安徽历史系列专著丛书》是安徽省“七五”计划哲学社会科学研究的10项重点课题之一，既是安徽第一部大型地方史丛书，也是一套史料翔实、学术性强的史学专著。

三、辞书出版发展迅速。实施重点出版工程以后，安徽各出版社注意积累辞书编辑出版工作经验，培养辞书编辑队伍，坚持面向社会，强调实用，注重质量，从中小型专业性辞书入手，逐步向大中型方向发展。《诗学大辞典》《汉语语法修辞词典》《中华珠算大辞典》《中国解放区文艺大辞典》《莎士比亚辞典》等都是大型工具书，均被列为重点图书。皖版辞书门类比较齐全，如《中外散文名篇鉴赏辞典》《诗经鉴赏辞典》《中国历代辞赋鉴赏辞典》《外国长篇小说鉴赏辞典》《外国短篇小说鉴赏辞典》等，精品荟萃，异彩纷呈；《临床用药指南》《中医临床手册》《中医经典索引》《外科手术图谱》《眼病图谱》等一批实用性强的医药卫生工具书受到读者好评与赞誉；《中华谜语大辞典》《佳谜鉴赏辞典》《中国饮食文化辞典》《中国茶文化辞典》等都是民族文化研究的重点成果。其他的还有：社会科学类《简明国际共产主义运动史辞典》《现代西方哲学辞典》《青年学辞典》《东方风俗文化辞典》等；文化类《中国文学史大事年表》《中国历代官制词典》《中国地方志词典》等；语言类《简明成语分类辞典》《谚语分类辞典》《实用典故大辞典》等；双语类《汉语词典》《新俄汉双解词典》《中国成语英汉双解辞典》《英汉对照世界名人名言辞典》等；综合类《当代学科大全》《少年百科辞典》《中国工具书大辞典》等。

四、整理出版了一批历史文化古籍。古籍整理出版是一项较为艰巨的工程，安徽出版界为开创古籍图书出版的新局面做出了许多探索，注重开发“地方资源”。《安徽古籍丛书》和《新安医籍丛刊》是其中的两个重点项目，也是两项巨大的工程和重大成果。《安徽古籍丛书》以历代皖人著作为限，已出版近百种，约5000万字，比较系统地反映了安徽历史上重要的文化成果，引起了海内外一些专家学者的极大兴趣，获得社会的关注和好评，许多学者称“这是安徽出版事业的一项盛举”。《新安医籍丛刊》共 15 种，约 1500 万字，被列入国家 20 年科技重大进展（中医史、医药古籍方面）的 16 项成就之一，该书出版对挖掘中医宝藏，继承和发扬祖国的医学事业具有十分重要的意义。此外，《安徽文苑丛书》《中国古代文学知识丛书》等古代文化普及性读物的出版，形成了多样化、系列化的图书结构，满足了不同层次读者的需要；未刊版本如黄小田评本《红楼梦》、《儒林外史》等一批优秀古典文学作品出版后十分畅销。

“九五”期间，安徽省各出版单位共申报重点出版物 47 种（套），426 册，约 14770 万字。“九五”期间，安徽省国家重点出版物选题规划主要体现了以下几个特点：

1. 为现实服务、突出主旋律。如安徽人民出版社的“21 世纪的社会主义研究丛书”、《中国国有企业改革研究》等。

2. 安排了一批大型丛书、套书、全集类文化积累骨干工程图书选题。如安徽教育出版社的《李鸿章全集》《胡适全集》《朱子全书》等。

3. 根据世纪之交的时代特征，组织一批对二十世纪某些方面进行总结性研究的选题。如安徽文艺出版社的《中国 20 世纪学术史》、安徽人民出版社的《中国二十世纪哲学》等。

4. 大型科普丛书选题得到重视。如安徽少年儿童出版社的《世界真奇妙——高新技术科普丛书》、中国科学技术大学出版社的《金钥匙丛书》等。

5. 一批注重地方特色、注重地域文化研究的选题问世。如安徽文艺出版社的《徽学丛书》、黄山书社的《中国长江流域开发史》等。

“十五”期间，安徽省承担的国家重点图书项目共 46 个，撤销 10 个。顺利完成 24 个，还有 12 个项目顺延至“十一五”期间。“十五”期间，安徽省出版单位出版了一批重点出版物，如安徽人民出版社的《简明心理学词典》获得 2005 年度华东地区社会科学奖二等奖，安徽科学技术出版社的《中国国家级自然保护区》获第六届国家图书奖提名奖，安徽教育出版社的《卞之琳译文集》获第五届国家图书奖提名奖、全国优秀外国文学图书奖一等奖等等。重点图书在选题质量、内容质量、编校质量以及印制质量等方面都称得上是高水平的出版物。

“十一五”期间，安徽省列入国家和省级重点图书、音像、电子出版物规划项目 132 项，其中国家级 28 项，省级 104 项。

第四章　图书、音像制品、电子出版物及获奖状况

安徽的出版业始终把社会效益放在首位，坚持社会效益和经济效益相结合。皖版图书数量逐步增加，图书结构日趋合理，图书特色越发突出，图书质量显著提高，图书获奖逐年增多，尤其是国家级大奖，年年均有斩获，多年来在全国名列前茅。安徽省新闻出版局所属7家图书出版社1986年共出书729种，1987年出书884种，增加21%。1988—1990年三年间出书3452种，年均出书1150种，年均增长30%。1991—1993年三年间出书4417种，年均出书1472种，年均增长28%。"八五"末的1995年出书1763种，比"七五"末的1990年1326种增长32.9%。"九五"末的2000年出书2591种，比"八五"末的1995年增长46%。"十五"末的2005年出书3673种，比"九五"末的2000年增加14.7%。出版集团组建后，2006—2008年共出书11378种，年均出书3792种，数量逐年增加。大学出版社的出书品种数，均呈现快速增长的态势。省属7家图书出版社1986—2008年二十三年中，图书获得各种奖项1700多种，其中国家级三大奖90多种。大学出版社和电子音像出版社均多次捧得国家级大奖。皖版图书和电子音像出版物的影响力和美誉度明显增强，社会效益显著提高。

第一节　图书及获奖状况

安徽人民出版社图书　图书出版业务管理与图书质量管理　安徽人民出版社从成立之初，就根据出版社的专业分工，确立了出版的发展方向，坚持"双效"和"质量第一，信誉第一"的出版方针，面向大众读者，出版了一大批优质的高品位社会科学读物。为了保证图书的质量，出版社制定了《图书（期刊）质量管理办法》《校对室管理办法》《图书项目制试行办法》等管理措施和奖惩措施，从图书的编辑、校对和印刷三个方面来抓，整体提升了图书的水平，保证了图书的质量。

安徽人民出版社在制定出版规划时，把社会效益放在第一位，根据市场，不断地优化自己的选题。编辑策划选题时，充分地进行市场调研，紧抓一流的作者，具有创新意识；选题论证上，经过三级论证、专家把关和选题论证小组复议等多重组合方式，最后得出较理想的结果。在出版过程中，严格执行"三审制"，编辑认真审读，校对严格校对，层层把关，把抓图书质量落实在实处、细处，使得出版物的优质品率大幅上升，精品图书不断涌现。在各级图书编校、印制质量抽查中，质量多次名列前茅，获得好评。

图书结构和图书特色　坚持“服务读者、繁荣学术、弘扬民族文化”理念，始终把社会效益放在第一位，出版了一批精品图书。如《徽州文化全书》《中国精神读本》《一号文件与中国农村改革》《意象心理学对话》《心理学与我们系列》《中国流民史》《中国蝗灾史》《徽商研究》《公共关系学》《德胜员工守则》《六安将军传》等300多种图在全国各类高层评奖中获奖，并受到了读者的喜爱，其中《徽州文化全书》获2007年第一届中国出版政府奖提名奖。

在注重社会效益的同时，安徽人民出版社紧抓经济效益不放松。随着市场不断出现的新需求，安徽人民出版社适时地调整着自己的主攻方向和出版战略，以适应新形势下的发展。2006年，安徽人民出版社结合自身特色，制定了“立足特色，主攻心理学、经济学”的出版战略，主动引导市场，先后出版“马列主义文库系列”“心理学大师系列”“管理学系列”“证券投资系列”图书等。

“立足特色，主攻心理学、经济学”的出版战略，使安徽人民出版社在短时间内占领了专业类图书的大块市场，提高了经济效益。为了避免图书产品的单一，进一步扩大社科类图书市场，2005年安徽人民出版社出版的《徽州文化全书》(20册)，兼具学术和地方文化特色，出版后业界反响很大，获得了第一届中国出版政府奖提名奖和安徽图书一等奖；《朱建军心理学文丛》《岳晓东心理学文丛》等名师大家系列备受业内关注，带来很好的社会效益和经济效益。2006年以来，安徽人民出版社不断地调整图书出版的战略，由“立足特色，主攻心理学、经济学”调整为“文化、学术，全面发展”，并在不长的时间里，取得了良好的成绩。

安徽人民出版社自成立起，就把图书的对外发展放在一个很重要的战略位置，一直坚持不懈。20多年来，数十种图书输出了版权。其中，《双色图文系列》《金言系列》等输出海外华文地区；2008年，《聊斋故事选》《来自东方的心理疗法》等成功输出波兰，《聊斋故事选》获得当年“全国优秀版权输出奖”，并且实现了对非华语地区版权输出的突破。近年来成功地引进了《冰山在融化》《微笑面对心情沮丧》《世界武器图典》等图书，实现了输出和引进的良性互动。

1986—2008年安徽人民出版社出书品种统计表

表1-4-1

年份	A	B	C	D	E	F	G	H	I	J	K	N	O	P	Q	R	S	T	U	V	X	Z	合计
1986	7	7	8	7	6	7	15	—	—	2	9	2	—	—	—	1	—	1	—	—	—	1	73
1987	7	8	9	6	5	7	16	—	1	2	8	2	—	—	—	2	—	2	—	—	—	1	76
1988	8	8	8	7	8	6	17	—	2	3	11	5	—	—	—	2	—	1	—	—	1	—	87
1989	9	8	8	9	6	8	17	—	3	2	12	4	—	—	—	1	—	2	—	—	—	—	89
1990	7	10	9	10	8	7	19	—	4	3	11	6	—	—	—	3	—	1	—	—	2	—	100

续表 1-4-1

年份	A	B	C	D	E	F	G	H	I	J	K	N	O	P	Q	R	S	T	U	V	X	Z	合计
1991	5	12	8	11	7	8	20	—	3	4	10	7	—	—	—	4	—	2	—	—	1	—	102
1992	6	11	9	10	6	7	22	—	4	5	11	5	—	—	—	3	—	2	—	—	1	—	102
1993	7	10	10	9	7	6	23	—	5	4	13	3	—	—	—	4	—	1	—	—	1	—	103
1994	6	12	12	10	6	7	27	—	3	5	15	2	—	—	—	3	—	2	—	—	3	—	113
1995	10	13	14	12	4	8	26	—	4	4	14	3	—	—	—	4	—	2	—	—	2	—	120
1996	8	15	18	14	5	9	28	—	5	3	15	2	—	—	—	1	—	3	—	—	2	—	128
1997	7	17	20	16	3	10	27	—	6	4	13	3	—	—	—	2	—	2	—	—	2	—	132
1998	7	18	20	17	2	9	28	—	7	3	14	2	—	—	—	2	—	2	—	—	2	—	133
1999	10	21	21	16	3	11	22	—	11	1	17	3	—	—	—	3	—	1	—	—	2	—	142
2000	8	18	16	20	2	19	27	—	19	2	24	4	—	—	—	2	—	1	—	—	3	—	165
2001	7	20	19	16	3	22	29	—	22	3	29	6	—	—	—	3	—	2	—	—	2	—	183
2002	9	17	15	17	2	23	45	—	26	2	26	1	—	—	—	2	—	1	—	—	1	—	187
2003	7	21	17	20	1	35	50	—	17	21	12	2	1	—	—	2	—	1	—	—	1	1	209
2004	8	29	4	17	—	52	49	—	32	—	11	5	—	—	—	3	—	—	—	—	—	5	215
2005	7	31	6	11	2	61	58	—	27	2	19	3	—	—	—	7	—	—	—	—	2	6	242
2006	6	18	4	7	—	31	91	—	37	—	12	7	—	—	—	3	—	—	—	—	—	—	216
2007	8	20	2	3	—	30	84	—	33	7	14	—	4	—	2	6	—	1	—	—	—	—	214
2008	4	22	23	9	—	51	105	1	33	5	30	—	4	1	—	1	—	1	—	—	—	—	290

中图分类法说明：

A　马克思主义、列宁主义、毛泽东思想、邓小平理论，B　哲学、宗教，C　社会科学总论，D　政治、法律，E　军事，F　经济，G　文化、科学、教育、体育，H　语言、文字，I　文学，J　艺术，K　历史、地理，N　自然科学总论，O　数理科学和化学，P　天文学、地球科学，Q　生物科学，R　医药、卫生，S　农业、林业，T　工业技术，U　交通运输，V　航空、航天，X　环境科学、安全科学，Z　综合性图书

安徽科学技术出版社图书　图书出版业务管理和图书质量管理　安徽科学技术出版社从成立之初，就根据出版社的专业分工，确立了自己的出版发展方向，坚持“知识成就梦想，科技创造未来”的出版理念，积极拓宽思路，认真苦练内功，大力发展出版主业，实施精品战略，出版了一批优质的图书。为了保证图书的质量，出版社制定了《编辑工作条例》《图书选题管理条例》《出版工作条例》《校对工作条例》《封面设计条例》《关于加强编辑工作“三审制”的规定》《图书版前审读的有关规定》《关于实施责任编辑、责任校对的管理制度》《图书质量管理奖惩办法》《图书出版质量管理流程》等

规章制度。

安徽科学技术出版社重视《图书质量保障体系》的贯彻落实，要求编校人员在书稿加工中精编、精审、精校，强调规范化发稿，严把书稿内容的质量关，尤其是图书的政治关、思想关，切实做到“守土有责”“帮忙不添乱”，绝不出一本坏书。发稿后，严格按照“编辑排校周期表”运转。

出版社成立了编辑业务指导委员会，引导编辑走专业化、特色化、品牌化发展道路。对重点选题的开发与落实，实行社委会统一规划管理，编辑业务指导委员会协调指导的办法，全方位保障质量。尤其对列入国家、省级重点规划的项目，确定了分管领导和责任编辑负责制，确保其如期高质量出版。出版社及时按要求报送年度选题计划，及时缴送样书，在坚持选题三级论证制度和重大选题备案制度的同时，还全面实施了“版前审读制度”，进一步加强了图书的质量管理。在各级图书编校、印制质量检查中，质量多次名列前茅，获得好评。

图书结构与图书特色　坚持为人民服务、为社会主义服务的出版方针，做到思想有大局、心中有责任；坚持把社会效益放在首位，努力实现社会效益与经济效益的最佳结合。20 世纪 90 年代出版的《新概念英语》被评为“感动共和国的 50 种书”之一；2000 年引进版权的《心灵鸡汤》丛书香飘神州，入选“中华知识工程推荐书目”；《中国科学思想史》《京九铁路》《立体定向和功能性神经外科学》《中国蛇类》等图书获得国家“三大奖”。2005 年转企改制以来，获省级以上图书奖 78 项，包括“国家图书出版印制奖”、“中华优秀出版物奖”、“全行业优秀畅销品种奖”、安徽省“五个一工程”奖、“安徽图书奖”等。另有一大批生活实用类图书连续多年荣登畅销书排行榜。在最短时间内以最快速度推出的《“非典”防治》《灾害避险 50 招》《手足口病防治读本》等图书，得到社会各界“图书有价、真情无价”的高度评价。

《新安医籍丛刊》大型套书和《医述》《续医述》《希波克拉底文集》《数书九章新释》《近代中西医论争史》等科技古籍的出版，为传承中华优秀文化和汲取世界先进知识作出了重要贡献。

出版社不断出版一些学术价值高、院士级作者的大型学术专著，在传播先进学术研究成果、促进科学技术向先进生产力转化的同时，也提升了出版社的整体品牌地位，如获国家级图书奖的《中国蛇类》《立体定向和功能性神经外科学》《中国国家级自然保护区》及《中国科学思想史》等。近年来出版社有《黄土与干旱环境》等 8 种（12 册）图书被列入国家“十一五”重点规划，《中国疾病相关基因与基因诊断》入选“三个一百”原创图书工程。

在销的外语图书及配套音带就有近 400 种，基本上覆盖了大中小学和研究生学习用书及出国考试、行业外语、工具书等各个领域。该类图书已成为安徽科技出版社的品牌，约占出版图书品种的 18%。外语类图书尤其是英语阅读类图书，读者认可度极高，销售码洋约占 15%。据《开卷报告》显示，出版社 2006 年外语类图书市场占有率居全国地方科技出版社首位，2007 年英语读物细分市场的排名为全国出版社的第 4 位。2000 年开始引进的英文版《心灵鸡汤》系列，经过多年的营销宣传，已成为品牌读物。自主策划的《英语随堂》系列、输出版权的《爱的童话》（3 册）等图书使出版社在英语阅读类市场形成引进与自主开发相结合的良好态势。

《业余摄影实用手册》《服装裁剪新法》和《新 e 代养颜美体丛书》是安徽科技出版社先后培育的品牌图书，此类书的畅销直接带动了本社其他生活类图书的市场销售，如在孕育保健、园艺宠物、美体健身、棋牌体育类等图书市场上都取得了较大发展。特别是下大力气策划的一批特色鲜明、作者号召力强、科学性和人文关怀兼备的大众健康类图书，已登上许多大书店的畅销书排行榜。

安徽科技出版社多年来一直关注教育事业，将提供高质量的教育图书产品作为“关心下一代的教育工程”来做。在国家新课改刚刚推进时，就及时策划了走市场的核心品牌教育图书《英语听力》系列，并不断完善，使该系列在全国畅销十几年，真正帮助学生提高英语听力水平。本社对高职高专教材和职业培训产品的研发推广起步早、力度大、进展迅速，迄今已开发职教教材 100 余个品种，被 30 多所安徽省内及省外院校使用。2008 年，发行码洋已达 300 多万元。

出版社着力开发一批高品质、高起点的专业图书，如《新电工手册》《CT 诊断与临床》等一批产品成为行业领域内从业人员的实用专业图书，已重印多次，成为长销书；关注下岗工人和农民工就业，开发了与安徽省“阳光工程”相匹配、以“就业指导、下岗培训”为主题的《一招鲜·就业技术速成丛书》，帮助他们实现自我培训的需求；目前一批具有实用性、普及性的临床医学和应用技术、建筑、机电类丛书等在市场上占据较大份额，营造了“科学发展、和谐兴皖”的氛围。

根据身处农业大省的实际情况，出版社坚持“选题来自基层，内容注重实用，图书送到农村”，出版了一批让农民“买得起、看得懂、用得上”的图书，开发了《农家书屋丛书》《希望的田野——建设社会主义新农村系列丛书》等，提高农民的科技致富本领和科学养生能力。其中，《农机致富百问百答》作为安徽省重要科技普及项目，荣获科技部、农业部共同设立的“中华农业科技奖·科普奖”。

《机械工程词典》《简明集邮词典》《中国礼仪全书》《世界工艺美术设计名作集成》《英汉美国俚语大辞典》《初阶英汉双解词典》《英语准确用词词典》《花卉识别与栽培图册》等，应用性很强，颇受学界重视。

1986—2008 年安徽科技出版社出书品种统计表

表 1-4-2

年份	工业类	农业类	医卫类	语言类	文教类	体育类	其他类
1986	25	21	19	26	0	6	12
1987	41	42	31	28	0	8	34
1988	38	45	33	30	0	7	34
1989	36	43	32	33	0	9	42
1990	35	42	29	32	0	8	30
1991	44	54	42	31	0	11	54
1992	44	26	45	59	6	15	40
1993	60	43	56	38	4	6	33
1994	73	28	75	60	3	3	10
1995	45	82	42	72	35	11	11
1996	57	24	36	109	64	10	12
1997	78	70	45	108	53	7	13
1998	64	49	62	83	81	11	26
1999	96	51	76	81	116	13	26
2000	97	49	73	105	186	14	36
2001	62	53	80	128	302	13	32
2002	51	28	63	158	325	30	25
2003	40	53	107	76	343	31	28
2004	90	44	63	116	221	35	15
2005	79	33	79	107	277	12	17
2006	94	34	73	92	208	19	50
2007	95	39	68	95	266	25	39
2008	109	31	88	33	416	21	43

安徽教育出版社图书 多年来,安徽教育出版社始终恪守“服务教育、弘扬学术、传承文化、奉献社会”的出版理念,把“以科学的理论武装人,以正确的舆论引导人,以高尚的精神塑造人,以优秀的作品鼓舞人”作为行动指南,不断优化选题结构,提高图书质量,大力实施精品战略,努力形成图书特色和品牌优势,使本版图书的知名度和市场份额越来越大。

图书出版业务管理与图书质量管理 以质量为准绳,优化选题结构,严格执行“三审制”，不断完善和强化图书出版业务管理，促进出版物整体水平的提高，这是安徽教育出版社始终保持较好的经济效益和社会效益的关键所在。二十多年来，安徽教育出版社逐步建立和完善了一整套图书出版业务管理与图书质量管理的规章制度，如《关于加强图书编辑工作管理的若干规定》《编辑出版工作规程》《图书质量管理暂行规定》《图书审读质量管理办法》《编辑部目标管理暂行办法》等，使图书出版业务工作与质量管理工作走向了规范化、科学化管理的轨道，为提高图书出版业务的管理水平和质量管理水平提供了切实可靠的制度保障。在选题的开发、论证方面，该社注意发挥编辑的策划创新意识，鼓励编辑深入调研，充分挖掘作者资源，精心组织策划选题；在选题论证上，采取三级论证、专家把关和选题论证小组复议等多重组合方式，取得了较理想的效果。强调对书稿的细致审读、加工，把“三审制”、多校次落实到实处。责任编辑、编辑部主任和分管总编各司其职，杜绝政治性差错，努力把知识性差错降到最低程度，确立责任编辑对全书负最终责任和全面责任的思想。对重点书稿，实行付型前抽检、审读，以便将差错消灭在成书之前。定期抽检图书、校样，奖优罚劣，并建立质检档案。印制、质检和编辑部等部门严格检查进栈样书，凡不符合质量标准的，不予签发进栈。通过制度实施、落实以及种种努力，质量意识在该社已深入人心，质量保证体系日臻完善，出版物的优质品率大幅上升，精品图书不断涌现，在上级主管部门组织的图书编校、印制质量抽查中，该社多次名列前茅，并受到多方好评。

图书结构与图书特色　作为地方专业教育出版社，出版教学用书为自身的天职和本分。二十多年来，该社想教育之所想，急读者之所急，坚持社会效益第一、质量第一的原则，认真组织稿件，精编细作，确保课前到书，为广大师生提供了一批又一批价廉物美的好教材、好教辅以及丰富多彩的课外读物，使众多学子智力上、精神上切实受益，健康成长。如《思想品德》《健康教育》《国防教育》《劳动技术》，包括初中用《生活服务技术》《种植、养殖、加工技术》《实用工艺技术》《农机、电器技术》《电子、电器技术》，高中用《电子技术》《养殖技术》《农副产品贮藏加工技术》，以及《小学劳动》（14 种）《体育》《美术欣赏》《音乐欣赏》《中外文学名篇选读》《幼儿园教材》《学前班教材》《安徽历史》《安徽地理》《基础训练》等省编传统教学用书，起点很高，又经不断修订完善，深受全省师生的欢迎。知名教辅读物《中学各科发散思维辅导》由于构思新颖、学习效果明显，自出版后，三次修订，数十次印刷，累计印数 50 多万套，实现销售码洋数千万元。《资源型学案》《考前 30 分·中高考复习用考》等均为畅销全国的品牌教辅。此外，如《大学语文》《现代汉语》（上下）《聋童教育概论》《史学概论》《地球概论》《世界近代史》《世界现代史》《教育原理》《教育研究方法导论》《中国教育的未来》《高等数学理论与技巧》《大学数学解题法诠释》《大学物理解题法诠释》《大学化学解题法诠释》《科技写作简明教程》《新剑桥英语教程》（引进）《中级美国英语》（引进）等数十种高校教学用书，质量高、针对性强，为全国不少大学选作本科及研究生教材或重要参考书。教学用书出书范围涵盖了从幼儿园、学前班到大、中、小学各学段。

该社始终把弘扬时代主旋律作为整个出版工作的主旨之一,积极开拓思想健康向上、格调高雅、形式活泼、对世道人心有助益又为广大读者所喜闻乐见的优秀图书,如《心灵长城——中华爱国主义传统》《中华三德歌》《起点——中国农村改革发端纪实》《世纪壮举——中国扶贫开发纪实》《公民道德歌》《中国改革开放的突破口》《锦绣安徽》《从大别山到大西南——记科技扶贫有心人何家庆》等,连续几届荣获中宣部及省"五个一工程"图书奖,为精神文明建设做出了积极贡献。《与高尚同行——中国志愿者行动纪实》《千秋伟业——中国九年义务教育的光辉实践》《新中国扫盲教育史论》《历史的抉择——图说中国共产党以德治国理论与实践》等书,也以其独特的视角、生动的内容而为社会各界所赞许。

在圆满完成教学用书出版任务的同时,该社大力弘扬学术文化,深入挖掘具有传统文化积累意义和富有学术创新价值的选题,不惜投入巨资,不断推出文化品位高、学术底蕴深的精品图书。如一代美学大师的学术结晶《朱光潜全集》《宗白华全集》,以及《邓以蛰全集》《蒋孔阳全集》《常任侠文集》《中华美学大辞典》《中国古典美学举要》、"20世纪中国美学研究丛书"、《西方著名美学家评选》等以美学为特色的出版物,在全国享有良好的口碑,以至不少中青年学人以能在安教社出版美学专著为荣。还有文史类等图书,如《陈望道修辞论集》《古文观止全译》《古文辞类纂评注》《文心雕龙解说》《中国古代文学知识丛书》《汉语发展史丛书》《中国诗学通论》《中国小说学通论》《中国散文学通论》《中国戏剧学通论》、"当代学者自选文库"、"20世纪中国文学研究丛书"、《清人别集总目》《卞之琳译文集》《阿英全集》《中华汉语工具书书库》《中国解放区邮票史》《中国历代官制辞典》《国民党政府政治制度史词典》《史学理论大词典》《正史地理志汇释丛刊》《全宋文》以及综合类套书如《朱子全书》《胡适全集》《李鸿章全集》等,受到知识界的广泛好评。

该社在注重出版美学、文学、艺术类等人文科学图书的同时,对自然科学的学术成果也甚为关注,积极组织合适的选题,先后出版了《现代生物统计》《近代回归分析》《线性模型的理论及其应用》《地球与宇宙成因矿物学》《生殖药理学》《光合作用》《数学直觉与发现》等一批在当时有一定影响的学术专著。2000年以后,又陆续策划出一批有特色、有分量的重点出版项目,如《院士思维》《惯性约束核聚变》《数字式声呐设计原理》《磁场重联》《激光场中的量子跃进动力学》《淮河和长江中下游旱涝灾害年表及旱涝规律研究》《中国古代自然灾异整体性研究》《科学理性通论》《地下工程浅埋暗挖技术通论》《雨水积蓄利用》《地球的非对称性》《叶笃正文选》等这些自然科学图书,或反映了当时科技界最新研究成果,或具有填补学科空白意义,影响广泛而深远。

1986—2008 年安徽教育出版社出书品种统计表

表 1–4–3

年份	教育类	社科类	文艺类	科技类	少儿类	综合类	合计
1986	234	12	2	6	28	8	290
1987	236	12	3	8	28	10	297
1988	229	15	4	8	30	15	301
1989	258	19	9	12	33	28	359
1990	273	25	12	13	45	37	405
1991	328	26	12	18	48	39	471
1992	371	24	13	19	51	41	519
1993	439	28	18	21	52	43	601
1994	545	33	21	26	60	52	737
1995	591	39	23	29	75	63	820
1996	605	44	23	31	80	78	861
1997	636	41	25	33	89	85	909
1998	654	48	27	31	106	92	958
1999	677	51	26	38	116	102	1010
2000	833	53	29	37	121	101	1174
2001	655	52	27	38	118	108	998
2002	637	54	28	33	118	108	998
2003	896	59	31	36	126	115	1263
2004	808	61	32	38	131	123	1193
2005	1316	70	38	42	136	141	1743
2006	747	52	27	36	122	103	1123
2007	1269	67	32	39	136	133	1676
2008	1367	71	37	43	166	141	1825

安徽文艺出版社图书　出书品种　1984 年安徽文艺出版社成立后，至 1995 年，年均出版图书 120 种，12 年间共出书 1559 种。平均每种图书的发行量为 10000 册，年平均再版率为 14% 左右。

从 20 多年的发展看，年增长不是十分平均，由于对市场和选题的把握不准等因素的影响，有些年份还出现了下滑的趋势。

2005 年出版系统改制以后，安徽文艺出版社的出版水平得到全面提升，出书品种、图书总印数、再版率等都有显著提高。2008 年，出书 271 种，新书 186 种，再版 85 种，成为文艺出版社历史上出书最多的年份。单本印数最多、再版率最高的图书有“鬼吹灯小说系列”，多年来累计印刷、发行 60 多万册。《鬼吹灯漫画版》印刷、发行 10 万册，音乐图书《世界儿童钢琴名曲集》累计出版发行 9 万册，《全国古筝演奏考级作品集》累计出版发行 3 万多册。

1986—2008 年安徽文艺出版社出书品种统计表

表 1-4-4

年 份	总品种	新书	再版	文学	音乐
1986	72	63	9	69	3
1987	79	65	14	76	3
1988	85	80	5	80	5
1989	96	85	11	90	6
1990	150	117	33	141	9
1991	249	198	51	244	5
1992	191	114	77	183	8
1993	169	102	67	164	5
1994	187	154	33	179	8
1995	131	89	42	113	18
1996	114	95	19	97	17
1997	152	125	27	146	6
1998	192	154	38	181	9
1999	168	153	15	161	7
2000	133	98	35	112	21
2001	105	88	17	75	30
2002	154	115	39	138	16
2003	217	172	45	198	19
2004	149	136	13	130	19
2005	170	133	37	133	37
2006	185	135	50	145	40
2007	177	125	52	123	54
2008	271	186	85	164	107

备注：本表中统计的文学类图书包括中国文学图书、外国文学图书、文化类图书，涵盖了诗歌、小说、散文等各种文学形式

图书结构　由于全社员工的不断努力和多年积累，安徽文艺出版社出版了以《红楼梦》为代表的中国古典文学名著系列。除古代小说外，唐诗、宋词、元曲及古代散文均有出版。以《傅雷译文集》为代表的外国文学名著系列，有法国、俄罗斯、美国、英国、意大利、日本等世界上主要国家有代表性的文学作品。还有中国当代小说、诗歌、散文等文学作品系列。实用性强的音乐教育类图书系列，是文艺社的一大亮点和特色。文艺社每年除出版多种新书外，还从多年积累的这些书目中选取有市场需求的书籍进行再版、重印。不仅满足了广大读者的需要，同时给社里带来了可观的经济效益。中、外文学作品和音乐图书构成了文艺社赖以立社、生存、发展的三大支柱性产品。

图书特色　安徽文艺出版社建社以来，出版了《傅雷译文集》《张爱玲文集》等大量深受读者欢迎的中外文学名著和音乐类图书。《傅雷译文集》为全国首次结集出版傅雷的翻译作品，也是国内第一部以翻译家名义出版的译文集，该书曾获中国图书奖提名奖。《张爱玲文集》是文艺社在二十世纪九十年代获得极大成功的一部力作，是大陆首次出版的张爱玲作品集，曾入选《中国图书商报》“改革开放30周年最具影响力的300本图书”。《中国徽班》是中国徽班研究史上的一部里程碑式的巨著，填补了中国徽班研究的空白，并在首届“中国出版政府奖”评选中，获得提名奖的荣誉。《废墟上的歌者》是文艺社在“5·12”汶川大地震后出版的，是纪念“5·12”汶川大地震中思想性、艺术性俱佳，同时也是最有代表性的作品，同年，获“中华优秀出版物奖抗震救灾特别奖”的荣誉。《美丽的村庄》是安徽文艺出版社第一次获得中宣部精神文明建设“五个一工程”入选作品奖，根据本书改编拍摄的同名电影也在同期获奖。时隔两年，文艺社出版的《四面八方》再次获得中宣部精神文明建设“五个一工程”奖。

安徽出版集团成立以来，安徽文艺出版社积极跟进集团“做强主业，做大产业”的发展思路，开拓创新、铸造精品，确立了以“音乐教育类图书为经济支柱，文学、音乐类大众图书为主突破口，以畅销书提升竞争能力，以常销书积累经济实力”的经营战略，并进一步明确定位，发展特色，将中国文学、外国文学、音乐类图书确定为品牌建设的主要方向。

图书优势　文艺社出版的中国音乐家协会古筝和歌唱考级教材、“歌曲100首”系列、“戏剧100首”系列、“华语巨星”系列歌曲集、《中老年学唱歌》《新人金曲》、“流行新节拍”系列等音乐图书销售形势良好，市场反响热烈。音乐图书正逐步成为文艺社出版的重要特色，显示出良好的发展态势和品牌效应。

图书出版业务管理　安徽文艺出版社对图书出版实行全流程管理，从约稿、图书选题、书稿三审、审读、重大选题备案等方面都制定了相关的管理办法。比如，安徽文艺出版社制定有《安徽文艺出版社责任编辑制实施细则》《安徽文艺出版社责任校对制实施细则》《安徽文艺出版社岗位责任制管理规定》，以及《图书再版版前审读工作管理规定》《书稿归档管理办法》《图书委托印制管理规定》等。安徽文艺出版社还成立了选题策划论证工作委员会，对图书选题和质量进行严格把关。

图书质量管理 安徽文艺出版社制定有图书编校质量管理规定，按流程管理明确各环节的责任和任务，责任细化可操作，奖励与处罚有记录。安徽文艺出版社有关于年度图书内容质量和编校质量的管理办法，规定专项检查、自查与抽检相结合。设立双人检查制，由社内专项检查审读小组成员和社外专家组成。

首先严格执行选题论证制度。图书内容质量依赖于选题的优化，文艺社认真执行三级论证制度，使选题论证结果符合内容质量第一的原则，并按省出版局的管理要求及时报送年度选题计划。其次坚持稿件三审责任制度。三审环节始终注意政治性和政策性问题，对稿件的社会价值和文化学术价值进行审查，严把政治关、文字关、知识关，还特别要求责任编辑填写公司专门设计的《内容导向审查表》，针对书稿中可能涉及的政治敏感问题等内容进行对照审查。第三，履行重大选题备案制度，出版前报新闻出版总署备案，得到批复允许出版后方才出版。第四，鼓励出版弘扬主旋律的优秀图书。2008年，为纪念“5·12”汶川大地震，文艺社出版了《五月的名字叫坚强》《北线大出击》《废墟上的歌者》《不屈的脊梁——抗震救灾歌曲选》等格调健康的文学艺术作品，为社会主义精神文明建设做出了有益贡献。第五，倡导树立全员把关意识。在图书生产流程中，文艺社倡导编辑、校对、印制等相关环节的人员，加强对有关出版政策、法规等方面知识的学习，大力提高员工的政治水平和把关能力，对随时随处发现的内容质量问题，严肃对待，认真处理。

黄山书社图书 建社 20 多年来，黄山书社始终认真贯彻落实党的出版政策，把握正确导向，本着“为人民服务、为社会主义服务”的出版方针，默默耕耘在弘扬优秀文化的出版阵地上，努力挖掘徽文化和桐城派等地域文化资源，出版了 4800 种文史古籍类图书和通俗读物。且承担了国家和省“八五”“九五”“十五”“十一五”规划 60 余种重点图书的出版任务，290 种图书获得国家、华东地区以及省级各种奖项。并逐步形成“以鲜明的徽文化特色和高品质的古籍文史类学术著作图书为主导产品，以广大读者所喜闻乐见、普及的文史读物为依托，以经济增长较为显著的青少年读物为经济基础”的“黄山特色”出书框架。

图书出版业务管理与图书质量管理 建社以来，黄山书社始终将选题的策划及论证作为出版业务的核心工作来抓。在选题三级论证方面高标准、严要求，坚决避免走过场的情况。要求全社编辑将选题策划和组稿的工作做在平时，保证在集中论证时提出的选题都是实实在在、具有很强的操作性。三级论证具体程序为：①每年两批次选题集中申报及增补申报通知下发后，各编辑室对本室编辑提出的选题从内容、两个效益等方面逐一进行初步论证；②社选题论证小组对各编辑室通过论证拟上报的选题从两个效益、政治导向、出版价值等方面进行二级论证，小组成员由本社副高以上职称专家和中层以上干部组成；③社委会对社论证小组的论证结果进行审核，确定上报计划。通过三级论证的选题由总编办公室统一整理、分析并制作申报材料上报省新闻出版局。

选题计划经上级主管单位论证批准后印发选题表，社总编办公室留存，并登记选题批准文号及选题号，作为核发书号的依据。

书稿质量直接关系到图书的内容质量。黄山书社尤为重视书稿的三审。初审：书稿到后，由责任编辑初审，主要审查书稿的内容是否与选题立意相符，内容质量是否符合出版标准，审查章节安排及文字差错率等，初审后如果认为符合出版要求，则拟出初审报告，向本编辑室主任或具有副高以上职称人员提请复审；复审：编辑室主任或具有副高以上职称人员对经过初审的书稿从出版导向、内容质量等方面进行复审，并拟出复审报告提请终审；终审：社长或总编辑对经过复审的书稿进行终审，主要是从出版导向及内容政治敏感度上进行整体把关，对于内容涉及重大选题的，安排履行重大选题备案程序，对于因专业等因素无法把握的，安排提请有关部门进行版前审读，并拟出终审报告。三审通过的书稿方可发排。

在书稿的编辑、校对过程中，黄山书社在认真执行传统的“三校一对红”的基础上，针对重点图书自发提高标准，将校次增加到五次、六次甚至八次以上，对一些专业性强的图书，必请专业人员进行外校。

严格执行新闻出版总署关于书号使用的有关规定，严把书号申领及核发关口，要求编辑在申领书号时必须提供法人代表签字的三审作业报告单、出版合同及达到“齐、清、定”标准的书稿清样，严格按照“一书一号”标准核发，杜绝一号多用、重复使用书号等情况。

黄山书社一直非常重视图书印制质量，在印刷厂选择上严格筛选，将国内（主要在安徽省）具备印制资质的印刷厂，按照企业规模、技术设备、印制能力等要素，制订出一个三级印刷供方名录，优先安排在一级的大厂品牌厂印刷。开具付印单之前，印制人员认真核对胶片及用料、印量等核心要素，印制阶段，安排责任编辑蹲点印刷厂，现场监督从拼版、装版、晒版到调色、装订等一切印制工作，确保不出质量问题。

社内出版科对每种图书的进栈样书进行认真检查，发现问题，及时通知改正，只有通过进栈样检查后方进行批量印刷。图书入库前，必须要按一定比例进行质量抽查，发现问题及时退回印刷厂进行返工重印等处理。社内还采取定期与不定期结合的方式对入库图书进行编校、印制质量自查，以此确保读者拿到的每一本书都是质量过硬的优质出版物。

图书结构与图书特色　安徽襟江带淮，人文荟萃，典籍浩如烟海。抢救和出版濒危古籍图书，是黄山书社作为古籍出版社义不容辞的责任。建社初期，即设有古籍编辑室，按选题计划有步骤约请专家学者整理，由出版社编辑出版。最早推出有“安徽文苑丛书”和“安徽历代名人系列”。这两套丛书定位为普及性读物，但多为点校、选注本。其中“安徽文苑丛书”以安徽籍的古代学者的重要著述为选编对象，或出选集，或出合集，每种本子均有简明扼要的注释，帮助读者读懂原文，了解思想内容。该套图书出版时间跨度较长，读者反响较好，其中有《戴名世论稿》《方苞文集》《姚鼐文选》《刘大櫆文选》《张籍集注》《桓谭》《嵇康集注》等几十种。

黄山书社在古籍整理图书的出版活动中，与安徽省古籍整理出版规划领导小组办公室相伴相生，结成了紧密的合作关系。1984 年，为了积极响应中央关于加强古籍整理工作的号召，安徽省古籍整理出版领导小组办公室与黄山书社先后成立，全省的古籍整理和出版工作开始了新纪元。1988 年 12 月，安徽省古籍整理出版领导小组改称为安徽省古籍整理出版规划委员会，下设办公室（简称“省古籍办”），专职承担安徽省的古籍整理任务，出版任务由黄山书社承担。黄山书社与省古籍办通力合作的典型成果是“安徽古籍丛书”。“安徽古籍丛书”是迄今出版时间最久，影响力最为广泛的古籍丛书之一。该丛书收录古代皖人经典著述，加以整理出版，注重对稀见本的搜集和整理。自 1989 年问世以来，已整理出版了近百种，约 5000 万字，其中《戴震全书》等在海内外都产生了较大的影响。“安徽古籍丛书”中的绝大多数项目品种被列入国家“八五”至“十一五”的古籍整理规划之中。

20 世纪 90 年代以后，黄山书社立足本省，放眼全国，不断开拓两个效益俱佳的古籍图书新资源，出版有影印本《胡适遗稿及秘藏书信》《官箴书集成》《民国法规集成》《雍正朝满文朱批奏折全译》《四库全书未刊全稿》《本草纲目》《古文辞类纂》《宗教历史文献集成》等一批具有重要史料价值的古籍图书。并组织专家学者对古籍善本今译和古典文学名著进行整理出版，出版了《资治通鉴新编》（卞孝萱主编）《红楼梦（黄小田评点本）》《忠义水浒全传（李卓吾评点）》《三国演义（李卓吾评点）》《西游记（张书绅评点）》《新资治通鉴》等书，至今仍在延续。

“十一五”期间，该社着眼于提高专业地位，锤炼出版特色，在古籍图书选题的开发、内涵的丰富上下工夫，本社自主开发的古籍整理项目、图书品种增多，项目学术价值进一步提升，出书质量显著提高。如先后出版了“十一五”国家古籍整理规划项目《历代曲话汇编》（15 册）《皖人戏曲丛刊》（共 6 册，已出 2 册）《凌廷堪全集》（3 册）《徽学研究资料辑刊》等一批重点古籍整理项目。其中《徽学研究资料辑刊》“十一五”期间已出 10 种 18 册，计 600 余万字。

扶持原创学术图书出版是黄山书社建社以来恪守的传统，在 20 世纪 90 年代经济实力非常薄弱的情况下，仍坚持策划出版了一批有影响的学术著作，如《历代词记事汇评》《魏晋南北朝史话》等。“十一五”期间，该社加大投入，优先扶持原创学术图书出版，社长、总编亲自带队，北上北京，南下南京，东进上海，在中国的文化高地多方拜访著名高校、科研院所的专家学者，抓项目，聊课题，谈合作，积聚了一批重量级的作者队伍，也组到了一批在学界具有一流水平的学术成果，推出了《中葡关系史》《中国诗论史》《燕乐新说》《中国史学思想通史（10 卷）》《淮河流域开发史》《康乾盛世丛书》等一批在学界反响强烈的重磅图书，有的图书填补了国内学术领域研究的空白，在出版界和读者中享有一定的声誉。如《燕乐新说》荣获第十四届中国图书奖，《中葡关系史》荣获首届中国出版政府奖，《中国诗论史》荣获第二届中华优秀出版物奖。

作为古籍、文史专业出版社，文史通俗及传统文化普及读物也是黄山书社一直致力打造的重要出版板块。建社早期即专门成立文史编辑室，重点策划出版该类图书，策划出版文史精品图书。该类图书立足于安徽省的人文历史，兼及国内有关历史类题材，全方位开发文史资源，锤炼优秀文史读物和传统文化普及读本，早期开发的重点作品有《明清徽商资料选编》（张海鹏主编）、《淮系人物列传》（2卷，马昌华主编）、《胡适自传》（曹伯言选编）等。“十一五”期间，该社着眼于丰富的图书品种，提高零售市场占有率，大力实施该类选题的开发和出版，先后推出四种版本的“四大名著”、“中华古典珍品系列”（20种）、“中华古典珍品书坊”（20种）、“古典文学精品屋”（15种）、“中华传统文化经典导读”（6种）、“中华传统文化启蒙读本”（4种）、“话说历代帝王”、“话说千古之谜”等数十个丛书、套书，推出后，市场反响积极，成为黄山书社的常销书；该社还在“中华传统文化启蒙读本”的基础上自主策划编写了一套“中华传统文化经典导读”学生读本，并顺利通过省教育厅审定，成为安徽省唯一的一套地方教材。

旅游文化图书是黄山书社独具特色的出书品种，安徽是旅游大省，旅游类图书资源丰富，建社初期，设旅游文化编辑室，旨在扩大出书范围、改善出书品种结构，同时带来经济效益，弥补古籍图书出版亏损。从1984年起，黄山书社陆续出版了“安徽风光”、“安徽旅游指南”、“安徽名城”等系列丛书和单行本。如《合肥》（中英日版）、《巢湖》、《安庆》、《天柱秀色》、《西递》、《宏村》、《寿县》、《歙县丛书》、《徽州五千村丛书》。除图书外，还有导游图、风光摄影集、明信片、门票等旅游读物。

志书及年鉴图书是黄山书社颇具优势的出版方阵之一。随着20世纪80年代第一轮修志的开始，地方志图书出版绵延不绝，黄山书社在志书出版中，非常重视与省方志办及各地市方志办的合作关系，在出版活动中依靠优质的服务赢得了各方赞誉，志书出版资源愈发丰富。出版的志书中，安徽省内的，按行政区划级别分，省志、市志、县志、区志、乡镇志均有涉及，其中以市级志书居多，县志次之。安徽省行业志中，省级行业志居多。山水志是志书中的一个门类，迄今出版了《黄山志》《齐云山志》《九华山志》《浮山志》《巢湖志》等。20年来，黄山书社共出版各类志书、年鉴100余种，该类图书成为该社一类独特的出版资源，具有版本意义。80年代中—90年代末，志书的出版带来一定的经济效益，但占用出版资源较多。1998年始，该社加强对志书的出版管理，出台了《关于协作出版图书的暂行规定》和《关于协作出版图书的补充规定》，规范此类书的出版。

为了扩大古籍出版社的文史、文化类图书读者群和销售量，提高经济效益的图书板块，20世纪90年代末，着手市场调研，进一步优化图书结构。新世纪始，逐步组织策划具有双效益的选题，编辑出版有销售前景较好的传统文化图书《经典成语故事》等系列图书；在出版政策许可的框架下，自主开发并报安徽省教科所审定，有中小学生读物，如课本《中华传统文化经典导读（6册）》、教学辅导材料“学生同步作业系列”等读物。

1986—2008年黄山书社出书品种统计表

表1-4-5

年份	A	B	C	D	E	F	G	H	I	J	K	R	S	T	X	Z	合计	其中新书	其中重印书
1986	—	—	—	—	—	1	11	1	12	8	14	—	—	—	—	9	56	48	8
1987	—	—	—	—	—	—	5	—	7	6	21	—	—	—	—	2	41	35	6
1988	—	—	—	—	—	—	20	1	21	3	19	—	—	—	—	—	64	54	10
1989	—	—	—	—	—	1	19	4	14	9	30	—	—	—	—	9	86	73	13
1990	—	—	—	—	—	—	23	1	25	13	23	—	—	—	—	9	86	73	13
1991	—	—	—	—	—	—	22	7	29	15	40	—	—	—	—	14	127	100	27
1992	—	—	—	—	—	—	38	4	22	16	71	—	—	—	—	13	164	138	26
1993	—	1	—	—	—	3	45	3	35	15	110	—	—	—	—	15	227	194	33
1994	—	—	—	—	—	—	30	—	35	14	97	—	—	—	—	12	188	160	28
1995	—	—	—	—	—	—	35	3	41	12	60	—	—	—	—	7	158	135	23
1996	—	—	—	1	—	2	35	—	45	7	56	—	—	—	—	26	172	129	43
1997	—	—	—	—	—	—	31	5	42	8	74	—	—	—	—	17	177	130	47
1998	—	—	—	—	—	—	41	9	31	8	59	—	—	—	—	22	170	102	68
1999	—	—	—	1	—	—	58	4	41	15	49	—	—	—	—	23	191	104	87
2000	—	5	—	2	—	4	61	4	35	29	36	—	—	—	—	14	190	127	63
2001	—	6	—	—	—	4	101	14	35	34	39	—	—	—	—	12	245	147	98
2002	—	4	—	—	—	3	155	15	30	19	31	—	—	—	—	13	270	163	107
2003	—	2	—	—	—	3	179	16	34	20	25	1	—	—	—	15	296	150	146
2004	—	—	1	—	—	7	176	21	42	13	20	—	—	—	—	20	311	163	148
2005	—	18	3	—	1	7	183	23	35	21	22	1	1	1	—	11	328	190	138
2006	—	9	—	2	—	2	190	25	39	42	44	2	—	—	—	20	389	216	173
2007	—	12	1	3	1	10	188	26	38	34	45	14	—	—	—	14	390	235	155
2008	—	9	3	2	2	8	237	32	50	51	47	9	1	2	1	23	475	280	195
	—	66	8	11	4	55	1883	218	738	412	1042	21	2	3	1	319	4808	3152	1656

说明：

1.1986—2008年共计出书4808种，其中新书3152种，新书占出书总数66%；重印书1656种，重印率平均为34%

2. 类别品种比例：哲学(B)66种，社会科学总论(C)8种，政治、法律(D)11种，军事(E)4种，经济(F)55种，文化、科学、教育、体育(G)1883种，语言、文字(H)218种，文学(Ⅰ)738种，艺术(J)412种，历史、地理(K)1042种，医药、卫生(R)21种，农业、林业(S)2种，工业技术(T)3种，环境科学(X)1种，综合

(Z)319 种。其中，文化、科学、体育 (G) 和历史、地理 (K) 分别占出书总数的 39% 和 22%，文化和历史类占出书总数 61%

3. 图书分类采用新闻出版署规定使用的中国图书馆图书分类法。图书品种以使用书号为单位，即一个“品种”为使用一个“书号”

安徽少年儿童出版社图书 安徽少年儿童出版社自 1984 年成立以来，一直秉承“心存孩子，面向未来”的出版理念，坚持科学发展观，坚持贯彻落实党的出版方针政策和国家的法律法规，坚持正确出版导向，坚持以两个效益增长为中心，不断深化改革，努力创新突破，在低幼启蒙、卡通动漫、儿童文学等领域形成独特优势和出版品牌，出版特色鲜明，经营业绩显著，两个效益突出，先后有多种图书分获各级各类图书奖；图书市场占有率不断提高，低幼图书一直位居全国前三位，卡片挂图稳居全国前三位；卡通动漫板块引领市场，《虹猫蓝兔七侠传》销量突破 1600 万册，创造了中国原创动漫图书的一个奇迹。

图书出版业务管理与图书质量管理 为保证图书出版物策划、出版等流程管理顺畅，出版社先后制定《图书选题控制程序》《组稿、审稿与编辑加工控制程序》《图书（期刊）设计、排校控制程序》《书号管理暂行规定》《出版物稿酬标准》《图书出版合同管理办法》《图书印制控制程序》等文件，用来规范流程管理，确保出版流程的无缝对接。

在图书质量管理的过程中，一方面，通过制定《图书（期刊）质量管理办法》《校对室管理办法》《图书项目制试行办法》《版前审读管理办法》等管理和奖惩措施来提供制度保障；另一方面，在实际操作时强调“三审”在书稿把关中的作用，确保出版图书的质量。

图书结构与图书特色 20 多年来，安徽少儿社始终坚持正确的出版导向，坚持“心存孩子，面向未来”的出版理念，把社会效益放在第一位，多出书，出好书，用精品和爱心，积极营造少年儿童健康成长的良好环境，出版了一批精品图书。《百将传奇》《高士其全集》《鸽子树的传说》《秦文君文集》《感受坚强——中国女孩桑兰》《唤醒巨人——成功教育启示录》《小橘灯美文系列》《虹猫蓝兔七侠传》《少年英雄——20 名汶川大地震抗震救灾英雄少年的故事》《走进帕米尔高原——穿越柴达木盆地》等 600 多种图书在全国各类高层次评奖中获奖，深受小读者的喜爱，其中《鸽子树的传说》等 4 种图书获中宣部“五个一工程”奖图书奖，《高士其全集》等 3 种图书获国家图书奖，《唤醒巨人——成功教育启示录》等 5 种图书获中国图书奖。

在注重社会效益的同时，安徽少年儿童出版社紧抓经济效益不放松。随着市场不断出现的新需求，安徽少年儿童出版社不断地调整自己的主攻方向和图书出版战略，以适应新形势下的发展。1998 年，安徽少年儿童出版社制定了“面向市场，主攻低幼”的出版战略，主动引导市场，先后出版“金葫芦挂图系列”“幼儿园用书系列”“黑眼睛系列”“宝宝膝盖书系列”“好好玩泡泡书系列”等低幼启蒙读物，其中卡片挂图和低幼儿图书的市场影响力在全国名列前茅,"好好玩泡泡书"取得独家授权的专利新产品。

"主攻低幼"战略使出版社在短时间内抢占了少儿图书的市场,提高了经济效益。为了避免图书产品的单一,进一步扩大少儿图书的市场份额,2006年以来,安徽少年儿童出版社不断地调整图书出版的战略,由"面向市场,主攻低幼"调整为"一主两翼、重点突破"(主攻低幼,带动儿童文学和动漫两翼突破),再调整为"一主两翼,全面发展",力求在新的成长性地带迅速形成规模效应和品牌效应。通过实践,新的出版战略已显现出强大的生命力。

2006年,安徽少年儿童出版社打造了第一套与原创卡通动漫同名图书《虹猫蓝兔七侠传》。继《虹猫蓝兔七侠传》之后,又出版了一系列动漫品牌图书,如《虹猫蓝兔仗剑走天涯》《福娃五连环》《小卓玛》《憨八龟》等。在一手抓国产原创动漫图书出版的同时,又开始引进国外知名动漫品牌,提升安徽少年儿童出版社在动漫图书市场的影响力,先后推出了《变形金刚》电影版和动画版系列图书、《哈利·波特》电影版图书,在图书市场引起较大的轰动。

在动漫图书发展迅猛的同时,安徽少年儿童出版社加大对儿童文学图书出版的扶持,丰满另一个羽翼。关注儿童文学图书的出版是安徽少年儿童出版社的传统。《童话百篇》《鸽子树的传说》《青春口哨文学丛书》《秦文君文集》等儿童文学图书,都曾为安徽少年儿童出版社争得荣誉,赢得市场。2008年11月初,安徽少年儿童出版社主办了"儿童文学:原创与出版"研讨会。会议汇聚了全国知名的儿童文学作家高洪波、秦文君、汤素兰、刘先平、伍美珍等,儿童文学评论家王泉根、梅子涵、方卫平、朱自强等,围绕"原创推动出版发展,出版促进创作繁荣"的主题展开深入探讨,在儿童文学原创出版方面再上一个台阶。

安徽少年儿童出版社长期以来,一直把图书的对外发展放在一个很重要的战略位置,二十多年来,常抓不懈。1987年,《中国的世界之最》向商务印书馆香港分馆输出版权,这是安徽少年儿童出版社第一本向外输出版权的图书。至2008年年底,共有《中国动画》《哈哈历险》《手工一本通》《最好听的睡前故事》等200多种优秀的图书向海外输出了版权,并引进图书478种。2005年对外合作部的成立,为皖少版的优秀图书"走出去"、海外优秀图书"引进来",开辟了一条更加专业的道路。2007年,安少社被国家版权局授予"全国图书版权输出先进单位"称号。

1986—2008年安徽少年儿童出版社出书品种统计表

表1-4-6

年 份	教材教辅	低幼启蒙	科普读物	儿童文学	合计
1986	64	15	19	12	110
1987	64	21	19	13	122
1988	64	26	25	17	132

续表 1-4-6

年 份	教材教辅	低幼启蒙	科普读物	儿童文学	合计
1989	66	37	20	29	152
1990	66	22	26	14	128
1991	68	23	12	14	119
1992	70	31	39	4	144
1993	72	35	8	4	119
1994	80	34	13	6	133
1995	96	8	14	27	145
1996	115	15	2	21	153
1997	116	21	0	39	176
1998	125	25	2	27	179
1999	138	48	20	20	226
2000	136	88	5	30	252
2001	140	76	2	26	244
2002	190	81	21	25	317
2003	224	58	17	24	323
2004	237	143	16	16	412
2005	213	106	25	25	369
2006	194	160	36	51	441
2007	232	234	11	30	507
2008	227	194	31	55	507

安徽美术出版社图书　1986 年，由于电视的普及，儿童读物增多，中国的连环画市场萎缩，安徽美术出版社将出版的重点由连环画转向当时市场需求较大的年画，同时着手开发一批旨在传承历史文化的图书。但因编辑力量不足，当年一般图书仅出版 19 种（册）。1987 年后，本省老一辈著名画家的作品如《萧龙士百寿画集》《孔小瑜画集》《韩美林画集》《赖少其山水画作品选》及影响力较大的《将星璀璨》《徽州三雕》《明清安徽画家作品选》等具有地方特色的高品位画册陆续问世。

1990 年前后，因农村住房条件有了大幅度的改善，加之众多个体经营者介入年画的出版发行，年画市场日渐式微，安徽美术出版社的出版结构随之调整，开始大力开发挂历的出版。同时也意识到一般图书出版的重要性，逐渐形成了以美术教育、美术技法和美术资料图书为主的出版特色。出版一般图书的种（册）数也有了较快的增长。其间，该社出版了《邓石如书法篆刻全集》《现代装饰画集——中央工艺美院基础教学》

等一批双效俱佳的图书。

1998年前后，挂历逐渐退出市场，安徽美术出版社开始积极调整出版方向，将重心转向美术类教辅的开发方面，力图以大项目带动出版社的稳健发展。《写字》教材在这种背景下应运而生。该项目的成功策划和实施，对美术社的未来发展具有重要影响，成为美术社的主要利润来源。在大力开发《写字》教辅的同时，该社加大了一般图书的投入和管理，在原有的美术教育、美术技法和美术资料三大板块的基础上，又增加了美术理论和动漫图书。年出版一般图书已达100多种（册）。

1998—2000年，是美术社建章立制、规范管理的重要时期。该社先后制定各项管理制度33项，其中涉及出版业务管理11项，合同管理和编校质量管理进一步规范严谨。2000年，美术社根据《出版管理条例》和《图书质量管理规定》精神制定的《图书编辑出版信息表》，以全程跟踪的形式，对图书自选题策划到书稿付印、稿酬支付、合同管理等出版流程进行了全面、系统的规划，成为出版社规范编辑出版流程的有效措施，并被安徽省新闻出版局作为图书质量管理的创新举措和范本向全省各出版社推广。

2001—2004年，该社共出版图书831种，其中新版图书495种，重印再版336种。年均出书量跃升至208种，图书品种数呈现大幅增长势头。为寻找新的盈利点，期间，该社与人民教育出版社合作开发的《小学语文挂图》《小学数学挂图》等教学挂图，成为美术社新的出版项目。在一般图书方面，启动了安徽省高等院校通用教材美术教育丛书、设计教育丛书、美术高考辅导用书等项目。《文化徽州》《中国清代宫廷版画》《安徽革命史画册》等图书脱颖而出，先后获得中国图书奖、国家图书奖艺术类单项奖、安徽省“五个一工程”奖等奖项。

2005年，是美术社发展较为特殊的一年。社里精力主要投入在转企改制上，多少影响了出版经营工作。全年共出版图书217种，较2004年略有下降。值得欣慰的是，该社和人民美术出版社合作编写的《美术》教材正式面向全省使用。该项目是继《写字》教辅后，美术社开发的又一支柱性产品。至此，以教材教辅、一般图书、期刊经营三大产品为核心的出版结构正式形成。

改制之后，安徽美术出版社的图书出版步入了快速发展的轨道。在2006—2008三年中，共出版图书876种（册），其中新版图书488种（册），重印再版388种（册），年均出书量292种（册），重印再版率为44%。在一般图书方面，初步形成美术理论和画册类、美术技法和资料类、动漫卡通类、美术教育类、书法篆刻类、图文类六条产品线。其中，该社美术技法和资料类一直位列全国美术类细分图书市场前列；2008年，绘画技法类位列全国同类市场第9位、美术参考资料和其他类位列第8位。美术教育类图书经过持续建设，该社拥有高等院校美术专业教材近百种，形成了覆盖义务教育、基础教育、高职高专教育、高等院校本科教育四个层级的全品种艺术专业教材体系。高等教育教材中，有3种列选普通高等教育“十一五”国家级规划教材，2种列选教育部、文化部联合推荐的“高等学校动漫类推荐教材”目录，27种列选普通教育“十一五”全国规划教材，32 种列选安徽省高等学校“十一五”省级规划教材。在动漫卡通类图书方面，该社立体打造的《中国原创新漫画之四大名著》项目，引起社会各界高度关注，先后被列为新闻出版总署原创动漫作品图书扶持项目第一名、文化部原创动漫扶持计划漫画作品类第一名。

自建社以来，美术社一直恪守党和国家的出版路线、方针、政策及有关出版法规，坚持正确的出版方向，坚持社会效益、经济效益相结合的原则，严格遵守选题申报、合同管理、“三审制”、三校一读等制度，出版了《徽州三雕艺术》《明清安徽画家作品集》《将星璀璨》《中国清代宫廷版画》《文化徽州》《中国黄山》《中国飞天艺术》等大量深受读者欢迎的美术技法、教育、动漫、画册和理论类优秀出版物共 2821 种（册）（不含年画）。其中，有近 300 种图书先后获得包括中国图书奖、“五个一工程”奖等在内的国家及省部级奖项。

1986—2008 年安徽美术出版社出书品种统计表

表 1-4-7

年份	画册类	美术理论类	基础绘画技法类	美术教学用书	书法类	美术参考资料	少儿类	连环画	挂历	年画	其它
1986	7	1	1	—	4	5	—	1	—	173	6
1987	9	1	—	—	3	1	—	—	—	242	—
1988	9	—	1	1	4	1	—	—	—	256	—
1989	14	2	1	2	7	1	—	1	—	268	5
1990	15	5	2	6	18	3	11	3	—	274	2
1991	11	4	3	15	26	—	—	9	89	—	1
1992	13	—	2	1	9	2	—	6	44	—	2
1993	10	1	2	2	6	5	—	—	37	—	2
1994	24	1	7	6	14	15	—	2	80	—	4
1995	10	4	4	3	9	3	4	1	50	—	3
1996	21	3	6	12	16	14	3	1	85	—	
1997	41	1	2	11	19	5	13	—	107	—	1
1998	8	4	7	4	30	5	—	—	72	—	8
1999	20	—	6	11	8	7	2	—	67	—	12
2000	4	—	50	60	2	—	1	—	—	—	—
2001	31	—	75	65	11	—	6	—	—	—	—
2002	19	1	75	85	14	—	7	—	—	—	5
2003	17	19	77	74	10	2	14	—	—	—	2

续表 1–4–7

年份	画册类	美术理论类	基础绘画技法类	美术教学用书	书法类	美术参考资料	少儿类	连环画	挂历	年画	其它
2004	34	8	68	97	21	—	8	—	—	—	3
2005	44	3	34	74	9	10	42	—	—	—	1
2006	50	3	67	57	10	14	22	—	—	—	48
2007	24	1	49	37	3	4	13	—	—	—	40
2008	32	2	71	76	6	30	4	—	—	—	49

备注：1. 画册类包含画册和摄影作品

2. 书法类包括书法篆刻和硬笔书法

3. 设计类包括设计综合、平面设计、环境设计和引进版科技类

中国科学技术大学出版社图书　图书品种与结构　建社初期，限于当时的人员、规模和技术条件，出书品种总体偏少，但增长迅速。1986—1990年，年出书量分别为10种、21种、42种、67种、91种，前三年逐年翻番，后两年增长率也在50%左右。经过两三年时间的调整，到1993年，出书品种又实现了100%左右的增长，达到182种。此后到2001年，出书品种保持在100—200种之间，这既与国家出版管理部门在此阶段的选题和书号管理政策有关，也真实反映了科大出版社的出书能力，比建社初期上了一个台阶，处于一个相对平稳的时期。2002年以后，随着出版业的繁荣和发展，国家出版管理部门对书号的控制不再像前几年那么严格，出版社也积蓄了一定的选题和重印书，因而出书品种又攀升了一个台阶，达到200多种。总体来看，出书品种变化是一个快速增长与平缓调整相互交叉的过程。

就图书类别而言，出版的图书以理工类高校教材、教学参考书和学术著作为主，主要是数理化、天地生和工业技术类，以及农林和医卫等实用科技。社会科学图书主要集中在语言文字、文化教育以及经济类，特别是外语教材和考试辅导图书。

图书特色与优势　依托中国科学院、中国科学技术大学的品牌优势、人才优势和资源优势，中国科学技术大学出版社经过20多年的发展，在学术类图书、高校理工科教材和教学参考书、外语学习和考试读物等方面逐渐形成了特色和优势，具有良好的读者市场和社会影响。

作为设在一流研究型大学里的出版社，自办社伊始，就重视高水平学术类图书的出版，陆续出版了一大批代表国家科技创新水平的学术专著，多卷（套）为国家重点图书，202种次图书分别获得中国出版政府奖、中华优秀出版物奖、国家图书奖、中国图书奖、中宣部“五个一工程”奖和全国优秀科技图书奖、中国大学出版社图书奖、华东地区大学出版社工作研究会图书奖以及安徽省图书奖等奖项，在具有原始创新价值的科技著作、现代科学复合交叉学科的最新成果、体现最新学术信息的科学技术发展报告等方面

形成了一定的规模和品牌。例如，《中国古代四大发明——源流、外传及世界影响》获第六届国家图书奖提名奖、第九届中宣部"'五个一工程'一本好书"奖、第十一届全国优秀科技图书一等奖，《生物大灭绝与复苏》获第一届中华优秀出版物奖图书奖，《陡山沱期生物群——早期动物辐射前夕的生命》获第十一届全国优秀科技图书一等奖、第十四届中国图书奖。

高校理工类教材、教学参考书是主要的出书领域，在满足本校不同学历层次教学用书需要的同时，积极面向市场开发教材，在国家级规划教材、高校的理工科基础课和专业课教材出版方面逐渐形成学科体系和品种规模，一批教材选为教育部推荐研究生教学用书和获得教育部优秀教材（教学成果）奖励。其中，25 种教材入选普通高等教育"十一五"国家级规划教材，占安徽省内出版社入选数的 90% 以上；236 种教材入选安徽省高等学校"十一五"省级规划教材，超过入选种数的三分之一，是安徽省最重要的、全国知名的理科和工科基础学科高校教材及学术著作出版基地。

大学英语学习和考试读物是具有广泛社会反响的出书方向，四六级考试图书在长达十几年的时间里影响了一大批大学生，英（美）口语和词汇图书经常在大卖场和同类图书排行榜上占据名次，几十种册获得全国优秀畅销书奖和全国高校出版社优秀畅销书奖。日语、德语等小语种图书也具有良好的市场业绩。

图书出版业务管理与图书质量管理　出版社从成立之初，就依据专业分工，确立了自己的出版领域和主要发展方向，坚持社会效益和经济效益相统一的原则，规范经营，严格管理。高度重视中长期出版规划和年度选题规划的制定和论证，用以指导出版社的选题组稿和出版工作。坚持选题的三级论证和优化机制，严格执行重大选题备案制度等出版管理有关规定，始终把社会效益放在首位，不出一本坏书。针对图书出版的各个环节，制定了严格的业务规程和管理办法，保证管理规范、运转顺畅。

在图书出版过程中，严格执行"三审制"和书稿发稿、付印审批，编辑认真审读加工，校对人员严格校对，层层把关，把抓图书质量落实在实处、细处。出版社制定的《书稿审读加工流程表》《图书排版与印制管理表》和《图书印后管理表》及相应的操作管理规程覆盖了图书出版的各个环节，从程序上为图书质量提供了保证，曾多次受到省新闻出版局的表扬和推广，以及兄弟出版社的学习借鉴。同时，注重编校队伍建设，经常开展编辑出版业务知识的学习和培训，也是图书质量管理的重要方面。这些措施的实施，使得出版物的质量稳步提升，精品图书不断涌现，在各级图书编校、印制质量抽查中，质量多次名列前茅，获得好评。

1986—2008 年中国科学技术大学出版社出书品种统计表

表 1-4-8

年份	A	B	C	D	F	G	H	K	N	O	P	Q	R	S	TN	TP	TM	Z	新书累计	重印书累计	合计
1986	—	—	—	—	—	2	4	—	—	3	—	—	—	—	—	—	—	1	10	—	10
1987	—	—	—	—	1	4	7	—	—	5	—	—	1	—	—	1	1	—	21	—	21
1988	—	1	1	1	1	5	2	—	—	24	—	—	—	—	1	3	—	2	41	1	42
1989	—	1	3	1	2	4	11	—	—	30	1	—	1	—	4	8	—	—	66	1	67
1990	1	2	1	1	7	18	10	2	—	20	2	1	1	3	3	12	2	3	89	2	91
1991	—	3	4	1	6	12	15	—	—	19	4	2	5	3	—	13		1	88	1	89
1992	—	—	3	2	2	10	8	1	—	23	4	4	1	1	4	12	2	—	77	16	93
1993	2	4	7	5	6	43	9	1	1	19	3	2	9	9	8	25	—	1	154	28	182
1994	—	2	3	1	4	10	6	—	—	11	3	2	6	6	2	13	1	1	71	72	143
1995	1	5	2	—	—	11	15	—	1	15	7	1	6	7	2	25	2	—	100	78	178
1996	—	1	1	2	5	8	19	—	1	14	—	5	10	3	2	45	1	2	70	49	119
1997	—	4	2	1	3	4	19	—	3	12	8	1	3		4	26	1	5	96	59	155
1998	—	—	1`	—	4	5	11	—	2	12	6	2	4	1	1	30	1	1	81	39	120
1999	—	1	2	1	2	6	19	—	—	15	4	4	3	1	6	32	2	5	103	16	119
2000	—	—	3	—	6	3	14	—	2	7	5	—	2	—	5	13	—	4	64	37	101
2001	—	2	4	2	2	6	41	—	2	14	1	1	—	3	4	18	8	2	113	64	177
2002	—	2	5	—	10	18	52	1	3	15	2	4	6	3	5	17	4	5	152	83	235
2003	—	3	1	—	20	19	45	2	2	16	4	6	2	2	3	41	5	6	175	72	247
2004	3	1	1	3	9	8	25	—	—	19	—	4	3	3	5	15	6	3	108	60	168
2005	—	1	2	3	18	9	17	—	1	21	2	3	—	1	2	13	3	4	100	66	166
2006	1	8	8	10	34	9	25	2+1	1	30	1	5	2		17	21	2	2	179	82	261
2007	—	3	2	3	18	10	32	5+4	1	10	2	2	3	3	17	1	—	2	118	83	201
2008	—	8	8	3	17	20	22	2+1	1	36	3	2	8	2	48	1	1	5	188	104	292
合计	—	—	—	—	—	—	—	—	—	—	—	—	—	—	—	—	—	—	2264	1031	3277

安徽大学出版社图书 本着对读者负责、对社会负责的态度,社会效益和经济效益一起抓,始终把社会效益放在首位。树立政治意识、大局意识、责任意识,秉承出版人的职业道德与职业操守,努力促进社会主义精神文明、制度文明建设,为构筑和谐社会勇敢探索、不懈追求。出版社内部对直接从事生产经营的部门和员工,遵循按劳分配的原

则，注重实绩和贡献，采取量化指标、数字管理；其他管理部门则根据各自不同的岗位和职责，制定相应的工作规范，明确目标，明确责任，有奖有惩。

自 1998 年步入正轨以来，年均出版新书品种数、年均重版重印图书品种数均保持在 140 种上下，发行码洋、销售收入及利润增长率年均增幅均保持在 20% 左右。

1995—2008 年安徽大学出版社出书品种统计表

表 1–4–9

年份	A	B	C	D	E	F	G	H	I	J	K	N	O	P	Q	R	S	T	U	V	X	Z	合计
1995	—	2	—	1	—	3	3	1	3	—	4	—	4	—	1	—	—	2	—	—	—	—	24
1996	—	1	—	1	—	—	8	1	3	—	—	—	—	—	—	1	—	2	—	—	—	—	17
1997	—	4	—	12	—	9	25	10	9	—	5	1	4	—	2	3	—	1	—	—	—	2	87
1998	1	2	2	5	—	5	29	7	12	—	7	—	8	—	1	1	—	10	—	—	—	5	95
1999	2	4	5	10	—	12	24	9	7	—	6	—	15	—	1	2	—	12	—	—	—	3	112
2000	3	3	1	5	—	10	18	23	18	—	9	—	9	—	1	1	—	19	—	—	—	1	121
2001	3	3	2	6	1	16	22	22	4	—	8	—	4	—	—	—	—	13	—	—	—	—	102
2002	3	3	5	8	—	7	33	22	9	—	3	—	2	—	—	3	7	23	—	—	—	2	130
2003	2	11	7	8	—	8	5	16	7	—	11	1	5	—	—	5	2	11	—	—	1	—	100
2004	3	5	2	4	—	6	33	8	7	—	12	—	13	—	—	7	—	17	1	—	1	1	120
2005	—	9	4	7	—	5	38	16	3	2	25	—	7	—	1	9	—	13	—	—	—	—	139
2006	2	6	6	6	—	7	52	9	4	3	15	—	8	—	1	6	1	9	—	—	—	—	135
2007	—	6	5	5	1	10	65	13	9	1	9	1	1	—	—	1	—	—	—	—	—	—	127
2008	2	10	4	4	—	34	27	11	18	4	10	—	3	—	—	3	2	18	—	—	1	—	151

注：1. 本统计表所列为各该年度出版的新书品种数；重版重印书品种数一般与当年新版书品种数相近

2. 自 1997 年出版社发展步入正轨之后，出书品种总体呈平稳上升态势，没有大起大落现象

3. 从历年新书品种构成类别来看，文化教育类排名最前，人文社科类占据主导位置，自然科学类明显不足

合肥工业大学出版社图书　图书品种　合肥工业大学出版社自 2002 年成立以来，累计新版图书品种达 868 种（套）。历年出书品种总数都呈快速增长态势。2002 年和 2003 年出书 71 种（其中重印 2 种），2004 年出书 142 种（其中重印 28 种），2005 年出书 222 种（其中重印 60 种），2006 年出书 316 种（其中重印 131 种），2007 年出书 409 种（其中重印 234 种），2008 年出书 452 种（其中重印 289 种），出书品种总数的年均增长率在 40% 以上，再版重印率自 2007 年开始即超过了年出书品种总数的 50%。

图书结构 六年来,合肥工业大学出版社所出图书几乎覆盖中图分类法所划定的所有领域(详见表格),其中尤以工业技术类(T),文化、科学、教育、体育类(G),经济类(F),政治、法律类(D)图书为多,凸显了合肥工业大学出版社作为大学出版社的出版特色和出书方向。

图书特色 合肥工业大学出版社坚持“以高校教材为主体,以理工科技及人文社科学术专著和地方文化专著为两翼”的出版特色,包括研究生、本科、高职在内的各系列、各层次的大中专教材占出书品种的50%以上,各类学术专著和地方文化专著占30%左右,市场类图书占20%。

图书优势 作为大学出版社,大中专教材和各类学术专著是出版社图书产品的优势所在。以教材为例,先后有3本教材被选为国家“十一五”规划教材,149本教材被评为安徽省“十一五”省级规划教材。

图书出版业务管理 合肥工业大学出版社十分重视图书出版的业务管理,狠抓图书出版流程的规范化、制度化建设,将涉及出版业务的各项工作纳入质量管理体系中,并视之为关系图书质量的重点所在。为此,出版社首先是结合自身实际,制定了一系列切实可行的规章制度:如关于选题和编辑工作,制定了《关于实施图书编辑出版流程的规定》《关于严格执行重大选题备案制度的规定》《关于图书再版重印管理暂行办法》等;在出版工作方面,制定了《关于出版印制质量管理规定》《出版科工作规程》《出版科管理暂行办法》等;在发行工作方面,制定了《发行部工作规程》《有关发行部业务员业绩考核暂行规定》《发行部相关报表制作规定》《发行部业务管理暂行办法》等;其他还有《财务科工作规程》《图书出版合同的管理规程》等。全社上下严格按制度规范处理各类事务,形成了“让制度说话、用制度管事、按制度办事”的良好风气。其次,严格奖惩,对于执行制度规范、工作实绩突出的员工,按相关规定予以奖励;对于执行制度不力,从而造成一定影响的员工,按相关规定予以处罚。奖优罚劣,从而形成了“人人争先进、人人学先进”的社内氛围。

图书质量管理 六年来,出版社始终将图书质量建设视为“生命线工程”,严格质量管理是历年工作的“重中之重”,不论是编校质量还是印装质量,都制定并严格执行了相关的管理规定,如《关于初审人员及编辑加工的规定》《关于复审人员及复审工作的规定》《关于终审人员及终审工作的规定》《校对工作规程》《关于社外编辑管理的规定(试行)》《图书质量管理暂行办法》《关于图书版前审读的有关规定》《图书选题三级论证制度规定》《关于落实图书三审三校制度的实施细则》《图书编校质量奖惩暂行办法》等。同时“关口前移”,严格执行“三审三校”的出版流程,加大版前审读的力度,从源头上把好图书质量关。在历年总署和省局组织的图书质量检查中,合工大出版社图书不论是编校质量,还是印装质量都获得好评。六年来,所出图书获奖38项。

2002—2008 年合肥工业大学出版社出书品种统计表

表 1-4-10

	A	B	C	D	E	F	G	H	I	J	K	O	P	Q	R	S	T	U	X	Z	合计
2002	—	—	—	1	—	2	5	—	2	—	—	3	—	—	1	—	3	2	—	—	19
2003	—	1	—	3	—	7	13	4	—	—	4	5	4	—	—	—	8	—	1	—	50
2004	1	—	1	4	1	16	35	5	1	6	8	8	1	—	5	—	19	1	2	—	114
2005	—	—	13	8	—	29	34	8	1	6	14	8	1	1	1	1	32	2	3	—	162
2006	—	4	6	13	—	31	25	6	2	24	8	6	1	1	4	—	45	8	1	—	185
2007	3	—	4	14	2	18	30	4	6	11	11	7	2	—	3	1	53	3	1	2	175
2008	1	—	6	19	—	31	21	7	8	7	5	3	1	3	4	3	34	8	1	1	163

注：2002—2008 年，合肥工业大学出版社累计出书达 868 种（套），品种几乎覆盖中图分类法所划定的所有领域，其中，尤以 T（工业技术）、G（文化、科学、教育、体育）、F（经济）、D（政治、法律）等类型为多，凸显了该社作为大学出版社以工科专著、教材出版为特色，面向教育、文化第一线的出书方向

各图书出版社图书获奖状况　安徽 10 家图书出版社图书获奖数量逐年增多，尤其是国家级三大奖，年年均有斩获，多年来在全国名列前茅。省属 7 家图书出版社，自 1986 年至 2008 年，图书奖获得的各种奖项（包括华东地区奖和省级三等奖）1700 多种，其中国家级三大奖 90 多种。中国科技大学出版社图书奖获得各种奖项 202 种，其中中国图书奖、国家图书奖、中宣部“五个一工程”图书奖均有斩获；1995 年成立的安徽大学出版社图书获得各种奖项 45 种，其中一种图书获得第一届中国出版政府奖提名奖；2002 年成立的合肥工业大学出版社图书已获得各项奖项 38 种。

1986—2008年获国家级三大奖①书目一览表

表1-4-11

书 名	作者	出版时间	责任编辑	获奖时间	奖种奖次
安徽人民出版社					
中国少数民族哲学史	肖万源等	1992年7月	曾石铃 丁怀超	1993年	第七届中国图书奖
毛泽东与中国传统文化	王凤贤	1993年12月	丁怀超 唐伽	1994年	第八届中国图书奖
邓小平新时期党的建设理论研究	蔡长水 宋海庆 李良著	1996年12月	杨咸海	1997年	中共中央宣传部 “五个一工程”图书奖
社会主义历史、理论与现实	靳辉明 主编			2001年	中共中央宣传部 “五个一工程”图书奖
灾后心理自助手册	时勘 主编	2008年5月	洪红 张旻 方红	2008年	第二届中华优秀出版物奖 抗震救灾特别奖
重构心灵家园(光盘)	曹子策著	2008年5月	洪红 张旻 方红	2008年	第二届中华优秀出版物奖 抗震救灾特别奖
徽文化全书·新安理学	周晓光著	2005年5月	孙文波	2007年	第一届中国出版政府奖 图书奖的提名奖
徽文化全书·徽州戏曲	朱万曙著	2005年5月	任济	2007年	第一届中国出版政府奖 图书奖提名奖
徽文化全书·徽州建筑	朱永春著	2005年5月	杜国新 余建华	2007年	第一届中国出版政府奖 图书奖的提名奖
徽文化全书·新安画派	郭因 俞宏理 胡迟著	2005年5月	秦闯	2007年	第一届中国出版政府奖 图书奖的提名奖
徽文化全书·新安医学	张玉才著	2005年5月	王玉法	2007年	第一届中国出版政府奖 图书奖的提名奖
徽文化全书·徽州方言	孟庆惠著	2005年5月	贾兴权	2007年	第一届中国出版政府奖 图书奖的提名奖
徽文化全书·徽州宗族社会	唐力行著	2005年5月	唐伽	2007年	第一届中国出版政府奖 图书奖的提名奖
徽文化全书·徽商	王廷元 王世华著	2005年5月	曹文益	2007年	第一届中国出版政府奖 图书奖的提名奖
徽文化全书·徽派版画	张国标著	2005年5月	李稚戎	2007年	第一届中国出版政府奖 图书奖的提名奖

注:①国家级三大奖,即中国出版政府奖(国家图书奖)、中华优秀出版物奖(中国图书奖)和中宣部“五个一工程”奖。中国出版政府奖(国家图书奖)和中华优秀出版物奖(中国图书奖)分正奖和提名奖两种

续表 1-4-11

书　名	作者	出版时间	责任编辑	获奖时间	奖种奖次
徽文化全书·徽派朴学	洪淇候著	2005 年 5 月	杜宇民 王世超	2007 年	第一届中国出版政府奖图书奖的提名奖
徽文化全书·徽州土地关系	刘和惠 王庆元著	2005 年 5 月	周哲波	2007 年	第一届中国出版政府奖图书奖的提名奖
徽文化全书·徽州村落	陆林等著	2005 年 5 月	张旻	2007 年	第一届中国出版政府奖图书奖的提名奖
徽文化全书·徽州科技	张秉伦 胡化凯著	2005 年 5 月	周子瑞	2007 年	第一届中国出版政府奖图书奖的提名奖
徽文化全书·徽州民俗	卞利著	2005 年 5 月	李莉	2007 年	第一届中国出版政府奖图书奖的提名奖
徽文化全书·徽派篆刻	翟屯建著	2005 年 5 月	白明	2007 年	第一届中国出版政府奖图书奖的提名奖
徽文化全书·徽州刻书	徐学林著	2005 年 5 月	唐绍雄	2007 年	第一届中国出版政府奖图书奖的提名奖
徽文化全书·徽州教育	李琳琦著	2005 年 5 月	王海涛	2007 年	第一届中国出版政府奖图书奖的提名奖
徽文化全书·徽菜	邵之惠 洪璟 张脉贤著	2005 年 5 月	张胜莲	2007 年	第一届中国出版政府奖图书奖的提名奖
徽文化全书·徽州文书	严桂夫 王国健著	2005 年 5 月	李道平	2007 年	第一届中国出版政府奖图书奖的提名奖
徽文化全书·徽州工艺	鲍义来著	2005 年 5 月	杨咸海	2007 年	第一届中国出版政府奖图书奖的提名奖
安徽科学技术出版社					
中国盆景 ——佳作赏析与技艺	本社编委会	1986 年	张道辉	1989 年 1 月	第三届中国图书奖荣誉奖
生态学归宿 ——人类生态学	周　鸿	1989 年	胡春生	1990 年 8 月	第四届中国图书奖一等奖
单克隆抗体在	刘秀梵	1994 年	汪卫生	1995 年 12 月	第九届中国图书奖
空间等离子体数值模拟	傅竹风 胡友秋	1995 年 11 月	范源	1996 年 12 月	第十届中国图书奖
现代临床遗传学	叶文虎	1997 年 3 月	王颖	1998 年 1 月	第十一届中国图书奖
京九铁路	铁道部京九铁路建设办公室	2000 年 2 月	范源	2001 年	第五届国家图书奖提名奖
中国科学思想史（3 卷）	袁运开 周瀚光	2000 年 11 月	奚正新 孙述庆等	2002 年 12 月	第十三届中国图书奖
中国国家级自然保护区（3 卷）	王　恺	2003 年 4 月	胡春生	2003 年 12 月	第六届国家图书奖提名奖

续表 1-4-11

书 名	作者	出版时间	责任编辑	获奖时间	奖种奖次
立体定向和功能性神经外科学	傅先明 牛朝诗	2004 年 5 月	黄和平 胡世杰	2006 年 12 月	首届中华优秀出版物奖（图书奖）提名奖
社办期刊应加快改革步伐	方 菲			2006 年 12 月	首届中华优秀出版物奖（论文）奖
中国蛇类	赵尔宓	2006 年 12 月	胡春生 陈 军 邵 梅	2008 年 12 月	第二届中华优秀出版物奖（图书奖）提名奖
光子学技术与应用（上下册）（与广东科技出版社合作出版）	刘颂豪 李淳飞	2006 年 9 月	李春明 汪伯延 倪颖生 莫志坚 黄 铸 熊晓慧	2008 年 12 月	第二届中华优秀出版物奖
安徽教育出版社					
朱光潜全集	朱光潜	1993 年 2 月	许振轩 朱欣欣等	1994 年 12 月	第八届中国图书奖
中国诗学通论	袁行霈等	1994 年 12 月	朱欣欣	1995 年 12 月	第二届国家图书奖提名奖
宗白华全集	宗白华	1994 年 12 月	许振轩 张崇贵等	1995 年 12 月	第二届国家图书奖
心灵长城 ——中华爱国主义传统	张岱年	1995 年 12 月	黄书元	1996 年 09 月	中宣部第五届“五个一工程”入选作品奖
中国解放区邮票史	中华全国集邮联合会	1995 年 1 月	鲍康健	1996 年	第十届中国图书奖
惯性约束核聚变	王淦昌	1996 年 12 月	王宏金	1997 年 08 月	第三届国家图书奖提名
中华三德歌	钱念孙等	1996 年 12 月	黄书元	1997 年 09 月	中宣部第六届“五个一工程”入选作品奖
起点 ——中国农村改革发端纪实	窦永记	1997 年 12 月	黄书元	1998 年	第十一届中国图书奖
起点 ——中国农村改革发端纪实	窦永记	1997 年 12 月	黄书元	1999 年 09 月	中宣部第七届“五个一工程”入选作品奖
院士思维（4 卷）	卢嘉锡等	2001 年 4 月	王宏金	2000 年 10 月	第十二届中国图书奖
世纪壮举 ——中国扶贫开发纪实	钱念孙 罗晓帆	2000 年 12 月	万直纯	2001 年 09 月	中宣部第八届“五个一工程”入选作品奖
清人别集总目	李灵年等	2000 年 7 月	朱欣欣	2001 年 11 月	第五届国家图书奖提名奖
卞之琳译文集	卞之琳	2000 年 12 月	万直纯	2001 年 11 月	第五届国家图书奖提名奖
公民道德歌	钱念孙等	2001 年 11 月	唐元明	2002 年	第十三届中国图书奖

续表 1-4-11

书　名	作者	出版时间	责任编辑	获奖时间	奖种奖次
钟敬文全集（25 卷）	钱敬文	2002 年 12 月	黄书权 唐元明	2003 年 10 月	第六届国家图书奖提名奖
数字式声呐设计原理	李启虎	2003 年 12 月	王宏金 王冰平	2003 年 10 月	第六届国家图书奖提名奖
朱子全书（27 卷）	朱　熹	2002 年 12 月	黄书元 夏秀流	2003 年 10 月	第六届国家图书奖提名奖
邓稼先文集	邓稼先	2003 年 12 月	王宏金 张丹飞	2004 年	第十四届中国图书奖
地下工程浅埋暗挖技术通论	王梦恕	2004 年 12 月	王宏金	2006 年	首届中华优秀出版物奖图书奖
全宋文	增枣庄等	2006 年 6 月	鲍康健等	2007 年 12 月	第一届中国出版政府奖图书奖
矿床在混沌边缘分形成长	於崇文	2006 年 12 月	王宏金	2007 年 12 月	第一届中国出版政府奖 图书奖提名奖
科学理性的沉思	杨耀坤	2006 年 8 月	杨多文	2007 年 12 月	第一届中国出版政府奖 图书奖提名奖
		安徽文艺出版社			
傅雷译文集（15 卷）	傅雷	1981 年	江奇勇	1994 年 1 月	第一届国家图书奖提名奖
中国徽班	李泰山	2006 年 1 月	温　湲 凌　敏	2007 年	首届中国出版政府奖图书 （艺术类）提名奖
美丽的村庄	潘小平 曹多勇	2006 年 10 月	刘正功 马晓芸	2007 年	中宣部第 10 届精神文明建设 “五个一工程”入选作品奖
废墟上的歌者	王明韵	2008 年 11 月	刘正功 马晓芸	2008 年	中华优秀出版物抗震 救灾特别奖
		黄山书社			
吴汝纶全集（4 册）	施培毅 徐寿凯 校点	2002 年 9 月	杨应芹 诸伟奇 徐成志等	2003 年	第六届国家图书奖提名奖
燕乐新说	刘崇德著	2003 年 7 月	赵国华	2004 年 10 月	第十四届中国图书奖
中葡关系史（上、中、下）	黄庆华著	2006 年 3 月	赵国华 徐　力	2007 年	首届中国出版政府奖
中国诗论史（上、中、下）	漆绪邦 张连第 梅运生 主编	2006 年 4 月	左克诚 宋启发 汤吟菲	2008 年 12 月	第二届中华优秀出版物奖
		安徽少年儿童出版社			
百将传奇	张义生 国荣洲 主编	1992 年版	徐敏	1993 年	第七届中国图书奖
				1994 年	中宣部第一届 “五个一工程”图书奖

续表 1-4-11

书 名	作者	出版时间	责任编辑	获奖时间	奖种奖次
高士其全集(4 卷)	高士其著	1991 年版	李利等	1995 年	第二届国家图书奖
青春风景创作丛书	刘健屏主编	1995 年版	温 湲	1995 年	中宣部第二届“五个一工程”图书奖
跨世纪的丰碑	刘奇葆 杨永良 吉炳轩主编,钱念孙等撰稿	1993 年版	温 湲	1995 年	中宣部第二届“五个一工程”图书奖
青春口哨文学丛书	刘健屏主编	1994 年版	温 湲	1995 年	第九届中国图书奖
鸽子树的传说	高洪波	1998 年版	温 湲 黄德俊	1999 年	中宣部第七届“五个一工程”奖
秦文君文集(5 册)	秦文君	1998 年版	温 湲	1999 年	第四届国家图书奖(提名奖)
感受坚强—中国女孩桑兰	钱金华 石来飞著	1999 年版	张克文 王笑非 温 湲	2000 年	第十二届中国图书奖
世纪畅想曲——理想之歌	金波 高洪波 樊发稼主编	2001 年版	温 湲 王笑非 张克文	2002 年	第十三届中国图书奖
预防传染性非典型肺炎(挂图)		2003 年版	卫敏等	2003 年	第六届国家图书奖特别奖
唤醒巨人——成功教育启示录	孙云晓	2004 年版	韩进等	2004 年	第十四届中国图书奖
小橘灯美文系列(3 册)	张 洁 彭学军 殷健灵	2006 年版	刘玉英 朱智润 韩 进 何军民	2007 年	第一届中国出版政府奖提名奖
虹猫蓝兔七侠传(20 册)	苏 真	2007 年版	安徽少年儿童出版社	2008 年	第二届中华优秀出版物奖提名奖
少年英雄——20 名汶川大地震抗震救灾英雄少年的故事	李朝全	2008 年版	何军民	2008 年	第二届中华优秀出版物奖抗震救灾特别奖
安徽美术出版社					
徽州木雕艺术	《徽州三雕艺术》编委会	1988 年 1 月	马世云 宋子龙	1991 年	第五届中国图书奖提名奖
徽州石雕艺术	《徽州三雕艺术》编委会	1988 年 1 月	陈乐生 马世云 宋子龙	1991 年	第五届中国图书奖提名奖
徽州砖雕艺术	《徽州三雕艺术》编委会	1990 年 1 月	宋子龙 马世云	1991 年	第五届中国图书奖提名奖

续表 1-4-11

书　名	作者	出版时间	责任编辑	获奖时间	奖种奖次
将星璀璨	六安地区党史办公室	1991 年 5 月	朱秀坤 夏光明 袁海庭	1992 年	第六届中国图书奖
中国黄山	王健材	1999 年 4 月	朱秀坤	2001 年	首届中国优秀艺术图书奖（国家图书奖单项奖）二等奖
中国邮票博物馆馆藏精品集		1997 年 4 月	牛　昕	2001 年	首届中国优秀艺术图书奖（国家图书奖单项奖）二等奖
文化徽州	《文化徽州》编委会	2002 年 5 月	牛　昕 郑　可	2003 年	国家图书奖艺术类图书三等奖
清代宫廷版画（40 卷）	曲延钧	2002 年 9 月	牛　昕 郑　可	2003 年	国家图书奖艺术类图书三等奖
安徽革命史画册	安徽新四军历史研究会	2004 年 1 月	牛　昕 郑　可	2004 年	第 14 届中国图书奖图书
中国科学技术大学出版社					
南极 100 天	孙立广著	1999 年 1 月	戴晓平	2001 年	中宣部第八届“五个一工程”奖入选作品奖
中国古代四大发明 ——源流、外传及世界影响	潘吉星著	2001 年	郝诗仙	2003 年	第六届国家图书奖提名奖
中国古代四大发明 ——源流、外传及世界影响	潘吉星著	2001 年	郝诗仙	2003 年	中宣部第九届“五个一工程”奖“一本好书”奖
陡山沱期生物群 ——早期动物辐射前夕的生命	袁训来等编著	2002 年 7 月	高哲峰	2004 年	第十四届中国图书奖
生物大灭绝与复苏（上下卷）	戎嘉余 方宗杰 主编	2004 年	高哲峰	2006 年	第一届中华优秀出版物奖图书奖
安徽大学出版社					
出土夷族史料辑考	陈秉新 李立芳著	2005 年 12 月	杨应芹	2007 年	第一届中国出版政府奖图书奖提名奖

1986—2008年获安徽图书奖二等奖以上（含二等奖）书目一览表

表1-4-12

书　名	作者	出版时间	责任编辑	获奖时间	奖种奖次
安徽人民出版社					
毛泽东与中国传统文化	王凤贤	1993年12月	丁怀超 唐　伽	1993年	安徽优秀图书一等奖
时代的呼唤	金隆德 黄传新	1988年12月	王世超 丁怀超	1987年	安徽优秀图书二等奖
农村生产承包制及其发展趋势	黄家声主编	1989年12月	白　明	1990年	安徽优秀图书一等奖
徽商研究	张海鹏 王廷元 主编	1995年12月	曹文益 秦　闯 周哲波	1996年	1995年度皖版优秀图书一等奖
市场营销学	吴健安 主编	1994年8月	李道平 白　明 李稚戎	2000年	安徽优秀图书二等奖
邓小平新时期党的建设理论研究	蔡长水 宋海庆 李良著	1996年12月	杨咸海	1997年	安徽省精神文明建设“五个一工程”第六届入选作品奖
论国家垄断资本主义	宋涛主编	1992年8月	白　明	1993年	安徽优秀图书二等奖
中国国民党史大辞典	李松林 主编	1993年8月	贾兴权 唐绍雄	1993年	安徽优秀图书二等奖
邓小平社会发展观研究	包德惠 张久恒著	1993年12月	梁鸿猷	1993年	安徽优秀图书二等奖
中华英模风采录	国荣洲 张义生 主编	1994年6月	王海涛 周子瑞	1995年	安徽省1994年度精神文明建设“五个一工程入选作品”
证券投资学	罗兴主编	1993年	白　明	1995年	安徽优秀图书二等奖
市场竞争道德谱	窦永记 陈荣珍 主编	1999年	汪鹏生 白　明	1999年	安徽省精神文明建设“五个一工程”第七届“入选作品奖”
邓小平理论与历史辩证法	张一兵主编	1999年10月	秦　闯	2000年	第四届安徽图书奖二等奖
六安将军传	六安市委党史研究室编	2006年	蒋越林 孙文波 白　明	2007年	安徽省第十届精神文明建设“五个一工程“奖（2003—2006）
中国宏观经济模型研究	乌家培 张守一 主编	1986年2月	童本道	1986年	安徽优秀图书一等奖
爱情心理学	刘德临著	1986年7月	丁怀超	1986年	安徽优秀图书二等奖

续表 1-4-12

书　名	作者	出版时间	责任编辑	获奖时间	奖种奖次
经济合同简明教程	安徽省工商行政管理局编	1986 年 10 月	杜国新	1986 年	安徽优秀图书二等奖
党校教育学	中共安徽省委党校编	1986 年 11 月	唐绍雄	1986 年	安徽优秀图书二等奖
辩证唯物主义与历史唯物主义	十六所财经高等院校编写组	1986 年 11 月	郭明刚	1986 年	安徽优秀图书二等奖
中国革命史讲义	刘孝良主编	1986 年 8 月	梁鸿猷 邱江生	1986 年	安徽优秀图书二等奖
统一战线概论	华东五省一市党校编	1987 年 8 月	梁鸿猷	1987 年	安徽优秀图书一等奖
安徽文史集萃丛书（10 种）	安徽省文史资料研究委员会编	1987 年 8 月	唐绍雄等	1987 年	安徽优秀图书一等奖
青春在战火中闪光	中央赴皖讲师团编	1986 年 7 月	杜国新	1987 年	安徽优秀图书二等奖
经济活动分析与预测	轻工业部财务价格司编	1986 年 12 月	尹宣明 白明	1987 年	安徽优秀图书二等奖
安徽发展战略	苏　桦 欧远方 主编	1987 年 10 月	尹宣明	1987 年	安徽优秀图书奖二等奖
中国国民党史	肖效钦主编	1989 年 6 月	梁鸿猷 贾兴权	1988 年	安徽优秀图书一等奖
高等学校思想教育教材（4 种）	安徽省教委编	1987 年 5 月	唐绍雄等	1988 年	安徽优秀图书二等奖
中国革命史	刘孝良主编	1988 年 7 月	邱江生	1989 年	安徽优秀图书二等奖
皖西革命回忆录	陈忠贞主编	1990 年 9 月	曹文益	1991 年	安徽优秀图书二等奖
住宅社会学导论	中国城市住宅问题研究会住宅社会学学术委员会编	1991 年 10 月	邱江生	1991 年	安徽优秀图书二等奖
当代马克思主义动力论	何永炎 王开玉主编	1993 年 7 月	梁鸿猷	1994 年	中共安徽省委宣传部“五个一工程”入选作品奖
简明安徽通史	张南等著	1994 年 8 月	秦　闯	1995 年	1994 年度安徽优秀图书二等奖
现代企业制度丛书	毛夏鸾编著	1995 年 2 月		1996 年	安徽省精神文明建设“五个一工程”第五届“入选作品奖”
中国史学思想史	吴怀祺著	1996 年 12 月	曹文益	1998 年	安徽优秀图书二等奖

续表 1-4-12

书 名	作者	出版时间	责任编辑	获奖时间	奖种奖次
当代中国的马克思主义政治经济学——邓小平对社会主义政治经济学的发展与贡献	王 珏 孙自铎 主编	1997 年 12 月	白 明 李稚戎	1998 年	安徽优秀图书二等奖
				1999 年	安徽省精神文明建设“五个一工程”第七届“入选作品奖”
马克思主义在中国一百年	唐宝林 主编	1997 年 12 月	曹文益	1999 年	安徽优秀图书一等奖
				1999 年	安徽省第七届精神文明建设“五个一工程奖”
大学法律教程	汪汉卿 主编	2000 年 8 月	杜国新	2000 年	安徽优秀图书二等奖
邓小平共同富裕理论与实践	汪青松著	2001 年 3 月	杜国新 汪鹏生	2001 年	安徽省“五个一工程奖”
中国国有企业制度创新	王 珏 程必定 主编	2000 年	杨咸海 白 明	2001 年	安徽省精神文明建设“五个一工程”第八届“入选作品奖”
世纪中国——有中国特色社会主义与 21 世纪	顾海良编	2000 年 9 月	杨咸海	2001 年	安徽省精神文明建设“五个一工程”第八届“入选作品奖”
社会主义历史理论与现实	靳辉明著	2001 年 1 月	杨咸海	2001 年	安徽省精神文明建设“五个一工程”第八届“入选作品奖”
黄梅戏通论	安徽省艺术研究所编	2000 年 12 月	汪鹏生	2001 年	安徽省精神文明建设“五个一工程”第八届“入选作品奖”
中国流民史	池子华著	2001 年	唐 伽 汪鹏生	2002 年	安徽优秀图书二等奖
德与行——《公民道德建设实施纲要》解读	安徽省直机关文明组委主编	2002 年 10 月	杜国新	2004 年	安徽省精神文明建设“五个一工程”第九届“入选作品奖”
农村问题答案不在农村	陆子修著	2002 年 12 月	曹文益	2004 年	安徽省第九届精神文明建设“五个一工程”奖
与时俱进——20 世纪以来若干马克思主义重大问题探析	张战生 吴波主编	2002 年 12 月	杜宇民 杨咸海	2004 年	安徽省精神文明建设“五个一工程”奖
				2004 年	安徽优秀图书二等奖
徽文化全书·新安理学	周晓光著	2005 年 5 月	孙文波	2007 年	第七届安徽优秀图书一等奖
徽文化全书·徽州戏曲	朱万曙著	2005 年 5 月	任 济	2007 年	第七届安徽优秀图书一等奖
徽文化全书·徽州建筑	朱永春著	2005 年 5 月	杜国新 余建华	2007 年	第七届安徽优秀图书一等奖
徽文化全书·新安画派	郭因 俞宏理 胡迟著	2005 年 5 月	秦闯	2007 年	第七届安徽优秀图书一等奖

续表 1-4-12

书　名	作者	出版时间	责任编辑	获奖时间	奖种奖次
徽文化全书·新安医学	张玉才著	2005 年 5 月	王玉法	2007 年	第七届安徽优秀图书一等奖
徽文化全书·徽州方言	孟庆惠著	2005 年 5 月	贾兴权	2007 年	第七届安徽优秀图书一等奖
徽文化全书·徽州宗族社会	唐力行著	2005 年 5 月	唐伽	2007 年	第七届安徽优秀图书一等奖
徽文化全书·徽商	王廷元 王世华著	2005 年 5 月	曹文益	2007 年	第七届安徽优秀图书一等奖
徽文化全书·徽派版画	张国标著	2005 年 5 月	李稚戎	2007 年	第七届安徽优秀图书一等奖
徽文化全书·徽派朴学	洪淇候著	2005 年 5 月	杜宇民 王世超	2007 年	第七届安徽优秀图书一等奖
徽文化全书·徽州土地关系	刘和惠 王庆元著	2005 年 5 月	周哲波	2007 年	第七届安徽优秀图书一等奖
徽文化全书·徽州村落	陆林等著	2005 年 5 月	张旻	2007 年	第七届安徽优秀图书一等奖
徽文化全书·徽州科技	张秉伦 胡化凯著	2005 年 5 月	周子瑞	2007 年	第七届安徽优秀图书一等奖
徽文化全书·徽州民俗	卞利著	2005 年 5 月	李莉	2007 年	第七届安徽优秀图书一等奖
徽文化全书·徽派篆刻	翟屯建著	2005 年 5 月	白明	2007 年	第七届安徽优秀图书一等奖
徽文化全书·徽州刻书	徐学林著	2005 年 5 月	唐绍雄	2007 年	第七届安徽优秀图书一等奖
徽文化全书·徽州教育	李琳琦著	2005 年 5 月	王海涛	2007 年	第七届安徽优秀图书一等奖
徽文化全书·徽菜	邵之惠 洪　璟 张脉贤著	2005 年 5 月	张胜莲	2007 年	第七届安徽优秀图书一等奖
徽文化全书·徽州文书	严桂夫 王国健著	2005 年 5 月	李道平	2007 年	第七届安徽优秀图书一等奖
徽文化全书·徽州工艺	鲍义来著	2005 年 5 月	杨咸海	2007 年	第七届安徽优秀图书一等奖
安徽科学技术出版社					
肺结核病	许学受	1985 年	任弘毅	1986 年 1 月	1985 年度皖版优秀图书一等奖
新概念英语（英汉对照本）（4 册）	张德富等	1986 年	任弘毅	1987 年 1 月	1986 年度皖版优秀图书一等奖
1987 年中国盆景挂历（对开）		1986 年	张道辉	1987 年 1 月	1986 年度皖版优秀图书一等奖
扬子鳄	陈璧辉等	1986 年	崔惠敏	1987 年 1 月	1986 年度皖版优秀图书一等奖

续表 1-4-12

书 名	作者	出版时间	责任编辑	获奖时间	奖种奖次
眼病图谱	安徽医学院	1986 年	任弘毅	1987 年 1 月	1986 年度皖版优秀图书一等奖
农业现代科学技术丛书（共 9 种）	牛若峰等	1988 年	胡春生	1988 年 1 月	1987 年度皖版优秀图书一等奖
中国盆景——佳作赏析与技艺	本书编委会	1988 年	张道辉	1989 年 3 月	1988 年度皖版优秀图书一等奖
临床用药指南	徐叔云等	1989 年	任弘毅	1990 年 3 月	1989 年度皖版优秀图书一等奖
中药精华	张显臣	1990 年	胡世杰	1991 年 3 月	1990 年度皖版优秀图书一等奖
外科手术图谱	徐荣楠等译	1991 年 8 月	任弘毅	1992 年 1 月	1991 年度皖版优秀图书一等奖
新编多层及高层建筑钢筋混凝土手册	王墨耕等	1992 年 10 月	解安华	1993 年 1 月	1992 年度皖版优秀图书一等奖
应用数学	钱伟长	1993 年 5 月	王春阳	1994 年 12 月	1993 年度皖版优秀图书奖一等奖
世界工艺美术设计名作集成	张远林	1993 年 6 月	孙述庆	1994 年 12 月	1993 年度皖版优秀图书一等奖
新安医籍丛刊（15 种）	项长生等	1995 年 12 月	胡世杰 储崇华等	1996 年 12 月	1995 年度皖版优秀图书一等奖
肿瘤影像诊断学	石木兰等	1995 年 11 月	王 颍	1996 年 12 月	1995 年度皖版优秀图书一等奖
实用肿瘤并发症诊断治疗学	陈振东等	1997 年 3 月	黄和平	1998 年 11 月	第二届安徽图书奖一等奖
跨世纪国略:可持续发展	周 毅	1998 年 4 月	席广辉	1999 年	1999 年安徽省“五个一工程”奖
中国科学思想史（上、中、下）	袁运开 周瀚光	2000 年 8 月	奚正新 孙述庆 詹小杰 许迎辉 胡 静	2001 年	第五届安徽图书奖一等奖
				2002 年 5 月	第八届安徽省精神文明建设“五个一工程”奖
中国国家级自然保护区	王恺主编	2003 年 4 月	李亚平 胡春生 叶洪渠 丁建平	2003 年 12 月	第六届安徽图书奖荣誉奖
艾滋病临床病理学	刘德纯主编	2002 年 11 月	黄和平	2003 年 12 月	第六届安徽图书奖一等奖
中国综合国力论	李方等主编	2002 年 12 月	席广辉 胡春生	2003 年 12 月	第六届安徽图书奖一等奖
立体定向和功能性神经外科学	傅先明 牛朝诗 主编	2004 年 5 月	黄和平 胡世杰	2007 年 7 月	第七届安徽图书奖荣誉奖
血液病细胞形态学诊断图谱	梁建英 吴德沛 主编	2004 年 4 月	吴萍芝	2007 年 7 月	第七届安徽图书奖一等奖

续表 1–4–12

书　名	作者	出版时间	责任编辑	获奖时间	奖种奖次
中国茶树害虫及其无公害治理	张汉鹄 谭济才 编著	2004 年 11 月	汪卫生	2007 年 7 月	第七届安徽图书奖一等奖
CT 诊断与临床	郑穗生等主编	2005 年 4 月	黄和平	2007 年 7 月	第七届安徽图书奖一等奖
新修本草	(唐)苏敬等撰 尚志钧辑校	2004 年 7 月	胡世杰	2007 年 7 月	第七届安徽图书奖一等奖
1986 年盆景挂历(长三开)	陈玉华	1985 年	张道辉	1986 年 1 月	1985 年度皖版优秀图书奖二等奖
冷挤压工艺及模具设计	洪深泽	1985 年	杨家骝	1986 年 1 月	1985 年度皖版优秀图书奖二等奖
粉末涂料与涂装技术	陈安迪等	1986 年	刘海山	1987 年 1 月	1986 年度皖版优秀图书奖二等奖
自我保健穴位推拿(第二版)	李业甫等	1986 年	储崇华	1987 年 1 月	1986 年度皖版优秀图书奖二等奖
中国盆景	徐晓白等	1986 年	解安华	1987 年 1 月	1986 年度皖版优秀图书奖二等奖
动物营养学	吴晋强等	1986 年	汪卫生	1987 年 1 月	1986 年度皖版优秀图书奖二等奖
审计学	周舜臣等	1987 年	席广辉	1988 年 1 月	1987 年度皖版优秀图书奖二等奖
化学反应选择规律导论	辛厚文	1987 年	王春阳	1988 年 1 月	1987 年度皖版优秀图书奖二等奖
农业可行性研究	刘天福等	1987 年	刘建伟	1988 年 1 月	1987 年度皖版优秀图书奖二等奖
安徽森林病虫图册	本书编写组	1988 年	胡春生	1989 年 3 月	1988 年度皖版优秀图书奖二等奖
中医经典索引	顾植山	1988 年	储崇华	1989 年 3 月	1988 年度皖版优秀图书奖二等奖
显微外科进展	朱家恺	1989 年	任弘毅	1990 年 3 月	1989 年度皖版优秀图书奖二等奖
蔬菜高产优质栽培技术丛书	本书编写组	1989 年	刘三珊	1990 年 3 月	1989 年度皖版优秀图书奖二等奖
土地资源管理学	王万茂等	1989 年	范　源	1990 年 3 月	1989 年度皖版优秀图书奖二等奖
茶叶精制技术	周茂荣	1990 年	胡春生	1991 年 3 月	1990 年度皖版优秀图书奖二等奖
新俄汉双解词典	潘强等	1990 年	王才强	1991 年 3 月	1990 年度皖版优秀图书奖二等奖
中国灯谜知识	吴仁泰	1990 年	崔惠敏	1991 年 3 月	1990 年度皖版优秀图书奖二等奖
电视机电路大全	本社编写组	1990 年	解安华	1991 年 3 月	1990 年度皖版优秀图书奖二等奖

续表 1-4-12

书　名	作者	出版时间	责任编辑	获奖时间	奖种奖次
中国漏刻	华同旭	1991 年 2 月	杨家骝	1992 年 1 月	1991 年度皖版优秀图书奖二等奖
陈红最新绒线编织	陈　红	1991 年 8 月	陈小秀	1992 年 1 月	1991 年度皖版优秀图书奖二等奖
苹果的最优矮化栽培	本书编写组	1991 年	胡春生	1992 年 1 月	1991 年度皖版优秀图书奖二等奖
中国古代建筑尺寸设计研究	金其鑫	1992 年 12 月	孙述庆	1993 年 1 月	1992 年度皖版优秀图书奖二等奖
中国烟草病虫害彩色图谱	方宇澄等	1992 年	徐 风	1993 年 1 月	1992 年度皖版优秀图书奖二等奖
黄淮海平原砂礓黑土区综合防护林研究	刘德胜等	1992 年	刘三珊	1993 年 1 月	1992 年度皖版优秀图书奖二等奖
鸡病防治实用手册	叶岐山等	1992 年	汪卫生	1993 年 1 月	1992 年度皖版优秀图书奖二等奖
流行时装 D 式裁剪图解	戴永甫	1992 年	王春阳	1993 年 1 月	1992 年度皖版优秀图书奖二等奖
英语准确用词词典	吴国良（主译）	1994 年 3 月	王才强	1994 年 12 月	1993 年度皖版优秀图书奖二等奖
实用肿瘤病理组织学彩色图谱	龚西瑜	1993 年	储崇华	1994 年 12 月	1993 年度皖版优秀图书奖二等奖
花艺	蔡俊清	1993 年	张道辉	1994 年 12 月	1993 年度皖版优秀图书奖二等奖
世界包装设计精华	周维雄等	1993 年	百通集团	1994 年 12 月	1993 年度皖版优秀图书奖二等奖
花卉花期的调控技术	王荣富等	1993 年	胡春生	1994 年 12 月	1993 年度皖版优秀图书奖二等奖
红富士苹果	盛炳成	1993 年	刘三珊	1994 年 12 月	1993 年度皖版优秀图书奖二等奖
秀发如云	本社《秀发如云》编写组	1993 年 6 月	范　源	1994 年 12 月	1993 年度皖版优秀图书奖二等奖
建筑工程预算	杨　博	1993 年 4 月	田　斌	1994 年 12 月	1993 年度皖版优秀图书奖二等奖
液压挖掘机的使用与维修	胡乾坤	1993 年 7 月	杨家骝	1994 年 12 月	1993 年度皖版优秀图书奖二等奖
骨科手术入路解剖学	苗华等	1995 年	胡世杰	1996 年 12 月	1995 年度皖版优秀图书奖二等奖
心血管疾病鉴别诊断学	陈灏珠	1995 年 12 月	黄和平	1996 年 12 月	1995 年度皖版优秀图书奖二等奖
农业高效技术丛书（七大类）	赵乃刚等	1995 年	胡春生等	1996 年 12 月	1995 年度皖版优秀图书奖二等奖
袖珍材料手册丛书（4 种）	《袖珍材料手册丛书》编写组	1995 年 9 月	王春阳	1996 年 12 月	1995 年度皖版优秀图书奖二等奖

续表 1–4–12

书　名	作者	出版时间	责任编辑	获奖时间	奖种奖次
少年现代科学技术丛书	黄健民等	1995 年	陈小秀	1996 年 12 月	1995 年度皖版优秀图书奖二等奖
英语职称考试指导丛书（5 种）	省职改办	1995 年	王春阳	1996 年 12 月	1995 年度皖版优秀图书奖二等奖
新编英汉对等成语词典	谢大任	1995 年	范　源	1996 年 12 月	1995 年度皖版优秀图书奖二等奖
跨世纪国略：可持续发展	周　毅	1998 年 4 月	席广辉	1998 年 11 月	第二届安徽图书奖二等奖
现代皮肤性病学进展	张学军等	1997 年 3 月	黄和平	1998 年 11 月	第二届安徽图书奖二等奖
中国礼仪全书	钟敬文等	1997 年 12 月	李亚平等	1998 年 11 月	第二届安徽图书奖二等奖
开宝本草（辑复本）	尚志钧	1998 年 5 月	胡世杰	1999 年 12 月	第三届安徽图书奖二等奖
现代危重病学	黎沾良主编	1998 年 12 月	储崇华	1999 年 12 月	第三届安徽图书奖二等奖
现代肢体显微外科手术学	于仲嘉	1999 年 12 月	黄和平	2000 年 12 月	第四届安徽图书奖一等奖
京九铁路（上、中、下）	铁道部	2000 年 1 月	范　源	2000 年 12 月	第四届安徽图书奖一等奖
环境空间	李斯平 梁瑞清 刘　耕	1999 年 4 月	何宗华	2000 年 12 月	第四届安徽图书奖二等奖
生物资源的超临界流体萃取	马海乐编著	2000 年 7 月	汪卫生	2001 年	第五届安徽图书奖二等奖
安徽古树名木	安徽省林业厅	2001 年 8 月	范　源	2003 年 12 月	第六届安徽图书奖二等奖
中国望诊	黄攸立著	2003 年 3 月	王春阳 黄和平	2003 年 12 月	第六届安徽图书奖二等奖
《本草拾遗》辑释	（唐）陈藏器撰 尚志钧辑释	2003 年 4 月	胡世杰	2003 年 12 月	第六届安徽图书奖二等奖
儿科疑难病例分析	赵时敏 魏　珉 主编	2001 年 1 月	黄和平	2003 年 12 月	第六届安徽图书奖二等奖
杨树定向培育	方升佐	2004 年 9 月	刘三珊 叶兆恺	2007 年 7 月	第七届安徽图书奖二等奖
心血管病诊断治疗学	陈国伟 顾菊康 陈灏珠主编	2003 年 8 月	黄和平	2007 年 7 月	第七届安徽图书奖二等奖
危重症心电图及临床处理	吴晔良 龚仁泰主编	2003 年 5 月	黄和平	2007 年 7 月	第七届安徽图书奖二等奖

续表 1-4-12

书　名	作者	出版时间	责任编辑	获奖时间	奖种奖次
环球航行	车夫摄影	2006年7月	徐浩瀚 黄和平 邵　梅 陈　军	2007年9月	安徽省第十届精神文明建设“五个一工程”奖（入选图书奖）
安徽教育出版社					
中共党史教学手册	刘孝良	1985年12月	张崇贵等	1986年12月	安徽省1986年度优秀图书
心灵长城——中华爱国主义传统	张岱年	1995年12月	黄书元	1996年12月	第五届安徽省“五个一工程”入选作品奖
七彩科学幻想故事金库	诺　尔	1994年12月	朱智润 王嘉年	1996年12月	第五届安徽省“五个一工程”入选作品奖
中华三德歌	钱念孙	1996年12月	黄书元	1997年11月	第六届安徽省“五个一工程”入选作品
少年家庭科学院丛书	张中伟 吴云龙	1996年12月	朱智润	1997年11月	第六届安徽省“五个一工程”入选作品
种群生态学的建模与研究	马知恩	1996年6月	严云锦	1998年2月	首届安徽图书奖二等奖
刘心武论	陈墨	1996年12月	朱智润	1998年2月	首届安徽图书奖二等奖
《当代世界风云》（上、下）	吴尖武	1997年12月	邢广义	1998年12月	第二届安徽图书奖二等奖
高科技趣谈丛书	郭治等	1997年12月	朱智润 杨多文	1999年9月	第七届安徽省“五个一工程”入选作品奖
起点——中国农村改革发端纪实	窦永记	1997年12月	黄书元	1999年9月	第七届安徽省“五个一工程”入选作品奖
院士思维	卢嘉锡等	1998年5月	王宏金	1999年12月	第三届安徽图书奖一等奖
当代学者自选文库·傅璇琮卷	傅璇琮	1998年12月	唐元明	1999年12月	第三届安徽图书奖一等奖
传统道德与当代中国	郑晓江	1998年12月	何清华	1999年12月	第三届安徽图书奖二等奖
二十世纪中国文学与佛学	谭桂林	1999年12月	万直纯	1999年12月	第三届安徽图书奖二等奖
淮河和长江中下游旱涝灾害年表与旱涝规律研究	张秉伦等	1998年9月	罗法新	1999年12月	第三届安徽图书奖二等奖
邓以蛰全集	邓以蛰	1998年4月	许振轩	1999年12月	第三届安徽图书奖二等奖
国民党政府政治制度史	孔庆泰等	1998年8月	张崇贵	1999年12月	第三届安徽图书奖二等奖
中国乡土小说史	陈继会等	1999年11月	万直纯	2000年12月	第四届安徽图书奖二等奖

续表 1-4-12

书　名	作者	出版时间	责任编辑	获奖时间	奖种奖次
扇舟一叶 ——理学与中国画学研究	朱良志	1999 年 6 月	黄书元	2000 年 12 月	第四届安徽图书奖二等奖
余光中选集（5 册）	黄维樑等	1999 年 2 月	钱　江	2000 年 12 月	第四届安徽图书奖二等奖
胡适著译精品选（18 册）	胡适	1999 年 10 月	万直纯 蔡宏淑等	2000 年 12 月	第四届安徽图书奖二等奖
蒋孔阳全集	蒋孔阳	1999 年 12 月	黄书权	2000 年 12 月	第四届安徽图书奖一等奖
磁场重联	王水等	1999 年 4 月	王宏金	2000 年 12 月	第四届安徽图书奖一等奖
世纪壮举 ——中国扶贫开发纪实	钱念孙 罗晓帆	2000 年 12 月	万直纯	2001 年 11 月	第八届安徽省 “五个一工程”入选作品奖
从大别山到大西南 ——记科技扶贫有心人 何家庆	陈发仁	2000 年 9 月	彭克明	2001 年 11 月	第八届安徽省 “五个一工程”入选作品奖
20 世纪中国文学研究丛书	马丽蓉 王本朝	2000 年 12 月	万直纯	2002 年 1 月	第五届安徽图书奖一等奖
卞之琳译文集	卞之琳	2000 年 12 月	万直纯	2002 年 1 月	第五届安徽图书奖一等奖
清人别集总目	李灵年等	2001 年 7 月	朱欣欣	2002 年 1 月	第五届安徽图书奖一等奖
新中国书籍装帧艺术 精粹	中国版协装 帧艺委会	2000 年 6 月	包云鸠	2002 年 1 月	第五届安徽图书奖 二等奖
大学数学解题方法诠释	徐利治	1999 年 12 月	严云锦	2002 年 1 月	第五届安徽图书奖 二等奖
中国古典美学举要	于民等	2000 年 9 月	唐元明	2002 年 1 月	第五届安徽图书奖 二等奖
钱临照文集	钱临照	2001 年 12 月	杨多文	2004 年 1 月	第六届安徽图书奖 一等奖
钱敬文全集（5 卷）	钱敬文	2002 年 12 月	黄书权 唐元明	2004 年 1 月	第六届安徽图书奖 荣誉奖
绿脚印童话丛书	金波	2003 年 5 月	鲍康健	2004 年 1 月	第六届安徽图书奖 一等奖
中国古代自然灾异整体性 研究丛书	宋正海	2002 年 7 月	罗法新	2004 年 1 月	第六届安徽图书奖 一等奖
中华美学大词典	林同华	2002 年 2 月	许振轩	2004 年 2 月	第六届安徽图书奖 二等奖
著名中年语言学家自选集	游汝杰 邵敬敏	2002 年 4 月	万直纯 钱江	2004 年 2 月	第六届安徽图书奖 二等奖
现代汉语虚词研究丛书	张斌 范开泰	2002 年 12 月	姚莉	2004 年 2 月	第六届安徽图书奖 二等奖
对话丛书	谭学纯 尚永亮	2001 年 6 月	万直纯等	2004 年 02 月	第六届安徽图书奖 二等奖

续表 1-4-12

书　名	作者	出版时间	责任编辑	获奖时间	奖种奖次
中外交通与交流史研究	黄盛璋	2002 年 1 月	彭克明	2004 年 02 月	第六届安徽图书奖二等奖
心有千千结——中国结	邹江芳等	2004 年 1 月	倪钦霞	2004 年 02 月	第一届安徽音像电子出版物奖二等奖
与高尚同行——中国青年志愿者行动纪实	钱念孙 邢　军	2003 年 7 月	鲍康健	2004 年 03 月	第九届安徽省“五个一工程”入选作品选
人间鲁迅（上、下）	林贤治	2004 年 1 月	唐元明	2007 年 07 月	第七届安徽图书奖一等奖
叶维廉文集（9 卷）	叶维廉	2003 年 9 月	包云鸠等	2007 年 07 月	第七届安徽图书奖一等奖
中国学术思想史论丛（8 卷）	钱　穆	2004 年	唐元明 吴寿兵	2007 年 07 月	第七届安徽图书奖一等奖
中国文学史演义（修订版）	钱念孙	2004 年 4 月	刘洪权	2007 年 7 月	第七届安徽图书奖二等奖
无法尘封的历史——抗战旧书收藏笔记	钱念孙	2005 年 8 月	包云鸠 唐运锋	2007 年 7 月	第七届安徽图书奖二等奖
无地自由——胡适传	沈卫威	2005 年 10 月	王骏	2007 年 7 月	第七届安徽图书奖二等奖
儿童心理与行为研究书系（9 种）	沈德文等	2005 年 9 月	杨多文 吴寿兵等	2007 年 7 月	第七届安徽图书奖二等奖
草地农业生态系统通论	任继周	2004 年 11 月	王宏金 王嘉年	2007 年 7 月	第七届安徽图书奖二等奖
中国古代政治文化论稿	林甘泉	2004 年 7 月	李绍仁	2007 年 7 月	第七届安徽图书奖二等奖
意大利古建筑散记	陈志华	2003 年 9 月	包云鸠	2007 年 7 月	第七届安徽图书奖二等奖
邓稼先文集	邓稼先	2003 年 12 月	王宏金 张丹飞	2007 年 7 月	第七届安徽图书奖荣誉奖
地下工程浅埋暗挖技术通论	王梦恕	2004 年 12 月	王宏金	2007 年 7 月	第七届安徽图书奖荣誉奖
安徽文艺出版社					
献给成人节丛书			凌敏	1999 年 9 月	第七届安徽省精神文明建设“五个一工程”入选作品奖
淮河文化概观	《淮河文化概况》编委会	2000 年 12 月	王玉佩	2001 年 11 月	第八届安徽省精神文明建设“五个一工程”入选作品奖
我们这一代			凌敏	2004 年 3 月	第九届安徽省精神文明建设“五个一工程”入选作品奖
清洁的精神	张承志	2000 年 1 月	岑杰	1998 年 2 月	第一届安徽图书奖二等奖
红风景蓝风景	王苏红 王玉彬	1998 年 6 月		1999 年 9 月	第七届安徽省精神文明建设“五个一工程”奖入选作品奖

续表 1–4–12

书　名	作者	出版时间	责任编辑	获奖时间	奖种奖次
古文观止鉴赏集评			王谦元	1998 年 12 月	第二届安徽图书奖二等奖
萧红文集	萧　红	1997 年		1998 年 12 月	第二届安徽图书奖二等奖
当代百家小说精品集成	张日凯	1998 年		1999 年 12 月	第三届安徽图书奖一等奖
果戈理全集	（俄）果戈理著 周启超主编	1998 年 11 月	裴善明 马晓芸	2001 年 2 月	第四届安徽图书奖二等奖
难忘红蘑菇	侯　露	1999 年	欧子布	2001 年 2 月	第四届安徽图书奖二等奖
戴厚英文集	戴厚英	1999 年	王玉佩		第五届安徽图书奖二等奖
鲁彦周文集	鲁彦周	2002 年	徐海燕	2004 年 2 月	第六届安徽图书奖一等奖
酷企鹅丛书	饶雪漫 伍美珍 赵蔚华 陈曙光	2002 年	马晓芸	2004 年 2 月	第六届安徽图书奖二等奖
迷茫	姚传华	2001 年	马晓芸	2004 年 2 月	第六届安徽图书奖二等奖
父子宰相	陈所巨 白　梦	2004 年	林清发 王玉佩	2007 年	安徽省委宣传部 第 10 届精神文明建设 “五个一工程”入选作品奖
蒲宁文集	（俄）蒲宁著 戴骢主编	2005 年	裴善明 路扬	2007 年	第七届安徽图书奖一等奖
父子宰相	陈所巨 白　梦	2004 年	林清发 王玉佩	2007 年	第七届安徽图书奖二等奖
角力	纪华文	2005 年	徐海燕	2007 年	第七届安徽图书奖二等奖
没有结局的爱情	许　辉	2005 年	温　湲 马晓芸	2007 年	第七届安徽图书奖二等奖
			黄山书社		
篆隶楷行草五体字典	本社编	1985 年 6 月	王政白	1986 年	皖版优秀图书二等奖
陈寅恪魏晋南北朝史讲演录	万绳楠编	1987 年 4 月	赵国华	1987 年	皖版优秀图书一等奖
名联鉴赏辞典	顾平旦 主编	1988 年 11 月	于志斌	1989 年	皖版优秀图书二等奖
艺文杂谈	朱光潜著	1986 年 9 月	曾石铃	1987 年	皖版优秀图书一等奖

续表 1-4-12

书 名	作者	出版时间	责任编辑	获奖时间	奖种奖次
古今称谓词典	杨应芹 诸伟奇编著	1989年3月	赵国华	1990年	皖版优秀图书二等奖
皖人书录	蒋元卿编著	1989年12月	宋效永	1990年	皖版优秀图书一等奖
魏晋南北朝文化史	万绳楠著	1989年12月	于志斌	1991年	皖版优秀图书一等奖
邓石如书法集	方绍武主编	1990年9月	宋效永	1991年	皖版优秀图书二等奖
书法奇观	安旗著	1991年9月	于志斌	1992年	皖版优秀图书一等奖
男子汉服装及穿着艺术	包昌法等编	1990年5月	任耕耘	1992年	皖版优秀图书二等奖
古代爱情诗歌鉴赏辞典	吕美生编	1990年11月	胡贯中 项纯 文 任耕耘	1992年	皖版优秀图书二等奖
东方风俗文化词典	张殿英主编	1991年9月	王克谦	1992年	皖版优秀图书二等奖
简明世界近代史	胡洽坤 等主编	1989年6月	徐力	1992年	安徽省优秀教材二等奖
中国近代史	高鸿志等著	1989年9月	赵国华	1992年	安徽省优秀教材二等奖
中国文学史料学（上、下）	潘树广主编	1992年8月	王克谦	1993年	皖版优秀图书一等奖
严嵩传	张显清编著	1992年7月	赵国华	1993年	皖版优秀图书二等奖
品玩人生	刘承华编	1993年3月	王安龙	1993年	皖版优秀图书二等奖
马鞍山市志	该志 编委会编	1992年9月	王克谦	1993年	皖版优秀图书二等奖
中国旅游景观欣赏	钱今昔著	1993年3月	刘 欣	1994年	皖版优秀图书二等奖
窦山公家议校注	周绍泉等 校注	1994年1月	黄勤堂	1994年	皖版优秀图书二等奖
施愚山集（1—4册）	何庆善 杨应芹点校	1993年6月	诸伟奇	1994年	皖版优秀图书一等奖
宋代史学思想史	吴怀祺著	1992年8月	宋启发	1994年	皖版优秀图书二等奖
穆青黄山摄影集	穆 青	1994年	侯书明 陈珏文	1996年	1994年度皖版优秀图书 一等奖
清代笔记小说类编计骗卷	陆林辑校	1994年1月	项纯文	1996年	1994年度皖版优秀图书 二等奖
清代笔记小说类编劝惩卷	陆林辑校	1994年1月	项纯文	1996年	1994年度皖版优秀图书 二等奖

续表 1-4-12

书　名	作者	出版时间	责任编辑	获奖时间	奖种奖次
清代笔记小说类编武侠卷	陆林辑校	1994 年 1 月	项纯文	1996 年	1994 年度皖版优秀图书二等奖
清代笔记小说类编世相卷	陆林辑校	1994 年 1 月	项纯文	1996 年	1994 年度皖版优秀图书二等奖
清代笔记小说类编神鬼卷	陆林辑校	1994 年 1 月	项纯文	1996 年	1994 年度皖版优秀图书二等奖
清代笔记小说类编言情卷	陆林辑校	1994 年 1 月	项纯文	1996 年	1994 年度皖版优秀图书二等奖
清代笔记小说类编案狱卷	陆林辑校	1994 年 1 月	项纯文	1996 年	1994 年度皖版优秀图书二等奖
清代笔记小说类编精怪卷	陆林辑校	1994 年 1 月	项纯文	1996 年	1994 年度皖版优秀图书二等奖
清代笔记小说类编烟粉卷	陆林辑校	1994 年 1 月	项纯文	1996 年	1994 年度皖版优秀图书二等奖
清代笔记小说类编奇异卷	陆林辑校	1994 年 1 月	项纯文	1996 年	1994 年度皖版优秀图书二等奖
胡适遗稿及秘藏书信（42 册）	胡适著 耿云志 主编	1994 年 12 月	赵国华	1996 年	1994 年度皖版优秀图书二等奖
瀛奎律髓	[元] 方回撰 诸伟奇 胡益民点校	1994 年 8 月	黄勤堂	1996 年	1994 年度皖版优秀图书二等奖
中国考试制度史	谢青主编	1995 年 2 月	于志斌	1996 年	皖版优秀图书一等奖
丝路风云	姚江滨著	1995 年 7 月	于志斌	1996 年	1995 年度皖版优秀图书二等奖
左传微	吴闿生撰 白兆麟 校注	1995 年 12 月	项纯文	1996 年	1995 年度皖版优秀图书二等奖
唐诗评三种	[清] 黄生等撰 何庆善点校	1995 年 12 月	杨应芹	1996 年	1995 年度皖版优秀图书二等奖
皖人诗话八种	[宋] 朱弁等撰 贾文昭等 主编	1995 年	彭君华	1996 年	1995 年度皖版优秀图书二等奖
郭祥正集	郭祥正撰 孔凡礼 点校	1995 年 5 月	项纯文	1996 年	1995 年度皖版优秀图书二等奖
中国饰纹图典	韦君琳 编著	1995 年 1 月	于志斌	1996 年	1995 年度皖版优秀图书二等奖
徽州历史档案总目提要	严桂夫 主编	1996 年 8 月	项纯文 徐　力	1997 年	安徽省政府 “五个一工程”提名奖

续表 1–4–12

书 名	作者	出版时间	责任编辑	获奖时间	奖种奖次
古事比(上、下)	[清]方中德撰 徐学林点校	1998 年 1 月	杨应芹 班 古	1999 年	第三届安徽图书奖一等奖
毛诗后笺(上、下)	胡承珙撰 郭金芝点校	1999 年 8 月	彭君华	2000 年	第四届安徽图书奖二等奖
徽州文书类目	中国社会科学院 历史研究所 收藏编纂 王钰欣等编	2000 年 1 月	赵国华 徐 力	2002 年	第五届安徽图书奖二等奖
歙事闲谈(上、下)	(近)许承尧撰 彭 超 李明回 张爱琴校点	2001 年 1 月	项纯文 班 古	2002 年	第五届安徽图书奖二等奖
淮河流域历史文化研究	李修松主编	2001 年 5 月	石 松	2004 年	第六届安徽图书奖二等奖
吴汝纶全集	[清]吴汝纶撰 施培毅 徐寿凯校点	2002 年 9 月	杨应芹 诸伟奇 徐成志等	2004 年	第六届安徽图书奖荣誉奖
中国史学思想通史(10 卷)	吴怀祺 主编	2002 年 —2005 年	左克诚 程德和 赵国华 宋启发	2007 年	第七届安徽图书奖一等奖
俞正燮全集	[清]俞正燮撰 于石点校	2005 年 9 月	诸伟奇	2007 年	第七届安徽图书奖二等奖
花鼓灯音乐概论	汤兆麟著	2005 年 4 月	徐 力	2007 年	第七届安徽图书奖二等奖
姚莹年谱	施立业著	2004 年 11 月	李霜琴 班 古	2007 年	第七届安徽图书奖二等奖
汉语大辞典商补	王 瑛 著	2006 年 12 月	王筱燕	2009 年	安徽省图书奖二等奖
安徽少年儿童出版社					
高士其全集(4 卷)	高士其著	1991 年版	李利等	1995 年	安徽省“五个一工程” 图书奖
百将传奇	张义生 国荣洲 主编	1992 年版	徐敏	1992 年	皖版优秀图书一等奖
青春风景创作丛书	刘健屏 主编	1995 年版	温湲	1996 年	皖版优秀图书奖一等奖
跨世纪的丰碑	刘奇葆 杨永良 吉炳轩主编, 钱念孙 等撰稿	1993 年版	温湲	1994 年	安徽省优秀图书一等奖
鸽子树的传说	高洪波	1998 年版	温湲 黄德俊	1998 年	第二届安徽图书奖一等奖

续表 1-4-12

书　名	作者	出版时间	责任编辑	获奖时间	奖种奖次
唤醒巨人 ——成功教育启示录	孙云晓	2004 年版	韩进等	2007 年	安徽省第十届精神文明建设“五个一工程”奖
毛泽东故事 100 则	卢弘主编	1993 年版	徐　敏	1994 年	安徽省优秀图书一等奖
奔向金色的明天 ——茅以升科普作品精选	王洪 茅玉麟 吕海瑛 主编	1993 年版	李　利	1994 年	安徽省优秀图书一等奖
少年人生宝典	林子云 金木主编	1994 年版	徐　敏 张克文	1996 年	安徽省优秀图书一等奖
中国儿童文学作家成名作	叶永烈 陈子君等编	1995 年版	徐　敏 李　利	1996 年	皖版优秀图书一等奖
科幻新作系列（4 册）	杨　鹏 苗　虎 星　河 牧　铃	1997 年版	韩　进	1997 年	首届安徽图书奖一等奖
幼儿智力冲浪丛书（8 册）	李丽惠 李秀英 主编	1999 年版	韩　进 熊承平	2000 年	第四届安徽图书奖一等奖
“三个代表”青少年读本	田　颖 马郑刚 张丽波 李瑾编著	2002 年版	刘建伟 朱智润 韩　进	2004 年	安徽省“五个一工程”奖图书奖
中华荣辱歌	钱念孙	2006 年版	徐凤梅 古宏霞	2007 年	安徽省第十届精神文明建设“五个一工程”奖
青少年美育百题	钱念孙	1991 年版	徐　敏	1991 年	安徽省优秀图书二等奖
中国历代风流画库 (3 册）	薛志华	1993 年版	巢　扬 陈永镇	1994 年	安徽省优秀图书二等奖
世界神话故事大观	王世芸	1993 年版	王笑非	1994 年	安徽省优秀图书奖二等奖
女生贾梅	秦文君	1993 年版	温　湲	1994 年	安徽省优秀图书奖二等奖
哼哈二将	周　锐	1993 年版	王笑非	1994 年	安徽省优秀图书奖二等奖。
中国童话精品盒	孙幼军	1994 年版	王　玲	1996 年	皖版优秀图书奖二等奖
象王泪	沈石溪	1995 年版	黄国玉	1996 年	皖版优秀图书奖二等奖
新概念百科 1000 个必知（4 册）	杨　元 曹军等译	2006 年版	王笑非 吴荣生等	2007 年	第七届安徽图书奖二等奖
安徽美术出版社					
卢延光插图新作选	卢延光	1987 年 9 月	宋子龙	1987 年	皖版优秀图书一等奖

续表 1-4-12

书 名	作者	出版时间	责任编辑	获奖时间	奖种奖次
萧龙士百寿画集	萧龙士	1987年6月	朱秀坤	1987年	皖版优秀图书二等奖
四味书屋珍藏书画集	孙大光供稿	1989年7月	宋子龙	1988年	皖版优秀图书一等奖
中国藏书票选	梁栋选编	1987年8月	陈乐生	1988年	皖版优秀图书二等奖
黄山(挂历)			陈治黄	1988年	皖版优秀图书二等奖
情盼(年历)			陈治黄	1988年	皖版优秀图书二等奖
福寿图(年画)			王孟龙	1988年	皖版优秀图书二等奖
四季花鸟(四条屏)			王孟龙	1988年	皖版优秀图书二等奖
青山不老图(中堂)			朱秀坤	1988年	皖版优秀图书二等奖
龙凤双喜(沙发画)			朱秀坤	1988年	皖版优秀图书二等奖
唐寅山水(立轴)			石正勉	1988年	皖版优秀图书二等奖
青山石崖图(年画)			朱秀坤	1988年	皖版优秀图书二等奖
水粉画技法	张英洪编著 付强设计	1988年2月	马世云	1988年	皖版优秀图书(封面设计)二等奖
徽派版画史论集	周芜选编	1983年4月	朱秀坤	1988年	皖版优秀图书二等奖
徽州三雕艺术(徽州石雕艺术)	编委会	1989年	宋子龙 马世云 陈乐生	1989年	皖版优秀图书类一等奖
吴作人文选	吴作人	1989年6月	陈乐生	1989年	皖版优秀图书类二等奖
中国连环画艺术(第八期)			俞 敏 袁海庭	1989年	皖版优秀图书类二等奖
美的思索(年画)			陈治黄	1989年	皖版优秀图书、年画类一等奖
游春图(中堂)			朱秀坤	1989年	皖版优秀图书、年画类一等奖
幸福康乐(年画)			武忠平	1989年	皖版优秀图书、年画类一等奖
蓝色的梦(年画)			贾德江	1989年	皖版优秀图书、年画类一等奖
寿星(中堂)			王孟龙	1989年	皖版优秀图书、年画类二等奖

续表 1-4-12

书　名	作者	出版时间	责任编辑	获奖时间	奖种奖次
山川青岚（年画）			王孟龙	1989 年	皖版优秀图书、年画类二等奖
摩登女郎（挂历）			陈治黄	1989 年	皖版优秀图书、年画类二等奖
报春图（年画）			朱秀坤	1989 年	皖版优秀图书、年画类二等奖
楼舞黄鹤（中堂）			武忠平	1989 年	皖版优秀图书、年画类二等奖
眸（微型挂历）			陈乐生 付　强	1989 年	皖版优秀图书、年画类二等奖
巴黎塞纳河			陈治黄	1989 年	皖版优秀图书、年画类二等奖
西藏古格壁画			刘筱元	1989 年	皖版优秀图书二等奖
四味书屋珍藏书画集	孙大光供稿	1989 年 7 月	宋子龙	1989 年	皖版优秀图书一等奖
明清安徽画家作品选	本社编	1988 年 8 月	马世云 朱秀坤	1990 年	皖版优秀图书一等奖
古汉字黑白装饰画	张瑞林	1989 年 5 月	刘筱元	1990 年	皖版优秀图书一等奖
马一浮书法选	田恒铭等	1988 年 8 月	袁海庭	1990 年	皖版优秀图书二等奖
汪采白画集	汪采白诞生一百周年筹委会编著 陈乐生设计	1988 年 8 月	陈乐生	1990 年	皖版优秀图书二等奖
				1990 年	皖版图书优秀封面一等奖
几何形拼摆图案构成	宋浩霖编著 宋子龙 勒斌设计	1990 年 8 月	宋子龙	1990 年	皖版图书优秀版式二等奖
将星璀璨	六安地区党史办公室编著	1991 年 5 月	朱秀坤 夏光明 袁海庭	1991 年	皖版优秀图书一等奖
				1991 年	皖版图书优秀封面设计一等奖
				1992 年	安徽“五个一工程”奖编辑奖
				1992 年	皖版优秀图书一等奖
罗尔纯油画集	罗尔纯	1991 年 10 月	付　强	1992 年	皖版优秀图书二等奖
徐清斋法帖	歙县博物馆	1992 年 10 月	宋子龙 马世云	1992 年	皖版优秀图书二等奖
中国当代版画	王　琦	1992 年 1 月	武忠平 陈乐生	1992 年	皖版优秀图书一等奖

续表 1–4–12

书 名	作者	出版时间	责任编辑	获奖时间	奖种奖次
刘开渠作品集	刘开渠	1992 年 10 月	朱秀坤 付 强	1993 年	皖版优秀图书一等奖
情——党和国家领导人视察安徽		1993 年 7 月	陆绍惠 朱秀坤 陈乐生	1993 年	皖版优秀图书二等奖
邓石如书法篆刻全集	孟 滢 许振轩	1994 年 5 月	宋子龙	1995 年	皖版优秀图书一等奖
徽州牌坊艺术	张国标	1996 年	宋子龙	1995 年	皖版优秀图书二等奖
鲍诗度意向小品		1994 年 12 月	陈乐生 付 强	1995 年	皖版封面设计二等奖
日本当代插图集	吕敬人 设计	1994 年 8 月	宋子龙	1995 年	皖版版式设计一等奖
黄叶村画集	汪友农等	1995 年 4 月	付 强	1995 年	皖版优秀图书一等奖
现代装饰画集——中央工艺美院基础教学	李家骝	1995 年 5 月	王晓军	1995 年	皖版优秀图书一等奖
现代装饰画集——中央工艺美院基础教学	李家骝编著 陆克颖设计	1995 年 5 月	王晓军	1995 年	皖版优秀版式设计奖
第三帝国兴亡史（连环画）	雷德祖	1995 年 5 月	贾德江	1995 年	皖版优秀封面设计二等奖
徽派版画艺术	张国标	1996 年	宋子龙	1998 年	安徽图书奖一等奖
懒悟画集	懒悟	1997 年 2 月	王璟琨	1998 年	安徽图书奖一等奖
黄山——云风摄影集	朱云风	1996 年 8 月	付强	1998 年	安徽图书奖二等奖
亚明世界风情录	亚 明	1997 年 4 月	朱秀坤 付 强	1998 年	安徽图书奖二等奖
中国黄山	王健材	1999 年 4 月	朱秀坤	2001 年	安徽省“五个一工程”奖图书奖
皖江烽火	新四军第七师历史画册编审委员会	2001 年 3 月	牛 昕	2001 年	安徽省“五个一工程”奖图书奖
中国飞天艺术	郑汝中 台建群	2001 年 1 月	付 强	2001 年	安徽图书奖一等奖
安徽美术 50 年	《安徽美术 50 年》组委会	2000 年 12 月	牛 昕 王晓军	2001 年	安徽图书奖二等奖
中国灵璧石	《中国灵璧石》组委会	2000 年 12 月	王景琨	2001 年	安徽图书奖二等奖
文化徽州	《文化徽州》编委会	2002 年 5 月	牛 昕 郑 可	2003 年	安徽省“五个一工程”奖

续表 1-4-12

书　名	作者	出版时间	责任编辑	获奖时间	奖种奖次
清代宫廷版画（40 卷）	曲延钧	2002 年 9 月	牛　昕 郑　可	2003 年	安徽省图书奖一等奖
第 16 届全国版画展览作品集	章　飚 牛　昕	2002 年 12 月	武忠平	2003 年	安徽省图书奖二等奖
2002 年全国中国画作品展	杨家永	2002 年 9 月	王红星	2003 年	安徽省图书奖二等奖
亚明作品集（5 册）	李树勤	2007 年 3 月	牛　昕 朱秀坤 陈　涛	2007 年	第七届安徽图书奖一等奖
中国灵璧石精品荟萃	郑锦之	2004 年 11 月	武忠平 谢育智	2007 年	第七届安徽图书奖二等奖
中国科学技术大学出版社					
相图与相变	陆学善著	1990 年 7 月	胡升华	1990 年	皖版优秀图书奖一等奖
高等物理精编（1–5 册）	程家夫等著	1990 年 7–8 月	李玉芝 高哲峰 夏文彧 王安民 胡升华	1990 年	皖版优秀图书奖二等奖
汉语成语英译词典	喻家楼编	1991 年 10 月	江建名	1992 年	皖版优秀图书一等奖
音乐物理学	唐林等著	1991 年 12 月	胡升华	1992 年	皖版优秀图书二等奖
软件工程	冯玉琳等著	1992 年 9 月 （第 2 版）	伍传平	1993 年	皖版优秀图书一等奖
细胞生物学	鲁润龙等著	1992 年 3 月	吴茂英 孔宪惠	1993 年	皖版优秀图书二等奖
英汉计算机通讯辞典	刘凤翔编	1993 年 10 月	伍传平	1994 年	皖版优秀图书一等奖
中国农业区划的理论与实践	周立之著	1993 年 10 月	高哲峰	1994 年	皖版优秀图书一等奖
Proceedings of the International Conference on Synchrotron Radiation Applications	全玉明等著	1990 年 10 月	王安民	1990 年	皖版图书优秀版式设计奖一等奖
混沌、分形及其应用	王东生等编著	1995 年	夏文彧	1996 年	皖版优秀图书一等奖
编译原理和技术（第二版）	陈意云编著	1997 年	李攀峰	1998 年	首届安徽图书奖一等奖
WORD6·中文版应用教程	陈洪亮等	1996 年	张善金	1998 年	首届安徽图书奖二等奖
空间谱估计及其应用	刘德树等编著	1997 年	康春凤	1998 年	首届安徽图书奖二等奖

续表 1-4-12

书　名	作者	出版时间	责任编辑	获奖时间	奖种奖次
长江三角洲 水土资源与区域发展	佘之祥 主编	1997 年	高哲峰	1998 年	首届安徽图书奖二等奖
再就业问题透视	陈强 主编	1998 年	郝诗仙	1999 年	第三届安徽图书奖二等奖
结晶化学导论（第二版）	钱逸泰 编著	1999 年	张春瑾	2000 年	第四届安徽图书奖二等奖
高等渗流力学	孔祥言编著	1999 年	江建名	2000 年	第四届安徽图书奖二等奖
高分子辐射化学	张志成等 编著	2000 年	张春瑾	2002 年	第五届安徽图书奖二等奖
中国古代四大发明 ——源流、外传及世界影响	潘吉星著	2002 年	郝诗仙	2003 年	第六届安徽图书奖荣誉奖
陡山沱期生物群: 早期动物辐射前夕的生命	袁训来等著	2002 年 7 月	高哲峰	2003 年	第六届安徽图书奖一等奖
陡山沱期生物群: 早期动物辐射前夕的生命	袁训来等著	2002 年 7 月	高哲峰	2005 年	第七届安徽图书奖荣誉奖
大别山造山带的构造 几何学和运动学	徐树桐等著	2002 年 6 月	李攀峰	2004 年	第六届安徽图书奖二等奖
邛窑古陶瓷研究	耿宝昌等 主编	2002 年	言　志 刘　明	2004 年	第六届安徽图书奖二等奖
工程爆破实践	史雅语等著	2002 年	张善金	2004 年	第六届安徽图书奖二等奖
中国城市群（第二版）	姚士谋等著	2001 年	高哲峰	2004 年	第六届安徽图书奖二等奖
工程爆破实践	史雅语 全骥良 顾毅成	2002 年	张善金	2004 年	第六届安徽图书奖二等奖
生物大灭绝与复苏 ——来自华南古生代 和三叠纪的证据	戎嘉余等 主编	2004 年	高哲峰	2007 年	第七届安徽图书奖荣誉奖
微型机械导论	王琪民 编著	2003 年	张善金	2007 年	第七届安徽图书奖二等奖
微型机械导论	王琪民 编著	2003 年	张善金	2007 年	第七届安徽图书奖二等奖
中国科学翻译史	黎难秋著	2006 年	李攀峰	2009 年	2005—2006 年度 安徽省社科文学艺术 出版奖一等奖
安徽大学出版社					
刘文典全集	刘文典著	1999 年 8 月版	杨应芹等	2000 年	第四届安徽图书奖一等奖
唐刺史考全编	郁贤皓著	2000 年 1 月版	杨应芹等	2002 年	第五届安徽图书奖一等奖

续表 1–4–12

书　名	作者	出版时间	责任编辑	获奖时间	奖种奖次
美国哈佛大学哈佛燕京图书馆藏明代徽州方氏亲友手札七百通考释	陈智超考释	2001 年 12 月版	彭君华	2004 年	第六届安徽图书奖一等奖
李商隐传论	刘学锴著	2002 年 6 月版	彭君华	2004 年	第六届安徽图书奖一等奖
出土夷族史料辑考	陈秉新 李立芳著	2005 年 12 月版	杨应芹	2007 年	第七届安徽图书奖一等奖
合肥工业大学出版社					
安徽湿地	施葵初	2003 年 10 月	方立松	2007 年	第七届安徽图书奖二等奖
CRI2002 企业铁路智能运输调度综合信息平台	魏　臻 陆　阳 韩江洪	2006 年 1 月	权　怡	2007 年	第七届安徽图书奖二等奖
华鸟美巢	黄邦汉等	2006 年 12 月	钟玉海 陆向军	2006 年	安徽省社会科学艺术（社会科学类）著作评比二等奖
中国社会生活史	庄华峰等	2003 年 10 月	方立松	2005 年	安徽省社会科学艺术（社会科学类）著作评比一等奖
现代设计艺术丛书	陆峰等	2004 年 8 月	方立松	2005 年	安徽省第七届设计艺术大赛书籍装帧金奖

1986—2008年获全国性行业奖部分书目一览表

表1-4-13

书　名	作者	出版时间	责任编辑	获奖时间	奖种奖次
安徽人民出版社					
漫话体育道德	李道节等著	1989年12月	尹宣明	1986年	全国青年读物二等奖
社会主义社会阶段划分的理论与实践	薛汉伟著	1987年5月	唐绍雄	1988年	全国通俗政治理论读物二等奖
				1995年	国家教委人文科学研究优秀成果哲学二等奖
刘吉答学生700问	刘吉著	1987年7月	李道平	1988年	全国第二届图书“金钥匙”奖二等奖
				1988年	全国第二届通俗政治理论读物二等奖
时代的呼唤	金隆德 黄传新著	1988年12月	王世超 丁怀超	1989年	全国第一届“希望杯”优秀图书奖
农村生产承包制及其发展趋势	黄家声 主编	1989年12月	白　明	1991年	全国第一届“光明杯”奖二等奖
世界十大思想家	易杰雄 主编	1990年3月	唐绍雄 杜国新	1991年	全国第五届图书“金钥匙”奖二等奖
公共关系学	熊源伟著	1990年12月	李道平	1992年	第二批全国优秀社科畅销书奖
				1995年	评为全国优秀畅销书
股票·债券入门	罗兴等著	1991年1月	白明	1992年	全国第六届图书“金钥匙”奖二等奖
组织社会学	张家麟 编著	1988年3月	唐绍雄 杜国新	1993年	全国首届行政管理优秀科研成果三等奖
中国古代秘书通论	潘林彬著	1990年12月	周哲波	1993年	全国首届行政管理优秀科研成果三等奖
				1992年	安徽省社会科学优秀成果二等奖
徽商研究	张海鹏 王廷元 主编	1995年12月	曹文益 秦闯 周哲波	1995年	国家商业部优秀图书奖
				1999年	国家社会科学优秀成果三等奖
				1998年	安徽省第四届社会科学优秀成果一等奖
健康长寿指南	郑也主编	1996年6月	秦闯	1996年	中国老年学研究十年优秀成果优秀奖
市场营销学	吴健安 主编	1994年8月	李道平 白　明 李稚戎	1995、2005年	全国优秀畅销书

续表 1–4–13

书　名	作者	出版时间	责任编辑	获奖时间	奖种奖次
青年道德读本	焦国成主编	2001 年	杜宇民 杨咸海	2003 年	第七届共青团精神文明建设“五个一工程”入选作品奖
德胜员工守则	周志友主编	2005 年 11 月	汪鹏生	2007 年	全国“优秀畅销书奖”
				2008 年	“首届全国公关大赛”图书银奖
				2008 年	全国十大员工培训图书
安徽现代史	戴惠珍 王鹤鸣 杨雨润等著	1997 年 2 月	秦　闯	1998 年	安徽省第四届社会科学优秀成果二等奖
资本论与当代	钟盛熙 祝国华等著	2003 年 12 月	秦　闯	2006 年	安徽省社会科学文学艺术（社科类）二等奖
简明安徽通史	张南等著	1994 年 8 月	秦　闯	1996 年	安徽省第三次社会科学优秀成果二等奖
青年心理特征	叶篁等著	1987 年 12 月	王世超	1987 年	安徽省第二届职工读书阶梯奖二等奖
马钢年鉴 1992	马钢史志办公室编	1993 年 2 月	梁鸿猷 贾兴权	1987 年	冶金部优秀企业年鉴奖
太平天国安徽省史稿	徐川一著	1991 年 2 月	秦　闯	1993 年	安徽省第三次社会科学优秀成果二等奖
清代哲学	王茂等著	1992 年	丁怀超	1994 年	安徽省社会科学成果一等奖
安庆市公路志	王友若主编	1996 年 6 月	秦　闯	1997 年	安徽省第二届地方志优秀成果一等奖
宿县地区公路志	武德科主编	1996 年 5 月	秦　闯	1997 年	安徽省第二届地方志优秀成果一等奖
环境执法论	吴椒军等著	1996 年 12 月	秦　闯	1998 年	安徽省第四届社会科学优秀成果二等奖
绿色文化与绿色美学通论	郭因 黄志斌等著	1995 年 12 月	曹文益	1998 年	安徽省社会科学优秀成果二等奖
国有企业资产重组:意义、困难与途径	卢家丰主编	1997 年 9 月	曹文益	1998 年	安徽省社会科学优秀成果一等奖
安徽重要历史事件丛书（8 卷）	张润霞 李明俊 方兆本主编	1999 年 8 月	秦　闯	2002 年	安徽省第五届社会科学优秀成果荣誉奖
当代产业的知识化与生态化	黄志斌 吴椒军 张本照著	2000 年 12 月	秦　闯	2002 年	安徽省第五届社会科学优秀成果二等奖
安徽科学技术出版社					
业余摄影实用手册	徐光春	1980 年 12 月	孙述庆	1986 年	全国“金钥匙”奖

续表 1-4-13

书 名	作者	出版时间	责任编辑	获奖时间	奖种奖次
生态学与大农业发展	侯学煜	1986 年	陶有法 胡春生	1988 年 1 月	第四届全国优秀科技图书奖一等奖
蛇类的养殖与利用	劳伯勋	1998 年 8 月		2001 年 5 月	全国第四届科普作品奖三等奖
《本草拾遗》辑释	(唐)陈藏器撰 尚志钧辑释	2003 年 4 月	胡世杰	2004 年 11 月	全国古籍整理图书二等奖
农机致富百问百答	郭子超 盛 海	2006 年 4 月	汪卫生 王菁虹	2008 年 2 月	中华农业科技奖·科普奖
心灵鸡汤丛书(5 册)	(美)坎费尔 德汉森	2002 年 3 月	刘桂霞等	2004 年 12 月	入围“知识工程推荐书目”
电工入门(修订版)	叶文苏	2006 年 2 月	刘三珊	2008 年 1 月	2007 年度全行业优秀畅销品种(科技类)
电动自行车维修入门	汪文胜	2006 年 5 月	刘三珊	2008 年 1 月	2007 年度全行业优秀畅销品种(科技类)
美白面膜自己做(修订版)	简芝妍	2005 年 3 月	黄蕾	2007 年 1 月	2006 年度全行业优秀畅销品种(科技类)
车工入门	戴胡斌	2005 年 9 月	刘三珊 岑红宇	2007 年 1 月	2006 年度全行业优秀畅销品种(科技类)
机械识图入门	徐 森	2005 年 11 月	刘三珊 王立可	2007 年 1 月	2006 年度全行业优秀畅销品种(科技类)
《心灵鸡汤(英文版)》(8 册)	(美)坎费尔 德汉森	2002 年 3 月	刘桂霞等	2005 年 1 月	2004 年度全国优秀畅销书奖(社科类)
病历书写规范	安徽省卫生厅	2004 年 7 月	黄和平 杨小玲	2005 年 1 月	2004 年度全国优秀畅销书奖(科技类)
高中英语听力训练与测试(一上、下,二上)	杜效明	2003 年 7 月	曹天健等	2005 年 1 月	2004 年度全国优秀畅销书奖(文教类)
中学数理化公式定律速查手册	张珏如等	2003 年 1 月	田 斌	2005 年 1 月	2004 年度全国优秀畅销书奖(文教类)
插图版英语世界名著系列丛书(30 本)	马克.吐温等	2002 年 7 月	张楚武	2004 年 8 月	2003 年度引进版社科优秀图书奖
中国遗传咨询	余元勋 马 旭 余国斌	2003 年 6 月	杨小玲 王佳家	2004 年 8 月	2003 年度输出版优秀图书奖
君子兰栽培与养护	岳摧纯	2002 年 9 月	刘三珊 解安华	2004 年 1 月	2003 年度全国优秀畅销书奖(科技类)
优生优育系列	曹云霞等	2002 年 7 月	倪颖生 杨小玲等	2004 年 1 月	2003 年度全国优秀畅销书奖(科技类)
初中英语听力(1—3)	杜效明	2002 年 8 月	曹天健等	2004 年 1 月	2003 年度全国优秀畅销书奖(文教类)
初中英语学习手册	杜效明	2002 年 9 月	曹天健等	2004 年 1 月	2003 年度全国优秀畅销书奖(文教类)

续表 1-4-13

书　名	作者	出版时间	责任编辑	获奖时间	奖种奖次
初中英语作文通	张善福 俞成功	2002 年 3 月	陶善勇	2004 年 1 月	2003 年度全国优秀畅销书奖（文教类）
中学英语阅读训练与测试	张建伟	2002 年 7 月	徐晓云 杨小红等	2004 年 1 月	2003 年度全国优秀畅销书奖（文教类）
新电工手册	李正吾	2001 年 10 月	李亚平 胡彩萍	2003 年 1 月	2002 年度全国优秀畅销书（科技类）
英语学习技法大全	夏惠敏	2001 年 3 月	刘桂霞	2003 年 1 月	2002 年度全国优秀畅销书（文教类）
初中英语口语	杜效明	2001 年 2 月	田　斌	2003 年 1 月	2002 年度全国优秀畅销书（文教类）
新概念德语	徐筱春等	2001 年 2 月	刘桂霞	2003 年 1 月	2002 年度全国优秀畅销书（文教类）
科学家谈 21 世纪丛书	赵光平	2001 年 6 月	刘三珊等	2003 年 9 月	第五届全国优秀科普\图书类三等奖
肾脏病与肾脏移植 100 问	张晓英等	2000 年 12 月	曹天健	2002 年 1 月	2001 年度全国优秀畅销书
新编初中英语同步双基训练（1—3 册）	杜效明	2000 年 9 月	刘桂霞	2002 年 1 月	2001 年度全国优秀畅销书
压力容器安全运行与管理	张和官	1999 年 5 月	詹小杰	2002 年 1 月	2001 年度全国优秀畅销书
心灵鸡汤（第一辑）	坎费尔德 汉森	2000 年 10 月	刘桂霞 王　飞	2002 年 1 月	2001 年度全国优秀畅销书
初中英语听力训练与测试（1—3 册）	杜效明	2000 年 9 月	曹天健等	2002 年 1 月	2001 年度全国优秀畅销书
心灵鸡汤英文版系列	（美）坎费尔德 汉森	2000 年 10 月	刘桂霞等	2002 年 3 月	2001 年度引进版优秀畅销丛书
中国科学思想史（上、中、下）	袁运开 周瀚光	2000 年 8 月	奚正新 孙述庆 詹小杰 胡　静 许迎辉	2002 年 9 月	上海市第六届哲学社会科学优秀成果（2000—2001）著作类二等奖
蛇国探秘	劳伯勋	2001 年 5 月	胡世杰	2002 年 6 月	广东省首届优秀科普图书二等奖
环境绿化	吴　翼	1985 年	唐季南	1986 年 7 月	安徽第二届优秀科普作品一等奖
生态学的归宿——人类生态学	周　鸿	1989 年	胡春生	1994 年 8 月	安徽省第三届优秀科普作品一等奖
科学技术发展概要	邢广义	1990 年	席广辉	1994 年 8 月	安徽省第三届优秀科普作品一等奖
低温世界	司有和	1990 年	陈小秀	1994 年 8 月	安徽省第三届优秀科普作品一等奖
阳台养花	陶有法等	1991 年 3 月	刘三珊	1994 年 8 月	安徽省第三届优秀科普作品一等奖

续表 1-4-13

书 名	作者	出版时间	责任编辑	获奖时间	奖种奖次
青少年发明入门	张三齐	1993 年	陈小秀	1994 年 8 月	安徽省第三届优秀科普作品一等奖
蛇类的养殖及利用	劳伯勋	1992 年 11 月	胡世杰	1994 年 8 月	安徽省第三届优秀科普作品一等奖
鸡病防治实用手册	叶岐山等	1992 年	汪卫生	1994 年 8 月	安徽省第三届优秀科普作品一等奖
今人类学	吴汝康等	1991 年	杨家骝	1994 年 8 月	安徽省第三届优秀科普作品一等奖
教子有方	王懿颖等	1994 年 8 月	曹天健	1997 年 1 月	安徽省第四届优秀科普作品奖一等奖
特色茶饮料的制作	严鸿德	1994 年 2 月	胡春生	1997 年 1 月	安徽省第四届优秀科普作品奖一等奖
怎样养殖黄鳝和泥鳅	石传翠等	1991 年	胡春生	1997 年 1 月	安徽省第四届优秀科普作品奖一等奖
巧施肥	徐焕斗	1985 年	胡春生	1986 年 7 月	安徽省第二届优秀科普作品奖二等奖
门诊病人之友丛书（4 个分册）	龚西騟等	1985 年	陈小秀	1986 年 7 月	安徽省第二届优秀科普作品奖二等奖
晓霞在燃烧	省科协	1986 年	席广辉	1987 年 12 月	1986 安徽省“阶梯奖”读书活动二等奖
新概念英语（英汉对照本）（1—4 册）	张德富等译	1986 年	任弘毅	1987 年 12 月	1986 安徽省“阶梯奖”读书活动优秀奖
常见鱼病防治	蒋雪英等	1989 年	胡春生	1989 年 3 月	安徽省水产学会科普作品奖一等奖
肺结核病	许学受	1989 年	任弘毅	1990 年 12 月	安徽省首次优秀医学科普作品奖一等奖
孕妇必读	沙玉成	1986 年	陈小秀	1990 年 12 月	安徽省首次优秀医学科普作品奖一等奖
食品的营养与卫生	祖光怀	1989 年	王 颖	1990 年 12 月	安徽省首次优秀医学科普作品奖一等奖
饮食卫生与防癌	杨任民	1989 年	王 颖	1990 年 12 月	安徽省首次优秀医学科普作品奖一等奖
戒烟——世界的呼声	程广源	1990 年	王 颖	1990 年 12 月	安徽省首次优秀医学科普作品奖一等奖
常见鱼病防治（修订本）	蒋雪英	1993 年 5 月	胡春生	1994 年 8 月	安徽省第三届优秀科普作品奖二等奖
养鸡实用技术手册	许筠	1992 年 4 月	汪卫生	1994 年 8 月	安徽省第三届优秀科普作品奖二等奖
培养超常儿童有学问	司有和	1992 年 7 月	陈小秀	1994 年 8 月	安徽省第三届优秀科普作品奖二等奖
节律优生法	徐希贞	1993 年 1 月	储崇华	1994 年 8 月	安徽省第三届优秀科普作品奖二等奖

续表 1-4-13

书　名	作者	出版时间	责任编辑	获奖时间	奖种奖次
服装最新裁剪缝纫技术	吴经熊等	1993 年 6 月	范源	1994 年 8 月	安徽省第三届优秀科普作品奖
自我保健穴位推拿	李业甫等	1993 年	储崇华	1994 年 8 月	安徽省第三届优秀科普作品奖二等奖
蒜治百病 500 方	赵建成等	1993 年 1 月	范源	1994 年 8 月	安徽省第三届优秀科普作品奖
饮食卫生与防癌	杨任民	1993 年	王 颖	1994 年 8 月	安徽省第三届优秀科普作品奖二等奖
家庭插花与花材培育	傅玉兰	1993 年	刘三珊	1994 年 8 月	安徽省第三届优秀科普作品奖二等奖
西洋参引种栽培技术	宛志沪等	1993 年	刘三珊	1994 年 8 月	安徽省第三届优秀科普作品奖二等奖
茶叶精制技术	周茂荣	1993 年	胡春生	1994 年 8 月	安徽省第三届优秀科普作品奖二等奖
经济蛙类高效养殖	陈国英等	1995 年 10 月	胡春生	1997 年 1 月	安徽省第四届优秀科普作品奖二等奖
名特优新蔬菜栽培	施 展等	1995 年 8 月	胡春生	1997 年 1 月	安徽省第四届优秀科普作品奖二等奖
高效益中草药引种栽培与加工	刘敏华等	1995 年 10 月	胡春生	1997 年 1 月	安徽省第四届优秀科普作品奖二等奖
实用献血手册	胡兆平	1993 年 3 月	叶洪渠	1997 年 1 月	安徽省第四届优秀科普作品奖二等奖
肿瘤诊疗问答	陈振东	1991 年 3 月	胡世杰	1997 年 1 月	安徽省第四届优秀科普作品奖二等奖
现代空调器问答 200 问	方贵银	1995 年 10 月	范　源	1997 年 1 月	安徽省第四届优秀科普作品奖二等奖
育儿之道——怎样使你的宝宝长得好	徐宝珍	2001 年 3 月	胡春生	2002 年 10 月	安徽省第五届优秀科普作品奖（医科类二等奖）
家庭康复丛书	陈振东等	2000 年 6 月	储崇华 杨小玲	2002 年 10 月	安徽省第五届优秀科普作品奖（医科类二等奖）
实用家庭医学全书	陈振东 胡世杰	2001 年 12 月	黄和平	2002 年 10 月	安徽省第五届优秀科普作品奖（医科类二等奖）
全国青少年发明创造比赛优秀作品精选	中国科协等	2000 年 9 月	胡春生 丁建平	2002 年 10 月	安徽省第五届优秀科普作品奖（理工农交叉学科类特别奖）
无神论与科学精神	陈先书	2001 年 7 月	胡玮	2002 年 10 月	安徽省第五届优秀科普作品奖（理工农交叉学科类特别奖）
诱人的超导体			倪颖生	2002 年 10 月	安徽省第五届优秀科普作品奖理工农交叉学科类一等奖

续表 1–4–13

书　名	作者	出版时间	责任编辑	获奖时间	奖种奖次
彩图解说猪病、鸡病、鳖病的诊断与防治	张德群	2000 年 6 月	汪卫生	2002 年 10 月	安徽省第五届优秀科普作品奖理工农交叉学科类一等奖
二十一世纪太空新景观	梁思礼	2000 年 5 月	叶洪渠	2002 年 10 月	安徽省第五届优秀科普作品奖理工农交叉学科类二等奖
创造神话的光源：激光技术			詹小杰	2002 年 10 月	安徽省第五届优秀科普作品奖理工农交叉学科类二等奖
星星俱乐部	陈培哲	1999 年 7 月	曹天健等	2002 年 10 月	安徽省第五届优秀科普作品奖理工农交叉学科类二等奖
自然万象丛书（共 5 本）	高鸿昌等	2000 年 4 月	盛琴琴	2002 年 10 月	安徽省第五届优秀科普作品奖理工农交叉学科类二等奖
农业可行性研究	刘天福等	1987 年	封面设计：王国亮	1988 年 2 月	安徽省优秀书籍装帧二等奖
新编螺纹测量手册	费业泰等	1987 年	封面设计：王国亮	1988 年 3 月	安徽省优秀书籍装帧一等奖
象棋对局选		1989 年	封面设计：王国亮	1990 年 3 月	安徽省优秀书籍装帧二等奖
大亚湾环境与资源	徐恭昭等	1989 年	封面设计：王国亮	1990 年 3 月	安徽省优秀书籍装帧二等奖
交谈的艺术		1989 年	封面设计：王国亮	1990 年 3 月	安徽省优秀书籍装帧一等奖
建筑工程预算		2003 年 4 月	封面设计：冯劲	1995 年 1 月	1993 年皖版图书封面设计二等奖
中国漏刻	华同旭	1991 年 2 月	封面设计：王国亮	1991 年 11 月	第四届全国地方科技出版社书籍装帧优秀奖
珍闻、奇闻、趣闻	美国读者文摘	1991 年 10 月	封面设计：王国亮	1991 年 11 月	第四届全国地方科技出版社书籍装帧优秀奖
临床眼底病学	黄叔仁	1995 年 1 月	封面设计：王国亮	1995 年 11 月	第六届全国地方科技出版社书籍装帧一等奖
临床眼底病学	黄叔仁	1995 年 1 月	封面设计：王国亮	1995 年 11 月	第四届全国书籍装帧优秀设计展入选
图解树木盆景制作	吴诗华	1996 年 7 月	封面设计：王国亮	1997 年 10 月	第七届全国地方科技出版社书籍装帧二等奖
无极谱		1993 年 2 月	封面设计：王国亮	1997 年 10 月	第获七届全国地方科技出版社书籍装帧三等奖
常见病内外治法	唐杰美	1999 年 9 月	封面设计：王国亮	1999 年 10 月	第八届全国地方科技出版社书籍装帧三等奖
当代临床眼科进展	魏文斌	1998 年 8 月	封面设计：王国亮	1999 年 10 月	第八届全国地方科技出版社书籍装帧二等奖

续表 1-4-13

书　名	作者	出版时间	责任编辑	获奖时间	奖种奖次
当代临床眼科进展	魏文斌	1998 年 8 月	封面设计：王国亮	1999 年 10 月	第五届全国书籍装帧设计铜奖
古玩真伪鉴别丛书	彭　勃	2001 年 1 月	封面设计：王国亮	2001 年 11 月	第九届全国地方科技出版社书籍装帧二等奖
本草纲目	尚志钧 任　何	2001 年 9 月	封面设计：王国亮	2001 年 11 月	第九届全国地方科技出版社书籍装帧二等奖
食疗本草	尚志钧	2003 年 9 月	封面设计：王国亮	2003 年 10 月	第十届全国地方科技出版社书籍装帧二等奖
本草纲目	尚志钧 任　何	2001 年 9 月	封面设计：王国亮	2004 年 12 月	第六届全国书籍装帧设计优秀作品
中国刺血疗法大全	王　铮 马　雯	2005 年 2 月	封面设计：王国亮	2005 年 9 月	第十一届全国地方科技出版社书籍装帧三等奖
微机在会计中的应用		1993 年	封面设计：冯劲	1993 年 10 月	第五届全国地方科技图书封面设计二等奖
实用肿瘤病理组织学彩色图谱	龚西瑜	1993 年 8 月	封面设计：冯劲	1995 年 6 月	第六届全国地方科技图书封面设计三等奖
工艺美术设计作品选		1998 年	封面设计：冯劲	1999 年 10 月	第五届全国书籍装帧图书封面设计优秀奖
离子束生物技术引论	余增亮	1998 年 2 月	封面设计：冯劲	1999 年 10 月	第五届全国书籍装帧图书封面设计优秀奖
离子束生物技术引论	余增亮	1998 年 2 月	封面设计：冯劲	1999 年 10 月	第五届地方科技图书封面设计一等奖
生物资源的超临界流体萃取	马海东	2000 年 7 月	封面设计：冯劲	2001 年 10 月	第九届全国地方科技图书封面设计三等奖
植物病虫草鼠害防治大全	本书编写组	1996 年 8 月	封面设计：冯劲	2001 年 10 月	第九届全国地方科技图书封面设计三等奖
中国古典插花名著名品赏析	王莲英 秦魁杰	2002 年 8 月	封面设计：冯劲	2003 年 10 月	第五届全国地方科技图书封面设计三等奖
生物资源的超临界流体萃取	马海东	2000 年 7 月	封面设计：冯劲	2003 年 10 月	第五届全国地方科技图书封面设计三等奖
离子束生物技术引论	余增亮	1999 年 2 月	封面设计：冯劲	2003 年 10 月	第五届地方科技图书封面设计一等奖
中国古代家具综览	董伯信	2004 年 4 月	封面设计：冯劲	2004 年 12 月	第六届全国书籍装帧图书封面设计优秀奖
中国古典插花名著名品赏析	王莲英 秦魁杰	2002 年 8 月	封面设计：冯劲	2004 年 12 月	第六届地方科技图书封面设计优秀奖
当代外科诊断与治疗	安徽医科大学附属医院	2000 年 4 月	封面设计：王艳	2001 年 10 月	第九届全国地方科技出版社书籍装帧艺术设计展二等奖
足外科临床解剖学	张发惠 郑和平	2003 年 4 月	封面设计：王艳	2003 年 10 月	第十届全国地方科技出版社书籍装帧艺术展三等奖

续表 1-4-13

书 名	作者	出版时间	责任编辑	获奖时间	奖种奖次
中国国家级自然保护区	王 恺	2003 年 4 月	封面设计：王艳	2003 年 10 月	第十届全国地方科技出版社书籍装帧艺术展版式设计奖
浅谈装帧艺术的纪律与狂想		2003 年	封面设计：王艳	2003 年 10 月	第十届全国地方科技出版社书籍装帧艺术展论文二等奖
常见病诊治要领丛书	刘楠楠等	2004 年 7 月	封面设计：王艳	2004 年 12 月	第六届全国书籍装帧艺术设计展整体设计二等奖
足外科临床解剖学	张发惠 郑和平	2003 年 4 月	封面设计：王艳	2004 年 12 月	入选第六届全国书籍装帧艺术设计展
海外英语（2007 年第 5 期）		2007 年 5 月	封面设计：王艳	2007 年 8 月	首届中国国际封面文化博览会最优秀的杂志封面奖
树木盆景制作技法	吴诗华 汪传龙	2004 年 4 月	封面设计：武迪	2004 年	第六届全国书籍装帧艺术设计展优秀奖
都市流行菜	聂阳等	2005 年 5 月	封面设计：武迪	2005 年	第十一届全国地方科技出版社书籍装帧艺术展封面设计三等奖
安徽教育出版社					
通俗美学	王明居	1985 年 8 月	许振轩	1987 年 6 月	全国优秀畅销书评选优秀奖
方以智年谱	任道斌	1983 年 6 月		1988 年 10 月	全国首届优秀教育图书评选荣誉奖
高等数学理论与解题技巧				1988 年 10 月	全国首届优秀教育图书评选荣誉奖
算法纂要校释	李培业	1986 年 8 月	孙述庆	1988 年 10 月	全国首届优秀教育图书评选二等奖
陈望道修辞论集	复旦大学语言研究所	1985 年 7 月		1988 年 10 月	全国首届优秀教育图书评选三等奖
聋童教育概论	朴永馨	1985 年 8 月	王 玲	1988 年 10 月	全国首届优秀教育图书评选二等奖
线性模型的理论及其应用	王松桂	1987 年 8 月		1988 年 10 月	全国首届优秀教育图书评选荣誉奖
目录学	徐召勋	1985 年 12 月	周荣显	1988 年 10 月	全国首届优秀教育图书评选荣誉奖
语文教学心理学	谭惟翰			1989 年 9 月	全国首届优秀教育理论评选二等奖
历史教学法概论	谭惟翰			1989 年 9 月	全国首届优秀教育理论评选二等奖
生殖药理学	顾芝萍	1990 年 8 月	汪明华	1992 年 2 月	全国第二届优秀教育图书评选一等奖

续表 1-4-13

书　名	作者	出版时间	责任编辑	获奖时间	奖种奖次
全国小学数学特级教师教学经验选	谢勤等	1990 年 5 月	蒋美荣	1992 年 2 月	全国第二届优秀教育图书评选二等奖
文言文词汇系列手册	曹宝麟	1990 年 7 月	王安龙	1992 年 2 月	全国第二届优秀教育图书评选二等奖
中国政制史	杨鸿年等	1990 年 7 月	许俊普	1992 年 2 月	全国第二届优秀教育图书评选三等奖
图书角丛书	曹文轩 叶永烈等	1995 年 10 月	朱智润 陈龙银等	1993 年 11 月	第五届冰心儿童图书奖
七彩科学幻想故事金库	诺　尔	1995 年 1 月	朱智润 王嘉年等	1995 年 8 月	第六届冰心儿童图书奖
图书角丛书（1—5）	曹文轩 叶永烈等	1995 年 10 月	朱智润 陈龙银等	1995 年 9 月	第三届优秀教育图书评选一等奖
中国历代官制词典	徐连达	1991 年 6 月	夏秀流	1995 年 9 月	第三届优秀教育图书评选三等奖
写作学引论	郑怀仁等	1993 年 1 月	朱欣欣	1995 年 9 月	第三届优秀教育图书评选三等奖
七彩科学幻想故事金库	诺　尔	1994 年 12 月	朱智润 王嘉年	1995 年 9 月	第四届全国教育社小学优秀图书特等奖
小学数学应用题思维辅导（高年级）	顾　荣	1994 年 10 月		1995 年 9 月	第四届全国教育社小学优秀图书
图书角丛书——玫瑰色的幻热、蔚蓝色的幻热	秉金等	1994 年 12 月	朱智润	1995 年 11 月	第四届全国书籍装饰艺术展览入选作品奖
七彩科学幻想故事金库	诺　尔	1995 年 1 月	朱智润 王嘉年	1996 年 2 月	1995 上海市中小学生优秀课外读物二等奖
七彩科学幻想故事金库	诺　尔	1995 年 1 月	朱智润 王嘉年等	1996 年 4 月	第八届全国图书“金钥匙”入选作品奖
图书角丛书	曹文轩 叶永烈等	1995 年 10 月	朱智润 陈龙银等	1996 年 4 月	第八届全国图书“金钥匙”入选作品奖
少年家庭科学院丛书	张　中 吴云龙等	1996 年 12 月	朱智润	1997 年 9 月	第八届冰心儿童图书奖
古文观止全译	杨金鼎 沈抱一等	1997 年 2 月	夏秀流	1998 年 1 月	第十批全国优秀畅销书
朱光潜全集（单行本 8 种）	朱光潜	1997 年 12 月	许振轩 朱欣欣等	1998 年 1 月	第十批全国优秀畅销书
中学数理化发散思维辅导丛书（13 种）	宏　宇 周呤等	1996 年 5 月	王宏金 严云锦等	1998 年 1 月	第十批全国优秀畅销书
中华三德歌	钱念孙等	1997 年 3 月	黄书元	1998 年 1 月	第十批全国优秀畅销书
动画故事系列精灵鸭	葛翠林等	1998 年 3 月	朱智润 陈龙银	1998 年 8 月	第九届冰心儿童图书奖
中华魂·爱国心	蒋　风	1997 年 5 月	朱智润 陈龙银	1998 年 8 月	第九届冰心儿童图书奖

续表 1-4-13

书　名	作者	出版时间	责任编辑	获奖时间	奖种奖次
小飞虎漫游英特网	葛翠林等	1999 年 6 月	陈龙银 王嘉年	1999 年 8 月	第十届冰心儿童图书奖
军事迷精品丛书（4 本）	焦国力等	1998 年 8 月	陈龙银 王嘉年	1999 年 8 月	第十届冰心儿童图书奖
西方心理学史论	高觉敷	1997 年 7 月	陈龙银	1998 年 10 月	第四届全国优秀教育图书评选二等奖
中国戏剧学通论	赵山林	1995 年 12 月	朱欣欣	1998 年 10 月	第四届全国优秀教育图书评选三等奖
张仃谈艺录	张　停	1995 年 10 月	牛　昕	1998 年 10 月	第四届全国优秀教育图书奖荣誉
高科技趣谈丛书	刘兴良等	1998 年 12 月	朱智润 杨多文	1990 年 8 月	第十届冰心儿童图书奖
教育研究方法导论	裴娣娜	1997 年 2 月	殷振群	1999 年 12 月	第十二批全国优秀畅销书
古文观止全译	杨金鼎 沈抱一等	1997 年 2 月	夏秀流	1999 年 12 月	第十二批全国优秀畅销书
初高中各科发散思维辅导	宏宇 周吟等	1996 年 5 月	王宏金 严云锦等	1999 年 12 月	第十二批全国优秀畅销书
大自然奥秘系列（5 册）	马茂平等	2000 年 6 月	王嘉年等	2000 年 10 月	第十一届冰心儿童图书奖
金涛作品选集	金　涛	2000 年 6 月	杨多文	2000 年 10	第十一届冰心儿童图书奖
小学数学应用题思维辅导	顾　荣			2001 年 05 月	第二届全国优秀数学教育图书奖一等奖
数学奇境故事丛书（4 种）	李毓佩	2000 年 6 月	王嘉年	2001 年 05 月	第二届全国优秀数学教育图书奖一等奖
小学趣味数学故事丛书	李毓佩	2001 年 3 月	杨多文 姚　莉	2001 年 05 月	第二届全国优秀数学教育图书奖一等奖
小学数学智力故事	鲍刚等	1997 年 6 月	应梦莺	2001 年 05 月	第二届全国优秀数学教育图书奖二等奖
初中数学发散思维辅导	宏宇等	1996 年 5 月	王宏金	2001 年 05 月	第二届全国优秀数学教育图书奖二等奖
数学奇境故事丛书（4 种）	李毓佩	2000 年 6 月	王嘉年	2001 年 05 月	第四届“全国优秀科普作品奖”二等奖
跨世纪的“十八般兵器”——高科技兵器趣谈（5 种）	王惠林	1998 年 12 月	朱智润	2001 年 05 月	第四届“全国优秀科普作品奖”三等奖
卞之琳文集（3 卷）	卞之琳	2002 年 10 月	万直纯	2001 年 06 月	第五届全国优秀外国文学图书奖一等奖
中华鲟儿童文学新作丛书（儿童系列）	张品成 杨鹏等	2000 年 6 月	陈龙银 卢　铁	2001 年 07 月	第五届全国优秀少儿图书奖二等奖
中国邮票博物馆馆藏珍品选	朱熠等	1999 年 4 月	牛昕 鲍康健	2001 年 08 月	首届全国优秀艺术图书奖三等奖

续表 1-4-13

书　名	作者	出版时间	责任编辑	获奖时间	奖种奖次
新中国书籍装帧艺术精粹	中国版协装帧艺委会	2000 年 6 月	包云鸠	2001 年 08 月	首届全国优秀艺术图书奖二等奖
清人别集总目（上、中、下）	李灵年等	2001 年 7 月	朱欣欣	2001 年 08 月	第三届全国古籍整理图书奖一等奖
小学趣味数学故事丛书	李毓佩	2001 年 3 月	杨多文 姚　莉	2001 年 10 月	第十二届冰心儿童图书奖
“中华鲟”儿童文学新作丛书·鸟石的秘密	高洪波	2000 年 6 月	陈龙银	2001 年 10 月	第十二届冰心儿童图书奖
“中华鲟”儿童文学新作丛书·七月的草原	明　照	2000 年 10 月	陈龙银	2001 年 10 月	第十二届冰心儿童图书奖
孩子妈妈科幻卡通车丛书（6 册）	吴岩等	2001 年 5 月	杨多文等	2002 年 11 月	中国出版工作者协会教育图书研究会小学分会优秀图书奖二等奖
兵器新星丛书	于守诚 苏刚等	2001 年 6 月	杨多文	2002 年 11 月	中国出版工作者协会教育图书研究会小学分会优秀图书奖二等奖
数字式声呐设计原理	李启虎	2003 年 2 月	王宏金 王冰平	2003 年 8 月	第十一届全国优秀科技图书奖一等奖
地球“四极”奇趣	高登义等	2002 年 6 月	杨多文	2003 年 8 月	第五届全国优秀科普作品奖三等奖
绿脚印童话丛书	金波等	2003 年 5 月	鲍康健	2003 年 9 月	第六届全国优秀少儿图书奖二等奖
孩子妈妈科幻卡通车丛书（6 册）	吴岩等	2001 年 5 月	杨多文等	2003 年 10 月	2003 年冰心儿童图书奖
老园丁的古怪歌	金　波	2003 年 5 月	鲍康健	2003 年 10 月	2003 年冰心儿童图书奖
淘气公主	金　波	2003 年 5 月	鲍康健	2003 年 10 月	2003 年冰心儿童图书奖
国王的爱好	金　波	2003 年 5 月	鲍康健	2003 年 10 月	2003 年冰心儿童图书奖
老百姓的数学（6 种）	盛立人	2001 年 9 月	严云锦	2003 年 10 月	第三届全国优秀数学教育图书二等奖
初中数学之新题窗	刘　红	2003 年 1 月	王冰平	2003 年 10 月	第三届全国优秀数学教育图书二等奖
双色小学数学工具书	顾　荣	2003 年 9 月	杨多文等	2003 年 10 月	第三届全国优秀数学教育图书一等奖
资源型学案	卢　江 刘德华等	2003 年 1 月	袁舰等	2003 年 10 月	2003 年度全国优秀畅销书
高考语文新题型对策	肖家芸	2003 年 2 月	万直纯等	2003 年 10 月	2003 年度全国优秀畅销书
发散思维优化设计	彭声应等	2003 年 6 月	蒋美荣等	2003 年 10 月	2003 年度全国优秀畅销书

续表 1-4-13

书 名	作者	出版时间	责任编辑	获奖时间	奖种奖次
中华扇子文化(上、下)	林树中	2003年6月	叶明祥	2003年10月	第二届“中华杯”多媒体作品大奖赛特别推荐
朱子全书(27卷)	朱 熹	2002年12月	黄书元 夏秀流	2003年12月	第四届全国优秀古籍整理图书奖一等奖
英语学习策略	吴本虎	2002年10月	袁舰	2003年	第三届全国教育图书奖二等奖
丧钟为谁而鸣:远东国际军事法庭审判纪实	中央电视台《探索·发现》栏目组	2004年9月	包云鸠	2005年12月	2005年度国家图书馆文津图书奖
魏玛文化	刘森尧	2005年8月	包云鸠 王丽亚	2006年08月	2005年度引进版社科类优秀图书奖
魏玛文化	刘森尧	2005年8月	包云鸠 王丽亚	2006年12月	2006年度全行业优秀畅销品种
中考复习精要	张晓德等	2006年1月	黄书荣等	2006年12月	2006年度全行业优秀畅销品种
分必得 ——中考开卷指导用书	袁国道等	2005年11月	艾尚武等	2006年12月	2006年度全行业优秀畅销品种
早期道学话语的形成与演变	陈来等	2007年11月	王竞芬	2007年4月	第一届“三个一百”原创图书出版工程
汉语文字学史(增订本)	黄德宽 陈秉新	2006年10月	姚莉	2007年4月	第一届“三个一百”原创图书出版工程
全宋文	增枣庄 刘琳等	2006年8月	曹露明 鲍康健	2007年8月	2006年度优秀古籍图书奖一等奖
无法尘封的历史	钱念孙	2005年8月	刘洪权	2007年7月	中国最美的书
新课标高中实验报告·物理(人教版·必修2)	熊荣领	2006年12月	王冰平	2007年12月	2007年度全行业优秀畅销品种
中学语文词语手册(7年级下册)(人教版)	金卫东等	2006年12月	胡一苇	2007年12月	2007年度全行业优秀畅销品种
初中毕业班系统总复习(7册)	秦家林等	2006年12月	黎丽等	2007年12月	2007年度全行业优秀畅销品种
RAINWATER HARVESTING(雨水集蓄利用)	朱 强 李元红	2007年5月	范 源	2008年10月	第二届“三个一百”原创图书出版工程
清代东南书院与学术及文学(上、下册)	徐雁平	2007年8月	张丹飞	2008年10月	第二届“三个一百”原创图书出版工程
地球的非对称性	马宗晋 杜品仁	2007年11月	王冰平	2008年10月	新闻出版总署第二届“三个一百”原创图书出版工程
学前班读本 拼音(上册)	本书编写组	2008年6月	姚 莉	2008年12月	2008年度全行业优秀畅销品种
高中语文词语手册(必修1)(人教课标版)	朱存军	2008年7月	丁 蔚	2008年12月	2008年度全行业优秀畅销品种

续表 1-4-13

书　名	作者	出版时间	责任编辑	获奖时间	奖种奖次
新世纪大学生安全教育读本	陈贤贵 汪青松等	2007 年 8 月	黄胜富	2008 年 12 月	2008 年度全行业优秀畅销品种
打工父母的家教策略——“留守儿童”的教育管理	梁修安	2007 年 8 月	张丹飞 鲁金良等	2008 年 12 月	2008 年度全行业优秀畅销品种
政策法规问答	安徽省农委	2008 年 6 月	郜　旻	2008 年 12 月	2008 年度全行业优秀畅销品种
教育研究方法导论	裴娣娜	2006 年 12 月	殷振群	2008 年 12 月	2008 年度全行业优秀畅销品种
安徽文艺出版社					
中国人的民俗世界	蒯大申 祁红	2006 年 11 月	温　湲	2007 年	新闻出版总署向青少年推荐百种优秀图书
西方哲理大师漫画故事	颜玉强	2006 年 5 月	刘　哲	2007 年	新闻出版总署向青少年推荐百种优秀图书
井上靖文集	（日）井上靖	1998 年 4 月	凌　敏	1999 年 5 月	第四届全国优秀外国文学图书奖二等奖
果戈理全集	（俄）果戈理著 周启超主编	1999 年 6 月	裴善明 马晓芸	2001 年 6	第五届全国优秀外国文学图书奖二等奖
波丽安娜	（美）埃莉诺·波特著 丁超、季剑青译	2002 年	葛永波	2003 年 9 月	第六届全国优秀外国文学图书奖三等奖
巨人三传	（法）罗曼·罗兰 傅雷译	1998 年 10 月	徐海燕 江奇勇	1999 年 12 月	1999 年度第十二批全国优秀畅销书
艺术哲学	（法）丹纳 傅雷译	1998 年 10 月	徐海燕 江奇勇	1999 年 12 月	1999 年度第十二批全国优秀畅销书
傅雷文集	傅　雷	1998 年 12 月	徐海燕 江奇勇	1999 年 12 月	1999 年获第十二批全国优秀畅销书
不必知道我是谁	饶雪漫	2003 年	马晓芸	2004 年 12 月	2004 年度全国优秀畅销书
献给成人节丛书			凌　敏	2001 年 8 月	第七届全国优秀青年读物三等奖
我是北京地老鼠	清秋子	2006 年 4 月	凌　敏 秦　雯	2007 年	新闻出版总署“三个一百”原创出版工程
“蒙古帝国”系列（3 种:《成吉思汗》《拔都》《忽必烈》）	包丽英	2007 年 3 月	秦　雯	2007 年	第二届姚雪垠长篇历史小说奖
鬼吹灯小说系列（4 册）	天下霸唱	2006 年 9 月	岑　杰	2007 年	2007 年度全行业优秀畅销品种（文艺类）
《鬼吹灯》之《精绝古城》	天下霸唱	2006 年 9 月	岑　杰	2007 年	2007 年中国图书榜中榜最佳网络人气图书
如何成为有影响力的女人	（美）帕特·威廉姆斯 // 露斯·威廉姆斯 // 迈克·明科 | 译者：张雪梅	2008 年 3 月	刘正功 刘冬梅	2008 年	2008 年全行业优秀畅销品种

续表 1-4-13

书　名	作者	出版时间	责任编辑	获奖时间	奖种奖次
鬼吹灯之巫峡棺山	天下霸唱	2008 年 4 月	岑　杰	2008 年	2009 年全行业优秀畅销品种
极度战栗	(美) 莉萨年杰克逊著	2008 年 3 月	汪爱武	2008 年	2010 年全行业优秀畅销品种
雕天下	杨　杨	2007 年 4 月	岑　杰	2008 年	“三个一百”原创出版工程图书
世界儿童钢琴名曲集	(美) 魏尔	1991 年 4 月	蔡正菁	1999 年 12 月	1999 年度第十二批全国优秀畅销书
二胡自学基础	张仕安	1999 年	蔡正菁 徐海燕	1999 年 12 月	1999 年度第十二批全国优秀畅销书
世界儿童钢琴名曲集	(美) 魏尔	1991 年 4 月	蔡正菁	2002 年 12 月	2002 年度全国优秀畅销书
中老年学唱歌	夏　岚	2006 年 9 月	洪少华	2007 年	2007 年度全行业优秀畅销品种 (文艺类)
金帖侠盗	巍　琦	1991 年 10 月	王玉佩	1995 年	首届中华武侠小说大奖赛铜剑奖
新诗大千	陶保玺	1994 年 5 月		1995 年 12 月	安徽文学奖
				1997 年	97 金秋加拿大国际图书音像制品博览会暨国际荣誉评奖会国际银奖
人的美学视点	泓　峻	1997 年		1997 年	河南省社科联社会科学优秀成果一等奖
红杜鹃 白杜鹃	桂恒彬	1998 年 3 月		1998 年 8 月	第三届全军文艺新作品奖文学类二等奖
井上靖文集	(日) 井上靖	1998 年 4 月	凌　敏	1999 年 6 月	亚太出版商协会金奖
“七十年代人散文系列”	戴　来 赵　波 魏　微 金仁顺 朱文颖	2001 年	马晓芸	2003 年 12 月	第二届中国女性文学奖入围奖
秋天的虹	江　耿	2006 年	刘冬梅	2007 年	“关爱老人·关注老龄”老年文学海内外征文大赛一等奖
鬼吹灯 (漫画本)	文:天下霸唱 图:林莹	2007 年	岑　杰	2007 年	首届中国国际动漫创意产业交易会 2006 – 2007 年度“我最喜爱的十大动漫图书”
果戈理全集	果戈理	1999 年 6 月	刘正功 马晓芸	2000 年	上海封面设计一等奖
思想者文摘				2000 年	上海封面设计二等奖

续表 1-4-13

书　名	作者	出版时间	责任编辑	获奖时间	奖种奖次
黄山书社					
中国地方志词典	黄苇	1986 年 11 月	沙宗复	1988 年	首届全国古籍优秀图书一等奖
徽州墨模雕刻艺术	石谷风编	1985 年 8 月	王政白	1988 年	首届全国古籍优秀图书一等奖
明清徽商资料选编	张海鹏等编	1985 年 8 月	赵国华	1988 年	首届全国古籍优秀图书二等奖
儒林外史（黄小田评点本）	［清］吴敬梓著 黄小田评点	1987 年 11 月	项纯文	1988 年	首届全国古籍优秀图书二等奖
中国文学史大事年表（上）	吴文治著	1987 年 12 月	胡士萼	1988 年	首届全国古籍优秀图书二等奖
嵇康集注	殷翔等校注	1987 年 12 月	胡贯中	1988 年	首届全国古籍优秀图书三等奖
校雠学史	蒋元卿	1985 年 12 月	沙宗复	1988 年	首届全国古籍优秀图书三等奖
中国文学史书目提要	陈玉堂著	1986 年 8 月	宋效永	1988 年	首届全国古籍优秀图书三等奖
屈原九章新笺	吴孟复著	1986 年 9 月	胡贯中	1988 年	首届全国古籍优秀图书三等奖
齐云山（门票）	安徽休宁齐山云管理处	1987 年	刘欣	1989 年	全国首届园林名胜古迹游览门票设计艺术纪念奖
皖人书录	蒋元卿编著	1989 年 12 月	宋效永	1991 年	第二届全国古籍优秀图书三等奖
简明世界近代史	胡治坤等主编	1989 年 6 月	徐力	1992 年	安徽省优秀教材二等奖
中国近代史	高鸿志等著	1989 年 9 月	赵国华	1992 年	安徽省优秀教材二等奖
施愚山集（4 册）	何庆善 杨应芹点校	1993 年 6 月	诸伟奇	1994 年	全国古籍优秀图书一等奖
窦公山家议校注	周绍泉等校注	1994 年 1 月	黄勤堂	1994 年	全国古籍优秀图书二等奖
宋代史学思想史	吴怀祺著	1992 年 8 月	宋启发	1994 年	全国古籍优秀图书二等奖
中国禁毁小说大全	李时人编	1990 年 12 月	宋效永	1994 年	全国古籍优秀图书三等奖
唐诗三百首新评	赵山林评注	1992 年 9 月	任耕耘	1994 年	全国古籍优秀图书三等奖
老子诗学宇宙	许杰等著	1992 年 10 月	丁志斌	1994 年	全国古籍优秀图书三等奖
明代开国功臣传	张德信等著	1992 年 10 月	赵国华	1994 年	全国古籍优秀图书三等奖

续表 1-4-13

书　名	作者	出版时间	责任编辑	获奖时间	奖种奖次
明清书目研究	张永如编著	1994 年 2 月	宋效永	1994 年	全国古籍优秀图书三等奖
清代琉球国王表奏文书选录	中国第一历史档案馆编	1997 年 10 月	赵国华	1998 年	首届全国（古联体）古籍优秀图书二等奖
徽州历史档案总目提要	严桂夫主编	1996 年 8 月	项纯文 徐　力	1998 年	首届全国（古联体）古籍优秀图书二等奖
乾隆御批纲鉴	梁长森主编	1996 年 10 月	宋效永	1998 年	首届全国（古联体）古籍优秀图书二等奖
中国近代文学大辞典	孙文光著	1995 年 2 月	王克谦	1998 年	首届全国（古联体）古籍优秀图书二等奖
东汉魏晋南北朝词语笺释	方一新著	1997 年 10 月	宋启发	1998 年	首届全国（古联体）古籍优秀图书二等奖
雍正朝满文朱批奏折全译（上下）	中国第一历史档案馆编	1998 年 2 月	赵国华	1999 年	新闻出版总署第二届全国古籍整理图书二等奖
上古汉语形态研究	金理新著	2006 年 3 月	汤吟菲 周振华	2007 年	首届“三个一百”原创图书出版工程
中国史学思想通史（10 卷）	吴怀祺主编	2002 年 2 月 –2005 年 10 月	左克诚 程德和 赵国华 宋启发	2007 年	首届“三个一百”原创图书出版工程
中葡关系史（上、中、下）	黄庆华著	2006 年 3 月	赵国华 徐　力	2007 年	首届“三个一百”原创图书出版工程
中国史论史（上、中、下）	漆绪邦 张连第 梅运生主编	2006 年 4 月	左克诚 宋启发 汤吟菲	2007 年	首届“三个一百”原创图书出版工程
钱澄之全集（4 册）	[清]钱澄之撰 殷呈祥校点	1998 年 8 月	班古等	2007 年	2006 年度全国优秀古籍图书一等奖
中华佛教人物大辞典	张志哲主编	2006 年 2 月	李桂开 刘　欣	2007 年	2006 年度全国优秀古籍图书二等奖
泰山志校证（上、下）	汪子卿撰周郢校点	2006 年 5 月	宋启发 汤吟菲	2007 年	2006 年度全国优秀古籍图书二等奖
图说观音菩萨	罗伟国文 张德宝图	2000 年 10 月	任耕耘	2007 年	第六届输出版权优秀图书奖
本草纲目（上、下）	[明]李时珍	2005 年 5 月	赵国华	2007 年	第六届输出版权优秀图书奖
未央歌	鹿桥著	2008 年 1 月	余　玲 汪晓梵	2008 年 12 月	2008 年度全行业优秀畅销品种奖
万年历	廖志军主编	2007 年 12 月	夏业梅	2008 年 1 月	2008 年度全行业优秀畅销品种奖
助语辞	刘长桂 郑涛著	1985 年	王政白	1986 年	1978 ~ 1985 安徽社会科学优秀成果二等奖
读书观止录	[明]吴应箕撰 胡贯中校点	1990 年 9 月	胡贯中	1986 年	安徽省文学学会 1978 ~ 1985 年文学优秀成果优秀成果奖

续表 1-4-13

书　名	作者	出版时间	责任编辑	获奖时间	奖种奖次
胡适自传	曹伯言选编	1986 年 11 月	王政白	1988 年	首届全国古籍优秀图书三等奖
明清徽商资料选编	张海鹏等	1985 年 8 月	赵国华	1990 年	安徽省社会科学优秀成果一等奖
闲话张恨水	董康成等著	1987 年 12 月	任耕耘	1990 年	安徽省社会科学优秀成果二等奖
中学历史教学法新论点	陆满堂	1990 年 12 月	徐力	1991 年	中华教育学会历史学会三等奖
闲话张恨水	董康成等著	1987 年 12 月	任耕耘	1992 年	云冈杯文学奖
全椒县志	张国钦 刘继华 梅森等编	1988 年 12 月	沙宗复	1993 年	全国地方志优秀成果二等奖
徽州地区简志	黄山市地方志办公室编	1989 年 2 月	何世纲	1993 年	全国地方志优秀成果一等奖
中国十大商帮	张海鹏等主编	1993 年 10 月	徐力	1993 年	全国商业史学会优秀著作奖
古代田园诗选	汤华泉等编	1990 年 12 月	任耕耘	1993 年	安徽省青少年读书月活动一等奖
徽州地区简志	黄山市地方志办公室编	1989 年 2 月	何世纲	1993 年	安徽省地方志优秀成果一等奖
巢湖志	巢湖志编委会编	1989 年 9 月	何世纲	1993 年	安徽省地方志优秀成果一等奖
安徽卫生志	周维海等主编	1992 年 10 月	王克谦	1993 年	安徽省地方志优秀成果一等奖
全椒县志	张国钦 刘继华 梅森等编	1988 年 12 月	沙宗复	1993 年	安徽省地方志优秀成果二等奖
徽州地区林业志	李家龙	1991 年 10 月	赵国华	1993 年	安徽省地方志优秀成果二等奖
安徽工商税务志	该志编委会编	1992 年 6 月	刘欣	1993 年	安徽省地方志优秀成果二等奖
旌德县志	该志编委会编	1992 年 12 月	刘　欣	1993 年	安徽省地方志优秀成果二等奖
马鞍山市志	该志编委会编	1992 年 9 月	王克谦	1993 年	安徽省地方志优秀成果一等奖
黄山志（新编）	刘秉升主编	1993 年 7 月	吴万平	1993 年	安徽省地方志优秀成果一等奖
中国考试制度史资料选编	杨学为 朱仇美 张海鹏主编	1993 年 9 月	程德和	1994 年	安徽省高等学校人文社会科学研究优秀成果二等奖
安仁县卫生志	该志编委会编	1993 年	石　松	1994 年	湖南省地方志优秀成果一等奖

续表 1-4-13

书 名	作者	出版时间	责任编辑	获奖时间	奖种奖次
徐树铮	王彦民著	1994 年 12 月	石 松	1994 年	天津市高校优秀成果一等奖
当代秘书素质通论	史玉峤著	1993 年 8 月	陈珏文	1994 年	第二届中国高校运通杯优秀著作二等奖
桐城县志	桐城县地方志编纂委员会	1995 年 9 月	宋启发	1996 年	省地方志优秀成果一等奖
安庆地区志	安庆市地方志编委会	1995 年 12 月	宋启发	1996 年	省地方志优秀成果一等奖
含山县志	含山县地方志编委会	1995 年 12 月	宋效永	1996 年	省地方志系统一等奖
淮北供电志	淮北供电志编委会	1996 年 8 月	宋启发	1996 年	省地方志优秀成果二等奖
宿县地区粮食志	该书编委会编	1996 年 12 月	石 松	1996 年	省地方志系统二等奖
皖江农村文化考察	孔令刚著	1994 年 7 月	石 松	1996 年	安徽省第三届社会科学优秀成果二等奖
望江县志	望江县地方志办公室编	1995 年 7 月	王晓燕	1997 年	安徽省第二次地方志优秀图书二等奖
怀宁县知	怀宁县地方志办公室编	1995 年	王晓燕	1997 年	安徽省第二次地方志优秀图书二等奖
马鞍山年鉴（1996）	马鞍山市地方志办公室编	1996 年 8 月	陈珏文	1997 年	安徽省第二次地方志优秀图书著述类一等奖
中国考试制度史	谢青主编	1995 年 2 月	于志斌	1998 年	安徽省高等学校人文社会科学研究优秀成果一等奖
新编中国通史故事（丛书）	李守鹏主编	1997 年 5 月	王晓燕	1999 年	第八届上海市中小学课外读物优秀图书二等奖
中国村民自治	辛秋水主编	1999 年	宋启发	2001 年	2000 年度省社会科学优秀成果二等奖
农村城镇化纵论	马康盛 陈强 陈先书主编	2000 年 4 月	刘 欣	2001 年 12 月	安徽省第五届社会科学优秀成果奖二等奖
安徽淮河流域经济开发史	王鑫义主编	2001 年 5 月	石 松	2004 年	安徽省社会科学奖一等奖
柳宗元大辞典	吴文治 谢治强主编	2004 年 10 月	汤吟菲	2005 年	柳州市哲学社会科学一等奖
安徽少年儿童出版社					
拍手谣	高瑞明	1983 年	万 韵 高 海	1989 年	中国新时期（1979-88）优秀少儿文艺读物二等奖
中国古代动物寓言故事	马 达	1985 年	高 海	1988 年	首届全国优秀少儿读物编辑奖优秀奖
				1987 年	第二届全国图书“金钥匙”奖纪念奖

续表 1-4-13

书　名	作者	出版时间	责任编辑	获奖时间	奖种奖次
中国的世界之最	吴　城	1985 年	金连城	1990 年	第二届全国优秀少儿读物编辑奖
好乖乖	鲁兵诗	1985 年	万韵	1987 年	第一届全国幼儿优秀图书编著奖一等奖
宝宝必读（第一辑）	于恩	1985 年	万韵	1987 年	第一届全国幼儿优秀图书编著奖三等奖
你 + 数学 = 快乐	徐国均	1985 年	刘永寿	1986 年	安徽省优秀图书编辑奖二等奖
童话学	洪汛涛	1986 年	周均功	1988 年	首届全国优秀儿童文学理论专著奖
拿苍蝇拍的红桃王子	周　锐	1986 年	周均功	1989 年	中国新时期（1979–1988）优秀少儿文艺读物一等奖
中国新童谣选	冬　木	1986 年	万韵 高海	1990 年	全国优秀少儿读物奖三等奖
				1988 年	首届全国优秀少儿读物编辑奖优秀奖
中国传统童谣选	冬　木	1986 年	万韵	1993 年	全国优秀少儿读物三等奖
				1992 年	全国优秀少儿读物编辑奖
童话百篇	柯玉生	1986 年	周均功	1988 年	首届全国优秀少儿读物编辑奖优秀奖
快乐的节日	金　波	1986 年	万　韵	1987 年	第一届全国幼儿优秀图书编著奖二等奖
小灵通	叶永烈	1986 年	刘永寿	1986 年	第一届全国图书“金钥匙”奖纪念奖
看图学拼音	婉　筠	1986 年	高　海 万　韵	1986 年	安徽省优秀图书编辑奖二等奖
鹅背驮着的童话	高洪波	1987 年	周均功	1988 年	首届全国优秀儿童文学理论专著奖
体坛精英	国荣洲	1987 年	李先轶	1988 年	首届全国优秀少儿读物编辑奖优秀奖
山野寻趣	刘先平	1987 年	周均功	1989 年	中国新时期（1979–1988）优秀少儿文艺读物二等奖
童话新作	柯玉生	1987 年	周均功	1989 年	全国“娃哈哈杯”读好书大奖赛好编辑奖
好宝宝	武　媛	1987 年	万　韵	1988 年	安徽省优秀图书编辑奖二等奖
少年修养 100 题	余心言	1988 年	徐　敏	1990 年	全国优秀少儿读物奖三等奖
中国自然保护区奇趣录（3 本）	张天来	1988 年	刘永寿	1990 年	全国首届“冰心儿童图书奖”
					全国优秀少儿读物奖三等奖

续表 1–4–13

书　名	作者	出版时间	责任编辑	获奖时间	奖种奖次
王稼祥一生	卢　弘	1988 年	徐　敏	1990 年	第二届全国优秀少儿读物编辑奖
中外儿童笑话集锦	刘龙森	1988 年	梁贯三	1989 年	全国“娃哈哈杯”读好书大奖赛好编辑奖
童趣的梦	方君默	1988 年	高　海	1989 年	安徽省优秀图书编辑奖二等奖
图画智力游戏 90 例	刘隆汉	1988 年	巢　扬	1988 年	安徽省优秀图书编辑奖二等奖
童年梦—苏阿芒的故事	许耕耘	1989 年	徐　敏	1994 年	全国首届“奋发文明进步图书奖”二等奖
中国神童妙对	张世安	1989 年	梁贯三	1989 年	第一届全国优秀少儿知识读物编辑奖
百物传奇	江茂永	1989 年	吕思贤	1989 年	第一届全国优秀少儿知识读物编辑奖
生命天使—人民医学家锦巧稚的故事	郭建光	1989 年	徐　敏	1989 年	第一届全国优秀少儿知识读物编辑奖
青春从这里开始	张彦平	1989 年	吕思贤	1990 年	第二届全国优秀少儿读物编辑奖
哈哈画库	冰　波	1989 年	巢　扬	1989 年	安徽省优秀图书编辑奖二等奖
幼儿益智小丛书(盒装)	金　波	1990 年	巢扬	1991 年	第二届“冰心儿童图书奖” 安徽省优秀图书编辑奖一等奖
中国民间儿童玩具画选	田　原	1990 年	韩　宁	1991 年	第二届“冰心儿童图书奖”
蜗牛的奖杯	杨　啸	1990 年	徐　敏	1994 年	第一届中国寓言文学“金骆驼”二等奖
寓言学概论	薛贤荣	1990 年	黄国玉	1994 年	第一届中国寓言文学“金骆驼”三等奖
冷冻人	章萍萍	1990 年	王　玲	1990 年	获第二届全国优秀少儿读物编辑奖
绿蚂蚁	刘丙钧	1990 年	钱叶用	1992 年	获第三届全国优秀少儿读物编辑奖
全国少年获奖作文选	丁　林	1990 年	杨淑承	1990 年	安徽省优秀图书编辑奖二等奖
台湾儿童文学	洪汛涛	1990 年	王笑非	1990 年	安徽省优秀图书编辑奖二等奖
中国名山大川传说故事丛书(4 本)	方君默	1991 年	陈永镇 巢　扬	1991 年	第二届“冰心儿童图书奖”
				1992 年	第三届全国优秀少儿读物编辑奖

续表 1-4-13

书　名	作者	出版时间	责任编辑	获奖时间	奖种奖次
中华民间故事大画库（民俗故事卷）	吕思贤等	1991 年	王　玲 高　海	1993 年	全国优秀少儿读物一等奖
				1992 年	全图优秀少儿读物编辑奖
				1991 年	安徽省优秀图书编辑奖一等奖
20 世纪·中国少年英雄传	聪　聪	1991 年	徐　敏	1993 年	第二届全国优秀少儿读物三等奖
				1992 年	全国优秀少儿读物编辑奖
林焕彰儿童诗选	林焕彰	1991 年	钱叶用	1992 年	全国优秀少儿读物编辑奖
海魔	章萍萍	1991 年	王　玲	1993 年	全国优秀少儿知识读物编辑奖
青少年美育百题	钱念孙	1991 年	徐　敏	1993 年	全国优秀少儿知识读物编辑奖
中国书籍之最	张召奎	1991 年	梁贯三	1993 年	全国优秀少儿知识读物编辑奖
噜噜的奇遇	孙幼军	1991 年	巢　扬	1991 年	安徽省优秀图书编辑奖一等奖
名家幼儿新童话丛书（5 本）	鲁　兵	1992 年	巢　扬	1992 年	第三届“冰心儿童图书奖”
世界寓言选	刘永寿	1992 年	万　韵 黄　强	1992 年	第三届“冰心儿童图书奖
中国传统文化精粹丛书	钱念孙	1992 年	温　湲	1993 年	第四届“冰心儿童图书奖”
死亡星球的复活	刘诗兴	1992 年	李　利	1993 年	全国优秀少儿读物三等奖
				1992 年	全国优秀少儿读物编辑奖
名言名句鉴赏辞典	吴孟复	1992 年	李　利	1993 年	第二届全国优秀少儿知识读物编辑奖
四书导读	李言敏 许宗元	1992 年	梁贯三	1993 年	第三届全国优秀少儿知识读物编辑奖
名家幼儿新童话—小树叶童话	金波	1992 年	巢　扬	1995 年	第四届宋庆龄儿童文学奖二等奖
中国历代风流画库（3 册）	薛志华	1993 年	巢　扬 陈永镇	1993 年	第四届“冰心儿童图书奖”
毛泽东故事 100 则	卢　弘	1993 年	徐　敏	1994 年	第四届全国优秀少儿读物编辑奖
				1997 年	第三届全国优秀少儿读物三等奖
世界神话故事大观	王世芸	1993 年	王笑非	1994 年	第四届全国优秀少儿读物编辑奖

续表 1-4-13

书 名	作者	出版时间	责任编辑	获奖时间	奖种奖次
外国童话精品盒	安徒生等	1993 年	王 玲	1994 年	第四届全国优秀少儿读物编辑奖
跨世纪的丰碑	钱念孙 刘奇葆等	1993 年	温 湲	1994 年	第四届全国优秀少儿读物编辑奖
高士其全集（4 卷）	高士其	1991 年	李 利	1995 年	全国第八届“金钥匙”图书二等奖
青春口哨文学丛书（4 本）	刘健屏等	1994 年	温 湲	1995 年	全国第八届“金钥匙”图书三等奖
				1996 年	安徽省图书奖荣誉奖
中华传统文化精粹丛书	钱念孙	1994 年	温 湲	1997 年	第三届全国优秀少儿读物三等奖
奔向金色的明天 —茅以升科普作品精选	茅以升	1993 年	李 利	1994 年	第四届全国优秀少儿读物编辑奖
中国儿童文学作家成名作	叶永烈	1995 年	徐 敏 李 利	1997 年	第三届全国优秀少儿读物三等奖
中国著名作家幼儿文学作品选	严文井等	1995 年	万 韵 陈永镇	1997 年	第三届全国优秀少儿读物三等奖
彩色森林童话故事宝库	苏真主编	2002 年	徐凤梅等	2004 年	第六届全国优秀少儿图书奖二等奖
小橘灯·美文系列（3 册）	张洁等	2006 年	刘玉英 何军民	2006 年	总署向青少年推荐百种优秀图书
				2007 年	首届“三个一百”原创出版工程
阳光洒下来	张 洁	2006 年	刘玉英 何军民	2006 年	获冰心图书奖（儿童图书奖）
纸风铃紫风铃	彭学军	2006 年	刘玉英 何军民	2007 年	获第七届全国优秀儿童文学奖散文奖
中华荣辱歌	钱念孙	2006 年	徐凤梅 古宏霞	2007 年	首届“三个一百”原创出版工程
虹猫蓝兔七侠传（20 册）	苏 真	2006 年	姚巍 王笑非等	2007 年	2006 年度最佳少儿动漫图书奖
				2008 年	2007 年度央视动画产业合作突出贡献奖
新概念探索百科（4 册）	（英）萨热兰德等编，黄寰等译	2006 年	王笑非 吴荣生	2007 年	第六届（06 年）引进版社科类优秀图书奖
奇妙的动物世界（2 册）	比利时引进版	2006 年	徐凤梅等	2007 年	第六届（06 年）引进版社科类优秀图书奖
森林中的小老鼠一家	比利时 引进版 晶晶译	2002 年	徐凤梅 季红跃等	2008 年	2007 年度“引进版社科类优秀图书奖”
				2008 年	冰心儿童文学奖

续表 1-4-13

书　名	作者	出版时间	责任编辑	获奖时间	奖种奖次
福娃五连环（5 册）	央视动漫公司等	2008 年	季红跃 仲朝锋等	2008 年	第二届“三个一百”原创图书出版工程
小卓玛（6 册）	苏　真	2008 年	姚巍等	2008 年	第二届“三个一百”原创图书出版工程
感知生活图画书（8 册）	冰　波 王一梅等	2008 年	季红跃 姚　巍 徐　冉 何正国 何军民	2008 年	第二届“三个一百”原创出版工程。
虹猫仗剑走天涯（20 册）	贺梦凡	2008 年	白利锋等	2008 年	07–08 年度优秀少儿动漫图书
我最喜欢的科学探险漫画书系列（韩）	洪在彻等	2008 年	王笑非等	2008 年	07–08 年度优秀少儿百科知识图书
好好玩泡泡书	安徽少年儿童出版社	2008 年	姚巍 唐悦	2008 年	07–08 年度最佳创意少儿图书
小橘灯·校园纯小说（4 册）	阎耀明 周　晴 孙卫卫 陆　梅	2008 年	何军民 邬晓燕	2008 年	冰心儿童文学奖
安徽美术出版社					
将门虎子（年画）	周清源			1987 年	全国第四届年画奖二等奖
亲昵（年画）	赵成立			1987 年	全国第四届年画奖二等奖
淮上人家满船春（年画）	赵成立			1987 年	全国第四届年画奖二等奖
中国连环画艺术（9 期）	陈乐生主编		刘筱元 宋子龙	1988 年	全国连环画期刊“金环奖”金环奖
韩美林画集	韩美林	1985 年 7 月	朱秀坤	1988 年	全国优秀对外出版物设计奖总体装帧设计奖
中国藏书票选	梁栋选编	1987 年 8 月	陈乐生	1990 年	中国版协藏书票研究会“贡献奖”
祥光照人间			武忠平	1990 年	皖版优秀美术作品一等奖
松鹤延年（中堂）				1990 年	皖版优秀美术作品一等奖
中国黄山（挂历）			陈治黄	1990 年	皖版优秀美术作品一等奖
朱熹与丽娘			王孟龙	1990 年	皖版优秀美术作品二等奖
云天飞瀑			陈治黄	1990 年	皖版优秀美术作品二等奖

续表 1-4-13

书 名	作者	出版时间	责任编辑	获奖时间	奖种奖次
新潮丽人			朱秀坤	1990 年	皖版优秀美术作品二等奖
共和国卫士			贾德江	1990 年	皖版优秀美术作品二等奖
徽州三雕艺术	《徽州三雕艺术》编委会	1989 年	马世云 陈乐生 宋子龙	1990 年	首届中国优秀美术图书银奖
古汉字黑白装饰画	张瑞林	1989 年 5 月	刘筱元	1990 年	首届中国优秀美术图书铜奖
韩美林画集	韩美林	1985 年 7 月	朱秀坤	1990 年	首届中国优秀美术图书铜奖
明清安徽画家作品选	本书编委会	1988 年 8 月	马世云 朱秀坤	1990 年	首届中国优秀美术图书铜奖
四味书屋珍藏书画集	孙大光供稿 宋子龙设计	1989 年 7 月	宋子龙	1990 年	首届中国优秀美术图书铜奖
吴作人文选	吴作人	1989 年 6 月	陈乐生	1990 年	首届中国优秀美术图书铜奖
儿童学画丛书	燕美依 徐 兵	1990 年 3 月	张世刚	1991 年	第三届“日月花杯”全国妇女儿童推荐的最佳优秀图书奖
国际获奖盆景荟萃（挂历）			王璟琨	1992 年	第一届东方艺术年历博览会二等奖
黄山（挂历）			武忠平	1992 年	省优秀年画一等奖
盆景（挂历）			王景琨	1992 年	省优秀年画一等奖
松鹤图（中堂）			王孟龙	1992 年	省优秀年画一等奖
松鹤图（中堂）			陈治黄 王孟龙	1992 年	省优秀年画一等奖
九鲤闹春图（年画）			朱秀坤	1995 年	第五届全国年画三等奖
日本当代插图集	吕敬人设计	1994 年 8 月	宋子龙	1995 年	第四届书籍装帧展封面设计奖
黄叶村画集	汪友农等编著 付强设计	1995 年 4 月	付 强	1995 年	第四届书籍装帧展整体设计奖
徽州艺术丛书（砖、木、石、牌坊）	编委会编著 木林设计		陈乐生 马世云 宋子龙	1995 年	第四届书籍装帧展整体设计奖
将星璀璨	六安地区党史办公室编著 宋子龙设计	1991 年 5 月	宋子龙	1995 年	第四届书籍装帧展封面设计奖
新芥子园画谱（2 本）	叶维等	1997 年 1 月	贾德江	1998 年	全国优秀畅销书（文艺类）

续表 1-4-13

书　名	作者	出版时间	责任编辑	获奖时间	奖种奖次
白描花鸟构图资料集	安　禾	1997年6月	朱秀坤 王晓军	1998年	全国优秀畅销书（文艺类）
中国黄山（挂历）	多人集		武忠平	2001年	第六届全国年画评奖银奖
教学范画精选 ——素描头像	刘晓东	2000年1月	曾昭勇	2002年	优秀畅销图书奖
动物探秘丛书		2002年1月		2003年	2002年度"引进版" 科技优秀丛书奖
中国美术学院优秀作品选	多人作品集 武忠平设计		陈　凌 马　涛	2004年	第6届全国书籍装帧 艺术优秀奖
奇思创意	罗宾·兰达 罗丝·甘内拉 丹尼斯·M·安 德森	2004年1月	郭　蔚	2004年	引进版科技优秀图书奖
大理念	罗杰·沃尔顿	2004年3月	郭　蔚	2004年	引进版科技优秀图书奖
大色彩	罗杰·沃尔顿	2004年1月	郭　蔚	2004年	引进版科技优秀图书奖
大字体	罗杰·沃尔顿	2004年2月	郭　蔚	2004年	引进版科技优秀图书奖
基础素描全程训练·入门篇（上）——初识素描	汪　东	2004年1月	陈　涛	2006年	2006年度全行业优秀 畅销品种（文艺类）
设计图解词典	韩春明	2005年1月	郭　蔚	2006年	2005年度引进版科技类优 秀图书奖
金陵四家馆藏书画精品集	赐百年	2005年6月	秦金根	2006年	全国"第二届书法兰亭奖" 编辑出版奖二等奖
创意设计基础	彼德森	2006年1月	赵启芳	2006年	2006年度引进版科技类 优秀图书奖
沧浪一页——纪念苏州美术馆建馆80周年	苏州美术馆	2006年12月	武忠平 谢育智	2007年	金牛奖一等奖
中央美术学院美术馆系列珍藏（2册）	谭平等	2006年9月	曾昭勇 陈涛 等	2007年	金牛奖一等奖
湘南民居研究	唐凤鸣 张成城	2006年9月	朱小林	2007年	金牛奖一等奖
经典教案——油画人体	忻东旺	2006年12月	黄　奇	2007年	金牛奖二等奖
给未来的艺术家	何怀硕	2005年9月	张艳新	2007年	金牛奖二等奖
清华大学美术学院设计专业教程（15册）	李家骝 李莉婷 田旭桐 张歌明等著	2005年9月	多人责编	2007年	金牛奖二等奖
当代油画创作大参考 ——材料技法篇	姚尔畅	2006年	黄　奇	2007年	金牛奖三等奖

续表 1-4-13

书 名	作者	出版时间	责任编辑	获奖时间	奖种奖次
东觉西视——第一届"东+西"大学生国际海报双年展作品集	范汉成 涂志初	2006年11月	张李松	2007年	金牛奖三等奖
基础设计全程教学丛书（6册）	陆 叶 吴晓兵等	2006年7月	多人责编	2007年	金牛奖三等奖
美术培训规范教学系列丛书	张勇等	2008年	谢育智等	2008年	2008年度全行业优秀畅销品种优秀畅销品种奖
陈传席文集	陈传席	2007年12月	曾昭勇 陈涛	2008年	第十七届"金牛杯"优秀美术图书金奖
黄山魂·新徽派版画作品集	多人作品集	2007年12月	曾昭勇 武忠平	2008年	第十七届"金牛杯"优秀美术图书银奖
21世纪高等院校美术专业新大纲教材（24册）	孙晓玲 王峡 等	2006年	多人责编	2008年	第十七届"金牛杯"优秀美术图书铜奖
国家历史文化名城、徽文化重要发源地——绩溪	安徽日报报业集团	2007年1月	谢育智 陈涛	2008年	第十七届"金牛杯"优秀美术图书铜奖
书香——清华大学美术学院艺术设计教程	王红卫	2008年1月	谢育智 朱小林	2008年	第十七届"金牛杯"优秀美术图书铜奖
山花烂漫——中国美术馆馆藏贵州蜡染艺术精品	范迪安	2008年4月	曾昭勇 陈涛	2008年	第十七届"金牛杯"优秀美术图书铜奖
跨越中西——靳埭强与格吕特纳的海报对话	靳埭强	2008年1月	曾昭勇 张李松	2008年	第十七届"金牛杯"优秀美术图书铜奖
中国科学技术大学出版社					
新概念英语阅读手册	郑孝通编著	1986年11月	江建名	1987年	第二届全国优秀畅销书奖优秀畅销书奖
科学史论集	钱临照等著	1987年11月	夏文彧	1987年	第二届"金钥匙"奖纪念奖
世界政治经济与国际关系	朱超南等著	1988年9月	刘卫东	1988年	第三届"金钥匙"奖优胜奖
高级英语教程	于振中 李 佩 编著	1986年11月	徐一帆	1988年	第三届全国优秀图书奖优秀图书奖
著编译审校指南	叶云棠编	1988年2月	江建名	1988年	第三届全国优秀图书奖优秀图书奖
黑白彩色电视机维修手册	程新生编	1989年8月	陈森锦	1989年	第四届"金钥匙"奖优胜奖
现代管理行为的结构	鲍吉人著	1989年11月	夏文彧	1989年	第三届中国图书奖二等奖
儿童弱视的诊断与防治	陈林义著	1989年7月	孔宪惠	1991年	第三届"日月花"杯图书奖优秀奖
并行算法（丛书）	陈国良等著	1990年6月	黄 德	1992年	国家教委优秀教材奖二等奖

续表 1-4-13

书　名	作者	出版时间	责任编辑	获奖时间	奖种奖次
经济植物开发指南	陈燕等编	1990 年 6 月	高哲峰	1992 年	全国“兴农杯”农村科技图书奖三等奖
乡镇企业出口创汇指南	周大忠编	1990 年 7 月	张春瑾	1992 年	全国“兴农杯”农村科技图书奖三等奖
中学文史知识手册	傅德林编	1990 年 10 月	郝诗仙	1992 年	第五届“金钥匙”奖优秀奖
全面质量管理	孙瑞鹗编著	1991 年 10 月	伍传平	1992 年	第五届“金钥匙”奖优胜奖
FOX　BASE+ 实用教程	杨振生编著	1992 年 8 月	黄　德	1994 年	第六届全国优秀畅销书奖优秀畅销书奖
跟我学电脑（丛书）	钱洲胜编著	1993 年 3 月	张泰永	1994 年	第六届全国优秀畅销书奖优秀畅销书奖
上机指南与屏幕英语系列之一:30 天计算机入门	孙强华等 编	1995 年	夏文彧	1996 年	第七届全国优秀畅销书奖优秀畅销书奖
过程系统建模与仿真	陈宗海 编著	1997 年	黄　德	2000 年	国家科学技术进步奖三等奖
成功人生设计	徐佩印 著	2000 年 5 月	高哲峰	2001 年	全国优秀青年读物奖三等奖
中国古代四大发明——源流、外传及世界影响	潘吉星 著	2001 年	郝诗仙	2003 年	第十一届全国科技图书奖一等奖
陡山沱期生物群:早期动物辐射前夕的生命	袁训来等编著	2002 年 7 月	高哲峰	2003 年	第十一届全国科技图书奖一等奖
故事烙印——速记最新考研英语大纲词汇	李峻 编著	2003 年 3 月	张春瑾	2004 年	全国优秀畅销书优秀畅销书奖
故事烙印——速记大学英语四、六级词汇	李峻 编著	2002 年 4 月	张春瑾	2004 年	全国优秀畅销书优秀畅销书奖
中国民间美术通论	王　平著	2007 年	张善金	2008 年	第二届“三个一百”原创出版工程奖原创奖
计算机应用基础教程	张桂兰主编	1996 年	张善金	1998 年	第三届高校优秀双效书奖荣誉奖
美国口语大观	Leo Folsom 杨力编著	1998 年	张春瑾	2000 年	第四届高校优秀畅销书奖优秀畅销书奖
求职英语导航	云蒙等编著	2001 年	江建名	2002 年	第五届高校优秀畅销书奖一等奖
大学英语四级词汇随身听记	张瑛等编	2001 年	高哲峰	2002 年	第五届高校优秀畅销书奖二等奖
中老年学英语（修订版）	潘继福编著	2003 年	伍传平	2004 年	第六届高校优秀畅销书奖一等奖
信息论与编码	姜丹编著	2002 年	于文良	2004 年	第六届高校优秀畅销书奖二等奖
十连冠秘籍丛书（9 册）	周炳兰等编著	2004 年	高哲峰 李攀峰	2004 年	第六届全国高校出版社优秀畅销书奖一等奖

续表 1-4-13

书 名	作者	出版时间	责任编辑	获奖时间	奖种奖次
当代大学生安全知识读本	高开华主编	2007 年	高哲峰 张莹莹	2008 年	第八届全国高校出版社优秀畅销书奖一等奖
中国科学翻译史	黎难秋	2006 年	郝诗仙 李攀峰	2009 年	中国大学出版社优秀学术著作奖一等奖
经典力学概论	李书民	2006 年	王镇乾	2009 年	中国大学出版社优秀教材奖二等奖
经典力学	沈惠川	2006 年	张春瑾 孔庆勇	2009 年	中国大学出版社优秀教材奖二等奖
自然科学研究方法	栾玉广编著	1986 年 9 月	孔宪惠 于文良	1988 年	中国科学技术大学第二届优秀教材奖二等奖
电磁学	赵叔平等著	1988 年 10 月	宋 权 席庆义	1988 年	中国科学技术大学第二届优秀教参奖优秀奖
热力学与统计物理学	郑久仁等著	1990 年 8 月	江建名	1988 年	中国科学技术大学第二届优秀教参奖优秀奖
量子力学	张永德等著	1990 年 9 月	董川东	1988 年	中国科学技术大学第二届优秀教参奖优秀奖
等离子体物理原理	马腾才等著	1988 年 8 月	黄德	1990 年	中国科学技术大学第三届优秀教材奖一等奖
仪器分析原理	蒲国刚等著	1988 年 8 月	伍传平 杜凤兰	1990 年	中国科学技术大学第三届优秀教材奖二等奖
自然辩证法概论	栾玉广等著	1988 年 9 月	夏文域	1990 年	中国科学技术大学第三届优秀教材奖二等奖
世界政治经济与国际关系	朱超南等著	1988 年 9 月	刘卫东	1990 年	中国科学技术大学第三届优秀教参奖优秀奖
数字电路与微机原理	崔蕴贞等著	1989 年 11 月	伍传平	1990 年	中国科学技术大学第三届优秀教材奖二等奖
宇宙密码	株栋培等著	1988 年 10 月	李玉芝	1990 年	中国科学技术大学第三届优秀译著奖优秀奖
大学英语学习指南	陈克衡等编著	1989 年 3 月	伍传平	1990 年	中国科学技术大学第三届优秀教参奖优秀奖
偏微分方程	陈祖墀编著	1993 年	李攀峰	1996 年	中国科学技术大学第五次优秀教材奖一等奖
软件技术基础	岳丽华等编著	1994 年	李攀峰	1998 年	中国科学技术大学第六次优秀教材奖二等奖
高等数学导论学习辅导	高数教研室	1994 年	李攀峰	1998 年	中国科学技术大学第六次优秀教材奖优秀教学参考书奖
电磁学	张玉民等编	1997 年	李攀峰	2000 年	中国科学技术大学第七次优秀教材奖一等奖
偏微分方程（第 2 版）	陈祖墀编著	2002 年	李攀峰	2004 年	中国科学技术大学第九次优秀教材奖一等奖
力学	杨维弘编著	2002 年	李攀峰	2004 年	中国科学技术大学第九次优秀教材奖二等奖

续表 1-4-13

书　名	作者	出版时间	责任编辑	获奖时间	奖种奖次
高聚物的力学性能	何平笙编著	2008 年	李攀峰	2009 年	中国科学技术大学第十次优秀教材奖二等奖
数据结构与算法解析（第 2 版）	苏仕华编著	2007 年	李攀峰	2009 年	中国科学技术大学第十次优秀教材奖二等奖
合肥工业大学出版社					
杨叔子院士文化素质教育演讲录	汪青松 查昌国 张国定	2007 年 4 月	朱移山 章建	2008 年	第二届“三个一百”原创图书出版工程 中国书刊发行业协会“2008 年度全行业优秀畅销品种”
科学教育与人文教育	汪青松	2006 年 7 月	朱移山	2008 年	第八届全国高校出版社优秀畅销书一等奖
高职体育	王德森	2006 年 4 月	陆向军	2008 年	第八届全国高校出版社优秀畅销书一等奖
远离医疗纠纷	吴叶生	2007 年 5 月	权同怡	2008 年	第八届全国高校出版社优秀畅销书二等奖
《红楼梦》的当代命运	陈　辉	2007 年 3 月	朱移山 章　建	2008 年	江苏省高校第六届哲学社会科学研究优秀成果奖专著二等奖
高校领导体制与干部管理	孙晓峰 朱守良	2006 年 10 月	朱移山	2007 年	全国高校思想政治教育研究会优秀著作奖
火柴棒医生手记	周尔晋	2006 年 7 月	疏利民	2007 年	中国书刊发行业协会“2007 年度全行业优秀畅销品种”
儿童珠心算简易教学法	方有昆 何昌荣	2005 年 3 月	汤礼广	2007 年	安徽省第五届自然科学优秀学术论文一等奖
概率论与数理统计	合肥工业大学数学教研室	2004 年 8 月	汤礼广	2006 年	第七届全国大学出版社优秀畅销书二等奖
大学体育基础理论	王景连	2003 年 1 月	陆向军	2004 年	第六届全国大学出版社优秀畅销书一等奖
高师心理学教程新编	张　杰	2003 年 8 月	权　怡 朱移山	2004 年	第六届全国大学出版社优秀畅销书二等奖

第二节　音像制品、电子出版物及获奖状况

安徽电子音像出版社音像制品、电子出版物　安徽电子音像出版社自 2000 年开始出版产品，当年出版音像制品 2 种，电子出版物 9 种。出版的第一个音像制品是《市话线务员操作示范》，第一个电子出版物是《畅言 2000》。2006 年出版社重组后，出版的第一个音像制品是宣传片《淮北欢迎您》，第一个电子出版物是《好儿郎学习软件系列》。随着编辑人员的增加，产品数量也有较大幅度增长，至 2008 年年底，共出版产品 839 种，其中音像制品 641 种，电子出版物 198 种。从内容上划分，教育类、农业科技类、地方文化类较多，各占 30% 左右。

该社在选题开发、强化经营管理机制和内部管理等方面做了大量的工作，取得明显成效。主要表现为：建立完善的管理制度和出版流程规则，严把出版物的质量关；坚持三审、三校及合同制。建社初期，在加大市场开发力度方面，坚持“周期短、见效快、效益高”的原则，克服资金短缺、资源不足的困难，努力寻求与信誉较好的单位合作出版，使市场不断扩大；在此基础上逐步自主开发产品，扩大销售范围，增加销售量；并根据市场行情，突出优势产品。

建社以来所出版的产品先后荣获国家级、省级各种奖项以及入选各类国家级重点选题计 70 余种，取得了较好的社会效益与经济效益。2006 年前，获各类国家级和省级的表彰和奖励的出版物有《中国黄梅戏经典大全》《农村用户沼气池建设维修与管理》《天上人间——中国安徽》《农技服务　进村入户（第一辑）》《徽派古建筑》《中国民工潮》《胖胖虎》《黄山——沐浴在月色阳光中》《徽州文化》《海外安徽人》《中华成语典故通》《黄梅戏精粹》《邓小平在瑶岗》《抗日英雄彭雪枫》等优秀出版物。2006 年，在安徽出版集团的领导和支持下，安徽电子音像出版社重组，新一届社委会领导班子解放思想，大胆创新，借着集团重组并成为全国首家出版主业整体上市公司的东风，在坚守政治阵地的同时，秉承了“一切以市场为导向”的策划理念，紧紧抓住一切可以发展的机遇，逐步走出了一条有特色的、立体化出版发展之路。经过几年的精心打造，在多媒体教育、医学保健、地方戏曲、传统文化、旅游文化、汽车文化、动漫出版等领域初步形成了自己的品牌，在竞争激烈的市场上占有一席之地。出版了一批社会反响强烈、读者喜闻乐见的优秀出版物，其中《幼儿枕边新童谣系列》《踏碎冰雪我为路——安徽公安交警战冰雪保畅通侧记》《重构心灵家园》获第二届中华优秀出版物奖，《科学分类识字》《好儿郎学习软件系列》获安徽省首届社会科学文学艺术出版奖音像制品和电子出版物奖。重点打造的医学保健板块已成系列，其中《戴光强保健新概念系列》正逐渐成为具备市场竞争力的拳头产品。与政府、科研院所、优秀民营企业合作的出版物《外科手术教学录像系列》《农技服务　进村入户系列》《新农村和谐家庭大讲堂系列》《生态家园建设知识库》《不一样的童年》《田野的春天》《我和我的祖国》《中国结》《中国剪纸》《程氏中国式养生系列》《花山谜窟》《快乐宝宝、好孩子启蒙童话系列》《地震基本知识及防震技巧（动漫版）》《动漫乡村儿歌》等一大批电子音像出版物深受读者的欢迎和专家好评。许多产品被省政府办公厅、省委宣传部选作礼品赠送客商，有的被省政府办公厅等部门作为学习资料发给下派干部。

2006 年重组后，作为安徽出版集团旗下唯一一家集数字出版、电子出版、音像出版为一体的安徽电子音像出版社，向新媒体出版高调进军，打造的“时代教育在线”网络平台和“手机校讯通”业务进展顺利，其中“时代教育在线题库”获第三届全国数字出版博览会数字出版优秀作品奖。正在筹备建设中的“时代空中课堂”即将开通。以多媒体教育为核心，充分利用新兴的文化业态，努力推动出版形式的全面升级，是该社的出版新思路。

2000—2008 年安徽电子音像出版社出版物品种统计表

表 1-4-14

年份	音像制品	电子出版物
2000	2	9
2001	19	11
2002	80	6
2003	124	74
2004	133	46
2005	61	6
2006	86	16
2007	68	10
2008	68	20

安徽音像出版社音像制品　安徽音像出版社是全国最早成立的八家音像出版社之一。1986—2008 年，已出版音像制品七大系列产品，其中引进版故事片 52 种，国产故事片 138 种，社科类 145 类，文艺类 572 种，戏曲类 1869 种，外语类 57 种，综合类 175 种。

1986—2008 年安徽音像出版社音像制品统计表

表 1-4-15

年份	引进版故事片	国产故事片	社科类	文艺类	戏曲	外语类	综合类
1986	—	—	—	10	6	—	—
1987	—	—	—	15	10	—	—
1988	—	—	—	19	15	—	—
1989	—	—	—	25	20	—	—
1990	5	1	—	20	15	—	1
1991	5	3	—	27	20	—	2
1992	3	8	—	30	22	—	3
1993	10	3	—	33	25	—	5
1994	5	2	—	38	30	—	5
1995	3	—	—	40	35	—	3
1996	—	—	—	30	40	2	3
1997	—	—	—	23	1	—	—

续表 1-4-15

年份	引进版故事片	国产故事片	社科类	文艺类	戏曲	外语类	综合类
1998	—	—	3	21	14	—	2
1999	—	—	13	83	79	—	5
2000	—	1	4	4	121	—	1
2001	—	4	2	8	118	—	10
2002	21	46	43	7	130	20	4
2003	—	2	6	15	361	—	57
2004	—	1	17	72	315	—	10
2005	—	—	8	19	162	6	19
2006	—	58	5	15	130	4	29
2007	—	6	15	15	136	25	11
2008	—	3	29	3	64	—	5

安徽新华音像出版社音像制品　截至 2008 年 12 月,已出版三大系列 118 个品种的音像制品,其中戏曲系列产品 15 个品种、农技服务系列产品 99 个品种、教育辅导系列产品 4 个品种。

戏曲系列产品有:中国黄梅戏系列典藏 DVD、黄梅戏音配像《天仙配》《女驸马》《黄梅交响音乐会》《黄梅经典 MV 唱段》(上、下)、《黄梅戏经典唱段》(一、二)、《民族经典》等 15 个品种。

农技服务系列光盘有 99 个品种。本套 VCD 光盘着眼广大农民群众最迫切需求的农业致富门路,介绍养殖种植技术、农产品加工、动物疫病和植物病虫害防治技术(如养猪、养鸡、养鸭等实用技术)等。

教辅系列产品 4 个品种:《中考物理、化学实验报告演示光盘》等。

安徽科技音像出版社、安徽教育电子音像出版社、中国科学技术大学音像出版社、合肥工业大学音像出版社见第一篇各该出版社“**机构设置**”目;“**音像制品、电子出版物**”见本节“**各电子音像出版社出版物获奖状况**”目。

各电子音像出版社出版物获奖状况　安徽电子音像出版社自 2000 年成立至 2008 年,出版物已获得 16 种奖项,其中国家级大奖 3 种。安徽教育电子音像出版社的《霓裳重现——中国历史服饰》获得第一届中国出版政府奖电子出版物奖提名奖。安徽音像出版社、安徽新华音像出版社、中国科技大学音像出版社、安徽科技音像出版社的出版物均获有全国性的行业奖或省级奖项。

2007—2008 年获国家级三大奖电子音像出版物一览表

表 1-4-16

出版物名称	作者	出版时间	责任编辑	获奖时间	奖种奖次
安徽电子音像出版社					
幼儿枕边新童谣系列（1～6 岁 CD）	李秀英	2007 年 12 月	倪钦霞	2008 年 12 月	第二届中华优秀出版物奖（音像出版物）奖
重构心灵家园（CD）	曹子策	2007 年 12 月	孔令春	2008 年 12 月	第二届中华优秀出版物奖（抗震救灾特别奖）
踏碎冰雪我为路——安徽公安交警战冰雪保畅通侧记（DVD）	安徽省交警总队	2008 年 3 月	孙　立	2008 年 12 月	第二届中华优秀出版物奖（抗震救灾特别奖）
安徽教育电子音像出版社					
霓裳重现——中国历代服饰	袁杰英等	2007 年 2 月	胡一苇	2007 年 12 月	第一届中国出版政府奖电子出版物奖提名奖

2004—2008 年获安徽省电子音像出版物奖二等奖以上（含二等奖）一览表

表 1-4-17

出版物名称	作者	出版时间	责任编辑	获奖时间	奖种奖次
安徽电子音像出版社					
天上人间——中国安徽 VCD	安徽省旅游局	2002 年 7 月	石必华	2004 年 2 月	安徽省首届电子音像奖一等奖
农技服务 进村入户系列 VCD	安徽省农科院	2005 年 1 月	詹小杰	2007 年 5 月	第二届安徽音像电子出版物奖一等奖
海外安徽人 VCD	安徽电视台国际部	2001 年 3 月	胡正义	2004 年 2 月	安徽省首届电子音像奖二等奖
中国民工潮 VCD	安徽省委宣传部	2003 年 5 月	崔纬国	2007 年 5 月	第二届安徽音像电子出版物奖二等奖
胖胖虎系列 VCD	安徽电子音像出版社	2003 年 8 月	何　红 袁纪文	2007 年 5 月	第二届安徽音像电子出版物奖二等奖
徽派古建筑 VCD	深圳天木广告公司	2003 年 4 月	崔纬国	2007 年 5 月	第二届安徽音像电子出版物奖二等奖
安徽音像出版社					
夏方豪自由低音手风琴演奏 CD 光盘	巴　赫		曹　启	2004 年 2 月	首届安徽音像电子出版物奖二等奖
太极拳与中国传统哲学 DVD 光盘	张广华	2006 年 6 月	程忠刚 舒　薇	2008 年 10 月	首届安徽省社会科学文学艺术出版奖（电子音像制品奖）二等奖

续表 1-4-17

出版物名称	作者	出版时间	责任编辑	获奖时间	奖种奖次
黄梅精英 CD 光盘	主唱:马兰 吴亚玲 韩再芬	2006 年	李汉桥 崔 强	2008 年 10 月	首届安徽省社会科学文学艺术出版奖（电子音像制品奖）二等奖
说明:由于档案资料不健全,加之多次搬迁办公地址,很多资料遗失,故 1992 年以前的获奖资料阙如					
安徽新华音像出版社					
黄梅戏经典唱段					2007—2008 年度安徽省社会科学文学艺术出版奖音像电子和网络出版物一等奖
安徽教育电子音像出版社					
剪出来的世界文化遗产——山西剪纸	赵中悦等	2005 年 1 月	叶明祥	2007 年 7 月	第二届安徽音像电子出版物奖二等奖
一口气英语	王 毅	2004 年 6 月	费世平	2007 年 7 月	第二届安徽音像电子出版物奖二等奖
皖赋	安徽有线电视台	2006 年 10 月	费世平	2007 年 7 月	第二届安徽音像电子出版物奖二等奖
中国科学技术大学音像出版社					
美国口语大观	（美）弗桑	2001 年 4 月	张春瑾	2003 年	第一届安徽音像电子出版物奖二等奖
故事烙印	科大音像	2003 年	张春瑾	2005 年	第二届安徽音像电子出版物奖二等奖

1993—2003 年获全国性行业奖音像出版物一览表

表 1-4-18

出版物名称	作者	出版时间	责任编辑	获奖时间	奖种奖次
安徽电子音像出版社					
农村用户沼气池建设维修与管理 VCD	施 骏 陶学军	2002 年 12 月	石必华	2003 年 10 月	第八届全国优秀科技音像制品奖二等奖
中国黄梅戏经典大全 VCD	安徽省黄梅戏剧院	2002 年 12 月	徐 风	2003 年 9 月	全国优秀文艺音像制品奖三等奖
安徽音像出版社					
音带《天仙配》	陆洪非 桑 弧 时白林等,主演:严凤英、王少舫等	1990 年	张娓娓	1993 年 8 月	第二届国产优秀音像制品“双象奖”“戏曲类”一等奖（金双象奖）
像带《天仙配》	陆洪非 时白林等,主演:韩再芬等	1991 年	王利融	1993 年 8 月	第二届国产优秀音像制品“双象奖”“艺术类”二等奖（银双象奖）

续表 1–4–18

出版物名称	作者	出版时间	责任编辑	获奖时间	奖种奖次
音带《女驸马》	陆洪非　金芝等，主演：严凤英	1994 年	王利融	1996 年	“96 中国出版成就展”音像精品奖
音带《牛郎织女》	陆洪非　金　芝　时白林等，主演：严凤英　黄宗毅	1994 年	曹　启	1996 年	“96 中国出版成就展”音像精品奖
《严凤英演唱精华集》CD 光盘	陆洪非　时白林等	2007 年	曹　启	1998 年	“首届全国优秀文艺音像制品奖”二等奖
《夏方豪自由低音手风琴演奏》CD 光盘	世界音乐大师巴赫　演奏：夏方豪	2001 年	曹　启	2003 年	第三届全国优秀文艺音像制品奖三等奖
安徽科技音像出版社					
随身英语（1–6）	黄健如	2000 年 4 月	曹天健等	2002 年 9 月	第三届全国优秀教育音像制品三等奖
农业科技普及系列片			胡春生	2002 年 10 月	安徽省第五届优秀科普作品奖（音像类）二等奖
安徽教育电子音像出版社					
中国历代钱币	吕长礼	1998 年 4 月		1999 年 12 月	第七届莫必斯多媒体光盘入围奖
中国历代钱币	吕长礼	1998 年 4 月		2000 年 2 月	首届国家电子出版物奖荣誉奖
辉煌五十年	万涛	2000 年 1 月		2000 年 2 月	首届国家电子出版物奖荣誉奖
当代中国陶艺	吴光荣	2001 年 8 月		2001 年 9 月	首届“中华怀”多媒体作品大奖赛入围奖
农村科技集锦				2002 年 9 月	第四届全国优秀教育音像制品三等奖

第二篇　印刷　复制

1986年,安徽省已有印刷企业1002家,是改革开放前的10倍。

1988年,全省进行了一次印刷业普查,全省已有印刷企业2448家,从业人员64638人。集体、个体性质的印刷企业占65%,私人作坊遍地开花。

1988年年底,由新闻出版总署、公安部、国家工商行政管理局、文化部、轻工业部五部委共同制定的《印刷行业管理暂行办法》(以下简称《暂行办法》)发布,把印刷企业分为出版物印刷企业、包装装潢印刷品印刷企业和其他印刷品印刷企业三大类,从此成了印刷业分类的官方标准。《暂行办法》还规定了书刊印刷企业必须取得出版物印刷许可证。安徽新闻出版局根据要求,制定了《安徽省承印图书、报刊印刷企业的基本条件》,开始分期分批发放印刷许可证,到1991年年底,全省先后对201家印刷企业颁发了"安徽省图书报刊印刷经营许可证"。这些企业构成了全省书刊印刷的主要力量。

1990年,国家实行《书刊印刷定点制度》。1991年1月,按照新闻出版署分配的名额,安徽省8家书刊印刷企业被评为国家级书刊印刷定点企业。安徽省新闻出版局又根据全省书刊印刷生产能力和实际需要,从1991年起,先后确定了省级书刊印刷定点企业34家。国家级、省级书刊印刷定点企业构成了全省书刊印刷的骨干力量。

1993年,安徽新闻出版局第一次开始对全省印刷企业进行一年一度的年度核验工作,对印刷企业实行动态管理。

1997年,五部委的《印刷行业管理暂行办法》上升为国务院的《印刷业管理条例》。

2001年8月,中国入世前夕,国务院颁布实施了修订后的《印刷业管理条例》。新条例取消了老条例中全面禁止外商独资经营印刷企业的条款,充分体现了扩大开放的时代要求。

2002年,安徽省同全国一样,开展了大规模印刷业清理整顿工作,所有印刷企业重新登记,发放新的印刷经营许可证。

2002年,取消了实行12年的《书刊印刷定点制度》。

2005年,国务院颁布实施《关于非公有资本进入文化产业的若干决定》,允许非公有资本投资参股出版物印刷企业,鼓励和支持非公有制资本进入包装装潢印刷领域。

2007年,全省印刷业总产值达125.61亿元。销售收入超过1000万元的有144家,其中1000万—5000万元的116家,5000万—1亿元的16家,最大的黄山永新股份有限公司销售收入超过12亿元。

2008 年,安徽省共有印刷企业 2686 家,其中出版物印刷企业 230 家,包装装潢印刷品印刷企业 1055 家,其他印刷品印刷企业 1344 家,专项印刷企业 57 家;复制企业 4 家,其中 1 家光盘生产企业，3 家磁介质生产企业。全行业从业人员 83600 人,印刷总产值 140 亿元。

印刷设备不断更新。改革开放以来,安徽印刷业告别了“铅与火”,走进了“光与电”的时代,印刷生产有了大幅提高。在引进国产无线装订等大批先进印刷设备的同时,具有国际先进水平的罗兰系列多色胶印机、海德堡系列多色胶印机、瑞士马天尼无线胶订联动装订生产线、CTP（计算机直接制版）设备和八色商业轮转机等多种设备已在安徽省安家落户。全省已有单张纸四色以上的胶印机 419 台,其中从德国和日本进口 78 台,卷筒纸胶印机 34 台,凹印机 335 台,条印机 22 台，CTP 设备 5 台。

印刷质量大幅提升。2007 年,合肥晓星印刷有限公司印制的《甲状腺甲状旁腺外科学》荣获首届中国出版政府奖（印刷复制）提名奖。

在体制上,从高度统一的计划管理逐步向社会主义市场经济方向发展,安徽的民营书刊印刷企业、中外合资印刷企业发展迅速,已占印刷业的大半江山。

黄山永新股份有限公司和安徽出版集团所属安徽旭日光盘有限公司及俄罗斯新时代印务有限公司扩建项目入选国家文化出口项目,成为文化产品出口的知名企业。

到 2008 年,安徽省已拥有以安徽新华印刷股份有限公司、黄山永新股份有限公司、安徽安泰新型包装材料有限公司等为代表的一批印刷龙头企业;建立了以印刷专业为主的高技能人才培训基地——安徽新闻出版职业技术学院;形成了集印前、印中、印后、印刷教育、印刷物资供销等相关产业链,融平印、凹印、柔印、丝印、光盘印刷、数码喷彩等多种印刷工艺于一体,相辅相成、配套联动的产业体系;形成了合肥的书刊印刷中心和桐城的包装印刷中心,基本上适应了市场的需要;在发展规模上,逐步发展成门类齐全、布局合理、层次不同、形式多样的印刷体系。

第一章 出版物印刷

安徽省出版物印刷企业，2008年有230家，有一百来家集中在合肥市。规模较大的书刊印刷厂除了安徽新华印刷股份有限公司为国有控股公司外，其他的均为民营企业或其他所有制形式的企业。安徽新华印刷股份有限公司是安徽省规模最大的综合性书刊印刷企业，是中国印刷百强企业，也是国家二级企业。民营书刊印刷企业中，合肥杏花印务股份有限公司是安徽省最大的民营企业；合肥晓星印刷有限责任公司、合肥远东印务有限责任公司、合肥义兴印务有限责任公司、皖南海峰印刷包装有限公司入选“安徽省书刊印刷十强企业”；合肥万户精艺印刷有限公司、芜湖新华印务有限责任公司入选“安徽省优秀书刊印刷企业”。2008年，安徽新华印刷股份有限公司以受让方式，持有芜湖新华印务有限责任公司股东60%股权，重组了芜湖新华印务有限责任公司。通过并购重组，对资源进行了重新配置，对两家企业的发展方向重新定位，各自发挥优势板块，避免了同质化。通过并购重组，充分发挥原股东和经营层的积极性，拓展了业务空间，增强了竞争优势，同时壮大了安徽新华印刷股份有限公司的产业力量。

第一节 安徽新华印刷股份有限公司

安徽新华印刷股份有限公司是时代出版传媒股份有限公司控股子公司。公司位于合肥市砀山路10号，占地面积77923.18平方米，建筑面积40477平方米。2008年年底，公司员工总数1771人（含离退休781人），资产总额42349万元，流动资金2387万元，固定资产原值25654万元，净值16519万元。公司仅设备资产已达到2亿多元，年印装能力可达卷筒纸胶印140万令，平版胶印190万色令，装订能力2亿多册。承担着安徽省中小学教材70%的印制任务，商业印刷业务涵盖全国数省市，社会业务连接海内外，是安徽省规模最大的综合性书刊印刷企业，也是国家二级企业、国家定点书刊印刷企业、中国印刷百强企业、首批全国诚信印刷企业。

机构沿革 安徽新华印刷股份有限公司的前身为皖北印刷厂，始建于1950年10月，历经合肥印刷厂、安徽印刷厂、安徽省合肥印刷厂、安徽新华印刷厂几次易名，2002年12月28日企业完成改制，挂牌为安徽新华印刷股份有限公司，2003年正式运行，从此结束了二十世纪五十年代的工厂制。2005年安徽出版集团组建后，公司为该集团成员单位。安徽出版集团重组上市后，为时代出版传媒股份有限公司控股子公司。

安徽新华印刷厂至2002年年底企业改为公司制前,厂址位于合肥市濉溪路26号,从2003年起公司陆续整体迁入现在的新厂区。同年,安徽省新闻出版局研究决定将安徽书刊印刷厂整体并入安徽新华印刷股份有限公司。

人员结构 截至2008年年底,公司人员构成为:员工总数1771人,其中离退休781人。在职员工990人,管理人员74人,占在职员工人数7.47%。后勤服务人员80人,占在职员工人数8%。在管理人员中公司级8人,中层41人,一般管理人员25人。公司各类专业技术职务人员74人,占在职员工人数7.47%,其中高级技术职务2人,中级技术职务34人。生产一线员工805人,占在职员工人数81.3%,其中中级工以上150人,占一线生产员工人数18.6%。公司所有技术工种共有工人技师8人。员工中本科毕业生30人,大专毕业生163人,中专毕业生180人。公司女员工430人,占在职员工人数43.4%。中共党员401人,共青团员37人。

机构设置 公司内设置管理机构8个,其主要职能分别为:营销部负责业务;生产部负责生产、生产物资采购;品控部负责质量控制、进货检验、现场管理;设备部负责设备管理与维修、用电管理与维修、配件采购与加工;综合部负责仓储、运输、废品管理、环境卫生、物业管理、基建、食堂、医务所;财务部负责财务、住房公积金、二级公司财务管理;办公室负责公司事务、发展规划、ERP、人力资源管理、二级公司管理、非生产物资采购;党群部负责党务、纪检、工会、共青团、保卫、武装、离退休人员管理。生产车间6个:胶印、轮转、图书、制版、装潢、装订,下属16个生产班组。二级独立经营控股及全子公司:秋山工贸、北人机维修服务部、票据分公司、同升印务、新时代公司。

企业改革 1985年,经中德两国经贸部门批准,和德国(GTZ)公司发展的“教科书合作项目”受援了十多台较为先进的制版和印刷设备。到2002年企业转换经营机制创建股份有限公司前,已成为安徽省规模最大的综合性印刷企业、国家大二型企业,被《印刷经理人》评为全国印刷100强企业。2006年,全国印刷行业诚信建设组委会授予安徽新华印刷股份有限公司全国首批诚信印刷企业称号。

1984年,安徽新华印刷厂把经营承包责任制引入企业。在向省财政厅和劳动部门签订承包协议中,确定实现利税和职工工资总额挂钩,挂钩浮动比例以1:0.45执行的分配原则,实行目标管理,一定三年不变,合理解决国家、企业、个人三者利益分配关系,有效地促进企业经济效益成倍增长。经营承包使企业很快在五年中迈了五大步。1998年,全年实现利税总额978万元,职工收入水平大幅增长,由1983年人均年收入797元,增长到1988年的2039元。1989—1993年企业与安徽省出版总社签订两轮以“三包一挂”为内容的经营承包合同,即一包:利润基数包干,超收分成。二包:技术改造,三年内固定资产增值不少于1 500万元。三包:出版社指令性任务。一挂:实现利税和工资总额挂钩,税利基数731.57万元,工资总额基数260.47万元,浮动比例核定为1:0.7。企业按照《中华人民共和国企业法》和《全民所有制企业转换经营机制条例》进行领导体制、组织机构、劳动、人事、分配等各项配套改革。企业内部横向组成六大管理系统,即经营计划、生产开发、技质保证、财会审计、劳动人事、生活服务。纵向组成三个层次，即经营决策层、职能管理层、实施执行层。在分配上拉开档次，实行多劳多得的企业内部工资制。在开展企业抓管理、上等级、全面提高企业素质活动中，先后修订劳动定额511种，其中有11种超过了中国印刷公司的标准。专业管理制度51类2820条，岗位经济责任制标准38类1596条，建立了122项500多条的企业内控标准。企业实行承包经营责任制以及所推行的一系列配套改革，引起了中共安徽省委的重视，为总结推广安徽新华印刷厂的改革实践成果，由《安徽日报》于1987年8月14日—26日在头版连发五篇"调查报告"，并配发五篇评论员文章，这在安徽省内引起强烈反响，也更加推动了企业新一轮的改革。自1984—1993年实行"工效挂钩"的经营承包，企业工业总产值以年平均19.5%的速度增长，实现利税以年平均1.6%的速度增长，全员劳动生产率以年平均21.4%的速度增长，人均创利税以年平均2.3%的速度增长。1988年，经新闻出版署考核验收成为全国书刊印刷业首家国家二级企业，并连续三年复查合格。

企业在办厂方向上一贯坚持印刷为出版业服务，为社会主义服务的方针。对社会产品和来厂印刷的出版物，坚持"核对版权，核对书号，核对介绍信"的"三核对"制度，没有印刷过一期非法出版物。在强调社会效益优先的原则下，确保春秋两季教科书的印刷，按期完成省出版总社和专业社下达的图书、画册等印刷任务。进入20世纪90年代以后，企业在提高市场竞争力的同时，也遇到了书刊印刷市场疲软、业务量下降，以及生产成本过高、冗员过多、资产经营单一等经营困难。在向市场经济的转轨过程中，企业制订"总体方案"，重点选定劳动、人事、工资三项制度改革作为建立现代企业制度的突破口，相继制订出台《全员劳动合同制试行方案》《岗位技能工资制实施方案》《管理人员聘任（用）制度暂行方案》，实现岗位技能工资与企业经济效益挂钩，职工上岗体现了由低岗到高岗的竞争原则。分配体现两个倾斜，一是向有劳动定额指标的人员倾斜，二是科室、后勤向生产一线倾斜，充分体现"岗位靠竞争，收入靠贡献"规则。企业在外抓市场，内抓管理的方针指导下，对人、财、物、安全、质量实行科学有效的管理。在推行全面质量管理中学习借鉴邯钢"模拟市场，实行成本否决"的管理经验，继续完善内部"变动成本工资含量包干"办法。生产车间把原辅材料使用按产量含量承包到机台，把单位成本落实到机台，制订机台领用材料的目标成本，达到降低主要生产成本，提高经济效益的目的。企业内部调整经营力量，制订新的经营策略。在保持书刊生产现有规模基础上，对包装装潢分厂进行资产重组，调整人员，把他们真正推向市场，实行自主经营，自负盈亏。利用现有人力和土地资源组建第三装订车间，减少装订任务外发。完善对秋山维修服务部、北人维修服务部、商中印刷厂、劳动服务公司等二级单位的经营承包。大力兴办"第三产业"，积极推行ISO 9002质量体系认证工作，加强新产品、新工艺、新技术的开发，并实施发展包装产品和特种产品，努力提高社会产品占有率，寻求和增加新的效益增长点，培育企业发展后劲。

2000年执行省经贸委部署，进行企业改制工作，成立专门机构，拟定改制方案。进行清理和剥离不良资产，调整企业人员，加大公司制是国有企业改革方向的宣传，使全体职工都能认识到建立现代企业制度的重要意义及目的。企业改制方案经专家多次论证后，呈报省新闻出版局，并于2000年6月22日批准成立安徽新华印刷股份有限公司，2002年12月28日正式挂牌。安徽出版集团成立后成为集团内公司，集团主业上市后成为时代出版传媒股份有限公司控股子公司。公司正式挂牌运营一年，即实现了四个第一：经济效益创历史第一；固定资产投资创历史第一；第一次成功进行了较大规模资产整合的尝试；第一次按社会人聘用、管理新员工。

企业改制成股份有限公司以后，由于创效能力提高，以及规模化生产，原有的生产厂房制约了企业发展，决定新建一个现代化的新厂房，并报经省局批准。新厂房在规划、设计、报建过程中得到了合肥市规划、环保、庐阳产业园等部门的大力支持。新厂房的建设不仅彻底改变了原企业的面貌，更重要的是为建立现代企业制度创建了硬条件。新厂房一期工程于2004年2月竣工，生产车间陆续搬迁。与此同时省新闻出版局作出将安徽书刊印刷厂并入公司的决定，标志着“局直印刷企业改制整合”进入实质性的操作阶段。两厂资源整合后也预示着打造安徽印刷业航母工程全面启动。

2005年公司局域网建成，运用ERP软件系统，大大提高了管理效能。公司先后出台了《分流安置富余人员暂行办法》《现场管理暂行规定和实施细则》《管理及保障部门减员、转岗分流方案》等一系列管理制度。同时调整内部分配方案，试行薪酬与绩效挂钩考核的内部分配新模式，做到以岗定级，以级定薪，人岗匹配，易岗易薪。实现岗位讲价值，工作讲绩效，上岗靠竞争，收入靠贡献。两厂合并后，对管理人员大刀阔斧进行调整，管理机构由21个压缩到9个，中层人员全部实行竞聘上岗。在人才竞争的氛围下，大力选聘营销人员，加大资本运作，完善公司二级法人单位承包经营方案，使他们成为真正意义上的面向市场，独立自主，自负盈亏的独立法人经济实体。2007年是公司发展史上最好、最快的年份。首次实现外贸印刷加工零的突破，共完成58个品种的外单印刷，实现产值216万元。首次在外地设立办事处，并派出业务员，以利于承接更多国际订单。

技术改造　1990年，在国家教委和国家新闻出版署的部署下，利用世界银行的贷款，先后购进德国海得堡四色胶印机一台，北人四色胶印机二台。和德国(GTZ)公司开展“教科书合作项目”，引进马天尼无线胶订联动机和铁丝订书联动机。1992年，又购置北大方正激光照排系统，从而顺利地实现了“激光照排、胶印印书、电子分色、装订联动”的“八五”技改发展目标。然而，随着印刷科学技术飞速发展，社会主义市场经济的建立，对书刊印刷技术进步和市场发展趋势提出了“多品种、少批量、短周期”的要求，教科书和国际标准接轨，向彩色大规格开本转化。为此三年中又投入了1200万元，先后引进购置20台(套)设备，其中有国产胶印轮转机、高宝四色胶印机、精装制壳机等生产效率高、功能齐全的生产设备。还相继将三台铅印轮转机改装成胶印轮转机，完全淘汰铅印工艺。企业从此正式跨入“告别铅与火，迎来电与光”的工艺变革新时代。

企业还不断将关键生产设备填平补齐,成龙配套。做到在产品结构上以教材教辅、高档书刊、画册为主要产品,同时大力发展商业印刷、票据印刷,实现胶凸合印,提高烫金模切工艺水平。1994 年,企业投入 310 万元购进了国产北人 PJS4880 卷筒纸八色胶印轮转机,当年印刷彩色课本 24 万色令,创纯利润 160 万元,投资回报率可达 50%。同时形成彩色教科书的规模效应,为"课前到书"提供了可靠的保证。企业购进的高宝四色机、海得堡四色机对输墨装置、润版装置和印版定位系统均可进行遥控,高宝四色机上版定位和调试墨色速度快,每天可印刷十副以上的短版活,满足批量小、质量要求高的产品,是印刷短版活的"快攻能手",也使企业书刊印刷和彩色印刷基本形成规模。在产品生产过程中影响"多出书、快出书"的薄弱环节,曾经一度是生产效率低的"瓶颈"工序——装订车间,企业在抓好技术改造中,致力于自制和引进相结合,使装订车间生产布局形成两条装订生产线:骑马订中国产和进口设备各一条生产线,马天尼无线胶订联动生产线和以柯尔布斯精装制壳机组合的精装生产一条线。两条生产线的形成提高了装订工艺水平和生产效率,年劳动生产力达到人均 1161 令,生产工人由 300 多人减少到 180 人。精装制壳机和无线胶订联动生产线使出书速度和装订质量有了突出的进步。有了制壳机的优异功能,车间仅用 40 天时间就装订好 20 万册《傅雷译文集》,提高工效 20 倍。国家重点图书《宗白华全集》1 至 4 卷两万册,按要求完成超豪华本的装帧。

1985 年起,企业与德国经济技术发展合作公司 (GTZ) 共同实施了四期"发展教科书项目"计划。与此同时,德国专家和企业管理、技术人员进行为期十天的认真讨论,制定了全面的、周密的发展规划大纲——ZOPP 规划(即有的放矢的规划项目目标),其总目标是使企业能够成为现代化示范工厂。德方先后 15 次派遣专家 35 人次来厂传授管理经验和先进技术。项目执行过程,中德方先后提供 791 万马克硬件(设备)的援助,提供 669 万马克软件(管理、培训)的援助,先后建成激光照排、电子制版和计算机管理中心。与此同时,企业在拓宽国际合作中,与日本贸易公司秋山机制造株式会社开展技术交流与合作。除了引进多色机和电子分色机外,还成立了日本秋山胶印机维修服务部。该部成立后为全国 15 个省市、60 多台设备提供优质服务,每年平均创利 30 多万元,并且培养了一批安装维修、调试多色机的技术人员。企业在购进北人胶印机后,也成立了北人胶印机维修服务部,面向省内外提供安装维修服务。1999 年,北人机维修服务部继 1995 年后再次荣获"全国先进服务部"称号。全厂生产格局在总体上形成四条先进生产线:一条以日本 701 型电分机、520 电脑照相机、森泽照排机、对开和全张日本秋山胶印机、松本覆膜机等形成以日本设备为主体的制版印刷生产线。第二条以德国 C—399 电分机、C—341 电分机、307 版式程序设计、预打样机和密勒五色胶印机、两台高宝利必达四色胶印机以及骑马自动订书机、马天尼无线胶订联动机、多功能折页机、精装制壳机和高速切纸机等形成德国先进设备为主体的制版、印刷、装订生产线。第三条是以国产书刊胶印机为主体的生产线,包括八色轮转胶印机,两台双色双面 201 型轮转印刷机,两台双面 205 型轮转印刷机,四台全碾单面 BB 型书刊印刷机,三台"铅改胶”高速书刊轮转印刷机。这些生产设备对于保障全省教科书需求量，实现“课前到书，人手一册”功不可没。第四条生产线主要是包装装潢生产设备，包括压痕机、烫金机、覆膜机、模切机，在生产工艺上胶凸合印，适应了社会商标、票据、商品包装业务需要。2000年企业生产能力已从787规格转入880规格，接着又主攻890规格。通过自筹和贷款投入2000万元购进2890北人轮转胶印印刷机、高宝105、72高档铜版纸多色胶印机和马天尼中速无线胶订联动线，以取代传统的铁丝平订工艺；还购进自动撕膜机以及丹麦大平台扫描仪、4台申威达液压切纸机和三台德国产波拉115C型电脑切纸刀等。企业在改制过程中把重点放在三个区域内竞争：一、出版社印刷市场。二、期刊和政府高档宣传印品市场。三、包装印刷市场。从而使企业处于良性经营局面，推进现代企业制度的建立和规范。两厂合并后投资800多万元为新华包装印刷公司引进七层瓦楞纸板生产线，这条生产线是安徽最大的瓦楞纸箱生产线。还添置了四色、双色印刷机各一台，表糊、开槽、装订等中小设备，使其配备齐全。

企业在实施“七五”“八五”“九五”技术改造项目中，培养了一大批技术人员。企业内部采取激励机制，形成“尊重知识、尊重人才”的良好环境，调动技术骨干的积极性，参与技术革新和科技攻关。对于消化和吸收先进技术和技术攻关有较大成果和重大贡献的技术人员和工人给予奖励。如组织出国考察、到外地参观学习、到风景区休养、奖励住房等。在全体职工中开展技术大练兵活动，提高职工技术素质。组织各车间生产机组开展“青年文明号”活动，广大青年比技能、争贡献蔚然成风。经考试考核评聘出高级职称5名，初、中级职称178名，工人技师22名。按照国家颁布的技术工人等级标准，对全厂生产车间780多名初中高级技工进行脱产培训。几年中开展各项技术革新137项，进口设备的配件实现了国产化。胶印机全部安装了定位系统，完成了工艺技术的重大革新。机修车间在消化、吸收国外先进技术中，大力推进设备配件国产化的进程，每年承担完成各类生产设备的大修任务，使设备完好率年年达标。企业的人才优势一直为企业的技术进步和技术改造提供着人才支撑。在技术改造中，企业除了注重引进先进设备外，还进行了厂房改造和建设，使主要生产车间达到光源标准、恒温标准。做到工艺布局合理，生产环境整洁。新建了5600平方米的胶轮、装订综合大楼，楼层之间有运货电梯，减少中间梗阻，节约工时。改造了激光照排、高宝四色机组、微机室、总机房等共2100平方米厂房，添置了中央空调、柜式空调以及照度、色温和接近标准的光源设施，生产环境有了较大改观。新建的检测中心备有色差计、彩色密度计、油墨、纸碾等检测设备。这些为企业提高技术水平，加强质量管理打下了良好基础。

2003年，安徽书刊印刷厂陆续整体并入公司，使公司所有技术装备经过整合后在竞争实力上上了一个新台阶。在“印前数字网络化，印刷多色高效化，印后多样自动化，器材高质系列化”28个字发展方针指导下，2003年，投资1000万元引进105高宝机和北人四色胶印机。这一年也是公司固定资产投资创历年第一的年份，全年使用土地、建设厂房、购置设备共投入资金达6150万元。2007年，公司同时购进富士9600紫激光 CTP 设备及畅流系统一套和北人双面四色塔式报轮机（二组），承担了多种报刊印刷业务，并且实现了数字化制版流程，极大地提高了印品的质量与印制速度。2007 年底，公司又自筹资金 700 多万元，再次购进德国产柯尔布斯 BF512 精装联动机，彻底地改变了以往公司精装书由手工制作的局面，精装的产能和质量有了质的飞跃。到 2008 年，公司年生产能力已经达到彩色印刷 98 万对开色令，书刊胶印印刷 59 万色令，制版年产值 420 万元。书刊装订平装 65.1 万令，精装 0.85 万令；包装装潢印刷 1.5 万千印。

中德“教科书合作项目”

德国 (GTZ) 公司援助中方项目情况统计表

表 2–1–1　　单位：万马克

项目进展	年份	资金	用于硬件（设备）	软件（管理、培训）
第一期	1985.5—1987	400	306	—
第二期	1988—1990	410	295	—
第三期	1991—1992	300	110	—
延伸期	1993—1995	350	80	—
合计	1985—1995	1460	791	669

说明：德方两名专家长期驻厂协助工厂执行项目全过程

产品质量　该企业在推行全面质量管理过程中，针对产品质量的优劣，不仅在事后检验给予考核和评定，更重要的是提前采取有效措施，把事故消灭在萌芽状态。因此，对企业的经营管理、施工安排、组织分工以及政治思想等各项工作，也进行工作质量考核。只有不断提高各项工作质量，才能保证产品质量长期稳定和提高。1986 年，企业参照国家轻工部颁布的《关于实行轻工业系统企业全面质量管理检查评分办法》制定了该企业实施评分细则，细则共分：质量与成效 (240 分）、质量意识与质量体制 (80 分）、方针目标管理 (50 分）、质量管理教育 (50 分）、产品研制开发的质量管理 (120 分）、生产过程的质量管理 (200 分）、质量信息管理 (50 分）、质量成本管理 (20 分）、质量审核 (30 分）、使用过程质量管理 (60 分）、群众性质量管理活动 (50 分）、奖惩 (50 分）十二个方面，37 条，10l 项，总分为 1000 分。年终开展检查评分，进行总结评比，实行奖惩兑现。1989 年，在安徽省经委企业管理处的主持下，对《全面质量管理检查评分办法》进行修订。修订后由省经委发布，在全省出版系统印刷企业中贯彻施行。1991 年省经委向该企业颁发“全面质量管理合格单位”证书和奖状。

产品优良是企业生存的保证，从第一道生产工序开始对产品层层把关，形成自检、互检、专检、评检的质量检验网。制定实施《印装产品抽查暂行办法》，加强随机抽查，对于重点产品，质管部门派员日夜跟班检查。质量责任指标在工资、奖金分配上具有否决权。建立了月质量分析会，季质量评比会，年质量奖惩总结会。厂部定期召开“质量分析专题研究会”找出质量差距，落实整改措施。全厂 71 道生产工序修订了质量内控标准，质量检查专职人员达到 37 人，班组长选配和参加轮训均达百分之百。为了保证实现省新闻出版局每年下达给工厂的生产创优目标，企业成立质量管理委员会，不断建立健全质量管理制度，研究制订质量考核措施，细化各级人员的质量责任，形成一套科学的操作规程和严谨的质量标准。生产指挥部门对重点、特殊产品在下达生产计划的同时，相应也制订工艺流程要求，以保证创优目标的实现。在产品创优工作中企业提出了“创优质产品，夺国家银牌”的目标口号。2001 年，企业根据自身实际，选择了 ISO 9002 标准体系作为企业的管理标准。在贯标领导小组的部署下，集中对中层管理人员和贯标人员 60 多人进行 IS0 9002 标准要素培训，又组织了要素相关文件分解及编写的辅导培训。在咨询公司指导下，形成约 60 万字的整个体系文件。在内审员培训中，共有 42 人取得内审员合格证书。在贯标过程中形成全员参与，人人思想有革新观念。质量体系在运行期间先后进行三次内审，一次管理者评审，11 月份由英国 URS 上海亚博公司进行现场抽样审核，一次性顺利通过了认证。公司改制完成后与书刊厂合并，两厂把原执行的管理制度和质量标准纳入 ISO 9002 标准体系，一些常用标准和规范上墙，对重点社会业务实行出货检验管理新措施。公司的质量管理体系文件有效性和可操作性进一步加强。2008 年，公司质量体系在保持有效运行中，顺利通过第三方的复审。

企业在“走正路、多出书、快出书”的指导思想下，精心组织每年春、秋两季教科书印制大会战，年年做到“课前到书，人手一册”的要求。在教材印刷质量评比中，优质品率年年处于领先地位。一些重点创优图书，如《高士其文集》《张爱玲文集》《傅雷译文集》以及“五个一工程”奖优秀图书《百将传奇》《跨世纪的丰碑——中国希望工程纪实》和《邓小平文选》等均高质量按时完成。《安徽画报》是省内印刷行业唯一获得“质量信得过”称号的印刷品。企业所印制的教辅、教材以及省版图书在历年获奖数量上均占本省同行业产品获奖总数的 60% 以上，图书印装质量始终名列前茅。在全国印刷质量评比中，年年有入选，获署优产品品种不断增加。1991—1993 年在全国课本印刷质量评比中获得铜牌奖，1996 年在全国质量评比中获得银牌奖，创企业产品创优最好成绩。

1986—2008 年安徽新华印刷股份有限公司产品创优情况一览表

表 2-1-2

全国评比				省内评比		
历次评比	优质品数	名次	优质产品	年度	省优总数	名次
第三次（1986 年）	2		《简明国际共产主义运动史》《参考消息》画刊、《全国技术商品大全》	1985—1986	40	1
第四次（1988 年）	37	10	《科技与写作教程》《唐诗 300 首注疏》《临床用药指南》	1987—1988	103	1
第五次（1989 年）	30	5	《朱光潜全集》《傅雷译文集》《徽州砖雕》《西藏古格壁画》	1989—1990	110	1
第六次（1990 年）	53	9	《邓小平文选》《百将传奇》《世界十大思想家》《中国政制史》	1991—1992	170	1
第七次（1992 年）	11	4	《邓小平理论大辞典》《中华宝典》《跨世纪的丰碑一中国希望工程纪实》	1993—1994	—	未评
1993—1995	23	铜牌奖	《西藏木刻》《百梅诗画》《宗白华全集》《陈香梅文集》（1—4 卷）	1995—1997	59	1
1996—1998	93	银牌奖	《艺术哲学》《中国礼仪全书》《巨人三传》《快乐儿歌百首》	1998—2000	80	1
1999—2001	116	—	《三国演义》《学术百家》《安徽古建筑》《建筑艺术论》	2001—2003	157	1
2002—2004	42	—	《哈农钢琴指法联系》《简明英汉百科辞典》《色彩·图案·艺术》	2004—2006	137	1
2005—2006	46	—	新课标语文（一上）、新课标化学（九上）、新课标生物学（七上）	2007—	28	1

说明：1. 优质品种含优良品

2. 2006 年后新闻出版署取消了送样评比制度

1986—2008 年安徽新华印刷股份有限公司获各项奖励一览表

表 2-1-3

奖励名称	授奖单位	年份	奖励名称	授奖单位	年份
创最佳经济效益夺魁（奖杯、奖牌）	安徽省竞赛委员会	1986—1988	《安徽新华报》获“十佳企业报”称号	安徽省委宣传部	1994
计划工作先进单位（奖状）	安徽省人民政府	1986	书刊印刷优秀质量铜奖、银奖（奖状）	新闻出版署	1995—1997
国家二级企业（证书）	国务院企业管理指导委员会	1988—1990	书刊印刷优秀产品管理铜奖（奖牌）	新闻出版署	1996
安徽省人民政府嘉奖令（证书）	安徽省人民政府	1988	安徽省出版系统先进集体（奖状）	安徽省新闻出版局	1997
全国“五一”劳动先进集体（证书）	中华全国总工会	1988	安徽省民主管理先进单位（奖状）	安徽省经济委员会	1998

续表 2-1-3

奖励名称	授奖单位	年份	奖励名称	授奖单位	年份
安徽省消防先进单位（奖状）	安徽省人民政府	1989	安徽省直机关文明单位（奖状）	中共安徽省委员会	1999—2000
开发微机管理科技进步奖（证书）	新闻出版署	1989	全国质量管理先进企业（奖状）	国家质量技术监督局	2000
职工教育培训先进单位（奖杯、奖状）	新闻出版署	1990	安徽省百家最佳经济效益企业（奖牌）	安徽省经贸委	2000
全面质量管理合格单位（证书）	安徽省经济委员会	1991	1999—2000 重合同守信用企业（奖状）	省工商管理局	2000
全国新闻出版系统先进单位（奖牌）	新闻出版署	1992	安徽书刊印刷优秀企业（奖状）	安徽省新闻出版局	2004
计生工作先进集体（奖状）	省计生工作领导小组	1993	企业文化创建先进单位（奖状）	省委宣传部	2005
商标定点印刷先进单位（奖状）	省工商管理局	1994	全国诚信印刷企业（证书）	全国印刷行业诚信建设组委会	2006
安徽省纳税信用等级 A 级单位（证书）	安徽省人民政府	2008	安徽省计划生育先进单位（奖状）	安徽省人民政府	2007
中国印刷企业一百强（奖牌）	全国印刷经理人年会	2008			

企业精神文明建设 在经济体制改革不断深入的过程中，企业在抓物质文明建设的同时，也加强了精神文明建设和企业文化建设，并设立了企业文化建设领导小组，企业党政工团组织围绕各自职责，发挥各自优势和作用，团结协作，齐抓共管，对职工进行爱国主义、社会主义、集体主义思想教育和职业道德教育。

在实行厂长负责制后，党委系统的工作进行了“转轨”，致力于党要管党的工作。1987 年起，党委筹办了三期业余党校培训，100 多名党员和要求入党的积极分子接受培训。每年都有一批在生产一线的先进工人被吸收入党。

1988 年企业与安徽省军区政治部“共建精神文明，推动改革创新”结成对子。首批 42 名工人接受军训，之后每年招收新工人进厂首先进行一个月军训，缩短普通百姓到合格工人之间的距离。在职业道德教育中，开展青工政治轮训 819 人次，普法教育 1365 人次，各类管理人员培训 124 人次。

厂工会、共青团积极配合厂党委履行各自职责，落实厂职代会赋予的各项任务。厂工会在带领全厂职工“识大体、爱企业、积极投入改革”的实践中，成绩斐然，荣获中华总工会授予“五一劳动先进集体”称号。

1986—1988 年连续三年获得“安徽省创最佳经济效益夺魁单位”金杯奖；先后被授予安徽省先进企业、安徽省民主管理先进单位、国家二级企业称号，并连续保持省级和国家二级企业称号，实现“三连冠”。在全省印刷行业利税十强中排名第一。1992 年，新闻出版署授予企业新闻出版系统“先进集体单位”称号。1988 年首都印刷集团统计数字公布全国书刊印刷业指标完成对比，该企业实现利税 978 万元，排列第一位；实现净利润 186.7 万元，排列第二位；年人均创利税 8096 元，排列第二位；固定资产平均净值 6018 万元，排列第七位；年人均工资 2039 元，排列第十二位；社会贡献总额 2585 万元，社会累积率百分之三十三。2008 年公司实现利税总额 3059.69 万元，是 1988 年的 3.12 倍，固定资产平均净值 16519 万元，是 1988 年的 2.74 倍，年人均创利税 30906 元，是 1988 年的 3.8l 倍，年人均工资 25188 元，是 1988 年的 12.3 倍。2008 年被中共安徽省委宣传部授予"企业文化创新先进单位"称号。

经济效益　1986 年资产总额 2230 万元，2008 年为 42349 万元，增长 19 倍；1986 年商品产值 3620 万元，2008 年为 30270 万元，增长 8.3 倍；1986 年利税总额 778 万元，2008 年为 3059.69 万元，增长 4 倍。

1986—2008 年安徽新华印刷股份有限公司资产、产值、利税完成情况统计表

表 2-1-4　　单位：万元

年份	资产	产值	利税	年份	资产	产值	利税
1986	2230	3620	778	1998	8735	5002	978
1987	3162	4162	918.4	1999	10518	5335.4	1003.9
1988	3799.2	4484.5	992	2000	12751.25	8621	1021
1989	4109	4406.1	821.7	2001	14331.22	8680	1173.5
1990	5167.2	4004.3	612.7	2002	15314.53	8693	1603
1991	5408	6574.3	532.3	2003	17891.69	8714	1410.4
1992	5602	6932.9	500	2004	27019	9862.3	1522
1993	5728.6	7543.5	601.5	2005	34832.61	10940	1455
1994	6888.9	7625	485	2006	22598.86	9537	1455
1995	8308.7	8418	582	2007	34246	9704.47	2212
1996	8760	4160	570	2008	42349	30270	3059.69
1997	8873	5391	631				

说明：1.1996 年起产值统计不含纸张

2.2003 年原安徽书刊印刷厂并入

安徽新华印刷股份有限公司实现效益统计表

（入驻庐阳工业园五年 (2004—2008 年) 与入住前 (2003 年) 对比）

表 2-1-5　　单位：万元

入驻前		入驻后									
项目	2003 年	2004 年	对比 %	2005 年	对比 %	2006 年	对比 %	2007 年	对比 %	2008 年	对比 %
销售收入	8608	10316.6	19.8	11920	138.4	15770	183.2	25532	297	22731	264
商品产值	8714	9862.3	13.1	10940	25.5	9537	9.4	9704	11.4	30270	347.3
利税总额	1603	1410.4	-12.9	1522	-5	1455	-9.2	2212	38	3059.69	91

安徽书刊印刷厂　安徽书刊印刷厂是安徽省新闻出版局的直属厂，2003 年 10 月，省新闻出版局研究决定将安徽书刊印刷厂并入安徽新华印刷厂，现已改制为安徽新华印刷股份有限公司。

安徽书刊印刷厂的前身是安徽新华印刷厂的知青厂，1981 年，经省出版局批准转为大集体企业，1983 年 3 月正式定名为"安徽新华印刷二厂"，隶属于安徽新华印刷厂领导，经济上实行独立核算，自负盈亏。有职工 163 人，其中正式职工 137 人。1988 年 11 月，划归安徽省新闻出版局领导，后批准为书刊印刷国家定点厂，承担部分皖版图书和教科书的印刷任务。1991 年 2 月在安徽新华印刷二厂的基础上兴建安徽书刊印刷厂，全民正县级建制，定编 550 人，厂址位于合肥市合瓦路 266 号，厂区占地 66 亩。安徽新华印刷厂无偿调拨 35 万元支持新厂建设。建厂之初有职工 400 人，其中正式职工 329 人，拥有固定资产原值 1134.56 万元。设置管理机构 5 个：厂部、计财科、生产办、综合办、保卫科，5 个生产车间：排字、铅印、胶印、零印、装订（机修），1 个经营部（皖华印刷器材经营服务部）。拥有大、中型及新型设备 150 台（套），铅印年印刷能力 15 万令，胶印年印刷能力 6 万色令。主要生产设备有秋山四色四开胶印机、204 胶印轮转机、高速凸印卷筒纸印刷机、05 双色胶印机、JS2102 对开双面单色胶印机、骑马联动机、LP440(18 帖) 配页联动排书机、覆膜机、固体树脂版机、四 O 一卧飞机等。在生产工艺上，以高速凸印和胶印印刷并重，并逐步淘汰铅印完全向胶印印刷过渡。排字生产以激光照排和铅排并重，并逐步以冷排取代热排，正式跨入"告别铅与火，迎来电与光"的科技发展新时代。装订工艺有三条生产线：骑马联动、串线生产线，平订生产线，精装生产线。企业承担皖版图书、中小学课本及古籍书印刷的指令性任务，同时承担商标、包装装潢、社会零件、专用票据等社会业务。排、印、装工序齐备，是一个具有综合印刷能力的中型企业。

安徽书刊印刷厂建厂以来坚持改革、开放、搞活的方针，把"内在发展，外在形象"作为立厂之本。在办厂方向上坚决执行出版方针、政策，遵守出版法律法规，诚实守信，重合同，守信誉。企业一贯注重职业道德建设，不断提高全体职工的职业道德修养。

1999年,被安徽省新闻出版局授予“全省出版道德建设先进集体”称号。企业在深化改革中,推行全员劳动合同制,对全员实行合同管理,全员的危机意识明显增强。引进激励机制,推行减员增效。在人事制度改革中,实行中层干部退出机制,工人实行岗位竞争,优者上,劣者下,实行公开、公平、竞争、择优的上岗原则。分配制度打破原来干好干坏一个样,分配差距拉得不大的模式,对生产车间实行单位变动成本定额考核,降低可变成本与职工收入捆在一起,促使提高企业经济效益。对机构设置进行调整和压缩,由10个部门减少到6个,由原来20人减为17人。停办医务室和托儿所,辅助勤杂人员由67人减为36人。科室管理人员推行岗位责任制,对中层管理人员实行收入与所在部门实绩挂钩,年终考核兑现的办法,从而调动管理人员的积极性。在深化企业改革中,全厂实行纯计件工资制,取消基本工资,厂部与各车间签订经济目标责任制承包合同书,除产量外,将目标成本、质量、工期等均作为有效因素写入合同。在强化内部管理过程中,厂部一直把厂风建设作为工作的重点来抓,严肃执行考勤制度。2002年,被安徽省推行厂务公开领导小组授予“安徽省厂务公开先进单位”称号。

企业的快速发展离不开技术进步和设备更新改造,安徽书刊印刷厂投入110余万元购买2880胶印轮转机,使内文印刷上了一个台阶。投入100万元购置一台204胶印轮转机,全面实现内文印刷胶印化。投入220万元购买对开四胶印机,缓和教科书封面配套难,影响出书周期的问题。为了适应大规格课本的印刷需要,在北京人民机器厂的帮助下,仅投资160余万元,用一个多月时间将2880胶印轮转机改为4880规格获得成功。这一技改项目为企业腾飞画下了重重一笔。投资28万元购置一台胶订包本机,从而结束不能装胶订书的历史。原来装订折页工序形成“卡脖子”工序,每年大忙季节都要组织人员突击折页,既费工费力,质量又得不到保障。自购置一台多功能折页机以后,生产效率大为提高。机修车间经过论证,自己动手制造了三台书芯压帖机,彻底解决书帖不平整的问题。该企业的票据分厂立足现有设备,积极开拓社会产品,充分发挥为安徽省人民银行定点印刷有价证券的优势,先后承印了铜陵化工集团、宁国工业泵厂、淮海机械厂等单位有关债券。为了提高产品档次,继续巩固和发展税票印制业务,企业投入资金添置了一台票据胶印机,当年投入并实现当年盈利。2001年,企业自筹资金500多万元进行技术改造,使一些生产工序的设备“填平补齐”,适应市场变化。购置一台2890轮转机,及时有效的满足大规格教科书印刷需要。同时购置元盘包本机、水溶性覆膜机、显影机、拷贝机、晒版机、密度仪等相关配套设备。为了提高生产一线职工的技术素质,先后举办各种类型培训班5期,各类受训人员近400人次,使他们在掌握和操作先进设备中得心应手。

质量是企业的第一生命。安徽书刊印刷厂始终坚持在确保产品合格的基础上,推行质量目标责任制,全厂形成一个以生产质量科为中心点,以车间质检员为主线,以技术骨干和机台操作人员为面的质量管理体系。1998年,先后制订了“自检、互检、专检、评检” 的“四检”制度和“作业指导书”,规范产品质量在生产过程中的工艺标准。

在质量管理措施上，建立质量风险金制度。厂职代会主席团通过，给全厂在册在岗职工每人每月建立 60 元质量风险金，与生产（工作）质量挂钩，半年考核兑现一次。全员的质量意识显著增强，也促使产品质量稳定提高。2001 年实现消灭不合格品，当年春、秋季教材、教辅质量评比获 1 优 4 良，创历年评比最好成绩。2002 年在全省教材质量评比中取得第 2 名，共获 2 优 26 良，是企业历史上最好名次。2002 年被授予“安徽省直文明单位”称号。安徽省劳动竞赛委员会授予“安徽省百万职工‘十五’发展创新工程先进单位”称号。

2003 年 10 月，安徽省新闻出版局研究决定，将安徽书刊印刷厂并入安徽新华印刷股份有限公司，从而结束 21 年的工厂制。

1986—2004 年安徽书刊印刷厂资产、产值、利税完成情况表

表 2-1-6　　单位:万元

年份	资产	产值	利税	年份	资产	产值	利税
1986	556.78	908.62	35.5	1996	2685.33	2170	33.29
1987	1033.98	955.17	80.58	1997	2724.76	2138	55.78
1988	1068	978.6	85.6	1998	2791.08	2206	46.43
1989	1098.251	985.19	78.8	1999	3153.37	1736.5	58.8
1990	1109.58	1656.32	99.8	2000	3570.353	2051.79	65.94
1991	1134.56	1687.69	78.65	2001	3525.48	1958.21	82.33
1992	1187.08	1597.22	80.32	2002	3445.77	1912.46	84.33
1993	2607.64	1870.92	45.66	2003	4455.33	2043.33	95.61
1994	2712.25	1805.77	31.18	2004	6811.32	2317.64	123.78
1995	2505.11	2005.76	32.69				

第二节　安徽民营书刊印刷

合肥杏花印务股份有限公司　合肥杏花印务股份有限公司（原名合肥杏花印刷厂），创建于 1978 年，1997 年改制为集体所有制股份公司，2000 年二次改制为民营股份公司，是安徽省最大民营印刷企业，国家文化出口重点企业。

公司位于合肥庐阳产业园区，占地面积 140000 平方米，建筑面积 70000 平方米。固定资产 2.2 亿元，各类生产设备 150 多台套，现有员工 734 名，党、工、团、妇等各类组织健全。公司下设合肥新景印务有限公司、合肥杏花纸业有限责任公司、北京宇海印刷分厂和 8 个职能部门、6 个生产车间。

公司主要经营三大项目：书刊印刷、中高档铜版纸加工、文化用品生产研发。年书刊印装60万令,铜版纸加工1．7万吨,文化用品生产20万令。

1997年,合肥市杏花印刷厂拥有职工560人,国家中二型企业,改制为合肥杏花印务股份有限公司后,逐步按《中华人民共和国公司法》要求搭建组织架构,设董事会、总经理、副总经理、总经济师、工程师和会计师,下设办公室、财务部、经营部、生产部、动力部和行政部,电分车间、印刷车间、装订车间、覆膜车间。

2000年,国有股份退出,公司二次改制为民营股份有限公司,再次对企业管理构架进行了重新整合,设董事会、总经理、副总经理、顾问,下设办公室、财务部、经营部、企管部、生产部、质管部、设备部和行政部,电分车间、印刷车间、装订车间、覆膜车间。2004年,增设造纸车间、外贸包装车间。

2006年,精简机构,减少高层管理职数,由原来的10人精减为8人。

截至2008年年底,公司人员构成为:员工总数734人,其中离退休24人,在职员工710人。管理人员70人,占在职员工人数9.86%,后勤服务人员100人,占在职员工人数21.12%。在管理人员中公司级8人,中基层管理人员62人。公司各类专业技术职务人员220人,占在职员工人数31%,其中高级技术职务6人,中级技术职务10人。生产一线员工540人,占在职员工人数76%,其中中级工以上105人,占一线生产员工人数19.44%。公司工人技师2人。员工中本科毕业生12人,大专毕业生67人,中专毕业生71人,大中专毕业生占在职员工人数21.12%。公司女员工381人,占在职员工人数53.66%。中共党员106人,占在职员工人数14.93%。

公司内设管理机构8个,其主要职能分别为:经营部负责内外贸业务、生产物资采购、铜版纸销售、产品设计;生产中心负责生产、仓储、发行;质管中心负责质量控制、质量管理体系维护;设备部负责设备管理与维修、用电管理与维修、配件采购与加工;行政部负责废品管理、环境卫生、物业管理、基建、保卫;财务部负责财务、成本控制、二级公司财务管理;办公室负责公司事务、非生产物资采购及非生产性开支费用控制、食堂;企管部负责人力资源、发展规划、党务、纪检、工会、共青团、离退休人员管理。

公司下属生产车间6个:制版、轮转、胶印、覆膜、装订及合肥监狱印装车间。下属30个生产班组。二级独立经营控股及全资子公司为合肥新景印务有限公司、合肥杏花纸业有限责任公司、北京宇海印刷分厂。

1997—2008年,公司按照现代企业制度的要求,不断深化企业内部改革,顺利完成下属各单位、公司改制工作,使公司法人治理结构进一步科学规范。

改革与发展　1978年,合肥市杏花村20位热血青年,目睹了安徽印刷业进入急剧的膨胀期,市场前景一片光明,从安徽新华印刷厂的配角做起,创立合肥杏花装订厂。1979年,合肥杏花装订厂业务进行拓展,与合肥杏花印刷厂合并,统称合肥市杏花印刷厂。

19世纪90年代初期,新闻出版署决定在全国范围内进行教材的彩色化改革,而此时的安徽书刊卷筒印刷仍处于黑白印刷时代,尚未有一家企业能够承印彩色业务。通过举债经营购买，合肥市杏花印刷厂成为安徽首家投入八色轮转机的印刷企业。

从 1993 年开始，先后兼并了合肥被单三厂、合肥强力造纸厂、合肥鞋帮厂等 7 家濒临倒闭企业。

1995 年，中国乡镇企业评价排序中荣获“’95 中国印刷业行业最大规模乡镇企业 100 家”。

1997 年 8 月 22 日，在合肥市杏花印刷厂的基础上，由合肥市杏花印刷厂、合肥市郊区国有资产经营有限公司、合肥市郊区乡镇企业供销公司、合肥市郊区地产开发公司、合肥郊区杏花村砖瓦厂、合肥杏花房地产开发公司、合肥杏花建筑安装工程公司、合肥西园饭店、合肥永青印刷厂、合肥市杏花印刷厂内部职工等十家共同发起成立全省首家印刷业股份有限公司——合肥杏花印务股份有限公司，使企业真正成为自主经营、自负盈亏、自我约束、自我发展的独立的法人实体和市场竞争主体。

1998 年，成为安徽首家通过 ISO 9002 质量管理体系认证印刷企业。到 2000 年企业改制为民营股份有限公司前，已成为“全国诚信印刷企业”“全省先进乡镇企业”“全省文明乡镇企业”。

企业改制成民营股份有限公司以后，由于创效能力提高，以及规模化生产，原有的生产厂房制约了企业发展，公司新建一个占地 14000 平方米的现代化厂区。

新厂区位于庐阳产业园印刷集群地，新厂区一期工程于 2003 年年底竣工，上游产业的铜版纸加工生产线开始投产，合肥杏花纸业有限公司设立。2004 年 12 月 8 日，整体搬迁和新项目硬件设施建设完成，ROLAND700、300 印刷机引进展示。同年，全国印刷企业百强名单中，公司名列其中。

公司以建章立制为重点，综合、严格、规范、科学地做好各项管理工作。2005 年，公司局域网建成，大大提高了管理效能。公司先后出台了《四项指标考核办法》《四化管理办法》等一系列管理制度。2006 年被全国印刷行业诚信建设组委会授予全国首批诚信印刷企业称号。同年，成立合肥新景印务有限公司，成立了北京宇海印刷分厂。

2007 年 10 月 12 日，合肥杏花印务股份公司召开董事会，决定将公司全部股权在合肥股权托管交易所进行集中登记和托管，以此提高股东名册的公示性和公信力，以便进一步扩大企业融资渠道。

2008 年开始，作为主营业务的书刊印刷，学生数量的减少、循环教材的使用、电子书刊的大幅上扬，原辅材料成本及人力成本的继续上升，众多的书刊印刷企业面临困难。2008 年，公司开始着手实施通过与安徽新华印刷股份有限公司的合作，强强联手打造印刷联合体，进而加入时代出版传媒股份有限公司上市公司的大胆构想。

2008 年下半年，杏花印务内部形成一股改革的热潮。一方面，严抓内部管理，大力推进企业改革，提升发展水平。(1) 突出抓成本，做好财务管理。在内部实行成本指标分解，培育独立的利润主体；(2) 突出抓绩效，做好人事管理。建立岗位工作标准，强化计划、目标管理，强化绩效考核的责任机制，合并、重组职能部门，提高运营效率；(3) 突出抓创新,做好生产管理。提高生产部门的“市场”和“用户”意识,严肃生产指挥,严密生产计划,灵活生产调度,提高应变能力,确保生产计划实施;(4)突出抓制度,做好企业文化培育工作,增强员工凝聚力。确立了一套以“劳动纪律、现场管理、工作任务、工作质量、安全生产”五项原则为准的员工行为规范。另一方面,严抓项目工作,寻找合作的亮点。通过对国内国外市场的重新调查、规划,坚定走“围绕书刊主业、兴办多元化企业”之路,规避传统书刊印刷产业发展瓶颈及与安徽新华印刷股份有限公司重组后可能出现的产业同业、同质化竞争。保持现有书刊类产品生产能力、夯实质量;抓住出口经济复苏势头,以及政策利好机遇,开展市场调研,决定继续发展内外贸产品,上报《文化用品项目(一期)工程可行性方案》;扩大铜版纸业务,提升研发创新能力,增强自身抗风险能力。针对市场需求,在资金较为困难的情况下,果敢地投入了1000多万元,用于继续发展铜版纸生产项目,新增购了复卷机、压光机、分切机、高灵敏度测试仪器,进一步完善了生产配套能力,扩大产品品种,完善产品结构,提高检测水平及产品质量,使产品的适用性由平版铜版纸向卷筒铜版纸扩展,提高产品覆盖领域,增强了公司在安徽纸业市场的占有率和竞争力。

2008年是公司发展史上一个最好、最快的年份,公司全年共完成58. 4万令纸、1720个品种的印装量,较2007年同比增长20%及640个品种;全年共完成工业产值1.43亿元、利税1459万元,同比2007年增长36.34%、51.98%,再创历史新高。外贸实现产值200万美元。

企业一贯坚持印刷为出版事业服务、为社会主义服务的方针。对社会产品和来厂印刷的出版物,坚持“核对版权,核对书号,核对介绍信”的“三核对”制度,没有印刷过一次非法出版物。在强调社会效益优先的原则下,确保春秋两季教科书的印刷,按期完成省出版总社和专业社下达的图书、画册等印刷任务。

技术改造和设备更新　技术进步是企业发展的龙头,必须实施技术改造和加强设备更新,提高自动化、信息化生产水平。从八十年代中期开始公司就以自筹资金和争取外援的方式,逐年引进先进的印刷设备。

在1995年购置了省内仅有的八色机为公司的发展奠定了基础,承接出版社的彩色轮转印刷任务,使公司成长有了支点。同年产值大幅增长,增长率超过38%。1997年增购罗兰全张双色胶印机。1997—1999年先后投资一千多万元引进安徽省首台德国产罗兰700机和一台平装胶订机,这两台先进设备成为公司对外承接业务的窗口,使公司的经济效益和社会效益迅速提高,1999年实现产值3461万元,较1997年增长43.13%,使企业迅速发展成为国家中型企业、中国行业最大规模乡镇企业第9名、国家书刊印刷定点企业、安徽省第二大规模印刷企业、安徽省乡镇企业五十强、安徽省首家通过ISO 9000质量管理体系认证的印刷企业,多次被授予省明星企业、省科技先导型企业、AAA级信用企业、安徽省文明乡镇企业、市模范纳税户等称号。

面对蓬勃发展的包装装潢印刷市场和外贸文化用品,2003年,投资几百万元上马一套包装生产线，引进一条平装胶订机自动线，年实现产值5807万元，较2002年增长48.67%，其中外贸产值100万元，实现海外市场“○”的突破。

为拓展业务项目，追求持续发展，公司确定了“书刊为主体，铜版纸、外贸文化用品为两翼”的多元发展战略，又投资1500万元新增一条铜版纸加工生产线，开始涉及造纸产业，成为全国唯一一家拥有造纸产业的印刷企业。

2004—2006年上半年，再次投资4000万元，分别增加了罗兰300型、700型和日本产三菱商务轮转机以及国产4787八色轮转设备、平装胶订机自动线一条。公司产能大大提高，2006年底实现产值8026万元，较2004年增长46.17%。

2007—2008年，投资1000多万元，用于提升装订效率，新增精装龙生产线一条。2008年年底，公司共实现产值14298万元，是2004年新厂区投产时产值的1.6倍。

公司通过技术改造和设备更新，迅速发展壮大的同时，重视培养和造就一大批精于技术、热心改革的技术人员和员工，企业内部采取激励机制，调动技术骨干的积极性，参与技术革新和科技攻关。对于消化和吸取先进技术和技术攻关有较大成果和重大贡献的技术人员和工人予以奖励，如组织到外地参观学习、给予技术补贴等。在全体职工中开展技术大练兵活动，评比“技术标兵”，提高职工技术素质。组织各车间生产机组开展“青年文明号”活动，自2000年起，电分车间连续8年荣获“合肥市青年文明号”称号。广大青年技工比技能、争贡献蔚然成风。按照国家颁布的技术工人等级标准，对全公司生产车间540多名初中高级技工进行脱产培训，评定中级工以上105人，占一线生产员工人数19.44%。在技术革新方面，进口设备的配件实现了国产化，胶印机全部安装了定位系统，建立轮转集中供墨系统，完成了工艺技术的重大革新。设备部在消化、吸取国外先进技术中，大力推进设备配件国产化的进程，每年承担完成各类生产设备的大修任务，使设备完好率年年达标。高技术水平，为加强质量管理打下良好基础。

全面质量管理和产品创优　质量是企业的生命，为此公司制定了“外抓市场，内抓质量”的经营方针。为了适应市场，尤其是近年来各出版社及社会业务单位对产品高品位的需求，公司一直将质量管理当成工作的重中之重，并且于1998年就率先在安徽省印刷企业公司内部实施了ISO 9000质量管理认证体系。到目前为止，公司已经形成了一套完善、健全的质量管理制度。

首先，公司拥有一套质量管理的班子和体系，各车间拥有自己的兼职质量管理人员。整个企业内部形成有专门负责机构，从上到下有专职负责人员的质量管理队伍；建立质量管理“四检”，从第一道生产工序开始，对产品层层把关，形成自检、互检、专检、评检的质量检验网。制定实施《印装产品抽查暂行办法》，加强随机抽查，对于重点产品质管部门派员日夜跟班检查。

其次，培养员工的质量意识。公司一直重视员工的质量意识教育和技术培训，每年都开展“质量月”活动和签订质量协议。

再次，实施质量体系考评、奖励的制度。在政策方面，公司修订了《质量管理制度》

和《质量管理体系管理制度》,确定质量责任指标在工资、奖金分配上具有否决权。建立了月质量分析会,季质量评比会,年质量奖惩总结会。提高优质产品奖励额度,同时扩大奖励范围,调动广大员工的工作积极性,提高了对产品质量的重视程度,并且每年还开展“质量标兵”的评选活动,并将质量管理作为重要项目列入年终先进员工评比,将质量管理体系持续改进作为公司重要发展日程。2008年,为了提高公司印、装产品质量,充分体现“多劳多得,按质取酬"的分配原则,特制定《“产品印装与定额工价挂钩”考核细则》。

第四,设备的有效管理、改造。公司先后引进了八色机、罗兰700型、300型胶印机、四色机以及马天尼的胶订机等高档设备,大大增强了企业的印刷能力和提升了印品的质量,经常参与相关质量方面的评选活动。自1991年起,印制的教材教辅连续18年荣获省级、国家级优良品殊荣。

2007年之后,面对印刷原材料持续上涨,企业员工成本不断加重,并且国内整体印刷能力大于出版能力,造成工价逐年降低。在如此微利的大背景下,公司仍然紧抓质量不放松,确保批量达到合格标准。2007年,公司实行“企业管理现代化、生产规范化、质量标准化、现场宾馆化”四化建设,公司质量管理以质量标准化建设为契机,建立各工序质量约束机制、各类产品质量档案,对不合格品要找出原因,分析研究,最终纠正,杜绝类似问题的重复出现。建立客户档案,积极做好质量信息反馈工作,使客户满意,宣传贯彻公司及出版部门质量要求,使质量管理工作有指导性。

企业文化和“三个文明”建设　在经济体制改革不断深入的过程中,企业在抓物质文明建设的同时,也加强了精神文明建设、政治文明建设以及企业文化建设。公司设立了企管部,主抓企业文化建设,企业党政工团组织围绕各自职责,发挥各自优势和作用,团结协作,齐抓共管,对职工进行爱国主义、社会主义、集体主义思想教育和职业道德教育,唱响主旋律,积极倡导“团结、实干、进取、创新”的企业精神,使得生产年年有发展,对国家年年增贡献,个人收入年年有提高。树立正气,打击歪风邪气,巩固全公司安定团结的政治局面。

在实行董事会领导下的总经理负责制后,党委系统的工作进行了“转轨”,致力于党要管党的工作。2007年2月,根据《中共合肥市委组织部关于在全市城区开展党的基层组织建设月活动的实施意见》的要求抓好畅园社区和杏花印务股份有限公司党组织设置的调整,由党总支改设为党委。在系统开展党课教育中,重点进行党员素质教育。每年都有一批在生产一线的先进工人被吸取入党。自1986—2008年,公司共发展60多名党员,公司共有党员106名。一年一度的评选先进个人和班组、表彰模范党员的活动,进一步弘扬了企业文化。

在管理过程中,实行民主化管理,动员、鼓励广大职工参与到企业改革及日常管理中去,积极参加企业民主管理,落实企业民主管理的各项职能,工会通过职代会形式,积极维护职工合法权益,调节企业内部矛盾。在职业道德教育中,公司高度重视政治思想培训、普法教育、岗位知识技能培训等，仅 2008 年，先后开展质量管理大学习、大讨论，参加学习讨论的 1800 多人次，各类管理人员培训 200 人次、岗位技能培训 1500 多人次。公司工会、共青团积极配合厂党委履行各自职责，落实厂职代会赋予的各项任务。

企业文化建设不断促进企业的持续、快速发展，“团结、实干、进取、创新”的企业精神引领了企业不断阔步前进，先后获得安徽省先进企业、安徽省科技先导型企业、安徽省明星企业、国家中型企业称号和“入库税金突出贡献单位”。1986 年，企业实现产值 795 万元，实现利税 135 万元，固定资产 2033 万元，年人均工资 2000 元。经过 22 年的发展，截至 2008 年年末，公司实现利税总额 1459 万元，是 1988 年的 10.8 倍，固定资产 13520 万元，是 1988 年的 6.65 倍，年人均工资 18000 元，是 1988 年的 9 倍。

2008 年，安徽省工商业联合会、安徽省经济委员会、安徽省工商行政管理局、安徽省商务厅、安徽省地方税务局授予公司“安徽省民营企业 100 强企业 " 称号，安徽省国家税务局、安徽省地方税务局授予“2006—2007 年度 A 级纳税信用单位”称号。

1986—2008 年合肥杏花印务股份有限公司资产、产值、利税情况统计表

表 2-1-7

年份	资产		产值		利税	
	年度值（万元）	同上年增减幅	年度值（万元）	同上年增减幅	年度值（万元）	同上年增减幅
1986	2033	104.20%	795	114.02%	135	110.05%
1987	2137	105.12%	986	124.03%	l63	120.74%
1988	2207	103.28%	957	97.06%	149	91.41%
1989	2218	100.50%	1029	107.52%	133	89.26%
1990	2426	109.38%	1256	122.06%	167	125.56%
1991	2450	100.99%	1469	116.96%	162	97.01%
1992	2550	104.08%	1621	110.35%	183	112.96%
1993	2580	101.18%	1600	98.70%	187	102.19%
1994	2600	100.78%	1700	106.25%	190	101.60%
1995	2640	101.54%	1750	102.94%	200	105.26%
1996	3000	113.64%	2418	138.17%	260	130.00%
1997	3932	131.07%	2568	106.20%	281	108.08%
1998	4826	122.74%	2948	114.80%	308	109.61%
1999	5523	114.44%	3461	117.40%	350	113.64%
2000	5781	104.67%	3563	102.95%	410	117.14%
2001	6500	112.44%	3729	104.66%	430	104.88%

续表 2–1–7

年份	资产		产值		利税	
	年度值（万元）	同上年增减幅	年度值（万元）	同上年增减幅	年度值（万元）	同上年增减幅
2002	7988	122.89%	3906	104.75%	410	95.35%
2003	11678	146.19%	5807	148.67%	568	138.54%
2004	11950	102.33%	5491	94.56%	796	140.14%
2005	12164	101.79%	7860	143.14%	710	89.20%
2006	12268	100.85%	8026	102.11%	750	105.63%
2007	12949	105.55%	10487	130.66%	960	128.00%
2008	13520	104.41%	14298	136.34%	1459	151.98%

1986—2008 年合肥杏花印务股份有限公司获奖情况一览表

表 2–1–8

荣誉称号	获奖时间	颁奖单位	获奖级别
“金东纸业”杯 2008 年度安徽省诚信印刷企业	2009 年 5 月	安徽省印刷包装物资商会	省级单位
2007 年度安徽省民营企业 100 强企业	2008 年 10 月	安徽省工商业联合会、安徽省经济委员会、安徽省工商行政管理局、安徽省商务厅、安徽省地方税务局	省级
2006—2007 年度 A 级纳税信用单位	2008 年 9 月	安徽省国家税务局、安徽省地方税务局	省级
安徽省银行诚信客户	2006 年 2 月	安徽省银行业协会	省级单位
全国诚信印刷企业	2005 年 12 月	全国印刷行业诚信建设组委会	国家级
安徽省印刷协会副理事长单位	2005 年 3 月	安徽省印刷协会	省级单位
2003—2004 年度安徽省优秀民营科技企业	2004 年 12 月	安徽省科技厅、安徽省工商局、安徽省地税局、安徽省国税局	省级
全省先进乡镇企业	2000 年 7 月	中共安徽省委、安徽省人民政府	省级
全省文明乡镇企业	1998 年 12 月	安徽省乡镇企业管理局	省级
全省乡镇企业 50 强	1997 年 3 月	中共安徽省委、安徽省人民政府	省级
中国乡镇企业评价排序中荣获'95 中国印刷业行业最大规模乡镇企业 100 家	1995 年 6 月	农业部乡镇企业局、中国乡镇企业协会	国家级

1986—2008 年合肥杏花印务股份有限公司质量管理获奖情况一览表

表 2-1-9

荣誉称号	获奖时间	颁奖单位	获奖级别
合肥新景印务股份有限公司承印的《普高课标教科书英语（必修）5》获全国（人教版）优质品奖	2008 年 12 月	全国中小学教材印装质量人教版	国家级
承印的《义教课标教科书语文五下》获全国（人教版）优质品奖	2008 年 12 月	全国中小学教材印装质量人教版	国家级
承印的《义教课标教科书数学四上(彩)》获全国(人教版)优质品奖	2008 年 12 月	全国中小学教材印装质量人教版	国家级
合肥杏花印务股份有限公司在 2007 年度全国（人教版）中小学教材印装质量检测中，承印的《义教课标数学四下（彩）》荣获优质品奖	2007 年 11 月	全国中小学教材印装质量人教版	国家级
合肥杏花印务股份有限公司在 2007 年度全国（人教版）中小学教材印装质量检测中，承印的《课标高中英语（必修）5》荣获优质品奖，特发此证书	2007 年 11 月	全国中小学教材印装质量人教版	国家级
合肥杏花印务股份有限公司在 2007 年度全国（人教版）中小学教材印装质量检测中，承印的《义教课标地理七年级上》荣获优质品奖	2007 年 11 月	全国中小学教材印装质量人教版	国家级
合肥杏花印务股份有限公司在 2007 年度全国（人教版）中小学教材印装质量检测中，承印的《九年义教六小语文十（彩）》荣获优质品奖	2007 年 11 月	全国中小学教材印装质量人教版	国家级
合肥杏花印务股份有限公司在 2007 年度全国（人教版）中小学教材印装质量检测中，承印的《课标高中英语（必修）3》荣获优质品奖	2007 年 11 月	全国中小学教材印装质量人教版	国家级
2005 年度全国（人教版）中小学生教材印装质量检测中，承印的《义教六年制小学语文（十）》获优质品奖	2005 年 12 月	全国中小学教材印装质量人教版	国家级
2005 年度全国（人教版）中小学生教材印装质量检测中，承印的《课标数学（三下）彩色》获优质品奖	2005 年 12 月	全国中小学教材印装质量人教版	国家级
2003 年度全国（人教版）中小学生教材印装质量检测中，承印的《三年制初中生物第一册（上）》获优质品奖	2003 年 11 月	全国中小学教材印装质量人教版	国家级
2003 年度全国（人教版）中小学生教材印装质量检测中，承印的《全日制普高化学（必修）（一）（双色）》获优质品奖	2003 年 11 月	全国中小学教材印装质量人教版	国家级
2003 年度全国（人教版）中小学生教材印装质量检测中，承印的《三年制初中思想政治三年级下》获优质品奖	2003 年 11 月	全国中小学教材印装质量人教版	国家级
2002 年度全国（人教版）中小学生教材印装质量检测中，承印的《课程标准实验教科书生物学（七年级上）》获优质品奖	2002 年 11 月	全国中小学教材印装质量人教版	国家级

续表 2-1-9

荣誉称号	获奖时间	颁奖单位	获奖级别
2002 年度全国（人教版）中小学生教材印装质量检测中，承印的《全日制普通高中语文（必修）第三册》获优质品奖	2002 年 11 月	全国中小学教材印装质量人教版	国家级
1999 年度秋季教材印装质量检测中,《初中生物（一上）》获安徽省优质品奖	1999 年 11 月	安徽省新闻出版局	省级
1999 年度春季教材印装质量检测中,《初中音乐（简）（六）》获人音社优质品奖	1999 年 11 月	安徽省新闻出版局	省级
1999 年度秋季教材印装质量检测中,《五年制小学思想品德（九）》获安徽省优质品奖	1999 年 11 月	安徽省新闻出版局	省级
1999 年度春季教辅印装质量检测中,《五年制小学语文（八）单元测试 AB 卷》《小学体育（4）》,获安徽省良好品奖	1999 年 11 月	安徽省新闻出版局	省级
1999 年度秋季教辅印装质量检测中,《六年制小学思想品德（十一）》《初中地理（三）》《五年级小学《音乐》（线）（七）》《初中美术（五）》获安徽省良好品奖	1999 年 11 月	安徽省新闻出版局	省级
1999 年度秋季教辅印装质量检测中,《五年制小学活页试卷（语文）（一）》《初中活页试卷（英语）（二上）》《初中几何（二）基础训练》《初中活页试卷英语（三上）》获安徽省良好品奖	1999 年 11 月	安徽省新闻出版局	省级
《初中英语第四册》在 1991 年全国中小学课本印刷质量评比中获优质产品称号	1991 年 1 月	新闻出版署、中华人民共和国教育委员会	国家级

合肥晓星印刷有限责任公司　合肥晓星印刷有限责任公司前身合肥晓星印刷厂，创办于 1979 年。由原合肥市郊区晓星乡创办,创办时有干部职工 7 人,设备仅有 2 台手动圆盘机,主要承印信笺、表格。经过几年的滚雪球式发展,相继添置了手摆四开机 2 台、自动圆盘机 2 台、自动对开机 2 台、凸版对滚机 2 台、铸字机 2 台、手动对开切纸机 1 台、树脂制版机 1 台。在各级党委、政府和省新闻出版局的扶持下,员工培训采取请进来和走出去相结合的方式,通过自我造血,到 1991 年,晓星印刷厂淘汰了铅与火,走向光与电,购置了上海产 01 型胶印机 4 台,北人 PJ787 胶印轮转机 1 台,北人四色胶印机 1 台,采用了电脑照排、胶版印刷,并在当年被批准为“书刊印刷省级定点企业”。

1997 年,在区、乡两级党委、政府的引导下,成功改制为合肥晓星印刷有限责任公司,公司为董事会领导下的股份制企业。改制后公司连年加大技改,先后购置了北人 PJ787 轮转机 1 台,北人 PJS2880 轮转机 1 台,日本小森 L—40 四色机 1 台,并于 2001 年被批准为“书刊印刷国家级定点企业”。公司于 2005 年迁址包河工业园区,占地面积 1165 亩（含代征地）,标准化厂房 26000 平方米,员工 300 多人。主要经营书刊、账表册印刷、包装彩印、水性朴标的覆膜。

公司现有印刷设备 92 台（套），主要设备有：L—40 小森四色胶印机，LS—40 小森超级丽色龙四色胶印机 1 台，PJS2880 胶印轮转机 1 台，PJSl880 胶印轮转机 1 台，PJ787 胶印轮转机 2 台，YP4787 八色胶印轮转机 1 台，PJ204 胶印机 1 台，北人 BB 对滚胶印机 2 台，朝鲜产水性覆膜机 1 台，瑞士马天尼 201 胶订联动线 1 台，上海紫光 LQD8D 骑马联动机 2 台，8 夹圆盘包本机 3 台，上海紫光胶装联动线 1 台等。1997 年起，被命名为合肥市文明单位，2000 年荣获中华人民共和国农业部颁发的“全国乡镇企业质量管理先进单位”奖，2002 年被评为安徽省明星企业、安徽省民营企业 100 强企业，2004 年被安徽省农业银行评为 AAA 信用等级，2004 年被安徽省新闻出版局评为“安徽省印刷十强企业”。公司拥有固定资产总值 12000 多万元，2008 年度销售产值 9800 多万元，利税 1650 余万元，年生产能力 380 万色令，产品质量一直相对稳定。

公司始终坚持严格的过程质量控制，提供顾客完全满意的产品。是世界上两个微印过《圣经》的厂家之一，于 2000 年 11 月 1 日顺利通过 ISO 9000 质量体系认证。每年有多种图书、教材获安徽省新闻出版局质量评比优良品，2002 年度承印的安徽少儿出版社出版的《中国成语故事》上、下册获新闻出版署优质奖，2003—2004 年度印制的《奇妙的动物世界》被全国读者评为我最喜爱的一本书。连续三年获安徽省新闻出版局图书质量检测评比优良品全省排名第二名，2006 年跃升为第一名，2006 年度 27 个品种 268.5 印张被新闻出版总署授予“署优产品”称号，2007 年印制的《甲状腺甲状旁腺外科学》（安徽科学技术出版社）一书获首届中国出版政府奖（印刷复制奖）提名奖，是安徽省目前唯一获此殊荣的企业。

合肥远东印务有限责任公司　合肥远东印务有限责任公司始建于 1994 年，原址位于安徽省合肥市张洼路 36 号，行政区划隶属于郊区杏花村镇板桥村，当时是一家村办集体企业，占地约 11 亩。建厂初期，全厂不足 60 人，印刷设备落后，装订工艺基本上以手工为主。作为郊区第一批改制试点企业，于 1997 年 10 月一次性买断组建了远东印务公司。经过几年的艰苦创业，原址越来越难以满足公司发展的需要，遂于 2001 年在瑶海区临泉路 88 号投资 1200 万元新建了 21000 平方米的现代化厂房和生活综合楼，2002 年 10 月搬迁至新厂区。2006 年 10 月再次搬迁至庐阳工业园荷塘路 46 号，公司占地 188.6 亩，厂房近 6 万平方米。近 10 年来，在省新闻出版局、出版集团和各级政府及社会各界的关心支持下，公司发展较快，现有固定资产过亿元，员工近 300 人，年印装能力达 450 万色令，在全省 2600 多家印刷企业的书刊印刷领域名列前五名。

机构设置　建厂初期，公司规模小，人员少，仅设有财务科、生产科、设备科、质量科，所有的业务也是由当时的财务人员兼职完成。随着公司的发展壮大，公司的管理不断规范化，组织结构不断完善，先后成立了公司党支部、董事会、工会、计生协会、人力资源部、总经办、经营部、印前设计部等。各职能部门在董事长的统一领导下履行着各自的职责。

公司下设平版印刷车间、轮转印刷车间、装订车间共三个车间，2004 年增设了拼晒车间。

人员结构一览表

表 2–1–10　　单位:人

年份	员工人数	管理人员	占比 %	高级技术人员	占比 %	中级技术人员	占比 %
1994	56	8	14	1	2	5	9
1995	67	10	15	2	3	5	8
1996	85	11	13	2	2	5	6
1997	116	13	11	2	2	6	5
1998	120	13	11	3	3	6	5
1999	142	14	10	3	2	12	8
2000	160	14	9	5	3	30	19
2001	201	17	8	5	2	41	23
2002	243	25	10	6	2	53	22
2003	288	30	10	9	3	68	24
2004	315	41	13	10	3	76	24
2005	306	38	12	10	3	72	24
2007	290	33	11	8	3	70	24
2008	272	30	11	8	3	67	25

技术设备　建厂初期,公司印刷装订设备全部是国产二手设备,有上海产 01 机 4 台,轮转 201 机、203 机各 1 台。装订除了切纸机 1 台、单头平钉机 4 台、三面刀 1 台外,其他工艺基本靠手工完成。随着市场需求及产品结构的不断变化,原有设备越来越难以满足产品多样化的需要,公司决定加大对技改的投入,逐步淘汰了一批老设备。先后投入 4000 多万元购置了北人 2880 机,北人 205 机,海德堡 CDL02、SML02 速霸高速彩色印刷机、如皋对辊机、北人 PP 机,日本小森超级丽色龙 S40 四色印刷机及国内先进的轮转胶印机 YP4787、YP4890 轮转八色印刷机,装订设备先后购置了折页机 5 台、圆盘包本机 3 台、胶订生产线 1 套、骑马联动生产线 3 套、配页机 1 台、糊壳机、锁线机等,印装设备共计 l00 多台套,大大提高了公司印装生产能力,稳定了产品质量,同时也大大降低了员工的工作强度。

产品质量　产品质量对于企业的重要性不言而喻,不注重产品质量,最终会被淘汰。从建厂伊始,公司就始终把质量工作放在首位。经过几年的摸索积累,逐步建立了一套符合企业自身特点的质量管理模式。在任何工序都要求从小事做起,做好细节,把握质量。从产品质量由“检验”到“预防”,由“堵”到“疏”,再到生产过程的“全面质量管理”。多年的工作经验证明必须在质量管理中推行全面质量管理模式,层层把关,

人人负责，才能使质量控制在每一件产品的源头。本着这一思路，公司于 2002 年申请 ISO 9001 质量体系认证，经过近 1 年的努力，于 2003 年取得了 ISO 9001:2000 质量体系认证证书。

公司凭着优质的服务、可靠的质量、合理的价格与省内外多家出版社建立了长期良好的合作关系，在承印的教材、教辅 100% 合格基础上，先后有 200 多品种被评为署优及省优良品，承印的图书曾多次获得国家、省“五个一工程”奖等。

1997 年省教材教辅印制质量评比第 1 名

1998 年省春教材教辅印制质量评比第 2 名

1999 年省秋季教材教辅印制质量排名第 2 名

2000 年度省版图书印制质量评比总印张数排名第 5 名

2001 年度省版图书印装质量评比总印张数排名第 4 名

2002 年度省版图书暨 2003 春教辅印装质量评比优良品排名第 2 名

2003 年度获人教版教材优质品奖

2003 年度省版图书暨 2004 春教辅印装质量评比优良品排名第 1 名

2004 年度省版图书印装质量评比优良品排名第 1 名

2005 年度皖版秋季教辅印制质量检测排名第 1 名

2005 年度选送 27 个品种被新闻出版总署评为优质产品

2006 年度选送的《2005 年中国科学技术大学年鉴》《生物大灭绝与复苏·上卷》两书获“署优产品”

2006 年度省版图书暨 2007 春教辅印装质量评比优良品中排名第 2 名

2008 年度省版图书质量评比总印张数排名第 3 名

第 15 届全国书市参展图书《人间鲁迅》获优质品

2005—2008 年经济效益情况统计表

表 2-1-11 单位:万元

年份	2005 年	2006 年	2007 年	2008 年
总资产	4892	6141	8644	10346
产　值	3705	3814	5640	6751
利　润	116	100	200	320
销售收入	1960	1939	3012	4455
全员劳动生产率	12	13	19	25
人均创利	0.38	0.34	0.69	1.18

1997 年由中国农业部授予“农业部全面质量管理达标证书”

1999 年由安徽省人民政府授予“明星企业”称号

1999 年由省工商联、省经贸委授予“百强企业”称号

2001 年国家新闻出版署批准为“国家级书刊印刷定点企业”

2002 年由省地税局授予“2001 年度依法纳税先进单位”称号

2003 年通过 ISO 9001:2000 质量管理体系认证

2003 年由省新闻出版局授予“书刊优秀印刷企业”称号

2004 年由省新闻出版局授予“安徽省印刷企业十强”称号

2004 年由省妇联、省工商联授予“优秀女民营企业家”称号

2005 年授予省印刷协会“理事单位”称号

2006 年由省工商联合会授予“省民营企业 200 强企业”称号

队伍建设　十余年的发展历程中，公司一直非常重视员工的技能培训和素质教育。公司采取外培内训相结合的方式，每年都请出版局及行业的专家来给员工培训指导，并不定期的把一些技术骨干组织到省内外多家知名印刷企业参观学习。先后参观了山西人民印刷厂、南京爱德印务、南京万户精益、深圳劲嘉、广东虎彩等。选派多人次到安徽中德印刷学院学习系统的理论知识。每逢有出版部门组织的知识讲座，公司都积极组织人员参加。在公司内部，每年淡季都组织员工开展技能竞赛、质量知识讲座等学习活动，让员工即使在淡季也不忘质量标准。公司还通过各种激励措施，鼓励那些技术上有进步、管理上有创新、质量上优异的班组、员工。公司运用多种形式，努力营造学习的氛围、竞争的氛围，极大地调动了员工的学习、工作热情。

为了稳定员工队伍，提高员工队伍整体素质，造就一支“特别能战斗”的员工队伍，公司工会采取了多种形式，开展了多种活动，同心协力构建“和谐、发展”的工作氛围。

合肥义兴印务有限责任公司　公司位于合肥市包河工业区繁华大道 26 号。

经营范围：出版物（图书、教材、教辅）印刷，商标印制，彩印包装装潢，其他印刷品等。省印协常务理事单位，合肥市印协副会长单位。

合肥义兴印务有限责任公司从濒临倒闭的小乡镇印刷企业，通过改制，于 1997 年 8 月成立。公司成立后，法人代表刘咸清团结带领一班人及全体员工，进行改革创新，将一个弱不禁风的小企业改革发展成为安徽省十大书刊印刷企业之一。

发展历程　义兴公社义兴印刷厂（1976—1978 年）

地址：肥西县义兴公社义兴集。企业性质：社办企业。职工总数 12 人。职工月收入 30 元左右。经营业务：各种社会表格、零星图书期刊。厂房面积：140 平方米（几间平房）。设备：手动圆盘机一台、手动四开印刷机一台、手动切纸机一台、铸字机一台。经济效益情况：资产 3 万元。产值 6.5 万元。销售收入 6.2 万元。上交利润 0.6 万元。全员劳动生产率 0.54 万元。人均利税 0.06 万元。

合肥市义兴印刷厂（1979—1986 年）

地址:合肥市葛淝路中段。企业性质:社办企业。职工总数:1979 年 30 多人，1986 年 52 人。经营范围:书刊类。零星社会图书期刊、表格类。机构设置:综合车间、综合科室。设备:手动四开机 2 台、烫金机 1 台、卧飞机 1 台、铸字机 3 台、半自动对开切纸机 1 台。经济效益情况:资产 16 万元。产值 42 万元。销售收入 41.5 万元。上交利润 5.5 万元。全员劳动生产率 0.8 万元。人均利税 0.105 万元。

合肥市义兴印刷厂（1986—1989 年）

地址:合肥市葛淝路中段。公司性质:乡镇企业。职工总数:48 人。经营范围:书刊类。零星社会图书期刊、表格等。机构设置:铸字车间、排版车间、机印车间、装订车间、仓库、综合科室。设备情况:铸字机 3 台、四开半自动印刷机 4 台、半自动印刷机 1 台、四开卧式印刷机 1 台、手动圆盘机 3 台、四开方箱机 1 台、四开烫金机 1 台、半自动对开切纸机 1 台、订书机 2 台。经济效益情况:资产 85.23 万元。产值 40 万元。销售收入 36.97 万元。上交利润 3 万元。全员劳动生产率 1.25 万元。人均利税 0.09 万元。

合肥市总工会义兴印刷厂（1990—1997 年）

地址:合肥葛淝路中段。企业性质:乡镇企业。经营范围:图书、期刊印刷。机构设置:1990—1995 年,微机室、照相制版、排版车间、机印车间、胶印车间、装订车间、仓库。1996—1997 年 8 月,微机室、照相制版、彩印车间、胶印车间、轮转车间、仓库、综合科室。职工总数:1990—1995 年:56 人。1996—1997 年:72 人。设备情况:1990 年,铸字机 3 台、四开半自动印刷机 4 台、自动印刷机 1 台、四开卧式印刷机 1 台、手动圆盘机 3 台、四开方箱机 1 台、四开烫金机 l 台、半自动对开切纸机 l 台、订书机 2 台、对开自动印刷机 1 台。1991 年,增购添置电脑 8 台、激光打印机 l 台、对开照相制版机 l 台、对开晒版机 1 台、对开 01 胶印机 1 台。1992 年,增购添置对开 0l 胶印机一台。1993 年,增购添置对开 08 机 1 台。1996 年,增购添置 01 对滚机 1 台。

1990—1997 年经济效益情况统计表

表 2-1-12　　单位:万元

年度	1990	1991	1992	1993	1994	1995	1996	1997
总资产	89.69	94.55	109.85	124.12	151.27	163.59	368.59	411.39
产值	45.00	50.00	65.00	110.00	100.00	75.00	360.00	380.00
销售收入	41.11	48.71	63.84	108.46	79.12	72.01	358.27	378.18
利税	5.20	5.29	2.94	3.20	2.87	5.97	19.21	26.75
人均利税	0.16	0.15	0.08	0.08	0.06	0.09	0.24	0.28
劳动生产率	1.41	1.39	1.71	2.68	1.92	1.12	4.56	4.00

合肥义兴印务有限责任公司（1997 年 8 月—2008 年 12 月）

地址:合肥市包河工业区繁华大道 26 号。企业性质:私营企业。经营范围:出版物（图书、教材教辅、期刊）印刷、商标印制及其他印刷品、包装装潢、房屋租赁、物业管理、物流管理等。机构设置:行政管理部门设置综合办公室、业务部、生产部、质管部、财务部、后勤保障部;生产主管部门设置制版车间、胶印车间、轮转车间、装订车间、维修车间。厂区占地面积:1997—2001 年，16 亩,隶属合肥市包河区义兴镇。2002—2004 年，26 亩,隶属合肥市包河区义兴镇。2004—2008 年,79.79 亩,隶属包河工业区。建筑面积:1997 年面积 1220 平方米;1999 年面积 1980 平方米 ;2004 年面积 6600 平方米;2006 年面积 19800 平方米;2008 年面积 48700 平方米。

人员结构:

1997 年,公司员工总数 95 人,其中技术人员占 19%,管理人员占 7%;

1998 年,公司员工总数 121 人,其中技术人员占 21%,管理人员占 7%;

1999 年,公司员工总数 138 人,其中技术人员占 41%,管理人员占 9%;

2000 年,公司员工总数 144 人,其中技术人员占 43%,管理人员占 11%;

2003 年,公司员工总数 152 人,其中技术人员占 49%,管理人员占 14%;

2005 年,公司员工总数 162 人,其中技术人员占 59%,管理人员占 14%;

2008 年,公司员工总数 188 人,其中技术人员占 78%,管理人员占 17%。

1998—2008 年经济效益情况统计表

表 2-1-13　　单位:万元

年度	1998	1999	2000	2001	2002	2003	2004	2005	2006	2007	2008
总资产	452.08	604.35	669.56	882.07	1276.30	1492.32	2583.04	3326.31	3764.89	4080.22	6288.36
产值	400.00	450.00	600.00	700.00	900.00	1200.00	1850.00	2250.00	2880.00	3260.00	4150.00
销售收入	394.50	425.88	550.12	651.64	898.49	1185.06	1825.87	2239.69	2802.77	3202.47	4127.17
利税	29.24	32.24	39.58	44.36	54.03	60.17	73.99	87.31	112.78	138.17	292.29
人均利税	0.24	0.23	0.27	0.30	0.36	0.40	0.47	0.54	0.68	0.80	1.55
劳动生产率	3.31	3.26	4.17	4.79	6.04	7.89	11.71	13.89	17.25	18.95	22.07

技术设备情况:

1997 年印刷设备为对滚胶印机 1 台、01 胶印机 1 台、201 轮转 1 台、08 机 1 台，装订设备为对开切纸机 1 台、三面刀切纸机 1 台、手动折页机 1 台、压平机 1 台、订书机 3 台、直线胶订机 1 台、二手锁线机 2 台;

1998 年,印刷设备增购 PLS787—01 轮转机 1 台、LQD8D(8+0) 骑马联动机 1 台;

1999 年,胶印设备增购 JJ204 轮转机 1 台;

2000 年,装订设备增购 ZYH66CJZH 混合式折页机 1 台、数显切纸机 1 台;

2001 年,印刷设备增购 PLS1880—01 轮转机 1 台;

2002 年,制版设备增购 2B—SB 翻转式晒版机 1 台、烤板机 1 台、碘镓灯晒版机 1 台、2B—SB PS 版自动显影机 1 台、QZX205A 切纸机一台、LQD8D 骑马联动机 1 台、BBY45 / 8 圆盘胶订机 2 台、ZYHD490B 混合式折页机 1 台;

2003 年,印刷设备增购钻石 3000Ls—4 日本三菱四色机 1 台、BBY40 / 5 圆盘胶订机 1 台、ZYH1600—2/16S/2F32 混合折页机 1 台;

2005 年,印刷设备增购:YPS1A1C 对开单色双面平板印刷机 1 台、YP2A1H 对开双色平板印刷机 1 台、QZX1300C 职能数显切纸机 1 台、YP4787L 八色卷筒轮转机 1 台、QST-100 三面切书机 1 台;

2006 年,装订设备增购 PYGL 配页联动线 1 台;

2007 年,印刷设备增购 YP4890 卷筒轮转印刷机 1 台;

2008 年,装订设备增购 LD450/25 平装胶订联动线 1 台、HB-382S 折页机 1 台;

现有印刷设备已具备印刷单色产品、双色产品、四色产品、八色产品四条生产线,印制图书、教材、教辅、商标、包装装潢产品。装订设备具备平、骑订、胶订、锁订四条生产线。印装设备 50 多台套,年生产能力 270 万色令。

获安徽省新闻出版局图书教材教辅印刷品质量优秀奖（良好品奖未列入）:

1997 年,计 15 种,其中优质 3 种;

1998 年,计 17 种,其中优质 2 种;

2003 年,新闻出版总署印刷品质量监督检测中心检测结果优质品 17 种;

2004 年,新闻出版总署印刷品质量监督检测中心检测结果优质品 17 种;

2004 年,第十五届全国书市参展图书印装质量检测结果优质品 1 种,全省仅 4 种图书获奖;

2006 年,优质品 12 种。

队伍建设　公司建厂初期只有十多位员工,只能适合小作坊生产。通过几十年的磨炼和技术培训,特别是企业改制后的改革开放十多年的艰苦创业,由原来的原始手工操作发展到现在能操作大型科技含量高的印装设备,具有进行现代化流水作业水平。培养了一大批有知识、有理想、懂技术、守纪律技术骨干。公司现有员工 188 人,管理人员 32 人,其中高级职称 6 人,中级职称 12 人,各类技术人员 148 人。

建立人力资源部,负责招聘竞岗以及员工、技术人员、管理人员的档案资料。建立岗位用人的标准,即建立对机长、班组长、中层干部和高级管理人员选拔任用的标准。建立选拔任用岗位的程序制度、岗位责任制度、岗位薪酬制度、学习培训制度、岗位考核制度、责任的奖惩制度、人事录用辞退任免制度。

对进厂员工进行岗前培训:一是思想教育,要求员工以厂为家。二是厂规厂纪学习教育。三是技能培训,参观生产设备,生产工序,生产流程,产品制作过程。四是集中培训,书刊印刷淡旺季明显,每年利用两个淡季时间进行培训。

岗位培训:定岗后,技术人员传帮带,做到按标准、按工序操作,按规程规范操作,坚持自检、专检、互检、送检制度,使每个员工明白质量是一个企业的生命。

采取“请进来,走出去”的办法进行培训:不定期地请行业的主管部门领导和专家来厂进行讲学,结合书刊印装实例,培训应知应会。同时,有重点的选派有培养前途的管理人员和优秀员工参加行业内各种专业培训班和研讨会,在理论和实践上解决疑难和共性问题。

用技改进行培训:结合企业扩大生产规模,每购建一台设备,便及时组织精干的员工,跟随来厂的安装师傅学习,进行实际生产操作培训,使之在最短的时间内掌握设备运转要领。

坚持与时俱进,不断修定各项制度,做到竞争上岗,人尽其才,才尽其用,保证公司平稳健康发展。

合肥万户精艺印刷有限公司　合肥万户精艺印刷有限公司的前身是由南京精艺印刷有限公司和合肥万户网络有限责任公司共同出资组建的中港合资企业,成立于1998年9月。注册资本70万美元,南京方占股85%,万户方占股15%。经营地址为江淮仪表厂租用厂房,面积约800平方米。1999年有员工14人,主要印刷设备只有一台海德堡52—2双色机和1台GTO印刷机,以及1部申威达切纸机。2部送货车。只能单一印刷。2000年年底,营业总值约人民币500万元。

2001年公司开始扩大规模,在原有设备的基础上,又购置了第一台海德堡52—4机,这在当时的合肥商务印刷中是屈指可数的。同时,与印刷相配套的印前和印后生产线也开始筹建并投产。印前引进了合肥第1台海德堡TANGO照排机、电分机、数码打样机以及2台苹果电脑,印后购置了2台斯塔尔折页机、1台波拉切纸机等先进设备。从而由原先的单一印刷服务扩展为集印前、印刷、印后一体化优质快速服务模式。这是精艺印刷历史上的重大转折。

同时,为满足生产规模需要,公司由仪表厂搬迁至濉溪路202号,租用橡胶厂标准厂房2800平方米。面积比原先扩大了近4倍。

2002—2003年,公司不断更新、购置印刷、印前及印后世界顶级设备,在合肥印刷企业尤其是商务印刷中已初具规模。

2004—2006年,公司营业总值每年以10%的速度递增,员工队伍也迅速增长到80余人。

为了加快企业发展,公司于2005年在合肥新站开发区北二环内侧购置20.725平方千米土地,目前已建成地面四层、地下一层,建筑面积为39500平方米的办公、厂房,并于2008年年底投入使用。

经过10年的发展,公司已成为技术先进、装备精良、经济实力雄厚的商务印刷企业。

2007年9月，公司又投资240万元注册成立了“合肥万户兆春物业管理有限公司”，并筹备成立“精艺数码科技有限公司”，包括成立书店，力求多元化发展。

2008年，公司资产已达7000万元，营业总值达到3000万元人民币。

人员与机构　员工人数从1999的14人发展到88人。公司员工平均年龄29岁，大部分经过专业培训。具有大专以上学历的有15人，中专以上学历的有45人，具有中级以上职称的有5人。管理层8人，其中高层管理3人，中层管理5人，占员工总数10%。

公司实行董事会领导下的总经理负责制。

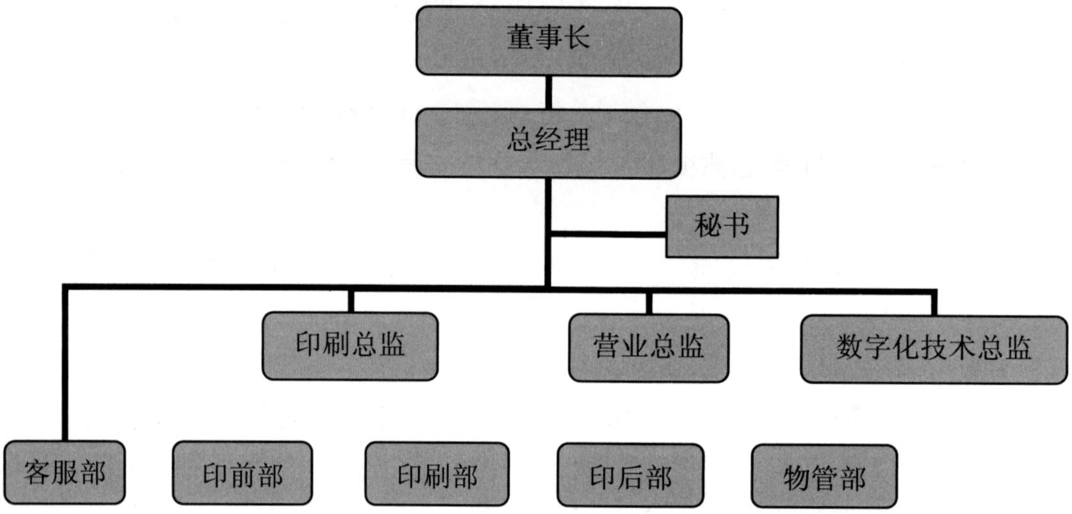

图2-1-1　组织结构图

公司创立后，苏兆春担任董事长。1999年，公司总经理为姚良良。2000—2008年，公司总经理为张汉雄。

技术与设备　至2008年年底，拥有：

印刷设备：海德堡速霸胶印机SM一102对开四色机2台、CD一102对开双色机1台、SM一74四色机1台，SM5 2—41台。

印前设备：柯达全胜800III直接制版机2台，柯达扫描仪、海德堡电分机、数码打样机、德国汉斯85T冲版机、德国天马晒版机、台湾旺昌冲版机等各1台；戴尔服务器及商用机共10台；苹果电脑imac和G4共4台，以及惠普打印机2台等。

印后设备：马天尼全自动骑订联动线和马天尼胶订联动线各一条，斯塔尔折页机2台，各种型号的波拉切纸机共4台等。

产品质量　2008年受黄山书社委印的《非物质文化遗产》第一册获“优质书刊奖”；月刊《徽商》获“金东印艺大奖赛入围”奖。

队伍建设　公司一贯以人为本，重视并提供员工安全、健康、和谐的工作环境。生产车间按现代化标准装修，宽敞明亮，配备大功率中央空调和通风设备，力求做到恒温、恒湿。

员工在工作时间要求统一穿着由公司免费提供的工作服，以保证安全。

为提高员工的专业技能和工作水平，公司每年都要抽调部分技术骨干去海德堡公司、马天尼公司、柯达图文集团进行培训，按期参观国内各大城市举办的印刷展览会，以及不定期的赴国外参观学习。平时积极鼓励和支持员工参加各种技能比赛。重奖获奖员工，在全公司形成积极向上的学习氛围。

公司为所有员工办理养老、医疗等五项保险，员工队伍稳定。目前本公司工作 3 年以上的员工有 50 人，其中 5 年以上的有 20 人，10 年以上的有 15 人。

公司成立 10 年来，一贯奉公守法，按时参加企业各项年检，公司主要负责人和相关人员定期参加出版系统举办的印刷法规学习班，并取得合格证书。

公司一贯奉行“更快、更好、更便利”的服务方针，诚信经营，赢得社会赞誉。2004 年被授予“安徽省书刊印刷优秀企业”称号，2005 年被授予“全国诚信印刷企业”称号。

安徽芜湖新华印务有限责任公司　始建于 1949 年 4 月的芜湖市新华印刷厂，历经六十年的沧桑，由手工作坊式小企业，逐渐发展成为集书刊印刷、包装印刷、商务印刷为一体的皖南地区先进印刷企业。

进入 21 世纪以后，企业立足巩固稳定书刊印刷，拓展商务印刷，发展包装印刷，业务涉及省内外 20 多家出版社。主要承印本省出版社的学术著作、高校教材，部分中、小学课本以及北京、上海等省市的教材与各类包装装潢产品。企业规模、综合印刷能力、经济效益居省内同行业先进水平。企业现有总资产 6189 万元，银行信誉 AA 级。公司现有职工 240 人，其中专业技术人员 92 人，占职工总数 30. 46%。公司位于芜湖三山经济开发区，占地面积 73337 平方米，建有 23000 平方米六栋现代化厂房和 4000 平方米现代化的办公大楼一座。

公司拥有日本网屏“SCREEN 金装彩仙 CEZANNE 高档平台式扫描仪、SCREEN 剑神 5055A 激光照排系统、EPSON pro7600 数码打样系统”和英国产雕龙 DL8500 直接制版机，有世界一流海德堡 CP2000 五色四色对开胶印机四台、国产高速轮转卷筒纸胶印机 YP4890、JJ2040 等印刷设备，JXD440 平装胶订线 2 套、L8D 骑马联动机 2 台，还有国产全自动模切机和台湾产糊盒机等印后加工设备。

2000—2008 年，企业销售收入累计达到 3 亿多元，较“九五”期间经济总量翻一番。实现税收近 2000 万元，较“九五”同期增长 80%。不断加快技术进步和技术更新步伐，“九五”至“十五”、“十一五”期间，企业实施了国家中西部优势工程、双高一优和省百千工程等一系列技改项目，总投资累计 1.3 亿多元，设备及生产能力已达到省内一流水平。2003 年，企业建立现代企业制度转为民营企业，成立了安徽芜湖新华印务有限责任公司。2003 年，被安徽省新闻出版局认定为“书刊印刷优秀企业”。被芜湖市科学技术委员会认定为“高新技术企业”。2004 年，被芜湖市政府评定为首批“诚信企业”。2005 年被评定为首批全国诚信印刷企业。2007 年，被评为全国轻工系统先进集体。2007 年与安徽出版集团共同投资 500 万元成立安徽江南文化有限责任公司，并投资300万元成立芜湖新欣传媒有限公司。2008年,企业正式加入安徽出版集团,被安徽新华印刷股份有限公司控股60%,成为上市公司——时代出版传媒有限公司的属下公司。

1986—2008年经济效益情况统计表

表2-1-14 单位:万元

年份	资产总额	利润	销售	产值	全员劳动生产率(万元/人)	人均创利(元/人)
1986	850	87.13	420	910	1.1	1065
1987	901	90.16	457	1016	1.25	1113
1988	1072	43.53	518	1100	1.39	553
1989	1009	17.36	591	1200	1.64	237
1990	1186	0.06	622	1202	1.56	0.779
1991	1852	0.16	761	1700	2.19	2.0645
1992	1963	-132.04	678	1601	2.28	-1886
1993	1383	-53.8	840	1863	2.82	-812
1994	1445	-126.4	633	2066	3.26	-1996
1995	2145	20.93	1099	2305	3.49	316
1996	3091	105.5	1439	3063	5.19	1788
1997	3975	154.6	2023	3307	6.024	2620
1998	6104	106.6	1766	3555	6.846	2050
1999	4437	118	2117.6	4148	8.039	2286
2000	5022	130.4	2794	4159	9.24	2897
2001	4675	168	2381	4303	10.24	4000
2002	4404	24	3523	4500	11.36	603
2003	4115	50	3373	4280	12.02	1404
2004	4864	51	3070	3890	12.16	1593
2005	4580	51	3068	3820	12.24	1634
2006	5622	52.46	3361	4230	15.78	1957
2007	6568	40.74	3237	3775	14.41	1554
2008	10156	190.37	3887	3512	13.72	7436

企业技术创新与技术改造情况 “九五”至“十五”期间,企业实施了“双高一优”等一系列技改项目,总投资累计4000多万元。“十一五”期间,又实施了三项省百千工程项目,总投资9000多万元。2007年,实施“扩大书刊、包装印装能力建设出版印刷

基地”项目，投资9726万元（含原设备4260万元）新增投资5466万元，建成设施先进、仓储一流的现代化生产基地。2008年，又实施“商务快印按需印刷生产线”项目，已投资1700万元。现有世界先进的德国海德堡胶印机四台、国产高速轮转卷筒纸胶印机六台、平胶订装订线二套、日本网屏制版系统一套、英国产雕龙DL8500直接制版机等国内外先进设备，设备及生产能力已达到省内一流水平。

1992年，首次引进北大方正电子照排系统。卷烟和出口包装装潢印刷能力改造竣工验收，此项目总投资为2986万元，其中用汇351万美元，土建3900平方米。

1994年，引进德国电子分色机（海尔399）。

1995年，投资300万元，上马“八色轮转胶印机”项目，当年投产，第二年收回投资。

1996年，芜湖海螺新华彩色印刷公司正式运作。芜湖市新华印刷厂和芜湖海螺集团及香港安顺行三家共同投资上马六色纸凹印生产线组建芜湖海螺新华彩色印刷公司。

1997年，“引进海德堡胶印机组成酒标、烟标生产线项目”被国家经贸委技改工作会议批准为中西部优势工程项目，总投资2355万元。

1998年，引进单色轮转胶印机2台（PJS1880—02、JJ103）。

1999年，国家中西部优势工程“引进海德堡胶印组成酒标、烟标生产线项目”通过验收，获国家经贸委、财政部下发的110万元项目贴息支持。“特种酒标”新产品通过省级鉴定。该厂自己制订《书刊印刷品》（Q/WXH01—1999）和《平版装潢印刷品》(Q/WXH02—1999)企业标准，该标准经芜湖市技术监督局审议通过。

2000年，“组建高档包装装潢数字印刷生产线”技改项目被国家经贸委批准为国家重点技术改造“双高一优”项目，总投资2900万元。“仿镭射逻辑图文印刷品”“高档数字印刷品”两项新产品通过省级鉴定。

2001年，“金银整饰印刷品”通过省级鉴定。“数字化印刷品”被评为国家重点新产品。

2003年，“引进进口激光照排系统技术改造项目”总投资150万元，用汇18万美元。同年，引进四开四色胶印机（SM74—4）和第一条胶订线（ZXJD440A）。

2004年，引进第二条胶订线（ZXJD440C）。

2006年，引进北人八色轮转书刊胶印机1台（YP4787J）。

2006年4月，芜湖市三山区经发委批准芜湖新华印务有限责任公司“扩大书刊、包装印装能力建设出版印刷基地项目”立项，被列为安徽省百千工程项目。12月，获得省企业发展专项资金30万元拨款。2007年6月，项目实施完毕，共投资9726万元（含原有设备4260万元），新增投资5466万元。2008年4月，经省经委验收通过。

2007年，投资370万引进北人八色轮转书刊胶印机1台（YP4890）。2007年年底，实施“商务快印按需印刷生产线”技改项目，项目总投资4300万元，至2008年已投资1700万元。该项目被列入安徽省百千工程项目，2008年年底，获安徽省经委、省财政厅34万元企业发展专项资金拨款。

产品质量情况　公司一向重视质量管理工作，通过了ISO 9001:2000质量管理体系认证。公司在坚持ISO 9001质量管理体系的同时，针对公司的实际情况，还对公司各生产车间实施了《车间质量考核管理制度》，对班组实施了《车间班组质量考核规定》，根据车间的材料损耗（质量事故）、产品质量（包括返工、紧急放行、客户投诉、退货、索赔等）、安全生产、文明生产等进行综合考评，将产品质量与管理人员的考核奖罚挂钩，极大地调动了管理人员的主观能动性和质量意识，材料损耗和质量事故得到有效控制，降低了成本，取得了明显的经济效益。公司还对与产品质量关系密切的生产部、品控部等部门实施《部门质量考核管理制度》，通过对分管车间及产品的返工率等情况对品控部进行质量考核，强化了监督落实功能，使公司的质量管理水平达到了新的高度。

1996—2008年芜湖新华印刷厂及芜湖新华印务有限公司产品质量获奖情况一览表

表2-1-15

年份	奖次	获奖产品	评奖单位
1996年	优秀	小学《美术》（三）	省出版局
1998年	优秀	初中《基础训练·物理》（一）教辅	省出版局
1999年	优秀	小学《美术》（四）、小学《美术》（四）24K、初中地理（二）	省出版局
2005年	优秀	《新课标物理》（八上）人教版，《新课标物理》（九年级）人教版，高中地理（第二册）	省教材中心、省出版局
2008年	优秀	《地理》（八下）人教社	教材出版中心（出版局）

注：百余种“良好”奖未列

1986年12月，芜湖市新华印刷厂获1986年安徽省轻工系统“创最佳经济效益”劳动竞赛先进企业。

1997年3月，被安徽省轻工业厅授予1996年度创最佳经济效益先进单位称号。

1998年12月，被授予1994—1997年度安徽省固定资产投资优秀项目称号和省轻工系统1998年度创最佳经济效益先进单位称号。

1999年12月，被授予安徽省轻工系统1998年创最佳经济效益夺魁单位称号。

2000年1月，被授予安徽省轻工系统1999年度创最佳经济效益夺魁单位称号。

2001年3月，被授予安徽省轻工系统2000年度创最佳经济效益夺魁单位称号。

2002年3月，被安徽省劳动和社会保障厅授予“安徽省劳动保障管理信得过单位”称号。

2002年4月，被授予安徽省轻工系统2001年度创最佳经济效益夺魁单位称号。

2004年3月，被授予2003年度安徽省民营企业百名排序200强企业称号。

2004年8月，被授予2003年安徽书刊印刷优秀企业的称号。

2005年5月，被授予“安徽省劳动保障诚信示范企业”称号。

2005年,被评为首批全国诚信印刷企业。

2007年,被评为全国轻工系统先进集体。

队伍建设　1999年,芜湖新华印刷厂与芜湖联合大学举办企业管理大专班,对25位来自公司管理岗位和生产一线的骨干进行为期两年的专业学习。公司在2003年就下达文件,要求印刷技术人员在3年内达到大专以上文化水平,否则将遭到淘汰。同时,根据企业的发展规划,有计划地招收大中专毕业生,做到长流水、不断线。公司现有大中专毕业生67名,其中自培8名,引进59名。2003年引进8人,2004年引进8人,2005年引进14人,2006年引进10人,2007年引进3人,2008年引进7人。

针对行业特性,公司制定了《员工培训管理办法》,除组织职工参加公司内部定期培训外,行业内组织的培训学习班,公司都是有计划、有组织地让职工参加培训。2002年,还组织骨干到上海印刷学院进行为期十天的集中培训。

完善激励机制,管理考核人才。公司在2003年完成改制后,根据新设的职能部门,对技术人员的岗位进行了调整,根据技术人员的专业、能力、特长和自愿原则进行调整。完善绩效考核制度、奖惩制度,通过制度管理人才,激励人才。

皖南海峰印刷包装有限公司　1986年1月1日,上海将在绩溪的"小三线"企业之一——上海海峰印刷厂正式移交给绩溪县印刷厂,易名为皖南海峰印刷厂。

为加强交接后的企业管理,确保生产的连续性,当时县委县政府决定:县印刷厂和皖南海峰印刷厂为两块牌子、一套班子。从县厂及其他单位抽调了十多名管理人员和技术、业务骨干充实海峰厂,同时县政府批准招收了55名高中毕业新工。这批新工成为交接后20多年企业生产管理骨干力量。同年,企业成立了党组织、工会组织和共青团组织,并调整充实了厂级领导班子成员,舒清泉任厂长。

交接后,原有的机器设备陈旧,流动资金严重不足。为贯彻落实县里提出的"调整、改造、发挥作用"的方针,企业实施"先急、后缓、量力而行"的技改原则,1986—1990年5年间共投资30万元,进行了部分技术改造。并采取内引、外联、派出去、请进来的办法,迅速培养了一批技术和管理骨干,企业的各项经济指标连年递增。但由于企业的内部管理、特别是安全保密管理未跟上企业发展步伐,在1990年7月3日引发了一起危及企业生存的"七·三窃密未遂"事件,导致企业生产经营跌入低谷。

为重振海峰,县委、县政府派出整改工作领导组,对海峰进行了为期两个月的整改工作,并于整改结束时调整组建了以高建国为厂长、周家驹为党支部书记的新领导班子。

1991年前,海峰厂的95%业务是国家秘密载体的复制,可谓"一条腿走路",且因"七·三"事件的发生,使仅有的这一条腿遭受了"重创",因此海峰面对日益激烈的印刷业,举步维艰。1992年,厂领导班子作出了"砸三铁"的三项制度改革。实践证明,海峰通过三项制度改革和完善,对内产生了凝聚力,对外产生了吸引力,曾一度离去的客户又重新与海峰合作。但工艺落后,设备陈旧的现实严重制约了企业生产经营和发展。企业在资金短缺情况下,克服困难,加大技改投资力度。1991—1995年先后共投资技改资金 250 万元,淘汰了传统的铅排、铅印设备,购买了电脑照排系统、双色对开胶印机、折页机等一系列设备,实现了“铅与火向光与电的转变”。安装了当时国内较为先进的电视监控系统,实现了“人防与技防”同时并举目的。与此同时,先后派出了 20 多人去北京、上海、合肥等先进印刷单位培训学习,使生产能力进一步提高,经济效益和社会效益都有较大程度的增长。“七五”期间实现总产值 1031 万元,上交税金 44.6 万元。“八五”期间实现总产值 2125 万元,上交税金 162.8 万元,产值增长 106%,上缴税金增长了 265%。“七五”期间企业还依附着上海海峰厂扶持,“八五”期间已甩掉了拐杖,独立进行制卷印刷。“七五”期间主要是生产试卷产品,“八五”期间已是试卷和社会产品两条腿走路。

1995 年,海峰被选为绩溪县第一批改制试点单位、宣城地区 23 家改制试点企业。

1995 年 10 月,曾开了长达 21 天的马拉松式职工代表大会,也正是有了这样特殊形式的会议,才把海峰的股份制改革推向了高潮,职工代表一致投票赞成通过了改制方案,于 1996 年 4 月 18 日正式宣告皖南海峰印刷包装有限责任公司成立。公司注册资本 152.5 万元,其中国有股 50 万元,企业法人股 14.5 万元,内部职工股 88 万元。但此次改制没有解决国家干部与固定工的身份问题。

企业改制后,非生产经营性资产进行了剥离重组,减轻了企业负担,把有限的资金用于生产发展和技术改造上,进一步扩大了生产规模,同时添置了一大批较为先进的印刷装订设备,使企业“两条腿走路”发展为“三足鼎立”格局,经济效益进一步提高,国家、企业、员工三者都受益。特别是 1999 年企业按照海峰长期发展总方针提出了海峰“一属年,三步走,翻三番”的 12 年发展总体规划。根据第一步进行技改投资 1500 万元的总体规划,实现了主体印刷设备由单色、低速向多色、高速的转换,为海峰的“秘密载体”复制、书刊印刷、彩印包装产品加工的“三足鼎立”生产经营格局奠定了基础。因此,“九五”期间是海峰加快发展的五年,实现总产值 6398 万元,比“八五”增长了 201%,实现利润总额 203.3 万元,比“八五”增长了 128%,上缴税金 363.3 万元,比“八五”增长了 123%,“九五”末全员劳动生产率 8.2 万元,比“八五”的 3.06 万元增长了 168%。

进入 21 世纪的头五年,是中国实施第十个五年计划的时期,海峰抓住机遇谋发展,并于 2002 年年底进行了“二次改制”。改制后的公司由国家和高建国等 28 个自然人共同出资设立,注册资本为 438 万元,其中国有股 88 万元。与此同时,组建了董事会和监事会。公司通过再次改制,革除了体制弊端,规范了资本组合,完善了法人治理结构。

改制后,海峰迎来了新的发展机遇。2001 年,公司投资 2000 多万元按国家教育部、保密局的要求,建造了“三围两隔制”的现代化保密厂房。同时,通过对生产过程中印前、印中、印后先进设备的大量引进和企业装备按行业 10 年内保持先进水平的要求予以配置更新,从而为确保企业在 5 年以上保持同行业中的领先水平打下了坚实的基础,更为提高制卷能力和满足客户及企业生产发展需求提供了保证。

为实现出版物印刷、专题载体复制和彩印包装印刷三足鼎立的产品格局。2004 年

4月在宣城经济技术开发区，购地5万平方米，并先行投资4000万元购置了多台套数字网络化印前设备、多色胶印机等先进的印刷加工设备以及箱盒包装设备。2005年11月宣城公司正式投产运营，坚持以高起点、高质量、高标准为宗旨，配置了国际国内较先进的印刷设备，如日本小森超级丽色龙五色机等20多台套，实现了设计、印刷、包装、装订一条龙，生产规模不断扩大，市场占有率稳步增长。

2005年，公司相继设立了海峰山庄、海峰旅行社和海峰物资供应公司。这三个由总公司控股投资75%注册资金的独立法人公司投入运营，不仅使海峰集宾馆、酒楼、旅行社、旅游车队和物资供应综合性经营为一体，而且为推动地方经济的繁荣，又为海峰公司的可持续性发展注入了动力。“十五”期间是海峰快速发展的五年，实现总产值15731万元，比“九五”期间增长了146%，实现利润总额788.3万元，比“九五”增长288%，上交税金1101.6万元，比“九五”增长了203%，“十五”末全员劳动生产率13.71万元，比“九五”末增长了67%。

海峰公司是国家试卷印制骨干定点印刷企业，企业一直按照现代企业制度要求，提高员工整体素质，积极采用先进科学技术和装备，适时调整产品结构，努力提高生产力水平。按照“确保试卷、发展书刊、突破包装”的总体经营思路开展各项经营活动。自国家进行分省命题改革，试卷类产品印制进入高峰期以来，公司投资3000多万元，建造了能同时容纳330多人住宿、就餐的宾馆楼、酒楼和室内体育馆、娱乐中心以及安全保密方面的安检、监控和手机信号屏蔽等一系列设备，在确保安全保密、产品质量、完成时间三个100%的同时，连续20年保持了安全保密万无一失、质量投诉零记录的好成绩，其试卷类产品业务范围遍布华东各省。

2008年，公司通过市场调研，并得到国家邮政集团公司和安徽省邮政公司的支持，争取到在宣城经济技术开发区的宣城海峰公司厂区内分二期投资5318万元建设邮资票品项目。项目根据“印前数字网络化，印刷多色高效化，印后多样自动化，器材高质系列化”的印刷业发展趋势，配置进口CTP直接制版系统、苹果电脑设计系统、日本大网屏出片系统、爱普生数码打样机、日本小森多色印刷机、对开单色印码机、全自动上光机、台湾有恒全自动模切机、多功能信封机、全自动EMS信封机等相关配套设备30余台套。邮资票品项目既是海峰的经济增长点，也是海峰确保主业——试卷产品和邮政产品印刷的拳头产品项目之一。

海峰公司在发展过程中，把培养一支政治思想好、业务素质高的员工队伍和专业技术管理人才作为企业发展的根本。公司每年的培训计划同生产、经营计划一样纳入年度工作计划和年度经营考核目标中，确保员工教育培训走向规范化、制度化。同时，公司把引进和培训技术人才当做企业的一项重要工作来抓，促使技术人员在短时间内逐渐入门，由陌生到熟悉，由了解到掌握。

“十一五”期间是海峰快速发展的五年，实现总产值33482万元，比“十五”期间增长了113%，实现利润总额3569万元，比“十五”增长353%，上交税金4092万元，比“十五”增长了 271.5%，“十一五”末全员劳动生产率 21. 87 万元，比“十五”末增长了 59.5%。

从 1986—2008 年这短短的 23 年，海峰走出了一条集约化经营的成功之路，取得了经济效益和社会效益的双丰收，企业被相继评为“安徽省印刷企业‘十强’”“安徽省保密工作先进单位”“安徽省模范职工之家”“安徽省著名商标单位”和“中国产品质量信用 AAA 等级企业”。

1986—2008 年海峰印刷包装经济情况一览表

表 2-1-16　　单位：万元

年份	资产总额	产值	利润总额	销售收入	应缴税金	上交税金	全员劳动生产率	人均创利
1986	200	126	20.7	124	6.3	0.4	1.03	0.17
1987	230	173	23.7	173	9.1	6.2	1.17	0.15
1988	264	200	28.5	200	14	1.4	1.27	0.18
1989	281	241	28.3	243	17.3	14.7	1.54	0.18
1990	278	291	29.1	276	23.3	21.9	1.73	0.17
1991	346	288	24.7	273	18.7	17.6	1.36	0.12
1992	389	318	25.2	317	22.7	21.9	1.54	0.12
1993	477	399	18.1	403	32.1	27	1.93	0.09
1994	441	505	11	393	50	41.8	2.51	0.06
1995	608	615	9.9	522	64.2	54.5	3.06	0.05
1996	673	816	26.7	629	54.3	62	4.59	0.15
1997	857	1020	43.2	770	67.9	71.3	5.93	0.25
1998	1046	1260	40.7	895	79.3	73	6.67	0.22
1999	1201	1500	41.7	1009	89	75	7.24	0.2
2000	1287	1802	51	1338	109.7	82	8.2	0.23
2001	1706	2113	66.2	1754	108.3	101.1	8.88	0.28
2002	2467	2521	110.7	2148	230.4	164.6	9.62	0.42
2003	2804	3179	117.5	2645	210.9	156.3	11.48	0.42
2004	3418	3557	212.7	2932	365.9	227.2	11.94	0.71
2005	5519	4361	281.2	3661	469.5	452.4	13.71	0.88
2006	7446	5359	395	4263	566.2	576.9	16.75	0.8
2007	7716	5652	454	5236	714.1	731.5	16.19	0.88
2008	8713	6999	626	6184	874.9	837.5	18.47	1.18

海峰印刷设备一览表

表 2–1–17

设备名称	型号	制造单位	生产年份	购置年份	单双面	色数	台数
对开双色胶印机	J2203D	北人	1991 年 7 月	1991 年 10 月	单	双	1
对开单色胶印机	J2108B	北人	1997 年 3 月	2009 年 10 月	单	单	6
对开双面胶印机	JS2102	北人	1999 年 5 月	1999 年 6 月	双	单	1
卷筒式平版胶印机	YP2787	上海高斯	2002 年 8 月	2002 年 8 月	双	单	1
对开双面胶印机	JS2102	北人	2002 年 9 月	2002 年 11 月	双	单	2
对开四色胶印机	PZ4890—01B	北京人民机器厂	2003 年 3 月	2003 年 4 月	单	四	1
卷筒式平版胶印机	YP2787	北人	2004 年 1 月	2004 年 3 月	双	双	1
卷筒式平版胶印机	PSS2880—01	北人	2004 年 11 月	2004 年 11 月	双	单	1
小森超级丽色龙五色机	LS540 / 242	日本小森公司	2005 年 8 月	2005 年 9 月	单	五	1
机组式平版四色胶印机	PZ4650—C	上海光华印刷机械有限公司	2005 年 8 月	2005 年 10 月	单	四	1
对开双色胶印机	PZ2102. AL	上海光华印刷机械有限公司	2005 年 4 月	2005 年 4 月	单	双	1
大对开双面胶印机	CSS1040	江苏吕异集团股份有限公司	2009 年 9 月	2009 年 9 月	双	单	1
卷筒式平版胶印机	B880	北人	2009 年 7 月	2009 年 7 月	双	双	1
小森超级丽色龙四色机	LS440 / 242	日本小森公司	2010 年 8 月	2010 年 9 月	单	四	1
对开双面双色胶印机	ZMB2P294—AL	上海紫明印刷机械有限公司	2011 年 2 月	2011 年 4 月	双	双	1
小森超级丽色龙四色机	LS440 / 242	日本小森公司	2011 年 6 月	2011 年 7 月	单	四	1
半自动锁线机	BSX—03	上海订书机械厂	1992 年 10 月	1992 年 10 月	1	—	—
双面晒版机	SBF1000	上海新星印刷器材公司	2000 年 10 月	2000 年 11 月	1	—	—
混合式折页机	ZYH660	上海紫宏印刷机械有限公司	2002 年 12 月	2002 年 12 月	2	—	—
圆盘包本联动机	BBYL450	上海紫光印刷机械有限公司	2004 年 5 月	2004 年 5 月	1	—	—
晒版机	SBK—D	山东海恩印刷技术公司	2005 年 9 月	2005 年 10 月	1	—	—
显影机	XY–860A	山东海恩印刷技术公司	2005 年 9 月	2005 年 10 月	1	—	—
烤版机	KYW–A	山东海恩印刷技术公司	2005 年 10 月	2005 年 10 月	1	—	—
十夹椭圆包本联动机	LJB450 / 10A	淮南光华光神机械电子公司	2008 年 3 月	2008 年 3 月	1	—	—
十六夹椭圆包本联动机	LJB450 / 16A	淮南光华光神机械电子公司	2010 年 8 月	2010 年 8 月	1	—	—
骑马订联动线	LQD8E	淮南光华光神机械电子公司	2005 年 9 月	2005 年 9 月	1	—	—
辊式配页机	PYG450A	淮南光华光神机械电子公司	2006 年 5 月	2006 年 5 月	1	—	—
椭圆包本机	TBB50 / 4C	深圳精密达有限公司	2006 年 11 月	2006 年 11 月	1	—	—
数显切纸机	SQZX1370	上海中威达机械有限公司	2005 年 10 月	2005 年 10 月	4	—	—

续表 2-1-17

设备名称	型号	制造单位	生产年份	购置年份	单双面	色数	台数
水性复膜机	SRFM-1020	浙江黎明印刷机械有限公司	2005 年 10 月	2005 年 10 月	1	—	—
半自动圆压圆模切机	MZ-4000	上海今昌纸箱机械公司	2006 年 4 月	2006 年 4 月	1	—	—
薄刀分切机	FYII-2500	上海英红机械有限公司	2006 年 4 月	2006 年 4 月	1	—	—
三色水性印刷机	YKB—300 型	上海今昌纸箱机械公司	2006 年 4 月	2006 年 4 月	1	—	—
紫外、红外上光机	SGZl000	浙江黎明印刷机械有限公司	2006 年 4 月	2006 年 4 月	1	—	—
全自动裱面机	FMZ—1260	青岛美光机械有限公司	2007 年 1 月	2007 年 1 月	1	—	—
BE 楞单面瓦楞机组	DWl600		2007 年 3 月	2007 年 3 月	1	—	—
全自动模切机	MQl060	天津昌荣机械有限公司	2010 年 9 月	2010 年 10 月	1	—	—
标准信封冲压机	YY6	浙江嘉力达	2010 年 7 月	2010 年 8 月	1	—	—
全自动信封机	ZF-390	浙江嘉力达	2010 年 7 月	2010 年 8 月	1	—	—
单张纸开窗信封机	AE301	深圳经纶公司	2010 年 10 月	2010 年 10 月	2	—	—
特快专递信封机	EMS-KD70	浙江嘉力达	2010 年 7 月	2010 年 10 月	1	—	—
全自动邮政信卡机	ZJ-9	浙江嘉力达	2010 年 7 月	2010 年 8 月	2	—	—
模切烫金两用机	ML-1300	戴氏印刷机械有限公司	2010 年 7 月	2010 年 10 月	1	—	—
方正 CTP 直接制版系统	DL8500	北大方正	2010 年 7 月	2010 年 8 月	1	—	—
苹果电脑设计系统	21. 5	美国苹果	2010 年 8 月	2010 年 8 月	10	—	—
爱普生数码打样机	7910C	爱普生	2010 年 8 月	2010 年 8 月	2	—	—
数显切纸机	QZX1300	戴氏印刷机械有限公司	2008 年 3 月	2008 年 3 月	1	—	—
半自动锁线机	BSX-03	上海订书机械厂	1992 年 10 月	1992 年 10 月	1	—	—
双面晒版机	SBFl000	上海新星印刷器材公司	2000 年 10 月	2000 年 11 月	1	—	—
混合式折页机	ZYH660	上海紫宏印刷机械有限公司	2002 年 12 月	2002 年 12 月	2	—	—
圆盘包本联动机	BBYL450	上海紫光印刷机械有限公司	2004 年 5 月	2004 年 5 月	1	—	—
晒版机	SBK-D	山东海恩印刷技术公司	2005 年 9 月	2005 年 10 月	1	—	—

2008 年安徽省出版物印刷企业一览表

表 2-1-18

企业名称	地　　址
合肥市	
安徽新华印刷股份有限公司	合肥市砀山路 10 号
合肥杏花印务股份有限公司	合肥市庐阳区产业园双凤大道
合肥晓星印刷有限责任公司	合肥市包河大道与纬四路交叉口

续表 2–1–18

企业名称	地　　址
合肥远东印务有限责任公司	合肥市庐阳工业园荷塘路 46 号
中国科学技术大学印刷厂	合肥市金寨路 96 号
安徽省天歌印刷厂	合肥市清溪路 100 号
合肥义兴印务有限责任公司	合肥市包河工业园区纬二路中段
合肥市东方红印务有限责任公司	合肥市张洼路 168 号
合肥铁诚印务有限公司	合肥市望江东路 96 号
合肥育才印刷厂	肥西县上派镇包公路 384 号
合肥朝阳印刷有限责任公司	合肥市庐阳区大杨工业园
合肥永青印务有限责任公司	合肥市合瓦路 329 号
合肥中德印刷培训中心印刷厂	合肥市经济技术开发区繁华大道 6 号
安徽省地质印刷厂	合肥市九华山路 18 号
安徽星火印刷公司	合肥市四里河路 10 号
电子工程学院印刷厂	合肥市潜山路 342 号
合肥信和文化印务有限公司	合肥市瑶海区兴集社
安徽江淮印务有限责任公司	合肥市双凤开发区工业园
安徽日报报业集团印务中心	合肥市高新区望江西路 505 号
安徽辉隆农资集团瑞隆印务有限公司	合肥市桐城路 127 号
合肥市森光彩印厂	合肥市霍山路 86–1 号
合肥工业大学印刷厂	合肥市屯溪路 193 号
安徽交通印刷有限公司	合肥市张洼路 64 号
合肥芳翔印刷有限责任公司	合肥市蜀山新产业园珊瑚路与稻香路交叉口
安徽省政协印刷厂	合肥市宿州路 317 号
安徽省民政印刷厂	合肥市长江路 276 号
安徽医科大学印刷厂	合肥市稻香村梅山路 81 号安徽省医科大学内
安徽省人民印刷有限公司	合肥市固镇路杏林街道 6 号
安徽双环制版彩印有限责任公司	合肥市庐阳工业园天河路 1001 号
合肥华星印务有限责任公司	合肥市庐阳区大杨产业园
安徽万德印务有限公司	合肥市庐阳产业园荷塘路
合肥华云印务有限公司	合肥市包河区东流路 2 号
合肥芳草印务有限责任公司	合肥市巢湖南路 1 号
合肥广联印务有限公司	合肥市龙港开发区

续表 2–1–18

企业名称	地　　址
合肥安博印务有限公司	合肥市庐阳产业园北方置业第六号厂房
合肥新南印务有限公司	合肥市长江西路 968 号
合肥曙宏彩色印刷有限责任公司	合肥市常青镇仰光村仰光大道 288 号
合肥瑞丰印务有限公司	合肥市潜山北路杏花工业园 1 号
合肥市光明印刷有限公司	合肥市荣事达大道 536 号
合肥学苑印务有限公司	合肥市蜀山产业园珊瑚路 6 号
合肥中迅印务有限公司	合肥市骆岗镇平塘王项目聚集区 8 幢
合肥市地方税务局印刷厂	合肥市当涂路 261 号
合肥皖中印务有限公司	合肥市庐阳工业园荷塘路 1 号
合肥凸凹纸品有限公司	合肥市荣事达大道 1800 号
合肥市星光印务有限责任公司	合肥市张洼路七里塘工业区
合肥迅达印务有限责任公司	合肥市美菱大道骆岗盛大工业区
安徽省新世纪印务有限公司	合肥市荣事达大道 450 号
合肥万户精艺印刷有限公司	合肥市蒙城北路 99 号
合肥晚报社印刷厂	合肥市临泉中路
合肥大安印刷有限责任公司	合肥市太湖路 78 号
合肥中建彩色印刷厂	合肥市东流路 315 号
合肥春晖印务有限公司	合肥市金寨路 469 号
合肥庐丰印刷有限责任公司	合肥市北二环路砀山路段
合肥龙港印务有限公司	合肥市瑶海区城东街道红旗产业园 C–04 地块
肥西新华书刊印刷厂	肥西县上派镇合安路 43 号
合肥市超艺彩色印刷包装有限责任公司	合肥市金池路 985 号
合肥市华丰印务有限公司	长丰县岗集镇江汽工业园
安徽国瑞安全印务有限公司	合肥市玉兰大道北
合钢彩石印刷厂	合肥市和平路（合钢公司内）
安徽仁达印务有限责任公司	合肥市城东凤阳东路工业区
安徽电力公司生活服务部光明印刷厂	合肥市芜湖路 415 号
合肥市荣利达印务有限公司	合肥市包河工业区 S1 路 5 号
安徽罗兰彩色制版印刷有限公司	合肥市固镇路 6 号
安徽宝洋印务有限公司	合肥市东流路 161 号三环工业园内
肥西县教育印刷厂	肥西县南岗镇街道

续表 2–1–18

企业名称	地　　址
安徽振武印刷厂	合肥市美菱大道 246 号
合肥超速印刷厂	合肥市包河区常青街道油坊岗工业园 6 号
解放军炮兵学院教学印刷厂	合肥市东至路 5 号
合肥紫罗兰印务有限公司	合肥市合瓦路 255 号五里工业园
合肥创新印务有限公司	合肥市瑶海工业园纬二路 1 号
合肥锦华印务有限公司	合肥市濉溪路 87 号
合肥市宏基印刷有限公司	合肥市北二环砀山路成富羽绒工业区内
安徽彩达印务有限公司	合肥市合巢路卫岗综合楼
长丰师范学校附属小学印刷厂	长丰县水湖镇吴山路 42 号
合肥锐达印务有限公司	合肥市金寨路 419 号
安徽省财政厅印刷厂	合肥市史河路 8 号
合肥澳德印务有限公司	合肥市茨河路 6 号
合肥同升印务有限公司	合肥市电厂路 3 号
合肥市日新印务有限公司	合肥市新站区张洼路煤场西侧
合肥现代印务有限公司	长丰县双凤工业区凤麟大道 16 号
安徽希翼印刷厂	合肥市濉溪路 439 号
安徽金日印刷有限公司	合肥市茨河路 6 号
安徽国文彩印有限公司	合肥市蒙城北路 166 号
安徽联众印刷有限公司	合肥市天水路 7 号
合肥佳州印刷包装有限公司	合肥市蜀山区井岗镇十八岗村科学分院路西侧
合肥嘉文印务有限公司	合肥市美菱大道骆岗镇厂房
合肥市恒升印务有限公司	合肥市庐阳产业园天水路 4 号
安徽友旺印务有限公司	合肥市庐阳产业园荷塘路
合肥寿春印刷有限公司	合肥市庐阳工业园下塘路东
安徽省嘉信包装印务公司	合肥市张洼路 1.5 公里处
合肥新景印务有限公司	合肥市庐阳产业园双凤大道西
合肥市银联彩色印务有限公司	合肥市包河区工业区纬四路南
安徽远洋印务有限公司	合肥市庐阳产业园荷塘路 46 号
合肥市美格印务有限公司	合肥市淮北路 62 号
合肥飞腾印刷有限公司	合肥市濉溪路 126 号（教育出版社仓库内）
合肥国润印务有限公司	合肥市徽州大道与东流路交口

续表 2-1-18

企业名称	地　　址
淮北市	
淮北市相山印刷厂	淮北市古城 155 号
淮北日报社印刷厂	淮北市古城路 153 号
淮北煤师院科技印刷厂	淮北市东山路 100 号
《煤矿爆破》编辑部印刷厂	淮北市东山路 150 号
淮北市南方彩色印刷有限公司	淮北市东山路消防支队院内
淮北市鼎晟矿工报业彩色印务有限责任公司	淮北市幸福路 14 号
宿州市	
安徽省砀山中学印刷厂	砀山县砀城人民东路 170 号
宿州市农村孩子报社印刷厂	宿州市西昌南路
宿州市拂晓报社印刷厂	宿州市汴河路 298 号
安徽省美伦印务有限公司	宿州市三八路 8 号
宿州学院印刷厂	宿州市汴河路 71 号
宿州市委办公室印务中心	宿州市银河一路政务中心 A 座 105 室
宿州市虹桥文化传媒有限公司	宿州市经济技术开发区
阜阳市	
阜阳日报社印刷厂	阜阳市清河路 676 号
阜阳市本色印刷有限公司	阜阳市工业园顶大路六号
阜阳市金辉印务有限公司	阜阳市青峰路
阜阳市大方印务有限责任公司	阜阳市开发区九期标准厂房
界首市教育印刷厂	界首市中原路四巷
阜阳市美术印刷厂	阜阳市河滨中路 87 号
安徽报元印务有限责任公司	阜阳市经济技术开发区
阜南县福特教育印刷有限公司	阜南县工业园区
蚌埠市	
安徽科洋彩色印务有限公司	蚌埠市前进路 425
蚌埠市星海印刷厂	蚌埠市燕山路 1454 号
蚌埠市广福达彩印工艺公司	蚌埠市解放一路 175 号
蚌埠市涂山印刷厂	蚌埠市红旗三路 150 号
蚌埠日报印刷厂	蚌埠市纬一路 63 号
蚌埠市红旗印务有限公司	蚌埠市圈堤西路 670 号

续表 2-1-18

企业名称	地　　址
蚌埠市煤田光大彩印有限责任公司	蚌埠市长征路 525 号
固镇县教育印刷厂	蚌埠市浍河路 105 号
蚌埠市广达印务有限公司	蚌埠市胜利路东段长淮卫中心医院对面
蚌埠坦克学院印刷厂	蚌埠坦克学院内
安徽省财贸学院印刷厂	蚌埠市宏业路 255 号
解放军汽车管理学院印刷厂	蚌埠市禹会区燕山路 1155 号
蚌埠市皖沪精印有限公司	蚌埠市雪华路 295 号
蚌埠良苑印刷厂	蚌埠市治淮路 706 号
淮南市	
淮南日报社印刷厂	淮南市宾馆路 28 号
淮南矿业集团有限公司印刷厂	淮南市矿业集团大院内
淮南市徽艺印务有限公司	淮南市淮舜中路 61 号
凤台县硖石印刷厂	凤台县政府办公楼东侧 C 楼一楼东
淮南春晖印务有限公司	淮南市洞大路
淮南市三峰印刷厂	淮南市龙泉路 83 号
安徽理工大学印刷厂	淮南市理工大学院内
淮南市华彩教育印刷厂	淮南市田家庵
淮南市三瑞印务有限公司	淮南市国庆中路万邦创业园内
滁州市	
滁州市彩色印刷包装厂	滁州市凤阳路 510 号
安徽长江彩色印刷包装有限公司	全椒县综合经济开发区
滁州东营房印刷厂	滁州市东营房
明光市华彩印务有限公司	明光市池河大道 152 号
天长市天星学具有限公司	天长市建设东路 358 号经济开发区经二路 1 号
天长市千秋印务有限责任公司	天长市郑集镇真武南路
滁州市新隆印务有限公司	滁州市会峰东路 86 号
明光市新世纪印务有限责任公司	明光市工业区洪武大道东侧
六安市	
六安市成达印务有限公司	六安市六佛路
霍邱县三联印刷有限公司	霍邱县城关东湖路 24 号
六安市多彩印务有限公司	六安市经济技术开发区

续表 2-1-18

企业名称	地　址
六安新华印务有限公司	六安市紫竹林路 87 号
金寨县宏伟印务有限公司	金寨县梅山镇青年路 128 号
皖西日报社印务有限公司	六安市城东开发区纬一路
巢湖市	
安徽省庐江县教育印刷厂	庐江县庐白路 32 号
安徽省皖中印务有限责任公司	巢湖市东风路 230 号
巢湖报业印务有限责任公司	巢湖市经济技术开发区玉泉路北
安徽华新印务有限公司	无为县二坝经济开发区
芜湖市	
安徽芜湖新华印务有限责任公司	芜湖市长江南路 15 号
芜湖日报社印刷厂	芜湖市华兴路 4 号
安徽师范大学印刷厂	芜湖市北京东路 1 号
芜湖市金桥印刷有限责任公司	芜湖市大桥镇和平村
芜湖市三洋彩印有限公司	芜湖市钱桥工业园
芜湖市可达印务有限责任公司	芜湖市湾里镇金湾村
芜湖市人民政府机关印刷厂	芜湖市范罗山后 17 号
核工业华东地质局 271 彩印厂	芜湖市马塘区火龙岗
安徽省芜湖县宏业印刷有限责任公司	芜湖市赵桥桃源经济开发区
安徽省繁昌县印刷厂	芜湖市繁昌县城关峨溪路 198 号
芜湖新欣传媒有限公司	芜湖市三山区绿色食品经济开发区
马鞍山市	
北京市世界知识印刷厂马鞍山分厂	马鞍山市花山区工业集中区银杏大道 500 号
马鞍山日报社印刷厂	马鞍山市湖南东路 16 号
马钢集团实业发展有限责任公司报业印务分公司	马鞍山市湖南东路 1 号
安徽工业大学印刷厂	马鞍山市湖东中路 59 号
马鞍山市雨山安民印刷厂	马鞍山市红旗南路安民村
马鞍山永升印务有限公司	马鞍山市慈湖车站路 66 号
马鞍山市政通印务中心	马鞍山市雨山区太白大道 2008 号
马鞍山新华印务有限公司	马鞍山市经济开发区阳湖路 1448 号
马鞍山市九峰工贸有限公司	马鞍山市花山区湖北路 9 号
马鞍山市创艺印刷有限公司	马鞍山市雨山区佳山乡陶庄村

续表 2-1-18

企业名称	地　　址
安庆市	
安庆日报社印刷厂	安庆市天台里一号
安庆市兴安印务有限公司	安庆市集贤北路 289 号
安庆市多棱彩印有限公司	安庆市大桥开发区龙眠山北路
安庆市华大彩印包装有限责任公司	怀宁县马庙镇街道 82 号
安徽省金叶彩印有限责任公司	宿松县工业园区
安徽省枞阳县印刷厂	枞阳县正大街 80 号
望江县印务有限责任公司	望江县府街道 69 号
太湖县印刷有限责任公司	太湖县晋熙镇长河路 116 号
桐城市金润包装有限责任公司	桐城市环东路 72 号
安徽电力安庆印刷厂	安庆市人民路 254 号
安徽紫金鹏印务有限公司	桐城市范岗镇范青路 124 号
安庆市毕升印刷厂	安庆市锡麟街道 125 号
安庆现在彩色印务有限公司	安庆市龙山路 7 号
安庆石化华成实业公司印刷厂	安庆市蔡山路 89 号
安庆中天印务有限责任公司	安庆市市府路南一巷 16 号
安庆市华文印务有限责任公司	安庆市华中东路南二巷
池州市	
安徽省池州市新华彩印包装有限公司	池州市马江工业园长江中路 457 号
安徽石台丽源彩色印刷有限公司	石台县七里镇和平北路菜市巷 3 号
池州现在彩色印务有限公司	东至县大渡口镇
铜陵市	
铜陵锦绣印务有限公司	铜陵市私营工业园
铜陵日报社印刷厂	铜陵市淮河大道 358 号
安徽博雅印务有限责任公司	铜陵市经济技术开发区
铜陵市长江彩色印刷有限责任公司	铜陵市长江西路 183 号
宣城市	
宣城市彩色印刷有限责任公司	宣城市经济技术开发区
旌德县第一印刷厂	旌德县河西北路 22 号
皖南海峰印刷包装有限公司	绩溪县杨溪镇岭脚下村 25 号
宁国市永宁实业有限公司	宁国市汪溪工业园

续表 2–1–18

企业名称	地　址
安徽泾县精彩印刷包装有限公司	泾县中山南路 18 号
宣城市中亚印务有限责任公司	宣城市经济技术开发区宣金大厦四楼
安徽省绩溪县星云印刷有限公司	绩溪县方家园 107 号
安徽宣城海峰印刷包装有限公司	宣城市经济开发区莲花塘
宣城日报社印刷厂	宣城市宣泾路
黄山市	
黄山日报社印刷厂	黄山市屯溪区新安南路 21 号
黄山市委机关印刷厂	黄山市屯溪区滨江东路 108 号
黄山市黄山印刷厂	黄山市北海中路
祁门县印刷有限公司	祁门县阊江路 63 号
黄山市地质印刷厂	黄山市黄山东路 140 号
安徽报业黄山印务有限公司	黄山市新城区环一路和五号路交叉口
黄山市歙县新华彩色印务有限公司	歙县经济技术开发区

资料来源：安徽省新闻出版局 2008 年度出版物印刷企业核验公告（第一号）

第二章　包装装潢印刷

2008 年,安徽省共有包装装潢印刷品印刷企业 1055 家。黄山永新股份有限公司是一家上市公司,其扩建项目入选国家文化出口项目,成为文化产品出口的知名企业,2007 年销售收入超过 12 亿元。安徽安泰新型包装材料有限公司总资产达 4 亿元。两家印刷企业都是安徽包装印刷龙头企业。

第一节　黄山永新股份有限公司

公司概况　黄山永新股份有限公司坐落于风景优美的黄山脚下,为外商投资股份制企业、上市公司,主要生产经营真空镀铝膜、塑胶彩印复合软包装材料、药品包装材料、多功能高阻隔薄膜等高新技术产品。自 1992 年 5 月成立以来,公司一直坚持以人为本,追求卓越品质,以“永恒创新,追求卓越”为企业精神,努力把永新股份建成世界一流、中国第一的绿色环保包装生产基地,为中国塑料软包装事业作出应有贡献。

经过十多年发展和锐意进取,永新股份公司拥有从美国、日本、德国等地引进的具有国际领先水平的十条彩印生产线和四条镀膜生产线、七条多功能薄膜生产线以及国内一流的检测设备,可为食品、医药、日化、农化、建材、电子等多个领域提供品质优良的包装产品。公司通过实施 ISO9001 质量保证体系、HACCP 食品安全控制体系等,为产品奠定了可靠的质量和安全保证。

黄山永新股份有限公司作为国家重点高新技术企业和博士后科研站点,永新股份公司拥国内领先水准的包装技术水平,具备不断研究、生产新产品的能力。同时,与国内多家科研机构以及国际上著名包装公司开展深层次技术合作,在快速应用新材料,开发新产品以适应客户需求方面具有优越的条件。

在大力开发企业发展空间的同时,永新股份公司还积极地履行企业公民的社会义务,探索环境保护问题的解决方案。着力研究绿色环保包装产品,并在产品研发、生产过程中,采用无污染原材料,如无苯油墨印刷,以避免污染环境。同时,大力宣传和身体力行包装产品的可回收利用,减少包装废弃物对环境的影响。

1992 年 5 月,公司注册成立,总投资 450 万美元。1993 年 12 月,首次获得国家食品药品监督管理总局颁发的药用包装许可证。1995 年 12 月,为黄山市首家工业产值超亿元企业。1996 年 11 月,被接纳为美国镀膜涂布贴合工业协会(AIMCAL)和美国真空镀膜学会（SVC）会员。1997年，追加投资达800万美元，自日本引进七色印刷机。1998年，追加投资达1200万美元。同年获ISO9002质量体系认证证书。1999年从日本引进11色印刷机。2001年追加投资达1508万美元。同年从日本富士引进九色印刷生产线；2001年从美国引进第三条镀膜生产线；2001年公司新厂区全线启动；2001年公司改制成立黄山永新股份有限公司，注册资本7000万元；2001年公司技术中心被认定为“省级企业技术中心”。2003年公司租赁阜阳颍美包装厂，走出资本运作第一步；2003年二期工程全面竣工并正式启用。2004年中国证监会发行审核委员会通过永新股份股票发行申请；2004年国家人事部批准永新股份公司为博士后科研工作站站点；2004年永新股份公司三期工程开工。2005年投资成立广州永新包装有限公司；2005年隆重举行中国科学技术大学和永新股份公司共建博士后科研工作站揭牌仪式庆典；2005年公司实施“ERP系统和协同办公OA系统”，被认定为安徽省企业信息化建设示范单位；2005年公司被黄山市安全生产委员会评为2004年度安全生产“先进单位”；2005年公司荣获黄山市人民政府授予2004年度“纳税大户”称号；2005年公司被授予“黄山市2004年度十大突出贡献工业企业”称号；2005年公司开始享受税务部门的“绿色通道”服务待遇；2005年永新股份股权分置改革通过，成为安徽省首家G股公司；2005年公司财务部被省财政厅、人事厅评为全省财会工作先进集体；2005年主办“乳制品包装技术研讨会”，近二十家乳制品生产企业和原辅材料生产企业参加；2005年公司的《企业资源计划（NOVEL ERP）系统》项目通过省级验收；2005年主办“医药包装技术研讨会”，三十余家医药生产企业和原辅材料生产企业参加。2006年公司被扬子江药业评为“优秀供应商”；2006年公司荣获黄山市“企业贡献奖”，在受表彰的企业中名列第一；2006年收购河北埃卡公司资产，全资设立河北埃卡永新新材料有限公司，完成北方投资布局；2006年广州永新包装有限公司首批取得广东省出入境食品包装备案书；2006年开发出新一代SiOx-PET镀膜产品，获千万元国际订单，对外贸易实现历史性突破；2006年被授予安徽省首批“115”产业创新团队称号。2007年合肥海关授予永新股份“A类企业”管理称号，公司可享受海关6项优惠措施；2007年成为安徽省首家通过QS认证实地核查的包装企业；2007年被列入安徽省创新型企业试点；2007年莱宝镀铝机新设备、2.3米PE吹膜机、老厂区九色印刷机、干复机、挤复机相继安装投产；2007年彩印印刷车间荣获“全国青年文明号”称号；2007年被列为中国人民银行“景气调查定点企业”；2007年被授予2006年度“安徽省诚信企业”称号；2007年再融资获中国证监会发审委审核通过；2007年再次被授予安徽省“115”产业创新团队称号；2007年以永新股份公司为骨干企业的“绿色包装材料高新技术产业基地”通过省专家组的评审；2007年与合肥工业大学开展产学研合作；2007年再次入选中国行业纳税百强；2007年公司一项目获实用新型专利。2008年公司企业技术中心通过达标认定；2008年公司通过ISO 14001环境体系、ISO 22000食品安全体系认证，获得证书；2008年公司医药包装制造部印刷车间被中华全国总工会授予“工人先锋号”

称号;2008年公司工捐款78311元支援汶川地震灾区;2008年总投资达1.3亿元的五期工程开始投产;2008年公司“能量系统优化改造项目”被列入国家2008年第一批节能技术改造财政奖励项目;2008年永新股份公司顺利通过高新技术企业认定,被列入2008年第一批高新技术企业认定名。

研发资源 立足市场的创新思路作为国家火炬计划重点高新技术企业,永新股份公司一直贯彻“以技术引导市场,以技术支持市场”的理念,始终将新型软包装材料的研究与开发作为企业重点工作,坚持立足市场需求,着眼于高科技、高成长、高效益产品的研发和生产,持续开展工艺改进、技术攻关、技术创新等活动,不断开发新产品,持续进行工艺改进。永新股份公司依托省级企业技术中心、博士后科研工作站、安徽省“115”产业创新团队、安徽省工程技术中心等专业研发机构,大力开展技术研发工作,并与多家科研院所、跨国公司建立了广泛的合作关系。

永新股份公司每年均投入大量资金以支持新型软包装材料的研发,并注重研发队伍建设,重视从生产一线选拔技术人才,并以项目负责制有效激励技术人员,培养一支拥有既有良好素养又有资深专业经验的研发队伍。公司现有专业技术人员184人,其中博士1人,高级工程师12人,中级工程师46人,助理工程师110人,技术员25人。

拥有自主开发的领先技术 永新股份公司具有较强的自主开发和技术创新能力、质量保证能力。公司已自主开发出高阻隔真空镀铝、激光全息防伪、液体农药软包装、宽幅建材专用聚乙烯镀铝、宽幅多通道医药自动包装膜生产技术、无苯印刷复合、多层共挤、等离子表面处理技术、二步法等多种先进工艺与技术,并达到国际或国内先进水平。

拥有国外引进的独特技术 在自我研发的同时,积极引进国外先进的包装技术,提升企业技术水平。目前,通过引进技术,公司镀膜工艺已达到国际先进水平, VMPET、VMCPP、VMPE等产品的阻隔性是正常状态下的5~20倍,延长被包装物的保质期。铝层附着力是正常状态下的3~5倍。通过引进HB复合技术,进一步提升薄膜的复合强度。

拥有业内一流的生产设备 永新股份公司立足“高、尖、精”,引进当代最先进的包装制造设备。如引进的日本富士FCD、FGN彩印设备,是迄今为止套色最准的设备,精度可控制在0.1毫米。引进日本富士粘合机,其独特的展平辊、密封刮刀有效地解决了产品的起皱、空胶、脱胶等弊病。

永新股份公司质量检测中心拥有电子拉力试验机、热封试验仪、气相色谱仪、透射密度计、摩擦系数测定仪、水蒸气、氧气透过量检测仪、分光光度等进口仪器,是中国塑料软包装行业最先进、最完善的质量检测中心之一,可以依据国内软包装检测标准对产品进行各种检测。同时,执行严格的过程质量控制流程,公司已先后通过了ISO 9001体系和HACCP体系认证。

企业文化是企业的灵魂和底蕴。构建企业文化系统是为了实现团队目标与个人目标的统一，约束与自由的统一，物质鼓励与精神激励的统一，工作与生活的统一。永新企业文化是对永新十多年发展的积淀，是对永新人传承徽商精神、创新进取的阐释，更是永新股份公司战略不断升级，强化核心竞争力的重要支柱。永新文化理念是全体永新人共同持有的理想、信念、价值观、行为准则和道德规范，由全体永新人共享、传承、丰富和发展。

队伍建设　永新股份公司自成立之初就高度重视员工团队建设，经过十多年的发展，在生产、研发、管理、营销、质量检验等岗位已培养出一批年轻化、专业化、知识化的骨干员工，为企业持续稳健发展提供了强劲的发展动力。

在企业发展历程中，永新人以永不满足的精神，时刻将目标定位于国际最高水准，坚信"科学技术是第一生产力"，以积极的学习态度和创新精神为企业发展勤奋耕耘，打造出一支爱岗敬业、甘于奉献、勇于创新的员工队伍，先后涌现出一大批杰出的员工楷模。十多年来，公司先后有员工荣获全国跨世纪优秀包装企业家、全国质量管理先进工作者、中国当代优秀包装企业家、安徽省劳动模范、安徽省青年营销状元、安徽省先进女职工、安徽省企业营销先进工作者、安徽省工会财务工作先进工作者、第三届安徽省优秀青年、安徽省江淮女职工跨世纪先进个人、安徽省青年科技创新奖、安徽省百名一线技术状元、安徽省技术创新标兵、安徽省技术能手等荣誉称号。

第二节　安徽安泰新型包装材料有限公司

公司概况　安徽安泰新型包装材料有限公司位于国家级合肥经济技术开发区，系深圳劲嘉彩印集团全资子公司（劲嘉股份：002191）。集团从 2005 年起一直居于全国印刷行业百强之列，中国烟标的行业标准制定者之一。本公司于 2002 年正式开始创建，2003 年试运营生产，2008 年总资产 4 亿元，拥有员工 400 余人，主要致力于各种中高档香烟包装的开发、设计、制作、生产等业务，生产的主要产品有黄山系列、哈德门、哈尔滨、林海灵芝等，年生产力可达 120 万大箱。

公司拥有世界先进的生产设备：意大利赛鲁迪连线复合 + 转移 +9 色凹印生产线 1 条，德国捷拉斯 11 色柔印生产线 2 条，德国海德堡速霸（7+L、6+L）胶印机 cP200O（cD102）2 台，丝印生产线 2 条，单凹机 2 台，上光机 2 台，压膜机 3 台，上海亚华烫金机 3 台以及台湾有恒模切烫金机群 11 组等设备。其中赛鲁迪凹印生产线是集镭射膜复合、转移、印刷、UV、分切于一体，拥有 7 项本集团专利。2007 年，按照国家局 V0Cs 检测标准的要求，又引进了美国安捷伦公司生产的气相色谱质谱联动仪，实行来料、制程等产品的全过程监测，确保了产品中挥发性有机化合物的达标。

印刷方式齐全：拥有胶印、凹印、柔印、丝印四种印刷方式，并可进行多种印刷方式组合印刷。

印刷工艺先进：采用了 UV 印刷、柔版水性印刷、先烫后印，全息定位烫防伪工艺、特种油墨防伪印刷工艺。捷拉斯 11 色柔印生产线将印刷、烫金、凹凸、压痕、模切、清废等工艺一体化进行生产,生产周期短,产品质量高。

印后加工能力强大:高精度的烫模设备可进行凹凸、模切一次成型生产,自主创新应用软包硬化新型模切刀版,此工艺与现有技术相比,不仅使产品包装的外形更美观,而且正反面模切同时进行,适用于高速模切,提高了生产效益。

产品科技含量高:利用图形码防伪技术在烟标上印制成功,使用无色防伪油墨印刷,肉眼无法识别,亦无法直接扫描,只能用专门仪器读取,达到较高的防伪效果,开创了防伪技术的新领域。

环保领先的生产材料和工艺:食品级水性油墨、可迅速降解转移纸、再生纸。镭射图案压印转移生产工艺,激光图案压印转移生产线,确保其产品能循环使用,有利于废弃纸张的回收和再利用,符合了环保的要求。

公司拥有完善的人力资源开发、管理体系,多层次、全方位的培训体系,高速、快捷的信息化网络,先进的生产工艺研发体系,完善的营销服务体系和市场供应能力。建立了以"三三制"为指导思想的多层次、全方面、长期性的培训体系,通过"三三制"的指导思想,形成了基层重操作,中层重管理,高层重战略,"创新"与"传帮带"结合的良好组织氛围。在公司总体战略目标下,不断加大市场开发力度和内部机制管理,制定了以成本管理为基础的,涵盖质量管理、生产经营计划管理、物控管理等模块的管理系统,构筑了坚实的管理平台。公司建立了具有先进的管理理念和创新意识的中高层管理团队。

获得荣誉 2005 年 3 月,公司以柔版印刷方式印制的"金盛唐"烟标获得美国柔印技术协会(FTA)2005 年国际柔印精品质量竞赛银奖,这是中国柔印产品首次获得的国际大奖。同年 10 月,又参与了由中国出版工作者协会、中国印刷技术协会、中国报业协会等多家机构共同组织开展的"2005 中国诚信印刷企业创建"活动,并当选为中国首批诚信印刷企业。2005 年 12 月,公司通过了挪威船级社(DNV)的认证,取了 ISO 9001:2000 版的质量证书。2007 年被评为安徽省先进技术型企业,同年获 2007 年安徽省外商投资优秀企业及合肥市十佳文化民营企业荣誉称号;2008 年,被评为国家级高新技术企业,成为安徽省印刷协会常务理事单位和合肥市印刷协会副会长单位。公司从 2008 年 7 月起,正式启动了 ISO 9001 质量管理体系、ISO 14001 环境管理体系、OHSAS18001 职业健康安全管理体系的"三标体系"认证工作,相继在 2009 年 4、5 月份通过了资格认证,取得了相应的资格证书。

人员结构 技术人员,逐年增加。

2005—2008 年人员结构统计表

表 2–2–1

年度	总人数	生产一线人数	行政管理人数	技术人员
2005	460	363	96	112
2006	476	374	102	132
2007	476	333	143	151
2008	416	272	143	156

经济效益　人均创利，逐年增加。

2005—2008 年经济效益情况统计表

表 2–2–2

年份	资产总额（亿元）	总产值（亿元）	含税销售收入（亿元）	利润总额（万元）	全员劳动生产率（万元 / 人）	人均创利（万元 / 人）
2005 年	2.94	2.81	2.83	4503	115	18
2006 年	3.12	3.13	3.65	4250	143	20
2007 年	3.06	4.31	4.51	7220	137	23
2008 年	3.05	4.00	3.99	8901	117	26

第三章　复制和印刷物资供销

2008 年，安徽省共有复制企业 4 家，其中 1 家光盘生产企业，即安徽旭日光盘有限公司，其他 3 家为磁介质生产企业。安徽旭日光盘有限公司的成立，标志着安徽记录媒体实现零的突破。安徽旭日光盘有限公司扩建项目入选国家文化出口项目，成为文化产品出口的重点企业。

安徽出版印刷物资有限公司是全省印刷物资供销主渠道，服务于安徽的出版印刷业。公司的成立，形成了安徽印刷业的产业链。

第一节　安徽旭日光盘有限公司

公司概况　安徽旭日光盘有限公司是于 1999 年 10 月 14 日，由安徽省出版总社和安徽电子音像出版社共同投资设立的有限责任公司，成立时注册资本为 391 万元。安徽省出版总社和安徽电子音像出版社分别持有安徽旭日光盘有限公司 96%和 4%股权。

2003 年 11 月，安徽省出版总社对旭日光盘全部投资划转至安徽省星簇投资有限公司（后更名为安徽华文投资管理有限责任公司）。2005 年 5 月，旭日光盘以资本公积 609 万元转增资本，注册资本变更为 1000 万元，增资后，安徽华文投资管理有限责任公司与安徽电子音像出版社仍分别持有 96%和 4%股权。

2007 年 12 月，安徽出版集团有限责任公司与安徽华文投资管理有限责任公司签订股权转让协议，安徽华文投资管理有限责任公司将其持有的旭日光盘 96%股权全部转让给安徽出版集团有限责任公司。

2008 年 11 月 28 日，作为原“科大创新”定向增发，收购安徽出版集团资产的一部分，安徽旭日光盘有限公司进入上市公司时代出版传媒股份有限公司。

公司从 2001 年之后，加大资金投入，进行技术改造，到 2004 年 12 月，建成了一幢集生产、办公于一体的现代化高科技的花园式厂房。公司拥有先进水平的光盘复制设备，激光存储片复制生产线 8 条，母盘生产线 1 条，离线检测，丝印机 3 台、胶印机 3 台和前期制作等设备，能够生产 CD、VCD、CD-ROM、DVD5、DVD9、DVDIO、CD-R、DVD-R 等产品，日生产规模二十多万片。其中出口 R 类空白光盘，主要出口至中国香港、泰国、尼日利亚、澳洲、德国、英国、美国等地，荣获“2007—2008 年度国家文化出口重点企业”称号。

机构沿革　1999 年 9 月 20 日，安徽省出版总社批准成立安徽旭日光盘有限公司，隶属安徽省新闻出版局，标志着安徽的记录媒体实现零的突破。

1999 年 12 月 9 日，安徽旭日光盘有限公司首批产品顺利下线。

1999 年 12 月 17 日，安徽旭日光盘有限公司正式成立并投产。

2000 年 11 月 8 日，安徽旭日光盘有限公司举行新厂房奠基仪式。

2001 年 8 月 28 日，安徽旭日光盘有限公司获得省高新技术产业厅颁发的“高新技术企业证书”。

2001 年 12 月 8 日，安徽旭日光盘有限公司新增三条光盘复制生产线正式投产。

2002 年 9 月 16 日，新闻出版总署批复同意安徽旭日光盘有限公司引进光盘胶印印刷机。

2002 年 12 月 3 日，安徽旭日光盘有限公司获得了由 TüV　CERT 认证机构颁发的 ISO 9000:2000 版质量管理体系认证资格证书。

2003 年 4 月 8 日，新闻出版总署批复同意安徽旭日光盘有限公司引进 4 条（8 个头）CD/DVD 互换激光数码储存片子盘复制生产线。

2004 年 10 月 15 日，安徽旭日光盘有限公司母盘生产线厂房破土动工。

2005 年 10 月 8 日，安徽旭日光盘有限公司划拨安徽出版集团。

2006 年 2 月 16 日，公司母盘生产线正式试运行。

2006 年 4 月 26 日，公司通过 SGS（重金属超标检测标准）认证。

2006 年 4 月 28 日，安徽旭日光盘有限公司与安徽电子音像出版社正式剥离。

2006 年 5 月 19 日，安徽旭日光盘有限公司到商检局办理进出口备案，为出口做准备。

2006 年 10 月 8 日，公司获中国船级社质量认证公司颁发的三体证书。

2007 年 3 月 15 日，公司第一批 DVD—R 成功出口。

2007 年 4 月 28 日，省新闻出版局同意公司增加可录光盘经营范围。

2007 年 11 月，公司被列入“07—08 国家文化出口重点企业”。

公司性质　由原安徽省出版总社投资控股，2005 年划拨安徽出版集团，为安徽出版集团下属的全资子公司。

公司经营范围　许可经营项目：光盘的制作、生产，音像电子产品的销售。

一般经营项目：光电设备维修与技术服务，进出口业务（国家限定或禁止的除外）。

机构设置　安徽旭日光盘有限公司实行总经理负责制的法人治理结构，总经理为旭日光盘的最高行政领导，总经理办公会为旭日光盘的议事和决策机构，旭日光盘下设总经理办公室、财务部、营销部、生产技术部、品质部、旭日向扬空压机有限公司等部门，各职能部门在总经理的领导下履行职责。

安徽旭日光盘有限公司于 2007 年年底设立了全资子公司安徽旭日向扬空压机有限公司，该公司经营范围主要为空气压缩机的安装、销售及技术咨询。

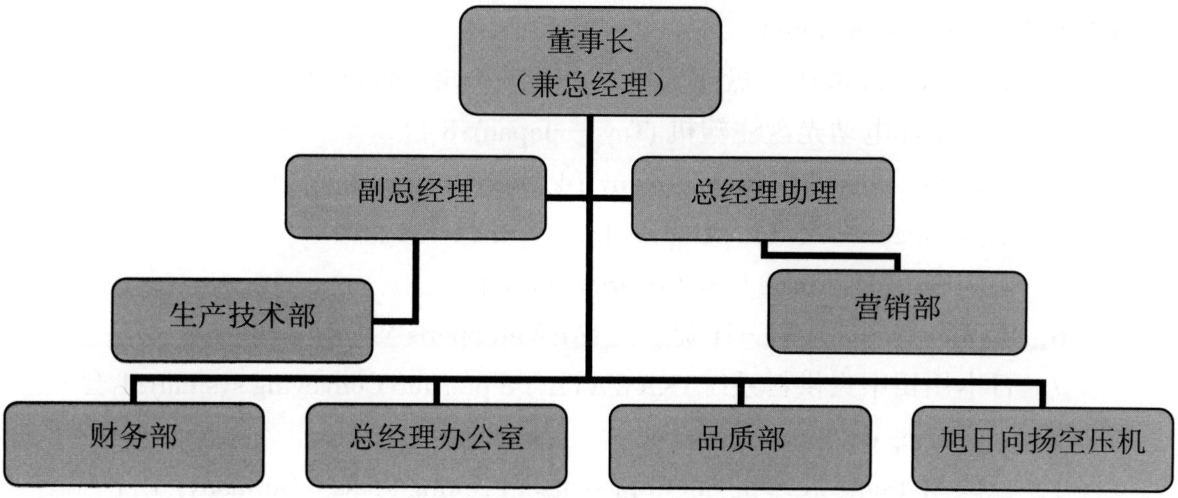

图 2-3-1　安徽旭日光盘有限公司组织机构图

人员结构　在职职工人数 112 人，退休人员 0 人。在职职工中有研究生 1 人，大学本科学历人员 15 人，大学专科学历人员 38 人。其中，高级职称 1 人，中级职称 11 人，初级职称 100 人。

经济效益

2000—2008 年资产、产值、利润统计表

表 2-3-1

年份	资产（元）	产值（元）	利润总额（元）
2000	9112302.50	164800.00	-84963.54
2001	10493124.35	16454775.64	4547893.99
2002	24487692.92	35598606.19	10139567.07
2003	68714068.46	46664797.29	10722801.13
2004	135396278.95	31761772.43	-7175319.88
2005	115744565.79	32141559.57	-18390250.94
2006	105944056.99	41547138.96	-9201023.92
2007	88664446.56	50390459.83	-16213785.5
2008	86348242.08	56506917.15	-9222495.78

技术设备

注塑设备 (injection molding)

1. 瑞士 Netstal 液压光盘注塑机 (Netstal—Switzerland):6 台
2. 日本东洋电动光盘注塑机 (Toyo—Japan):8 台
3. 德国 Singulus Sky l ine(Germany):4 台
4. 德国 Singulus Sky l ine Duplex Duo(Germany):8 台
5. 德国 Singulus Space l ine C(Germany):1 台
6. 宏威数码 Sports Vl—II 旋涂机 (AnWell Sports Vl—II Coater):6 台
7. 日本川田中央供料系统 (KAWATA'S pc Auto Conveying system):1 套

印刷设备 (printing equipment)

1. 德国 Metronic 胶印机 (Metronic Offset Printing Press—Germany):1 台
2. 日本文化精工 H9 胶印机 (NITTON BUNKASELKO—Janpan):1 台
3. 台湾恒基 HS-420F 胶印机 (HANKY Offset Print ing Press—Taiwan):1 台
4. 台湾冠印丝网印刷机 (GUANN YINN Screen Printer—Taiwan):3 台

母盘生产线 (stamper equipment)

美国 ODC 母盘生产线 (Optical Disc Corporation—U. S. A):1 条

产品质量　公司产品执行中华人民共和国新闻出版行业标准。音像制品质量技术要求:CD:CY/T48. 2-2008，VCD:CY/T48. 4-2008，DVD:CY/T48. 5-2008。可录类光盘标准:CY/T4 1—2007，CY/T3 8—2007

产品每年做 ROHS 测试,即光盘中所含限制重金属铅镉汞、六价铬、多溴联苯、多溴联苯醚的检测,均不超标,符合欧盟标准,所产的空白类光盘 CD—R/DVD-R 远销欧美。

通过质量管理体系,以确保产品符合标准。

队伍建设　理念知识与技能素质相融,岗位学习提高与人才引进相举,教育培训与业绩考核并行,改善员工队伍总体结构,推进岗位技能素质优化,提高员工学习能力、岗位履职能力和创新能力。贯彻"以人为本"的精神,引导和促进广大员工"以公司为家,与事业相伴"和"勤于学习,爱岗敬业,甘于奉献,乐于助人",实现与公司同呼吸,共甘苦,同进步,自觉成为公司利益的实现者、维护者、发展者。

旭日光盘公司在时代出版的企业文化氛围中,培养员工"人人有激情,时时在状态"和"天天想干事,努力干成事"的企业精神,把事业做大、做强!

第二节　安徽出版印刷物资有限公司

机构沿革　1978 年,设立安徽省印刷物资供应站,编制员额 25 名,事业性质。1981 年,由安徽省印刷物资供应站改名为安徽省印刷物资公司,编制员额 40 名。

1985 年,成立安徽省出版印刷公司,保留安徽省印刷物资公司,两块牌子,一个机构。编制 55 人。

1986 年,恢复安徽省印刷物资供应站,编制 20 名,事业单位,县(处)级建制。实行独立经济核算,自负盈亏。经营方式以计划调拨印刷机械、器材、零配件、油墨等物资供应工作。

安徽省印刷物资供应站(对外称“安徽省印刷物资公司”)是隶属于安徽省新闻出版局的二级机构,县处级建制。是经营服务型的印刷物资供销单位,独立的经济实体。经营品种多,业务范围广,是全省印刷物资供销的主渠道。该站坚持深化改革,强化管理,不断完善经营承包责任制;坚持以市场经济为导向,以服务于出版印刷事业为宗旨,以两个效益为目标,取得了一定的成效。1991—1995 年销售收入达 11669 万元,实现利润 306.6 万元,固定资产 461 万元。连续四年被评为安徽省新闻出版局经营管理先进单位,连续五年被评为一级和特级金融信用单位。该站职工编制 30 人,设有经理室、办公室、财务科、机械科、器材科、油墨科、纸张科及两个二级法人单位:庐州印刷物资公司、第二服务部。经营品种有印刷机械及配件(各类照相制版设备、高级电脑排版系统、胶印、高速轮转、铅印、包装特种印刷、装订配套设备等),印刷器材(橡皮布制版软片、锌版、Ps 版、丝网印刷等),油墨(各类中、高档油墨),纸张批发和零售铅、锡、锌、铜零售。

2005 年,安徽出版集团有限责任公司成立后,公司进一步转变观念,理顺关系,大胆改革,经上级主管部门批准,由原先的事业单位改制成企业,并更名为安徽出版印刷物资有限公司,属于安徽出版集团有限责任公司全资子公司,为国有经济实体。设有总经理室、副总经理室、办公室、财务部、储运部、机械部、印刷材料部等。常年经销各类印刷、包装机械、印刷器材、油墨及各类辅材等,品种已达 2000 多种。公司始终坚持以市场经济为导向,以服务于出版印刷业为宗旨,以两个效益为目标,充分发挥印刷物资主渠道的作用,取得了较好的成绩。公司奉行“质量为先、诚信为本、专业服务、勇于创新”的理念,总代理、总经销国内外众多名优品牌的印刷机械及印刷材料,并为客户代办托运,承办印机安装调试、维修等服务项目,为用户提供良好的专业技术咨询。

2006 年,新成立两个二级法人单位:合肥皖新覆膜有限责任公司和合肥恒升印务有限责任公司。

2008 年,安徽出版集团有限责任公司以其所持有的出版、印刷等文化传媒类资产,认购“科大创新”定向发行股份,成为上市公司第一大股东,在全国率先以出版主业整体上市。上市公司更名为时代出版传媒股份有限公司,安徽出版印刷物资有限公司成为时代出版传媒股份有限公司下属全资子公司。设有总经理室、副总经理室、办公室、财务部、储运部、机械部、印刷材料部等部门和合肥皖新覆膜有限责任公司、合肥恒升印务有限责任公司两个全资子公司。

主要负责人先后有李罗春、宁玉柱、王英俊、魏晓平、孟祥华。

获奖情况 1993年,获安徽省出版总社年度经营承包三等奖

1994年,被评为安徽省出版总社年度经营管理先进单位

1995年,被评为安徽省出版总社年度经营管理先进单位

2006年,被评为安徽出版集团有限责任公司年度先进单位

2007年,被评为安徽出版集团有限责任公司年度最佳成长单位

经济效益

1999—2008年公司资产及主要经营数据统计表

表2-3-2 单位:万元

年度	资产	销售额	利润
1999	2441.82	3972.19	27.67
2000	2267.53	4062.36	30.48
2001	2355.85	3789.25	3.85
2002	2523.99	4377.32	4.47
2003	2859.14	5196.5	-28.85
2004	3994.79	5685.62	6.63
2005	4805.91	4797.49	-57.61
2006	6156.94	6574.97	6.33
2007	5432.83	9117.96	48.36
2008	5639.43	5085.89	535.93

注:2008年以后公司不再经营纸张

第三篇　发　行

安徽省新华书店（发行主渠道）从1986年拥有销售网点446个、职工3348名，发展到2008年已成为拥有86个分公司、5000余名职工、548个发行网点的现代化大型发行集团，形成覆盖全省城乡的完整的图书、音像等出版物分销体系。年销售额由1986年的1.32亿元增长到2008年年底的53.18亿元，资产总额也由1986年的2470万元增长到33.63亿元。安徽新华发行集团成立于2002年8月26日，在2007年中国企业500强评比中，集团资产利润率居全国文化企业之首，2008年年初，集团入选“首届全国文化企业30强”。2008年，集团完成了股份制改造，为核心企业上市打下基础（2010年1月18日成功上市）。2008年，集团受到中宣部、文化部、广电总局、新闻出版总署联合表彰，被授予“全国文化体制改革优秀企业”称号。

安徽省各出版社的自办发行，从1984年开始异军突起，为多渠道发行增添了巨大活力。随着出版社出书品种不断增加，自办发行也逐步发展，建立有专门的发行队伍，拥有遍及全国的发行网点，建立各项规章制度。同时，自办发行工作也由传统的销售转变为营销策划，参与各该社图书生产的全过程，为本社的做大做强打下基础。

安徽省1987年开始图书版权贸易，为皖版图书走向世界打开了通道。1993年，安徽省成立了版权代理公司，各出版社相继都设立了版权专干，后来正式成立对外合作部。到1994年年底，全省已代理作品数十件，涉及到美、英、法等国家和中国台湾、香港等地区。安徽出版集团成立后，从单一的图书版权贸易到文化产品出口，再到实体公司“走出去”，初步形成了多品种、多渠道、全方位、立体化“走出去”发展格局。

民营发行企业（曾被称为“二渠道”）的发展速度迅猛。1980年12月，国家出版局发出《〈建议有计划有步骤地发展集体所有制和个体所有制的书店、书亭、书摊和书贩〉的通知》，允许民营资本进入图书报刊零售领域。1989年，民营书店又获得二级图书批发权。随着出版社的企业化管理，合作出版等形式的实行，民营资本开始介入图书的出版环节。1982年以后，江淮大地相继出现集体、个体书店，到1985年已发展到近2000个。到90年代末，全省非国有书刊批发企业已突破100家。到2008年，全省非国有书店已发展到3300多家，其中批发书店近300家，连锁书店总店5家，从业人员2万多人，销售收入50亿元。发行量已占全省半壁江山。

第一章　安徽新华发行集团

半个多世纪以来，安徽新华书店作为图书发行主渠道，经历了从计划经济条件下的计划发行、教材垄断发行，到社会主义市场经济条件下的教材发行招投标、“三包两挂”（包销售、包利润、包固定资产增值和联系销售、联系利润）的经营承包责任制、经营管理目标责任制、全面预算管理的发展历程。在发行体制改革、市场全面放开的新形势下，各项经营指标年年创出新高。

2002年8月26日，按照现代企业制度要求，在省新华书店和省外文书店基础上成立安徽新华书店集团（2005年4月更名为安徽新华发行集团有限公司）（以下简称“集团”）。集团为大型国有出版物发行企业，是由省委宣传部领导，省新闻出版局实行行业管理，以资产为纽带的多个法人联合体。

2004年3月，集团全力推进内部管控制度的改革，到2005年上半年，全省17个市级子公司改制全部完成。全省82个国有书店完成公司制改造，并全部由省、市、县三级法人管理体制改为集团母公司、市级子公司二级法人管理体制，实行集约化管理，形成国有独资大型企业集团。集团拥有安徽新龙图贸易进出口有限公司、安徽新华电子音像发行股份公司、安徽新华图书音像连锁有限公司、安徽新华教育图书发行有限公司和安徽华仑置业有限公司等5个专业子公司，17个市级子公司，62个县级分公司，548个销售网点，成为安徽最大的图书音像发行企业和文化企业。

集团根据中央文化体制改革的总体部署和建立现代企业制度的要求，2007年3月集团确立了“三项制度改革、股份制改造和整体上市”三步并作一步走的推进改革、加快发展的重大举措。2007年11月28日，安徽新华发行（集团）控股有限公司成立，由安徽省人民政府出资设立，省委宣传部主管、省新闻出版局进行行业管理的国有独资公司。2007年12月，安徽新华发行（集团）控股有限公司溢价转让持有的集团公司12.99%国有股权，引入5家战略投资者，实现产权多元化。根据省委宣传部批准的集团公司整体改制上市方案，2008年，安徽新华发行集团有限公司变更为安徽新华传媒股份有限公司，控股公司持有传媒股份公司87.01%的国有股权，完成了股份制改造，为核心企业上市打下了基础。2008年，安徽新华发行集团公司的销售额达53.18亿元，是1986年的40倍。

第一节　机构沿革

安徽省新华书店　安徽省新华书店的前身是新华书店安徽分店。1952年6月1日，随着皖南、皖北行署的合并，皖南、皖北新华书店在合肥合并，成立新华书店安徽分店，由中共安徽省委宣传部领导，业务上由华东总分店领导。新华书店安徽分店的成立，标志着安徽省的图书发行工作进入了新的阶段。安徽分店成立时职工100多人，全省有支店74个，支店职工1000多人，固定资产17万元，年销售额4000多万元，分店设有秘书科、计划科、人事科、业务科、财务科。

1954年，安徽分店根据中共安徽省委的指示，将基层书店人事权下放给当地领导机关管理。同年10月，华东总分店撤销后，安徽分店业务改为新华书店总店直接领导。

1956年，安徽分店划给省文化局领导和管理。1957年，省文化局决定：全省书店财务下放给当地文化行政部门管理。全省书店人事和财务下放后，改变了由分店统一集中管理的体制。1958年7月1日，安徽分店由省文化局全权管理，改变了原先由省文化局和总店双重领导的体制。9月1日，新华书店安徽分店的名称改为安徽省新华书店。

1963年1月1日起，全省市、县书店将已下放的地区、市、县店改由省新华书店和当地文化行政部门双重领导。人事、干部管理以当地文化行政部门管理为主，业务以省店管理为主，财务由省店统一管理。

1970年5月，安徽省革命委员会出版发行局成立，撤销省新华书店建制，省店编入出版发行局下设的储运连和发行组。1973年9月，省出版发行局正式宣布恢复安徽省新华书店的建制，成立安徽省新华书店革命领导小组，下设发行科、调研科、秘书科、储运科。1978年1月起，省新华书店实行独立核算。12月8日，省编委同意省新华书店为省出版发行局下属独立的二级机构，编制90人。撤销省出版局储运连和发行组。

事业改企业　1984年7月18日，安徽省人民政府批转安徽人民出版社《关于全省新华书店系统人员实行三级管理的报告》，这是全省新华书店系统人事管理体制的一项重要改革。1985年根据安徽省人事局、安徽省劳动局、安徽省出版总社《关于改变全省新华书店人事、劳动计划管理的通知》文件，原属事业单位的省、地市、县新华书店均改变为省属企业。

三级管理　1986年，新华书店人员实行三级管理，使各级书店人事、财务、业务三权统一，开创了安徽图书发行事业的新局面。

机构设置　1985年1月，省出版总社批转安徽新华书店《关于全省新华书店机构设置和干部管理若干规定》的报告，使各级书店机构设置和干部配备、管理、任免、奖惩、调动、离退休的审批权限和各项具体规定等都有章可循。

1986年，省店下设办公室、发行科、储运科、计划财务科、人事保卫科、宣教科、行政科、基建科、离退休职工科和外文图书进口科、外文图书业务科、外文图书门市部12个职能部门。

1991年1月起，省外文书店恢复独立建制成为省新闻出版局二级机构，不再与省新华书店合署办公。省店机构增设审计科、计算机管理科、读者服务部；发行科分设图书发行科和教材发行科；撤销基建科（有关业务并入计财科），撤销宣教科（有关业务并入办公室）；办公室、监察室、人事保卫科、计划财务科、储运科、行政科、离退休职工科不变。

2002年8月安徽新华书店集团成立前，省店内设机构：党委办公室、经理办公室、监察室、人事工劳部、财务部、审计室、调研室、教材部、储运部、行政部、保卫部、图书城物业管理部、电算部、基建办公室、培训中心、离退休职工科共16个。

1986—2002年省店领导班子主要成员一览表

表3-1-1

职务	姓　名	任　期
经理、党总支副书记	徐志瑶	1985.3 — 1990.2
党总支书记、党委书记	叶　仁	1988.3 — 1993.5
经理、党委副书记	曾石铃	1990.12 — 2002.8
党委书记、副经理	周步青	1994.1 — 2002.8

经营承包责任制　二十世纪八十年代初，为深化改革，全系统逐步推行以承包为中心的经营责任制。1983年6月，省出版事业管理局批转省店《经营责任制试行方案》（以下简称《方案》），《方案》规定了三种承包形式：⑴定额承包，超额奖励，完不成定额受罚责任制。具体内容是“两包一保”，即包销售、包利润、保发行质量；⑵定额承包，联销计费责任制。具体内容是“二包一保”，即包销售指标和库存定额，保发行质量；⑶包任务、包质量、记分奖责任制。具体内容是管理部门和人员固定承担的工作内容和工作质量要求。全省实行三级承包，地市店对省店、县店对地市店、部门或个人对县（地市）店，逐级承包。此种形式的承包一直延续到1987年年底。1988年，中宣部、国家新闻出版署《关于当前图书发行体制改革的若干意见》（以下简称《意见》）出台，为图书发行体制改革明确了方向，标志着图书发行体制改革步入一个新的阶段。为贯彻《意见》精神，全系统实行两权分离的承包经营责任制；以省店经理为经营权代表，向省新闻出版局为政府所有权代表承包，于1988年10月签订了为期三年的承包经营合同。合同书规定，承包的形式为“三包两挂”，实行上交所得税包死基数，超收分成。具体内容为：“三包”即一包销售基数；二包利润基数，超基数即分上交所得税20%，其余全部自留；三包国家资产维护和增值，固定资产投资和补充自有的流动资金合计不少于规定定额；两挂即一是实行工资总额与实现利润挂钩，挂钩浮动比例为1:0.5；二是实行工资总额与实现销售额挂钩，挂钩浮动比例为1:0.4。留利分配，利润承包基数内，生产发展

基金75%,后备基金5%,福利基金20%;超基数利润部分,生产发展基金85%,后备基金5%,福利基金10%。合同书中还规定,明确发行工作的质量要求,双方的权利和义务,对承包经营的奖罚等。为了使承包目标落到实处,省店对各地市店,各地市店对县店进行了层层承包,形成了以地(市)、县书店为经营主体,以承包为主要经营形式的格局,有力地推动了基层书店的积极性, 1988—1993年为第二个承包期,此后一直延续到1996年,承包的形式未变,承包的经济指标环比递增。

经营管理目标责任制　1997年,全系统全面实行经营管理目标责任制, 8月,省出版总社与省店签订经营管理目标责任书。责任书考核项目较以前的经营承包合同新增了社会效益、精神文明和经营管理;经济效益考核指标在原经营承包合同销售收入、实现利润、国有资产增值保值率等考核指标的基础上又新增了新建发行网点、皖版图书销售;责任书还明确规定签约双方的权利和义务。1998年,省店为简化操作秩序,将“双挂”改为“单挂”,即实行工资总额与实现利润挂钩,采取超利润分成,分成比例为45:55。按照省新闻出版局下达的经营目标管理任务和省劳动和社会保障厅、财政厅、地税局核定的工效挂钩基数执行,挂钩基数层层分解,落实到各市、县书店。

安徽省新华书店图书音像发行有限公司　2000年4月,根据改革的需要,为增强新华书店一般图书、音像制品的市场竞争力,省店将图书批销中心、音像发行所等经营业务进行整合,按照现代企业制度组建安徽省新华书店图书音像发行有限公司(以下简称公司)。公司建立决策、执行、监督相互独立、相互制衡的法人治理结构。

公司建立进销存、批发配送零售一体化的新业务结构,实行内部业务系统的更新改造,以统一协调的管理、快捷通畅的流程和主动有效的服务发展生产,增强市场的竞争力,不断扩大经营规模,努力发挥辐射功能,成为全省最大的图书发行基地;并为全省新华书店系统资产重组,集团化运作打下基础。

2005年4月,为进一步深化发行体制改革,大力推进内部整合,做大做强主业,做精做细产业,走集约化经营之路,集团公司决定:以安徽新华书店图书音像发行有限公司为基础,整合电子音像公司、合肥公司批销部门、集团公司储运部等,创立安徽新华图书音像连锁有限公司。该公司为集团公司的全资专业子公司,独立法人,从事图书音像制品的采购、配送、批销及音像教学带制作发行等。

安徽省外文书店　安徽省外文书店是在合肥市新华书店外文部的基础上,于1979年3月26日,经省委宣传部同意成立的省外文书店,编制暂定45人。李平为省外文书店经理,内设机构有办公室(包括财务)、业务科、门市部。1980年,销售额65.4万元,利润0.3万元。

1982年,安徽省外文书店与安徽省新华书店合署办公,实行一套机构、两块牌子,由省新华书店一名副经理分管外文图书发行业务。1990年年底,为适应对外开放和中外文化交流的需要,中共安徽省新闻出版局党组恢复安徽省外文书店独立建制。1990年销售额达627.2万元,利润达30.6万元,固定资产达36.7万元,职工人数增加到63人。

1991 年 1 月 1 日起，省外文书店内设机构：计财科、业务科、音像部、门市部、进出口科、办公室 6 个科室。1992 年，省外文书店新设立了图书发行公司、实业开发部，并在蚌埠市、芜湖市建立了蚌埠分店、芜湖分店，还合并了局系统下属的长江书店。

1994 年 3 月，经外经贸部批准，并经省新闻出版局研究决定成立安徽省图书进出口公司，保留安徽省外文书店名称，实行国内外书刊进出口业务和经销业务。安徽省外文书店和安徽省图书进出口公司是一个机构，两块牌子；公司法人代表、总经理胡天健，副总经理马冯、杨玉芬。1994 年，公司以 720 万元购得合肥市区中心“绿都商城”楼房，面积 3110 平方米，作为营业场地。同年 11 月 8 日，外文书店营业大楼开业，结束了公司没有自己经营场所的历史。1999 年 3 月，经省外经贸委、省新闻出版局批准，安徽省图书进出口公司更名为安徽省新龙图贸易进出口公司，仍然保留省外文书店牌子，与省外文书店仍是一个机构两块牌子。

2002 年 9 月，根据安徽省政府批复，安徽省新华书店系统 81 个店（公司）和安徽省新龙图贸易进出口公司（省外文书店）整合组建安徽新华书店集团有限公司。2003 年 3 月，安徽省新龙图贸易进出口公司（省外文书店）进出口部和安徽省新华书店图书音像有限公司商贸部合并组建安徽省新龙图贸易进出口有限公司，隶属集团公司，为集团公司的专业子公司。新的安徽省新龙图贸易进出口有限公司，主要从事对外贸易，经营文化、办公、电子、工艺美术、针纺织品的批销零售及代理各种商品、技术进出口业务，并承办境外文化交流、书展及专业学习考察的组织工作；公司的办公地点迁至合肥市长江中路 279 号安徽图书城 21 楼。

安徽新华发行集团　*发行集团组建、母公司设立*　2002 年 8 月 26 日，安徽新华书店集团成立。9 月 5 日，举行揭牌成立大会。

集团为大型国有出版物发行企业，集团由省委宣传部领导，主要负责人（副厅级）由省委管理，省新闻出版局实行行业管理，集团是以资产为纽带的多个法人联合体，是按照现代企业制度要求，对全省新华书店和省外文书店进行战略重组而组建的。

2002 年 11 月，《安徽新华书店集团有限公司内设机构及其主要职责》《安徽新华书店集团有限公司内设机构管理人员公开竞聘实施意见》《安徽新华书店集团有限公司内设机构拟竞聘岗位、职数、基本条件、资格及岗位特别要求》等文件组织实施。

2002 年 11 月 18 日，集团公司召开员工竞争上岗、双向选择动员大会。12 月底，顺利完成了集团公司 11 个内设机构设置和 62 个职工岗位双向选择工作。

集团、集团公司更名　自 2005 年 4 月起，经中共安徽省委宣传部批准，安徽新华书店发行集团、安徽新华书店集团有限公司更名为安徽新华发行集团、安徽新华发行集团有限公司，并经工商行政管理部门登记。安徽新华发行集团有限公司更名后，注册资本由原来的人民币为 1.18 亿元调整为 8 亿元。

2005 年 7 月，集团公司决定：撤销集团公司审计部，成立审计监事部，其主要工作职责为：1. 管理集团公司外派监事；2. 检查集团公司本部及发行集团各子公司的财务；

3. 对各子公司董事、经理执行公司职务时违反法律、法规或者公司章程的行为进行监督；4. 依法组织对集团公司本部及所属各公司财务收支及有关的经济活动、经济效益、经济责任、资产运行状况及质量进行审计；5. 组织办理工程建设项目预（概）算、决算审计；6. 发行集团各公司经营者离任审计；7. 制定集团公司审计制度办法；8. 投资效益审计；9. 其他专项审计。

母子公司管理制度　2004 年 3 月，集团公司新的领导班子组建后，全力推进内部管控制度的改革，自 2002 年 12 月亳州市店子公司成立，到 2005 年上半年，全省 17 个市级书店子公司改制全部完成。至此，全省 82 个国有书店完成公司制改造，并全部由省、市、县三级法人管理体制改为集团母公司、市级子公司二级法人管理体制，实行集约化管理，形成国有独资大型企业集团，集团拥有 84 个子、分公司（详见附表），548 个销售网点，成为安徽最大的图书音像发行企业和文化企业。母子公司按照现代企业管理要求，加强企业管理制度建设。⑴建立完善的资产管理、股权管理、全面预算管理、审计和监督管理制度以及重大决策的责任制度。集团公司先后制定、实施了《财务管理制度》《内部审计工作规定》《企业财务预算管理暂行办法》等一系列基本规章制度。集团公司对各子公司继续实行经营目标管理，并根据经营目标考核情况，对经营者进行奖惩。⑵建立统一的财务管理制度，母子公司合并财务报表，统一缴纳所得税，各子公司财务总监由母公司直接派出，加强财会管理和监督。⑶全系统实行工效挂钩的管理办法。母公司根据省劳动和社会保障厅、财政厅、地税局核定的集团公司工效挂钩基数，分解确定各子公司工效挂钩基数。⑷加强审计工作，发挥其在集团经营管理中的监督、指导和服务功能。对重点工程实施事中审计，对母、子、分公司进行经营管理方面的常规性审计和专项审计，加强投资效益审计。⑸建立健全母子公司监事会的职责范围和规章制度，检查子公司贯彻执行有关法律法规和规章制度情况，财务和经营效益、利润分配、国有资产保值增值、资本运营等情况，对公司负责人的经营管理业绩进行评价。

集团公司按照建立现代企业制度的要求，坚持体制创新、机制创新、管理创新、技术创新、经营创新。实行经营模式体制转变为按照现代化流通业模式，实行物流配送、连锁经营，促进经营结构调整和市场整合，实现业态创新的经营体制创新。特别是集团公司以资产和业务为纽带，实行集约化管理、专业化规模化经营后，得到持续、健康、快速发展。

2002—2008 年发行集团历任领导班子主要成员一览表

表 3-1-2

姓　名	时任职务	籍贯	起止时间
曾石铃	党委书记、董事长	福建省平和县	2002.9—2004.3
王士雄	党委副书记、总经理	安徽省青阳县	2002.9—2004.3
周步青	党委副书记、纪委书记	安徽省合肥市	2002.9—2008.12

续表 3-1-2

姓　名	时任职务	籍贯	起止时间
陈　烨	常务副总经理	安徽省青阳县	2002.9—2005.6
	党委副书记、总经理		2005.7—2007.12
胡天健	监事会主席	四川省	2002.9—2006.1
孟祥光	副总经理	江苏省灌南县	2002.9—2007.12
	股份公司副总经理		2007.12—2008.12
马　冯	副总经理	安徽省宿县	2002.9—2007.12
	控股公司副总经理		2007.12—2008.12
王焕然	副总经理	山东省寿光市	2002.9—2007.12
	股份公司副总经理		2007.12—2008.12
宋海平	副总经理	山东省沂水县	2002.9—2007.12
	控股公司副总经理		2007.12—2008.5
	股份公司监事会主席		2008.5—2008.12
姜筱慧	总会计师	山东省烟台市	2002.11—2007.12
	股份公司副总经理、总会计师		2007.12—2008.12
倪志敏	党委书记、董事长、总经理	江苏省吴县	2004.3—2005.7
	党委书记、董事长		2005.7—2008.12
章石生	监事会主席	安徽省池州市	2006.1—2008.12
刘建伟	党委副书记、副董事长、控股公司总经理	安徽省涡阳县	2007.12—2008.12
吴文胜	党委副书记、副董事长、股份公司总经理	安徽省定远县	2007.12—2008.12

子公司机构设置　专业子公司：安徽新龙图贸易进出口有限公司　2003年3月26日，安徽新龙图贸易进出口有限公司挂牌成立。该公司是由原安徽新龙图贸易进出口公司、原安徽省新华书店图书音像有限公司商贸部经过业务整合而成。主营进出口贸易，开展国内多种经营贸易业务。该公司是由集团公司控股，安徽印刷物资公司参股的有限责任公司。公司注册资本为1000万元。2002年12月，杨祖智为公司执行董事（法人代表）兼常务副总经理。2006年8月，王晓光为公司执行董事（法人代表）兼总经理。

安徽新华电子音像发行股份公司　2003年4月16日，安徽新华电子音像发行股份公司注册成立。该公司是由集团公司控股，安徽电子音像出版社、安徽少儿出版社、安徽科技出版社和全省17家市级新华书店共21家国有法人股共同参股的股份公司。业务范围：电子音像产品的批发、零售，为集团公司所属子分公司及其他连锁店配送电子音像产品，复制、发行中小学教学磁带，经营安徽电子音像及文化休闲项目等。公司注册资本为1000万元。2002年12月，陈烨为公司董事长（兼），严鹏为公司总经理。2004

年 12 月,为优化集团的经营机制,强化集团的核心竞争能力,本着“强化经营、精干主体,围绕市场、充实一线”的原则,经集团公司党政联席会研究决定:以安徽省图书音像公司为基础,整合电子音像公司、合肥市公司部分人员组建连锁经营公司。该公司为集团公司的专业子公司,独立法人,从事图书音像制品的采购、配送、批销及音像教学带制作发行等。2005 年 4 月起,该公司整合、移交连锁公司。安徽新华图书音像连锁有限公司 2004 年,按照专业化、集约化、规范化、市场化经营的要求,集团公司决定进行内部资源整合,以安徽省图书音像公司为基础,整合电子音像公司、合肥公司批销部门等,创立安徽新华图书音像连锁有限责任公司(以下简称连锁公司)。该公司为集团公司的全资专业子公司,独立法人,从事图书音像制品的采购、配送、批销及音像教学带制作发行等。依据《中华人民共和国公司法》有关规定,公司设董事会、监事会、总经理班子,董事长、总经理分设。董事长为公司法定代表人,由集团公司委任。2005 年 4 月,集团公司副总经理王焕然兼任安徽图书音像连锁有限责任公司董事长、法人代表。通过公开选拔竞聘,组织考察,郑赤燕为安徽图书音像连锁有限责任公司总经理。安徽新华教育图书发行有限公司 集团公司决定:将教辅业务从教材分公司剥离,组建市场化运作的安徽新华教育图书发行有限公司,全方位参与市场竞争。该公司为集团公司全资专业子公司,独立法人,负责全省新华书店系统教辅资源的组织,品种的开发、租赁、总代理、联合出版等,公司实行推销员制为基本形成的市场营销模式。谢正平为安徽教育图书发行有限责任公司总经理、法人代表。安徽华仑置业有限公司 集团公司决定:以集团公司物业管理部为基础,整合大酒店业务,组建物业管理公司。该公司为集团公司全资专业子公司,独立法人,主要经营物业管理、酒店管理、房地产开发、广告发布、旅游等。

市级子公司:亳州新华书店有限公司 2003 年 1 月 26 日,亳州新华书店有限公司挂牌成立。该公司是由集团公司控股,安徽科技出版社参股的有限责任公司。注册资本为 1020 万元。公司下设蒙城、利辛、涡阳三个分公司。马玉安为董事长兼总经理。芜湖新华书店有限公司 2003 年 3 月 28 日,芜湖新华书店有限公司挂牌成立。该公司是由集团公司控股,黄山书社参股的有限责任公司。注册资本为 1086 万元。公司下设芜湖、南陵、繁昌三个分公司。郑起瑞为董事长兼总经理。淮南新华书店有限公司 2003 年 6 月 6 日,淮南新华书店有限公司挂牌成立。该公司是由集团公司控股,淮南市新华苑商贸有限责任公司(集体企业)参股的混合所有制产权结构的有限公司。注册资本为 1050 万元。公司下设凤台分公司。张保和为董事长兼总经理。蚌埠新华书店有限公司 2003 年 6 月 18 日,蚌埠新华书店有限公司挂牌成立。该公司是由集团公司控股,安徽文艺出版社参股的有限责任公司。注册资本为 1000 万元。公司下设怀远、五河、固镇三个分公司。宋成文为董事长兼总经理。淮北新华书店有限公司 2003 年 7 月 8 日,淮北新华书店有限公司挂牌成立。该公司是由集团公司控股,北京毓英图书中心参股的有限责任公司。注册资本为 1000 万元。公司下设濉溪分公司。王朋林为公司执行董事（法人代表）兼总经理。宣城新华书店有限公司　2003年9月18日，宣城新华书店有限公司挂牌成立。该公司是由集团公司控股，安徽科学技术出版社参股的有限责任公司。注册资本为1000万元。公司下设广德、郎溪、泾县、旌德、绩溪、宁国六个分公司。郑刚为董事长兼总经理。合肥新华书店有限公司　2003年12月6日，合肥新华书店有限公司挂牌成立。该公司是由集团公司控股，合肥市新华书店工会、安徽少儿出版社参股的有限责任公司。注册资本为4780万元。公司下设肥东、肥西、长丰三个分公司。王焕然为董事长兼总经理。池州新华书店有限公司　2004年3月18日，池州新华书店有限公司挂牌成立。该公司是由集团公司控股，池州新华书店工会（社会法人）、池州金马装饰有限公司（私营企业）共同参股的有限责任公司。注册资本为1989.316万元。公司下设东至、石台、青阳三个分公司。周新民为董事长兼总经理。宿州新华书店有限公司　2004年3月26日，宿州新华书店有限公司挂牌成立。该公司是由集团公司控股，安徽少儿出版社、安徽美术出版社、宿州市新华书店工会参股的有限责任公司。注册资本为5797.99万元。公司下设灵璧、泗县、萧县、砀山四个分公司。钱建梅为董事长兼总经理。六安新华书店有限公司　2004年3月26日，六安新华书店有限公司挂牌成立。该公司是由集团公司控股，六安市新华书店工会、安徽美术出版社参股的有限责任公司。注册资本为6106.9万元。公司下设寿县、霍邱、金寨、霍山、舒城五个分公司。祝学恒为董事长兼总经理。安庆新华书店有限公司　2004年3月28日，安庆新华书店有限公司挂牌成立。该公司是由集团公司控股，安徽科技出版社、安徽文艺出版社和安庆新华书店工会出资参股的有限责任公司。注册资本为9982.1万元。公司下设桐城、枞阳、怀宁、潜山、太湖、宿松、望江、岳西八个分公司。唐礼忠为董事长兼总经理。阜阳新华书店有限公司　2004年4月8日，阜阳新华书店有限公司挂牌成立。该公司是由集团公司控股，阜阳市新华书店工会、中国青年出版社参股的有限责任公司。注册资本为6253.79万元。公司下设界首、太和、阜南、临泉、颍上五个分公司。杨云为董事长兼总经理。黄山新华书店有限公司　2004年4月16日，黄山新华书店有限公司挂牌成立。该公司是由集团公司控股，黄山市新华书店工会参股的有限责任公司。注册资本为2463.746万元。公司下设歙县、休宁、祁门、黟县、黄山区五个分公司。胡普成为董事长兼总经理。滁州新华书店有限公司　2004年4月26日，滁州新华书店有限公司挂牌成立。该公司是由集团公司控股，安徽文艺出版社、滁州市教育局现代教育设备公司、江苏可一实业有限公司、滁州市新华书店工会参股的有限责任公司。注册资本为1129.39万元。公司下设来安、全椒、天长、定远、明光、凤阳六个分公司。王晓光为董事长兼总经理。马鞍山新华书店有限公司　2004年4月28日，马鞍山新华书店有限公司挂牌成立。该公司是由集团公司控股，马鞍山市新华书店工会、安徽科技出版社参股的有限责任公司。注册资本为1129.39万元。公司下设当涂县一个分公司。郝宁生为董事长兼总经理。铜陵新华书店有限公司　2004年4月28日，铜陵新华书店有限公司挂牌成立。该公司是由集团公司控股，铜陵市新华书店工会、安徽省新华书店图书音像发行有限公司参股的有限责任公司。注册资本为779.6万元。公司下设铜陵县一个分公司。张鹤鸣为董事长兼总经理。巢湖新华书店有限公司　2004年5月28日，巢湖新华书店有限公司挂牌成立。该公司是由集团公司控股，巢湖市新华书店工会参股的有限责任公司。注册资本为3167.36万元。公司下设无为、庐江、和县、含山县四个分公司。沈成泉为董事长兼总经理。

安徽新华发行（集团）控股有限公司　安徽新华传媒股份有限公司　股份制改造　在新的历史条件下，图书发行市场格局发生变化，竞争日趋激烈；教材、教辅由新华书店垄断经营运行方式转变为招标竞标运行方式，新华书店的生存和发展面临严峻考验。集团公司根据中央文化体制改革的总体部署和建立现代企业制度的要求，集团公司2007年3月7日《关于请求批准安徽新华发行集团有限公司整体上市计划方案的请示》上报省委宣传部。根据全国宣传部长会议提出的国有文化企业改革要"加大力度，加快进度，取得实质性进展"的要求，结合集团公司实际，确立了"三项制度改革、股份制改造和整体上市"三步并作一步走的改革举措，目的是通过资本市场规范公司治理，完善公司内控，摸清家底，强化基础管理，探索业态创新。

2007年4月5日，省委宣传部批准集团公司整体改制上市方案。

整体改制上市前期工作主要有发行集团内部三项制度改革、"主辅分离"、股份制改造和股份公司挂牌，清产核资、整体上市资产的重新评估，2005年以来财务报表的审计和账务调整；所有上市申请文件的准备，择优确定战略投资者、其他发起股东、保荐人、资产评估机构、会计师事务所和律师事务所等，与国家有关部委和省政府、财政、税务、国土、工商、发改委、证监局等部门的沟通、推介等。

按照"三步并作一步走"的要求，统筹安排集团公司内部三项制度改革、股份制改造和发行上市工作。在安徽新华发行集团有限公司的基础上，择优选择战略投资者，一步完成集团公司从国有独资向混合所有制的产权多元化转变，改组为国有控股、多种所有制并存的大型企业集团，集团公司整体变更为股份制公司并建立现代企业制度及其法人治理结构。

进行内部资产评估和财务整理。以便与进场的会计事务所等中介机构有效对接，并按最后调整的财务数据折算出集团有限责任公司的全部主业净资产和整体变更为上市股份公司的股份。

按中国证监会有关"辅业资产剥离比例限20%以内"的规定，与主业无关的其他资产如酒店等剥离出去，剥离出的资产归属安徽新华发行集团。

择优选择战略投资者和发起股东。2007年12月3—28日，安徽新华发行（集团）控股有限公司对其持有的安徽新华发行集团有限公司经辅业资产剥离后的28.57%国有股权在安徽省产权交易中心正式挂牌，经过激烈竞价，按"价高者得"的原则，经专家综合评议，报经省委宣传部同意，最终确定了引入四川新华文轩连锁股份有限公司、鸿国实业集团有限公司、京师国教（北京）投资发展有限公司、安徽浙商投资集团有限公司、安徽出版集团有限责任公司等 5 家企业为发起人，集团公司出让 12.99 % 国有股权，收回出让金 3.02 亿元。

2007 年 11 月 28 日，省新闻出版局向财政厅报送了《关于安徽新华发行集团有限公司国有股权和辅业资产无偿划转的请示》《关于批准安徽新华发行集团有限公司国有股权转让的请示》。同日，取得安徽省人民政府控股公司设立的批复。

2007 年 12 月 28 日，安徽新华发行集团有限公司国有股权转让项目在安徽省产权交易中心公开挂牌。安徽新华发行集团国有股权转让项目的交易模式，是对我国国有产权交易方式的创新和发展，对国有独资文化企业实施股份制改革、实现国有文化资产保值增值具有重要的借鉴意义。

2008 年 2 月 24 日，安徽新华传媒股份有限公司正式创立，这标志着安徽新华发行集团整体改制上市工作又迈出了重要的一步。

安徽新华发行集团有限公司整体变更为股份有限公司，并更名为安徽新华传媒股份有限公司。选举倪志敏为公司董事长，刘建伟、吴文胜为公司副董事长，聘任吴文胜为公司总经理，孟祥光、王焕然、姜筱慧为公司副总经理。选举章石生为公司监事会主席。

股份公司注册资本为人民币 80000 万元，其中安徽新华发行（集团）控股有限公司 69608 万元，占 87.01%；四川新华文轩连锁股份有限公司 6232 万元，占 7.79%；安徽出版集团有限责任公司、京师国教（北京）投资发展有限公司、安徽浙商投资集团有限公司、鸿国实业集团有限公司各 1040 万元，各占 1.3%。

2008 年 3 月 14 日，安徽新华传媒股份有限公司向新闻出版总署报送《关于安徽新华传媒股份有限公司整体首发上市的请示》。

2008 年 4 月 11 日，取得新闻出版总署《关于同意安徽新华传媒有限公司整体上市的批复》。

2008 年 11 月，第十届中国国际工业博览会“产权交易最佳策划奖”在上海揭晓，安徽新华发行集团有限公司国有股权转让项目荣获二等奖，这是安徽省产权交易案例获得的最高奖项。同时，该项举措还被中央文化体制改革和发展办公室组织编写的《文化体制改革案例》收录。

安徽新华发行（集团）控股有限公司　2007 年 11 月 28 日，根据《安徽省人民政府关于同意设立安徽新华发行（集团）控股有限公司的批复》，安徽新华发行（集团）控股有限公司（以下简称控股公司）成立，是由安徽省人民政府出资设立，省委宣传部主管、省新闻出版局进行行业管理的国有独资公司。根据省委宣传部批准的集团公司整体改制上市方案，现安徽新华发行集团有限公司变更为安徽新华传媒股份有限公司（以下简称股份公司），控股公司是股份公司的控股股东。根据《中华人民共和国公司法》《首次公开发行股票并上市管理办法》《上市公司治理准则》《上市公司章程指引》等法律法规，发行集团机构、人员重组，实现“业务、人员、资产、机构、财务五分开”，分设控股公司、股份公司。

倪志敏为公司党委书记、董事长，刘建伟为公司党委副书记、副董事长、总经理，吴文胜为公司党委委员、副董事长，周步青为公司党委副书记、纪委书记，马冯、宋海平为公司党委委员、副总经理，章石生为公司监事会主席。

控股公司管理职能是：省政府授权管理股份公司的国有股权及集团公司改制上市过程中剥离的辅业资产，同时做好对安徽省新龙图贸易进出口有限公司、安徽华仑置业有限公司两个全资子公司国有资产保值增值的工作。根据控股公司管理职能定位及精干高效的原则，其内设机构分别为：办公室、党群工作部（人力资源部）、计划财务部、企业管理发展部四个职能部门。

控股公司成立后，先后制定了《安徽新华发行（集团）控股有限公司、安徽新华传媒股份有限公司所属子分公司实施三项制度改革指导意见》《新进人员用工管理暂行规定》《控股公司财务审批管理的暂行规定》等一系列管理制度，公司各项工作有章可循，确保企业战略转型。

安徽新华传媒股份有限公司　该公司注册资本为人民币80000万元，其中控股公司69608万元，占总股本金的87.01%；其他5个股东10392万元，占总股本金的12.99%。股份公司的经营范围：图书、教材、音像制品、电子出版物销售及信息服务，进出口业务（国家限制禁止的除外），物业管理，经营管理政府授权范围内的国有资产，房屋租赁，仓储，物流配送咨询服务，图书租赁造货咨询服务。按照《中华人民共和国公司法》及有关规定，经2008年2月24日股东大会选举，控股公司倪志敏、刘建伟、吴文胜，四川新华文轩股份公司张业信，安徽浙商集团林秋田为公司董事会成员，选举任浩、周亚娜、蒋敏为公司独立董事，以上8位董事共同组建股份公司第一届董事会，选举倪志敏为公司董事长；刘建伟、吴文胜为公司副董事长；董事会聘任吴文胜为公司总经理，孟祥光、王焕然、姜筱慧为公司副总经理。选举省委宣传部章石生、潘振球、宣东和京师国教（北京）投资集团的吕向东4人为公司第一届监事会监事，选举章石生为公司监事会主席。

根据《安徽新华发行（集团）控股有限公司、安徽新华传媒股份有限公司内设机构及人员重组方案》，制定了《安徽新华传媒股份有限公司机构设置及其主要职责》，股份公司内设机构分别为：董事会办公室、总经理办公室、人力资源部、计划财务部、审计部、企业管理发展部、信息技术部、教材中心（分公司）8个职能部门。

2008年5月27日，股份公司决定成立安徽华仑新媒体传播有限公司董事会。根据《关于安徽华仑传媒传播有限公司董事、监事的任职通知》，股份公司副董事长、总经理吴文胜兼公司董事长、法人代表，杨立生为公司副董事长，李扬眉为常务副总经理。该公司是股份公司控股的专业子公司，注册资本为1028万元，其中股份公司出资700万元，占68.09%。经营范围：设计、制作、代理、发布广告业务、礼仪服务、会议、展览服务、企业营销策划、灯饰工程设计、商务咨询服务。

2008 年 11 月，创立安徽华仑国际文化投资有限公司，公司由安徽新华传媒股份有限公司控股 65%，安徽浙商投资集团有限公司持股 35%，注册资本人民币 2000 万元。该公司为股份公司的控股专业子公司。刘建伟为董事长，吴文胜为副董事长，马常好为公司执行监事，林秋田为公司总经理，郑阜为副总经理。公司主要经营范围及业务：以存量土地或征地、租地的方式综合开发、运营“华仑”品牌的商业文化地产。

至 2008 年年底，股份公司管理 84 个子分公司（见附表）。在集团公司建章立制的基础上，结合股份公司实际，修订完善了人事、财务、业务等一系列管理制度，各项经营管理工作日趋规范化、制度化。

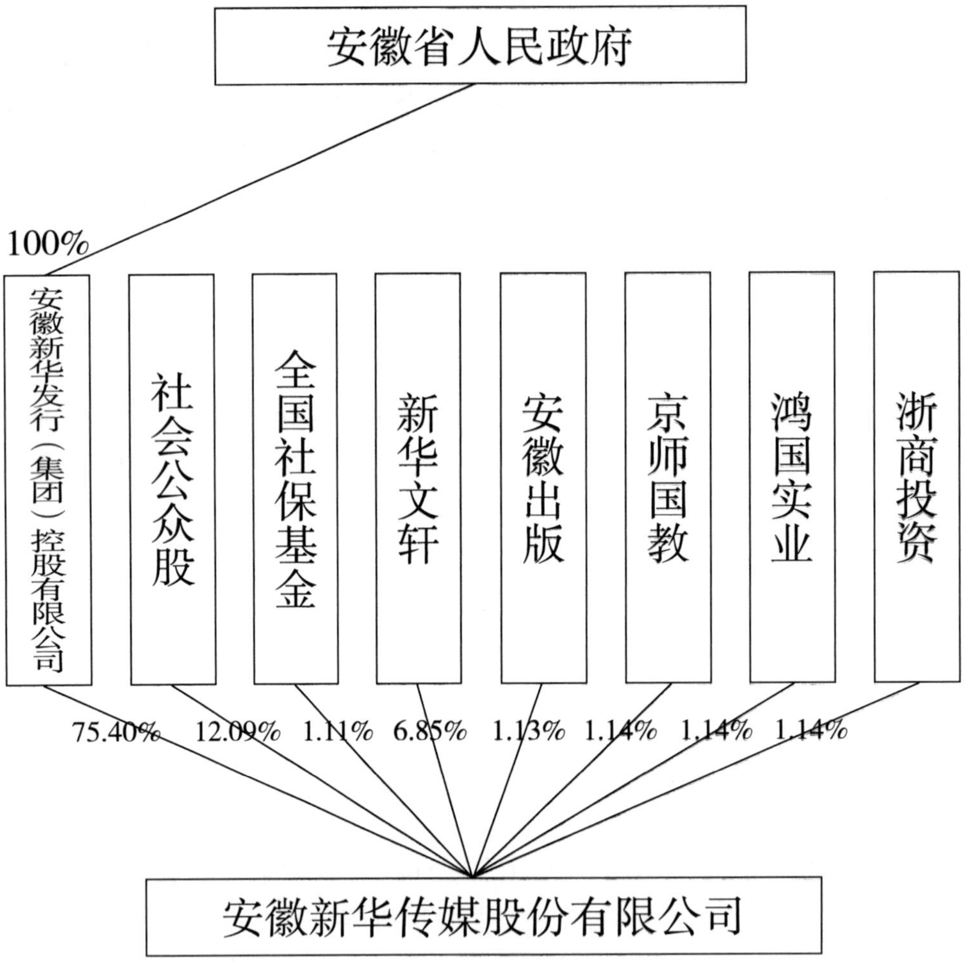

图 3-1-1　集团股权结构图

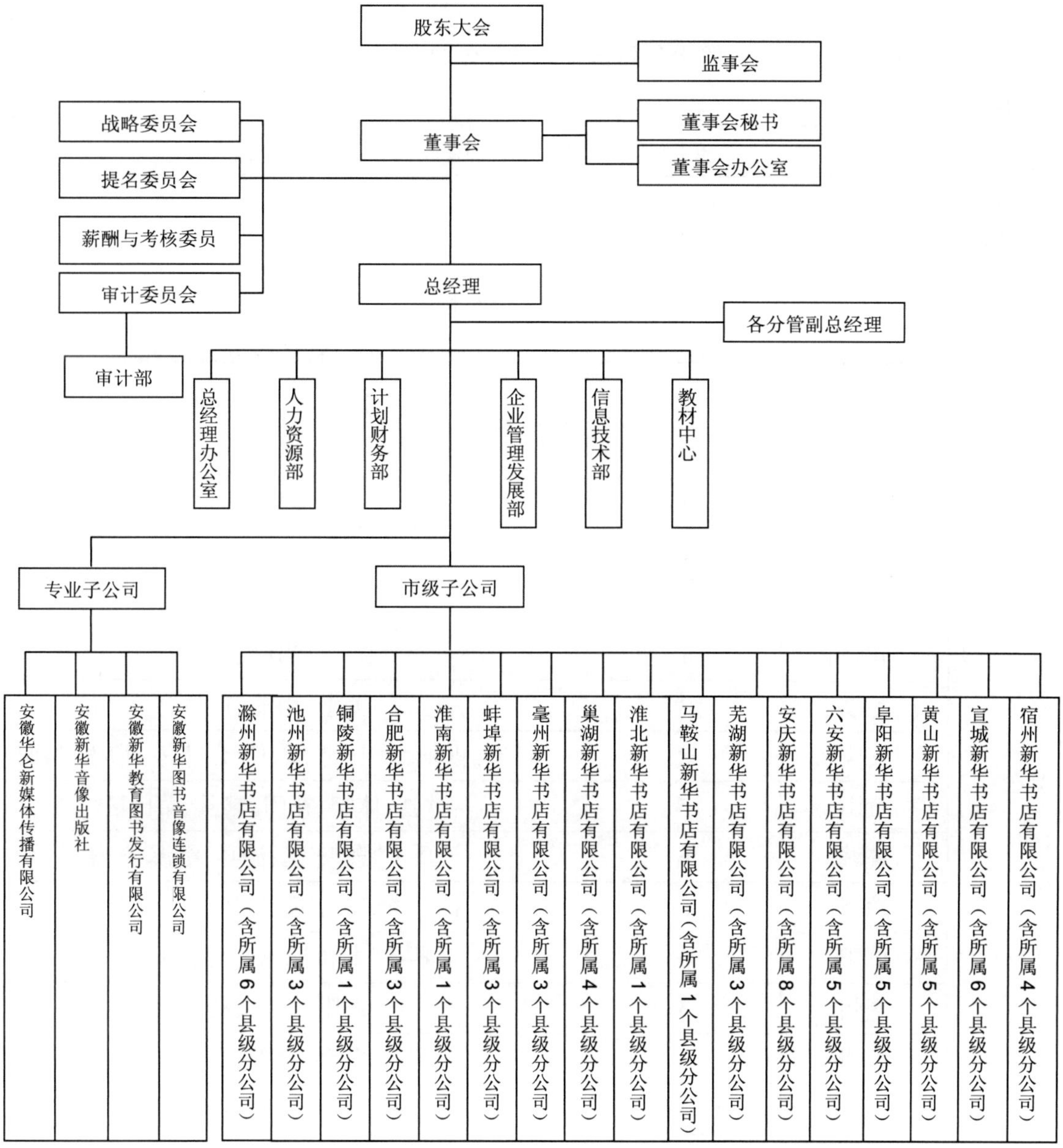

图 3–1–2　安徽新华传媒股份有限公司的内部组织结构图

控股公司管辖的子公司一览表

表 3–1–3

序号	公　司　名　称
1	安徽省新龙图贸易进出口有限公司
2	安徽华仑置业有限公司
3	安徽华仑瑞雅国际大酒店管理有限公司
4	安徽华仑国际文化投资有限公司
5	黄山市新华商贸有限责任公司
6	宣城新华贸易有限责任公司

股份公司管辖的子分公司一览表

表 3-1-4

专业公司	安徽新华传媒股份有限公司教材发行分公司		
	安徽新华图书音像连锁有限公司		
	安徽新华教育图书发行有限公司		
	安徽华仑新媒体传播有限公司		
市县公司	子公司名称	下辖分公司数	各子公司管辖的分公司名称
	合肥	3	肥东、肥西、长丰
	淮南	1	凤台
	淮北	1	濉溪
	蚌埠	3	怀远、固镇、五河
	铜陵	1	铜陵
	马鞍山	1	当涂
	芜湖	3	芜湖、南陵、繁昌
	安庆	8	怀宁、枞阳、潜山、桐城、望江、太湖、宿松、岳西
	黄山	5	歙县、休宁、祁门、黟县、黄山区
	宣城	6	宁国、广德、郎溪、泾县、绩溪、旌德
	滁州	6	来安、全椒、定远、凤阳、明光、天长
	阜阳	5	界首、太和、阜南、临泉、颍上
	亳州	3	涡阳、蒙城、利辛
	池州	3	东至、青阳、石台
	六安	5	霍山、金寨、舒城、寿县、霍邱
	巢湖	4	无为、庐江、和县、含山
	宿州	4	萧县、砀山、泗县、灵璧

第二节　一般图书和音像制品发行

一般图书购销形式　1982 年 7 月 10 日，文化部发出《关于图书发行体制改革工作的通知》，提出“一主三多一少图书发行网”（“一主三多一少图书发行网”是指以新华书店为主体，组成多种经济成分，多条流通渠道，多种购销形式，少流转环节的图书发行网络）新格局。1988 年 5 月 6 日中宣部、新闻出版署发出《关于当前图书发行体制改革的若干意见》（以下简称《意见》），《意见》在“一主三多一少”的基础上，提出了“三放一联”的改革意见，即放权承包，搞活国有书店；放开批发渠道，搞活书刊市场；

放开购销形式和发行折扣,搞活购销机制;推行横向经济联合,发展各种出版发行企业集团。1990 年 1 月,安徽省新闻出版局印发了《关于店社签订图书购销合同若干问题的暂行规定》(以下简称《规定》)。《规定》就店社搞活购销机制作出了一系列规定,提出一般图书要试行多种形式的寄销,还可实行初版试销,委托代销,发样或看样订货,联合举办书市、书展等,把购销搞活;与放开购销形式相适应,发行折扣也放开。《规定》就课本教材,一般图书的包销、经销、寄销、特约经销,出版社对省店,省店对基层书店的批发折扣、发货折扣亦做出了明确规定。同时还提出,因品种销售、发运等不同情况,批发、发货折扣还可实行浮动。在经历了"一主三多一少"和"三放一联"等改革过程以后,全省书店图书发行工作突破了长期以来购销形式僵化的局面。

1996 年,安徽省新华书店图书批销中心成立,经营地点位于合肥市蒙城北路 84 号。批销中心成立之后,充分发挥全省储运发行网络的优势,集中各家出版社的图书,辐射到所属基层店,缩短了图书发运的流转期。同时,批销中心经营以市场需求为导向,提高了省级书店的应变能力和竞争实力。2000 年 3 月,在安徽省新华书店图书批销中心的基础上,成立了安徽省新华书店图书音像有限公司。

连锁经营 连锁经营是强化主业战略中的重要一环。

依据《安徽新华发行集团连锁经营方案》,2005 年 6 月,安徽新华图书音像连锁有限公司成立,由原安徽省新华书店图书音像有限公司、原安徽新华电子音像发行股份有限公司、原安徽省新华书店储运部、原合肥市新华书店业务科等方面的业务和人员整合而成。安徽新华图书音像连锁有限公司作为集团全资专业子公司,旨在通过连锁经营的规模化和集约化经营的优势,提升全省新华书店一般图书和音像制品的销售能力,增强市场竞争力。

集团连锁经营战略从 2005 年 11 月开始启动,至 2007 年 12 月,旗下 79 家子分公司中心门店,全部纳入连锁经营体系。

连锁经营后,对连锁门店的配送方式采用请求配送(请配)和主动配送(主配)相结合。请配以网上电子订单为主,传真订单、目录征订、现货自选等方式为辅。连锁公司对首次到货的图书、音像制品采取主配方式;连锁门店添货以请配为主,主配为辅。主配参数由双方共同确定。实现全省图书、音像制品统一采购、统一配送、统一管理、统一服务、统一信息,提高集团的整体竞争力。

为落实集团主业实施连锁经营战略,集团通过对门市规模、历史销售、大类销售比例、信息现状进行基础数据汇总、分析,制定出《连锁经营实施细则》《连锁推进时间顺序表》。并根据连锁经营推进顺序先后组织三次大型培训会议,来自全省子、分公司业务、信息、门市近 400 人受到规范培训。

全省连锁门店 2006 年一般图书销售 1.8 亿元,2007 年一般图书销售 2.47 亿,比 2006 年增长 37%;图书总陈列品种由连锁前的 1017951 种增加到 1491182 种,增长了 46%;网点营业面积由连锁前的 49722 平方米增加至 61882 平方米,增加了 24%。图书库存通过货源替换，结构得到明显优化。新的统一标识，新的营销理念、业务模式、操作流程，新的信息技术设备，新装修的卖场，改变了过去门店多年人气不旺、库存结构不合理、进货成本居高不下、服务质量不高、卖场一般图书销售徘徊不前、业务管理粗放的现象。2008年，全省一般图书（含音像）销售达到5.6亿元，增长幅度首次超过总量增幅。其中，连锁公司实现销售3.03亿元，较上年增长32.31%。实施连锁经营后，门店的销售增幅年均在20%以上。

物流配送 安徽新华发行集团物流园是安徽新华发行集团启动连锁经营、大规模介入图书物流业的重要标志，对满足全省人民日益增长的文化需求发挥重要作用。

安徽新华发行集团物流园位于合肥市庐阳区工业园，交通便利。物流园项目占地112亩，一期工程占地62亩，总建筑面积54000平方米，主体建筑包括配送大楼和综合办公楼，其中配送大楼45000平方米，综合办公楼9000平方米。项目于2005年9月建成投产，总投资1.2亿元，是国内十大出版物物流基地之一。

物流园配送大楼分为A楼、B楼两栋。A楼主要用于一般图书的接收、暂存、分拣配发等作业处理及编目室、中控室等生产辅助用房，库区可储存21万件、近22万品种的图书；B楼主要用于教材、音像产品的接收、暂存、分拣配发等作业处理，并提供第三方物流用房。

与国内同行相比，安徽新华发行集团物流园具有国产化程度高、性价比强，数字化平台与较低人力成本相结合，既适度超前，又留有发展空间等特点。整个物流园项目的建成，实现了ERP系统和物流系统的无缝连接，优化了作业链流程，同时实行架位数字化等科学管控模式。

物流园的ERP项目于2005年上线，系统采取业内首创的组件式开发技术，按照业务单元最小化的思路，根据业务模式变化快速灵活组建新流程和新业务，系统后台采用最先进的ORCAL大型关系型数据库，前端使用C#语言开发，系统稳定可靠。在系统设计架构上，通过整合出版发行业务管理流程，支持多种发行模式和业务类型，提供多种营销手段，提供不同类型的配送方式，使出版物发行工作流畅进行，提高整个出版发行行业的整体效率，降低运营成本，缩短发行周期，从而为连锁经营业务的快速推进提供了坚强的技术保障。

物流配送自动化是物流园内重要的信息化建设项目，项目整体投资1100万元，采用了同行业最先进的工业以太网技术，并通过底层数据库和ERP系统无缝对接。系统投产后，日处理发货能力由原先的800件提升至4000件，日处理退货能力由300件提升至1500件。从业务、配送、信息上为全省各子、分公司的连锁经营业务提供强力支撑，对于提高劳动生产率，缩短图书传递时限、减轻工人劳动强度、改善作业环境、增强图书处理的实时性和保证作业质量发挥了明显效果。同时还通过WMS仓储管理系统，在库房内部建立和完善作业调度系统和计算机数据处理系统，实现生产管理全过程的信息化。

ERP 项目、物流配送自动化项目于 2005 年分别被安徽省国资委、省信息化工作办公室评为企业信息化“优秀项目”和“示范项目”，公司信息化建设被安徽省政府评为“数字安徽 5 年建设先进单位”。

参与政府招标　主业实施连锁经营后，集团公司凭借覆盖全省的 507 处发行网点和 5 万多平方米的现代物流配送中心等综合实力，先后参与 2006 年秋季至 2008 年春季中小学教材发行招投标，参与 2008 年安徽省农家书屋出版物采购项目，取得较好的业绩。

2006 年，在新一轮中小学教材发行招标中，发行集团以综合让利 3.66% 夺得了 2006 年秋季至 2008 年春季安徽省中小学教材义务教育阶段全品种总发行权，在全国 11 个教材招标试点省市中中标。集团同时还成功获得 2006 年秋季和 2007 年春季的免费教材发行权。

2008 年 12 月，安徽新华传媒股份有限公司在安徽省农家书屋出版物采购项目中一举中标，获得图书、音像制品的独家采购配送权，为全省 3000 个农家书屋提供图书、音像制品等出版物。

在连续两年的农家书屋工程建设中，安徽新华传媒股份有限公司都按时保质保量完成了任务，同时向各地书屋无偿赠送《借阅登记簿》《需求登记簿》《出版物登记簿》《农家书屋管理制度》《农家书屋借阅制度》《农家书屋管理员制度》等三簿三图，并设计加盖精美的书屋藏书章，使农家书屋的管理步入正规化。同时，各地都建立了“新华书店服务专员”制度、定期回访制度等，积极做好对农家书屋的各项延伸服务和后续工作。

安徽省农村中小学图书采购项目是省政府有关部门统一组织实施的一项加强农村中小学教育基础建设工程，项目采取公开招标方式，股份公司最终依靠自身的实力在 57 家竞标者中脱颖而出。

安徽省农村中小学图书招标采购项目对时效性、服务性和专业性均有严格要求，股份公司采取切实有效措施，圆满完成项目的采购配送及服务工作。

新华书店便民店　2005 年 2 月，商务部在全国范围内启动了“万村千乡市场工程”建设，计划用三年时间在试点区域培育出约 25 万家农家店。2006 年 4 月，集团开始对全省农村网点整合改造，创立新华书店便民店，实施混业经营，并整体加入商务部“万村千乡市场工程”建设。混业经营主要包括五方面内容：一是整合改造集团现有的县以下农村发行网点，建立自主品牌。二是便民店经营除继续发放教材、零售一般图书外，鼓励员工利用闲置面积，扩大经营规模，开展文体用品、数码产品、日用百货、农资、医药等商品的自主经营。三是逐步改变传统的网点组织形态，引入连锁经营、物流配送等现代流通方式，通过连锁化经营、集约化管理降低便民店运营成本，形成规模效益。四是积极通过直营店或特许加盟店等多种形式发展新华书店便民店，加快向农村延伸经营网络，提高便民店在农村的覆盖率和辐射作用。五是构建城乡一体的现代流通服务网络平台，利用便民店网络平台培育总代理产品和服务，开展双向物流，提升终端价值，为广大农民群众提供便利。

新华书店便民店是安徽新华发行集团农村发行工作的独创，是农村图书发行工作全新的经营模式，有力地推动了农村网点经营业态、经营机制、组织形态及发展格局的变革，解放和发展了农村发行网点生产力。农村网点员工积极性被激发，主动经营意识提高。据统计，全省便民店 2006 年比 2005 年销售增长 117%，其中图书销售增长 27%；2007 年销售 1604 万元，其中图书销售 447 万元，比上年增长约 2 倍；2008 年图书销售 517 万元，同比增长 16%。2007 年，安徽新华书店便民店被中宣部列入《全国文化体制改革经验 70 例》之中。同年 11 月 16 日，《人民日报》头版头条以“老字号迸发新活力”为题，报道了混业经营“变”出生产力，使农村网点产生新的活力。2008 年 1 月 12 日，中央电视台《新闻联播》栏目以《安徽：新华书店变身便民店》为题，以 2 分半钟左右的时间报道了安徽新华发行集团在全省农村网点推进混业经营的做法。同年 10 月，中宣部舆情信息局专门制作一期宣传信息，以《安徽新华发行集团创新体制机制扎实推进新华书店便民店建设》为题进行了详细介绍。同年 11 月 7 日，《光明日报》在头版刊发了《安徽：“新华便民店”方便农民》一文，反映了新华书店便民店在农村文化建设中作出的重要贡献。2007 年又获商业部验收 82 家。2007 年，安徽新华发行集团被评为“安徽省农村流通改革和市场建设试点优秀试点企业”。到 2008 年年底，全省已建成“新华书店便民店”219 家，混业经营工作取得了成果。

华仑网上书店　华仑书店是安徽新华发行集团充分整合现有供应商、信息、产品、物流、技术、人力等资源，全力打造的网上图书音像专营店。是依托安徽新华发行集团物流园区内 20 余万种图书及音像制品现货品种，占据毗邻长三角经济圈的地理优势，与阿里巴巴集团旗下的 B2C（企业对消费者的电子商务）淘宝商城开办的大型网上图书音像专营店。

自 2008 年 6 月 1 日开业以来，截至 2009 年 5 月底，华仑书店累计实现图书、音像制品销售 2956207.23 元，获得有效订单 60051 笔。华仑书店销售商品从刚开始的 8000 个品种已发展到 14 万个品种。

华仑书店的建立，摆脱了传统书店货架只能上部分图书的限制，为出版商的库存图书提供了一个新销售渠道。既能扩大销售，又能更好地发挥出服务社会服务读者的功能，提升了新华书店的社会影响力。其次，华仑书店的建立，为集团增添了一个宣传和展现形象的传媒平台，更多的读者通过网店了解到集团整体面貌和经营状况，成为社会公众了解新华书店的一个重要窗口。

音像制品发行　2003 年以前，安徽省新华书店、安徽省外文书店、合肥市新华书店三家同时开展音像制品批发零售业务。2003 年 6 月，集团组建了安徽新华电子音像发行股份有限公司，承担着全省音像制品的发行工作，公司办公地点在安徽省图书城，教学带批发业务地点在三角线仓库，一般音像制品批发业务地点在蒙城北路 84 号。2005

年 6 月,集团对业务实施整合,安徽新华电子音像发行股份有限公司的一般音像制品经营业务整合至安徽新华图书音像连锁有限公司,连锁公司成立了专门的机构——音像业务中心,负责对全省子、分公司一般音像制品实行统一采购、统一管理、统一配送,统一结算。2007 年,连锁公司实现音像制品销售 1985.73 万元,2008 年实现音像制品销售 2990.51 万元。

第三节　教材教辅发行

管理　*发行机构和人员*　中小学教材发行是集团(原省新华书店)的主要业务,新华书店第一次发行课本是 1949 年秋,当时有的地方是新华书店自己发行,有的地方是同私营书店联合或委托私营书店发行;1950 年秋实行新华书店与私营书店联营,建立课本联合发行处,专门供应教科书。从 1951 年秋开始,课本由新华书店统一征订、统一发行,省店业务科(后改名为发行科)管理全省教材发行工作;市、县新华书店的教材发行工作也是由业务科(股)分管。这一模式一直延续到 1991 年年初。1990 年,全省教材发行额达到 10316 万元,占当年图书销售总额的 35.14%。1991 年 4 月,省店将发行科一分为二,分设图书发行科和教材发行科。教材发行科专事中小学课本和教辅图书的管理发行,有人员 7 人;1995 年 2 月,省店在教材发行科的基础上成立了教材发行部,人员增至 11 人。进入 90 年代后,各地(市)县新华书店也相继成立了与省店相对应的教材发行科(股),选派和增加了专职教材发行人员和库管人员,每个店都有分管教材发行工作的店领导。

2002 年 8 月,安徽新华发行集团有限公司改制成立,12 月成立了安徽新华发行集团有限公司教材分公司,分公司设有小学课本经营部、中学课本经营部、综合业务部。2005 年集团教材分公司被安徽省人事厅、安徽省新闻出版局评为"全省新闻出版先进集体";同年,集团教材公司发行质量管理体系通过了 ISO 9001:2000 标准的认证,是全省唯一一家通过这一认证的教材发行单位。2007 年 7 月又增设了专事职业教材的市场拓展部,有人员 14 人。2008 年,全省实现教材销售 14.39 亿元。

2005 年 7 月,集团公司根据细分市场、专业管理、货源归口、统一经营的原则,决定将教材分公司教辅读物业务剥离出来,组建安徽新华教育图书发行有限公司,负责集团教辅图书等产品的集中采购和教辅市场的统一规划、整体开发及品种的租型、总代理、联合出版等。公司下设行财部、营销部、开发部、教学磁带发行部、教学磁带加工部,有人员 40 人。2008 年,实现教辅销售 7.1 亿元。2006—2008 年,公司连续 3 年被全国青少年爱国主义读书活动组委会评为"全国发行先进单位";2008 年,公司被中国国际出版集团评为"最佳合作单位";录音教材发行获外语教学与研究出版社 2008 年度"最佳业务合作奖",录制的英语录音教材质量在全国送检单位中名列前茅,2006 年、2007 年、2008 年被评为"优质产品";2008 年公司被税务部门评为"A 级纳税单位"。

到 2008 年年末，全省 17 个子公司（市级新华书店）、62 个分公司（县级新华书店）拥有发行网点 508 个，教材发行网络遍布全省城乡。拥有省级教材发行专用仓库面积 4 万多平方米；在全省设立 12 个代发教材仓库，总面积 2.1 万平方米；全省市、县书店及县以下网点均建有教材发行仓库，总面积 16 万多平方米，能完全满足每季存期 3 — 4 个月当地中小学全部教材、教辅的存放、分拣、发送、中转；全公司自备教材运输车辆 180 余台。到 2005 年年末，全省子、分公司从事教材发行工作的专业人员达 3000 人以上，其中大专学历以上的人员占 52.11%，中级职称以上人员占 16.00%，专业人员 90% 以上取得了图书发行员职业资格证书，其中取得中级职称以上图书发行员职业资格证书的占 50.50%。

业务管理和制度　为确保“课前到书，人手一册”，1983 年省店制定了《安徽省中小学教材发行工作办法》（以下简称《办法》）。《办法》中明确提出，搞好教材的预订是发行工作的基础，并就中小学课本预订的范围、形式、宣传、类型、备货、零售等作出了规定，对订数的汇总、收货和货款结算、教材的发行、调剂和存书处理等提出了具体意见和要求。

1985 年 3 月，针对一些书店在教材、练习册和寒暑假作业预订工作中所出现的跨越行政区划征订、发行，甚至给学校（或个人）以优惠折扣吸引学校越区预订的做法，省店向各地市、县店发出了《关于纠正教材供应工作中不正之风的通知》，《通知》重申，必须保证“课前到书，人手一册”的基本要求，“教材供应必须按照行政区划的范围，由书店统一布置征订和组织供应，特别指出不允许跨区给学校（或个人）以优惠折扣吸引学校越区买书”。

1989 年，安徽省人民政府下发《关于认真做好中小学课本供应工作的通知》，《通知》中要求“各级人民政府要高度重视中小学教材发行工作，切实加强领导，对新华书店围绕中小学课本购进、储备所需的资金，省人民银行应予以支持，各专业银行负责安排落实”。为认真贯彻《通知》精神，省店下达《关于认真做好课本贷款结算工作的紧急通知》，《通知》要求“各级书店要高度重视课本货款结算工作，精心组织协调，保证资金顺利周转，及时地实事求是地向银行提出课本贷款计划”，“银行提供的课本供应所需贷款，应该按计划专款专用，不得用于支付一般图书贷款，更不允许挪作搞多种经营”。《通知》同时提出“ 建立贷款结算的跟踪记录制度 ”，决定“从每年 7 月 15 日起对每笔货款划收和承付作跟踪记录”，“财会人员认真填报《划收贷款通知书》”，“课本供应点必须及时将课本款汇缴各店财务部门。违反规定，坐支挪用课本销售货款者，从严惩处”。

1992 年 4 月，省店向各地市、县新华书店，安庆管理处印发《关于不准向集体、个体书店（书摊）批发与课本配套的学生辅助读物的有关规定》。规定与课本配套的学生辅助读物，任何部门一律不准向集体、个体书店（书摊）批发；不准跨区（超出所属区域）征订发行；对违反规定的造成他店经济损失的，经省店核实后，将其所得利润划归他店，并对有关当事人严肃处理。

1992年10月，省店又向全省各级书店及安庆管理处下发《关于重申中小学课本以及与课本同步配套的学生用书严禁跨区供应的通知》。《通知》称，凡违反规定造成他店经济损失的，经省店核实后，将其非法所得利润划归他店，并对分管领导、经办当事人严肃处理。

1998年7月，省店颁发了《关于印发〈中小学教材发行业务工作考核办法〉的通知》，考核对象明确为发行中小学课本、基础训练、寒暑假作业及测试卷等教辅的各级教材科（股）专职或兼职发行人员；规定基础分为100分，按考核标准加分或扣分。《考核办法》的公布实施，对调动广大教材发行人员的积极性，进一步做好教材发行工作产生了积极作用。

2001年12月，省店按照省新闻出版局《关于进一步加强中小学教材发行管理的通知》精神，印发《关于重申不得委托发行教材的通知》，《通知》再次明确“中小学教材即经省教育行政部门审定并由省教育厅和省新闻出版局联合颁发的《教学用书目录》中所列的课本，教师用书（教参）、图册、挂图和教辅用书，均由新华书店统一征订发行，其他任何单位和个人不得经营”。针对国家教材发行体制改革的趋势（即教材发行引入市场竞争机制，以招投标的方式确定教材发行单位），省店及时提出了改进服务方式，提高服务质量的要求，强调各店要切实做好服务工作，教材发行要做到征订到校，送书到校，调剂到校。12月，省店又向各市、县书店下达了《关于印发〈全省新华书店中、小学教材发行工作岗位责任〈的通知》。《岗位责任》共分19条，要求认真贯彻执行党和国家有关教材出版发行工作的方针、政策、法律和上级的各项规定，坚持“两为”方向，坚持把社会效益放在首位，确保“课前到书，人手一册”。各市、县新华书店要认真学习上级有关教材征订工作文件，及时向学校送达征订文件和征订单，认真落实教材订数的校对、复核，做好汇总互审等，认真履行岗位责任。

2003年9月，根据新闻出版总署、教育部《关于〈中小学教辅材料管理办法〉的实施意见》，集团公司下达了《关于印发〈关于加强教辅用书（音像制品）发行和管理的若干规定〉的通知》，要求各店要进一步建立健全教辅用书（音像制品）发行组织和有关制度规定，“制定有利于扩大销售的激励措施”，“直属分公司、各专业子公司要积极开拓业务、积极组织货源，不断增加新的适销对路的产品，要采取包销、总代理、租型等多种形式，努力争取较多的发行折扣”“各子分公司对各有关专业子公司、分公司印制下发的征订单要认真组织力量，积极进行宣传、推荐，征订的中小学教辅用书（音像制品）订数，各店一律直接报集团有关部门进行汇总，任何单位和个人不得擅自决定改版、分流或截留订数，不得将订数直报出版社或其他造货、供货单位”。“自2004年秋季始，春秋两季的教材（教辅教带）征订工作会议将扩大至县新华书店（分公司）进行统一布置”，“加强对教辅（音像制品）用书征订发行情况的检查监督。集团公司每年将不定期的对全省各有关子公司、分公司的教辅（音像制品）用书征订发行工作进行检查监督”。

2004年10月，集团公司《转发省新闻出版局〈关于重申教辅用书发行有关规定的通知〉的通知》，要求“各子分公司主要负责同志高度重视教辅征订的重要性，要紧密依靠当地党委和政府积极协调好与当地有关部门的关系，同时要加强宣传工作，以高质量和优质服务吸引读者，要根据本地具体情况，改进征订工作方法，做好学生的自愿订购工作，不得强行搭配”。

2005年7月，集团公司下发《关于加强教辅出版物发行工作，严肃发行纪律的通知》，《通知》针对近年来教辅市场竞争激烈，发行秩序混乱，集团公司教辅市场呈下滑趋势的严峻形势，对各子、分公司提出应对办法和具体要求。

2005年12月，集团公司下达《关于落实教材发行微机化管理的通知》（以下简称《通知》），《通知》中提出“为实现集团教材业务的全面微机化管理，各子、分公司必须于2006年元月15日前，对教材发行业务实现微机化管理，即教材部门配置专用微机，有专人操作”、“微机配置及技术支持由集团公司信息技术部提供，自2006年秋季（即第2轮教材发行招投标开始），各子、分公司教材汇总、发货、报订和添货等工作流程全部实现微机管理，网上运行”。

为了确保教材“课前到书、人手一册”发行任务的完成，在长期的教材发行工作中，集团公司制定了一系列教材、物流等方面的管理制度。这一系列的管理制度是多年来全省中小学教材发行和物流工作的经验综合，也是对全省教材发行和物流工作做出的统一规定和要求。

管理现代化　为适应现代企业规范管理、科学管理、多效管理的需要，公司高度重视企业信息现代化建设。教材发行计算机管理系统始建于90年代初，是国内最早使用计算机管理教材发行业务的单位之一。公司先后投资了3000万元对系统进行了三次较大的升级换代，使系统功能日趋完善。随着集团ERP系统（企业资源计划）的完善和2005年11月物流园建成使用，为集团的全省教材发行业务提供了集成、优化、计划、控制为基础的网络化的信息平台，使发行集团各子分公司教材发行业务都在统一的管理信息平台上快速运作，实现了网上发布征订信息、汇总订数、上报订数、自动生成向出版单位付印订数以及配送、调剂、添加、查询教材、结算教材款等工作的管理控制，提高了教材发行工作的整体效率，为教材发行“课前到书，人手一册”提供了全面的技术保障。公司教材发行的物流配送自动化系统被省企业信息化工作领导小组、省经委评为全省优秀项目。

中小学课本发行　业务工作　新华书店发行中小学课本始自1949年，在长期的教材发行工作中，积累了丰富的教材发行经验，从征订单编制、宣传征订、订数汇总复核、备货、付印，到进货把关、制单发货、余缺调剂、储运发运、送书到校以及门市零售、安全保障等各个环节都有严密的运作规程。2002年，省店把教材发行各个环节的运作规程按照集团教材分公司和子分公司的职责分别写入《安徽新华发行集团有限公司中小学教材发行工作岗位责任》和《安徽新华发行集团子分公司中小学教材发行工作岗位责任》作为统一规定和要求印发各公司贯彻执行。为进一步规范教材发行工作程序，提高教材发行工作质量，2005 年集团公司分别对上述两个《岗位责任》作了进一步修订，是年 8 月重新颁布。

修订后的《集团公司中小学教材发行工作岗位责任》分总则，征订和预印，汇总、备货和付印，进发货和添货，调剂和查询，工作总结等款项。1. 总则：要求认真贯彻执行党和国家有关教材发行工作的方针、政策、法律、法规和上级规定，坚持把社会效益放在首位，把好进货质量关；主动与教育等部门以及子分公司合作，完成发行任务；对子分公司的业务要求和所提问题实行首问负责制，要热情接待、耐心办理；每季教材征订前要认真学习上级下发的图书目录及文件通知，弄清文件精神以及用书安排、存书使用等情况。2. 征订和预印：根据用书目录及文件通知精神，及时编印征订单，拟发全省教材征订文件；每年 2 月上旬、8 月上旬将征订单发到基层书店；订单上报前，根据学生数情况及所掌握的变化情况，提出预印数，经审批后交出版单位预印。3. 汇总、备货及付印：子分公司订单上报后，组织进行全省教材订数的汇总、校对、审核。消灭错订、漏订，力求准确；订数汇总后，逐品种研究备货数，订数确定并审批后，按期向出版单位提交订数；及时印发销售清单向子分公司公布教材定价。4. 进发货和添货：及时办理进发货手续。教材样本或定价一到，立即开出发货单据，交储运部门发货；及时处理添单、调整单，处理结果及时回告；保管好样本和订货、发货等资料。5. 调剂和查询：如出现招生计划等情况变化而造成储备教材短缺或多余，及时主动与出版单位联系加印或与外省联系调入、调出；学期开学后十天，在子公司组织辖区分公司教材调剂会的基础上，组织全省子公司的教材调剂会，落实余缺调剂，总结征订发行经验，开展评比；随时利用教材微机管理网络了解征订发行及库存备货情况；子分公司和有关单位的查询，及时办理、及时回告。6. 工作总结：教材发行结束后，及时对存书清理、造册登记；对半年和全年发行工作总结，对子分公司的工作进行考评。考评的主要内容是：落实课前到书，执行发行纪律，履行服务公约，订货准确性和发行质量等。考评情况通报全省；深入基层调研，了解课前到书和征订发行情况，调查研究读者的需要。

《安徽新华发行集团子分公司中小学教材发行工作岗位责任》共 19 条，对预订工作、备货和零售工作、存货处理、订货工作、调剂工作、收货工作、货款结算、服务回访、加强领导等做出了一系列的规定和要求。突出了坚持“两为”方针，坚持把社会效益放在首位的指导思想，要求做到征订到校，送书到校，调剂到校，确保“课前到书，人手一册”，为广大中小学生服务，为学校服务，为教育事业服务。1. 信用预订：开展信用预订，坚持计划发行，不搞搭配销售，不跨区征订、发行，不擅自向学校预收书款；2. 预订工作：准确掌握中小学的相关资料，认真学习上级有关教学用书征订文件，严格按文件要求和教学用书目录中的用书规定，深入学校协助做好预订，秋季教材 3 月 25 日预订结束，春季教材 9 月 25 日预订结束，预订周期为 25 天左右；预订数要准确无误，要根据所掌握的各学校各年级的学生数逐品种逐版本校对，负责人要对经办人核对的预订数再审核，并提出相应的备货数量，最后由领导把关签名，录盘和网上报订。3.订货工作：子公司适时组织区内教材互审汇总，要交叉进行，确保预订数的准确性。互审时间：秋季3月底结束，春季8月底结束；汇审范围包括中小学课本、寒暑假作业、练习册、教学参考书、挂图等。4.备货和零售：为补预订不足或应对学生插班、转学、复读等变动及学生丢书等特殊需求，需确定备货量。一般情况下，小学、初中、高中各一年级的备货，应掌握在预订数的5%左右；其他各年级的备货量掌握在预订数的3%左右，同时要做好零售工作，根据情况或设零售门市部或设零售专柜，保证教材主要品种常年有售不断档。5.发放工作：要方便学校，保证开学前送书到校。各子分公司收到教材后，按学校的预订数，先分发到教材供应点，开学前组织运力送达学校。运输途中保证教材清洁完好无损。由于不可抗力而不能送书到校，应补偿学校自行取书而支付的费用。6.服务回访：教材发行结束后，各子分公司要到学校进行服务工作的回访，听取学校意见，发扬成绩、改进工作，不断提高工作质量和服务水平。

集团公司和各子分公司坚决贯彻落实中央提出的"课前到书，人手一册"指示，坚持"两为"方向，坚持全心全意为教育事业服务，注重教材发行质量，始终把社会效益放在首位，多年来一直保持课前到书率99.9%以上（包括全省遭受特大洪涝灾害的1991年、1998年在内），从来没有发生因课本未到而影响学校开学的问题。2002—2008年，实现课前到书率连年100%，赢得了社会和广大师生的普遍赞誉。

从建店初到2002年春季，中小学课本由新华书店包销发行。省店作为省级发货店，一般情况，课本的进货折扣：黑白版为70折，彩色版为72折；发货折扣：黑白版为78折，彩色版为79.6折。

中小学教材发行招标试点改革 新中国成立之初，中小学课本即由国家出版社统编，各级新华书店统一征订、包销发行。这一政策规定几十年未变。为加强对中小学教学用书的管理，切实减轻学生家长的经济负担，进一步深化教材出版发行体制改革，新闻出版总署、教育部、国家发改委2001年1月根据《国务院办公厅转发体改办等部门关于降低中小学教材价格深化教材管理体制改革的通知》精神，制定了《中小学教材出版招标投标试点实施办法》和《中小学教材发行招标投标试点实施办法》，决定中小学教材出版、发行招标投标试点工作从2002年开始先在安徽省、福建省、重庆市进行。即2002年秋季至2004年春季，安徽省中小学教材的总发行权，实行招标投标中标获得。这是中小学教材发行的重大政策改革。

2002年1月，安徽省成立了中小学教材招标试点工作领导小组，领导小组由安徽省新闻出版局、教育厅、物价局组成，牵头单位是省新闻出版局。

2002年2月1日，安徽省中小学教材招标试点工作领导小组办公室发出《安徽省中小学教材发行招标意见书》。2月2日开始，省店投标工作领导小组根据《安徽省中小学教材发行招标意见书》，对招标文件和竞争对手进行全面研究，并制定完成投标申请文件和投标报价文件，于2月8日正式投标；同时具有总发行资质的安徽省外文书店和合肥市新华书店也参加了竞标。省店在其投标申请文件中郑重承诺："若中标，将全面地按照中小学教材发行招标文件中的对投标人的要求，认真履行其责任和义务。"一、质量保证　1.保证教材发行"课前到书、人手一册"；2.保证打包、运输中教材外观整洁，无破损；3.保证送书到校，由于不可抗力的原因而不能送书到校的，将补偿学校自取教材而支出的费用。二、时间保证　秋季开学，保证于9月1日前将学校预订的教材全部运达学校；春季开学，保证在中小学校统一开学前，将学校预订的教材全部运达学校。三、服务标准　根据招标书的服务标准要求，帮助学校做好教材的补订和调剂工作，并按一定比例备货，根据学校需求，及时调换，保证教材主要品种的常年不间断供应。四、收付款方式　严格按照教材信用预订的原则要求，不向学生预收教材款；按国家货款结算办法，及时承付教材款并按有关合同办理。五、报价　愿意再以国家统一规定的教材发行费用标准（即黑白、双色版教材30%，彩色版教材28%）为基准，黑白（双色）版教材让利发行费用标准的1%，彩色版教材让利发行费用标准的1%。

2002年3月21日，安徽省人民政府办公厅批复省教材发行招标投标领导小组，确定中标人为安徽省新华书店，且2004年春季至2006年春季中小学教材发行延续其中标结果。

中小学教材发行招标扩大试点改革　为逐步打破教材出版发行的行业垄断，培育和引入市场竞争主体，形成出版发行市场的适度竞争，2005年中小学教材招投标试点范围进一步扩大，在2002年安徽、福建、重庆三省（市）的基础上，将浙江、山东、江西、广东、四川、云南、陕西等省纳入试点范围。新一轮招投标试点工作，以省、自治区、直辖市为单位，由各试点省、自治区、直辖市人民政府负责，省级发改委、新闻出版行政部门、教育行政部门和价格主管部门具体组织实施，面向全部试点省跨区域公开招标，同时不设所有制门槛，发行投标人为主营图书、报纸或期刊发行且具有总发行资格的企业法人。

2005年8月26日，安徽新华发行集团有限公司成立投标工作领导小组。投标工作领导小组的任务是：对国家及省有关中小学教材发行招投标文件进行全面的学习研究，全面了解分析省内外竞争对手情况，加强与省招投标试点工作小组的情况了解和沟通，测算经济指标，制定投标技术指标文件和经济指标文件。

2006年3月28日，省招投标试点工作领导小组在省招标中心举行安徽省2006年秋季至2008年春季教材发行招投标开标仪式。参加投标的有：安徽新华发行集团有限公司、安徽省邮政局、山东省新华书店、福建新华发行集团有限公司、广西新华书店有限公司、广东新华发行集团有限公司、四川新华文轩连锁股份有限公司、重庆新华书店集团有限公司和陕西省新华书店（云南省因故没有参加）等11家单位。安徽新华发行集团有限公司以总分第一的成绩获得了连续两年中小学教材全部品种的总发行权，年度发行码洋约8亿元。此轮投标，集团公司以黑白版教材4.5%、彩色版教材3.3%（综合让利 3.66%，低于全国平均水平）的让利幅度一举中标，约让利 3000 万元。

2006 年 6 月 30 日，安徽省中小学教材出版发行招标投标试点工作协调小组与安徽新华发行集团有限公司签署了《安徽省中小学教材义务教育阶段全品种总发行权招投标合同书》。

2005 年，国务院办公厅转发财政部、教育部关于加快国家扶贫开发工作重点县“两免一补”实施意见的有关规定，根据规定精神，当年秋，安徽省对农村中小学贫困家庭学生实行教材免费供应制度。2005 年以来，安徽省开始对免费教材实行单一来源采购。2005 秋至 2006 年春、2006 年秋至 2007 年春、2007 年秋至 2008 年春，安徽省义务教育阶段 13%农村中小学贫困家庭学生使用免费教材，集团公司分别让利 3.6%、3%、3%；集团公司通过政府“单一来源采购”的方式取得发行权。

1986—2008 年中小学课本发行情况统计表

表 3-1-5　　　　单位：万册、万元

年　份	中小学课本销售	
	册数	码洋
1986 — 1994	30384	91182
1995	8191	30308
2000	15662	78314
2001	16710	79845
2002	16980	82912
2003	17112	91145
2004	17532	97934
2005	17940	111054
2006	17950	113906
2007	18010	118133
2008	18110	126049

教辅图书发行　教辅图书发行是新华书店传统的主营业务，是新华书店的一个重要利润来源。教辅用书开始于 20 世纪 80 年代初，到 80 年代中期，教辅图书发行品种增多，发行量增大，几乎与课本发行相对应。进入 90 年代后期，国家为减轻学生负担，出台了教辅读物不允许学校等单位集体组织征订的政策，但由于应试教育体制并未发生变化，市场需求客观存在，原由省级教育行政部门统一编目、省新华书店组织征订的秩序被打破，出现无序竞争，多种渠道纷纷向学校伸手，争订数、争发行，且以高定价、高折扣为手段，进行不正当竞争，有的地方教育行政部门也利用权力资源直接或变相参与

了教辅发行,以致全省书店教辅读物的销售极不平衡,一些地方新华书店销售下降明显。2000年以后,随着教育部“对中小学生减轻课业负担”政策的宣传力度加大,中小学生教辅读物的发行量更是大幅减少。为适应教辅读物政策变化所带来的新情况和国家应试教育体制向素质教育体制的转变,改善教辅读物的发行,适应广大中小学生和青少年的需要,集团于2005年7月成立安徽新华教育图书发行有限公司,专事教育图书的市场开发和发行管理。

工作机制　安徽新华教育图书发行有限公司成立之初,就制定了“以开发为龙头,以营销为核心,面向市场,全力打造新华教育品牌”的发展战略,逐步向发行的上游出版延伸产业链,形成“编、印、发、供”一条龙,掌握市场的主导权,增强公司的抗风险能力。同时,在营销方面采取市场化运作模式,变坐商为行商,对销售区域实行划片管理,建立首问责任制,逐步理顺与子分公司关系。与此同时积极推进机制创新,着力打造“准事业部制”的机制构架,文字教辅征订发行,录音教材制作发行,自主开发的产品均由独立的部门筹划、运作,公司只对部门的经营状况考核。为进一步调动部门和员工的积极性,公司制定了《薪酬管理办法》《推销提成办法》等一系列市场化的工效挂钩新制度、新规定,为奖励工作有创新思路、销售有突出成绩的部门和个人,公司还设立了经理特别奖励。此外,从2005年公司成立,陆续出台《业务工作秩序》《原材料采购管理规定》以及部门《业务采办及营销管理制度》《账务人员管理制度》《服务质量管理制度》等一系列制度规定,这些规章制度的建立,有力地保障了业务工作的正常进行。

拓展业务、开发市场　公司成立以来,自行出版和合作出版的图书已达七个系列,119个品种,2008年销售码洋约650万元。自行出版和合作出版的图书不仅受到本省读者的喜爱,也受到了外省读者的欢迎。其中《小学同步习作导学导练》系列,被纳入浙江省的政府采购目录;《毕业班暑期必读》系列,被陕西省民营书商包销2.5万套。此外,进一步加强了与有关出版社的传统业务合作关系,并有了新的发展;与安徽教育出版社续签中小学教育类图书发行协议,连年保持在996个品种左右;与安徽少儿出版社每年达成约272个品种的包销协议;连续三年与黄山书社就564个品种的教育类图书达成承包发行协议。2008年,继续保留了上述三家出版社在省内征订总发行业务。三年来,代理出版社销售码洋逐年增长,2008年与2006年相比,安徽教育出版社增长了168%,安徽少儿出版社增长了150%,黄山书社增长了978%。为丰富和活跃本省教辅市场,公司2008年度先后引进47个版本,共计2100个品种的教育类图书,销售码洋31000万元;2008年,公司争取到国家对义务教育阶段英语教学磁带的政府采购(免费英语磁带)供货权,是年秋,录音教材销售同比净增长3024万元。

几十年来,安徽新华书店系统历经计划经济条件下的计划发行、教材垄断发行到社会主义市场经济条件下的教材招投标、“三包两挂”的经营承包责任制、经营目标管理责任制、全面预算管理的发展历程。在发行体制改革、市场全面放开的新形势下,集团上下迎难而上,各项经营指标年年创出新高。2008年,安徽新华发行集团提前两年完成第一轮集团战略规划中提出的到“十一五”末销售突破50亿元的目标。2008年，集团销售收入、利润总额、总资产分别比2003年增长88.11%、183.75%、66%。

发行集团重要年度主要经营成果统计表

表3-1-6

项目名称	1986年	1998年	2003年	2008年
销售总额（万元）	13215	265900	282729	531800
利润总额（万元）	864	7032	8061	22700
固定资金原值（万元）	2470	91600	54840	110862
销售网点（个）	446	529	535	544

第四节　多元化经营

多种经营　*基层店多种经营*　20世纪80年代初，随着国家经济体制的改革，多种经济成分的发展，图书发行领域的独家经营局面被打破，在此形势下，全省书店在保证主业发展的前提下，从1984年起，开始了与书店业务相关的非图书商品的经营，以提高书店经济效益。2月，庐江县店在城关门市部辟出20平方米的营业场地经营起了音像制品。3月，五河县店在其中心卖场开设了销售文化用品的专柜专架。随后的几年内，合肥市店、安庆市店、淮南市店、泾县县店、郎溪县店、霍邱县店、怀宁县店、固镇县店等一大批书店多种经营业务纷纷上马。1990年，安庆管理处还成立了多种经营管理科，负责全地区书店多种经营业务管理指导工作。随着多种经营业务的发展，省店多次在各种会议上指出，开展多种经营要从实际出发，在条件许可的情况下大胆尝试、大胆闯，允许失误，但不可不动。到1999年年底，全省有60%的书店开展了多种经营业务，多以文体办公用品、教育用品、音像品、文具纸张等为主体项目。

随着改革开放的不断发展，一些店多种经营的范围逐步扩大。基层店从事的多种经营项目由文化办公用品发展到服务性项目，有招待所、餐厅；此外还有一些非流通性、服务性的产业项目，如房屋出租。

2004年开始，面对社会资本和民营书店的兴起，全省新华书店以专业化、标准化、规范化为特征的卖场业态创新开始推进，并纳入集团战略。根据与主业相关的原则，重点在城乡卖场推进以文体用品、数码产品为主的“店中店”建设，逐步实现相关产品的连锁经营，改变了长期以来全省卖场业态混乱，经营管理模式不一的弊端，从而有效地提升了卖场形象和赢利水平。这一时期，全系统79个子、分公司开展多种经营的有69个，占87.3%；各店为多种经营投入的资金达到1119.7万元，占用营业场地约13242平方米，为实现新华书店两个效益的统一，特别是对提高卖场资产回报探索出一条新路。

安徽省新华书店商贸公司　1992 年 10 月 31 日，省店向省新闻出版局提出报告：为贯彻执行党中央关于加快发展第三产业的决定精神，充分利用省店房屋设施，开展多种经营，提高经济效益，决定成立安徽省新华书店商贸公司。11 月 15 日，省新闻出版局作出了《关于同意成立安徽省新华书店商贸公司的批复》。1993 年 1 月 8 日公司成立，即报省工商局注册登记，领取营业执照，实行独立核算、自负盈亏、自主经营。公司设有经营部、电脑复印部、业务部、仓库及内勤等部门。经营地点位于省店大院东侧，新华巷和益民街交口西北角。2000 年 3 月，公司全部业务并入新成立的安徽省新华书店图书音像发行有限公司。2001 年 7 月，公司搬迁至蒙城北路 84 号。2002 年年底，公司业务划入安徽新龙图贸易进出口有限公司。

公司从开业到 1999 年年末，经营的项目和品种为石英钟、凉席、罐装饮料、文房四宝、图书和教辅、复读机、随身听、收录机、电脑、电子词典等；同时为市县新华书店建立业务零售局域网等。公司每年都召开全省新华书店系统文化用品订货会，并经常组织市县新华书店参加外省新华书店组织的文化用品订货会。

1994—1999 年销售利润情况统计表

表 3–1–7

时间（年）	营业额（净收入）万元	净利润（万元）
1994	70.6	
1995	75.3	6.1
1996	102	4.2
1997	110	7.0
1998	228	4.5
1999	317	8.0

书香酒楼　1993 年，省店决定在食堂的基础上成立书香酒楼，面朝永贞巷，酒楼房屋的总营业面积约 150 平方米，是年 7 月 1 日开业。酒楼实行社会化服务。在做好省店员工就餐的同时，为省店中小型会议和来省店出差的基层店人员提供餐饮服务，同时接待社会散客。当时省店投资 4 万元，用来改造门面和进行内部装潢。1999 年 9 月，因安徽图书城二期工程建设需要，酒楼停业。

汤口修养所　1983 年，省店投资 45 万元委托歙县县店在汤口兴建新华书店，1984 年 1 月建成开业，建成后的新华书店取名为歙县黄山新华书店，位于黄山风景区的汤口村，青屯公路旁，古朴典雅，一色的徽派建筑。主楼 4 层，占地 1452 平方米，建筑面积 1588.5 平方米；底层 100 平方米经营图书，其余部分设客房 15 间，床位 60 个，餐厅、卫生间、厨房等一应俱全，皆用作系统职工来黄山休养之用，故黄山新华书店又称“汤口休养所”。1999 年，休养所划归黄山区新华书店经营，改名为“黄山区新华书店新华山庄”,省店不再安排职工休养。2002年,更名为“黄山风景区旅游书店”。2004年,整体租赁给合钢黄高速施工单位中铁十八局,书店因此停业。2007年,又被列入汤口旧城改造二期工程拆迁范围。2008年4月份,汤口休养所拆迁完毕。

多元化经营 合肥华仑瑞雅国际大酒店管理有限公司 2005年1月21日,集团公司与瑞雅国际酒店管理有限公司举行了合肥华仑瑞雅国际大酒店委托管理签约仪式。合肥华仑瑞雅国际大酒店时任第一任执行董事为叶为前、第一任总经理为外方代表陈熙构（马来西亚人）。华仑瑞雅国际大酒店是业主公司安徽新华发行集团对安徽图书城大楼和附属楼进行投资建设的酒店经营项目,总投资1.27亿元,是一家按照四星级酒店标准建设的酒店。瑞雅公司是国际知名的酒店业管理公司,在东南亚和中国内地管理十几家酒店。经过半年多的谈判,双方本着双赢的原则,正式签订委托管理合同。安徽图书城大楼占地面积4115.07平方米,主体大楼共27层(地上25层,地下2层),附属楼5层（地上4层,地下1层),合肥华仑瑞雅国际大酒店占了图书城大楼27层中的1—19层和附属楼的全部。酒店位于合肥市长江中路279号。拥有162间客房和套房,床位241个。2005年8月16日,酒店正式开业。2008年12月4日,安徽省旅游饭店评定委员会正式批准华仑瑞雅大酒店为四星级旅游饭店。2005—2006年,酒店两次接待安徽省人大会议代表,多次接待文艺、体育界明星入住。2007年,成功地接待了徽商大会来自国内和世界各地的人士。同年作为省政府指定的接待单位,圆满完成了接待省市领导和党代会代表的任务。到2008年年底,酒店运营四年,各项经营指标在合肥市四星级旅游酒店中排位第三。

e家—华仑快捷酒店 该酒店是集团公司与安徽最大的快捷连锁酒店安徽美邦酒店管理公司合作经营项目,是集团公司在酒店行业的进一步拓展,是盘活集团公司闲置资产、提高资产回报率的又一创新举措。2007年2月26日,集团公司与美邦酒店管理公司签订《战略合作框架协议书》,双方协议由集团公司提供可改建成快捷酒店的房屋和附属设施,美邦酒店提供“e家”品牌,并负责开业前的所有准备工作及开业后的酒店经营管理。合作期限自2007年3月1日至2019年6月30日止。2007年6月8日,e家—华仑快捷酒店合肥蒙城路店试营业，7月1日开业;10月1日，e家—华仑快捷酒店合肥南七店开业。

安徽华仑新媒体传播有限公司 公司成立于2008年6月3日,有员工7人。公司是一家面向全省新华书店系统的新型数字化传媒公司,集广告策划、设计、制作、投标及运营于一体,拥有室内外LED单色、双色及彩色显示屏,喷绘写真等多种运营模式。到2008年年底,公司已在合肥、六安、滁州三市新华书店卖场及中心位置分别建成200平方米、110平方米和60平方米的户外大型LED彩屏。2008年,实现营业收入200多万元。

安徽华仑国际文化投资有限公司 建设大型品牌经营、连锁经营的华仑国际文化广场是安徽新华发行集团多元化发展,打造“双百亿”集团的重要举措。2008年年底,集团创立了国有控股的安徽华仑国际文化投资有限公司。华仑国际文化广场项目由集团主导，安徽华仑文化投资有限公司具体实施。通过聚合多种文化资源，创新运营模式，荟萃影视文化、演艺文化、博览文化、美食文化、休闲文化等多种文化商业业态为"一炉"，为消费者提供"一站式"的文化服务。项目采取"文化 MALL"的运营模式，是综合性、集群化的大型文化经营场所，其项目主力业态是：电影院线、演艺广场、名人蜡像（安徽名人堂）、电玩网吧、主题餐厅及美食广场、商务会所、KTV、酒吧一条街等。

安徽省新龙图贸易进出口公司　公司前身为安徽省图书进出口公司，成立于 1994 年 3 月。安徽省图书进出口公司和安徽省外文书店是一个机构，两块牌子。当时，安徽省图书进出口公司是省内唯一获得新闻出版署批准成立，具有图书进口经营权的综合性外贸公司。

1994 年 8 月，公司以 720 万元购得合肥市区中心"绿都商城"楼房，面积 3110 平方米，作为营业场地。是年 11 月 8 日，"外文书店营业大楼"开业，当年超额 36.77% 完成了省新闻出版局下达的销售任务指标，其中外贸业务完成占总任务的 65%。1999 年 3 月，经省新闻出版局、省外经贸委批准同意，安徽省图书进出口公司更名为安徽省新龙图贸易进出口公司，仍然保留省外文书店牌子，对内仍是一个机构。由此，公司外贸业务得到长足发展，外贸销售呈逐年上升趋势，到 2002 年年底，公司实现销售 6726 万元（其中外贸销售 6226 万元）。

2002 年 9 月，全省 82 个省市县新华书店和省外文书店改制创立安徽新华发行集团。2003 年 3 月，安徽省新龙图贸易进出口公司（安徽省外文书店）进出口部和安徽省新华书店图书音像有限公司商贸部（商贸部前身为安徽省新华书店商贸公司）合并组建安徽省新龙图贸易进出口有限公司，隶属安徽新华发行集团，为集团专业子公司。公司主要从事对外贸易，经营文化、办公、电子、工艺美术、针纺织品的批销零售及代理各种商品、技术进出口业务，并承办境外文化交流、书展及专业学习考察的组织工作；公司的办公地点迁至合肥市长江中路 279 号安徽图书城 19 楼。是年，与美国纽约"中华书局"联办"黄山书市"图书展销，为皖版图书走出国门，宣传安徽出版事业，做出了积极贡献。

2006 年 5 月，公司办公场地调整到蒙城北路 84 号（原安徽省新华书店图书音像批销中心）。2008 年 5 月，公司进出口部和管理部门迁至安徽图书城 21 楼，商贸部搬至新华发行集团物流园办公区 9 楼办公。公司下设办公室、财务部、进出口部、单证部、商贸部和书刊部，有人员 25 人。2006—2008 年，公司的经营业绩逐年攀升。2008 年，全公司实现销售 1.7 亿元，出口创汇 1800 万美元，实现毛利润 145 万元。公司按集团"专业分工、规模经营"的原则，在全系统内全力推进文体用品、数码电子产品的连锁经营，到 2008 年底已与浙江博学文化生活用品有限公司合作，在全省部分子分公司开展了文体用品连锁经营的试点工作，取得了良好的经营业绩。

安徽华仑置业有限公司　公司是安徽新华发行集团有限公司旗下的全资专业子公司，2005 年 6 月成立，公司实行总经理领导下的分工负责制，下设行财部、工程部、经营管理部和物业管理部，有人员 24 人。集团公司 2005 年 6 月和 2006 年 3 月两次向该公司注资，合计 800 万元，经营上实行自主经营、独立核算、自负盈亏，2008 年公司实现盈利 2.95 万元。

华仑置业经营范围有房地产开发、物业管理、房屋租赁、旅游咨询服务、宾馆、餐饮服务，为业主提供综合管理和其他经营配套服务，其管理人员均取得房地产开发从业资格、物业管理资格证书和工程师中级职称，具有多年物业服务管理工作经验。

华仑置业受托管理的各类物业资产到 2008 年年底达 3 亿多元，所管理的项目有新华物流园（48900 平方米）、安徽图书城（10700 平方米）、原省新华书店储运部（10700 平方米）以及新华公寓等。并利用新华公寓与上海交通大学昂立学院成立“上海交大昂立教育安徽教学基地”，开展全省教育管理者高级研修班培训服务。

华仑置业与安徽最大的快捷酒店安徽美邦酒店管理公司合作经营，2007 年 7 月和 10 月，合肥的两家经济型商务快捷连锁酒店 e 家—华仑快捷酒店分别营业。

第五节　发行队伍建设

经营管理队伍建设　1984 年，全省新华书店系统 81 个店均由事业单位改制为省属企业，建立人事、业务、财务三权的统一管理体制。为贯彻落实省政府和省新闻出版局有关加强经营管理工作的重要指示，省店制定了《关于全省新华书店机构设置和干部管理的若干规定》，统一规范机构设置和干部配备：全省各地、市新华书店为副县级单位；地、市店设经理一人、副经理一至二人。县新华书店为区级单位；店设经理、副经理各一人，较小的县店可不设副经理。各级书店实行经理负责制。各店经理或主持工作的副经理是本店经营者、法人代表，全面负责经营管理工作。经营管理干部的管理和任免、考核、奖惩均分级管理。省店管理的干部：省店科室的科长、副科长，主任、副主任，门市部主任、副主任，其他同职级的干部；地、市店经理、副经理及其领导班子成员或同职级的干部；县店经理、副经理。贯彻执行干部队伍革命化、年轻化、知识化、专业化的方针，择优选拔人才。并实行任期制，各地、市、县店经理任期四年。任期期满考核为称职、优秀的可连续聘任。1992 年 8 月，报经省新闻出版局同意，省店印发《安徽省新华书店关于深化改革的意见》，改革干部、劳动用工和内部分配制度。地市店经理由省店提名、考核，报省新闻出版局党组审定、聘任；县店经理由地市店考核，报省店审定、聘任；地、市、县店的副经理由经理提名，报上一级店考核、聘任，中层干部由经理在本店内招聘、选聘或直接考核、聘任，报上一级店备案。聘任期一般为 3 年。打破干部、工人界限，依照中组部、人事部《全民所有制企业聘用制干部管理暂行规定》，根据工作需要，中层及其以上干部可从优秀工人中聘用。健全严格的干部年度考核制度，根据实绩进行奖惩。经理和其他领导班子成员及中层干部，如连续两年完不成承包合同所规定的主要经济指标的，经考核不称职的不能履行所聘岗位职责的，予以解聘、辞聘或降聘，岗变薪变，按新聘岗位计发工资。坚持和完善“三包两挂”（即承包经营责任制和岗位目标责任制）。2002 年 8 月，经省委、省政府同意和中宣部、国家新闻出版总署批准，组建安徽新华书店发行集团（以下简称集团），原由省新闻出版局党组任免和管理的干部作了重大调整：集团公司领导班子成员分别由省委、省委宣传部选拔任用管理；市级子公司领导班子成员由集团公司党委、董事会选拔任用管理；县级分公司经理由市级子公司组织考察，报集团公司审定批复后，由市级子公司任用管理。

强化培训教育，提升经营管理人员整体素质。为充分发挥全省书店人事、业务、财务三权统一的管理体制的整体优势，书店各级领导班子始终把经营管理干部的培训、教育放在重要位置。1986—1994 年，举办经理、财务、业务、人事等各专业培训班 48 期，受训人数达三千多人次，占职工总数 79%以上。自 1995 年起，培训教育工作步入经常化，各类新进店人员实行先培训后上岗的管理制度。上岗人员培训与岗位规范培训、工人技术等级培训、专业技能培训相结合。1995—2008 年，上岗职工参加分级分专业培训人均达 6 次以上。参加省店、省新闻出版局等组织举办的经理、财务、业务、主任等岗位培训、专业培训每年 5—8 期，中层以上经营管理人员人均达一次以上，培训率达 100%。省店先后委托武汉大学、安徽大学等举办图书发行大专班、进修班六期，学员达 500 多人。1998 年起，省店先后选送 3 人到上海财经大学在职 MBA 硕士班学习。2002 年 7 月，省新闻出版局委托武汉大学、安徽大学举办企业管理专业研究生课程进修班，35 名中、高级管理人员及业务骨干参加进修学习。

2004 年 3 月，经省委研究决定集团公司主要领导调整。集团公司新领导班子成立后，2005 年 6 月，为加快建立一支符合现代企业制度要求、适应市场竞争需要的高素质的经营管理队伍，制定了《安徽新华发行集团中层以上管理人员选拔任用管理工作暂行规定》《安徽新华发行集团选拔、培养后备人才工作暂行规定》等一系列经营管理队伍建设的规章制度，使其队伍建设步入制度化、规范化，为实施“人才兴业战略”迈出坚实一步。

发行集团为全面贯彻“人才兴业战略”，提升发行集团中层以上管理人员和各子分公司高层管理人员的经营管理能力，以适应发行集团跨越式发展的需要，分别于 2007 年 1 月、2007 年 10 月、2008 年 11 月与上海交通大学昂立管理培训中心联合，开办了三期为期半年的 MBA 高级研修班，参训的中、高层经营管理人才和优秀业务骨干 194 名。

上海交大工商管理硕士（MBA）核心课程研修班学员人数统计表

表 3-1-8

单位	一期班（2007.1 — 2007.7）68 名学员	二期班（2007.10 — 2008.4）64 名学员	三期班（2008.11 — 2009.7）62 名学员名
控股公司	2	5	5
股份公司	8	2	6
教材分公司	1	2	6
连锁公司	3	4	3
教育图书公司	2	4	4
新龙图公司	1	1	2
华仑置业公司	2	2	2
合肥公司	3	5	4
淮南公司	2	2	
淮北公司	2	2	
蚌埠公司	2	1	
铜陵公司	3		2
马鞍山公司			1
芜湖公司	3	2	3
安庆公司	6	5	5
黄山公司	2	2	2
宣城公司	3	5	4
滁州公司	3	3	2
阜阳公司	3	3	3
亳州公司	4	3	3
六安公司	3	3	3
池州公司	2	2	2
巢湖公司	3	3	3
宿州公司	4	2	

专业技术人才队伍建设　1988 年 3 月，安徽新华书店系统首次开展经济专业、会计专业的专业技术职务的评聘工作。

1991 年 11 月，省职改办转发人事部《企事业单位评聘专业技术职务若干问题暂行规定》，专业技术职务评聘工作纳入整个人事管理的正常轨道，作为人事管理的一项日常工作,遵照国家人事部及省职改领导小组的有关文件规定,省店进一步完善专业技术岗位设置、年度考核、聘任期满考核等工作,既坚持专业技术职务的能力、业绩、资历、学历和相应外语水平、计算机技能等基本条件,又着重考核实绩,为优秀人才脱颖而出创造良好条件。

根据人事部《关于全民所有制企业评聘专业技术职务工作的原则意见》规定,按照评聘分开的原则,企业聘任专业技术职务,引入竞争机制,实行择优聘任,竞争上岗,打破专业技术职务“终身制”,做到能上能下、能进能出。根据年度考核和聘任期满考核结果,确定续聘、降聘、解聘,充分发挥竞争上岗的专业技术人员的积极性、主动性和创造性。

1988年3月,新华书店系统首次开展专业技术职务评聘工作,至2008年年末,通过评审和全国统考取得各专业技术职务任职资格的专业人员有1192人,其中初级职称727人,占61%;中级专业职称418人,占35%。专业结构分别是:经济师235人,占56%;会计师、审计师、统计师100人,占24%;政工师54人,占13%,工程师、编辑、馆员、工艺美术师等其他专业29人,占7%;高级专业技术职称49人(见附表)。

发行集团高级专业技术职务人员情况一览表

表3-1-9

工作单位	人数
控股公司	15
股份公司	6
合肥公司	4
淮南公司	1
蚌埠公司	1
芜湖公司	2
安庆公司	5
黄山公司	2
宣城公司	2
阜阳公司	2
池州公司	1
六安公司	3
巢湖公司	1
连锁公司	1
教图公司	1
华仑国际文化投资投资公司	2

技术工人队伍建设　1998 年 1 月，全省新华书店系统首次进行图书发行行业工人技术等级考评工作。根据劳动部和新闻出版署联合颁发的《图书发行行业工人技术等级标准》，安徽省劳动局和新闻出版局联合颁发《安徽省新闻出版行业工人培训考核暂行规定》，省店下发了《关于组织实施图书发行工人技术等级培训考核的通知》，首次开展工人技术等级培训考评工作，分为五个阶段：对照等级标准申报，按指定教材规定内容培训，由各地市店组织实施操作技能考核和省店组织业务知识理论考试，由省店汇总考核考试结果拟评定技术等级，报送省新闻出版局、省劳动厅审核并颁发工人技术等级证书。从 1999 年 1 月起，持证上岗的技术工人兑现相应的岗位技能工资。因技工等级与工资挂钩，激发了职工学专业技术积极性，掀起比学赶帮超学知识、练技能热潮，提升了技工队伍素质。

全省新华书店系统申报考评工人技术等级的有 2525 人，占在岗职工 3534 人的 71.5%；参加全省统一组织的理论知识考试的有 2473 人，占申报人数的 97.9%。省劳动厅核发工人技术等级证书 2443 人，占申报人数的 96.8%。其中图书发行员 2421 人，音像发行员 22 人。获技工等级证书的 2443 人，中高级工 1442 人，中级工 747 人，初级工 254 人。依据省新闻出版局、省劳动厅规定，对个人获全省知识技能比赛全能前 6 名的优秀者，由省劳动厅破格颁发高级工的技术等级证书。

2005 年 3 月，根据新闻出版总署、劳动和社会保障部《关于对图书发行员实行职业资格证书制度的通知》规定，发行集团和安徽省新闻出版行业职业技能鉴定站共同组织举办全省新华书店系统高级发行员职业资格鉴定培训班，符合申报高级出版物发行员条件的 2321 人次参加培训和鉴定，考核合格者获得新闻出版总署、劳动和社会保障部核发的职业资格证书。全省图书发行行业技工队伍建设步入常态化、规范化、制度化轨道，为安徽文化产业和图书发行事业跨越发展建成一支合格的具有职业资格的发行员队伍。

薪酬制度　1989—2008 年，全省新华书店历经三次工资改革，十多次工资标准调整，先后执行事业单位级别工资制、企业标准工资制、岗位技能工资制、岗位绩效工资制四种为主体的其他工薪形式并存的薪酬制度。

事业单位级别工资制度　1986 年 5 月前，全省新华书店职工主要是执行国家机关行政级别和商业业务级别工资制，并按国家和当地政府有关文件规定计发各种补贴、津贴等事业单位的薪酬制度。

企业标准工资制　1986 年 6 月至 1994 年 6 月，全省新华书店职工主要是执行企业标准工资制。符合政策规定的 2851 名职工参加了工改。其中执行国家行政级别工资制的 1117 名干部按《安徽省国营企业干部工资标准表》套改为企业干部标准工资，原执行商业业务级别工资制为主的 1734 名工人按《安徽省国营企业工人工资标准表》套改为企业工人标准工资。这次套改人均增资率为 25.45%，干部人均月标准为 82.70 元，工人人均月标准为 56.40 元。1988 年开始，全省新华书店系统实行工效挂钩承包经

营责任制后,建立了效益工资晋级和浮动转固定的动态工资增长机制。企业当年提取的新增工资增长在10%以上,工资标准可以从下年起上浮一个序号,新增工资连续两年增长在10%以上的,报经省劳动厅批准,上浮工资标准转为固定,并在此基础上继续上浮,浮动转固定和3%奖励晋级的职工每年升级不得超过两个正级。企业经济效益下降和工资总额下浮时,上浮的工资标准予以取消。企业经营者(含合作者,下同)工资性收入与企业生产经营成果挂钩,在职工收入逐步增长的基础上,报经上级主管部门批准后,按高于单位职工年平均收入一至三倍考核兑现。实行工效挂钩,把职工的劳动报酬同贡献大小密切挂钩的动态管理的薪酬制度,积极促进承包经营责任制的进一步落实和完善。

岗位技能工资制　1994年7月,全省新华书店进行了第二次工资改革,即由企业标准工资制改制为岗位技能工资制为主体的薪酬制度。打破了干部工人身份界线,由身份定工资标准改制为以岗位责任大小、劳动强度、技能、风险等诸因素确定的岗位技能工资制和与计件工资、协议工资、市场价位工资等其他薪酬办法并行的新型薪酬体系。用人单位按上级核定的设岗方案,按岗选人,按岗位确定劳动报酬,易岗易薪。并首次有计划地调整职工收入结构,把国家和省政府有关文件规定的各种价格补贴、津贴纳入工资,与岗位及其实现的社会效益和经济效益挂钩;企业工资总额同经济效益挂钩,在工资总额增长率低于企业经济效益增长率和职工平均工资增长率低于本企业劳动生产率的"两低于"前提下,建立正常的考核增资晋级的激励机制。最大限度地调动职工积极性和创造性,促进经营水平和经济效益不断提高。

建立健全对上岗职工年度考核制度,重点考核履行岗位职责,完成任务等工作实绩。上岗职工不履行《岗位聘用合同》的,有违法违纪和严重失职、渎职行为的以及经考核不称职的应予改聘、辞聘、解聘;情节严重的依据《职工奖惩条例》等给予行政处分,触犯刑律的移送司法部门依法惩处。年度考核结果按"优秀、称职、基本称职、不称职"4个等次确定,存入本人档案,作为奖惩、续聘、改聘、辞聘、解聘和晋升岗位工资依据。其岗位工资按考核结果两年转调一次。

岗位技能工资制体现了按劳分配原则和收入凭贡献的激励机制。全省新华书店3808名职工实行了套改岗位技能工资,人均增资在30%以上。经营者(含合作者,下同)收入与经营成果挂钩,在职工收入逐步增长的基础上,报经省劳动厅、省新闻出版局审核批准,由省店按高于职工平均收入一至三倍,考核兑现;对经济效益下降或工资总额下浮的不予兑现,并视情给予经营者降聘或改聘,形成全员收入能高能低的薪酬制度。

岗位绩效工资制　2008年2月,集团公司为推动发行集团股份制改造、三项制度改革、企业改制整体上市"三步并作一步走"战略目标的落实,结合控股、股份两公司重组,对集团公司本部深化三项制度改革,进行了第三次工资改革,即由岗位技能工资制为主体薪酬制度改制为岗位绩效工资制为主体和年薪制、协议工资制等多种工资制度同时并行的复合薪酬制度。坚持以市场为导向,体现岗位和劳动价值,实行定岗、定员、定责定薪，构建“以岗定薪、按贡献取酬”为核心内容的新型薪酬制度，按照不同岗位的工作量、责任、风险、技术含量等诸多因素，制定岗位工资档次和绩效工资分配，实现报酬与岗位业绩挂钩。

发行集团及下属各单位分级下达经营指标，根据各工作岗位的性质决定其适用的薪酬标准和形式。

岗位绩效工资制是发行集团薪酬制度的主体，由岗位工资、绩效工效、工龄工资三部分组成。岗位工资、绩效工资晋升或下调均依据年度考评结果确定。对管理岗位人员实行定量考核与定性评价相结合的考评制度；难以实行定量考核的岗位，要根据工作实绩进行严格考核。对管理人员建立定期述职报告制度，并建立考评档案。职工考评分为优秀、称职、基本称职、待改进、不称职五个档次。连续两年考评优秀的员工岗位工资晋升一个档次；连续三年考评称职的员工岗位工资晋升一个档次；基本称职的员工岗位工资不调整；连续两年考评待改进的或年度考评不称职的员工岗位工资下调一个档次。按绩效管理的原则，合理拉开收入差距，建立收入能高能低的企业内部激励约束机制，着力打造一支适应时代要求和市场竞争、充满活力的管理队伍和员工队伍，把发行集团真正打造成合格的市场主体。

1986—2008 年获得省（部）级先进单位荣誉一览表

表 3-1-10

公司	获奖单位	奖项	颁奖单位	时间
集团公司	安徽省新华书店	中国 500 家最大服务企业	国务院发展研究中心、新闻出版署等 11 家	1993
	安徽省新华书店	中国 500 家最大服务企业图书销售第 9 位	国务院发展研究中心、新闻出版署等 11 家	1994
	安徽省新华书店	全国新闻出版系统先进单位	人事部、新闻出版署	1997
	安徽省新华书店	全国新华书店双优先进单位	中国书刊发行协会	1997
	安徽省新华书店	全国百家最佳优秀服务单位		1999
	安徽省新华书店	全国讲信誉、重服务单位	新闻出版总署	2001 2002
	安徽新华发行集团有限公司	安徽省十五发展创新工程先进单位	省劳动竞赛委员会	2003
	安徽新华发行集团有限公司	集体合同模范单位	省总工会	2003
	安徽新华发行集团有限公司纪委	全国新闻出版系统纪检监察工作先进集体	中共新闻出版总署党组中纪委驻总署纪检组	2004
	安徽新华发行集团有限公司	中国优秀企业	中国企业协会 中国企业联合会	2005
	安徽新华发行集团有限公司	中国服务企业 500 强，由 2005 年 247 位跃升到 2007 年的 208 位	中国企业联合会	2005–2007

续表 3–1–10

公司	获奖单位	奖项	颁奖单位	时间
集团公司	安徽新华发行集团有限公司	安徽省五一劳动奖状	省总工会	2006
集团公司	安徽新华发行集团有限公司	全国文化企业 30 强，全国新闻出版业 6 强	中宣部、文化部、广电总局、新闻出版总署	2007
集团公司	安徽新华发行集团有限公司	全国文化体制改革优秀企业、全国新闻出版业 6 强	中宣部、文化部、广电总局、新闻出版总署	2008
集团公司	安徽新华发行集团有限公司	中国服务业 500 强中位居 208 位，资产收益率居文化企业之首	中国企业联合会	2008
集团公司	安徽新华发行集团有限公司	全国文化体制改革优秀企业	中宣部、文化部、广电总局、新闻出版总署	2008
集团公司	安徽新华发行集团有限公司	全国新闻出版行业抗震救灾先进集体	新闻出版总署	2008
集团公司	安徽新华发行集团有限公司	安徽农村商品流通改革和市场建设试点工作优秀试点企业，并获政府国家补助资金	省商务厅	2008
合肥公司	合肥市新华书店	全国新闻出版系统先进集体	人事部、新闻出版署	1997
合肥公司	合肥市新华书店	安徽省依法纳税先进单位	省政府	1997
合肥公司	合肥公司四牌楼书店	全国新闻出版系统先进集体	人事部、新闻出版署	2006.12
合肥公司	合肥公司四牌楼文教柜组	全国工人先锋号	中华全国总工会	2008.4
合肥公司	肥西分公司	“服务三农全国农村图书大联展”活动先进单位	新闻出版总署、中国书刊发行业协会	1999.12
合肥公司	肥西分公司	全国新华书店双优先进单位	中国书刊发行协会	1997.4
合肥公司	肥东分公司	“万村书店”先进集体	新闻出版署	1997.6
芜湖公司	芜湖市新华书店	全国青少年“寻伟人足迹学雷锋精神”理想教育先进单位	全国理想教育组委会	1993.3
芜湖公司	芜湖市新华书店	全国新华书店双优先进单位	中国书刊发行协会	1997.7
安庆公司	安庆市新华书店	全国“送书下乡”发行先进单位	中宣部、新闻出版署	1995
安庆公司	安庆管理处储运部	全国图书储运最佳中转店	新闻出版署	1993.3
安庆公司	安庆管理处储运部	全国图书输运最佳中转店	新闻出版署	1996
安庆公司	枞阳分公司	省级文明单位（4–6 届）	安徽省委、省政府	2000–2004
安庆公司	枞阳分公司	全国图书储运最佳收益店	新闻出版署	1999
安庆公司	枞阳分公司	全国企业档案工作目标管理“国家二级”	国家档案局	1999
安庆公司	枞阳分公司	全国服务三农图书发行先进单位	新闻出版总署	2004

续表 3-1-10

公司	获奖单位	奖项	颁奖单位	时间
安庆公司	枞阳分公司	全国百县农村图书发行先进单位	中宣部、新闻出版署	1992
	怀宁分公司	省级文明单位（7—8 届）	安徽省委、省政府	2006–2008
	潜山分公司	省级文明单位（5—7 届）	安徽省委、省政府	2002–2006
	潜山分公司	全国农村图书发行先进单位	新闻出版署	2000
	岳西分公司	省级文明单位（5—7 届）	安徽省委、省政府	2002–2006
	岳西分公司	九五期间先进集体	安徽省委、省政府	1997
黄山公司	歙县分公司	全国百县农村图书发行先进单位	中宣部、新闻出版署	1992.11
	歙县分公司	全国新闻出版系统先进单位	人事部、新闻出版署	1992.12
滁州公司	定远分公司	全国双优先进单位	中国书刊发行协会	2003.10
	定远分公司	全国新华书店系统先进集体	人事部、新闻出版总署	2007.4
	全椒分公司	全国双优先进单位	中国书刊发行协会	2001.2
	来安分公司	省级文明单位	安徽省委、省政府	2004.3
阜阳公司	临泉分公司	全国新华书店系统先进单位	人事部、新闻出版总署	2007.4
	临泉分公司	全国服务农民服务基层文化建设先进集体	中宣部、文化部、广电总局、新闻出版总署	2008.3
亳州公司	涡阳分公司	全国新闻出版系统先进集体	人事部、新闻出版署	1997.12
	涡阳分公司	全国双优先进单位	中国书刊发行协会	2001.5
池州公司	东至分公司	抗洪救灾先进单位	新闻出版署	1998.12
六安公司	六安公司	发行行业“双优单位”	新闻出版署、中国书刊发行协会	2001
	舒城分公司	全国农村图书发行先进单位	中宣部、新闻出版署	
	舒城分公司	省级文明单位（4、6 届）	安徽省委、省政府	2000 2004
	舒城分公司	“服务三农”先进单位	新闻出版总署	2003
巢湖公司	无为分公司	全国新闻出版行业服务社会主义新农村建设出版发行先进集体	新闻出版总署	2006.12

续表 3-1-10

公司	获奖单位	奖项	颁奖单位	时间
宿州公司	宿州公司	图书发行先进单位	全国“党在我心中”读书教育活动组委会	1991
	宿州公司	图书发行先进单位	全国“社会主义好”读书教育活动组委会	1992
	宿州公司	图书发行先进单位	全国“寻伟人足迹、学雷锋精神”读书教育活动组委会	1993
	宿州公司	图书发行先进单位	全国“中国精神”读书教育活动组委会	1995
	宿州公司	图书发行先进单位	全国“热爱祖国、立志成才”读书教育活动组委会	1996
	宿州公司	发行行业双优单位	中国书刊发行行业协会	1999
	泗县公司	发行行业双优单位	中国书刊发行行业协会	2001.5
	泗县分公司	省级文明单位（4–7 届）	安徽省委、省政府	2000–2006
	泗县分公司	图书发行先进单位	全国“爱国主义”教育活动组委会	2002.7
	砀山分公司	图书发行先进单位	全国青少年读书活动组委会	1992
	砀山分公司	图书发行先进单位	全国“祖国万岁”读书活动组委会	1993
	砀山分公司	全国农村图书发行先进单位	新闻出版署	2000
	砀山分公司	图书发行先进单位	全国青少年读书活动组委会	2002

第六节　基本建设

管理和机构　1978 年，省店恢复了对全省书店基本建设工作的统一管理。1984 年 7 月，三权收归省店后，省店对一个时期以来全省基本建设工作进行了调查梳理，于 1985 年 8 月下发了《关于当前基建工作的几点意见》，文件要求有在建项目的店要对基建工作进行一次深入研究，并就加快在建工程进度，确保工作质量，控制经费开支提出了具体意见。1990 年 2 月，省店下发了《关于对基本建设继续进行治理整顿的通知》，就搞好在建的基本建设项目的治理整顿，严格基建纪律，控制投资规模，提高投资效益等作出规定，明确全系统基本建设实行“统一领导、分级管理、量力而行、合理布局”的原则，在基金使用上严格执行专款专用、先存后批、先提后用、量入为出；新的工程立项，必须经过正常程序审批，严格把关；为进一步贯彻落实加强领导、集中管理、统筹安排这一指导思想，1994 年 11 月，省店在《关于缴纳所得税、税后留利分配和上缴管理费的通知》中明确“从 1994 年起建立图书发行专项基金，主要用于图书发行网点基础建设，各店按税后利润 25%，上缴省店，分 7 月和次年元月两次缴纳”；2002 年 8 月，集团公司成立，结合体制的转变，对有关基本建设等投资面临的新形势、新情况，2004 年 8 月，集团公司下达了《关于印发〈安徽新华书店发行集团投资管理暂行办法〉的通知》,《通知》明确了包括基本建设投资的所有投资的管理原则、投资论证、投资审批、投资监管和责任;要求各公司在进行投资时,要从集团公司总体战略出发,坚持以市场为导向、以效益为中心,以集约化经营和高新技术为手段,逐步形成主业突出、多元发展的产业体系;投资必须经过科学、审慎的可行性研究、论证,内容包括产业政策、市场、效益分析、技术管理分析、风险分析等相关材料;对 300 万元以上的投资项目可行性研究、论证,由集团公司组织进行;对 300 万元以下的投资项目,由各公司自行组织论证;集团公司主营投资超 500 万元的项目或跨行业省外投资超 300 万元的项目报国资授权机构批准后实施;子公司投资主业超 50 万元的项目或跨行业、省外投资超 30 万元的项目报股东会审议批准后实施;投资单位要对投资项目实施专人专项监管,还要确定项目监督人全程跟踪监督;要建立健全投资责任追究制,追究因管理不善、用人不当以致造成资产流失、企业受损或其他严重后果的责任。

从 1952 年 6 月安徽分店建立到安徽新华发行集团创立后的 2002 年 12 月,全省书店的基本建设管理工作由省店计划财务科（后改名为财务科）负责（“文化大革命”时期除外),其任务是全省基本建设的计划、立项、拨款以及基建报表的汇总、上报等;1982 年 7 月,省店增设基建科,主要工作是负责省店重点工程的组织施工和基层书店基建工程的监察和竣工验收;1991 年 5 月,基建科撤销;1992 年 7 月恢复（1995 年 2 月更名为基建办公室）;从 2002 年 12 月起,基建办公室专事华仑瑞雅国际大酒店开业前的配套装饰施工及收尾工作;2005 年 8 月,安徽图书城全部工程项目结束,随之基建办公室撤销;各子、分公司的基本建设工作则从 2003 年起由集团公司的财务部、审计部、企业管理部分工负责管理。

省店基本建设项目 *三角线储运部* 1981 年年底,省店在合肥北郊三角线征得张洼乡板桥村土地 13 亩,建图书储运仓库,仓库面积 15970 平方,综合楼包括车库、食堂、办公室、会议室、宿舍、卫生设施等面积 2400 平方,总投资 388.96 万元;1982 年动工兴建,1987 年建成;2006 年 9 月,储运部迁入集团公司物流园;2006 年年初,仓库对外出租。

省店图书音像文化用品批配中心 中心是在 1996 年成立的图书批销中心的基础上组建的,为搞好服务,加快物流,实现集约化规模经营，2000 年,省店征收了合肥市杏花印刷厂蒙城路旧址,投资 2000 余万元建设批配中心,中心占地 8 亩,使用面积 7000 平米,能陈列图书 8 万种,音像制品 1 万余种,文化用品 4 千种;2005 年 10 月,中心迁往新建成的安徽新华发行集团物流园;2006 年 5 月,新龙图贸易进出口有限公司进驻，2008 年 5 月该公司迁出,随之,集团控股公司又将该场地出租给华仑置业有限公司使用。

安徽图书城 安徽图书城是安徽省精神文明建设的一项标志性工程，1992 年被省委、省政府列为安徽省“九五”重点建设项目;工程于 1992 年 7 月立项，1996 年 12 月动工兴建,主楼 26 层（地下 2 层)，1 — 3 层为安徽图书城图书、音像制品、文化用

品卖场，4层为会议厅，5层和26层为设备区，6层为华仑瑞雅国际大酒店行管人员办公室，7—17层为大酒店客房部，18—20层以对外出租为主,小部分为集团人员办公室,21—25层为集团人员办公室;总高度98.3米,门厅及附属楼均为4层（地下1层）,作大酒店接待和餐饮之用;整个工程占地3389平方米,建筑面积34186.77平方米,大楼是在原省店4层综合楼旧址上兴建的,是集图书、音像制品零售、摆展、批发,商务洽谈,办公,宾馆,餐饮及娱乐为一体的综合性大楼。图书城卖场于2000年5月18日正式营业;2005年8月18日华仑瑞雅国际大酒店的开业标志着安徽图书城大厦全部竣工,工程总投资约9800万元;2005年6月,安徽图书城卖场交合肥子公司经营管理。施工过程中为确保工程质量,施工单位采用了当时先进的施工工艺和技术,如锥螺纹工艺、泵送商品混凝土技术、深基塬维护技术、剪刀墙模板整体提升技术、外提升爬架技术等。

安徽新华发行集团物流园　2002年,省新华书店建立发行集团物流配送中心立项,同时合肥市批示列入庐阳产业园项目;建设中减免相关税费约500万元;2003年5月集团成立物流配送中心7人基建小组;10月16日举行了工程开工典礼;2005年10月30日工程建成交付使用。物流园位于合肥市庐阳产业园内,嘉山路与杨庙路交叉口,距北二环（砀山路）140米,占地111.746亩,主体建筑为两栋基本对称的三层配送大楼A楼、B楼和一座综合楼。配送大楼A楼,一层主要用于一般图书的接收和发运暂存、出入库暂存、分拣配发、复核包装捆扎作业处理、退书处理及暂存,以及编目室、中控室、机电维修室等生产辅助用房;二层主要用于一般图书大货位库区、中货位库区和小货位库区;三层主要用于一般图书小货位库区。一般图书库区可储存21万件,近22万品种的图书。配送大楼B楼,一层主要用于教材的接收和发运暂存、出入库暂存、分拣配发作业处理;二楼用于音像批配中心;三层主要用于中职教材代存库区和第三方物流代存库区。物流园的物流系统具备了国内同行业的先进水平,其最大特点是实现了ERP系统和物流系统的无缝连接,并且将R F系统和物流系统、业务系统全面集成,优化了作业链效率,同时实行架位数字化管理、绩效挂钩等科学管理模式。整个物流系统正式运营后,对提高劳动生产率、缩短图书传递时限、减轻员工劳动强度、增强图书处理时效性和保证作业质量等均起到了明显效果,现为国内十大出版物物流基地之一。

基层店基本建设项目　全省79个基层店的基础设施建设,各级历届领导班子都十分重视,把中心卖场视为新华书店服务读者的窗口,是参与市场经营活动的主要载体,是新华书店赖以生存和发展的基石。因此,千方百计筹集资金,有计划分期进行更新改造,使规划布局更趋合理,销售网点数量逐年增加,1984年为375个,2008年为538个,增长143%。2008年,营业用房面积为214631平方米,仓储用房面积为155360平方米,分别比1994年的55162平方米、33300平方米,增长389%、467%。

发行集团创立后,加快物流配送体系建设,按照现代流通业模式改造现有体系网络,建设新的物流配送中心,实现集团内出版物采购、配送、仓储、发运、结算、代理功能一体化。2003—2008年,集团投入近3亿元资金,对80年代以前建成的销售网点进行了更新改造或购置，至 2008 年年底，各子分公司有 1 至 4 个中心卖场（详见基本建设主要项目一览表），且实行单独核算的连锁经营。2008 年，单独核算的 100 家连锁卖场全年实现销售 32200 万元，较上年同期增长 34%。发行集团按照“先发展、后规范，边发展、边规范”的总体思路，对乡镇网点进行装修并推进“便民店”混业经营，出台《便民店标准化管理细则》，扎实推进便民店标准化建设，改变了大多数乡镇网点仅是一年两季的发行点，常年大部时间处于闲置状态，激活了应产出的功能，为服务三农和建设社会主义新农村作出积极贡献。至 2008 年年底，全省共有 94 家便民店，3 家配送中心通过国家商务部验收，获得政府资金补助 60 余万元、配送车辆 2 台，开创以用促建促管的双赢成效。2008 年，219 家便民店销售 2151 万元，较上年同期增长 38%。遍及城乡销售网点更新改造成适应经营模式或改革由封闭的小市场运作，传统的经营体制，转变为按照现代化流通业模式，实行物流配送、连锁经营，促进经营结构调整和市场整合，为实现业态创新的经营体制创新打下了坚实的基础。

1986—2008 年 79 个子（分）公司基本建设主要项目一览表

表 3-1-11

公司名称	序号	项目名称	地址	建筑面积（平方米）			投资总额（万元）	时间		
				其中营业	办公及其他	合计		开工	竣工	开业
合肥	1	图书城	合肥市长江中路	5549	28638	34187	9800	1996.12	—	2000.5
	2	电子音像城	合肥市绿都商城	3111	—	3111	1202	—	—	1994.11
	3	四牌楼书店	合肥市长江中路	2600	1306	3906	—	—	—	—
	4	科教书店	合肥市三孝口	3860	—	3860	—	—	—	1985.9
	5	发行大楼	长丰县长丰路	1216	1823	3039	390	1998.4	1999.6	1999.7
	6	发行大楼	肥西县巢湖中路	921	2020	2941	435	2001.1	2001.11	2002.1
	7	发行大楼	肥东县青春路	825	1651	2476	302	1997.6	1998.11	1998.12
淮南	8	新华大厦	淮南市龙湖南路	3237	8388	11625	2850	1996.11	2001.7	2001.9
	9	中心卖场	凤台县中山路	852	821	1673	128	1986	1986	1986
淮北	10	图书城	淮北市淮海路	6877	11388	19265	3700	2005.3	2008.7	2008.7
蚌埠	11	图书城	蚌埠市淮河路	3021	2196	5217	5198	2001.1	2003.4	2003.8
	12	中心门市	怀远县禹王路	680	830	1510	129	1987.3	1988.3	1989.11
	13	综合楼	五河县中兴路	600	3889	4489	1106	2001.5	2002.12	2003.9
	14	综合楼	固镇县会河路	500	355	855	73	1992.1	1993.6	1996.3
铜陵	15	中心卖场	铜陵市义安北路	1482	991	2473	532	1983	1985	1986
	16	综合楼	铜陵市石城大道	—	3215	3215	301	1994	1996	1996
	17	中心卖场	铜陵县五松镇	586	827	1413	132	1992	1994	1995

续表 3-1-11

公司名称	序号	项目名称	地　址	建筑面积（平方米）			投资总额（万元）	时间		
				其中营业	办公及其他	合计		开工	竣工	开业
马鞍山	18	图书城	马鞍山市湖北路	3299	821	4120	3144	2004.12	2006.1	2006.1
	19	发行大楼	当涂县提署街	196	987	1183	47	—	—	—
芜湖	20	发行大楼	芜湖市普安路	2164	—	2164	212	1989.8	1991.12	1991.12
	21	图书城	芜湖市中山路	3777	—	3777	3090	2003.12	2004.7	2004.7
	22	综合楼	繁昌县峨溪路	557	—	557	118	1998	1999	1999.10
	23	中心卖场	芜湖县芜湖中路	1185	—	1185	119	1997	1998	1998.9
	24	中心卖场	南陵县陵阳中路	874	—	874	94	—	—	2007.9
安庆	25	综合楼	安庆市开发区7号	—	2939	2939	409	—	1998	1998
	26	康熙河门市部	安庆市湖心南路	386	642	1028	116	—	2001	2001
	27	安庆图书城	安庆市集贤南路1号	5566	6423	11989	4279	2006.7	2007.10	2008.10
	28	营业楼	桐城市和平路21号	258	1228	1486	209	1989.1	1990.12	1991.2
	29	综合楼	桐城市　路	936	1862	2798	369	1999.1	2003.4	2003.5
	30	综合大楼	枞阳县湖滨路58号	334	710	1044	130	1991.7	1994.4	1994.5
	31	教材仓库	枞阳县湖滨东路10号	—	607	607	265	1993.6	1994.4	1994.4
	32	石牌综合楼	怀宁县建新路26号	365	2031	2396	49	1992.12	1994.12	1995.1
	33	高河综合楼	怀宁县黄梅路75号	2119	3478	5597	894	2002.10	2004.8	2004.12
	34	中心门市部	宿松县人民路219号	320	1733	2053	208	1987.9	1990.12	1991.6
	35	中心门市部	潜山县潜阳路512号	240	831	1071	136	1985.8	1986.10	1986.10
	36	教材仓库	潜山县皖国路	655	289	944	183	2001.6	2001.12	2001.12
	37	综合楼	太湖县建国路66号	201	1713	1914	154	1997	1999	1999
	38	新华大厦	太湖县建国路66号	2450	4878	7328	735	2000	2003	2004
	39	综合楼	望江县东洲路	—	2412	2412	334	2000.9	2004.7	2004.7
	40	教材仓库	望江县雷池大道	—	569	569	313	2004.2	2005.8	2005.8
	41	综合楼	岳西县天际路2号	100	3937	4037	523	2004.4	2006.10	2006.12
黄山	42	公园路门市部	黄山市公园路51号	656	—	656	302	—	—	2001.11
	43	岩来书店	黄山市黄山路83号	292	30	322	92	—	—	2002.8
	44	中心门市	歙县中和街128号	399	—	399	34	2000.12	—	2002.12
	45	中心门市	休宁县萝宁街30号	350	168	518	160	2005.6	2006.8	2007.2
	46	中心门市	祁门县新兴路310号	235	28	263	10	1985.9	1987.5	1987.6
	47	综合楼	黟县北街34号	—	304	304	11	2000.3	2001.11	2001.11

续表 3-1-11

公司名称	序号	项目名称	地　址	建筑面积（平方米）			投资总额（万元）	时间		
				其中营业	办公及其他	合计		开工	竣工	开业
黄山	48	综合楼	黄山区北海中路 48 号	135	1370	1505	79	1992.6	1993.7	1993.11
宣城	49	图书发行大厦	宣城市绵城路 207 号	957	1418	2375	236	1998.9	1999.10	2000.8
	50	新华商厦	泾县交通路 289 号	400	2873	3273	81	1991.6	1991.11	1991.12
	51	综合楼	旌德县解放街 56 号	429	625	1054	137	—	—	1997.11
	52	中心门市	郎溪县北大街 58 号	825	—	825	150	1999.12	2000.12	2001.5
	53	综合楼	绩溪县适之街	496	581	997	127	2002.1	2002.10	2002.12
	54	教材仓库	宁国市宁阳中路 290 号	622	623	1245	123	1994	1995	1995
	55	综合楼	宁国市城西路 121 号	1040	314	1354	198	2002	2003	2003
	56	综合楼	广德县清吉路 2 号	900	2079	2979	172	1994.4	1995.1	1995.1
	57	中心门市	广德县复兴街 2 号	907	—	907	85	2002.7	2003.1	2003.1
滁州	58	购书中心	滁州市南延北路 756 号	3811	4157	7968	1313	2000.3	2002.6	2002.8
	59	综合楼	定远县新大街	1200	431	1631	219	1991.10	1996.5	1997.1
	60	综合楼	天长市建设西师生 72 号	702	1219	1921	240	1996	1998	1999
	61	中心卖场	全椒县新华路 27 号	495	—	495	52	1996.9	1997.11	1998.1
	62	综合楼	明光市广场路 58 号	800	707	1507	195	1992.12	1995.10	1995.12
	63	中心门市	来安县建阳中路	800	—	800	264	1997.2	1998.2	1998.10
阜阳	64	图书城	阜阳市人民中路	4800	2583	7383	1910	2004.12	2007.4	2007.5
	65	中心卖场	临泉县光明中路	610	30	640	68	1989.4	1992.1	1993.5
	66	综合楼	界首市人民路	300	1180	1480	108	1987.8	1988.9	1989.1
	67	综合楼	颍上县解放北路	400	600	1000	60	1995.6	1996.2	1996.2
	68	综合楼	颍上县解放南路	1300	600	1900	120	1997.5	1997.5	1998.1
	69	中心卖场	阜南县地城南路	900	2600	3500	550	2006.4	2007.2	2007.4
	70	综合楼	太和县人民中路	1458	3983	5441	522	1999.2	2000.3	2000.3
亳州	71	综合楼	亳州市谯陵南路	1185	790	1975	76	1993.5	1994.6	1994.8
	72	中心卖场	亳州新华路	223	114	337	18	1994.4	1994.12	1995.1
	73	综合楼	涡阳县向阳南路	760	3455	4215	246	1996.6	1997.5	1997.8
	74	综合楼	蒙城县东城路	210	420	630	11	1984.8	1986.11	1986.12
	75	综合楼	利辛县人民路	801	4555	5359	505	1997.4	1998.10	1998.10
池州	76	综合楼	池州市长江路	1100	400	1500	400	2002.9	2003.9	2003.10
	77	营业楼	东至县光城路	350	100	450	127	1995.5	1996.10	1996.11

续表 3-1-11

公司名称	序号	项目名称	地　址	建筑面积（平方米）			投资总额（万元）	时间		
				其中营业	办公及其他	合计		开工	竣工	开业
池州	78	中心卖场	石台县仙寓路	950	200	1150	98	2007.5	2008.4	2008.5
	79	中心卖场	青阳县九华东路	520	100	620	12	2000.7	2000.8	2000.8
六安	80	皖西书城	六安市解放南路	6347	5476	11823	2490	2002.6	2004.11	2005.1
	81	综合楼	寿县南街	1023	1154	2177	126	1996.4	1996.7	1996.10
	82	中心卖场	霍邱县光明大道	548	1692	2240	290	1996.11	1996.7	1996.10
	83	发行中心	舒城县桃溪路	2029	2800	4829	525	—	—	2001
	84	中心门市	金寨县史河路	130	446	576	314	—	—	1997
	85	中心门市	霍山县迎驾大道	149	804	953	57	1993.10	1994.9	1996.5
巢湖	86	中心卖场	巢湖市东风路	1000	862	1862	148	1992.11	1994.1	1994.5
	87	中心门市	含山县环峰南路	1513	1987	3500	399	2000.10	2002.8	2002.10
	88	中心卖场	无为县城西大街	850	3065	3965	278	1997.6	1998.5	1998.8
	89	中心卖场	和县龙潭南路	319	675	994	151	2000.11	2001.8	2001.8
	90	综合楼	庐江县牌楼中路	1238	413	1651	103	1998.5	1999.8	1999.8
宿州	91	营业大楼	宿州市淮海路	2241	1540	3781	831	2006.8	200707	2008.10
	92	综合楼	泗县中城街	1302	1229	2531	248	1997.8	1998.5	1998.8
	93	图书城	泗县中城街	1400	3200	4600	768	2007.4	2008.10	2008.12
	94	图书城	灵璧县隅顶口	4654	—	4654	533	—	—	2001.5
	95	中心门市	砀山县芒砀路	204	2751	3255	384	1999.4	2002.1	2002.2
	96	图书城	萧县萧淮路	1833	837	2670	1076	—	—	2007

第七节　信息化建设

系统业务微机应用　1988 年，省店购置了第一套微机设备，由发行科用于教材订数汇总、开票，机型为长城 0520；随后两年，又增购了长城 0520CH、浪潮 0530 各一台；1991 年 4 月成立微机管理科，配专人负责，隶属教材发行科；1991 年年底，财务科开始使用微机结算货款，单机运作；1992 年，省店自主开发软件是在新成立不久的教材发行科投入使用，主要用于教材订数录入、汇总统计、查询等，较前录入和使用更加简便直观，统一功能更趋完善；1994 年年底，省店经理室及各科室配备微机、传真机，一些科室同时增配复印机、打印机，实现了省店公文处理的现代化。

1995 年 4 月，省店成立电算部，由原来隶属教材发行科而成为独立机构。至 2000

年年底，人员由刚成立时的 1 人增加到 7 人，电算部负责全省书店微机开发应用工作的管理指导及操作人员的培训等。2001 年 3 月，省店制定《安徽省新华书店微机管理及使用办法》文件，制定了普及微机应用的初步意见，明确全省书店微机实行归口管理，其设备全面登记造册，电算部负责微机及辅助设备的购买、管理、调配更新及软件开发工作。2002 年 9 月集团成立，电算部更名为信息技术部。2008 年 3 月，人员增至 10 人。

1997 年 11 月—1998 年 7 月，合肥、池州、芜湖、淮南、明光等五市（县）书店试点微机卖场管理，应用的是《书店管理信息系统M Ⅰ 4.0》。1999 年，在总结试点工作的基础上，全省书店统一购买推广，至 2003 年全省实现单店微机管理，完成了从码洋管理到品种管理的跨越。

为在全系统普及微机应用，加快提高微机应用、管理水平，1998—2001 年，省店选派人员分三批前往北京接受中启公司有关《书店管理信息系统 4.0》的业务培训。2000 年—2008 年，集团共组织举办 11 期有关微机及数据库知识、网络通信、软件及软件系统等内容广泛的业务培训班，全省 79 个子、分公司的业务经理及门市业务、微机技术负责人近 400 人次接受了培训；2008 年举办了财务业务信息一体化培训班，17 个子公司的经理，财务、业务分管经理及部门负责人、信息技术管理和技术人员 140 人参加了培训。

2000 年，省店计算机管理升级，实现了仓库管理、教材征订、一般图书、财务等的数据对接。

2000—2001 年，省店开始企业网的建设，工程主体投入资金 623 万多元，采用“省级新华书店业务管理系统”，完成批销中心、储运、图书城之间的信息互通，实现省店业务计算机网络化的管理及应用。

2001 年，应用“省级新华书店教材软件”产品，对省店教材—储运进行计算机管理，2005 年开始在集团内子分公司推行教材管理软件。

2003 年年底，开始实施电子音像公司计算机管理系统，实现音像总部与电子音像城的业务管理和信息互通。

2005 年，集团 ERP 项目上线，系统采用业内首创的组件式开发技术，采取将业务单元最小化的思路，根据业务模式的变化，快速灵活的组建新流程和新业务，系统后台采用最先进的 ORCAL 大型关系型数据库，前端使用 C# 语言开发，系统稳定可靠。在系统设计架构上，通过整合出版发行业务管理流程，支持多种发行模式和业务类型，提供多种营销手段和不同类型的配送方式，使出版物发行工作流畅进行，从而提高了整个发行行业的整体效率，降低了运营成本，缩短了发行周期，为集团连锁经营业务的快速推进提供了技术保障。同年，物流配送自动化列为集团另一重要信息化建设项目，旨在为建设强大中盘提供坚实的物流保障。项目整体投资 1100 万元，采用了当时同行业最先进的工业以太网技术，并通过底层数据库和 ERP 系统无缝对接。系统投产后，日处理发货能力由原先的 800 件提升至 4000 件，日处理退货能力由 300 件提升至 1500 件。

从业务、配送、信息等各方面为集团各子（分）公司的连锁经营业务提供强力支撑；同时还通过WMS仓储管理系统，在库房内部建立和完善了作业高度系统和计算机数据处理系统，实现了生产管理全过程的信息化。是年，ERP项目、物流配送自动化项目分别获得安徽省国资委、省信息化工作办公室评选的企业信息化“优秀项目”和“示范项目”称号，集团信息化建设成就获得安徽省政府评选的“数字安徽5年建设先进单位”称号。

2006年11月，集团建立M A R C数据编目中心，弥补了集团缺乏编目数据的空缺，为图书音像连锁公司抢滩图书馆馆供市场提供了有力支撑。

2006—2007年，全集团完成对下属79个子分公司的连锁经营，连锁客户端采用新华中启公司“城市店信息管理系统5.0—即连锁客户端系统”，实现集团的统一编目、统一货源、统一销售、统一标识等目标。

2007年，集团下发《安徽新华发行集团子公司信息业务部门业务工作规范》，第一次明确了各子公司要设立对口信息部门，并对部门职能、人员配备、任职资格、岗位职责和考核等作了明确规定，为集团信息化建设铺平了道路。

2007—2008年，为顺应上市公司要求，提升集团基础管理水平，加强企业内控，集团实施了财务业务信息一体化项目。项目建成后，业务系统和集团集中财务系统（NC）通过数据交换平台进行无缝对接，实现单据协同、统一核算和业务单据、财务凭证生成的自动化。一体化项目全面支撑集团主营业务商品的精细化管控，实现了单一品种在集团内部各单位之间流转情况的全程监控，并将财务从繁重的凭证处理事务中解放出来，大大提升了财务管控的整体水平。

2007—2008年，实施VPN企业网建设，集团各公司均通过企业网实现互联，信息流交互安全顺畅，不仅为集团加强对子分公司的业务管控提供了有力手段，同时也为进一步实现业务信息系统的全面整合奠定了坚实基础。

新华图书网 2002年6月1日，新华图书网开通。新华图书网是向读者提供图书发行信息、业内进行业务往来的图书发行专业性网站。栏目包括图书发行的政策规章、介绍全省各级书店的《产业概览》、及时报道书店动态的《发行要闻》、向读者和销货店介绍推荐图书及音像制品的《图书世界》和《音像天地》、反映销售情况的《排行榜》、介绍和宣传本省出版社及其出版物的《出版瞭望》等。网站上线后，功能不断完善，容量日渐增大，信息快捷及时，成为读者了解书店、及时掌握图书等业务信息的窗口。

2008年，集团对新华图书网进行全面改版。2008年5月25日，改版后的新华图书网正式运营，网站分为两大板块，一是集团对外形象展示板块，由主页链接控股公司和股份公司两个页面，主要承担企业形象宣传功能，发布集团公司和子分公司动态新闻、改革发展动态等。二是电子商务板块，包括办公自动化（OA）系统等，已纳入集团业务信息一体化运作框架。

新版网站控股公司设置的主要栏目有：集团概况、集团要闻、企业文化、行业资讯等,并支持视频新闻、滚动图片新闻和滚动公示栏目。股份公司设置的主要栏目有:公司概况、公司要闻、最新公告、行业资讯、股票走势等,并设有电子商务平台,两个网页都与各子公司网站无缝链接,并预留办公自动化（OA）通道。

第二章 自办发行与版权贸易

从1984年开始,全省各出版社相继成立了自办发行机构——读者服务部和发行科,建立专门的发行队伍,建立销售网点。自办发行量逐年增长。1986年,安徽人民出版社、安徽科学技术出版社、安徽教育出版社、安徽文艺出版社、黄山书社、安徽少年儿童出版社、安徽美术出版社和中国科技大学出版社8家出版社的自办发行总码洋为795.5万元,1990年为3737.2万元,1995年为9938.5万元,2000年增长到21482.32万元,2005年为40408.25万元,2008年为79770.5万元,2008年为1986年的100倍。

安徽省的版权贸易从1987年开始,初始是以出版社为单位开展图书版权贸易,其中安徽少年儿童出版社、安徽科技出版社、安徽教育出版社和中国科技大学出版社开展得较早。

1993年安徽省版权代理公司成立,各出版社设立版权专干,后来正式成立对外合作部,版贸工作逐步规范化,由分散进行转为相对集中。通过版贸洽谈会和国际图书博览会为主要形式,1990—1993年,安徽省各出版社签约达成版贸合同80多份。1994—2005年,各出版社引进版权869种,输出版权269种。版贸涉及二十多个国家和地区。

安徽出版集团组建后,实施"走出去"战略,重点开拓版权输出、合作出版、图书实物出口、文化产品出口、境外办实体、文化装备出口等六大业务。每年投入数百万元专项资金,加大工作力度。首创图书、光盘与电子等产品捆绑销售,直接进入欧美主流社会家庭。2006—2008年共输出版权724种,位居全国同行前列,其中2008年北京国际图书博览会输出版权为全国第一。版权输出到36个国家和地区,非华语区占47%。

第一节 各出版社自办发行

安徽人民出版社 安徽人民出版社于1986年9月成立发行科。成立至今,该社的发行队伍不断扩大,业务能力和业务范围得到提升和拓展。发行业务人员由最初成立时的2人增加到12人,建立健全各项规章制度和绩效考核办法。发行科在省内外建立较为固定的联系网点300多处,发行码洋自1986年的23万增加到2008年3140万,共创码洋20380万,取得较大成绩。

发行科成立之初,主要业务是协助省新华书店做好基层书店的服务工作及读者邮购。经过几年的努力,发行科和外省新华书店及销售商建立了密切的联系,扩大本版图书在外省的影响；并及时了解读者需求信息，向编辑部门提供选题论证和图书反馈的第一手资料，减少了图书的库存量，对新华书店这条主渠道起到了必要的有益的补充作用。

随着出版社出书品种的不断增加，省新华书店很难满足省外图书市场的需求，特别是省外民营图书市场。为了更好地服务读者，使安徽人民出版社出版的图书在全国市场得到展示和销售，20 世纪 90 年代初，该社的发行业务拓展到省外所有新华书店及民营书店，该社的自办发行才算真正意义上的开始。1991 年 8 月 31 日，该社参加在广州举办的第四届全国书市，这是该社第一次参加这样大规模的展销会。会上该社出版的《世界十大思想家》《王明评传》《中国古代民间方术》等书得到了读者的认可及书店领导的好评，所发图书销售一空。这次会议极大地增强了该社做好自办发行的信心。随后，该社发行独立策划的《道德经》，短短两个月，销量达 20 多万册。

2000 年后，该社的自办发行上了新台阶。该社拨出专项资金，为发行科配备了电脑及运输、业务车辆，使发行工作进入到一个新的阶段，也对发行工作提出了更高的要求。图书发行工作由传统的销售转变为营销策划，全程参与图书生产的过程，信息收集、市场调研、选题策划、宣传销售等环节发行部门都积极参与、介入。按照该社出书的类别，有针对性地建立和完善了图书销售网络，在维护好传统渠道的同时，加强了网络销售、图书馆装备公司等网点的建设，加大了政府采购的销售力度。为了适应新形势下的图书发行，增强该社图书发行能力，业务、储运、内勤等岗位分工更细，职责更加明确，为该社的发展奠定了坚实的基础。

1986—2008 年安徽人民出版社自办发行码洋统计表

表 3-2-1

年　份	金额（万元）
1986	23
1987	25
1988	50
1989	80
1990	150
1991	150
1992	250
1993	230
1994	140
1995	137
1996	289

续表 3-2-1

年 份	金额（万元）
1997	229
1998	477
1999	501
2000	1526
2001	1771
2002	1975
2003	2200
2004	1130
2005	1048
2006	2549
2007	2310
2008	3140

安徽科学技术出版社 1984 年，安徽科学技术出版社出版的《全国知识竞赛题解汇编》一书由新华书店征订和自办发行两种模式向市场发行，先由新华书店征订发行，之后再由出版社搞自办发行推出，结果新华书店只征订 9 万册，自办发行的数量达到百万册。也正是由于初闯市场尝到了甜头，坚定了出版社走自办发行之路。1986 年，成立了安徽科技出版社图书服务部，为集体企业，并具有独立法人资格，负责本社图书的营销、邮购业务，同时开设了一个经营图书的门市部。当时，由社领导带领着图书服务部员工背着 200 余种样书，到各地图书市场推销，并定下一条社规：所有编辑每年都要深入各地新华店进行调研。这样，既加深了与社店的友谊，同时也了解了市场最前沿的销售信息。1989 年图书门市部撤销。2006 年，原图书服务部更名为市场营销部，同时将一般图书与教辅分开，教辅由教育图书发展部负责发行，市场营销部负责一般图书的营销。

从 20 世纪 80 年代至今，安徽科技出版社陆续推出了“双效”突出的图书，如《新概念英语》《LLL 英语》《快捷之路》《业余摄影手册》《服装裁剪新法》《骨科手术图谱》《骨科手术入路解剖学》《孕妇必读》《心灵鸡汤》《初中英语同步双基训练》《太空步》（迈克尔·杰克逊生平唯一自传）等。2008 年年底，时代出版股份公司成立，安徽科技出版社《谁杀了我的牛》《赢在职场》这些本来名不见经传的图书，在市场营销部员工的合理营销下，成为当下的畅销书，受到了业界的普遍认可。正是由于一系列“双效”图书的拉动，安徽科技出版社的销售码洋由 1986 年的 105 万，逐年递增为 260 万元、800 万元、1000 万元、1200 万元，到 2008 年已达 9470 万元。并先后获得安徽省新闻出版局与安徽省人事厅、国家人事部与新闻出版署联合颁发的出版系统“先进集体”称号。市场营销部于1997年被团省委、省直机关工委授予“青年文明号”称号，1999年被团省委授予省级“青年文明号”称号，2007年被共青团中央授予国家级“青年文明号”称号。

2008年，安徽科技出版社制定《安徽科学技术出版社市场营销部管理实务》，确定了部门职能划分及管理模式。

1986—2008年安徽科学技术出版社自办发行码洋统计表

表3-2-2

年份	码洋（万元）	年份	码洋（万元）
1986	105	1998	5040
1987	260	1999	5070
1988	800	2000	5037
1989	1003	2001	6782
1990	1228	2002	7151
1991	1360	2003	6505
1992	2229	2004	6663
1993	2544	2005	6961
1994	1932	2006	6363
1995	2532	2007	6835
1996	3127	2008	9470
1997	4043		

安徽教育出版社　安徽教育出版社自办发行工作始于1985年，当年成立了安徽教育出版社读者服务部，主要是为读者提供邮购图书的服务，也是出版社开展自办发行迈出的第一步。

随着出版社不断地发展壮大，出书品种的不断增加，自办发行工作的重要性日益显现，以往出版社只出书不发书的传统严重制约了出版社的发展，单一的依靠新华书店经销的发行模式亟待改变。1986年，为了顺应图书市场的变化和要求，该社成立了图书发行科和九州文教书店，这标志着自办发行工作已正式开展起来。图书发行科的工作不仅仅是满足读者邮购，更重要的是对省内外开展图书的批发业务，业务范围和领域大大拓宽。新成立的九州文教书店是一家集体所有制的企业，直接开展图书零售业务，从起初主要销售本版图书，到后来增加外版教育类图书的销售，反映出出版社自办发行的一开始就要面对终端图书市场，直接面向读者，也符合当时省版书发行坚持放开、搞活的基本销售政策。

该社开展自办发行的初期，基本上采取两种销售方式，一种是间接批发销售，通过省新华书店中间环节；另一种是直接批发销售，出版社与基层新华书店产销直接见面，减少环节，加速流通。该社是安徽省内唯一一家专业从事教育图书出版的专业出版社，承担着全省中小学教学用书的出版工作。当时学生的教辅用书品种、数量都较匮乏，该社自主开发的中小学《寒暑假作业》《基础训练》、中小学《单元自测与解疑》刚一出版，就受到全省广大师生的欢迎。由于这些教辅用书得到了教育行政部门的审定和许可纳入学生用书目录，所以发行模式基本采取教材的征订模式，由省新华书店统一随同教材一并征订和发行，全省中小学生做到人手一册。

为了更好地服务好基层新华书店，该社自办发行也介入了这些教辅用书的发行工作，主要起到拾遗补缺的作用。为了做好一年两季教辅用书的发行工作，该社租用了专门的仓库，配备了储运人员和运输车辆。按照教材发货的要求，做到"课前到书"。

与此同时，该社的一般图书也在积极开拓市场，一方面依托省新华书店，另一方面开始与全国各地新华书店直接开展合作。在90年代初期，一般图书销售多是依靠省新华书店以经销的方式向全国各地新华书店发货，出版社很少直接与各地新华书店有业务往来。这种发行模式突出的问题表现在，产销是脱节的。出版社不能直接获得图书的市场销售信息，也不能对发出图书的销售情况进行跟踪了解情况。另一方面通过省店发货，少有宣传和推荐，更谈不上营销。自办发行在经历几个年头后，发行模式也在悄然发生着改变。尽管当年一般图书的出书品种较少，但是该社一批高质量的一般图书很快在图书市场赢得读者的青睐，得到业界和读者的认可。该社美学方面的图书更是在全国图书市场独树一帜，《朱光潜全集》《宗白华全集》相继获得全国图书的最高奖项。这给自办发行的快速发展带来了机遇，该社在全国范围内建立一批合作伙伴，既有新华书店，同民营书店（俗称"二渠道"）也有了合作。

该社的自办发行工作也不是一帆风顺的，尤其是学生用书的发行工作一直受到政策的影响，加上教辅用书市场的无序竞争，盗版，盗印都给自办发行工作带来挫折和挑战。90年代中期，政府对学生用书的使用出台了一系列限制性的规定，为减轻学生课业负担，国家禁止教辅用书统一征订，安徽省更是禁止教辅用书进入课堂。除教育行政部门审定的教辅用书外，该社自主开发的《单元测试AB卷》《课课通》等一批品牌教辅的发行受到很大的影响。传统的统一征订的发行模式已经无法维持，自办发行在这种情况下面临很大的挑战，但也发挥了无可替代的作用。自办发行工作必须改变传统的发行模式，探索新的、适应市场的发行模式，在市场中求生存求发展。

在此期间，民营书业已逐渐发展起来，政府教育主管部门关于减轻学生负担以及规范教育图书市场等一系列规定给刚刚起步的民营书业的发展带来契机。灵活的发行机制也给民营书业带来勃勃生机，使其很快在教辅图书市场上占据一席之地。为了适应市场发展的变化，该社对九州文教书店进行重新定位，业务重新进行调整，更名为安徽教育出版社文教书店，加大图书零售，并对口与民营书店进行全方位合作。经过调整以后，该社失去政策保护的学生用书市场份额得到稳定，销售止跌回升。在与民营书店的合作中，也探索了一系列新的发行模式，如总代理发行，区域代理发行，品种代理发行，合作出版发行等。

为了进一步增强销售能力，更加适应市场变化，该社自办发行的组织架构适时进行了调整，发行科内部对业务重新进行了划分。成立了业务一部，主要负责省内新华书店的业务工作；业务二部，主要负责民营书店的业务工作；业务三部，主要负责省外的业务工作。通过业务模块的划分，使得职责更加明确，市场更加细分，发行工作更具针对性。

2005 年前后，自办发行工作已经相对成熟，该社不仅建立了一支专门的发行团队，也拥有了稳定的、遍及全国的图书销售网络，建立健全了各项规章制度和绩效考核办法。自办发行的码洋逐年递增，自办发行力量完全可以独立承担该社所有图书的发行工作。随着图书发行逐步走向“营销”，发行工作的内涵得到延展和丰富。2006 年，该社成立了图书营销中心，发行到营销不是简单的名称更改，发行工作也不仅仅是从事征订、发货一些相对简单的工作，更重要的是参与到图书生产的整个过程，市场调研、选题策划、出版加工、营销宣传各个环节都有发行部门的介入，从“以产定销”过渡到“以销定产”，更多地关注市场、读者的需求，这对发行工作提出了更高的要求。

1986—2008 年安徽教育出版社自办发行码洋统计表

表 3-2-3

年份	金额（万元）
1986	108.30
1987	210.45
1988	359.21
1989	568.57
1990	751.34
1991	1035.09
1992	1546.30
1993	1830.18
1994	2569.42
1995	3647.58
1996	3837.58
1997	4948.60
1998	4759.20
1999	6521.45

续表 3-2-3

年份	金额（万元）
2000	7335.69
2001	9420.48
2002	10442.22
2003	14726.02
2004	15241.20
2005	16598.52
2006	13755.93
2007	14814.56
2008	19609.07

安徽文艺出版社　为适应安徽文艺出版社发行工作需要，搞好自办发行，1987 年 7 月 7 日，经省出版总社同意，安徽文艺出版社设立出版发行科，为科级机构。

1989 年 4 月 10 日，安徽省新闻出版局下发《关于同意成立“安徽文艺出版社读者服务部”的批复》，同意成立安徽文艺出版社读者服务部，为科级机构，集体所有制性质，定编制 5 名，经济上实行独立核算，自负盈亏，服务部人员不得与安徽文艺出版社人员混岗使用。

1989 年 4 月，安徽文艺出版社与宿县符离镇文化馆签订合同，委托宿县符离镇文化馆在符离镇设立安徽文艺出版社图书发行代办处，以扩大发行渠道。

1989 年 10 月，安徽文艺出版社与安徽文艺出版社读者服务部签订了承包合同，承包期限为二年。实行“利润超收分成”的承包方法，具体为包经济效益，包本版图书发行码洋，奖金与实现利润挂钩。

安徽文艺出版社发行科和读者服务部为该社两个并存独立的自办发行部门，各自在自己的职权范围内开展业务活动。两部门在安徽文艺出版社的领导和监督下，承担该社图书的零售、批发和邮购业务。安徽文艺出版社以一定的折扣同发行科进行结算，发行科保证本版图书的宣传推广工作和年发行码洋，超额利润部分按一定比例奖励发行科。

1991 年前，约有 70% 左右的图书是通过安徽省新华书店发行的。1991 年后，社内图书的 80% 左右是通过自办发行渠道实现销售的。

1995 年 2 月 26 日，安徽文艺出版社成立发行科（合肥九歌文化书社）门市部，作为发行科的内设机构，不实行独立核算。

1986—2008 年安徽文艺出版社自办发行码洋统计表

表 3-2-4

年份	金额（万元）
1986	361
1987	597
1988	354
1989	242
1990	415
1991	638
1992	893
1993	664
1994	844
1995	403
1996	833
1997	1104
1998	1270
1999	1754
2000	1527
2001	1120
2002	1033
2003	1156
2004	921
2005	1956
2006	2877
2007	3973
2008	4716

注:表中数据含省新华书店供货数

黄山书社　黄山书社自办发行工作始于 1987 年 5 月,以成立宣传发行科为标志。

1986 年以前,本版图书的发行主要依靠主渠道——安徽省新华书店,购销形式为“征订经销”。

黄山书社是古籍出版社,以编辑出版古籍、文史类图书为主,绝大多数图书专业性强,读者面窄,印量少,发行量不大。据从新华书店取回的征订单资料显示，1986–1987

年通过安徽省新华书店征订的图书有 44 种，5 类，平均征订数为 1044 册，很多古籍类图书发行前景堪忧，有的甚至面临无法开机印刷的窘况。

早期的自办发行，仅限于开展读者邮购和向专业书店和小型书店以现金结算方式销售少量图书，发行码洋有限。日常打包、邮寄等劳务活由办公室、编务人员兼顾，大宗邮购业务需要全社上下利用业余时间一齐动手解决。当时在南京、上海等地也设有代销网点，但主要是针对读者面窄的古籍类图书和旅游类图书而设，并且大多为寄销，少量包销，发行点局限于大中城市。

1986 年该社向总社申请以税前还款形式购进价值 6 万元的“130 型”货车一部，这是首部用于发货的专用车。

1988 年 10 月，发行科与黄山书社首次签订承包合同，承包期定为 1 年。发行科承担“实现发行码洋 15 万元、利润 0.7 万元”承包任务。1988 年，社内总销售收入为 155.34 万元，实现利润 12.42 万元，自办发行码洋为 133.15 万元。

自办发行拓宽了发行渠道，缓解了本社旅游、古籍类图书的亏损程度。

1989 年，成立读者服务部。读者服务部的业务范围是，承担本版和外版图书的零售和邮购业务，直接面向广大读者，拓宽本版古籍类图书的销售渠道。

1991 年 5 月，订立《黄山书社发行科内部岗位责任制度》，按业务范围划定了业务部、储运部、财会组、邮购组等岗位职责，制订了《关于图书发行折扣的暂行规定》，规范了职业行为，提高了发行员的积极性和营销质量。

由于长期以来古籍图书发行渠道不畅通，库存积压严重，1993 年下半年，发行科着手对建科以来的库存图书进行清理，造册、建账，区别对待。保留了占总库存的 72%、码洋 175 万元的正常备货图书，销毁 15.8 万码洋的报废图书。采取分年核价年 1 万码洋销售办法处理滞销的文史类、古旧小说图书共 29 种，码洋 50.2 万元。通过清理调整，有效地改善了图书库存结构，加速资金的流转。

古籍类图书一向发行“路子窄”，1992–1993 年一直亏损。发行科不等不靠，采取“巩固现有大城市网点，积极开拓其他网点；以辐射能力强的国营新华书店为主线，以信誉、销售情况好的集体、个体二渠道书店为辅助”的经营方式，布设立体网点，加大图书投放量，扩大了市场份额。1995 年发行码洋为 129 万元，扭亏转盈。

1996 年发行科人员发展到 9 人（在编人员 7 人），读者服务部首次租有 40 平方米的固定店面，增购“江西五十铃”货车一辆，图书仓库扩大至 1000 平方米，发行网点近 200 个。1997 年提出“年货款回收率达 85%”“回款周期最大 4 个月”的绩效挂钩考核目标，订立相关奖惩办法。对发行员的考核实行分片包干责任制管理，销售码洋呈现总体上升趋势。

为了进一步搞好《安徽古籍丛书》发行工作，自 1990 年 11 月起，丛书的宣传、征订、发行工作主要由发行科承办。

1999—2005 年自办发行 6 年来发行码洋平均以 35% 递增，货款回收率达 82%。

2007 年成立了古籍发行有限公司，并订立《业务岗位目标管理责任制》《财务岗位目标管理责任制》《储运岗位目标管理责任制》《定岗定酬及日常管理奖惩办法》等一系列管理制度。2006—2008 年，三年销售收入累计达 16696.12 万元，为出版主业做大做强奠定了坚实的经济基础。

1986—2008 年黄山书社自办发行码洋统计表

表 3-2-5

年份	金额（万元）
1986	65.02
1987	27.44
1988	133.15
1989	163.89
1990	163.62
1991	212.50
1992	82.87
1993	83.18
1994	88.19
1995	129.00
1996	161.12
1997	206.2
1998	279.81
1999	477.01
2000	677.53
2001	830.22
2002	1206.49
2003	2038.93
2004	3872.34
2005	3947.88
2006	5646.73
2007	5518.83
2008	6839.41

安徽少年儿童出版社　安徽少年儿童出版社 1984 年成立之初，自办发行工作由社办公室承担。

为了适应本版图书发行工作的需要，1989年3月，出版社设立了发行科，负责本版图书的宣传推广、市场信息收集和图书销售工作。随着自办发行量的迅速增长，同时为了解决事业单位人员编制受限的问题，1991年成立了安徽少年儿童出版社读者服务部，其性质为集体企业并具有独立的法人资格。读者服务部经理由发行科科长兼任。为了更好适应市场需求，1995年撤销读者服务部，成立了安徽少年儿童图书发行公司。2004年，一般图书与教材教辅发行业务分离，另设教育图书发展部，负责本版教材教辅的发行工作。

2005年安徽出版集团成立后，安徽少年儿童图书发行公司于2006年撤销。公司撤销后，发行业务、人员等划归发行科管理，财务移交社财务科。2008年，时代出版传媒股份有限公司上市后，发行科更名为市场营销部。

安徽少年儿童出版社自发行科设立以来，发行队伍由最初的3人壮大到2008年的30余人。

在开展自办发行业务之初，发行人员参加全国性图书订货会，订货码洋仅有几十万。现在，全国性图书订货会的订货码洋已超千万。自办发行最初全年动销图书品种仅百余种，销售码洋仅200多万元，如今，全年动销图书品种多达1800余种，2008年一般图书销售码洋高达1.66亿元。教材教辅发行工作更是从零起步，到2008年，全年销售码洋高达1.53亿元。

自办发行对于繁荣活跃图书市场，减少流通环节，弥补新华书店主渠道力量的不足，密切与读者之间的联系，都起到了良好的促进作用。出版社发行部门的工作决定着出版社的实际效益，是出版社实现社会效益和经济效益的实施者和落实者。从安徽少年儿童出版社自办发行伊始，社领导对发行工作的重视度就很高：从制定大的发行策略到创新发行营销模式；引入专业的出版发行人才或将编辑选派充实到发行部门；配置大型仓库和交通运输工具；建立健全发行财务管理制度。从各方面加强壮大发行部门的力量。

通过多年来的实践，安徽少年儿童出版社发行部门已经摆脱了创建初期单一的销售本版图书的职能，充分利用其在图书市场前沿的地位，在和各种渠道、书店和读者的业务联系过程中获取的图书市场信息，协同编辑、印刷部门根据市场的需要提出图书选题的设想、图书的装帧设计、定价的估计、营销的策划，参与图书出版流程的有关决策。

在打造畅销书、塑造动漫品牌、拉动市场销售、提高市场占有率方面，安徽少年儿童出版社发行部门也取得了骄人的成绩。2006年《虹猫蓝兔七侠传》（20册）上市一年，销售达1600万册，并连续数月占据开卷少儿畅销书排行榜前20位，创造了开卷畅销书榜单推出以来的销售奇迹。《变形金刚》系列图书与电影同步上市，上市当月即登上开卷畅销书榜单。据北京开卷信息技术有限公司监测，2007年安徽少年儿童出版社在全国所有出版社中，市场占有率总体综合排名第36位，少儿类排名第5位。2008年，安徽少年儿童出版社在常抓动漫品牌图书出版工程、建立动漫图书品牌群、稳定市场优势地位的思路指导下，着重对《虹猫仗剑走天涯》《福娃五连环》《小卓玛》三个系列进行了强势宣传。借助央视等强势媒体的传播效应，再加上成熟的品牌运作机制以及发行营销模式，安少社动漫品牌群已经形成，在动漫这一细分市场的优势地位显著。

1986—2008 年安徽少年儿童出版社自办发行码洋统计表

表 3-2-6

年份	金额（万元）
1986	80
1987	140
1988	210
1989	350
1990	425
1991	540
1992	630
1993	715
1994	800
1995	865
1996	935
1997	1080
1998	1210
1999	1350
2000	1580
2001	1673
2002	2136
2003	3384
2004	4593
2005	5829
2006	6839
2007	12647
2008	20202

安徽美术出版社 安徽美术出版社的自办发行始于 1986 年，最初成立的是集体性质独立法人单位安徽美术出版社读者服务部，以安置和解决本社职工家属子女的就业问题。早期业务仅限于读者邮购和零星批发。随着市场的变化，出版社急需有自己的

销售渠道。1991 年，该社组建发行科，原安徽美术出版社读者服务部的机构和人员保留，对外以安徽美术出版社发行科开展业务。

为了扩大年画、挂历的发行，1988—1990 年，由该社及江苏省发起联合河南、山东，最早成立了“苏、鲁、豫、皖”发行联合体。1991 年，由安徽美术出版社发行科作为发起人之一，与江苏、山东、辽宁、黑龙江、吉林、河北、山西、陕西、湖北等省的美术出版社在全国率先成立“十省美术出版社发行联合体”（简称“十联”），每年联合体召开一次图书订货会和发行研讨会，为安徽美术出版社迅速打开自办发行的局面起到了关键性的推动作用。1994 年，在“十联”的基础上，由人民美术出版社牵头，成立全国美术出版社联合发行集团，安徽美术出版社为常务理事社之一。

随着安徽出版整体转企改制及时代出版传媒股份有限公司的成功上市，安徽美术出版社重新设置了发行机构，建立了图书营销部、教材营销部以及编发一体的教材研发部。对新进社的编辑要求先到发行岗位锻炼，了解图书、了解市场。

建立健全各项规章制度，按照 ERP 管理系统的要求，再造业务流程，从订立合同开始，对原来的客户渠道重新进行梳理，实行分级的动态管理，逐年评级考核评定。内部加大管控力度，对在库图书的保管实行了区位管理，分年统计；对发货单据实行审核和审批双重管控；对在途货物实行平时按季度清理，年底集中清理的办法，保证资金的安全。

根据市场的不断变化，及时跟进开拓新型销售渠道，逐步形成以专业美术书店渠道、新华书店中盘渠道为主，从网络书店渠道、超市图书渠道、机场图书渠道、图书馆配送渠道、学校直销渠道为辅的多渠道立体的销售网络。

建立一套科学的绩效考核制度，对各个业务片区重新进行科学合理的划分，充分调动业务员的工作积极性，年终以业绩说话，以业绩取酬，以制度管人。

该社发行科固定销售网点达 1000 余家。其中有全国各地最大最专业的“美术百家专销店”，有最大的网上书店当当和卓越等。同时还担负着社内编辑图书选题信息的收集、本社图书市场销售信息反馈的任务。

1990—1999 年安徽美术出版社自办发行码洋统计表

表 3-2-7

年份	码洋（万元）	年份	码洋（万元）
1990	87.5	2000	2813.70
1991	186.3	2001	3396.97
1992	536.7	2002	4526.97
1993	1182.4	2003	5480.31
1994	934.	2004	5786.17

续表 3-2-7

年份	码洋（万元）	年份	码洋（万元）
1995	906.83	2005	4748.26
1996	1194.03	2006	7345.00
1997	1319.84	2007	10330.46
1998	1533.03	2008	13654.18
1999	1873.92		

中国科学技术大学出版社　1986 年之前，出版社出版的图书不多，主要依靠新华书店总店北京发行所的《全国科技书目》和《全国社科书目》面向全国各地新华书店征订，发行购销模式为“征订经销”。

1986 年 6 月，中国科大出版社成立发行科，标志着自办发行的开始。随着外语类第一本图书《英语水平考试模拟试题集注》的出版，发行人员开始身背样书向全国各地各类书店主动推销，打开了自办发行之门。出版社的发行模式为征订经销与自办发行相结合，早期以新华书店征订经销为主，自办发行为辅。

中国科大出版社属科技类大学出版社，以出版大学专业教材、学术专著为主，专业性较强。除了北京新华书店总店征订外，早期自办发行主要是通过邮购和向全国专业书店和小型书店销售本版图书。一般图书的发行平均折扣为 7 折，物流形式以火车慢件为主。早期发行科人手少，日常打包、邮寄等劳务工作由办公室编务人员兼担，大订单业务则全社上下齐动手，一起打包和装车，共同完成。

1986 年 7 月，国家出版局出台《关于推行多种购销形式的试行方案》的文件，进一步推动了发行体制改革。全国各高校纷纷成立图书代办站，并创办了《高校联合书目报》，逐渐成为大学出版社发行销售高校教材、教学参考书和学术著作的主要渠道。到 1993 年，中国科大出版社初步建立了由大学出版社—图书代办站—教材科（或图书馆）组成的发行渠道。

1988 年，出版社加强了发行科的力量，从初期 2 人发展到 5 人。销售客户除了主渠道发行外，通过第三、四届大学出版社图书订货会，逐步发展，从原有的十几家客户发展到上百家客户，进一步拓展了发行渠道。同时，发行科下设立了专门的储运部门。同年，出版社购置“金杯 130 型”小货车一辆，成为出版社首部运输专用车。

至 1990 年，出版社发行销售码洋达 400 万元，库存量达 150 万元码洋，日平均图书出入库量达 3 万元码洋。这其中，自办发行码洋已占有相当大的比例。

1991 年，出版社开始实行目标责任制管理，发行科制定了年发行码洋和销售回款的基本目标，充分体现了社会效益与经济效益并重的发展模式。

至 1992 年，随着出版社出书量和发行量的不断增加，库存周转量已达 300 万码洋以上。原来一直使用的校内四合院的旧库房和8小间的办公用房由于长年失修,已无法继续使用。经报告学校批准,出版社搬迁了办公用房,并重新修建了库房,条件大为改善。

为了提高图书出版发行部门的工作效率,保证数据的快速查询和准确统计以及有效分析,出版社1992年自行开发了图书出版发行计算机管理系统,利用计算机对图书出版情况和出入库等情况以及客户信息进行管理,这在全国出版系统内都是较早和超前的。后来,随着发行业务量的不断增加,出版社又配备了专业化的图书发行管理系统,以实现更精细化的业务管理和核算。

同时,加大本版图书的宣传和销售力度,出版社在北京开设一服务窗口,主要为北京地区的大学生和科技工作者服务。

至20世纪90年代中后期,随着出版发行体制的不断改革和放开,教材代办站不断发展壮大,全国各地个体或集体的图书批发和零售商迅猛增长和发展,原来新华书店一家独大的局面早已不复存在,形成了多种经营形式、多种购销模式竞争共存的格局。通过新华书店征订经销的数量越来越少,自办发行的码洋逐年增加,其地位和作用也越来越重要。出版社的发行模式已逐步改变为以自办发行为主,新华书店的征订经销已经无足轻重。

2003年后,随着市场竞争的不断加剧,出版社对发行工作更加重视,新招聘了员工,配备了计算机等硬件设备,升级了图书发行管理系统,加强了业务学习和培训,强化了市场宣传推广和数据分析,发行工作进入了一个新的阶段。出版社的发行码洋在经过多年徘徊起伏之后开始快速增长。

2008年,出版社设立市场部,以进一步加强图书宣传推广和营销策划,强化市场调查分析和监管。同时,发行部充实人员,细化职责分工,强化业务内涵,完善客户关系管理,制定了一系列管理制度和业务规程。这两个部门分工协作,相互配合,为出版社的发行工作增添了新的活力,助推着出版社快速向前发展

1986—2008年中国科大出版社自办发行码洋统计表

表3-2-8

年份	金额（万元）
1986	53.5
1987	106.6
1988	185.42
1989	362.91
1990	516.80
1991	606.45

续表 3-2-8

年份	金额（万元）
1992	818.36
1993	918.88
1994	1178.12
1995	1318.26
1996	1526.35
1997	1458.89
1998	1396.45
1999	1168.68
2000	985.40
2001	1115.52
2002	1369.82
2003	1109.81
2004	1285.36
2005	1320.47
2006	1645.85
2007	1720
2008	2140

安徽大学出版社　安徽大学出版社在筹备阶段就开始规划自己的图书发行思路与发行网络。成立初期，由于图书品种有限，一般图书主要由各省市新华书店代为销售，少量的民营书店或图书公司订货量极其有限，一般都做现款发行；初期的教材发行，主要是以向学校直接供货的发行方式为主。自办发行原来是作为新华书店的补充而构建的，在我国已加入世贸组织、图书分销领域逐步放开的今天，自办发行不能再固守原来的“补充”角色，已成为图书流通渠道多元化主体之一，成为图书市场独立的法人代表；已成为出版社伸向市场探求信号的触角，成为出版社把握市场的枢纽，占领市场的滩头阵地。因此，出版社加大了自办发行的力度，形成自己的自办发行网络。随着图书品种的增多，以社科类、教育类为主体的出版特色逐步形成，出版社发行人员也在市场上寻找和拓展专业书店或图书公司，将本社图书上柜展示、销售，让更多的读者了解和购买。对于图书公司，主要以账期销售发行的方式为主，对于其他的民营书店或图书公司，采取现款发行的方式。2000 年以后，随着全国图书民营大卖场的出现，在保持原有发行渠道（主渠道新华发行系统、民营类专业书店）的基础上，本社开展与各地民营大卖场的联系与合作。2003 年以后，随着新生代消费者生活方式的改变，充分利用现代 IT 技

术和互联网的发展，网上购物、网上阅读成为一种时尚，成为他们日常生活的重要部分，在图书市场出现了诸如当当、卓越等购书阅读平台，本社也在此时加强了与当当网、卓越网等网络图书公司的合作，现在这也是本社自办发行网络中一支重要的力量。与此同时，类似北大方正 Apabi、超星数字图书馆、中文在线等数字图书公司如雨后春笋般兴起，数字出版是未来出版业发展的方向，而且将成为下一轮新闻出版业经济快速发展的先锋力量。当前，数字图书的销售是出版社利润的增长点，本社抓住机会，加强与北大方正 Apabi、超星数字图书馆等数字图书公司的合作，扩大本社图书的销售。

从本社的自办发行来看，经历了大众化、专业化、对口化、网络化、电子化几个发行方式，各种发行方式已经成为本社图书发行的重要渠道。

1995—1999 年，出版社建社之初的 5 年，由于相关资料的缺乏，自办发行码洋无从统计。2008 年自办发行达 2075 万，比 2000 年的 812 万元增幅 255%。

2000—2008 年安徽大学出版社自办发行码洋统计表

表 3-2-9

年份	金额（万元）
2000	812
2001	1002
2002	1135
2003	1267
2004	1472
2005	2222
2006	2298
2007	2249
2008	2075

合肥工业大学出版社　合肥工业大学出版社自 2002 年成立就在自办发行工作上下工夫，按照“诚信、严谨、求实、创新”的要求，坚持以发展为主题，以创新为动力，以结构调整为重点，以提高社会效益和经济效益为目的，采取切实有效的措施，加快图书自办发行工作的步伐。主要采取以下措施开展图书自办发行工作：

一、统一全社思想，明确工作方向。在社长的直接领导下，统一发行部全体成员思想，增强全社内部的凝聚力与战斗力，以跨越式发展的经营理念来争取图书发行社会效益与经济效益的结合。

二、转变工作作风，加强出版社内发行队伍建设。一方面调整发行人员结构，把工作作风严谨、奉献意识强的员工调整到管理岗位，加强内部管理力度；另一方面细化区域分片方案，使发行工作科学、合理。

三、完善发行体制，建立层层负责制，细化工作制度，简化工作流程。根据自办发行的图书结构，调整发行战略，重点开发省内高校市场，不断修正工作思路，活化发行机制。

四、严格要求与人文关怀并重，通过“以制度带兵，以感情带兵”的发行工作管理手段来调动发行人员的内在动力。

合肥工业大学出版社成立了自办发行的专门机构——发行部，积极开展自办发行。2002 年，自办发行图书码洋为 84.09 万元，此后自办发行图书码洋逐年稳步增长，到 2008 年，自办发行图书码洋达到 2307.96 万元，年平均增长率 74%。

2002—2008 年合肥工业大学出版社自办发行码洋统计表

表 3-2-10

年份	金额（单位：万元）
2002	84.09
2003	365.83
2004	928.00
2005	1504.11
2006	1881.98
2007	2177.41
2008	2307.96

安徽电子音像出版社　安徽电子音像出版社成立之初，发行力量严重不足。每年开发多种优秀的电子出版物和音像制品，难以走出安徽市场，因发行人员只有一人，只能最大限度地开发和维护本省市场。外省市场几乎是“靠天收”，等待外地客户主动订货。自 2007 年后，该社增强了发行力量，根据音像制品和电子出版物的流通特点，自办发行采取以下措施：一是通过主渠道新华音像连锁公司发货；二是通过信誉较好的民营渠道大型音像发行公司发货；三是网络营销。此外，针对某些有特定对象的品种，也采用直销的方式，如“名医外科手术”系列直接联系大医院和医学院校直销，“农技服务”系列通过省农科院直销。由于措施得力，方法对路，销售码洋成倍增长。

2002—2008 年安徽电子音像出版社自办发行码洋统计表

表 3-2-11

年份	金额（万元）
2002	80
2003	134

续表 3-2-11

年份	金额（万元）
2004	52
2005	220
2006	210
2007	230
2008	416

安徽音像出版社　1986 年以来，正是计划经济下文化事业向市场经济下的文化产业过渡的阶段，出版社的主要经营方式和出版发行由自己掌握。八十年代中期，为了适应市场需求，音像行业每年至少要举行春、秋两季订货会，主要是为即将到来的销售旺季做准备，订货会成为出版社获取市场需求信息的最佳场所，根据订货会的订单来制定出版计划，这在信息尚不发达、流通领域不完善的年代起到了音像市场“代销”的核心作用。到 1997 年，本社自办发行的码洋每年都在 700 万元左右，效益也是可观的，这期间本社与香港泰山国际贸易公司共同出资组建了合资海威特音像有限公司，该公司进口音速带复制生产线当时在国内是一流的，为繁荣音像作出了积极的贡献。同时，出版社购置了宁国路 124 号大楼，有了自己的办公、生产环境。1992 年前，本社的出版发行经营活动是最红火的时期。

但是，季节性的订货会越来越不适应快速变化的形势。其主要原因是“代销”制所产生的大量拖欠货款、大量退货，信用缺失造成该社产生了数额较大的呆账、死账，该社尝到了“代销”酿出的恶果。

1998 年，为扭转这种局面，社里制定了新的经营策略，实行现金交易、款到发货。另外，原来的音带、像带两种载体已不适应市场的需求，该社逐步推出了 CD、VCD、DVD、MP3，CD-ROM 等新型载体的音像出版物。

发行方式的改变以及大量盗版音像制品和网络音乐的冲击，导致发行额的下降，该社的发行额由每年 700 万元左右降至 200 万元以下。同时，人员工资不断上调，费用加大，导致纯利润也降到 10 万元左右。自办发行要发展必须谋求新的突破：与大型发行集团 联合，与终端销售商联合，直接面向消费者或许能走出困境。

1986—2008 年安徽音像出版社自办发行码洋统计表

表 3-2-12

年份	码洋（万元）
1986	885
1987	760

续表 3-2-12

年份	码洋（万元）
1988	690
1989	915
1990	680
1991	910
1992	754
1993	709
1994	803
1995	702
1996	710
1997	752
1998	232
1999	231
2000	254
2001	260
2002	202
2003	220
2004	150
2005	201
2006	230
2007	226
2008	158

第二节　各出版社版权贸易

安徽人民出版社　安徽人民出版社在安徽省版权贸易达到一定规模，在对版权交易进行规范的基础上，版权贸易意识逐渐增强。2002 年，开始设立版权专干一人，建立版权管理制度。2007 年，正式设置对外合作部，由专人负责版权引进输出。每两年一届的北京国际图书博览会，该社均派专人参加，积极开展洽谈，取得了一定成果。从 2002 年开展版权贸易，到 2008 年年底，图书版权贸易共涉及图书 33 种（均签订图书版权贸易合同），其中输出图书 21 种，占 64%，共获收入 1.06 万美元。引进图书 12 种，占 36%，共支出 1.73 万美元。版贸涉及德国、美国、英国、中国台湾等国家和地区，其中绝大多数版贸是与中国台湾地区进行的，取得了较好的社会效益和经济效益。

安徽科学技术出版社　*版权贸易基本情况*　1993年以来，安徽科技出版社在出好本版图书的同时，积极开展版权贸易业务，除配备版权专职人员（主要负责对外联系和合同管理业务）外，先是设立了对外合作编辑室，2007年7月又正式成立了对外合作部，抽调精通外语、业务能力强的编辑人员专门负责外版图书的版贸洽谈。至2008年年底，出版社已与美国、英国、德国、澳大利亚、印度、西班牙、法国、韩国、日本等几十个国家及中国港台地区共百余家出版社、版权代理机构建立了较稳定的信息交流和友好往来关系，为开展版权贸易工作打开了畅通之路。

15年来，出版社成功地将境外的佳作引入国内，把社里的好书推向境外，树立了良好的对外形象，并取得了较好的社会效益和经济效益。截至2008年12月30日，共引进版权412项，输出版权79项，合计版权贸易项目491项。引进的图书既有《现代美国英语》《心灵鸡汤》系列读物这样受到读者欢迎的语言类图书；也有《星星俱乐部》《小小科学工厂》《养花新风情丛书》《新e代养颜美体丛书》《女人就是要好命》《乳腺癌防治》《爱抚你的猫》《爱抚你的狗》《简易瑜伽》《一本女人写给女人的保健书》《时尚女孩幸福法则》《解读爱因斯坦》《我眼中的世界》等生活、科普及自然科学类图书；还有《实用英汉医学辞典》等工具书；更有《谁杀了我的牛》《赢在职场》《人生20几岁的24条真理》《抓住你想要的一切》等励志类图书。输出图书则包括了生活、中医、棋牌、花卉盆景等题材。在版贸活动中，出版社守合同，讲信用，树立了良好的形象，于2001年被新闻出版总署评为“全国图书版权贸易先进单位”。

安徽科技社的版贸图书尤其是引进的语言类、科普类、生活类图书在社会上取得了较好的社会效益和经济效益，获得省级以上图书奖20余项。其中，频频荣登书店畅销书排行榜前十名的英文版《心灵鸡汤》香飘神州，先后被评为“2001年度引进版优秀畅销丛书”（全国仅有10种）、“2001年度全国优秀畅销书”、“2002年度全国引进版社科类优秀图书奖”、“2004年度全国优秀畅销书”，并在国家九部委联合举办的“中华全民读书书目推荐活动”中，入围《2004知识工程推荐书目》，已成为出版社标志性品牌，进一步巩固了该社的语言类图书优势。此外，《插图版英语世界名著系列丛书》(30本）获2003年度引进版社科优秀图书奖，《唱歌啦》荣获第四届全国教育音像制品优秀选题奖，《初中英文歌曲》获第五届全国优秀教育音像制品奖优秀选题奖，《未来预览丛书》获得安徽省第五届优秀科普作品奖，《创意办公空间》获得第六届安徽图书奖。在输出的图书中，《中国遗传咨询》先后获得2003年度输出版优秀图书奖，《病历书写规范》获2004年度全国优秀畅销书奖（科技类）。

版权贸易活动　积极参加各种版权贸易会，广交书界朋友。每届的北京国际图书博览会和由国家版协举办的图书版权贸易会，出版社都充分准备，积极参加，挑选精品图书参展。多年来，出版社还选派数名编辑业务骨干，分批参加了在境外举办的较大型的国际图书博览会，如法兰克福国际书展、纽约国际书展、开罗国际书展、中国香港国际书展以及中国台湾书展等。通过这些活动，出版社逐渐在版权贸易过程中结交了一批

新、老朋友，为图书贸易活动奠定了基础。

遵循市场经济规律，精选适销对路图书。通过多年的运作，出版社深深感到，引进外版图书必须遵循市场经济规律，盲目引进，只能是增加负担。出版引进外版图书的原则是，必须符合国家法律法规，在内容上有新意，符合市场需求。如《心灵鸡汤》一书在国外非常畅销，出版社果断引进该套丛书，投放市场后，取得了预期的效果。再如《唱歌啦》是一套国外幼儿学习唱歌的配磁带的图书，内容健康，活泼，但该书是否适合我国儿童学唱，仍需深入调研。编辑人员经过到幼儿园、小学，与教师、家长和幼儿交流，现场播放磁带，并约请专家审定，坚定了引进的信心，经过投放市场，同样取得了良好的效果。

利用多种渠道，提高时效，降低成本。出版社与国外出版社洽谈版贸业务，除了传统的方式，如参加各种国际图书博览会，直接与境外出版商联系外，更多的是采用了现代化的信息渠道，即通过国际互联网与境外出版社取得联系，这不仅大大提高了联系速度，而且也大大降低了洽谈成本。

此外，安徽科技社还聘请驻外人员担任特约编辑，利用其信息灵通、联络方便的优势，引进版权。一位驻美编辑多年来，已为出版社成功引进《心灵鸡汤》《小书架丛书》《唱歌啦》等一批图书，大大节省了谈判、邮寄等费用。

出版社除与国外境外多家出版社直接联系之外，也与许多版权代理公司建立了长期友好的关系，如中华版权代理公司、中国台湾博达版权代理公司、安德鲁版权代理公司，韩国恩特斯版权代理公司、一览文化版权代理公司等，以及一些网站，如 copydght china，通过这些渠道，为出版社开展版权贸易工作打开了畅通之路。

重点版权贸易图书情况介绍

1. 引进版贸书：

（1）《心灵鸡汤》：2000 年开始从美国健康交流出版公司引进，销售数百万册。

（2）《插图版英语世界名著系列丛书》：2003 年从美国 Playmore 出版公司引进，已销售 20 多万册。

（3）《新 e 代养颜美体丛书》：上市 3 年多来，多次登上各大城市新华书店生活类畅销书排行榜，全套书已重印 17 次，前 4 种已销售 6 万多册。

（4）《指南针英语》：2005 年从韩国引进出版，多次再版。

（5）《新世纪韩汉词典》：2005 年出版，多次再版。

2. 输出版贸书：

（1）《中国遗传咨询》：输往台湾九州图书文物有限公司。

（2）《中国古典插花名著名品赏析》：被台湾出版社购得版权。

（3）《病历书写规范》：输往台湾。

（4）《苏本一谈盆景艺术》：被台湾出版社购得版权。

（5）《新编推拿图说》：被台湾水牛出版社购得版权。

（6）《国外流行瘦身法》输出到台湾出版社。

（7）《离子束生物技术引论》，输出到美国斯普林格出版社。

（8）《中医三补养生》，输出到台湾大展出版社。

（9）《中国盆景名园藏品集》《中国食品雕刻》《食品剪艺技法》三本书输出到新加坡圣智出版集团。

（10）《中西医结合时间医学》《动物解剖原色图谱》输出到台湾。

经验教训

（1）围绕出版社长期形成的出版特色，以市场需求为依据，在保障出版物内容安全以及符合国家大政方针、法律法规的前提下，立足国情，本着“效益优先”的原则引进外版优秀图书。

（2）按合同认真履约；阶段性向外方合作伙伴报告经营状况。

（3）目前版贸市场不规范，有相互哄抬版税的现象。在引进版权时要根据自己的实际情况理智报价，不可跟风盲目竞标，否则就会损及自身的利益。

安徽教育出版社　安徽教育出版社开展版权贸易比较早，自20世纪90年代以来，就开始同海外出版机构的联系与合作，并参加多个国家和地区有影响的国际书展，版权贸易甚为活跃，与德国、法国、英国、美国、西班牙、日本、越南、波兰、俄罗斯、新加坡、韩国、马来西亚等国家和中国台湾、香港等多家国际知名出版社建立了良好的版权贸易合作关系。这其中包括德国DTV出版社、图宾根出版社、东京书籍印刷株式会社、韩国Daewon C.I.Inc出版社、英国Capstone Global出版公司、赛基出版公司、美国哈佛大学出版社、培生教育出版集团、麦格劳希尔出版集团、新加坡怡学出版有限公司、智力出版社、越南世界出版社、台湾联经出版公司等。在尽可能多地引进国内急需专业图书和国外境外优秀畅销书的同时，该社把工作的重点放在引进图书的质量及权威性上，得到了国内专家及读者的充分肯定。为了加强版权贸易工作，该社经常参加国际性的图书博览会和各种规模的出版论坛、图书对外推广活动。密切注意国内外版权贸易动向，加强同新老合作伙伴的联系和交流。

版权引进　建社至今，该社从海外已引进版权的图书达近百种套，内容涵盖教育亲子、人文社科、心灵励志、文学理论、历史文化等各个领域。在引进版权时，该社尤为关注图书的学术品质。例如从台湾地区引进的《台静农论文集》《亲子教育》系列、《中国学术思想史论丛》（8卷）、《中国古代战略思想新论》《十七岁的物理》等，从韩国引进的《新新英语》《彼得兔故事全集》，从美国引进的《美国总统书系》《魏玛文化：一则短暂而璀璨的文化传奇》《美国教育经典论丛》《别再和你的孩子争吵》《走进青春期》《流行的波希米亚》，从法国引进的《追踪脚印》系列、《与二十二位钢琴家对话音乐与人生》《艺术的童年》，从西班牙引进的《初中零起点英语教材》丛书，从德国引进的《比较文学导论》等。历年来的引进版图书，有代表国际学术领域先进理论的著作，如《比较文学导论》《美国教育经典论丛》《流行的波希米亚》；有畅销不衰、广受国际好评的经典之作，如《美国总统书系》《魏玛文化：一则短暂而璀璨的文化传奇》《彼得兔故事全集》《艺术的童年》；还有独具慧眼引进后在图书市场反响热烈的畅销书，如《亲子教育》系列、《十七岁的物理》《想念北京》等。这些引进版图不仅产生了积极而深远的社会效益，也获得了市场和读者的认可，取得了可观的经济收益。

版权输出　在积极引进优秀图书、扩充本社现有图书品种的同时，秉承"服务教育、弘扬学术、传承文化、奉献社会"的出版理念，该社也在不遗余力地开拓国际市场，自1992年至今，已经有53种图书版权成功输出海外和中国港、澳、台地区，如《中华文化精要丛书》（9种）、《汉语文字学史》《人间鲁迅》《意大利古建筑散记》《新编小学生多功能字词典》等，受到输出地读者的欢迎。近年来，该社大力加强"走出去"战略的力度，版权输出业务无论从品种数量上还是质量上，都有了一个新的飞跃。

早在1990年，安徽教育出版社就向台湾东华书局输出了《古文观止全译》一书，这是学界公认的最早、最全、最精当的注译本。总销量已超过230000册，中文繁体字版至今在台湾地区畅销不衰。该书先后荣获第十届全国优秀畅销书奖、第十二届全国优秀畅销书奖。全书注释准确，译文晓畅，透析古文精髓。该书的输出在安徽教育出版社的版权贸易史上具有里程碑式的意义。

随着规模的扩大、业务种类的增加和综合实力的不断积累，安徽教育出版社和国外及中国港、澳、台地区业界的合作交往也在与时俱进。该社在保持高端精品学术著作一贯的品牌的同时，另辟新径，涉猎"关注大众阅读"，积极开拓一般图书市场，出版了众多广受市场欢迎的人文社科类畅销书，同时也将这些书的版权输送到国外和中国港、澳、台地区，赢得了国际市场的肯定，产生了良好的社会影响。如输往新加坡怡学出版有限公司的《新编小学生多功能字词典》，输往马来西亚文化事业有限公司的《反语文幽灵袭击地球》丛书等，代表着安徽教育出版社在儿童教育图书领域的"走出去"成果；输往韩国 Access Korea Agency 与波兰玛萨雷克出版社的《中华精要丛书》系列、《人间鲁迅》，输往台湾的《谈美》《谈文学》《谈修养》《诗论》等书，反映了该社将中华文化精髓传向世界的成果；输往越南世界出版社的《孙子侃兵法》（荣获第八届输出版优秀图书奖）、《画说论语》，输往韩国的《曲院风荷》，输往台湾地区的《青少年最该读的100个故事》丛书等，则体现出浓厚的时代气息。

实物出口　除了图书版权的引进与输出，安徽教育出版社图书的实物出口也一直是对外贸易的一个重要组成部分。从20世纪90年代至2008年，该社图书的出口量一直保持着不断上升的趋势，是一个重要的利润增长点。通过中国教育图书进出口公司、中国图书进出口（集团）总公司、中国出版对外贸易总公司、厦门对外图书交流中心等图书进出口机构，该社的图书远销海外，在国际上产生了深远的影响并受到国际业界同仁与读者的认同。《李鸿章全集》《全宋文》《胡适全集》等重量级经典著作畅销不衰，一直是该社出口图书中的重头戏；同时，随着该社图书种类的多元化，出口种类也越来越丰富。该社每年的出口码洋平均可达到20多万元，实物出口总量逐年增加，对东南亚等华文区域的出口增加尤快。而且,实物出口总量在不断增长的同时,出口渠道也在不断多元化。实物出口从最初的国有单位独家经营,逐渐发展到民营、外资企业共同参与的局面。随着“走出去”战略的不断发展,对外贸易正在该社扮演着日益重要的角色,成为新的经济增长点。

安徽文艺出版社 外国文学一直是安徽文艺出版社的一个主要出版方向。从1990年开始,文艺社开始大量引进外版图书,共从11个国家引进了100多个知名作者的优秀作品。2006年以来,在集团领导的带领下,该社更是加大了版权工作的开展力度,2006年引进外版图书26种,2007年引进外版图书27种,2008年引进外版图书上升到50种。其中,从美国HCI公司引进的《如何成为有影响力的女人》和“心灵鸡汤”系列、美国畅销作家Lisa Jackson的“浪漫悬疑”系列和从英国Icon公司引进的“介绍丛书”系列都有不俗的反响。《如何成为有影响力的女人》一书,由于该社和玫琳凯公司建立了良好的销售关系,以合作的方式代销该社一部分图书,从2008年出书到2009年,销售量已突破50000册,码洋超过190万元,并且仍然保持良好的销售趋势。引进的美国纽约时报畅销作家Lisa Jackson的6本悬疑类小说,年销售量都在10000册以上,总码洋超过40万元。当前,文艺社把引进外国文学的主攻方向放在了悬疑推理类、人物传记类和励志心理类图书上,以版贸图书的销售拉动全社的发展。

2006—2008年文艺社输出版权也有了明显增长,输出图书共有40种,主要是《鬼吹灯》小说及其漫画,还有《坐在对岸的企鹅》等输出到法国、韩国、越南、中国台湾等国家和地区。

黄山书社 黄山书社的版权贸易工作起步较早。1987年10月,《小学生常用字典》一书首次与新加坡智力出版社达成版贸协议,输出版权。此后,黄山书社利用图书博览会、版权洽谈会等平台,不断寻求新的合作伙伴,开展版权贸易新项目,版贸品种和数量逐年增加。1993年以前的版权贸易均为“输出”版权,1994年以后以“输出”为主,兼顾“引进”。2005年以后,引进版权增多。22年来,与黄山书社达成版权贸易的除中国港台地区外,还有美、英、日本、印度、韩国、新加坡等国家;合作伙伴既有出版商也有知名作家和有关文化媒体。由于在版贸工作中表现突出,2007年被北京图书博览会组委会评选为“版权输出和版权引进现场最活跃的三十家出版社之一”。截至2008年12月底,已输出版权87种96册,引进版权123种。共计达成图书版权贸易210种,307册。版贸图书品种占新出书总数7%,版贸收入100余万元。

1987—2005年,先后3次调配版权专干(兼)。2004年,成立对外合作编辑室。该编辑室除进行常规图书编辑外,重点开拓本社的版权贸易业务,以应对竞争激烈的图书市场经济。2007年以后,对外合作编辑室正式成为黄山书社对外版权洽谈和日常版权贸易事务管理工作的专职科室,聘任了具备英语考级水平8级以上的硕士研究生担任专职版贸人员,由副社长分管版权贸易业务。

版权输出 输出版权的品种有历史、文化、文学、艺术等类别87种。其中,中国传统文化特色浓郁的文史类图书较受欢迎，如历史类的《中国十大商帮》《中国古代皇帝漫话》《话说历代帝王丛书》，古籍整理类的《包拯集编年校补》《中国古典文学导读丛书·唐诗三百首》（电子版）《中国古典文学导读丛书·宋词三百首》（电子版），学术类图书《凌濛初研究》（电子版）等；其次是文化生活和艺术类，如《生活禁忌小百科》《历代大家书千字文》系列等。

输出版权载体形式除通常的纸介质外，还有电子版权输出，如2001年与广州图书进出口公司达成的7项电子网络版图书版权贸易。

版权引进　引进的版权，注意选取文史资料类善本和契合当代青少年阅读兴趣的励志类图书。引进版权图书123种。引进版权地区主要为中国香港和台湾地区。通过对这些引进的品种的出版，向内地读者介绍港台地区同根同源的优秀文化，同时也带来较好的经济效益。如2008年引进的《梅兰芳与孟小冬》《未央歌》出版后受到社会的广泛好评，从台湾引进的《未央歌》，出版不足一年已累计销售近8万册，荣获“最优秀版权引进图书奖”“2008年十大好书”等国家级奖项5种，成为叫好又叫座的代表图书。

实物出口　2007年，《科学分类识字》丛书首次走出国门，发往加拿大市场，该书成为黄山书社首种以实物形式销往境外的图书品种，是黄山书社努力实施“走出去”工程的一大成果。

安徽少年儿童出版社　安徽少年儿童出版社版权贸易最早始于1987年，第一本输出版权的图书为《中国的世界之最》，向商务印书馆香港分馆输出版权。自此以后，安徽少年儿童出版社始终坚持把版权贸易作为一项具有战略意义的基本工作来抓，通过引进来、走出去“双轨道”提升自身的整体出版水平和国际竞争力，对外合作工作得到长足发展。

安徽少年儿童出版社的版权贸易大致可以分为两个阶段，第一阶段是1987—1994年，第二个阶段为1995—2008年。

第一阶段的特点是，主要向外输出图书版权，输出的主要范围是东南亚以及中国香港和台湾华人居住密集地区，输出的图书基本是华文版图书。将一大批体现中华民族传统文化的图书和一批中国著名儿童文学作家原创图书，输出到境外华人居住比较密集的国家和地区，取得了良好的社会效益和经济效益。这一阶段输出的图书有《中国的世界之最》、获国际奖的中国动画片丛书《中国动画》6种、中国名家原创童话画册《哈哈历险》丛书8种，体现传统文化的《封神演义》（一套10册漫画本），汇集传统民俗的画册《中华民俗故事大画库》（10本图画书）等。

第二阶段，1995—2008年，在版权引进的同时加大版权的输出。安徽少年儿童出版社引进的第一本书是1995年引进的俄罗斯的《阿莉萨历险记》一套4本。自此至2008年，安徽少年儿童出版社已与美国、英国、法国、德国、比利时、意大利、澳大利亚、韩国、越南、阿拉伯等20多个国家和地区的50多家海外境外出版机构建立了稳定的合作关系。

从1987年至2008年年底，累计引进图书478种，输出图书204种，实现了社会效益与经济效益的同步增长，并保持了良好的发展态势。

在版权引进方面，安徽少年儿童出版社由最初的简单引进，发展到了注重对海外优质版权资源的本土化改造和整体运作，成功策划引进了“变形金刚”电影版图书、“哈利·波特”写真集、新概念探索百科、韩国科学漫画、双语学习绘本等品牌，初步实现了引进版图书的规模效益和品牌效益。引进版图书已成为安徽少年儿童出版社的出版亮点和经济增长点，多次荣获“引进版优秀图书奖”、“全国优秀畅销书”、“全国优秀少儿图书奖”、“安徽图书奖”、中国图书馆学会“我最喜欢的一本书”、亚太出版商联合会图书奖等各种奖项。

在版权输出方面，安徽少年儿童出版社不断加大原创精品图书的研发力度和宣传力度，一方面通过加强版权输出项目的整体规划，策划出版有输出潜质的外向型图书；另一方面，在“走出去”的具体实施方式上不断开拓创新，尤其重视版权输出的渠道资源整合。由于在版权输出方面的成绩突出，该社被国家版权局授予“全国图书版权输出先进出版单位”称号。

安徽美术出版社　安徽美术出版社版权贸易的历史可以追溯到90年代初，当时该社的《卢延光插图选》一书出版后，受到了各界关注，后被台湾地区某出版公司盗版，经过该社与对方多次交涉，后追回版税500美元，这是安徽美术社版权维护工作的开始。

在2000年以后，安徽美术出版社根据市场变化、结构需求，着力开拓专业市场，版权贸易工作开始进入正轨。2002年前后，主要以引进技法类图书为主，该类图书市场较为成熟，图书内容本身颇具价值，作为该社常销书，市场反响良好。2003—2007年，本社通过对国际市场的分析，开始大量引进设计资料类图书，引进国家以英国和美国为主，以少儿类和设计类图书为主要引进方向。原本考虑到该类图书为市场的开拓性图书，立足于专业的前沿，应会有良好的经济效益和社会效益，由于该类图书同时也具有很强的时效性，图书印制成本高，印制周期长，从引进到出版需经过很长的时间，因此出版后部分图书未能达到良好的市场预期。但是，该类图书印制精良，出版后良好的品相为本社赢得了不少的荣誉，如《动物探秘丛书》《奇思创意》《大理念》《大色彩》《大字体》《设计图解词典》和《创意设计基础》均获得“引进版科技类优秀图书奖”称号。2000—2007年共引进图书28种。

自2008年开始，该社提出“引进一本就要成功一本”的理念，作为图书引进工作的主要指导思想，谨慎引进，将图书引进工作作为该社未来发展的重点版块和创利版块来打造。

自2008年开始，该社将版权的输出工作作为战略重点。本社对现有图书进行了重新整理，将绘画技法类、少儿绘画资料类和地方传统文化类图书作为重点输出方向，把握每一次参加国际书展的机会，将图书内容简介翻译成英文，专门制作了精美的版贸推荐册，积极对外推荐，终于将《新编儿童国画入门训练》(4 册）输出到中国台湾风车图书出版公司，这是安徽美术社版权输出工作和版权合作的一个零的突破。

中国科学技术大学出版社 1987 年 9 月，中国科学技术大学出版社首次与日本达成图书版权贸易协议，引进《实验物理工作者指南》图书版权。1989 年开始了版权贸易输出工作。此后，该社充分利用每年的图书博览会、版权洽谈会等平台，不断开拓新的版权贸易项目，输出与引进并进，品种和数量在一定程度上有所增加。先后与中国香港和台湾，以及美国、英国、日本、德国等国引进版权约 33 种，输出版权《汉语成语英译词典》《IBM—PC/AT 及兼容机 de 构造与硬盘处理》《轻轻松松读英语》（3 册）、《英语你懂多少》《画龙点睛学英语》等 20 多种，与中国港台出版社形成了一定的合作模式，拓宽了该社的出书品种，加强了出版社之间的外向型交流。

安徽大学出版社 1. 版权输出 1 种：

《唐诗风貌》，文学类，1999 年输出台湾文津出版社。

2. 版权引进 2 种：

（1）《计算机视觉中的多视图几何》，工业技术类，2002 年由英国剑桥大学出版社引进。

（2）《中国社会分层的结构与演变》，社会科学类，2008 年由美国大学出版社引进。

合肥工业大学出版社 合肥工业大学出版社成立较晚，但出版社不等不靠，在历年发展过程中，一方面加大图书品种建设，为“走出去”准备条件，同时还打破常规，在“引进来”方面加大力度，经多方谈判、努力，终于在 2008 年涉足版权贸易领域。出版社的第一件版权贸易，是 2008 年从台湾地区引进的《竞争力的探求》一书。

安徽电子音像出版社 安徽电子音像出版社成立以来，多次参加国内的版贸工作会议。目前出版社已开发出的保健类和文化类等五十多种适合版权输出的音像制品。音像制品《洗凡琴》CD 和音像制品《中国结》（DVD）与美国 ICN 电视联播网已达成版权合作，《蘑菇村的故事》（动漫版）与阿联酋的艾尔莱斯电视制作中心达成版权合作。

安徽音像出版社 安徽音像出版社与香港利宜公司合作，首次成功地将黄梅戏销往中国港、澳、台地区和美国、加拿大、孟加拉等国家，使港澳台同胞和外国人民也同享天籁之音，提高了黄梅戏在世界的知名度。

第三章　民营书业

1980年12月,国家出版局发出《< 建议有计划有步骤地发展集体所有制和个体所有制的书店、书亭、书摊和书贩 > 的通知》,允许民营资本进入图书零售领域。1982年7月,文化部发出《关于图书发行体制改革工作的通知》,提出“一主三多一少”(即以新华书店为主体,多条流通渠道、多种经济成分、多种购销形式,少流通环节)的改革方案。图书发行体制改革启动以后,江淮大地相继出现了集体、个体书店(称为“二渠道”)。1985年,全省有集体、个体售书摊点近2000个。1989年11月,新闻出版署、国家工商行政管理局发布《关于加强集体、个体、私营书店(摊)管理的暂行规定》,赋予民营发行企业书刊批发权。从20世纪90年代中期开始,合肥、芜湖、安庆书刊市场迅速崛起,到90年代末,全省非国有书刊批发企业突破100家。到2008年,全省非国有书店已发展到3300多家,其中批发书店近300家,连锁书店总店5家,零售书店3000多家,从业人员2万多人,销售收入50亿元。全省民营发行企业中已涌现了一批有实力、有特色、讲信誉的书刊发行单位,如安徽经纶文化传媒有限公司,已开始介入图书的出版环节,注册资本2000万元,产业园面积15000平方米,资产总额3亿元,从业人员400人,2008年销售额4.76亿元。安徽省儒林书业集团是一家为全国大专院校图书馆配送图书的企业,公司资产3000万元,营业面积2.3万平方米, 2008年销售额3.57亿元。

第一节　安徽经纶文化传媒有限公司

公司概况　经纶文化传媒有限公司创办于1994年,主要从事图书出版发行业务,在教育研究、选题策划、图书发行、书刊印刷等多个产业领域多有涉猎和建树。

经纶公司总注册资本2000万元,资产规模超过3亿元,下辖5个全资和控股子公司,骨干团队400人,年出版图书30多个套系, 5000多个单品,拥有15个注册商标。

公司是安徽省唯一具有出版物总发行权资质的民营企业,市场网络覆盖全国,年发行总码洋近10亿元,与全国30多个省市新华书店和1200多家民营发行企业建立了长期、稳健的业务合作关系,可直接向800多家新华书店大卖场和20000多家民营图书发行网点提供综合服务。

公司在安徽省马鞍山市建设有占地37亩、建筑面积15000多平方米的经纶文化产业园,是全国较早拥有产业园的民营发行企业之一,在马鞍山、合肥、南京、广州、杭州、南通等地设有仓储基地和物流中转站，常年与 10 多家造纸企业、40 多家印刷复制企业和 500 多家物流运输企业保持着良好的业务合作关系。

教辅研发　公司拥有一支 150 人的专业化研发团队，专门从事教育研究和教育图书产品的策划与开发工作。公司的产品质量优良、门类齐全，涵盖了从幼儿到高中的各学段各门类，涉及练习类、讲解类、讲练结合类、考试类、提优类、工具类、专项类等各个类别，可满足多层次的市场需求，其中绝大部分产品已经成为市场的名牌产品和一线品牌。

经纶公司主要从事教育图书产品的策划，图书作者都是长期从事一线教学的优秀教师。在研发过程中，公司将作者分成选题提供者、学科建设者、编写者、信息来源者、产品使用者等各种层次，经常组织各种活动和研讨会，对教师进行市场意识培训和市场素质培养。

在培养作者的同时，公司也不断从教师那里汲取营养，获得了充分的一线教学信息和教育需求，反哺于产品研发和选题策划工作。这样就增加了产品的独创性、针对性和适用性，使产品具备了核心竞争力。

公司还要营销人员参与产品研发。公司的营销人员定期参与研发部门的市场调研工作，并及时将在营销过程中获知的市场信息通报给研发部门，为研发提供选题方向和市场依据，以保障产品适销对路。因此，公司的产品得到了消费者和经销商的一致认可，形成了良好的市场口碑和品牌形象。

营销网络　在市场营销过程中，经纶公司一直采用市场化业务模式和代理制经销模式。公司针对不同营销渠道的特点制定了不同的业务管理模式，从营销策划、订单处理、销售政策、备货类型、供应方式、账款周期、售后服务等各个方面入手，制定全面的操作方案和工作细则，为所有客户提供专业化和个性化的营销配套。

经纶公司在用市场需求指导产品研发的同时，主要利用渠道功能进行经营管理，很好地将渠道功能、市场需求、产品特点三者结合到了一起，取得了良好的市场效益，增强了市场营销的精度和准度，提高了产品的消费针对性和盈利水平。

公司的市场网络已经遍布全国，渠道类型和营销体系形式多样。既有省市代理，也有县乡代理；既有新华书店，也有民营渠道；既有渠道销售，也有直销直供；既有中盘批发，也有卖场零售；既有标准产品，也有定制租型。为充分发挥各类渠道的功能，公司以市场为中心，针对不同渠道建立了不同的深度服务模式，并设计出了每个模式的具体工作内容和操作细节。

客户服务　经纶公司始终围绕客户开展综合性市场服务工作，将产品信息、教学进度、报订提醒、发货告知、库存动态、市场反馈、退货提醒等一系列涉及订单处理的若干模块的细节进行了详细设计，并将之转化成了服务内容和标准流程。

经纶公司认为，只要是买公司产品的，都是公司的客户。公司将客户分为两种，一种是直接发货和结算的，称为合作客户；一种是卖公司产品，但不直接发生发货和结算关系的,称为信息客户或终端经销商,这样的客户目前全国约有 20000 多家。在订单处理过程中,公司会通过电话、QQ 和手机短信等方式,将产品信息、发货情况、上架要求、营销方式、推荐技巧、退货提醒等一系列服务直接扁平到终端客户的门市主管。同时,也将获取到的各类终端市场信息,如教材版本变动、教学进度调整、终端库存预警等,及时告知给中盘,让中盘调整备货数量和发货时间等。在中盘的铺货和备货问题上,公司都是直接参与的,通过信息扁平,公司掌握了市场一线的情况。这就做到了整个销售链条的信息通畅和互动,从而解决每个环节都可能出现的瓶颈,及时解决客户需求。

公司十分注重软实力和核心竞争力的发展,特别重视信息化建设工作。早在 2001 年,就与用友软件公司联合开发了全国第一套具有自主知识产权的网上在线分销软件,率先实现了图书的采购、营销、物流、财务、信息的一体化。2006 年,该软件顺利升级为 ERP 系统,集企业管理和图书发行的主要模块于一体,实现了对数字仓库、实物仓库、虚拟库存、实物库存等信息的准确采集与分析。系统引入“在途商品”的概念,大大提高了公司货物调配的准确性和及时性,降低了库存,较好地控制了市场退货率,提高了库存商品的周转率,节约了社会资源。这在业内处于领先水平,标志着公司在企业管理的集约化、规范化和科学化进程中迈出了坚实的一步。

公司在 ERP 系统的基础上开发了出版行业电子远程终端服务平台,适时查看全国客户的销售信息和经营态势,对海量数据进行综合处理分析,并出具科学准确的市场诊断和分析报告,大大提升了经营质量和服务水平。系统还为经销商提供了数据接口,让渠道客户适时管理下线客户的进销调存的情况,大大提升了出版商对下游经销商的服务水平,加强了对渠道的把握和控制,对提高经营质量起到重要作用。

管理模式　公司建立精细化的管理模式。编写了 20 多万字的《经纶员工守则》,追求标准化、流程化和科学化。这些管理制度是公司十多年经营管理经验的总结和提升。《守则》不仅对工作职责、劳动纪律等进行了详细规定,还对工作内容和流程进行了规范性地描述,帮助员工养成良好的工作和思维习惯,让每位员工都变成了工作的主人。

经纶公司是最早进行信息化建设和率先使用 ERP 系统的民营发行企业。这个系统里包含了出版企业所必备的各个板块和部门的工作内容。从研发到生产,从销售到物流,从跟踪到回款,一应俱全。工作人员随时可以根据自身需要获取信息。它是一个信息共享和资源分享平台,还是集体参与和集体决策的工作机制,将每位员工都变成了工作内容的制定者和执行者,工作不再需要通过布置才能完成。

此外,经纶公司还独立建设了编务软件、OA 系统、印制管理软件和工作论坛等与工作有关的各类综合性信息化系统。公司员工可以通过这些系统进行及时的工作交流,提高工作效能。

制度管理已经成为经纶公司的核心竞争力之一,信息化和制度化给企业带来了勃勃生机。

队伍建设　经纶公司自创办以来，一直坚持贯彻落实科学人才观，把人才工作摆在整体工作的突出位置，制定人才队伍建设规划和措施，加大对人才工作的投入。在生产经营的各项工作中，公司始终将人力资源放在第一位。公司的人力资源部专门从事人才的引进、培养和发展工作。经过多年的发展，公司已经建立了完整的职位描述、岗位编制、人才引入、培训与开发和员工个人职业生涯规划的流程。公司于 2008 年被马鞍山市委组织部授予“首批马鞍山市人才工作示范单位”称号。

近几年，公司每年签约的本科以上学历的优秀毕业生 50 名左右，为公司发展壮大和拓宽产业领域储备人才。

在人才培养和管理方面进行创新，具体做法有如下五个方面：

1. 设计工作细节，将培养人、使用人的要求落到实处

公司进行了内容需求和市场需求两个模块的细节设计，确定岗位职责。让每个职工都能非常清楚自己在各自岗位上的“坐标点”，这既有利于培养员工的全局观，也能促进他们朝下一个目标去努力，最终打通了成才通道。

2. 将学习视为工作，使学习型组织在制度上有保障

企业知道学习的意义和打造学习型组织的重要性。一方面将学习内容及目标细化，一方面将学习成果量化成工作量，进行量化考核，计入整体薪酬体系。这大大提高了学习的效能，让普通员工的收入并未因学习而减少，甚至考核优秀者还能超出平时收入，较好地处理了学习与工作、新人与老人之间可能产生的矛盾。

在制度设计上保障员工学习的权益，有利于员工主动将学习与本职工作、岗位需求、公司发展需要结合起来。学习形式多样，途径多种，不仅通过“走出去”的方式让员工外出参加各种学术会议，还通过“请进来”的方式将一线教研员、教师和读者邀请到公司，与研发和营销人员同吃同住，确定针对性强的主题进行专项课题研究。这不仅提升了产品研发和市场服务的水平，还批量培养出了更高水平的工作团队。

3. 信息化成为解放人、发挥潜能的重要技术平台

信息化解放人，经纶公司让所有人都在一个平台上工作，实现无障碍交流，将分工的立体性变成工作中的平面状态，每个人都不可或缺，每个人都是人才。

公司根据出版业的特点和不断变化的环境，相应做了多个插件对 ERP 系统予以了完善。近年来，公司每年以 30% 的速度向前发展，特别是在出版发行业整体并不景气的情况下，依旧逆势上扬，在很大程度上都得益于信息化工作的推进，尤其在提升市场占有率、降低退货率、加快资金周转率等方面，信息化工作的推进起到了十分有效的作用。

信息化的核心价值是让所有岗位的工作都成为坐标中的“点”，并让每个人都可以在这个“点”上获取其工作所需的信息，最大程度地降低交流成本。这种统一规划、自我管理的方式，让新员工都能做到上手快、效率高，实现了员工与公司共同成长的美好愿望。

4. 发挥女性职员的作用

为发挥女性员工的优势，公司通过信息技术的不断提升，将一线工作功能简单化。比如，原来的物流部工作重心在储运，现在的核心则在订单处理的数据交换、整合、发布，仓储只承担货物转运过程中的物理工作。又如，市场服务功能非常重要，以优秀的女职员组成客户经理和客服团队，通过信息化平台，进行全方位的市场服务，逐步将一线营销员纳入了女职员的调度范畴，取得了人才资源最优化、服务水平大幅提升的效果。

5. 将员工共享成果视为公司人才战略的核心理念

经纶公司的人才战略中，始终坚持让员工分享公司的发展成果。为此，公司进行了制度设计，以保障分配的合理性、公平性、有效性。

经纶公司依据岗位、职能和工作内容的不同实行过程与目标相结合的综合考核制。在基层工作单元，既考核团队，也考核员工，不以部门经理收益代替团队收益，也不用部门经理的考核标准来衡量普通员工。部门经理依据工作要求和总体目标，自己提出阶段性工作目标并附详细方案，提出薪酬数量、标准、考核内容，将责、权、利交还本人，完全进行自我管理。这些举措，使得公司形成了劳资和谐的独特薪酬文化。

参与社会活动 2004 年年初，参与全国工商联书业商会的组建工作，为商会的建立作出了突出贡献，公司总裁被推举为商会创始副会长。

2004 年 9 月，李朝东总裁率领商会参加了法兰克福国际图书展。

2005 年 5 月，代表书业商会参加了民营书业国际峰会。与会期间，得到了全国政协副主席兼全国工商联主席黄孟复、中央统战部副部长兼全国工商联党组书记胡德平、全国政协副秘书长兼全国工商联副主席张龙之等人的肯定。

2005 年 11 月，参加了全国工商联组织的“10+1 的机会·北海论坛”，为推动行业的多元化进程作出了努力。

2006 年 10 月，代表全国工商联书业商会与英国渣打银行签订“中小企业信用贷款”协议。

2008 年 7 月，应邀到内蒙古新华发行公司、黄河出版传媒公司交流，推进国有与民营的经验分享和相互合作。

1998 年 7 月，向洪水受灾地区人民捐资捐物 3 万元。

2001 年 7 月，向华东师范大学捐资 30 万元建设电子阅览室（该馆后命名为“李朝东电子阅览室”）。

2003 年 5 月，向社会捐助抗击“非典”资金 2 万元。

2005 年 3 月，向云南省大理州教育事业捐赠 30 万元图书。

2006 年 11 月，向贵州省织金县教育事业捐赠 100 万元图书。

2006 年 12 月，向江苏省农家书屋工程捐赠 30 万元图书。

2007 年 4 月，向马鞍山市教育系统等捐款和捐赠 30 万元图书。

2008 年 5 月，向汶川地震灾区捐款 10 万元。

获得荣誉 2003 年度获得“突出贡献奖”和被授予“优秀发行单位”称号

2004 年度获得“突出贡献奖”和被授予“优秀发行单位”称号

2006 年度公司被授予“优秀发行单位”称号

2007 年度公司被授予“2007 年度全国最佳助学读物策划机构”称号

2008 年度公司被认定为知识产权保护和重点联系单位

经济效益

2005—2008 年码洋、销售收入、利润和资产统计表

表 3-3-1

年度	码洋（亿元）	销售收入（万元）	利润（万元）	资产（万元）
2005	2.5	570.67	28.53	2029.96
2006	3.42	3034.77	39.45	3097.04
2007	4.01	6139.26	73.67	4472.02
2008	4.76	7113.85	92.48	4939.89

说明：由于与出版社合作出版，在发行过程中本公司代出版社从事营销工作，因此在统计过程中，纳入由出版社直接结算的发行数据。以上数据中的发行量（码洋）包含由出版社直接结算的部分

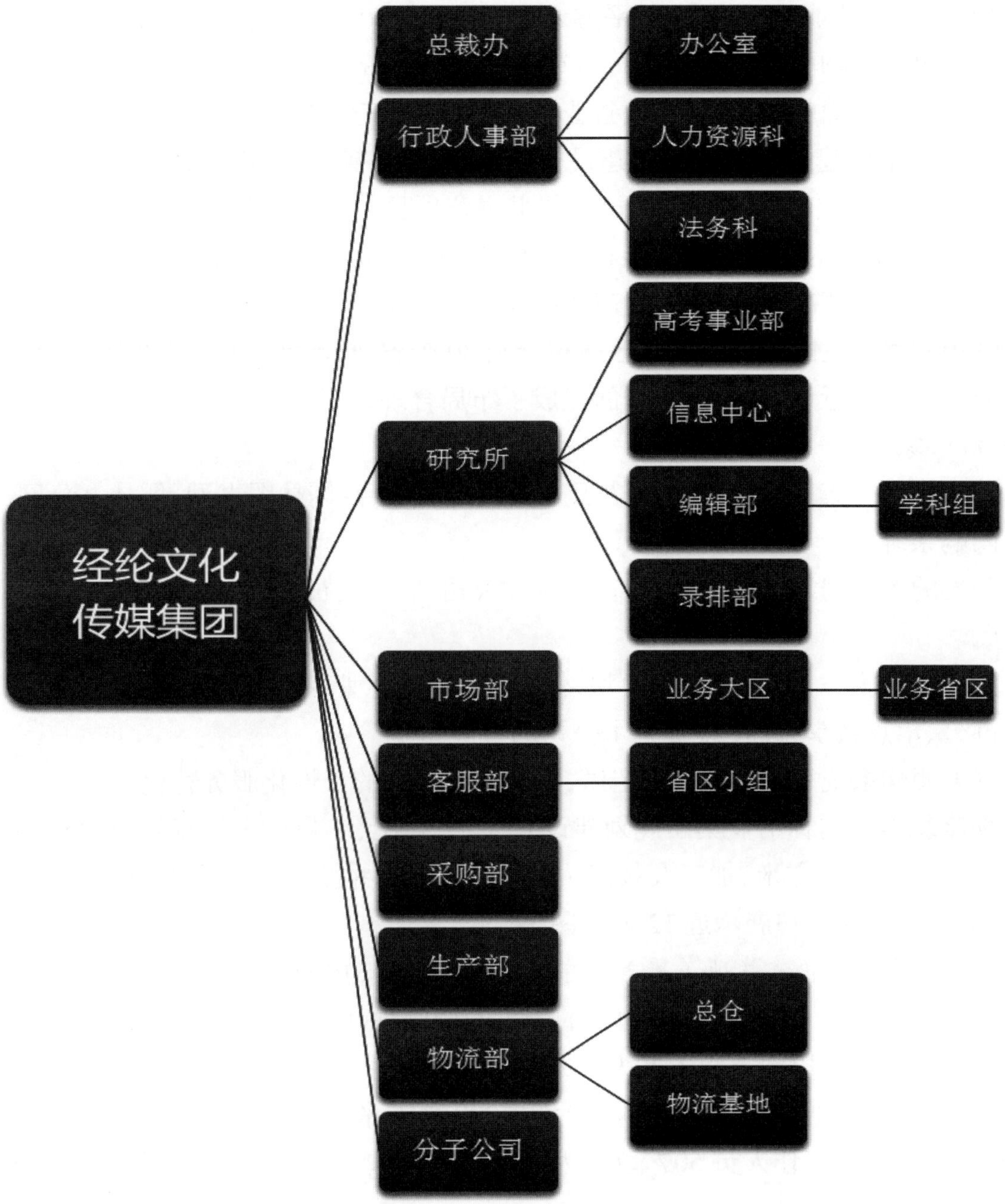

图 3-3-1　组织架构图

第二节　安徽省儒林书业集团

集团概况　安徽省儒林书业集团创建于 1998 年，总部位于合肥科技文化名城，是一家发行各类图书并以大学图书馆馆配业务为主的民营企业。公司注册资金为 3000 万元。集团下辖安徽儒林文化传播有限公司、北京儒林图书有限公司、广州儒林图书有限公司，各公司营业总面积为 2.3 万平方米。

1998 年 5 月，公司在合肥筹建并注册、成立。当时，营业及办公地址在中共安徽省委党校三楼内,营业面积为2000平方米。1999—2000年,公司先后开展了普及九年义务教育配书系统的图书发行,中师、中专、省示范高中的图书馆装备,高校及公共图书馆的装备等几个方面的业务,为安徽省普及九年义务教育、中师中专教育和示范高中建设以及高校图书馆建设和公共文化建设,做出了贡献。到2000年年底,大中专院校图书馆装备及教材供应项目已成为公司的图书主营项目,公司的竞争优势开始显现。2002年,公司根据不同的市场竞争形势和不同的市场环境状况,制定出了不同的市场开发模式。还根据发展情况,整合了省内市场的业务。2006年开始组建集团。

营销网络 集团的营销网络已遍布全国30个省、自治区、直辖市的38个城市。编制专业营销人员近150人,已经全面建成了布局合理、服务全国的营销网络。公司有客户2000多家。

技术平台 集团现拥有自主知识产权的三大平台:儒林图书网、儒林办公网、儒林网上团购系统。

公司的图书网站有四大功能:宣传儒林公司、服务会员客户、传递行业资讯、网上在线订购。

办公网分为三大模块:员工模块、供应商模块、代理商模块。实现了集团员工异地同步办公、信息共享,极大 地提升了公司的管理品质。

网上团购系统为大客户量身定做,集中体现儒林的个性化服务特色。

物流基地 儒林书业集团规划建设有北京、合肥、广州三大物流基地,仓储加工场地面积达29000平方米,加工及技术人员150余人,并按照中国图书分类法结合图书馆采购专业性,向客户展示近12万种图书。

华东(合肥)物流基地(覆盖华东及华中地区) 10000平方米仓储、展示、加工场地;京版展示厅陈列以京版新书为主的图书60000种,随时更新,到货及时、满足率高;地方版展示厅陈放以地方版新书为主的图书40000种,复本均为10本以上。图书按出版社陈放,便于按版本配货。样本展示厅1200平方米,展示新书100000种,按中图法陈列,方便现选。工作人员50%以上为技术骨干,能熟练地操作计算机,精通基本编目和分编典藏等各项业务。

北京物流基地(覆盖华北、西北、东北地区) 10000平方米仓储、展示、加工场地;样品展示厅陈列以京版新书为主的图书40000种,每周更新,按中图法布展;库品展示厅按出版社陈列,畅销图书50000种,同样本图书不重复、保持复本10本以上;特价图书展示厅库存品种4万种,现货供应,按中图法陈列,选书十分方便;2600平方米加工配送中心,为客户提供更专业化的服务。

广州物流基地(覆盖华南、西南、港澳台) 3000平方米展示、仓储、加工场地;样品展示厅展示新书、特价书100000种左右。

管理模式 自主研发的儒林ERP管理系统,同生产流程紧密结合,共享信息平台,全面优化了生产流程。

生产流程:书目发布→订单确认→商品库配→商品报订→进货(编目)分拣→批销质检→粗加工→商品分编→深加工→成品质检→商品配送→商品交验。

队伍建设　儒林集团拥有一支高素质员工队伍。公司管理层主要由博士、硕士担当,中层以上管理人员90%以上具备大学本科以上学历,重要技术岗位负责人具有在高校工作经历。

集团公司在企业发展的过程中,探索了一条“发现人才—培养人材—使用人才”的管理模式,并构筑了一个人才战略平台,在公司运作的实践中实现了“人材—人财—人才”的转变,打造了一支作风优良、训练有素并具有高度团队精神的员工队伍,使公司在竞争激烈的市场环境中实现跨越式发展。

企业文化　儒林秉承“一切为了客户,为了客户一切”的服务宗旨,在激烈的市场竞争中脱颖而出,先后多次得到行业主管部门的表彰和新闻媒体的赞誉,并在全国各类高校及公共图书馆的数百次公开竞标中屡屡胜出。“儒林书业”已经成长为中国民营书业的知名企业。

参与社会活动　2006年5月,协办第二届中国(深圳)国际文化产业博览交易会全国首届图书馆看样订货会。

2006年8月,协办上海图书交易会暨2006年全国图书馆上海专场采购会。儒林公司作为唯一一家民营书商协办书展,引起业界关注。

2006年11月,协办在青岛举行的第19届全国大学出版社图书订货会。

2007年5月,协办在重庆举行的全国书市图书馆专场采购会。

2007年8月,协办2007上海书展“图书交易会”暨全国图书馆上海专场采购会。

2007年11月,协办在昆明举行的第20届全国大学出版社图书订货会。

2008年4月,协办在郑州举行的第18届全国书市图书馆专场采购会。

2008年8月,协办上海书展“图书交易会”暨全国图书馆上海专场采购会。

2008年11月,协办在合肥举行的第21届全国大学出版社图书订货会。

获得荣誉

2005—2008年获得荣誉一览表

表3-3-2

时　间	内　　容
2005年6月	安徽诚实守信承诺单位
2006年	全国正版产品销售示范单位
2006年6月	第二届中国(深圳)国际文化产业博览会优秀组织奖
2006年1月	人民邮电出版社优秀经销商
2006年12月	中国建材工业出版社 标兵单位

续表 3-3-2

时　间	内　　容
2007 年 1 月	浙江大学出版社 优秀经销商
2007 年 1 月	华夏出版社 优秀经销商
2007 年 1 月	经济管理出版社优秀经销商
2007 年 4 月	重庆出版集团最佳网络、团购商
2007 年 12 月	新华书目报 2007 年度优秀馆配商
2007 年 12 月	北京交通大学出版社 2007 年度优秀经销商
2008 年 1 月	北京大学出版社 2007 年度全国销售 20 强
2008 年 1 月	机械工业出版社 2007 年度全国优秀图书经销店
2008 年 1 月	北京邮电大学出版社 2007 年度优秀经销商
2008 年 1 月	科学出版社 2007 年度优秀经销商
2008 年 1 月	重庆出版集团 2007 年度一级经销商
2008 年 1 月	清华大学出版社 2007 年度 A 级优秀经销商
2008 年 12 月	2008 年中国建材工业出版社图书销售优秀单位
2008 年 12 月	人民出版社 2008 年最佳销售奖
2007–2008 年	复旦大学出版社战略合作伙伴

经济效益

1998—2008 年发行量、销售收入、利润及资产统计表

表 3-3-3　　单位:亿元

年　度	发行量（码洋）	销售收入（实洋）	税后利润	资产情况
1998	0.09	0.06	0.006	0.028
1999	0.24	0.19	0.017	0.028
2000	0.71	0.56	0.034	0.065
2001	0.85	0.66	0.0297	0.091
2002	0.88	0.69	0.046	0.331
2003	0.90	0.70	0.045	0.331
2004	1.17	0.91	0.055	0.70
2005	2.82	2.16	0.158	0.71
2006	3.77	2.86	0.171	0.80
2007	3.98	2.97	0.155	0.85
2008	3.57	2.55	0.13	0.81

第四篇　管　理

1987年9月22日，安徽省人民政府发文通知：经国务院批准，成立安徽省新闻出版局，列入省人民政府工作序列，负责全省新闻出版事业的管理工作。同时保留“安徽省出版总社”的名称，与省新闻出版局一个机构，两块牌子。其主要职责是：贯彻执行国家关于新闻出版的法律、法令、方针、政策和规章制度；起草地方性新闻、出版法规，并组织实施；对皖版图书、省内报纸和期刊进行检查监督；制订并组织实施全省新闻出版事业的发展规划；对省内新建专业出版社的申请进行审核，审批省内申请创办的报纸和期刊；会同有关部门加强对图书、报纸、期刊市场的管理，打击非法的出版活动；管理图书、报纸、期刊的印刷和物资供应；管理图书发行；管理全省的版权工作；归口管理全省新闻、出版方面的对外交流、贸易和合作。

2008年8月，安徽省人民政府对省新闻出版局的职能和职责作了调整，将原文化厅音像制品市场管理职责交给省新闻出版局。

根据上述职责和体制，省新闻出版局成立了相应的职能处室，陆续制定了一系列新闻出版管理的行政规章和管理措施，保证党和政府的方针政策的贯彻执行，建立正常的新闻出版工作秩序。

局社分设、政企分开以后，省新闻出版局（省版权局）转变政府职能，实现由审批型部门向服务型部门转变，由直接参与具体出版活动向依法行政的职能转变，完全成为科学规范管理新闻出版业的行政职能部门。

第一章　安徽省新闻出版（版权）局

第一节　机构队伍

改革开放以来，随着市场经济的快速发展和人民精神文化需求的不断增长，安徽出版业迎来了快速发展期，从而促进并加快了新闻出版机构改革。1987 年 9 月，成立安徽省新闻出版局，负责全省新闻出版事业的行政管理工作，同时保留安徽省出版总社，与省新闻出版局一个机构，两块牌子，实行局社合一的体制。1992 年 8 月，安徽省新闻出版局增加了"安徽省版权局"牌子。2000 年 8 月，撤销"安徽省出版总社"牌子，安徽省新闻出版（版权）局成为省人民政府主管新闻出版事业和著作权管理的直属机构，在著作权管理上，以省版权局名义单独行使职权。按照政企分开的原则，2002 年 8 月安徽新华发行集团成立，发行系统与省局机关正式分开。2005 年 11 月安徽出版集团成立，局社分开，省局所属 13 家企事业单位划归出版集团主管主办。至此，结束了长期以来局社合一、政企不分的体制。此后，省新闻出版（版权）局完全成为科学规范管理全省新闻出版事业和产业的行政职能部门，实现了由微观管理向宏观管理、由重审批轻服务向建设服务型机关、由直接参与具体出版活动向依法行政管理的职能转变，在服务支持中体现管理，在繁荣发展中创新管理，为企业做大做强创造良好的环境和条件，提高了政府行政效能。

1987 年 9 月—2008 年 12 月安徽省新闻出版局领导班子成员一览表

表 4-1-1

职　务	姓　名	籍贯	任期
社　长	张云生	安徽省太和县	1987.09—1988.08
副社长	陶有法	安徽省长丰县	1987.09—1988.08
	蒋履华	江苏省无锡市	1987.09—1988.08
	邵之申	安徽省绩溪县	1987.09—1988.08
局　长（社长）	王　鸿	安徽省霍邱县	1988.08—1993.01

续表 4–1–1

职　务	姓　名	籍贯	任期
副局长（副社长）	陶有法	安徽省长丰县	1988.08—1993.01
	蒋履华	江苏省无锡市	1988.08—1993.01
	邵之申	安徽省绩溪县	1988.08—1993.01
	杨忠明	安徽省怀远县	1988.08—1993.01
纪律检查组组长	曹景希（女）	四川省成都市	1992.05—1996.08
局　长（社长）	陶有法	安徽省长丰县	1993.01—1996.08
副局长（副社长）	邵之申	安徽省绩溪县	1993.01—1993.08
	杨忠明	安徽省怀远县	1993.01—1995.09
	严云绶	安徽省桐城市	1993.01—1996.08
	梁长森	安徽省濉溪县	1993.07—1996.08
	蒋正萌	安徽省含山县	1993.07—1996.08
	莫　欣	安徽省芜湖市	1995.11—1996.08
局　长（社长）	陶有法	安徽省长丰县	1996.08—1997.01
副局长（副社长）	严云绶	安徽省桐城市	1996.08—1997.01
	梁长森	安徽省濉溪县	1996.08—1997.01
	蒋正萌	安徽省含山县	1996.08—1997.01
	莫　欣	安徽省芜湖市	1996.08—1997.01
纪律检查组组长	曹景希（女）	四川省成都市	1996.08—1997.01
局　长（社长）	龚存玲（女）	安徽省合肥市	1997.01—2000.03
副局长（副社长）	严云绶	安徽省桐城市	1997.01—1997.07
	梁长森	安徽省濉溪县	1997.01—1998.05
	蒋正萌	安徽省含山县	1997.01—2000.03
	莫　欣	安徽省芜湖市	1997.01—2000.03
	黄书元	安徽省舒城县	1997.09—2000.03
	曹景希（女）	四川省成都市	1998.06—2000.03
纪律检查组组长	曹景希（女）	四川省成都市	1997.01—2000.03
局　长	刘　苹（女）	江苏省滨海市	2000.03—2006.04

续表 4-1-1

职　务	姓　名	籍贯	任期
巡视员	龚存玲（女）	安徽省合肥市	2000.03—2002.04
副局长	蒋正萌	安徽省含山县	2000.03—2004.01
	莫　欣	安徽省芜湖市	2000.03—2006.04
	黄书元	安徽省舒城县	2000.03—
	曹景希（女）	四川省成都市	2000.03—2004.12
	徐发成	安徽省宁国市	2003.09—2006.04
纪律检查组组长	曹景希（女）	四川省成都市	2000.03—2001.03
纪律检查组组长	杨绿章	安徽省庐江县	2001.03—2006.04
副巡视员	盛大全	安徽省肥西县	2001.12—2006.04
副巡视员	曾石铃	福建省平和县	2004.03—2005.11
局　长	郭永年	安徽省合肥市	2006.04—
副局长	莫　欣	安徽省芜湖市	2006.04—2007.04
	杨绿章	安徽省庐江县	2007.06—
	徐发成	安徽省宁国市	2006.04—2009.11
纪律检查组组长	杨绿章	安徽省庐江县	2006.04—2007.06
纪律检查组组长	沈光继	安徽省合肥市	2007.06—2009.12
副巡视员	盛大全	安徽省肥西县	2006.04—2007.08

第二节　出版物批准登记

批准登记是出版管理的一项基本制度。1988 年 1 月，经安徽省人民政府批准，省新闻出版局、省公安厅、省文化厅、省工商行政管理局、省广播电视厅联合印发了《安徽省图书、报刊出版管理暂行办法》，强调从事出版活动必须经有关管理部门批准，未经批准的任何单位和个人均不得出版和公开发行图书、报刊。出版社、报刊社不得出售和转让书号、报刊登记号。出版社出版报刊，要办理批准登记注册手续，不得以书号出版期刊；报刊社不得出版图书，未经批准也不得出版与其宗旨不符的增刊、专号。

1988 年以后，安徽严格执行新闻出版署关于创办出版社、报刊社的各项规定，贯彻落实《报纸管理暂行规定》《期刊管理暂行规定》，出版批准登记工作逐步制度化、规范化。其审批办法是：申请创办出版社，须经安徽省新闻出版局审核同意后，报新闻出版署审批。批准后由主办单位持批准文件,到安徽省新闻出版局领取登记证办理登记手续,并由中国 ISBN 中心分配“出版者前缀”。申请创办全国发行的公开报刊,属社会科学类的经安徽省新闻出版局同意后,报新闻出版署审批;属自然科学类的经安徽省科委同意,报国家科委审批。获准后由主办单位到安徽省新闻出版局办理登记,并由新闻出版署统一核发“国内统一刊号”。申请创办省内发行的内部报刊,属社会科学类的由安徽省新闻出版局审批,属自然科学类的由安徽省科委审批,并由安徽省新闻出版局统一核发“内部报刊准印证号”。

1990 年,经摸底调查,全省有未经安徽省新闻出版局批准,而是由各地、各单位自行批准创办的报刊 160 种,即所谓的“地方粮票”。对这批报刊,在对全省内部报刊压缩整顿时,一律予以停办。对其中少数确属工作需要又具备条件的,准予重新申报、登记。

此后,安徽严格坚持出版单位的批准登记制度,强化了管理措施,加大了管理力度,图书、报刊的出版工作更加有序。凡申请创办出版单位,需由主办单位提出申请,经主管机关同意后,报经安徽省新闻出版局审核,同意后,报新闻出版署审批。批准后,由主办单位持批准文件,到中国 ISBN 中心申领“出版者前缀”。之后到安徽省工商行政管理局或安徽省事业单位登记管理局登记。

第三节　图书音像电子出版管理

图书出版专业分工　不同性质、不同类别的出版社应按照核准的或者法规性文件规定的专业分工出版图书,这是我国出版管理的一项重要原则。

1990 年,安徽 8 家图书出版社进行了重新登记注册。安徽省新闻出版局贯彻执行新闻出版署关于重新核定各专业出版社出书范围的意见,对过去的专业分工和出书范围作了适当调整:

安徽人民出版社出版马克思列宁主义、毛泽东思想理论著作,以马克思主义为指导的哲学、政治、法律、经济、历史等研究著作,上述各门类辞书、工具书;当地党委、政府责成出版的宣传方针、政策的读物和时事宣传读物;党史、党建读物和通俗政治理论读物、青年思想教育读物;宣传社会主义革命和建设成就的图书以及革命史和高等院校、党校政治理论课教材。

安徽科学技术出版社出版各类科技读物,以普及自然科学基础知识和介绍应用技术为主,兼顾提高性读物;以农村科技读物为重点;突出地方特色;有选择地出版国内外科技专著及科技工具书。

安徽教育出版社出版学校和业余教育的教材、教学参考书;教育科学理论、学术著作。教材教参包括中小学地方教材和补充教材、学前班教材和补充教材,大学(含“五大”)教材以及与之同步的、供学生课堂使用的练习册、习题集、辅导用书、教学图片等;

职业教育、业余教育、成人教育的各类教材；大中小学及学前班教师进修用书、教学参考书；教育科学理论、学术著作包括科学译著以及与教育有关的工具书等。

安徽文艺出版社以出版本省作家作品为主，主要出版当代和现代文学、艺术作品及文艺理论、文艺批评专著，兼及古代优秀文艺作品。上述文学、艺术作品主要包括小说、诗歌、散文、报告文学、笔记、小品、音乐、舞蹈、电影、戏剧、曲艺等作品，以及文学艺术理论修养、鉴赏类图书。外国文学按新闻出版署规定办理。

安徽少年儿童出版社以15岁以下少年儿童为对象的政治、思想、品德教育读物；儿童文学作品、连环画、科普读物以及少儿工作者和家长培养教育少儿的辅导读物；小学寒、暑假作业和小学训练册。

安徽美术出版社出版画册、连环画、年画、挂历、宣传画、图片、书法等美术读物，以及美术理论、技法读物和美术工具书等。

黄山书社出版本省所藏古籍、方志以及文史工具书、文史知识性读物；或承担国家交办的古籍出版任务，以及具有安徽特色的通俗历史读物，文化旅游读物和每年出版旅游题材的挂历一种。文化类图书的出版应侧重于知识性、资料性。

中国科技大学出版社出版该校设置的学科、专业、课程所需教材；该校教学需要的教学参考书、教学工具书；与该校主要专业方向相一致的学术专著、译著；适合高等学校教学需要的通俗政治读物；为其他高校出版同一专业系统的高校教材。

1995年，经新闻出版署批准，成立安徽大学出版社，出书范围主要为该校设置的学科、专业、课程所需要的教材；该校教学需要的教学参考书、教学工具书；与该校主要专业方向相一致的学术专著、译著；不得出版文艺创作、翻译小说、实用性图书及中小学学习辅导材料。出版该校教师著作，只限于上述范围之内。

2002年，经新闻出版总署批准，成立合肥工业大学出版社，出书范围为出版该校设置的主要学科、专业、课程所需要的教材；该校教学需要的教学参考书、教学工具书；与该校主要专业方向相一致的学术专著、译著；适合高等学校需要的通俗政治理论读物；该校教师著作，只限于上述范围之内；音像制品。

1986年，安徽省出版总社成立安徽省出版总社音像中心，主办单位为安徽省出版总社，主要从事音像制品出版、复制。2000年8月，安徽省出版总社名称撤销，安徽省新闻出版局向新闻出版署申请将其更名为“安徽朝阳音像出版复制中心”，经营范围为音像制品的出版、制作和销售，主办单位为安徽科技出版社，主管单位为安徽省新闻出版局。2002年6月，经新闻出版总署同意，安徽省新闻出版局将其更名为“安徽科技音像出版中心”。

2004年，经新闻出版总署同意，安徽省新闻出版局批准安徽师范大学与安徽人民出版社合作，设立专门编辑部，并达成如下协议：

1. 在安徽师范大学出版社获准成立之前，由安徽师范大学与安徽人民出版社合作，在安徽师范大学设立安徽人民出版社编辑部，按要求配备专门的编辑队伍，并提供必要的办公条件；

2. 新闻出版总署每年增拨50个书号给安徽人民出版社，专供设在安徽师范大学的编辑部使用；

3. 该编辑部的一切出版活动要严格遵循有关出版管理规定。安徽人民出版社负责该编辑部全部书稿的“三审三校”工作，审查出版物的思想政治内容和编校质量，并承担相应的责任。

重大选题备案　重大选题是指涉及国家安全、社会安定等方面的内容，对国家的政治、经济、文化、军事等会产生较大影响的选题。新闻出版总署对重大选题实行备案管理，安徽省新闻出版局按照新闻出版总署的规定，对于出版单位申报重大选题出版的，严格按照《出版管理条例》和《图书、期刊、音像制品、电子出版物重大选题备案办法》的要求，对全省出版单位申报的重大选题进行备案管理。

1999年，安徽省新闻出版局根据新闻出版署《关于加强和改进重大选题备案工作的通知》精神，对1998年以来安徽省重大选题出版的备案情况进行了清理检查，检查结果发现，绝大部分出版单位都能严格依照相关法规、规章的规定，履行重大选题备案手续，经审批后出版。但是，安徽人民出版社1998年出版的《毛泽东评点国际人物》一书，虽也履行了备案手续，但没有等批复文件下达只经相关专家口头意见就安排了该书的出版，属于严重违规行为。

此后，安徽省新闻出版局高度重视重大选题备案工作，召开出版单位会议传达相关文件精神，组织学习相关管理制度。并实行专人负责制，分别由分管局长、图书处处长、各社总编负责管理重大选题备案工作，认真实施重大选题的月报制度。

2006年，安徽省新闻出版局《关于加强重大选题出版管理的通知》(以下简称《通知》)对安徽省出版单位出版和转载涉及重大选题作品的管理，作出如下规定：

1. 图书、音像制品和电子出版物出版单位，出版或发表涉及重大选题的作品前，必须按规定程序报送国务院出版行政部门备案。

2. 出版物涉及重大选题的作品的，特别是描写党和国家主要领导人工作和生活情况的作品，描写党史、国史、军史和重大事件、重要决策过程的作品，必须是出版单位按规定履行过备案程序、并正式出版和发表的出版物。凡未经备案的作品，不论作者是何人，一律不得出版。

3. 对境外出版机构出版的内容涉及我党和国家主要领导人工作和生活情况的作品，以及涉及中国共产党党史、中华人民共和国国史、中国人民解放军军史的作品，不论作者是何人，一律不得出版。

同时，该《通知》还要求，各出版单位根据《通知》精神，认真做好清理工作。

非正式出版物审批　非正式出版物是指除国家批准的出版单位外，国家机关、国营企事业单位和群众团体，因科研、教学和生产、管理等工作需要，经新闻出版管理部门审核批准印刷的供内部使用的非营利性的资料性出版物。

1988年，安徽省新闻出版局、安徽省公安厅、安徽省文化厅、安徽省工商行政管理局、安徽省广播电视厅等5单位联合印发了《安徽省图书、报刊出版管理暂行办法》，明确规定非出版单位编印内部使用的非营利性图书，须经其主管单位批准，由县级以上新闻出版主管部门核准发给准印证，方可出版，准印证由安徽省新闻出版局统一制发。

为加强对非正式出版物的审批和等级管理工作，安徽省新闻出版局于1989年又制定了《关于审批登记非正式出版物的管理办法》，明确了审批非正式出版物的具体规定。

对非正式出版物的内容要进行审查把关，凡属下列内容的均不得作为非正式出版物印发：色情、淫秽的书稿；涉及国民党上层人物的书稿；专门论述“文化大革命”的书稿；以林彪、江青反革命集团为主要描写对象的文艺作品；涉及党史上陈独秀、王明、张国焘一类人物的书稿；涉及民族、宗教政策的书稿；新旧武侠小说和据此改编的连环画；违背保密规定的书稿；年鉴、名录、年历和挂历；正式出版过的古今中外论著等。

严格控制非正式出版物的发送范围和印数。经审批登记编印的教学参考书、讲义、教材、业务资料、科技资料及政策文件汇编等，限制印数，限制在本单位或本系统内部免费赠阅，只准收工本费，不得以任何形式和通过各种渠道公开宣传、刊登广告征订、出售。

编印非正式出版物，经县以上主管部门批准，安徽省新闻出版局审核同意，发放“准印证”。

这个规定下发后，安徽省各地擅自编印非正式出版物的行为有所遏制。但又出现一些新的问题，审批内容过宽，有的还进行牟利活动。为此，安徽省新闻出版局于1993年又修订印发了《安徽省非正式图书出版管理暂行规定》，进一步明确了编印非正式图书的具体管理办法。

内部图书的内容必须符合国家的出版方针，不得违反四项基本原则，具有一定的学术、参考、使用价值。非出版单位编印、重印非正式图书，均需到省新闻出版局办理非正式图书准印证。

内部图书准印证的核发范围是：各类科技、技术资料、技术规范、规程；地方性文件、条例、法规及资料汇编；各类地方史、志资料；向国内外赠送的广告宣传挂历。

以下内容的书稿不得核发准印证：违反国家政策法令，有碍安定团结和有碍建设有中国特色社会主义的书稿；违反国家保密规定和需要专题报批的书稿；淫秽色情、格调不高、荒诞离奇、宣扬封建迷信的书稿；有悖民族、宗教政策的书稿；古今中外名著及文学艺术类的书稿；新旧武侠小说和据此改编的连环画；地级以上各类通用地图、公开出售的导游资料和图书；各类中小学复习资料、习题集、练习册、寒暑假作业以及师生用的普及型参考读物；族谱、家谱和年鉴、名录等；台历、年画、年历画和以销售为目的的广告挂历；抄袭、剽窃等侵犯版权的书稿。

内部图书仅限本单位、本系统内部赠发、交流，收取工本费。不得以任何形式和通过任何渠道在社会上公开征订、出售，不得利用内部图书牟利。

2002 年,安徽省新闻出版局《关于〈大家摄影〉违规出版的处理决定》对安徽省摄影家协会严重违反出版管理规定擅自将一次性内部资料性出版物改为连续性期刊出版,并违规刊登广告,并刊载与申请材料不符的出版物内容作出处理决定:

1. 取消原审批的内部资料性出版物准印证号;

2. 认定《大家摄影 2001—4 专刊》为非法出版物,立即查封,并责令安徽省摄影家协会召回出版物;

3. 没收《大家摄影 2001—4 专刊》,并公开销毁;

4. 建议工商部门对《大家摄影 2001—4 专刊》违规刊登广告行为进行处理;

5. 对相关责任人进行批评教育和处理。

2003 年,安徽省新闻出版局下发了《皖内部资料性出版物审批交印单有关问题的通知》规定,内部资料性出版物审批从 2003 年 7 月 1 日起,使用新的《皖内部资料性出版物审批交印单》,原《非正式出版物交印审批表》不再使用,同时要求各市新闻出版局严格按照新闻出版总署《内部资料性出版物管理办法》受理审批事项,规范管理内部资料性图书审核工作。

协作出版　1988 年,安徽坚决贯彻中宣部、新闻出版署关于协作出版的规定,在实践中坚持做到以下几点:协作出版图书的范围,只限于学术著作、自然科学和工程技术方面的著作;协作的对象,只限于国家科研、教学单位、机关和国营企事业单位,不能是其他集体或个人。协作出版的书稿要经过出版社终审、终校;协作双方要事先签订合同。严禁出版社借协作出版之名出卖书号。出版社不得超出专业分工范围搞协作出版。

协作出版是出版改革中的新做法,对解决部分学术著作出书难的矛盾起了一定的缓解作用。但是,在具体操作过程中,有的出版社在办理协作出版业务时,违背协作出版宗旨,不遵守有关政策法规,造成了一些弊端和危害,出版了一些内容不健康的图书。同时造成图书品种猛增,质量下降,腐蚀了出版队伍,败坏了出版社的声誉,破坏了出版管理秩序。

为了加强对协作出版的管理,杜绝以协作出版名义卖书号的行为, 1993 年,安徽省新闻出版局对协作出版进行检查整顿,并制定了《关于加强协作出版管理的暂行规定》。此后,安徽对协作出版的管理更加严格,更加有序,在实际操作中也更加规范。其主要精神是:协作出版图书的范围,只限于学术著作、自然科学和工程技术类图书(不含知识读物、科幻小说和生活用书)以及地方志、党史资料和文史资料,其他图书一律不得进行协作出版。协作出版的对象,只限于国家机关、全民所有制的科研单位和教学单位及其他国营企事业组织,不得与集体或个人进行协作出版。出版社在安排协作出版时,应严格执行选题报批程序,由社长或总编辑签字同意后报安徽省新闻出版局审批。出版社必须坚持终审、终校,把好质量关;分配书号必须由分管社长或总编辑签字;协作出版必须签订出版合同,明确双方的权利和责任。协作出版的图书原则上安排在本省内印刷厂印刷,未经批准,不得安排省外印刷。协作出版图书印制工作完成后,出版社必须进行样本检查,符合质量要求后方可发行。出版社进行协作出版的出版、印刷、发行等一切经营活动的收支费用,必须纳入出版社的统一财务核算,并接受有关部门的监督和审查。

这个规定下发执行后,安徽协作出版工作秩序明显好转。

出版物保密制度 安徽对出版物的保密工作向来十分重视,始终坚持把保密工作作为出版管理的一项重要内容,列入工作议程。

安徽省新闻出版局保密工作组织健全。局保密委员会主任由一名副局长担任,各有关职能处室负责人参加保密委员会,各出版单位都明确一名负责人分管本单位的保密工作。在领导班子和干部有调整,机构有变动的情况下,局保密委员会也及时进行相应调整。保密工作制度完善。1986年,省出版总社制定了《关于图书、刊物出版工作的保密规定》。1992年,国家《新闻出版保密规定》下发后,省新闻出版局保密委员会组织各出版单位进行学习,研究制定实施意见。1994年,局保密委员会还制定了工作职责、分工、例会制度和工作报告制度,从组织上、制度上保证做到了保密工作有领导负责,有部门主管,有专人管理日常工作。

省新闻出版局还针对出版工作实际,把保密工作渗透到出版业务之中,制定了一系列管理制度。

一是选题管理制度。坚持选题三级论证制度。各出版单位的选题计划,都要经过编辑室、出版社、局三个层次的论证,每个层次的论证都要把选题是否符合出版保密规定作为一项重要内容。坚持选题三级审批制度。出版社的年度出版计划和计划实施中的调整方案,均坚持编辑室、出版社、局三级审批制度。审批时要把保密问题作为重点内容进行审查,发现问题及时予以纠正。坚持书稿三级审查制度。实现责任编辑初审、编辑室主任复审、社长或总编辑终审,并明确每一审的责任,做到层层负责,层层把关。

二是出版物审读制度。审读是防范出版物出差错和泄密的主要措施。1988年,安徽省新闻出版局开始建立出版物审读制度。此后,审读制度和审读组织逐步完善,先由出版社自己审读,拿不准的由省局组织审读。如发现涉及国家秘密的内容,立即对书稿进行修改,才准予出版;如涉及秘密内容较多难以修改,则不予安排出版,撤销出版计划。

三是送审报批制度。送审报批是防止出版物泄密的重要环节。根据规定,出版物凡涉及国家秘密,其秘密事项的主要范围是:国家事务的重大决策,党的文献和档案,国防建设和武装力量情况,国家外交的政策和对外宣传工作,国民经济和社会发展中的统计资料和数据,尖端科学技术成果及资料,测绘和地图,国家安全活动和追查刑事犯罪活动,其他各部门、各行业中不宜公开的重大事项,以及出版单位把握不准是否属于秘密的问题。对涉及上述秘密事项的出版物,必须严格规定程序报送有关主管部门审查,待批准后才能出版。

四是失泄密的查处制度。一旦发现出版物泄密问题,首先是采取果断措施予以补救，立即停售、封存全部出版物，对已发出去的要根据发货渠道尽力收回，一并就地销毁，防止国家秘密进一步扩散。其次，对有关责任者进行处理，因泄密而停售、封存、销毁所造成的经济损失，由出版单位承担。对违反保密规定造成泄密的出版单位，根据情节轻重，给予没收利润，罚款，通报批评，停业整顿的处罚；对有关责任者给予当年不晋升职称、不提拔职务、暂停专业技术职务的聘期或高职低聘、扣发年度奖金、行政警告、记过处分，触犯刑律的移交司法机关处理。1988 年，安徽人民出版社出版的《外贸体制改革研究》一书，因泄露国家对外贸易方面的秘密事项，该书被停售、封存销毁，其作者受到行政处分。

五是坚持出版物泄密情况通报制度。对国内出版物的泄密事件，特别是造成了恶劣政治影响和严重后果，给党和政府的工作带来了很大损失的，及时向出版单位进行通报，要求从中汲取教训，引以为戒。

音像电子出版管理　2002 年，安徽省新闻出版局《关于加强音像电子出版管理工作的通知》，要求全省各音像电子出版单位在全面遵守、执行党和国家有关音像、电子出版的方针政策、法律法规的同时，要抓好以下几个方面的工作：

1. 坚持年度出版计划报送制度；
2. 坚持重大选题备案制度；
3. 坚持执行责任编辑制度；
4. 严格样盘报送制度；
5. 严格执行复制委托书申领制度。

2003 年，安徽省新闻出版局《关于安徽文化音像出版社违规出版情况的通报》，对安徽文化音像出版社违规出版电子出版物《网上行·电脑迷》一案进行了全省范围内的通报处理，并要求全省音像、电子出版单位引以为戒，吸取教训，严格执行国家出版管理法规，建立健全各项管理制度。

2003 年，安徽省新闻出版局对其承担“十五”期间国家重点音像、电子出版物执行及调整情况进行了检查。“十五”期间，安徽省共承担国家重点音像、电子出版物 12 项（其中音像制品 8 种，电子出版物 4 种），已完成 3 项，部分完成的有 6 项，申请撤销 3 项。同时，另外增补 9 个项目。

2004 年，安徽省新闻出版局给予出版《朝阳沟》等戏曲节目未履行备案手续等违规行为给予警告的行政处罚，并责令相关责任人员写出书面检查。

2004 年，安徽省新闻出版局作出《关于对安徽电子音像出版社行政处罚的决定》，对安徽电子音像出版社自 2002 年以来违规出版情况作出如下处罚决定：

1. 给予停业整顿 3 个月的行政处罚，并要求整顿期间，全社人员认真进行出版法律、法规和业务学习，强化出版各环节的责任意识和把关意识，进一步健全内部管理制度，制定切实可行的防范措施。

2. 停止《民间小调》和《柳琴戏》等系列音像制品的一切出版活动，对已出版的部分音像制品责令收回、销毁。

3. 在全系统通报批评。

4. 责令该社对负有直接责任的编辑给予辞退的行政处分。

5. 对负有领导责任的该社总编辑给予严肃批评，责成认真反思，写出深刻检查。

自 2002 年至 2004 年 8 月以来，安徽电子音像出版社共出版音像制品 523 个，其中有 133 个音像制品涉及买卖版号，特别是合作出版的《柳琴戏》和《民间小调》系列格调低下、内容庸俗，造成不良社会影响。

2004 年 11 月 30 日，经安徽省新闻出版局整顿领导小组验收，安徽电子音像出版社的停业整顿工作取得了预期效果，符合重新开展音像出版业务的要求，经请示新闻出版总署同意，作出恢复安徽电子音像出版社开展业务的决定。

第四节　报刊出版管理

管理机构　1987 年，经国务院批准成立了安徽省新闻出版局，局下设新闻管理处和期刊管理处。1993 年 5 月，两处合并。

2002 年机构改革，安徽省人民政府对安徽省新闻出版局进行了“三定”（定职责、定机构、定编制），安徽省新闻出版局规定报刊管理处职责是：拟订报纸、期刊和报刊型内部资料性出版物总量、结构、布局的规划并组织实施；负责报纸（报社）、期刊（刊社）和报刊型内部资料性出版物出版活动的监管和年检工作；承办报纸、期刊重大选题的备案工作；指导对报纸、期刊和报刊型内部资料性出版物内容的审读和舆情分析工作；负责报纸、期刊业改革相关工作的落实；负责报纸、期刊的质量监查，组织报刊出版单位评估工作；参与国家出版基金和专项资金中新闻、报纸、期刊出版项目的申报、评审、管理等工作；参与报刊公共文化服务体系建设工作；承办报刊及新闻业务的全国性评奖的申报工作；承担新闻单位记者证的审核、发放和管理工作；承担省内和中央驻皖报刊社、通讯社分支机构和记者站的监管；组织查处重大新闻违法活动。

报刊、记者站、记者证审批登记　1987 年，安徽省新闻出版局成立后，安徽省创办的报刊（包括建立记者站）的申报登记工作，由省委宣传部与安徽省新闻出版局共同负责。1988 年，经安徽省人民政府批准，《安徽省图书、报刊出版管理暂行办法》出台，安徽省报刊出版管理工作走向制度化轨道。

在报刊审批的同时，对外地报刊驻皖记者站也制定了管理办法。1990 年，省委宣传部与安徽省新闻出版局在转发中宣部、新闻出版署《关于对报（刊）社、记者站进行清理整顿和重新登记的通知》（以下简称《通知》）中，再次强调“对于不符合本《通知》规定而建立的记者站、分站、分社、社外编辑部，应尽快予以撤销”，“对于符合建站条件的，应督促报刊主管部门向省委宣传部与安徽省新闻出版局申请重新登记”。

1991 年 11 月 12 日，省委宣传部与安徽省新闻出版局在《关于进一步加强我省报刊和记者站审批工作的意见》里，关于报刊审批，规定在中宣部和新闻出版署没有新的规定以前，一般不再发展新的报刊。个别确需新办报刊（含正式报刊和内部报刊），必须符合国家新闻出版署和本省规定的各项条件，并严格履行报批手续。关于报刊社建立记者站的审批，必须由报刊社提出申请，经报刊社的主管部门审核同意并得到当地建站所在地党委宣传部门和政府出版管理部门的批准。

1993 年 7 月 8 日，安徽省委宣传部会同安徽省新闻出版局下发了《关于进一步加强报刊管理工作的通知》，再次强调严格执行报刊的审批管理手续。

1996 年，安徽省新闻出版局参与起草《安徽省图书报刊出版管理条例》。1996 年 9 月 21 日，安徽省第八届人民代表大会常务委员会第二十六次会议通过，使图书报刊管理法制化。

报刊日常管理　报刊日常管理工作主要是查处、年检、审读。

查处违纪违规行为　1989 年，对《希望》《大江》等 7 家期刊予以查封停售，收缴销毁，对《美食家》吊销刊号。1993 年，《轻工导报》出卖刊号，非法出版《轻工导报社会法制版》《大哥大》，被吊销刊号。1998 年，《文摘周刊》违规转载《班禅大师的爱情故事》，受到全省通报批评；《安徽商报》违规出版《安徽商报·青少年生活特刊》，受到停止出版、没收非法所得的处罚。1999 年，《安徽商报》违规出版《安徽商报·休闲周刊》，予以全省通报批评。2002 年，《学术界》杂志发生严重导向错误，《电脑知识与技术》月刊存在异地办刊等问题，受到停刊整顿处理；《新安晚报》《江淮晨报》违规转载“神偷集团”系列报道，受到通报批评，有关人员受到经济和行政处罚；《工科数学》擅自出版“增刊”，《亳州广电报》擅自改变刊期并有其他违规行为，发出《违规警告通知书》，《亳州广电报》总编被撤职；《中国邮政报》擅自出版《安徽地方广告版》，责令省邮政局立即停刊并作深刻检查；《皖东党风》《农家信息》等内部资料分别受到查封、停刊整顿、全省通报等处罚；依法取缔了《中华药讯》等一批非法小报小刊。2007 年，《家教世界》《保健与生活》出现“一号多版”问题，被给予警告、谈话、通报批评处分，得到及时纠正；《当代财富报》违规融资，受到停刊整顿处理；《度假旅游》擅自与一家文化公司签订所谓“合作经营”协议，出让编辑出版权，受到下达《报刊违纪违规警告通知书》、责令改正的处罚。一些违规违纪的报社记者站和内部资料性出版物出版单位也受到了相应的查处。2008 年，全省报刊业总体上在倡导公序良俗、化解矛盾、维护稳定、促进和谐等方面，起到了重要的宣传、引导作用，产业保持了持续稳定的发展势头，综合实力不断增强。但个别报刊由于受经济利益和市场竞争压力等方面的影响，也出现了一些违规违纪行为，《新闻世界》违规出版《新闻世界社会生活》《新闻世界健康生活》两个版别，擅自出版所谓“增刊”“理论版”5 期、《新闻世界增刊》2 期、《新闻世界都市生活》1 期，根据《出版管理条例》《期刊出版管理规定》，决定对《新闻世界》杂志社下达“警示通知书”，并作以下处理：1. 责成《新闻世界》杂志社立即停止出版、发行所谓“理论版”、“节缩赠阅版”和擅自增刊等违规行为；2. 安徽日报

报业集团责成《新闻世界》杂志社及主要负责人、有关责任人作出深刻检查；3. 收回《关于同意〈新闻世界〉杂志变更刊期的复函》，《新闻世界》出版刊期恢复为月刊；4. 安徽日报报业集团督促《新闻世界》杂志坚持原办刊宗旨和业务范围，遵守期刊出版管理法律、法规和规章。《同行》杂志社擅自变更主管单位，未经报批、备案组织纪念改革开放 30 周年活动；《法律与生活》杂志社非法设立安徽省工作站，成立“安徽农业改革口述录”摄制组，以省领导和有关单位名义拉赞助。安徽经济报社六安记者站，非法编辑、印刷、发行《安徽经济报》5—8 版；安徽经济报社六安记者站负责人私自刻制“安徽经济报皖西特刊财务专用章”，并从当地财税部门领用“安徽省行政事业单位往来结算收据”一本，向六家单位收取“宣传费”共计 13600 元。处理：没收非法所得；依法注销安徽经济报社六安记者站；责成报社主管单位安徽省经济委员会监督安徽经济报社进行整改，并于 3 个月内将整改情况报送省新闻出版局。安徽科技报社 2007 年 11—12 月期间，未经批准，超越办报宗旨，违规出版军事类专版《安徽科技报·科技文摘》“军事天地”共 9 期，涉嫌一号多版；擅自与至诚报业传播有限公司签订所谓代理发行、广告协议，实则使至诚报业传播有限公司参与了编辑、出版活动；至诚报业传播有限公司于 2007 年 10 月 16 日、2008 年 2 月 2 日两次付给安徽科技报社非法所得 50000 元、30000 元。处理：没收安徽科技报社违法所得；对安徽科技报社的违规行为给予警告，并责成立即停止与至诚报业传播有限公司签订的发行、广告协议，严格遵守办报宗旨，不准出版其他版本的报纸；责成安徽科技报社主管单位安徽省科学技术协会监督安徽科技报社进行整改，完善内部管理制度，规范出版行为。

报刊年检　2002 年，为使年检工作取得更好的效果，除完成总署规定的必检内容外，增加了履行主管主办单位职责等方面的内容，并将重点报刊的办报办刊宗旨、内部管理制度、经营管理、市场发行、采编队伍素质等方面的情况纳入年检内容，同时将部分报刊社“自检报告”中反映出的好经验、好措施摘要编发，供各报刊社相互交流与借鉴，效果比较好。从 2007 年开始，全省报刊年度核验全部进省政务服务中心，这在全国各省（区）市局中是一项开创性的工作，总署曾为此专门发工作简报予以介绍和表扬。为体现属地管理原则，安徽各地的报刊及记者站，年度核验都必须通过市局并由市局完成初审程序。各市局在年度核验中尽职尽责，认真把关，既发挥了市局的管理职能，调动了市局报刊管理工作的积极性，树立了市局的管理权威，也大大提高了报刊年度核验工作的整体质量。

报刊审读，编发《报刊动态》　1999—2001 年，共编发《审读情况》9 期，2002 年改为《报刊动态》，在全省报刊界反响很大，报刊管理工作的权威性得到增强。总署专门通报了安徽省报刊审读情况，摘要编发了 2 期简报。坚持全面审读与专项审读相结合，既保证各种门类的报刊审读工作长流水、不断线，又根据形势与任务的变化，采取不同的审读方式，兼顾不同层面的审读重点。2006 年，在强化日常审读的基础上，开展了子报子刊和专刊专版、高校校报和学报、科技期刊、内部资料性出版物等专项审读。

2002—2008年,《报刊动态》共出了35期。2008年,安徽省新闻出版局成立审读室,由审读室编发《安徽审读》。

报刊治理整顿 1989—1997年,治理报刊散滥和摊派发行,一直是新闻出版业战略调整的主线,国家对报刊总共有五次大规模治理整顿。

1989年10月4日,中共中央办公厅、国务院办公厅下发了《关于压缩整顿报刊和出版社的通知》,安徽省自7月起开展了报刊压缩整顿工作,对全省公开发行的43种报纸、93种期刊进行了全面整顿。对政治方向有严重错误、思想倾向不好、宣扬资产阶级自由化观点、宣扬色情凶杀暴力、背离办报办刊宗旨、违反报刊管理规定的部分报刊做了严肃处理。1989年停办了《安庆报》《苗苗报》2种报纸,停办了《希望》《乡音》《大江》《开发》《法制文学选刊》5种期刊。

1990年,对内部报刊进行压缩整顿,共停办压缩《合肥新闻界》等20家内部报刊。

1994年,中共中央宣传部、新闻出版署、邮电部、国家工商行政管理局联合下发了《关于加强内部报刊管理的通知》。安徽省根据中宣部、新闻出版署的部署,成立了清理整顿小组,经过清理整顿停办了《当代法学》等50家内部报刊。

1996年12月,中央“两办”(中共中央办公厅、国务院办公厅)下发了《关于加强新闻出版广播电视业管理的通知》,要求本着“控制总量,调整结构,提高质量,增进效益”的原则,对全国报刊出版进行治散治滥。

1997年3月,新闻出版署根据“两办”通知精神,下发《关于报业治理工作的通知》和《关于期刊治理工作的通知》。按照党中央、国务院的部署,安徽省报刊的治散治滥工作取得了重要成果。一是优化了结构。行业报刊、内容雷同重复的报刊,按规定和要求进行了压缩或合并;内部报刊除取消一部分外,其余的全部转化为内部资料。初步达到了优化结构、减少数量、提高质量的目的。二是净化了市场。一些格调低俗的报刊,违规违纪的报刊,逐步退出市场。三是强化了管理。安徽省内部报刊品种多,数量大,管理任务重,省局将内部报刊取消或转化后,及时制定了《安徽省内部资料性出版物管理暂行办法》,规范了内部资料出版物申报、登记、核验、印刷行为,为依法管理,扶持优秀报刊,扶持党刊,提高质量,为促进繁荣创造了条件。

安徽省公开发行的报纸在治理前为63种,压缩15%,压缩9种。公开发行期刊在治理前为138种,其中社科类58种,自然科学类80种。社科类压缩10%,科技类压缩3%。安徽省原有222家内部报纸、330家内部期刊,停办167家内部报刊,其余385家转化为内部资料.

1999年8月29日,中共中央办公厅、国务院办公厅下发了《关于调整中央国家机关和省、自治区、直辖市厅局报刊结构的通知》。1999年11月11日,新闻出版署下发了《关于落实中央“两办”30号文件调整报刊结构的意见》。安徽省自1999年10月开始全省的报刊结构调整工作。报纸停办1家,划转主管主办单位11家。期刊停办后改办的4家,变更主办单位的3家。

2001 年和 2003 年，两次对报刊散滥和利用职权发行问题进行了专项治理。安徽省共停办报纸 4 种，划转报纸 5 种，停办期刊 11 种，划转期刊 3 种，管办分离期刊 7 种，整合期刊 6 种。

2003 年，省新闻出版局对全省记者站进行了清理整顿。全省经批准登记的记者站原有 229 家，其中中央驻皖记者站 79 家，省内报纸驻县记者站 150 家。经过清理整顿，符合重新登记条件的为 218 家，其中中央驻皖记者站撤销 5 家，现为 74 家；省内报社记者站驻市、县记者站撤销 4 家，现为 146 家。

报刊评优情况　1990 年，《安徽画报》等 22 家期刊被评为“安徽省优秀期刊”，《清明》等 11 家期刊被评为“办得好的期刊”。

1993 年，《安徽新岸报》等 31 家内部报纸获全省内部报纸“编校质量奖”；《人民民主报》等 30 家报纸获“印制质量奖”，《警探》《清明》《中国药理学通报》《华夏星火》等 30 家期刊被评为安徽省 1992—1993 年度优秀期刊。

1994 年，《警探》等 5 种期刊获得第一届华东地区优秀期刊奖。获得 1994 年度安徽省报纸“美菱杯”优秀编校奖共 88 人，获得安徽省优秀内部报纸奖 33 家，被评为安徽省优秀社科类期刊 19 家。

1995 年，安徽省新闻出版局对全省报纸进行评优分级，《安徽日报》等 20 家报纸被评为安徽省优秀报纸。获得安徽省报纸“美菱杯”优秀编校奖共 100 人，获得安徽省优秀内部报纸奖 52 家，被评为 1995 年度安徽省优秀内部期刊 95 家。

1997 年，《党员生活》等 15 家期刊荣获第二届华东地区最佳期刊和优秀期刊奖。《安徽史学》等 18 家期刊获安徽省社会科学类优秀期刊奖。《安徽日报》《合肥晚报》等 15 家报社被授予“安徽省报社管理先进单位”称号。

2002 年，《小学生导读》等 37 家期刊获得第三届华东地区优秀期刊称号。安徽省“中国期刊方阵”的评选，是在省委宣传部的指导下，省新闻出版局、省科技厅在全省 178 家公开期刊中按照比例，经过层层筛选，评选出 24 家期刊（社科类 13 家，自科类 11 家），报新闻出版总署审批，最后审定 23 家期刊入选“中国期刊方阵”（社科类 13 家，自科类 10 家），其中，《恋爱·婚姻·家庭》《初中生必读》《金属矿山》3 家被评为“双百”期刊，其余的 20 家期刊被评为“双效”期刊。

2004 年，在第三届国家期刊奖评选中，《小学生导读》获第三届国家期刊奖，《恋爱·婚姻·家庭》《清明》《红蜻蜓》获第三届国家期刊奖百种重点社科期刊奖。2004 年省新闻出版局决定对《江淮》等 10 种期刊授予“安徽省 2003—2004 年度优秀社科期刊奖”，同时对在第三届国家期刊奖评选中获奖的 4 种期刊授予“安徽省 2003—2004 年度优秀期刊奖特别奖”

2005 年，省新闻出版局对全省内部资料性出版物进行了评优活动，最后经过评审小组初评、复议、票决和局长办公会终审，并在网上公示后，按照 8% 的比例评定《江淮风纪》等 10 种内部资料性出版物为安徽省“十佳”内部资料性出版物，《安徽党的建设》等20种内部资料性出版物为“优秀”内部资料性出版物。

第五节　印刷复制管理

管理规定　改革开放后，社会被长期压抑的文化需求突然爆发，对书报刊等精神文化产品的需求快速增长，人们对印刷产品提出了更新更高的要求，然而长期处于停滞状态的印刷业无法应付这种快速增长的需求。印书难成为制约出版业发展的瓶颈，当时期刊印刷周期动辄三五个月，甚至更长，很多杂志出来就已经成了过期产品。

面对出书难、印书难的突出问题，中共中央、国务院在1983年6月发布《关于加强出版工作的决定》，明确指出：“积极发展印刷事业，切实改变书刊印刷管理不善、设备陈旧、技术极端落后、生产能力不足的状况。”

1986年，合肥郊区的乡镇企业兴起，一些农民毅然投身印刷业，成为全省最早的一批民营印刷企业家。

在这样一个印刷业刚开始发展的时期，除了计划经济体制内对印刷企业的管理，基于市场的印刷业监管还完全处于“真空”地带。政府没有为印刷业设定资质条件，没有审批程序，也基本没有面对市场的具体监管措施。

当时流行两句话“要想发，搞印刷”、“印刷机就是印钞机”。在“要想发，搞印刷”的口号鼓动下，凹版印刷、包装印刷、数字印刷、柔性版印刷、书刊印刷、立体印刷、快速印刷、标签印刷、丝网印刷、胶印印刷的发展，如雨后春笋。80年代中后期，全省印刷企业数量快速膨胀，在印刷需求缺口迅速被填平之后，整个行业的盈利空间在逐步下降。计划经济体制内的国有印刷厂已经感受到了体制外的强烈冲击。

1986年，安徽省已有1002家印刷企业，是改革开放前的10倍。

1988年年底，全省进行了一次印刷普查，当时全省已拥有印刷企业2448家，从业人员64638人，集体、个体性质的印刷企业占65%，私人印刷作坊则已经遍地开花。印刷企业数量急剧上升，低水平重复投资建设严重，盲目发展带来的问题也已经在慢慢积聚。生产能力的过剩、中小印刷企业缺乏规范管理，导致了部分印刷企业为追求收益而开始印制各种反动、迷信、淫秽印刷品，盗版盗印活动渐成规模，对国家的文化安全和经济秩序带来了严重危害。在这种情况下，对印刷业的监管提上议事日程。

1988年年底，由新闻出版署、公安部、国家工商行政管理局、文化部、轻工业部五个部委共同制定的《印刷行业管理暂行办法》（以下简称《暂行办法》）发布，标志着印刷业监管时代的正式到来。《暂行办法》确定的一些基本的监管制度、原则延续至今，构成了对印刷业的主要监管框架。

首先，《暂行办法》确定了印刷企业准入的审批制原则。开办印刷企业必须按照规定程序办理审批、登记手续。对承印图书、报刊的印刷企业，《暂行办法》还特别规定必须取得图书、报刊印刷许可证。

其次,《暂行办法》确定了分类管理的原则。将印刷品分为书报刊、包装装潢及其他印刷品三大类,并分别制定了承印管理规定。此后的印刷业监管基本继承这一思路,只是将图书、报刊的印刷合并称为“出版物印刷”。在此基础上演化出了印刷企业的划分标准,出版物印刷企业、包装装潢印刷企业及其他印刷品印刷企业自此成为印刷企业分类的官方标准。

第三,《暂行办法》确定了对承印活动进行监管的制度。印刷产品的特殊性(双重属性)使行政主管部门一直对承印活动的监管保持高度重视。对印刷企业承印书报刊、包装装潢及其他印刷品分别制定了严格的程序和制度要求,如承印报刊、广告印刷品要分别验证委印方的报纸、期刊登记证和广告经营许可证,承印密件、证件、票证等要严格做好保密工作,健全生产流程登记制度,做好残次品销毁工作等。

第四,《暂行办法》建立了行业监管、治安管理、工商管理三位一体的监管体系。在企业设立上,规定印刷企业必须首先经新闻出版行政部门(或轻工管理部门)、公安机关的审查批准后,方能持相关文件办理工商登记手续。在以后的管理中,这演变成为对印刷企业“两证一照”的要求——合法印刷企业必须持有行业监管部门的印刷经营许可证、公安机关的特种行业许可证和工商行政部门营业执照。在日常监管上,《暂行办法》规定了三个行政部门从各自不同角度对印刷业进行监管的具体内容。在还没有行政处罚这样的概念的情况下,《暂行办法》还规定了三个行政部门的奖惩权限。

安徽省新闻出版局根据要求,制定了《安徽省承印图书、报刊印刷企业基本条件》,开始分期分批发放印刷许可证,到 1991 年年底,全省先后对 201 家印刷企业颁发了《安徽省图书报刊印刷经营许可证》,这些企业构成了全省书报刊印刷的主要力量。

在这个时期,国家实行定点书刊印刷制度, 1991 年 1 月,按照国家新闻出版署分配的名额,全省 8 家书刊印刷企业被评为国家级定点书刊印刷企业,安徽省新闻出版局又根据本省实际,先后确定 34 家为省级书刊印刷定点企业。

通过几年的工作,对全省印刷业实行了按国家、省级书刊印刷定点企业,领有《安徽省图书报刊印刷许可证》的非定点书刊印刷企业和《安徽省非图书报刊印刷许可证》企业的分层次管理,构成了以国家级书刊印刷定点企业和省级定点书刊印刷企业为骨干,领有书刊印刷许可证的非定点书刊印刷企业为补充的书刊印刷体系,使全省书刊印刷管理工作逐步走上了制度化轨道。

《暂行办法》作为一部管理规章,经过近 10 年的施行,已较为成熟,又经过两次修订,吸收了各地成熟做法和经验,上升为国务院《印刷业管理条例》,并于 1997 年 5 月 1 日正式实施。

《印刷业管理条例》主要从三个方面对印刷经营行为作了规定:一是规定印刷经营许可制度,二是规定各种印刷经营活动的管理制度和行为准则,三是强化法律责任。

1993 年,作为加强印刷管理的办法和措施,安徽省新闻出版局第一次开始对全省印刷企业进行一年一度的年度审验工作,对印刷企业实行动态管理。

1996年,按照新闻出版署的要求,全省正式实行《图书期刊印制委托书》制度,规定图书、正式期刊出版单位委托领有《图书报刊印刷经营许可证》的印刷企业印制图书、期刊必须每书都要开具《委托书》,跨省印刷还必须经双向省级新闻出版管理部门审批,此项制度一直执行至今。

而后《印刷业管理条例》又经修订,国务院于2002年再次颁发施行。

2002年,配合新条例的施行,安徽省同全国一样开展了大规模的印刷业清理整顿工作,所有印刷企业重新登记,发放新的印刷经营许可证。当年取消实行了十年的《书刊印刷定点制度》。

到2008年,安徽省共有具备相当实力的印刷企业2686家,其中230家出版物印刷企业、1055家包装装潢印刷企业、1344家其他印刷品印刷企业、57家专项印刷企业;复制企业4家,其中1家光盘生产企业、3家磁介质生产企业;全行业从业人员达83600人;印刷产业总产值140亿元。

随着安徽印刷业的蓬勃发展,安徽印刷管理工作也不断得到加强。安徽印刷业坚持实行印刷经营许可制度,安徽省新闻出版局采取"三严格"、"三结合"的办法,使印刷行政管理逐步向经常化、正规化、法制化方向迈进。一是严格审批,审批出版物印刷企业从严掌握,把主要精力放到对现有企业的管理上;二是严格审核,在年检中,印刷企业必须详细写出一年来遵守有关管理法规和经营情况,并经市一级新闻出版管理部门审核,对违纪违规的严肃处理;三是严格管理,对严重违规企业坚决取消其印刷经营许可证。同时,把日常管理与突击检查结合起来,分级管理与属地管理结合起来,新闻出版管理与公安、工商等部门的管理结合起来,从而保证了全省印刷业的健康、繁荣发展。经过多次印刷业的清理整顿,对违法违规或经营不善的企业进行了压缩,进一步净化了印刷市场。全省印刷企业未发生特别重大的印制反动、淫秽印刷品的恶性事件。

印刷复制质量管理 80年代中后期以来,安徽省新闻出版局高度重视出版物印刷质量管理工作。一是加强出版物印刷质量管理,定期对出版物印刷企业印制的出版物进行检查,公正、公平、公心把好质量关;二是加强对连续性内部资料性出版物的质量监管;三是加强对报纸期刊的审读;四是加强对出版物装帧质量的监管。

为提高全省印刷企业的管理水平和出版物印制质量,安徽省新闻出版局采取多种举措。一是进行法规培训,认真学习新闻出版法律法规和有关出版物质量管理规定,使国家有关出版物印刷各项法律法规落到实处;二是进行技能培训,举办技能讲座,指导有关单位和行业加强业务学习,提高从业人员业务素质;三是督促质量检测送检,加大出版物印刷企业送检监管力度,定期检查有关出版、印刷单位的质量管理落实情况;四是加强通报,利用质检通报,及时通报抽查、评估结果,对检查中发现的质量问题进行通报;五是加强制度建设,完善出版物质量管理制度,实现出版物印刷、装帧质量管理的制度化和规范化。

2007年,为落实新闻出版总署"出版物质量管理年"部署,安徽省在"3·15国际消费者权益日”期间开展了中小学教材印刷质量检查活动，加大印刷质量监督检测工作力度。合肥晓星印刷有限公司印制的安徽科学技术出版社《甲状腺甲状旁腺外科学》荣获首届中国出版政府奖（印刷复制）提名奖。

安徽省出版物印制质量的大幅提升，主要得益于：一是技术装备的改造升级，二是质量意识的提高，三是质量管理工作的促进。

2008 年，国家政策鼓励文化产品扩大出口，安徽旭日光盘有限公司（复制企业）、黄山永新股份有限公司（包装装潢印刷企业）和安徽出版集团所属俄罗斯新时代印务有限公司扩建项目入选国家文化出口目录，成为扩大文化产品出口，增强中华文化国际影响力的知名企业。

是年，印刷复制业向中西部地区转型升级，在这次印刷复制业转型升级过程中，商务部会同国家开发银行确定中西部 15 个省（自治区、直辖市）31 个城市作为加工贸易梯度转移重点承接地，安徽省合肥、芜湖、安庆 3 市列入了名单。

从 1986 年起，经过了 23 年，全省出版物印刷稳步发展，包装装潢印刷品印刷异军突起，其他印刷品印刷不断升级，已经形成了合肥、桐城和太和三个各具特色的区域印刷中心，全省印刷复制业在数量上、规模上、技术上、质量上都有了质的飞跃。

但是，在全省印刷业取得巨大成绩的同时，印刷业出现的新问题也不容忽视。产业结构不合理，结构性矛盾突出，研发基础薄弱，技术创新后劲不足，技术装备、从业者素质有待提高等问题仍然制约着全省印刷产业的发展。安徽还不是印刷强省，其特点：一是印刷行业在全省 GDP 的比重不高，只占 0.15%；二是包装印刷发展有一定潜力；三是印刷业内部发展不平衡。同时，安徽省产业结构调整步伐比较缓慢，企业大的不强、小的不精局面基本没有改变。

第六节　发行管理

发行体制改革　新中国成立之后，图书发行一直由国营新华书店经营，报刊发行一直由邮政局经营。1980 年 12 月 2 日，国家出版局发出《〈建议有计划有步骤地发展集体所有制和个体所有制的书店、书亭、书摊和书贩〉的通知》，允许民营经济正式进入书报刊零售领域。经中央宣传部原则同意，1982 年 7 月 10 日文化部发出《关于图书发行体制改革工作的通知》，提出“一主三多一少图书发行网”。1986 年 4 月 25 日国家出版局在北京召开全国图书发行工作会议，会上颁发了两个发行改革方案，其中心内容是推行“一主三多一少”图书发行网，即推行以新华书店为主体、多条流通渠道、多种经济成份、多种购销方式、少流通环节的图书发行新格局。

1988 年 5 月 6 日中共中央宣传部、新闻出版署颁发《关于当前图书发行体制改革的若干意见》，在“一主三多一少”的基础上，提出“三放一联”的改革构想，即：放权承包，搞活国营书店；放开批发渠道，搞活书刊市场；放开购销形式和发行折扣，搞活购销机制;推行横向经济联合,发展各种出版发行企业集团。

1989 年 11 月 25 日,新闻出版署、国家工商行政管理局发布《关于加强集体、个体、私营书店（摊）管理的暂行规定》,赋予民营企业书刊批发权。

根据中央“一手抓整顿、一手抓繁荣”的指示，1990 年 11 月 20 日新闻出版署在重庆召开全国图书发行工作会议,提出通过治理整顿、深化改革,进一步廓清文化阵地,以实现具有中国特色、适应社会主义市场发展和精神文明建设需要,又符合出版事业规律的新型的发行体制,逐步建立起一个全国统一、开放、竞争、有序的书刊大市场。

新中国成立以来长期形成的过分集中、统得过死、行政干预过多的书刊发行体制被打破，“一主三多一少”新格局形成。

省新华书店改革　国家加快对国有书店的改革力度,从集团化建设、多媒体兼营、跨地区经营、拓宽融资渠道等方面进行股份制改造,成立发行集团,实行连锁经营。同时,进一步健全市场体系,进行中小学教材出版发行改革,打破垄断经营,建立公平的出版物竞争机制。

2002 年 9 月,经省委、省政府和中宣部、新闻出版总署批准,安徽省新华书店实现了资源和结构整合,在省新华书店、省外文书店和各市县新华书店基础上改制成立了安徽新华发行集团有限公司,包括安徽新华电子音像发行股份公司、安徽新华图书音像连锁有限公司、安徽新华教育图书发行有限公司、安徽新龙图贸易进出口有限公司和安徽华仑置业有限公司 5 个专业子公司和合肥市等 17 个省辖市的子公司,并在全省 62 个县（区）设立分公司。

2000 年投入使用的“安徽图书城”是安徽省最大图书卖场。2005 年建成的安徽新华物流园占地 112 平方千米,建有 37000 平方米的物流配送中心和 50000 平方米的办公场地。安徽新华发行集团成为全省最大出版物连锁经营企业和全省最大图书发行企业，2008 年销售突破 53 亿元。

经股东大会同意，2008 年 2 月将安徽新华发行集团有限公司作为上市主体变更为安徽新华传媒股份有限公司,安徽新华发行集团完成了股份制改造,建立了国有控股、产权多元的混合所有制企业。(2010 年 1 月安徽新华传媒股份有限公司“皖新传媒”A 股在上海证券交易所正式挂牌上市。)

省邮政报刊发行改革　1998 年 11 月安徽邮政与电信分家，2007 年 3 月安徽邮政公司成立。邮政公司把报刊经营列入主营业务之一,成立报刊零售公司、报刊发行公司,扩大报刊发行,拓展非邮发报刊业务,强化报刊批发功能,重新布置邮政报刊门市部,在全省建立 1800 个邮政报刊销售亭。同时把介入图书销售作为邮政系统新的经济增长点,实行全省书报刊连锁经营。

省非国有发行企业改革　1982 年全国图书发行体制改革启动之后,江淮大地相继出现了集体、个体书店。蚌埠因占据铁路交通枢纽优势,一度成为全省书刊集散中心。从九十年代中期开始,合肥、芜湖、安庆书刊市场迅速崛起,到九十年代末,全省形成合

肥、蚌埠、芜湖、安庆四大书刊市场，全省非国有书刊批发企业突破100家。进入二十一世纪，合肥非国有书刊发行业发展迅猛，书刊批发单位发展到100余家，阜阳、宿州非国有发行企业也得到了快速发展。至2008年年底，安徽非国有发行企业店已发展至3000余家，其中批发书店近300家、省内连锁书店总店5家、零售书店3000余家，从业人员21000人，2008年销售收入近50亿元。建成安徽（合肥）书刊批发市场、蚌埠书刊市场、芜湖长江市场园书刊市场、安庆湖心路书刊市场、阜阳瑶海书刊市场、宿州文化大市场等六大书刊集中交易市场，涌现出安徽儒林图书有限公司、合肥皖教书刊发行有限公司、安徽华教文化教育用品有限公司、安徽时代科发书刊发行有限公司、安徽君杰书刊发行有限公司、安徽京师国教文化传媒有限公司、合肥育才书店有限公司、安徽经纶文化传媒集团有限公司、安徽智苑文化传播有限公司等一批以现代企业制度建立起来的具有较强实力的大型书刊发行企业。

2005年8月，由南京经纶文化传媒有限公司投资的安徽经纶文化传媒集团有限公司正式成立。该公司注册资本2000万元、营业面积18000平方米、资产总额超过2亿元、从业人员300多人。安徽经纶文化传媒集团有限公司是安徽省专营出版物发行最大的民营企业，具有出版物连锁经营和图书总发行资质，其市场网络覆盖全国。

行业规划　为合理布局稳步推动出版物发行业发展，安徽省新闻出版局会同安徽省发展改革委员会、安徽省建设厅联合制定《安徽省出版物发行网点设置规划》，经安徽省人民政府同意、新闻出版总署批准公布实施。这一规划的总体目标就是建立以省会城市为中心，以中心城市为龙头，以物流配送、连锁经营为主线，以社区、市县和乡镇网点为配合，综合书店、专业书店、连锁书店和便民书店相互补充的出版物发行新格局，为本省出版物发行业提供了广阔的发展空间。

中小学教材发行改革　国家努力改革中小学教材发行体制，引进市场竞争机制。2002年国家对教材发行进行改革试点，以安徽、福建、重庆作为试点省市，实行中小学教材出版发行招投标制度。2005年，进行教材发行招投标试点扩大到11个省份，安徽列入其中之一。安徽省实行的两次中小学教材发行招投标中，安徽新华发行集团有限公司以其健全的网络、优质的服务，两次中标。实行的两次中小学教材发行招投标，每年让利全省中小学生3513.6万元。

行政管理　省各级新闻出版行政部门积极转变政府职能，加强效能建设，积极制订有效措施，规范市场秩序，推动行业发展。实施快捷审批制度、年检登记制度、批发进场制度、出版物售前送审制度、日常巡查制度、举报奖励制度等规章制度。

审批制度　出版物经营实行许可证制度。任何单位和个人开办书店（摊），经营书报刊销售业务，必须向新闻出版管理机关申请，领取书报刊经营相关的许可证。书刊经营许可证、营业执照、税务登记证三证俱全后方可营业。书刊经营许可证、营业执照、税务登记证，均须在营业地点悬挂，不得以任何形式直接或变相进行转借、转让、出租和买卖。

1. 零售、出租业务的许可证制度。经营书刊零售、出租业务，必须经县以上新闻出版（文化）管理机关审批，发给《书报刊零售出租许可证》，持证向工商行政管理部门注册登记、领取营业执照，并向税务部门领取税务登记证。2004 年变出租许可为备案管理。

2. 二级批发业务的许可证制度。具备条件的集体书店经营书刊二级批发业务，必须经所在地市级新闻出版管理机关审核，省新闻出版局核准，并报新闻出版署备案，领取《书刊二级批发许可证》，并进行工商登记和税务登记。

3. 总发行的许可证制度。具备条件的出版发行单位经营出版物总发行业务，须经主管部门申报，省新闻出版局审核，新闻出版署审批，并进行工商登记。具有总发行权的省新华书店发货店（发行所）可办理国内出版的图书的总发行；出版社可办理本版图书的总发行。

4. 自办发行的批准制度。符合条件出版单位开展自办发行业务，须经省新闻出版局核准，并分别不同情况进行工商登记。①实行独立核算，符合法人条件的，应持新闻出版管理机关的批文向工商行政管理部门申请办理企业法人登记，领取《企业法人营业执照》；②实行内部单独核算，不能独立承担民事责任的，应持新闻出版管理机关的审批文件，向工商行政管理部门领取《营业执照》；③实行企业化经营，国家不再核拨经费的出版社，已向工商行政管理部门登记的，则可向工商行政管理部门申请增加“本版图书发行”的经营范围，进行变更登记。1999 年《出版物市场管理暂行规定》出台后，出版单位可以开展自办发行，无须经过批准。

发行规定　1. 集体、个体、私营书店（摊）必须遵守的规定：

A. 不得经营进口书刊、港澳台书刊和限定“内部发行”的书刊；

B. 不得经营国家明令禁止的出版物和其它非法出版物；

C. 不得办理租型造货和代理出版业务（包括代印代发、代制封面、广告、插图和编印征订单等），不得以“协作出版”为名，向出版单位“买”书（刊）号；

D. 不得向出版社和期刊社承揽总批发（总发行）；

E. 不得经营由新华书店包销的图书；

F. 严格执行“批发进场，零售归市，售前送审”制度和二级批发单位的进、销、存季度报表制度。

2. 发行单位必须遵守的规定：

A. 承担属于总发行的责任；

B. 不得经营国家明令禁止的图书、非正式出版单位出版的图书和非法出版物；

C. 不得向非正式书刊经营单位批发书刊；

D. 不得向无总发行权的单位转让或变相转让总发行权；

E. 批发折扣要符合有关规定。

3. 自办发行部门必须遵守的规定：

自办发行部门除遵守总发行单位、集体书店应遵守的规定外，还必须遵守：

A. 不得总发行属新华书店包销的图书；

B. 不得要求作者个人包销图书。

4．古旧图书、外文图书和内部发行图书的专营制度：

A. 古旧图书由古旧书店专营；

B. 外文图书由外文书店经营；

C. 内部发行图书由新华书店或出版社自办发行部门按特定范围、对象在内部出售。

5．书刊委托征订发行实行委托书制度：出版单位出版的书刊委托发行单位进行征订发行，必须使用由新闻出版署统一印制的《书刊征订发行委托书》（以下简称《委托书》）（交邮发的期刊，按邮政机关的要求办理），省新闻出版局负责辖区内使用单位的发放及管理工作。出版单位每一次委托书刊的征订发行，须填写《委托书》。发行单位凭出版单位签发的《委托书》进行征订发行活动。

6．出版物的发运、提取把关制度：除出版单位、新华书店、外文书店可凭本单位证明直接到铁路、汽运、民航、码头、邮政等发运提取出版物外，其他任何单位和个人到上述部门办理大宗出版物发运提取手续，必须持当地新闻出版管理部门开具的证明。50件以上的须经省新闻出版局把关。

7．批发进场、零售归市、售前送审制度：

A. 具有书刊二级批发权的书店必须在当地开办的书刊批发市场内进行批发经营，严禁场外交易；

B. 书报刊零售店（摊）经营地点，要在考虑到市容、交通、方便读者的前提下，做到零售店（摊）相对集中经营；

C. 二级批发和零售的书刊在批发或零售前，必须经新闻出版管理部门审查，严禁未经审查的书刊流入市场。

8．大中专教材、中小学课本的征订包销制度：大中专教材、中小学课本的出版、印刷、发行工作具有比一般图书更强的计划性和时间性，涉及面广，满足率的要求高。为了实现“课前到书，人手一册”的目的，历来都规定由新华书店统一征订发行，出版社不能自办发行。各级新华书店则要在新的发行体制中进一步改进教材发行工作，努力提高服务质量，为学校预订教材提供方便，要充实教材备货。为了防止发生混乱，各书店之间，不要跨地区发行。

9．政治性强的图书的发行规定：这类图书包括党和国家领导人的著作，党和国家的重要文献，以及由党和政府统一规定学习的政治理论书籍。这类图书具有较强政治性和时间性，规定由新华书店发行。

10．国营新华书店多种经营的管理。随着发行体制改革的深入，逐步推行了国营书店开展多种经营的制度：

A. 坚持以图书发行为主；

B. 开展多种经营须经批准。

11．严禁非图书经营单位发行图书：图书只能由经工商行政管理部门登记的有图书经营权的单位和个人发行；未经批准，任何非图书经营单位和个人一律不得从事图书发行活动。

12．不得擅用党政机关名义编书和推销图书。

发行纪律　从事书刊经营的单位和个人，必须文明经商，优质服务，遵章守法，正当经营，遵守市场纪律。

1．不得以不健康、蛊惑性和欺骗性的文字、图画、广告进行书刊宣传；

2．不准加价或强行搭配出售书刊；

3．不得制作、出售黄色和非法出版物。包括盗用、伪称出版单位或他人名义，擅自印制、出售图书报刊；盗版翻印、出售出版单位的出版物；印制、出售非法出版的反动、淫秽、色情、迷信、凶杀书刊以及国家明令禁止的书刊等。

存在问题

1．物流不发达，流通不顺畅，库存量过大，缺乏发达的物流体系；

2．发行企业规模偏小，组织化程度很低，没有高效的网络利用；

3．现代化手段差，相当多的是传统手段，现代化的流通手段少；

4．市场体系不完备，垄断经营，地区封锁，条块分割存在；

5．非国有书店规模不大、实力不强。虽然经过20多年的发展，但安徽民营书业总体经营规模不大、经济实力不强，年销售逾亿元的企业不多。多数单位经营品种结构单一、服务意识不强，营销手段落后，人员素质不高，家族式管理模式普遍，不少书店依赖一年两季的教辅材料销售。全省缺少影响全国的民营书刊经营大企业。

6．“权力”“系统”发行扰乱正常的出版物市场秩序。一些非出版发行单位无视国家法规，利用行政手段介入非法出版活动，分割出版物市场，以权力行为扰乱出版发行秩序。“党政工青妇，出书又卖书”的情况存在。铁路车站、民航候机室、高速公路服务区、宾馆内商场书店等存在不同程度的问题。

7．经营不规范。折扣大战，无序竞争；回款不及时，拖欠货款严重；退货率高、库存量大；发行网络的不健全，现代营销手段滞后等等，都影响了本省出版产业的发展。

8．违规经营屡禁不止，非法盗版出版物泛滥。有的非图书总发行单位承揽图书总发行；有的以协作出版为名买卖书号、刊号、版号；有的以高定价、低折扣和特价方式扰乱出版物市场；有的采取让利、回扣方式推销教辅用书。不少民营书店非法盗版出版物充斥店堂、摊位，城市的特价书店和城镇书摊非法盗版出版物问题较突出，社区、路边无证经营时有出现。这些使出版物市场缺乏公平的竞争环境。

9．发行业发展不平衡，网点分布不合理，经营品种不丰富。网点多相对集中于大中城市，分布于主要街区，经营教辅材料为主，缺乏专业特色，不利于丰富人民群众精神文化生活、方便读者购买和促进两个文明建设。

第七节　出版市场管理

管理制度　20 世纪 80 年代后期，一些不法分子，盗用、假冒港台出版单位名义编印武侠、言情图书，伪造或盗用内地合法出版单位名义，大量非法印制充斥凶杀、色情和迷信内容的书刊和音像出版物，扰乱了出版市场，对群众尤其是青少年的身心健康危害极大。国务院决定，立即在全国范围内开展一次打击非法出版活动的行动，于 1987 年 7 月 6 日下发《国务院关于严厉打击非法出版活动的通知》。1987 年 11 月，最高人民法院、最高人民检察院下发《关于依法严惩非法出版犯罪活动的通知》。1988 年，新闻出版署制定《关于认定淫秽及色情出版物的暂行规定》。1989 年中央办公厅、国务院办公厅又联合下发通知，整顿、清理书报刊和音像市场，严厉打击出版领域犯罪活动。90 年代后，国务院出台《音像制品管理条例》（1994 年）、《出版管理条例》（1997 年）、《行政执法机关移送涉嫌犯罪案件的规定》（2001 年）。新闻出版总署制定《出版管理行政处罚实施办法》（1997 年）、《电子出版物管理规定》（1997 年）、《互联网出版管理暂行规定》（2002 年）、《出版物市场管理规定》（2003 年）。最高人民法院出台《最高人民法院关于审理非法出版物刑事案件具体应用法律若干问题的解释》（1998 年）。安徽省严格执行上述法律法规，并结合工作实际先后制定《安徽省图书报刊出版管理条例》（1996 年）、《安徽省新闻出版局关于进一步加强出版物市场监管　建立长效机制的若干意见》、《安徽省出版物鉴定暂行办法》（2008 年）等。

市场监管　20 世纪 90 年代，尤其是 21 世纪，随着中国法制化进程加快和不断完善，出版市场监管和“扫黄打非”工作逐步法制化，规范化。出版市场监管和“扫黄打非”工作力度加大，依法行政要求明确。省新闻出版行政部门每年年初制定年度“扫黄打非”行动方案，明确工作目标和责任，分解各项任务并责任到人。年中不定期开展出版物市场执法检查和明察暗访；对重点地区实施重点监控，随时掌握出版物市场动态情况。每年开展 3—4 次打击非法出版活动专项行动，联合公安、工商部门检查出版市场，整治出版市场秩序。每年 4 月中旬开展非法出版物集中销毁仪式，表明政府决心，展示工作成果，引导市民购买合法图书。不定期发布查缴目录，及时查缴各类非法出版物。不定期对出版物市场开展调研，针对各地出版监管存在的新情况、新问题提出监管要求和整改意见。每年查（督）办 2—3 起大要案件，震慑不法分子，净化市场环境。不定期开展业务培训，提高执法水平。全省各级新闻出版行政部门查缴各类非法出版物，为维护国家稳定保驾护航、创造良好的舆论氛围；严厉打击侵权盗版活动，为保护知识产权和民族创新能力服务；大力扫除淫秽色情出版物，为净化社会风气和青少年健康成长服务；深入查办非法出版案件，为维护政治安定、社会稳定和文化安全服务。省新闻出版局多次荣获安徽省“扫黄打非”先进集体称号，多次荣获全国“扫黄打非”先进集体、办案有功集体称号。

“扫黄打非”案例 8·9盗版图书案 2004年8月8日,高教出版社打击盗版办公室向安徽省新闻出版局举报,反映在合肥近郊一户农家院落里藏有大量的盗版中专、高教教材。安徽省新闻出版局领导高度重视,立即批示查处。局市场监管处雷厉风行,迅速对线索进行核实,同时积极寻求公安部门的配合支持。在制订了周密的查处方案后,于8月9日,冒着40℃的高温,联手公安部门,一举在合肥市郊姚公庙村端掉一个长期从事盗版教材教辅窝点,现场查获盗版图书76种,码洋近300万元。该案涉嫌刑事案件,移交公安处理,书商徐某被判期3年。

4·4吴XX贮藏淫秽图书案 2002年4月4日,安徽省新闻出版局根据举报线索,对合肥书商吴某某在合肥市常青镇某村两间仓库进行执法检查,现场共收缴淫秽图书、画册、盗版书籍及违禁出版物4975册,其中淫秽图书、画册60种, 3191册。该案移交公安处理,书商吴某被判处3年有期徒刑,缓期执行4年。

何某非法出版活动案 2003年,安徽省新闻出版局接到团结出版社举报,有自称团结出版社安徽组稿编辑部名叫何某的人,冒用团结出版社名义,使用假造团结出版社的发稿单,贩卖假书号,出版了《蒋光慈评传》《百岁人生》等多种非法图书,严重危害了团结出版社的声誉,侵害了该社的正当权益,扰乱了出版市场秩序。另外,据举报,何某还未经任何部门批准,擅自编辑出版非法小报;冒用团结出版社安徽组稿编辑部和新华出版社安徽组稿编辑部成立所谓《新世纪文丛》编辑部,并公开征稿,从事非法出版活动。安徽省新闻出版局根据举报线索,迅速立案并组织人员开展案件调查工作,通过调查、取证,初步掌握了何某从事非法出版活动的证据。后该案移交公安部门处理,书商何某被判处3年有期徒刑。

9·26非法图书案 2006年9月26日,安徽省新闻出版局会同合肥市新闻出版部门,根据举报线索,通过事前踩点、周密部署、组织力量、制订调查方案,在公安部门的配合下,对合肥市花冲公园附近非法经营盗版图书和各种非法出版物的窝点进行了执法检查,共收缴盗版和各类非法图书3.8万余册,码洋161万余元。该案的查办一举除掉了长期危害合肥市甚至是全省出版物市场的一颗毒瘤。

第八节 版权管理

改革开放以来,安徽版权保护事业从无到有,逐步发展。1987年,省出版总社依据1985年1月文化部颁行的《图书、期刊版权保护条例》,面向总社系统开展版权管理工作。为了适应版权行政管理工作的需要, 1988年9月,省新闻出版局设立了版权处。1989年2月,经省编委批准,省新闻出版局版权处对外称安徽省版权处,是省人民政府著作权行政管理部门,统一领导和管理全省的著作权工作。1992年8月31日,省编委同意将安徽省版权处更名为安徽省版权局。1996年8月,省人民政府在对省新闻出版局机构改革的方案中规定:省版权局与省新闻出版局一个机构,两块牌子。2000年,安徽省人民政府作进一步规定，在著作权管理上，省版权局对内对外单独行使职权，其职责是：拟订著作权管理、保护和使用的政策；组织推进软件正版化工作；承办著作权集体管理机构设立的审核上报工作；监管作品的著作权登记和法定许可使用作品的工作；查处著作权侵权案件；承担著作权涉外有关工作，监督指导涉外著作权贸易、外国作品著作权认证及作品自愿登记工作。

为切实有效地加强版权管理和执法工作，2002年，安徽全省17个市全部挂牌成立了市级版权管理机构。至2003年年底，全省61个县也都全部挂牌成立了县级版权管理机构，从组织机构和人员上保障了市县级版权行政管理工作的开展，初步形成了上下联动的版权管理体系。

版权法律制度　在认真贯彻执行《中华人民共和国著作权法》《著作权法实施条例》等法律法规的基础上，2005年3月17日，经安徽省人民政府第22次常务会议通过，《安徽省著作权管理办法》（以下简称《办法》）以安徽省人民政府第181号省长令的形式正式颁布，从2005年5月1日起施行。《办法》的出台，填补了安徽省版权地方立法空白，对于规范安徽省版权行政管理和行政执法行为，保障著作权法律法规在本省的有效实施，强化全社会的版权法律意识，营造良好的版权保护环境，树立安徽省文明、法制的形象，优化安徽省投资发展环境，推动经济社会加快发展，起到了有力的推动作用。为版权事业的健康发展提供了基本制度保障。

版权行政执法　多年来，全省各级版权行政管理部门，依据《中华人民共和国著作权法》及其相关法规、规章，不断加大对重点地区、重点领域和重点环节的执法力度，坚持日常监管与专项治理相结合，突出办理大案要案，标本兼治，整体推进，通过加强市场监管、举报查处、投诉查处、集中行动等方式，着力打击损害公共利益的各类侵权盗版行为，取得了积极的成果。

2007—2008年，全省版权行政管理部门开展行政执法检查320余次，查处侵权案件78件，其中网络侵权案件32件，收缴各类侵权复制品30万册，合计码洋45万元。盗版软件、光盘8万多张，没收用于侵权盗版活动的服务器6台，电脑13台，固定电话7部，手机8部，行政罚款近10万元，有力地打击了各种版权违法犯罪行为，出版物市场秩序得到进一步的整顿和规范。因成绩突出，安徽省版权局版权管理处多次获“全国版权执法先锋奖”、“全国打击侵权盗版工作有功单位”、“安徽省扫黄打非先进集体”等荣誉称号。

“扫黄打非”案例

1·03图书盗版案　2008年1月3日，由省“扫黄打非”领导小组办公室牵头，省、市版权部门和合肥市扫黄办、公安等部门联合行动，一举捣毁了花冲公园附近香店路上的4个无证照经营盗版出版物批售、仓储窝点，查获大量非法出版物，查扣各类涉案图书达171710册，合计码洋2520914.40元。此次查处的4个窝点由于涉案盗版出版物数量多、规模大，被列为2008年全国“扫黄打非”办公室挂牌督办、查处的第一起盗版出版物大案。

自2006年以来，根据国家统一部署，安徽省版权局、公安局和通信管理部门每年都开展为期4个月的打击网络侵权盗版专项治理行动。从2006年到2008年底，全省共查处网络侵权案件32起侵权盗版案件，其中5起移交司法机关进行处理。

“精英数据”网络侵权案 2008年6月5日，六安市局接到举报，称六安市有人开办www.gm608.com网站，经营传奇“私服”游戏，严重侵犯上海盛大网络有限公司传奇网络游戏软件的版权。市局在接到群众举报以后，立即召开主要办案人员会议，对案件查处工作进行周密部署，开始前期调查工作。经调查初步发现，该网站经营者起初主要在霍山城关活动，人员较多。但在秘密调查期间，6月中旬，违法经营人员突然失踪，这给办案工作带来了难度。为取得案件进展，六安市版权局遂决定将情况通报六安市公安局网监支队，争取公安部门支持，联合开展查处工作。经过与公安部门对接后，对案情进行了分析，认为该团伙没有被惊动的迹象，很可能是转移地点。果不出所料，7月初该团伙在网上重新出现。六安市版权局及时与公安部门联系，再次进行深入调查，发现该团伙将经营地点转移至六安城区活动，并逐步掌握该团伙经营活动的准确位置、组织机构及活动规律。8月9日，六安市版权局与公安部门联合，到违法经营地点突击查处，现场查获涉嫌违法人员13名，电脑13台，固定电话7部，手机8部，银行卡5张。并在现场快速检查电脑痕迹，通过电脑及网上勘验，获取该团伙为他人制作游戏网页50余个、架设游戏服务器300余个的部分电子证据，确认系销售网络游戏软件侵权复制品。同时通过询问调查，初步查清自2007年5月以来，杨某等三名犯罪嫌疑人成立“精英数据”团队，以营利为目的，先是在霍山雇用4人，非法开设www.gm608.com网站，以“精英数据”为名，在网上广泛宣传，向别人销售“传奇网络游戏”侵权复制软件，为别人非法建设传奇私服游戏网站及游戏服务器，从中牟利。2008年6月又窜至六安市，租用城区振华山庄两层单体住宅楼，雇用技术人员及客服人员10名，实行公司化经营，继续提供传奇私服游戏建设、宣传、维护一条龙经营服务。该团伙分工明确，设立有客服部、技术部、财务部。至8月9日案发时，已建设传奇私服游戏网站50余个，先后架设私服游戏服务器300余个，销售金额100余万元，非法牟利20余万元。根据查处情况，该案件移交法院进行审判。

软件正版化工作 根据国务院统一部署，在省政府的重视支持下，从2002年开始，省版权局会同省信息产业厅和省财政厅等有关部门，积极推进政府部门使用正版软件工作。至2005年年底，省、市两级人民政府使用正版软件工作基本完成，顺利通过检查验收，并受到了国家使用正版软件部际联席会议办公室的高度评价。其中滁州、淮南、马鞍山、淮北等市的所辖县级人民政府部门也完成了使用正版软件工作。

在政府部门软件正版化工作中，安徽省共采购正版操作系统软件约15000套；正版通用办公软件约13000套，其中国产软件比例为80%；杀毒软件10000多套，国产比例达99%。各级政府部门为正版软件采购共支付经费1851万元。

根据国家版权局等九部委的统一部署，2006年，安徽省启动推进企业使用正版软件工作。全省各级各有关部门和企业单位认真贯彻落实国务院和省政府关于推进企业使用正版软件的工作部署，采取巩固和推进并举的方式，坚持“依次推进”和“阶段性目标”原则，稳步推进全省企业使用正版软件工作。截至2008年年底，全省共有100家企业完成了使用正版软件工作。

合肥华泰集团是一家民营企业，该企业高度重视版权保护工作，将使用正版软件工作纳入企业诚信建设、提高企业核心竞争力的战略范畴，近几年来投入500多万元购买更换正版软件。该公司获首批“全国软件正版化工作示范单位”称号。

版权贸易 “十五”期间，安徽省共达成国际版权贸易项目1000余项，进出口额约650万美元，约6000万元人民币，实现利润100多万美元，为安徽经济增长提供了新的动力。版贸客户遍及五大洲的30多个国家和地区，主要有英国、德国、意大利、比利时、法国、澳大利亚、美国、西班牙、以色列、韩国、新加坡、马来西亚以及中国的台湾、香港等。引进的少儿读物《奇妙的动物世界》《米丽成长故事》《彩色森林童话故事》和英语读物《心灵鸡汤》《插图版英语世界名著系列》等，均被评为“全国引进版优秀图书”，其中《心灵鸡汤》分别获得2001年度、2004年度“全国优秀畅销书奖”。输出图书也是精品品牌图书，累计销售达8000多万册，多次再版重印，如《中国遗传咨询》获2003年度“全国优秀图书奖”，《病历书写规范》获2004年度“全国优秀畅销书奖”。安徽科技出版社还被新闻出版总署评为“全国图书版权贸易先进单位”。

“十一五”头两年，安徽省版权输出稳步增长，并在输出地域、输出品种等方面逐渐实现新的突破。2007年，安徽省版权输出93项，同比净增22项，增长率30%。2008年的北京国际图书博览会上，安徽省版权输出107项，同比净增14项，增长率15%，呈现明显的上扬态势。在输出地域上，由过去几乎港台地区一统天下的格局，逐步向英、德等外语国家拓展。在输出类型上由过去集中于语言教材、中医中药、古代文化艺术等，向反映现代安徽特色文化、反映当代中国经济社会状况的图书转变。版权输出形式也由过去单一的图书版权许可模式，发展为图书版权许可、网络版权许可、简体翻译授权繁体使用等版权输出的组合模式。

2007年，安徽省版权局被国家版权局授予“全国图书版权输出推动工作先进单位”称号，安徽省少年儿童出版社被授予“全国图书版权输出先进出版单位”称号。

版权贸易的蓬勃开展有力地促进安徽省的对外开放，扩大了安徽省的影响力。

“正版产品销售示范单位”体系建设 2005年7月，安徽省“正版产品销售示范单位”体系建设工作启动，旨在通过鼓励和表彰一批一贯诚信守法、管理规范、经销正版产品的出版物销售单位，推荐正版产品销售主渠道，引导市民“购买正版，使用正版”，以正版产品市场占有率的逐步扩大，不断打压盗版制品的生存空间，从而更加有效地进行版权市场管理，遏制侵权盗版活动，维护出版物市场秩序。截至2008年，安徽省“正版产品销售示范单位”总数已达到106家，正版示范体系建设在全省已初具规模，正发挥着越来越强大的市场引领作用,产生了广泛的社会影响。

为加强安徽省正版产品销售示范单位建设,促进正版产品销售示范单位认定和管理工作规范化、制度化, 2008 年 12 月 1 日,安徽省版权局制订的《安徽省正版产品销售示范单位管理办法》正式颁布实施。

社会公众的版权保护 自《中华人民共和国著作权法》颁布实施以来,安徽省各级版权行政部门始终高度重视版权法律法规的宣传普及工作,通过政府网站、电子触摸屏、法制宣传栏等途径为公众提供版权信息,接受版权法律咨询。先后印制散发了数万册的《版权法律法规汇编》的小册子。每年的“3·15 国际消费者权益日”,与安徽省消费者协会等 11 个部门都举行大型法律宣传咨询活动;联合有关部门召开“保护知识产权宣传周活动”新闻发布会,向新闻媒体公布当年十大侵权盗版案件;4·26 知识产权日,联合相关知识产权管理部门,举办“保护知识产权,抵制侵权盗版”大型广场宣传活动,宣传著作权法律知识,发放有关著作权法律法规的宣传材料;同时举行企业知识产权保护座谈会,对企业在知识产权保护工作中遇到的问题给予现场解答和具体指导; 12·4 法制宣传日走上街头现场为市民提供有关版权等方面的咨询和帮助,为市民讲解答疑,宣传版权法律法规。举办各种类型的专题报告会、研讨会和培训会,利用广播电视、报刊书籍和网络等媒体开展多角度、多层面的宣传。在做好日常宣传工作的同时,还注意突出重点,每年都有针对性地策划组织几次声势浩大的著作权宣传活动,集中力量,集中时间,重点宣传,以点带面,增强宣传效果。如 2003 年的“全省高校学生著作权保护演讲比赛”, 2004 年的“著作权知识报纸、网络及电视竞赛”, 2005 年的“中学生版权主题教育活动”, 2006 年的“安徽省著作权好新闻评选活动”, 2007 年的“保护知识产权全省万人签名和传递活动”, 2008 年的“青少年版权保护座谈会”等,起到了宣传法律、营造氛围、推动工作的作用。通过系列宣传活动,有效扩大了版权保护的社会影响,进一步增强了人民群众知法、守法的自觉性,同时也提高了广大的作者、艺术表演者、出版者、软件开展者等版权所有者运用法律维护自己合法权益的意识和能力,尊重劳动、尊重知识、尊重创造和尊重人才的版权法制氛围初步形成,为安徽省版权事业的长远发展打下了坚实的基础。

存在问题 安徽省版权保护工作中存在的问题和困难:侵权盗版活动依然存在,社会公众的版权法律意识整体上还不高,对侵权盗版的极端危害性认识不足;版权执法体制和执法队伍不能适应形势的要求。版权公共服务体系概念不够清晰,公共服务理念尚未明确。版权产业发展还很不够,没有有效措施和途径,版权产业发展还欠缺整体规划,版权产业基础性公共数据库尚未建立。

第二章 省辖市新闻出版（版权）局

20 世纪 80 年代，全省各市没有独立的新闻出版管理机构，新闻出版工作归文化部门管理。1995 年以后，各市陆续成立新闻出版（版权）局，管理新闻出版（版权）工作。2007 年以后，安徽省在创新文化宏观管理体制和深化文化事业单位内部改革方面，迈出了重要步伐，对市级新闻出版管理体制进行改革，将文化、广电、新闻出版“三局合一”，实施文化市场综合执法，统一履行原文化局、新闻出版局和广电局的行政职能，主管全市文化艺术、广播电视、文物、博物、新闻出版工作。

市新闻出版管理机构的职责是：贯彻执行党和政府的新闻出版法规、政策；制定地方性管理细则并实施；制定发展规划并实施；管理全市书报刊和电子音像出版物出版发行及印刷业的监管工作；审核内部出版物；管理驻市记者站；管理本地著作权；查禁非法出版物等。

第一节 合肥市新闻出版（版权）局

机构沿革 20 世纪 80 年代初期，由于没有明确的新闻出版行政管理机构，新闻出版的相关职能归属于文化市场管理工作，由市文化局牵头实施。鉴于文化市场涉及部门多、面积广、任务重、政策性强，1982 年，分别成立了由市文化局牵头的合肥市文化市场管理领导小组及市广播局牵头的合肥市音像审核小组。

1983 年 12 月，成立合肥市文化市场管理办公室（以下简称市文管办）。

1984 年机构改革中，市文管小组调整为合肥市文化市场管理领导组。市文管办对内为文化局的一个职能部门，对外是市文管领导组的办事机构，形成市政府管理文化市场的专职组织机构。同时，市广播电视局抽调两人至市文管办，重点抓音像方面的工作。

1989 年 5 月 12 日，成立合肥市文化市场管理委员会。

1993 年 10 月 28 日，市文管办与合肥市新闻出版管理办公室实行一个机构、两块牌子，为文化局内设机构；同时成立合肥市文化市场稽查大队，为正科级事业单位，编制 12 人。

1994 年 10 月 19 日，市新闻出版管理办公室成立合肥市书刊批发市场管理处。

1997 年 10 月 8 日，合肥市新闻出版管理办公室同时挂合肥市新闻出版局牌子（一个机构、两块牌子），为市政府直属副县级事业单位，暂由市委宣传部管理。确定事业编制 8 名,其中领导职数一正一副,局长卢熔。

1998 年 5 月 25 日,合肥市新闻出版局增挂合肥市版权局的牌子。10 月 26 日,市编委印发《合肥市新闻出版局(合肥市新闻出版管理办公室)职能配置、内设机构和人员编制方案的通知》,定编 8 人。内设新闻出版和报刊管理两个职能科室,其职能为:贯彻执行党和国家关于新闻出版的法律、法规和方针政策;研究起草新闻出版的地方性法规、规章草案,编制全市新闻出版事业的中长期发展规划和年度执行计划,并组织实施;拟定新闻出版产业规划和经济政策并指导、协调其产业发展;综合管理全市各类出版物的出版发行,审核、报批出版、发行、印刷管理、代理机构;负责图书、报刊、电子等各类出版物的审读;管理行业的教育培训工作,指导相关行业协会、学会等社团组织的业务活动等。

2002 年,合肥市机构改革,将市新闻出版局并入市文化局,并增挂合肥市版权局牌子,一个机构,三块牌子,即合肥市文化局、新闻出版局(版权局)。增加了著作权(包括计算机软件著作权)管理工作。设立新闻出版版权管理处,编制 3 人。局长黄先明。

2007 年 4 月,合肥市再次进行机构改革。将市文化局(新闻出版局、版权局)与市广播电视局合并,成立了合肥市文化广电新闻出版局,主管全市文化艺术、广播影视、文物博物、新闻出版和著作权工作,为合肥市人民政府组成部门。新闻出版与版权管理方面的主要职能保持不变。内设职能部门为新闻出版版权管理处,编制 3 人。局长姚卫东。

新闻出版管理工作　*印刷企业管理*　截至 2008 年年底,全市共有印刷企业 1020 家,其中出版物印刷企业 103 家、专项印刷企业 19 家、包装装潢印刷企业 143 家、其他印刷品印刷企业 241 家、打字复印单位 514 家;省级文化产业基地(安徽[合肥]印刷产业基地)1 个。印刷行业总资产约 406 亿,年产值达 50 亿元,从业人员 5 万余人。

管理办法:①实行经营许可制度。新设立印刷企业,必须持书面申请,在人员资质、经营场所、设备购置、注册资金等全部符合申办条件的情况下,通过行政许可程序后发给《印刷业经营许可证》。其中:出版物、专项印刷企业由市局初审,报省局审批;包装装潢、其他印刷品印刷企业由市局批准。②实行年度核验制度。所有印刷企业必须按规定参加年度核验,对未通过年度核验的企业依法予以处罚。③实行严密监管制度。坚持日常监管巡查、重点时段深入检查、群众举报及时核查、专项行动严厉稽查,确保印刷经营行为规范有序。④实行人员培训制度。定期或适时举办法律、法规培训、教育,及时通报企业执行印刷业“五项制度”情况,不断增强企业法定代表人和负责人法规意识和依法经营的自觉性。⑤实行委托承印制度。出版物印刷企业在接收书刊印刷业务时,必须验证印刷“委托书”或“准印证”,否则,一律按违规处理。

出版物市场管理　1987 年,国务院下达了《关于严厉打击非法出版活动的通知》,当时的市文管办迅即联合公安、工商等部门进行市场检查,收缴各种非法出版物 80 多万册,并于 1988 年举办了“合肥市严厉打击非法出版物成果展览”,有效增强了宣传教

育效果，社会反响良好。

1989 年，成立了合肥市书报刊、音像市场清理整顿领导小组，各县区也相应成立了领导小组，由市、辖区文化部门牵头，坚持每年开展两次以上大规模集中统一行动，一手抓整顿，一手抓繁荣，严厉打击和收缴各类非法出版物。

1992 年，出版物市场出现一批由正规出版社出版发行的几十种人体裸体画册，打着人体美术的幌子，实则充斥色情内容。鉴于其为正规出版物，不能贸然收缴，市文管办为此专门携带收集的 23 种画册样本，赴新闻出版署和文化部汇报。该批画册经新闻出版署鉴定后，明令禁止销售。文化部部长刘忠德对合肥市既注重抓“扫黄打非”，又注意抓政策法规宣传的做法给予了充分肯定，并为合肥市的文化市场管理题词：“加强文化市场管理，繁荣社会主义文化事业”。

1995 年，为便于市场管理，把住进货渠道关，防止各类非法出版物流入市场，市文管办在长江东路东都大厦集中了 23 家（后陆续发展到 45 家）书刊批发书店，形成了规模经营的合肥市书刊批发市场。对入场经营者实行书刊售前送审制度，发现问题即责令其不准流入市场，有效地遏制了非法出版物的销售。

1999 年，合肥市书刊批发市场有东都大厦迁移至安徽大市场，逐步形成了一个面向全省、辐射全省的大规模的集中经营书市——安徽书刊批发市场。截至 2008 年年底，全市出版物批发经营单位 183 家，零售书店 309 家（含二级批发单位）。

2005 年 11 月，合肥市人民政府第 62 次常务会议审议通过了《合肥市出版物市场管理办法》，该办法于 2006 年 1 月 1 日正式施行。该办法作为地方政府规章的出台，对合肥市加强出版物市场管理起到十分重要的作用。

出版物市场管理严格执行国务院《出版管理条例》和新闻出版总署《出版物市场管理条例》，对全市报纸、期刊、图书、电子出版物等发行经营活动进行监督管理。①实行许可证制度。凡在全市范围内进行出版物发行或零售的单位和个人，必须经过市（县、区）新闻出版管理部门审核批准。②实行分级管理制度。批发单位由市局初审，报省局审批；零售由县（区）批准。③实行市场稽查制度。坚持日常巡查的同时，做到“扫黄打非”联合查，重大节日集中查，重点路段随时查，群众举报及时查，特殊时期突击查，专项行动重点查，严重问题立案查。④实行资格培训制度。定期对法定代表人或主要负责人进行法规培训，取得职业或技术资格方可从事本行业工作。

“扫黄打非”案例 1989 年，中央关于清理整顿书刊和音像市场的文件尚未正式下达，全国性的“扫黄”行动还未开始，合肥市从 7 月 14 日开始，对全市书刊和音像市场进行了全面清理整顿，率先打响了全省“扫黄”工作第一炮。至 10 月，先后查封收缴涉嫌书刊 209 种、11 万余册。

1990 年，组织全市性“扫黄”工作突击行动 4 次，共出动 3200 多人次，对 400 余家（次）书刊批发单位、零售摊点进行检查清理，查封、收缴书刊 8.6 万册，淫秽色情书刊 100 余册，吊销《文化经营许可证》4 家，立案 7 件，全部交由公安部门处理。

1992年12月，先后与省新闻出版局和市公安、工商等部门联合行动，捣毁非法经营窝点3个，收缴非法出版物1万余册。

1993年，针对销售违禁出版物《雪白血红》行为，严查彻究，并赴武汉调查取证，严厉查处行动受到有关部门的一致好评。

1995年7月，对全市印刷企业进行检查，严肃查处了12家印刷企业非法印制挂历行为，挂历成品全部予以收缴。

1996年，全市开展了“冬季扫黄打非”集中行动，出动检查人员1430人次，取缔无证经营摊点27处，吊销7家经营许可证，收缴各类非法出版物4400余册。

1997年，先后开展以“迎港归”、“喜迎‘十五大’”等活动而展开“扫黄打非”专项行动，通过五次集中行动，收缴各类非法出版物近2万册，其中违禁、淫秽出版物1400余册。

1998年3月，取缔非法地下印刷厂2家，查封非法经营盗版书刊书店1家，收缴各类非法出版物近3万册，并与公安部门联合赴江苏南京追查盗版书商。全年收缴非法出版物3.2万册、非法光盘2600余张。

2004年10月，捣毁非法加工和盗印新华字典的一家印刷厂，查收半成品和成品字典共2.5万余本，首次从源头查获盗版工具书。

2005年2月，在公安部门的配合下，查获合肥市张洼路一家盗版教材教辅的存储仓库，现场查获盗版教材、教辅材料54个品种11万余册，码洋83万余元。12月，省暨合肥市版权局根据国家版权局提供的案件线索，查处了设在合肥市金寨路122号合肥蓝翼科技股份有限公司的“雄飞传奇3”私服网站，查扣服务器5台。

2006年2月，查获花冲公园附近一起非法经营盗版图书窝点案，收缴盗版图书3.8万余册，码洋161万余元。3月，查获全国“扫黄打非”办公室重点督办的挂牌案件——合肥天顶科技文化有限公司非法印刷发行教辅图书案，涉嫌盗版数额巨大，总码洋达940余万元。2007年1月，合肥天顶科技有限责任公司负责人徐某因发行大宗盗版教材图书和出版物，被合肥市瑶海区法院以侵犯著作权罪，判处有期徒刑1年零6个月，并处罚金5万元，涉案的60多万册非法出版物全部予以没收。4月28日，查获全省“反盗版百日行动”十大案件之一的南京博林文化传播有限公司盗印教辅图书案。南京博林文化传播有限公司在合肥市肥东县各乡镇中心小学发行、推销署名内蒙古人民出版社的教辅《新标准单元同步测试》，涉案盗版教辅34万余册，码洋250万多元，非法经营业主等人随即被批准逮捕。2007年2月，南京博林文化传播有限公司负责人盛某因侵犯著作权罪，被肥东县法院判处有期徒刑3年，缓刑5年，并处罚金20万元，非法出版物34.115万册予以没收。

2007年2月，执法人员在合肥市一居民小区内，捣毁一处专门批发销售盗版书籍的地下窝点，现场查缴了盗版书籍2万多册，总码洋达50多万元。这是安徽省启动“保护知识产权、反盗版天天行动”以来，第一次查处的规模较大的一起盗版案件。3月20

日，省公安厅、省“扫黄”办暨合肥市公安局、“扫黄”办组织查处破获“3·20 白云音像店”非法经营盗版光盘案，抓获犯罪嫌疑人，查封盗版光盘、磁带经营点和仓库 5 处，扣押盗版音像制品 14 卡车，约 40 余万张（盒）。4 月 23 日，查获“4.23”盗版音像制品案，收缴盗版音像制品 40 余万张。案件涉及广东、上海及省内各地，查出该案犯罪嫌疑人 3 年间共销售盗版光碟约 200 万张。4 月 28 日，查处、起诉一起传播淫秽物品案，该案的犯罪嫌疑人为提高网站的访问量和网站的域名排名，提供直接链接视频文件 186 个，复制、粘贴淫秽图片 1382 张发布在其网站上。5 月 12 日，查获某印刷厂未经批准，擅自委托印刷非法出版物《中华旅游报》案件，依法取缔《中华旅游报》，没收编辑工具电脑主机一台；并给予印刷厂警告处分，责令法人代表深刻检查，责令该厂认真整改，没收非法所得 9000 元。7 月 5 日，省“扫黄”办，省、市文化、公安部门联手成功捣毁隐藏于合肥市站塘新村 8 栋内的一个非法音像制品地下批销窝点，当场收缴盗版音像制品 8 万张。

2008 年 1 月 3 日，由省“扫黄打非”领导小组办公室牵头，省新闻出版局、合肥市新闻出版、公安、文化等部门联合行动，在合肥市花冲公园附近，一举查获了 4 个非法出版物批售窝点，查获各种盗版图书 7 万多册。这是全国“扫黄打非”办督办的安徽省 2008 年第一起非法出版物大案。8 月 26 日，查获国家版权局反盗版中心转交安徽省的第一案——“8·26”非法图书窝点案，捣毁非法图书经销窝点 2 个，查扣涉案非法出版物近 3 万册。

获得荣誉 1993 年 12 月，合肥市文化市场管理办公室被省文化厅、省工商行政管理局表彰为全省文化市场管理先进集体。

1994 年 11 月 30 日，时任文化部常务副部长高占祥在全国文化市场监督检查工作会议上指出：“我们从现有的资料中看出，在新的历史时期，建立文化市场机构和建立文化市场监督检查队伍，比较早的是安徽省合肥市。”并用较大篇幅的文字，再次肯定合肥市的成绩，予以表彰。

1995 年 3 月，合肥市文化市场管理办公室（新闻出版管理办公室）荣获安徽省“扫黄打非”工作先进集体称号。

2004 年，合肥市代表队参加“全国著作权知识竞赛（安徽赛区）电视竞赛，荣获一等奖和优秀组织奖；合肥市文化局（新闻出版、版权局）被表彰为安徽省“‘扫黄打非’工作先进集体”。

2006 年 12 月，合肥市新闻出版局荣获全国新闻出版系统“四五”普法先进单位称号。

2007 年，合肥市文化广电新闻出版局获全省“扫黄打非”通报表彰，长丰县新闻出版局被表彰为全省新闻出版目标管理考核综合优秀单位。

合肥市新闻出版版权管理处荣获全省“扫黄打非”办案有功集体称号，合肥市新闻出版局、肥东县新闻出版局荣获全省新闻出版局目标管理考核综合优秀单位称号，市文化广电新闻出版局荣获全省新闻出版系统信息工作先进单位称号。

第二节 淮北市新闻出版（版权）局

机构沿革 1996年1月3日，淮北市文化市场管理办公室定为副县级事业单位（挂淮北市新闻出版局牌子），由淮北市文化局管理。

1997年1月3日，《关于改变淮北市文化市场管理办公室（淮北市新闻出版局）隶属关系的通知》，淮北市文化市场管理办公室（淮北市新闻出版局）由淮北市文化局管理改为淮北市委宣传部管理，其职能、编制和职数不变。

1998年4月10日，市文化市场管理办公室与市新闻出版管理局分离，市新闻出版管理局为市政府直属副县级事业单位，暂由市委宣传部管理，编制2名。赵清贤任淮北市新闻出版管理局局长。

2002年8月14日，设置淮北市文化局（新闻出版局、版权局），为主管文化艺术、新闻出版、版权事业的市政府工作部门，丁宏焕任淮北市文化局副局长兼新闻出版局局长。2005年3月，孙建任淮北市文化局（新闻出版局、版权局）局长。2008年2月，王治江任淮北市文化局（新闻出版局、版权局）党委书记、局长。

新闻出版管理工作 市新闻出版局负责全市宣传贯彻新闻出版发行工作的法律法规；负责全市出版物市场监管工作，保证出版物市场健康有序；做好全市内部资料的审批工作；做好新闻媒体驻市记者站（工作站）、发行站的管理及年度核验工作；与有关部门配合，牵头负责网络管理工作；负责农家书屋建设工作；负责全市印制业的宏观调控和各类印刷活动的监督管理，协助省新闻出版局审核、发放印刷经营许可证，查处各类非法印刷活动；负责全市非连续性内部图书资料准印证和连续性内部资料性出版物准印证的审核、报批和指导监督工作。

第三节 亳州市新闻出版（版权）局

机构沿革 亳州市于2000年5月经国务院批准设立省辖市。根据省委、省政府《关于亳州市党政机构设置和人员编制等问题的批复》，2000年7月，设置亳州市文化广播电视局（市新闻出版办公室），为市政府工作部门。

2005年1月，根据安徽省委办公厅《关于亳州市人民政府机构改革方案的通知》，经亳州市机构编制委员会批准，按照《关于市文化广播电视局加挂版权局牌子的通知》，市新闻出版管理办公室更名为市新闻出版局，加挂市版权局的牌子。原定人员编制、内设机构和领导职数均不变。

2000年7月至2003年11月局长：金汉文；

2003年11月至2007年9月局长：孙福安；

2007 年 9 月至今局长：葛生。

新闻出版管理工作　亳州市文化广播电视局（市新闻出版局）新闻出版方面主要职责：

负责全市新闻出版管理工作，管理全市新闻出版市场；负责全市图书、报刊等出版、发行的管理；管理全市印刷业、复制业；组织审核各类出版物（含图书、报纸、期刊、电子书报刊等），查处违禁、违规出版物。

管理全市著作权工作（包括电子出版物和计算机软件著作权），处理有关版权纠纷；制定并指导实施新闻出版行业科技发展规划，组织协调新闻出版行业科研工作，参与制定对新闻出版行业的经济政策和经济调节措施。

负责审核报批新建出版社和新办报纸、期刊、电子书报刊出版单位；归口管理全市对外新闻出版系统的外事工作和对外交流与合作；承办法律法规规定的各项事宜；承办市委、市政府交办的其他事项。

亳州市文化广播电视局（市新闻出版管理办公室）机关行政编制 17 名。其中局长 1 名，副局长 3 名；科级领导职数 6 名。机关后勤行政管理服务人员编制单列 3 名。

成立由局主要负责人担任组长的新闻出版局依法行政领导小组，具体指导和协调全市新闻出版依法行政工作。

制定和完善《各科室人员岗位职责》《行政执法人员行为规范》《行政执法值勤考核办法》《行政执法巡查制度》《执法人员十不准》等规章制度，严格按照法定程序开展执法活动，规范执法行为，真正做到合法、公正、文明执法，不滥用权力，不以权谋私，不贪赃枉法，不吃拿卡要。

加强依法行政机构建设，设立政策法规科，负责全局的行政执法、行政听证、行政复议、行政许可、法规宣教和机关效能监督等工作。组建副处级亳州市文化市场综合执法大队，从执法力量上为全面推进依法行政工作奠定了坚实的基础。

加强执法队伍建设，严格把好进人关，通过公开招考，选拔年轻优秀人才充实到市场执法队伍，形成新老相结合、年龄成梯次、文化学历高、业务能力强的科学组合，为依法行政打下了良好的组织基础。抓好执法人员的学习培训，建立完善的学习培训制度，学习法律法规和依法行政理念、原则，掌握执法技能和技巧，学习依法行政先进经验，努力打造一支作风正、专业强、素质高、能吃苦、敢打硬仗的新闻出版执法队伍。

增强服务意识，提高行政效能　积极实行“开放式”办公，把行政许可等审批项目全部进入市行政服务窗口办理，对新闻出版项目办理实行全程管理。将科室责任人、基本职能、执法依据、办事条件、服务流程、需提交的全部材料要求、收费的标准依据、办理时限、违诺处罚措施及投诉电话等予以公示。对重大事项等实行内部会审制度，增强了机关决策和业务工作的透明度，有效地避免了不应发生的违规行为，很好地履行了行政许可职责。

严格实行“一站式”受理服务，坚持申办事项、办理程序、申报材料、承诺时限、收费标准“五公开”,实行了首问负责制、限时办结制、差错审查制、责任追究制、服务承诺制等“九项制度”,细化了服务承诺措施。

进一步加强宣传和信息沟通,建立电话、信函、网络和印制办件明白卡等多种社会沟通渠道,方便群众了解新闻出版工作和行政许可程序,对群众提出的问题、需要解决的事情,做到件件有回复、事事有办理。

强化监管,推动新闻出版业健康繁荣发展　为确保坚持正确的政治方向和舆论导向,组织召开新闻单位和记者站工作会议,就报刊、网站坚持正确的政治方向、舆论导向和如何面向市场,提高办报办站质量,促进自身发展进行探讨和引导。加强报刊审读工作,对市内公开发行的报纸和内部连续性出版物的内容导向、格调和质量进行审读把关,指导出版单位不断提高报刊质量和办报办刊水平。

加强版权保护工作,采取多种形式积极开展知识产权保护宣传活动,通过新闻媒体,在社会上广泛宣传版权保护知识,增进全社会版权保护意识。在“4·26”世界知识产权日,组织开展多种形式的宣传活动。

加强网络著作权保护,与电信、公安等部门协调工作,开展对境内网站的日常巡查,把属地大型网站作为监管重点。通过日常在线浏览检查,对是否有侵权盗版行为进行有效监管,完善全方位的著作权保护工作体系。

认真落实中央和省“扫黄打非”的各项工作部署,坚决把牢“三条防线”,建立严格的领导责任制、重大案情报告制、责任追究制和健全完善的社会监督机制。设立电话举报、信函举报、网络举报等多种社会监督举报方式,确定专人负责举报管理。邀请人大代表、政协委员、行风监督员参与市场执法,充分发挥社会监督力量作用,形成齐抓共管的良好局面。

坚持标本兼治、打击与防范相结合,日常监管与开展集中行动、专项治理相结合,集中力量查办大案要案。突出封堵查禁政治性非法出版物、淫秽色情出版物和非法报刊,有力地打击违法行为,净化出版物市场,营造良好文化环境。

加强公共文化服务体系建设,积极推进农家书屋建设　全市共计 1244 个村。2007 年建成农家书屋 4 家, 2008 年村建成农家书屋 266 家。

市政府成立农家书屋工程领导小组,各县区也相应成立农家书屋工程领导小组。各部门之间相互配合,密切协作,整合资源,发挥优势,有效推动农家书屋工程建设。

坚持整合各方面力量,实行资源共享,把农家书屋建设与村级办公活动场所建设、农村现代远程教育、农村文化信息资源共享工程、村级医疗室等结合起来建设、管理和开展活动,增强农家书屋的生命力。

严格建设标准,每个书屋可使用面积不少于 20 平方米,书屋整洁卫生。按照科学性、实用性、经济性、通俗性和农民群众看得懂、用得上的原则,每个农家书屋配备图书不少于 1500 册、种类不少于 1200 种,报刊不少于 20—30 种;电子音像制品不少于 100 种(张)。

书屋按要求配备桌椅等基本阅览设施。每个书屋悬挂统一标牌，书屋管理制度、借阅制度和管理员职责上墙，并有出版物登记簿、出版物借阅登记簿、出版物需求登记簿等簿册。保证固定的开放时间，实行免费借阅。

按照“建好、管好、用好”的原则要求，加强对已建成农家书屋的管理使用，建立健全书屋管理制度，规范对书屋管理员的管理和监督，培训书屋管理人员，提高管理水平和服务质量。积极探索农家书屋管理使用的长效机制，真正发挥农家书屋在建设社会主义新农村中的积极作用。

第四节　宿州市新闻出版（版权）局

机构沿革　1997 年 5 月 9 日，宿县地区新闻出版管理办公室成立（副县级）。2000 年 3 月 21 日，宿州市新闻出版局挂牌成立（副县级）。2001 年 12 月 30 日，加挂宿州市新闻出版局、版权局，为文化局内设机构，局长高配为副县级。2000 年 3 月 21 日，潘甦任宿州市新闻出版局副局长，2002 年 4 月 1 日任局长。

新闻出版管理工作

贯彻党和国家新闻出版工作的方针政策和著作权的法律法规，研究制定本行政区域内新闻出版著作权管理细则和管理措施，并组织实施和监督检查。

研究制定本地新闻出版行业发展规划和年度计划并指导实施；审核本地报纸、期刊和记者站的申办与变更，协助省新闻出版局做好记者证的审核发放工作；审核书报刊印刷企业和书刊印刷许可证，审核书报刊发行单位和二级批发许可证，受托审批内部资料性非正式图书一次有效的准印证。

组织审读、审看本地出版的报纸、期刊和市场上销售的各类出版物（含音像制品，电子出版物），查处违禁出版物。

会同有关部门管理本行政区域出版物市场，制订出版物市场管理规定，依法查处“制黄”、“贩黄”、非法出版活动和违反规定行为。

管理本地音像制品的出版、复制、进口和发行工作，审核本地音像制品出版、复制和发行单位的设立与变更，查处音像制品出版、复制和发行中的盗版、盗印和违禁、违规行为。

指导本地报纸、期刊的出版工作，指导当地新华书店的建设和经营方向；检查监督印刷企业印制书报刊情况和印刷产品质量，协助省新闻出版局做好报社、期刊社、书报刊印刷企业、记者站和集体发行单位的年检工作。

管理本地著作权工作（包括计算机软件著作权），协助省新闻出版局查处著作权侵权案件，调解当地发生的著作权纠纷。

负责编制新闻出版行业人才需求计划，指导本地新闻出版队伍培训、工人技术等级考核和鉴定工作，组织指导本地新闻出版专业技术职务评审工作。

获得荣誉　1997 年—1999 年，宿州市新闻出版局被安徽省“扫黄打非”领导小组连续授予“全省‘扫黄打非’工作先进集体”称号；

2000 年 7 月，宿州市新闻出版局被安徽省新闻出版局授予“全省新闻出版（版权）行政管理 1997—1999 年度先进单位”称号；

2005 年 2 月，宿州市新闻出版局被安徽省新闻出版局授予“全省新闻出版（版权）行政管理 2003—2004 年度先进单位”称号；

2006 年 2 月，宿州市新闻出版局被安徽省新闻出版局授予“全省新闻出版（版权）行政管理‘产业发展’先进单位”称号。

第五节　蚌埠市新闻出版（版权）局

机构沿革　1995 年 1 月 6 日，经市编委批准成立了蚌埠市新闻出版局与市文化和音像市场管理委员会办公室、市“扫黄打非”领导小组办公室形成一个机构、三块牌子，副县级事业单位，归市委宣传部管理。1997 年，经市政府“三定”方案明确，市文化和音像市场管理委员会办公室、市“扫黄打非”领导小组办公室、市新闻出版局归属市文化局管理，同时更名为市文化市场管理局。2002 年 8 月，市政府“三定”方案明确市新闻出版局、市版权局同市文化局合署办公，挂市文化新闻出版（版权局）局牌子。

1995 年 1 月 6 日，市新闻出版局成立时，刘东宇担任市文化和音像市场管理委员会办公室、市“扫黄打非”领导小组办公室主任、新闻出版局局长。1997 年，王京阜任文化市场管理局（新闻出版局）局长。2002 年 8 月 5 日，谢克林任市文化新闻出版（版权）局局长、书记。

新闻出版管理工作　1. 负责全市常规性市场检查，有计划分项目、分时间段日常检查重点抽查；2. 全力完成省局交办的各类查缴任务；3. 完善群众举报制度，查处全市新闻出版经营中的违规违法行为；4. 规范市行政服务中心“文化新闻出版版权”窗口工作，对新建、变更项目的审批和全市新闻出版经营单位的年度审核；5. 积极开展新闻出版产业招商引资活动；6、对三县四区新闻出版工作进行检查、督促和指导。另外，拟定市新闻出版管理的政策法规性文件。

截至 2008 年年底，全市共有新闻出版行业经营单位 419 家，直接从业人员 9000 余人。

管理工作做法：1. 坚持领导班子统一领导；2. 坚持工作的计划性；3. 坚持立足自身，克服困难；4. 抓工作重点、热点、难点；5. 坚持依法行政，从严管理，全面调动每名员工的积极性；6. 及时总结，调整工作的策略和重点；7. 在行政处罚过程中，始终坚持教育和处罚相结合的原则，始终将教育放在首位；8. 加强行业的宣传报道力度，通过宣传，让社会大众知道新闻出版行业的政策、法规。

“扫黄打非”案例　1.1999 年 12 月 29 日，市新闻出版局在铁路分局火车站派出所的协助下，在铁路分局南货场，查缴由上海发蚌埠振华书店非法图书10件，经鉴定，共有18个品种1370册，全部为淫秽图书。当事人被立案刑拘。

2.2000年2月2日，市局在省新闻出版局版权处的大力支持下，成功查缴红旗印刷厂非法承印盗版教辅用书成品5000套，半成品3000套。

3.2007年7月17日，市局在省"扫黄"办和省新闻出版局的具体指导下，查获隐藏在市龙子湖区幸福三巷居民区内的非法图书批发点，当场收缴各类非法出版物7万余册。

获得荣誉 1.2000—2008年市局被评为全省"扫黄打非"工作先进集体；

2.2007年怀远县新闻出版局被省局评为先进集体。

第六节 阜阳市新闻出版（版权）局

机构沿革 阜阳市新闻出版局于1997年4月15日经阜阳市机构编制委员会批准成立，属党委序列市委宣传部下属二级机构，副县级建制，定编4人，领导职数一正，事业性质，财政全额拨款。1997年10月18日，阜阳市新闻出版局正式挂牌办公。

2003年机构改革，新闻出版局纳入政府编制序列，编制增加到6人，同时，增设新闻出版科和印刷复制科2个正科级科室，挂靠在阜阳市文化局。

首任局长漆德安，第二任局长刘其杰。

新闻出版管理工作 阜阳市新闻出版局的工作职责是：

贯彻执行党和国家新闻出版、著作权的法律、法规和方针政策。

制定全市新闻出版业的发展规划并组织实施；参与拟定全市新闻出版业的经济政策和有关的经济调节措施。

审核报批全市新建出版物(包括图书、报纸、期刊、音像制品、电子出版物等)发行单位。

对出版物的出版、印刷和复制、发行等新闻出版活动实施监督管理；查处违禁出版物和出版、印刷、复制、发行单位的违法违规活动。

监督管理印刷业。

承办市政府交办的其他事项。

建立管理机构 阜阳市新闻出版局挂牌办公伊始，也像全省其他市一样，首先遇到的问题是"三国演义"和"高位截肢"。所谓"三国演义"是指由于历史体制方面的原因，对文化市场的管理，文化、广播电视和新闻出版三个部门都有权管理，管理权不明确，管理的范围既有交叉，又存在盲区，而且政令不统一，十分不利于出版物市场和印刷业市场的有效管理和健康发展。"高位截肢"是指虽然市级建立了新闻出版管理机构，但县区一级无专门的机构，膝下无腿，政令到了县区一级无法得到有效的实施。

针对上述高位截肢、县级无腿的形势，结合阜阳的实际，阜阳市新闻出版局先是以市委宣传部的名义印发了《关于在全市各县市区建立新闻出版管理办公室的通知》(以下简称《通知》),《通知》要求,鉴于当前新闻出版管理的形势,各县市区委宣传部要尽快组建一支3—5人的新闻出版管理办公室,由一名副部长负责,具体管理本辖区的新闻出版市场。《通知》下发后,各县市区非常积极,截至1997年年底,新闻出版管理办公室基本建立健全,市局安排的工作任务能够基本予以落实,上下联动的工作机制初具雏形。

出台《规定》 机构基本建立后,阜阳市新闻出版局起草并以市政府的名义出台了《阜阳市新闻出版管理暂行规定》(以下简称《规定》)。《规定》要求:阜阳市城区的出版物市场(图书报刊的批发、零售、出租等)、印刷市场(书刊印刷业、包装装潢印刷业、社会零印、复印打字等)由市新闻出版局管理,各县市区的出版物和印刷市场由市新闻出版局依法委托当地的新闻出版管理办公室负责管理。《规定》要求全市上下要积极行动起来,明确管理主体,理顺关系,从办理《出版物许可证》《印刷业许可证》和加强市场稽查入手,尽快把新闻出版市场接管起来;要"一手抓管理,一手抓繁荣",确保这一市场的不断净化和繁荣。经过一个阶段的努力协调和宣传,接管、办证和市场稽查工作基本在全市范围铺开,并一步一个脚印,不断把各项工作推向深入。《阜阳市新闻出版管理暂行规定》是全省第一个市级人民政府出台的关于新闻出版管理的规范性文件。

出版物和印刷业管理 这是一个比较复杂的难题,由于体制的原因,原负责管理的文化部门不支持,经营户不理解、不配合。对此,市新闻出版局做了大量细致的工作,比如省人大专题调查组来阜阳调查阜阳的管理体制,市局代表省新闻出版局起草了有关的说明文件,并由省新闻出版局印发,进一步澄清了管理体制上"谁来管、管什么"的问题,有力地推动了《阜阳市新闻出版管理暂行规定》的实施。

为了落实阜阳城区及各县市区新闻出版管理办公室的管理职责,市新闻出版局还通过市委、市政府向各县市区提要求,召开协调会,市新闻出版局通过到县市区直至案件查处现场指导工作等方式,各县市区也通过文件、电视、报刊等形式加大舆论宣传,主动与经营户、与有关部门协调沟通,做细致的工作,一步步地开拓前进,工作局面渐渐打开。1997年,阜阳市有500余家书刊经营户,2000余家各类印刷厂家和复印打字户(1980年前后,阜阳有5000余家各类印刷厂家和个体经营户)。根据管理工作的实际,阜阳市新闻出版局设计制作了《书刊经营许可证》《印刷业许可证》和《复印打字许可证》,并下发了《关于换发出版物和印刷业经营许可证的通知》,对全市的书刊经营户和印刷业统一换发许可证,逐步摸清了家底,纳入新闻出版管理轨道。

查处案件,重奖举报有功人员 新闻出版管理单靠少量的管理人员不行,必须依靠广大人民群众的支持。为此,1999年,在全市各级新华书店的支持下,阜阳市新闻出版局设立了9万元的奖励举报基金。基金由全市各新华书店集资构成,存放在阜阳市新华书店的专用账户里。市委宣传部和市新闻出版局联合下发了专门文件,分为"奖励对象范围、奖励比例及数额、奖金的审批和发放"等方面,对奖励基金的使用作了明确的规定。奖励举报制度向社会公布后，引起了强烈反响，发挥了重要作用，各级新闻出版管理人员犹如增添了“千里眼、顺风耳”。

查处案件，净化市场　对非法出版发行案件，发现一起查处一起，严格按《出版管理条例》《印刷业管理条例》《出版物市场管理规定》给予相应的行政处罚。把加强日常规范管理和查处大要案相结合：通过加强日常监管发现漏洞，发现案件线索；通过加大案件查处力度，强化日常监管的制度化、规范化措施。每年都查处一批各类非法出版发行案件，范围包括本市书刊发行户、印刷厂家，教育部门下属的公司，外来的书刊推销商等。查处的非法书刊数量大，一次的销毁量就有 3—5 卡车，几十万册。日常监管和案件查处的密切配合，管理手段不断加强，社会影响不断扩大。

建章立制，规范市场　先后建立了《市场巡查制度》《出版物经营单位申报审批程序》《非法出版物鉴定程序》《非法出版物销毁程序》《出版物经营单位年检备案程序》《行政执法案件办理程序》《经营出版物备案程序》等多项制度，为规范市场、依法行政提供了有力保障。每周对出版物市场进行 1 次常规巡查，每月进行 2 次不定期的突击检查，每月市场巡查次数不少于 6 次。制定市场巡查日志，对每次市场巡查过程中遇到的问题，发现的新动向，以及每月一次的经营业主座谈会都有详细的文字记录，并要求被检查的经营单位签字、备案。

为了促进出版物市场的净化，要求各经营单位做到“两净、三上墙、十不准”：一是经营店面卫生、干净，出版物摆放整齐；二是出版物内容干净，坚决杜绝有严重政治问题或淫秽色情以及非法出版物进入市场；同时做到《出版物经营许可证》《营业执照》《经营出版物十不准》“三上墙”，在店内醒目处悬挂，亮证经营，依法规范经营。

专项治理，净化市场　每年在全市范围内开展一次为期一个月的印刷复制业的专项治理工作，检查印刷企业是否有盗版、盗印出版物和假商标及包装装潢中非法印刷活动；检查是否超范围违规印刷；检查是否认真执行《印刷品承印管理规定》，全面落实“五项制度”。在严管的同时，积极为印刷企业做好服务工作，力所能及地帮助解决问题，提供业务信息，主动帮助联系业务，同时，还不定期地组织印刷业开展一些文体活动，增强企业职工的凝聚力，寓管理于服务之中，大力促进印刷业的健康发展。

阜阳是人口大市，有在校中小学生 200 余万人，教材教辅市场巨大，不仅本市经营教学书的生意红火，而且吸引外省市的书商也来阜阳开辟市场。因此，一时间教辅市场鱼龙混杂，非法出版物也趁机而入，新闻出版管理任务艰巨。针对这种形势，阜阳市新闻出版局自 1998 年起，每年春秋两季（1—3 月、7—8 月），都按期开展教材教辅市场的专项治理，主要做法是：首先拟定工作方案，印发到各县市区及教育、公安、工商、新华书店等有关部门；二是召开经营户的会议，讲明有关规定，要求其不得经营非法出版的教材教辅；三是在电视、广播和报刊上发布新闻，在全社会进行宣传动员；四是鼓励和重奖群众举报；五是联合上述有关部门查处案件，发现一个查处一个；六是加强巡查，重点查处外地的游商，坚决收缴非法经营的出版物；七是对各县市区的工作和案件查处情况进行督察,发现问题及时指出,并限期予以整改。

再者,是结合实际,集中时间、集中力量、有重点、有目的地在全市范围内开展对报刊市场、青少年读物市场、夜市、游商的非法经营等进行专项治理。比如在对报刊市场的治理中,对非法出版的报刊坚决予以查封,情节严重的依法给予行政处罚;对违规刊登广告的内部资料刊物单位予以警告,年检时予以缓检;联合工商行政部门对固定印刷品广告从严控制和加强管理等,专项治理针对性、实效性强,确保了市场的不断净化。

舆论宣传,营造良好管理氛围　阜阳市新闻出版局始终高度重视宣传舆论工作,一是通过广播、电视、报刊、网站等媒体和政务公开栏等载体大力开展新闻出版和版权保护的宣传教育活动,提高社会的新闻出版和版权保护的法律意识。二是在每年的“3·15”消费者权益日、“4·26”世界知识产权日、“6·1”著作权法实施纪念日、“12·4”法制宣传日期间,积极组织开展新闻出版管理法律、法规宣传活动。平均每年都要在市主流媒体上刊播稿件二十余篇,每年的各种法制宣传活动中,阜阳市新闻出版局都精心组织内容丰富的活动,吸引大量的群众前来观看和咨询。强有力的舆论宣传工作,营造了良好的新闻出版管理工作氛围。

同时,阜阳市新闻出版局还高度重视信息统计工作,由专人负责《新闻出版管理信息》编发工作。重要工作、重大活动的开展情况,都能及时通过信息上报省局和市委、市政府有关领导,抄送市直有关部门交流,下发各县、市局交流指导工作。每年都向省局网站报送信息 约 50 条,平均被省局采用 20 条左右,保障了信息畅通,促进了工作交流。

扩建书刊专业市场　2001 年起,原阜阳古商城书刊市场因经营户、经营图书品种和数量剧增,已无法适应市场发展的需要,亟需开辟一个大型的专业书刊市场。经过深入的市场调研和可行性分析, 2002 年 4 月起,阜阳市局开始组织人员对现有的空闲大型批发市场进行考察、对比、谈判,同时,就新市场的今后发展制定相应的管理方案。2002 年 7 月 18 日,在省新闻出版局的大力支持下,占地 12000 平方米、交通便利、设施完备的阜阳市瑶海书刊交易市场正式挂牌营业,标志着阜阳市出版物市场发展进入一个新时期。2003 年 8 月 31 日,阜阳市第一批 10 家出版物二级批发单位领取了省新闻出版局颁发的《出版物经营许可证(二级批发)》,阜阳瑶海书刊市场被省局定为全省六大书刊交易市场之一。此后,阜阳瑶海书刊市场入驻经营单位 30 家,经营各类教学辅导用书、文艺、少儿、社科、农艺类图书近 20000 种,图书正版率为 95% 以上,发行范围覆盖阜阳、亳州、淮南、蚌埠、六安、淮北以及河南省信阳、周口等地区,年销售码洋近 3 亿元。

成立协会,加强行业自律　2002 年 4 月,在阜阳市新闻出版(版权)局指导下,全省第一个地市级印刷行业协会成立,并且在各县、市建立了分会,吸纳三级经销商加入协会,完善市、县销售网络建设。行业协会一是组织举办全市法律、法规培训班,提高经营单位法律意识;二是印制“阜阳书刊协会”防伪标识,在对出版物售前备案的基础上,加贴防伪标识，有力截断了非法出版物的流通渠道；三是根据市场的变化发展，加强自身调节，变化经营方式，丰富经营品种，严格经营管理，使全市的出版物市场不断规范和繁荣。

“扫黄打非”案例　1998 年 9 月，根据群众举报：颍上县教委下属的某公司非法销售中小学教辅书。安徽省新闻出版局书刊管理处会同阜阳市新闻出版局及阜阳市公安局等部门，迅速赶赴颍上县教育部门进行调查。

到了颍上后，发现该公司正在对有关中小学发配中小学教辅书，店铺和仓库里堆满了教辅书，数量巨大。调查组立即到颍上教委进行询问，颍上县教育部门一是承认该公司是其下属单位，二是承认经营教辅材料，但说明此是教育部门的勤工俭学活动，盈利部分以补充教育经费的不足。但在调查组做询问笔录时，则不予配合，调查一时处于僵局。针对现场情况，阜阳市新闻出版局一是把有关情况向阜阳市分管负责人作了汇报，二是立即联系了颍上县委分管负责人，要求支持查处工作。阜阳市委分管负责人高度重视这一案件，并要求不管是什么单位和什么人，只要违反有关法律法规，一定要依法严肃查处。颍上县委的分管负责人当即也打来电话，表示坚决支持查处活动，并要求有关方面配合查处。在市、县两级党委负责人的重视和支持下，省新闻出版局书刊管理处负责人进一步向当事人宣传了新闻出版管理的有关法律法规，并说明利害关系，使查处工作得以按程序顺利进行。

经查，上述该公司未经新闻出版行政部门许可，擅自经营中学生教辅书，并且数量巨大，经查对有关账本，盈利数额也很巨大，事实清楚，证据确凿。当事人全部承认上述事实，并在询问笔录和证据材料上签了字。自此，案件调查顺利结束。事后，经安徽省新闻出版局授权，由阜阳市新闻出版局对该公司给予了罚款 20 万元的行政处罚。行政处罚书送达后，该公司及时足额缴纳了罚款。

获得荣誉　1999 年评为全省“扫黄打非”工作先进集体；

2000 年评为全省新闻出版系统先进单位；

2005 年评为全省新闻出版（版权）系统行政管理 2003-2004 年度先进单位；

2006 年评为全省“扫黄打非”工作先进集体，全省新闻出版系统先进单位；

2007 年评为全省新闻出版系统先进单位；

2008 年评为全省新闻出版系统目标管理考核优秀单位，全省“扫黄打非”工作先进集体。

第七节　淮南市新闻出版（版权）局

机构沿革　1996 年 4 月 22 日，淮南市决定市委宣传部增加新闻出版行业管理和著作权管理职能，内设淮南市新闻出版管理办公室，这是淮南市新闻出版局的前身。

1999 年 7 月 30 日，成立淮南市新闻出版（版权）局，一个机构两块牌子，作为市政府负责新闻出版管理的职能部门，委托市委宣传部管理，级别暂定为正科级。

2002年5月4日，市政府决定市新闻出版局作为市人民政府主管新闻出版事业的行政机构，副县级，由市政府办公室管理。

1998年11月，徐启超任市新闻出版管理办公室主任；1999年8月，徐启超任市新闻出版（版权）局局长。2002年2月，徐启超任市新闻出版（版权）局局长。

新闻出版管理工作　具体职责包括：参与制定新闻出版（版权）地方性行政法规、规章并贯彻执行；研究制定全市新闻出版业发展战略、总体布局、中长期发展规划和年度计划并组织实施；管理全市报刊图书及内部资料出版工作；管理全市印刷业，查处各类非法印刷活动；管理全市出版物市场，审批图书报刊、电子出版物（计算机软件）零售、出租经营许可证，查处制售非法出版物活动，查缴各类非法、违禁出版物；管理全市著作权（包括计算机软件著作权）工作；组织实施新闻出版从业人员专业技术培训、执业资格认证，配合有关部门开展新闻出版从业人员技术等级、专业技术职务评定；协助省新闻出版管理部门审核发放记者证，对市外报刊单位驻淮南记者站实施监督管理；指导各县区出版物市场管理工作，指导新华书店的改革、建设和经营活动。

报刊管理　按照“属地管理”原则，市新闻出版局认真落实对报刊出版活动的监管，建立报刊、内部资料性出版物审读制度，严厉打击非法出版报刊行为，对党政部门报刊散滥问题进行集中整治，规范报刊出版、发行秩序。

至2005年年底，本市已有全国公开发行的报刊12种，其中报纸6种，期刊6种。为保证全市报刊坚持正确舆论导向，遵守出版法规，市新闻出版局从制度入手，建立了样报、样刊送缴制度，组织专人对样报样刊进行认真审读，及时掌握出版动态，发现和解决存在的问题。同时，结合年度核验工作，对报刊遵守法规和制度情况进行全面检查，使本市报刊多年来未出现导向问题和严重违规出版情况。

对新闻单位驻淮南记者站进行全面清理，取缔不合规定的新闻单位驻市工作站、通联站、办事处等机构10多个，对符合条件的新闻单位记者站进行重新登记，严格年检制度，使省新闻单位驻淮南记者站遵章有序开展工作，成为本市宣传工作的重要积极力量。

同时，还充分利用部门优势，发挥作者与出版社之间的桥梁纽带作用，积极促进本市图书出版，协助市委宣传部组织“五个一工程·一本好书”评选，引导作者多出好书。几年来，本市年出版图书均在10种以上，其中《美丽的村庄》《民俗思维》《风声鹤唳》《八公山历史文化丛书》《远离毒品》等10多种图书产生了较好的社会反响。

内部资料管理　内部资料性出版物是单位、系统、行业内部用于指导工作、交流信息的资料性出版物。市新闻出版局认真落实审批制度，对符合条件的及时上报省局审批，对不符合条件的一律不予报批。同时，加强印刷环节管理，规定各印刷厂不得承印未经审批的内部资料性出版物，从源头上控制内部资料性出版物的非法出版。此外，认真组织审读，定期编印审读简报，及时纠正内部资料性出版物出版中存在的问题。针对少数主办单位摊派发行，强拉赞助，增加基层负担问题，下发文件落实内部资料性出版物“七不准规定”，即不得收取任何费用，不得刊登广告，不得在社会上征订发行，不得传播到境外，不得拉赞助或搞有偿经营活动，不得用《准印证》出版其他出版物，不得与外单位以“协办”之类形式进行印刷发行，使本市内部资料性出版物的出版逐步规范。

在此基础上，针对部分党政机关办报办刊过多过滥、利用权力发行，增加基层和群众负担问题，开展了治理工作。会同市纪委、市委宣传部对全市报刊、内部资料存在的问题和党政部门利用行政权力发行报刊等情况进行调研，制定《淮南市治理党政部门报刊散滥和利用职权摊派发行工作具体实施意见》，责成少数单位妥善解决了党政部门领导在报刊单位兼职和利用权力发行的问题，对县报停办、党政部门领导在报刊单位兼职、利用权力发行几个重点问题的落实和整改情况进行了回访、督查，防止了问题反弹，巩固扩大了治理成果。

印刷业管理　1999 年，对全市印刷企业进行重新登记。2002 年，按照省新闻出版局统一部署，在公安、工商管理部门配合下，再次开展了印刷业集中清理整顿工作。根据《印刷业管理条例》《印刷业经营者资格条件暂行规定》，压缩不具备条件的印刷企业 10 家，清理整顿后保留出版物印刷企业 98 家。2003 年，市新闻出版局结合年检加强了对印刷企业的日常巡查监管。为强化长效管理，根据《印刷品承印管理规定》，市新闻出版局在全市印刷企业普遍推行承印验证制度、承印登记制度、印刷品保管、交付制度和残次品销毁“五项制度”，并对“五项制度”的落实情况反复进行检查。1999 年以来，开展印刷企业清理整顿 10 多次，取缔违法违规印刷企业 4 家，停业整顿 5 家，行政处罚 11 家，收缴非法印刷品 20000 余册。

2003 年，市新闻出版局发起成立了淮南市印刷协会，加强印刷企业间交流合作，协助政府部门进行管理，38 家骨干印刷企业参加协会。至 2008 年，市新闻出版局与市印刷协会共同举办印刷企业负责人政策法规培训班及技术讲座 4 次，对 120 多名印刷企业法定代表人和技术骨干进行了培训，组织印刷协会成员单位赴上海、南京、香港等地外出考察 3 次，促进了淮南市印刷企业的发展。

出版物市场管理　市新闻出版局始终把出版物市场监管作为工作的重中之重，深入开展“扫黄打非”，大力整顿出版物市场秩序。

坚决清理政治性非法出版物。建立了市、区（县）两级新闻出版与公安部门联动工作机制，与公安部门联合反复开展政治性非法出版物清理，始终保持高压态势，基本杜绝了政治性非法出版物在本市的传播。

清理淫秽色情出版物。市新闻出版局始终把清理淫秽色情出版物、保护青少年身心健康作为重要任务，反复组织市场清理。从 1999 年开始，连续 9 年反复组织对日本卡通画册和 64 开言情“口袋本”的专项清理，收缴并销毁日本卡通画册和言情“口袋本”等非法出版物 2000 多册，配合电视台拍摄相关电视宣传专题片 9 个。自 2002 年开始，市新闻出版部门参与校园周边环境治理，以中小学校周边和城乡结合部的书报刊、电子出版物等经营场所为重点，反复对城区大中小学周边地区的零售、出租书店、报刊亭、书刊摊点进行巡查，共收缴淫秽色情出版物3500本，不健康游戏软件1320多盘，查处销售淫秽色情出版物案件4起。

规范教材教辅市场秩序。每年春秋季开学前夕，主动与教育、工商、地税、监察等部门联合，对中小学教辅材料市场专项治理工作进行认真部署。同时会同教育部门对全市中小学教辅材料市场和自考用书市场进行检查，对盗版中小学教辅材料和自考用书进行查缴。多次印发《致全市中小学校长的一封信》，致函全市680所中、小学的校长，要求各校从正规渠道订购教学教辅用书，杜绝采购盗版教材教辅的行为。结合印刷复制业专项治理，对校办印刷厂和有书刊印刷能力的印刷企业进行重点监控，坚决杜绝盗版教辅进入市场，流入学校。

为加强出版物市场长效管理，淮南市新闻出版局不断加强管理制度建设，先后建立了出版物市场日常巡查制度、出版物发行单位年度核验制度、出版物进货票据保存制度、变更登记事项备案制度、从业人员持证上岗制度、奖励举报非法出版物制度等，使出版物市场管理逐步走上制度化、规范化的轨道。

著作权管理　广泛宣传普及著作权法。每年“4·26世界知识产权日”，市新闻出版局（版权局）都积极与有关部门联合，大力开展各种宣传活动。2002年，与市人大教科文卫工作委员会举行了淮南市“著作权保护万人签名”启动仪式，数千名学生和群众自发参加了签名活动。2004年，组织各新闻出版单位、出版物经营户、印刷企业参加了省版权局组织开展的“著作权知识大赛”报纸答题，上交答题卡3千余份，并选派3名工作人员组成代表队，参加了省版权局主办的著作权知识电视竞赛。2005年，以中学生版权保护主题教育活动为重点，通过淮南市教育城域网、淮南市新闻出版局网在中学生中开展了“我与版权”征文活动。同时，组织各新闻媒体参加“安徽省著作权好新闻”评选活动，淮南市电视台的《学校岂可向学生推销高价盗版教科书》、淮南日报的《盗版教学用书岂能进课堂》分获二、三等奖。2006年，与北京红旗中文贰仟技术有限公司在淮南师范学院图书馆共同举办了红旗中文2000办公软件捐赠仪式。由高校学生代表向广大青少年发出使用正版、抵制盗版、保护知识产权的倡议书。2007年，组织参加“安徽省著作权知识大赛”活动，共收集答题卡11500多份。同时，选拔优秀选手参加安徽省著作权知识电视大赛，在16个市代表队中夺得第3名。市版权局同时获得了整个大赛的组织奖。

强化版权执法，严厉打击侵权盗版。市新闻出版局（版权局）成立之后，在严厉打击盗版书刊、音像制品的同时，对盗版软件进行了专项清理，先后组织突击清缴15次，共收缴盗版软件光盘7300多张，处罚非法经销商5户。为贯彻落实国务院关于开展保护知识产权专项行动的统一部署，制定了《淮南市新闻出版局保护著作权三年规划》和《淮南市保护著作权专项治理行动方案》，开展了“保护民族版权产业，清理盗版卡通制品”，打击盗版教材教辅和计算机软件，打击“私服”、“外挂”等专项治理行动，会同有关部门举行了打击盗版音像制品集中销毁仪式。

推动销售和使用正版产品，提高版权工作水平。市新闻出版局（版权局）先后组织开展了三批“正版产品销售示范单位”认证授牌活动，起到了正面引导示范作用。为贯彻落实《国务院办公厅关于地方人民政府使用正版软件的通知》精神，2005 年，开展了全市政府部门软件正版化工作，对市政府各部门使用的未经授权的软件进行了全面清理，集中采购以国产软件为主的操作系统 700 套、杀毒软件 760 多套，并以场地授权方式采购红旗中文 2000 办公套件，更换了未经授权的软件，圆满完成政府部门软件正版化工作。为进一步扩大软件正版化工作成果，在本市大型企业中积极推进企业使用正版软件工作。发起成立了淮南市版权保护协会，来自报刊出版、广播电视、文学艺术、工艺美术、出版物发行、计算机软件制作经营等领域的 54 个单位及版权、公安、工商、科技、司法等政府部门和法院的负责人加入协会。市版权保护协会的成立，标志着淮南市正在按照“政府引导、群众参与、企业自律、市场主导”的版权保护新思路进一步健全机制，加大版权保护力度。

“扫黄打非”案例　2003 年 3 月，配合省版权局对美国 AotoDesk 公司中国代理投诉淮南市 3 家设计院侵权使用其软件 AutoCAD 一案进行了调查处理，纠正了 2 家设计院的侵权行为。

2003 年 6 月 5 日，根据群众举报线索，在交通、公安部门配合下，经周密布控，严密查堵，抓获一非法出版发行教辅用书的书商。经深入调查询问，查出一个非法出版各类试卷 10 万多套，发行总码洋近百万元，发行范围涉及安徽省 15 个市 30 多个县近 400 所中学的非法出版发行团伙，摧毁了这一地下非法出版发行网络。该案被省新闻出版局列为大案，移交省公安部门刑事立案。

2004 年年初，根据权利人提供的线索，查获一起以“私服”“外挂”形式非法运营盗版《传奇》游戏软件的网络侵权案件，依法没收了复制盗版软件的服务器，对非法游戏服务提供商实施了处罚，受到了权利人的赞誉。

2005 年 6 月 20 日，查获一起销售淫秽色情出版物案件，收缴淫秽色情出版物 2000 多册，淫秽色情图片 1500 多张，涉案嫌疑人受到刑事处理。

2008 年 5 月，查处一起非法印刷封建迷信出版物案件，收缴未装订成册的打着《易经》旗号，进行迷信宣传的《易经》（十二生肖）1200 多本。

2008 年 8 月，摧毁了一个非法小报在本市的发行网络，收缴非法小报 1600 多份，使非法小报小刊在本市出版物市场上基本绝迹。该案被中国新闻出版报和新闻出版总署网站报道。

2008 年 12 月，查处了 1 起非法征订发行盗版教辅案，收缴非法教辅 31 种 2 万 3 千多册。

获得荣誉　2004 年，局长徐启超被评为“全国版权工作先进个人”；淮南市新闻出版局被评为“全省‘扫黄打非’先进集体”“全省新闻出版（版权）行政管理 2003—

2004 年度先进单位”；

2005 年，淮南市新闻出版局被评为“全省‘扫黄打非’先进集体”；

2006 年，被中央综治办、团中央、新闻出版总署等十三部委联合授予“全国优秀青少年维权岗”称号；在“四五”普法评先活动中，被评为全国新闻出版系统“四五”普法先进单位；在推进政府部门使用正版软件工作中，被省政府使用正版软件工作领导小组授予“全省政府部门使用正版软件工作先进集体”称号；在省新闻出版局对 17 个市新闻出版局的年度目标考核中，被评为“全省新闻出版局系统‘二 OO 六年度目标管理考核优秀单位’”。

2007 年，被评为“二 OO 七年度目标管理考核优秀单位”。2008 年，被评为“二 OO 八年度目标管理考核优秀单位”。

2008 年，被评为全省“扫黄打非”先进集体；全省“我为奥运做贡献、文明经营我争先”活动先进集体；被省“青少年维权岗”创建活动领导小组重新认定为“安徽省优秀‘青少年维权岗’”。

第八节　滁州市新闻出版（版权）局

机构沿革　20 世纪 90 年代后期，社会上流传着这样的口号：“要想发，搞印刷”。有的人则把图书看成软黄金，提出“淘金就淘软黄金”，一些人开始把目光投向新闻出版业。1997 年，全市新上马印刷厂 33 家，印刷厂总数达到 49 家，其中核准的有 21 家；新开张的民营书店 126 家，总数达到 187 家，经核准的有 84 家。盗印滥印和流动书摊销售非法出版物现象也随之出现。加强市场监管成为紧迫任务。

1997 年 7 月，中共滁州市委决定成立新闻出版管理办公室，科级建制，与市委宣传部新闻科“一个机构，两块牌子”。新闻科长白礼华兼任办公室主任。

1998 年 2 月，中共滁州市委常委会决定：成立新闻出版局，隶属于市委宣传部，副县级建制，任命白礼华为局长。5 月，滁州市新闻出版局挂牌。

2002 年 12 月 12 日，设置滁州市文化局、新闻出版（版权）局，一个机构两块牌子，主管文化艺术事业、新闻出版（版权）事业和著作权管理，为市人民政府组成部门。文化局局长俞凤斌任局长，文化局副局长张先奎、姚莉、汪理才和新闻出版局长白礼华任副局长。机关行政编制 14 名，其中局长 1 名，副局长 3 名（1 名副局长专门负责新闻出版、版权工作）；内设七个科室。负责新闻出版（版权）工作的有出版（版权）管理科、印刷业管理科。2007 年年底，出版（版权）管理科、印刷业管理科合并为出版（版权）管理科。

市文化市场管理稽查大队更名为滁州市文化和出版物市场管理稽查大队，行使文化市场、音像市场、图书报刊市场检查职能，事业编制 5 名，正科级别，队长按副县配置。

2003 年 12 月 29 日，市人大常委会发文任命汤国建为市文化局、新闻出版局局长。

白礼华仍为专门负责新闻出版、版权工作的副局长。

新闻出版管理工作 市新闻出版（版权）局主要职责是贯彻执行党和国家新闻出版、著作权法律、法规和政策，研究制定新闻出版发展规划和年度计划及著作权管理办法；负责全市报刊和电子出版物出版、发行的审查、审批、监督管理工作；管理作品（包括计算机软件、音像制品等）著作权工作，组织查处非法出版活动及著作权侵权案件，调解本市发生的著作权纠纷；加强相关方面的对外交流与合作工作。

2000年后，市所属各县市区成立新闻出版行政管理机构。

舆论宣传 与当地报刊、电台、电视台等新闻媒体合作，开辟专栏讲座；"4·26"世界知识产权日前后，在街头、广场悬挂横幅、散发宣传资料等，宣传新闻出版业有关法律法规。在1998—2008的10年中，滁州的新闻媒体举办新闻出版宣传专栏26期，发表资料性文章近300篇，散发宣传资料约15万份。

自身建设 市新闻出版（版权）局制定机关效能建设制度，建立健全内部管理规章制度，用制度管人管事；规范审批行为，简化审批手续，提高工作效能；公开办事程序，严格服务承诺和限时办结。

市场监管 实行市场监管行政负责制，制定监管制度，制度上墙，责任到人，落实到位，定期巡查，将印刷企业和图书发行渠道列为重点监管范围，把城区主干道、校园周边、车站码头、城乡结合部列为监管的重点地段，采取重点区域、重点地段重点查，一般地段抓巡查的方式方法，重点查与抽查相结合，严查违规行为和违规出版物，使政治性非法出版物、盗版制品和"游商"无法在市场落足。每年都有多家违规印刷厂受到查处，有近万册非法出版物被查缴，市场逐步规范。

增强服务意识 一手抓管理，一手抓繁荣，寓服务于管理之中，促进产业发展。组织业内人员参加商贸会，捕捉商机；派员到行政服务大厅坐班，使企业在行政审批、年检核验等方面走"绿色通道"。精心扶持引来快速发展，到2006年年底，全市有年销售额在1亿元以上的民营书店76家，其中滁城的大百科书城、求索书店年销售额均达3亿元以上，超过市新华书店门市部；印刷企业发展到577家，其中一级印刷企业由5家发展到16家，二级企业由23家发展到164家，年总产值超过20亿元，成为滁州经济发展的新亮点。

"扫黄打非"案例 1998年9月，一辆"佳洁快运"20吨集装箱运输货车从济南向上海运送物品，途经滁州时交警发现车内有淫秽书籍，扣交新闻出版局处理。经细查，车内有20吨贵重物品和有淫秽内容的书籍两万余册，从价值上衡量书籍占总物品的份额很小。要处罚车主必须扣押车辆，扣押车辆将给货主造成重大经济损失，一旦败诉管理部门将承担重大经济责任。市局层层汇报均无明确指示，最后只得扣书放车。

同年12月28日，中国茫绵某公司驻滁州基地印刷厂承印非法出版物。稽查人员赶到时，工人撤离，厂门紧锁，数万册盗印图书隔门可见。当时多部门联合执法没有建立，稽查人员有权查书无权破门，只得在门外轮流站岗等待有关部门援助。结果非法出版物在元旦期间溜走,未能受到应有的处罚。

次年,天长市一学具印刷厂违规承印20万件学具,稽查人员及时赶到查缴。该市某领导打通了新闻出版部门上级一位主管的关系,上级主管命令稽查人员撤回,将案件移交该市“扫黄办”处理。后经调查,20万件违规学具全部逃脱处罚。

第九节 六安市新闻出版(版权)局

机构沿革 1990年12月在六安地区文化局增设新闻出版管理科,增加行政编制两个,正科职数一名。六安市新闻出版(版权)局成立于2001年12月,与市文化局一个机构,三块牌子。

2001年12月至2006年6月,查克任六安市文化(新闻出版、版权)局局长。2006年7月至2010年6月,黄道甫任六安市文化(新闻出版、版权)局局长。

新闻出版管理工作 贯彻执行党和国家关于新闻出版版权管理工作的方针、政策和法律法规;研究拟订并组织实施全市新闻出版工作的政策、规定和措施;组织、指导和协调全市新闻出版事业的中长期发展规划和年度计划;研究拟订新闻出版方面的产业规划和经济政策和全市文化新闻出版(版权)行业人才发展规划;加强文化新闻出版行业的人才队伍建设;综合管理全市各类出版物的出版发行,审核、报批出版、发行、印刷和著作权管理、代理机构;负责全市著作权(包括计算机软件著作权)管理工作;负责对从事出版活动的民办机构的监管工作;对新闻单位驻地记者站实施行政管理,承担新闻单位记者证的审核、发放和管理工作;配合开展“扫黄打非”行动;指导新闻出版行业协会工作。

“扫黄打非”案例 “随风传奇”的私服案 六安市一男子未经许可,非法复制上海盛大网络发展有限公司的“热血传奇”游戏服务器端、客户端程序,架设名为“随风传奇”的私服服务器,在互联网上公开发布运营该传奇私服游戏,兜售会员券、游戏装备,至案发时已非法牟利60余万元。10月31日,六安市裕安区法院一审宣判,判处被告人王某有期徒刑3年,缓刑5年,并处15万元罚款,没收非法所得。

“精英数据”网络侵权案 2008年6月5日,接群众匿名举报称,六安市有人开办www.gm608.com网站,经营传奇“私服”游戏,严重侵犯了上海盛大网络有限公司传奇网络游戏软件的版权。通过调查了解及证据搜集,掌握了该网站以营利为目的,非法提供传奇“私服”游戏建设、宣传、维护一条龙经营服务。鉴于该案件涉嫌刑事犯罪,于7月23日将该案件移交六安市公安局。公安局侦办结束后移送检察机关。

七禧音乐网站侵权案 2008年8月12日,接省版权局移交案件,国际唱片业协会投诉七禧音乐网站侵犯该协会会员拥有版权音乐作品的信息网络传播权。通过调查了解及证据搜集,掌握了该网站自2002年以来未经权利人许可,擅自在七禧音乐网站上放置权利人作品,构成侵权。给予“七禧音乐网站”下列行政处罚:1.关闭七禧音乐网站;2. 没收网络服务器两台;3. 罚款人民币 3 万元。

获得荣誉　六安市版权局获国家版权局 2006—2007 年查处侵权盗版案件有功集体一等奖;

六安市版权局获国家版权局 2008 年查处侵权盗版案件有功集体二等奖;

六安市政府使用正版软件工作被授予全省先进集体称号;

六安市新闻出版（版权）局获 2006 年度全省目标管理考核版权管理优秀奖;

六安市新闻出版（版权）局获 2007 年度全省目标管理考核综合优秀奖;

六安市新闻出版（版权）局获 2008 年度全省目标管理考核依法行政优秀奖;

六安市新闻出版（版权）局评为全省 2007 年度“扫黄打非”先进集体;

六安市文化局（新闻出版局、版权局）评为 2008 年度“扫黄打非”先进集体;

六安市版权局获全省保护知识产权大奖赛优秀组织奖、三等奖;

六安市民生工程“农家书屋”工程建设工作位列省新闻出版局第一名。

第十节　巢湖市新闻出版（版权）局

机构沿革　1986 年 1 月—1999 年 12 月,成立巢湖地委宣传部新闻出版科;2000 年 1 月—2002 年 5 月,成立巢湖市宣传部新闻出版科;2002 年 5 月—2008 年 12 月,成立巢湖市文化局(新闻出版局、版权局)。

2002 年 5 月—2005 年 4 月,陈海峰任巢湖市文化局（新闻出版局、版权局）局长;2005 年 4 月至今蔡小莉任巢湖市文化局（新闻出版局、版权局）局长;

新闻出版管理工作　综合管理全市新闻出版事业,指导协调新闻出版事业发展;监管出版活动,组织查处严重违规出版物和重大违法违规出版活动;负责对新闻出版单位进行行业监管;负责出版物内容监管;负责对互联网出版活动和开办手机书刊、手机文学业务进行监管;负责对出版物市场经营活动的监管工作;负责对印刷行业的监管;负责新闻单位记者证的审核、发放和管理,负责市内报刊社和记者站的监管,组织查处新闻违法活动;负责著作权管理工作,组织查处著作权侵权案件;负责对从事出版活动的民办机构的监管。

“扫黄打非”案例　1987 年,对全区报刊进行整顿,加强文化市场管理,打击非法出版物。

1988 年,加强文化市场和音像出版物管理,全区查禁了《情场赌徒》等 15 种禁书 45 本,各种非法出版物 39 本,临时封存审查的杂志 71 种。

1989 年,全区共清查了 228 个书店和摊点,收缴、封存书刊 1362 种、62011 册。其中属国家明令查禁的书刊 28918 册,已销毁 19000 多册。清查了 189 个录像放映点和 492 个音带销售点。收缴、封存录像磁带 506 种、895 盘;收缴违禁音带 7794 盒。取缔非法经营录像放映点 82 个和非法经营音带批销点 113 个。

1990年,加强印刷等行业的管理,开展“扫黄”活动,加强报刊整顿。

1991年,抓“扫黄”和农村文化市场的管理。

1992年夏季和冬季,先后为《巢湖汽运报》和《巢柴报》向省新闻出版局申报领取了安徽省报纸登记刊号,使本区有省内报刊号的报纸由1991年4家增加到6家,为全省地区级之首。开展了经常性的文化市场管理,协调有关部门不停顿地开展“扫黄打非”活动。

1993年,对巢城街头黄色书刊、非法出版物进行了一次搜查、清理。

1994年,以“扫黄打非”为重点,扭住三个关键环节:即“扫与打”、“完善制度”、“繁荣市场”,取得了阶段性成果。全区5个县市和地直6大块在分头行动中,共组织118个行动小组,出动2320人次,动用车辆214台次,累计清查1385个点,收缴有问题的书刊8380册、盗版走私音像带26399盒、像带4026盘、卡拉O K带189盘、挂历124本,违章印刷书刊20500册;查封赌博性游戏机53台,没收游戏机机芯12只,电脑板12块、实体或半实体扑克24副、彩色画235张;扣押放像机8台、彩电2台、卫星接收机1台;取缔音像租售点39处,查封录像放映点16家,违章经营的娱乐场所或游戏机室共76家,被勒令停业或迁址。在集中行动之后,组织了全区范围内的“扫黄打非”成果展览。

1995年,全年以打击非法出版物为重点,前后组织了数次分行业、有重点的集中大检查,发现问题,及时处理。

1996年,全区进行了两次集中“扫黄打非”行动,开展了三次专项整治活动。查封取缔违法经营户68家,收缴违禁书刊14369册,迷信冥票18万余张;收缴各类赌博电子游戏及电脑板482台(块);查收违禁音像制品1520盒。

1997年,对书报刊、音像及电子出版物领域的制黄贩黄,对歌舞娱乐场所的色情服务,对利用电子游戏从事赌博和变相赌博的经营活动进行了3次全区性专项集中整治。共收缴非法出版物3594册,迷信制品20余万张;查缴赌博机119台,没收赌博机电脑板107块;没收黄色及盗版音像制品697盒(张),责令停业和取缔非法经营户24家。

1998年,在“扫黄打非”和对音像、娱乐、演出市场的集中清理整顿中,对全区文化市场共进行了40次集中行动,出动车辆46台次,600多人次,共收缴各种非法盗版音像制品1.84万张(盒),查缴赌机和赌机电脑板117台(块),查封、取缔非法经营户64家,移交公安部门处理案件2起,责令8家娱乐场所停业整改,对1家歌舞厅跳熄灯舞行为提出严重警告。

1999年,共收缴盗版音像制品6.8万张(盒),邪教“法轮功”非法图书24本,迷信印刷品5万多张,冥票制版63块,查封没收赌机61台,赌机电脑板142块,取缔无证经营户63家,关停不符合经营条件的文化经营户28家,搬迁距学校200米以内的电子游戏室、录像室25家,对23家歌舞厅下达了限期整改通知,查处违法案件25起,行政处罚12家。

2000年,本市深入开展打击非法音像制品专项斗争和电子游戏经营场所专项治理,收缴各种非法出版物（音像制品、书报刊及电子出版物）4 万余件，是历年收缴数量最多的一年，收缴国家明令禁止的机型、机种 1123 台，赌机电脑板 320 台，关停 137 户，处罚 32 户。

2001 年，集中力量整顿和规范文化市场秩序，对音像市场、电子游戏机经营场所、“网吧”经营场所存在的问题，进行严厉打击。全年组织八次大规模“扫黄打非”和专项整治集中行动，共收缴盗版和淫秽音像制品 2.7 万多盒(盘)；收缴赌机电脑板 289 块，赌机 850 台，将电子游戏机经营场所由 252 家压减到 95 家，对 6 家非法定节假日接纳未成年人的电子游戏室进行了处罚处理；对 33 家存在安全隐患的娱乐场所下发了限期整改通知书，查处违法、违规经营户 11 家。

2002 年 12 月 1 日，市新闻出版局对市内的新闻出版市场实施管理。至 2003 年，开展年审换证工作，编制了《巢湖市出版物市场改造网点布局规划》；举办全市首期出版物发行员职业资格培训班，组织全市新闻出版管理人员参加了省新闻出版局举办的行政执法培训班；两年共开展了 5 次专项整治活动，全面清查政治性非法出版物、淫秽色情出版物及邪教“法轮功”类出版物；取缔非法出版物游商；大力推进计算机软件正版化，打击盗版行为；集中开展全市中小学教辅材料发行专项整治活动，整顿规范全市印刷行业，收缴各类非法出版物 2000 余册，处罚经营单位 2 家。

2004—2005 年，开展第七届全国音像市场法制宣传周活动、互联网上网服务营业场所管理法律法规宣传、新的《营业性演出管理条例实施细则》宣传、“为了明天——青少年法制宣传周”活动等；举办了“保护知识产权，打击侵权盗版”培训班和第三期印刷企业负责人法律法规培训班；举办了“4·26”知识产权日活动和“8·24”公开销毁非法盗版音像制品仪式；活动期间，印发各种法律法规宣传单 9000 余份；设立法律咨询台，受理群众咨询 136 人次；编印了音像制品经营法律法规小册子，集中到中小学散发；悬挂“打击走私盗版、规范市场秩序”“保护知识产权”横幅，派宣传车巡回宣传。2004—2005 年组织力量对市区内的出版物市场进行 100 多次巡查、54 次突击检查，累计出动检查人员 350 人次，检查出版物经营单位 685 家、音像经营单位 100 余家、印刷企业近 600 家次，没收非法出版物 1.3 万余册(张)，其中非法政治性出版物 148 册(张)，非法卡通画册 2400 余册，淫秽色情出版物 527 册（张），盗版盗印教辅材料 5800 余册，盗版音像制品 1600 余张，处罚出版物经营单位 10 家，取缔非法流动摊点 15 个、出版物游商 4 个。还组织 9 次校园周边环境整治，打击校园周边的非法出版物。2004 年，按照国务院、省政府要求，巢湖市开展了地方人民政府使用正版软件工程，市政府成立了由分管副市长为组长，市纪委、市财政局、市版权局负责人为成员的市软件正版化工作领导小组，统一指导软件正版化工作。至 2005 年 12 月，基本完成任务。2005 年 12 月 20 日，在全省首批“正版产品销售示范单位”授牌仪式上，巢湖市新华书店有限公司含山县分公司、无为县分公司及巢湖百事泰文化发展有限公司被授予全省首批“正版产品销售示范单位”称号。

2006 年 8—10 月，市文化、新闻出版部门重点开展以打击盗版音像制品和计算机软件制品为主题的“反盗版百日行动”，坚决清理并取缔销售盗版音像和计算机软件制品的无证照经营者和游商、地摊，追查盗版音像和计算机软件制品的生产源头，打击非法制作、复制、仓储窝点，查处违规出版单位和复制企业。市、县（区）文化局、新闻出版（版权）局在各自的管理区域内，开展了多次执法检查行动。全市共开展检查行动 100 多次，出动执法人员 300 多人次，检查音像经营单位 400 多家次、软件经营单位 100 多家次、出版物经营单位 200 多家次，共收缴各类盗版音像制品 3092 盘（张），侵权音像制品防伪标识 2360 枚，各类盗版出版物 1376 册，对销售盗版制品的单位根据相关规定给予了处罚。

2007 年，为巩固“反盗版百日行动”成果，在全市开展了“反盗版天天行动”，将市及县的城区作为管理的重点区域，将各县城区主干道、校园周边、车站、码头、城乡结合部列为管理的重点地段，采取重点区域、重点地段重点查，一般地段抓巡查的方法，重点查与抽查相结合，切实加强日常监管。全市共出动执法人员 1000 多人次，检查出版物经营单位 1500 多家次，收缴各类盗版音像制品 5000 余盘（张），盗版电子出版物（软件）2000 多片（张），盗版出版物 3000 多册，对 20 多家违规经营单位进行立案调查，并给予了行政处罚。

获得荣誉 2004 年，巢湖市新闻出版局评为全省“扫黄打非”先进集体。

2006 年，巢湖市文化局（新闻出版局、版权局）评为全省“扫黄打非”先进集体。

第十一节 马鞍山市新闻出版（版权）局

机构沿革 马鞍山市新闻出版(版权)局于 1997 年 10 月 16 日成立，成立之初为马鞍山市新闻出版管理办公室，副县级事业单位，隶属于市委宣传部，核定事业编制 3 名，李涛任主任。2001 年 3 月 22 日，马鞍山市新闻出版管理办公室更名为马鞍山市新闻出版局（版权局），两块牌子、一个机构，李涛任局长。2002 年 4 月 24 日，成立马鞍山市文化局（新闻出版局、版权局），是主管文化艺术、新闻出版（版权）事业的市政府组成部门，王平任局长，李涛任新闻出版（版权）局副局长。内设新闻出版（版权）办公室（副县级）。

新闻出版管理工作 市新闻出版（版权）办公室主要职责：贯彻执行党和国家新闻出版、著作权法律、法规和政策；研究制定本市新闻出版业发展规划和年度计划及著作权管理办法；负责管理全市书报刊和电子出版物出版、发行及印刷业监督管理工作；组织审读本市出版的报纸、期刊和本市市场上销售的各类出版物（含电子出版物），查处非法出版活动；组织并实施新闻出版行业和电子出版物的“扫黄打非”工作；管理著作权（包括计算机软件、音像制品等著作权）工作；组织或协助省版权局查处著作权侵权案件，调解本市发生的著作权纠纷；组织新闻出版和著作权方面的对外交流与合作工作;审核报批报纸开版、刊期和期刊开本等项目变更,审核报批内部资料性出版物;协助省新闻出版局管理驻马记者站,发放记者证。

市文化局（新闻出版局、版权局）人员编制和领导职数:市文化局（新闻出版局、版权局）编制总数 28 名,其中行政编制 15 名,事业编制 13 名。领导职数:局长 1 名、党组书记 1 名、副局长 2 名、纪检组长 1 名、吟诗节组委会办公室主任 1 名、新闻出版办公室主任 1 名。科级领导职数 8 名。

行政执法资格培训　1999 年 9 月,根据省新闻出版局的安排,马鞍山市新闻出版管理办公室和市委宣传部共选派 12 人到合肥,参加全省新闻出版行政执法资格培训。2001 年 9 月,选派 2 名工作人员到省新闻出版局参加新闻出版、版权行政执法培训;2003 年 9 月,市、县又选派 9 人参加全省新闻出版行政执法资格培训。经过统一考试,所有参训的学员都取得了执法资格。

年检核验工作　年检核验是新闻出版部门管理工作的重要手段。自 1999 年起至 2008 年,马鞍山市新闻出版局每年 1—3 月都要按照省新闻出版局的部署,坚持做好此项工作。做到管理工作关口前移,对存在违规行为的企业,采取批评教育、暂缓登记和注销登记等手段,促进其规范、守法经营。全市 13 家公开发行的报刊、20 家内部资料性出版物、100 家印刷厂、160 家复印打字点以及 200 家书店和报刊亭,都按照要求实行年检核验,规范管理。

法律法规培训　2000 年,印制了《致全省出版物市场经营户的一封公开信》500 多份,发到全市出版物经营户,同时还编印了《新闻出版法律法规选编》和《出版物市场管理暂行规定》近千册,开展普法宣传活动,教育经营者知法懂法,自觉守法经营。2002 年 7 月,市局举办首期印刷企业法人法规培训班, 86 人接受了培训。通过考试,参训人员都取得了《印刷法规培训合格证书》。2003 年 7 月 11 日至 16 日,市局承办了全省第 6 期出版物发行员职业资格鉴定培训班,市、县从事图书发行的业主和工作人员共 83 人参加了培训和考试。

编印《马鞍山新闻出版》工作简报　为普及新闻出版、版权管理法律法规知识,通报本市新闻出版的最新动态和开展“扫黄打非”斗争、整顿和规范出版物市场秩序、印刷业市场监管及版权管理工作的情况, 2002 年起编印《马鞍山新闻出版》工作简报,全年共编印 6 期。

报刊审读　2001 年 9 月,开展对全市报刊、内部资料性出版物的审读,已编印《阅读与审评》9 期,针对全市报刊及内部资料性出版物在宣传报道和编印等方面存在的问题与不足,加强监督与管理,不断提高报刊出版、编辑质量和水平。

新闻出版、版权法律法规宣传活动　2002 年 5 月 24 日至 26 日,举办“省暨马鞍山市新闻出版局整顿和规范出版物市场秩序活动宣传周”活动,共制作展板 11 块,宣传材料 2000 多份,约 3000 人次参观了成果展;正版图书和盗版图书的现场识别方法介绍吸引了大量参观者,近 400 人接受了咨询服务。

2002年7月4日,举行“著作权保护万人签名”大型宣传活动,数千人参加了签名活动。安徽工业大学附中的学生代表还宣读了致全市青少年朋友的《倡议书》,号召带头使用正版,不买不用盗版教材教辅用书。

2003年5月30日,市局在《马鞍山日报》刊登了20道“著作权法知识有奖竞答”试题,宣传《中华人民共和国著作权法》和《计算机软件保护条例》,近百名干部、学生、企事业单位职工和法律工作者参加答题。

2003年4—10月,市局在全市出版物发行单位中开展了以“诚信经营、拒绝盗版、优质服务”为主题的教育活动。旨在通过此项活动,促进全市出版物发行单位增强坚持正确的经营方向,自觉抵制侵权盗版,诚信经营、服务至上的社会责任感,树立良好社会风尚,为全市出版物市场繁荣发展作出努力。通过活动的开展,大多数书店抵制盗版、诚信经营、优质服务的意识大大增强,重新装潢了门店,为营业员统一着装,规章制度、服务公约上了墙等,收到明显效果。

虚假广告专项整治 2006—2007年,市新闻出版局会同市工商局等部门集中开展了虚假广告专项整治工作。针对少数报刊出版单位在刊登广告方面存在的虚假广告问题,通过召开会议、发放通报材料、提出整改要求等形式,认真检查,严格管理,取得了明显成效。

“农家书屋工程”建设 2008年,是“农家书屋工程”建设全面推进的第一年,在2007年建设20家“农家书屋工程”试点建设的基础上,全年要完成55家“农家书屋工程”建设任务。市新闻出版局严格按照省“农家书屋工程”建设领导小组和省新闻出版局的工作要求,认真开展选点申报、书橱桌椅采购、检查验收、出版物配送、书屋管理员培训、帮助编目分类、新闻媒体宣传等系列工作,高标准、高质量、创造性地开展工作,全面完成了全年任务。

迎奥运,创建平安市场 2008年8—9月间,第二十九届奥运会在中国北京举办。为确保举世瞩目的北京奥运会成功进行,市新闻出版局按照上级部门的工作要求,强化政治责任、守土有责意识,严格管理出版物市场,加大对非法出版物的监管力度;组织召开各经营单位负责人会议,以会代训,教育经营者守法经营,严格把好出版物进货销售关口,确保市场万无一失;加强市场巡查、监管到位,严厉处罚违规经营行为。整个奥运会期间出版物市场秩序井然,态势平稳,没有发生险情。

“读书节”活动 2004年9月,市新闻出版局组织参与了马鞍山市“首届读书节”的三项主要活动——2004·金秋书市、“好书共享”捐书活动以及全市出版物博览会。三天时间的2004·金秋书市一直受到热心读者的广泛关注,每天买书、看书的读者络绎不绝,展销书刊达10万多册,销售各类书刊2万多册;组织各书店向学校、市图书馆以及社区等捐赠图书近千册,码洋2万多元。

审批工作 2006年,审批内部资料性图书10件,新批印刷企业1家;2007年审批内部资料性图书9件,新批印刷企业6家;2008年审批内部资料性图书4件,新批印刷企业 9 家。2008 年，按照市政府的统一部署，全市开展了行政审批“两集中、三到位”集中检查，市新闻出版局集中力量对进入政务中心的审批项目以及 2007 年以来办结的行政审批资料进行了重新梳理，进一步拟定了行政审批流程，明确了岗位职责，以更高质量、更加完善、更加便民的审批流程，顺利地完成了各项工作任务。

“扫黄打非”案例　查处邪教“法轮功”非法出版物　2002—2003 年，根据国家以及省、市相关部门的部署，开展了对邪教“法轮功”非法出版物的收缴工作。市新闻出版局会同公安、工商等部门联合行动，共收缴邪教“法轮功”类图书 1563 多册，音像制品 1413 盒，各类宣传品 1280 多件。

教材教辅市场专项整治　2002 年 5 月，市新闻出版局配合北京几家出版社对马鞍山市湖东路几家书店经营盗版教材教辅进行检查，当场查缴盗版教材教辅图书 800 余册，罚款 3 万余元。

整治校园周边出版物市场　2003 年 10—11 月，市新闻出版局开展了学校周边出版物市场专项整治行动。重点整治出租书屋向中小学生出租包含淫秽色情、凶杀暴力等内容的卡通画册和“口袋本”之类。共收缴此类图书 3 万余册，罚款 4500 多元。

“四假”专项整治　2007 年 9 月，按照中央以及省市的统一部署，开展了对“假新闻、假报刊、假记者、假记者站”的“四假”集中整治行动。市新闻出版局对全市各报刊批发、零售摊点进行全面清查，共收缴假报刊 50 多册（份）。

查处迷信出版物　2007 年 5 月，马鞍山市宗教管理部门对一户居民私设的非法宗教培训班进行了取缔，市新闻出版局会同宗教、公安部门对扣押的迷信出版物进行审查和鉴定，将 140 余册迷信出版物依法收缴；7 月，市新闻出版局与宗教、公安部门再次配合，将外地通过投递方式托运到本市的 120 册迷信出版物予以收缴，有效阻止了迷信出版物在本市的传播。

版权管理工作　2003 年 7 月，省版权局在本市召开全省企业和经营性单位软件正版化工作会议。来自全省 100 多家企业和经营性单位的负责人出席了会议，限定时间将盗版软件更换成正版软件。

2003 年 12 月 12 日，为推动计算机软件正版化，市版权局积极引导，树立正面典型，表彰先进，促进工作，授予马钢设计研究院有限责任公司“全市软件正版化工作先进单位”称号，省、市版权局领导在该公司举行了现场授牌仪式，市几家重要勘察设计研究单位的代表出席了授牌仪式，安徽电视台及本市各新闻媒体及时给予报道。

2004 年 9 月，根据国务院办公厅、安徽省人民政府办公厅《关于地方人民政府使用正版软件的通知》要求，市版权局牵头，会同市财政等部门成立了马鞍山市政府使用正版软件工作领导小组，制定了《马鞍山市政府部门使用正版软件工作实施意见》，全市政府部门计算机软件正版化工作全面启动。

2005 年，马鞍山新华书店有限公司和民营书店萤火虫负责人获得全市“扫黄打非”工作先进集体和先进个人称号受到表彰，同时也被推荐到省新闻出版局，成为首批全省

“正版产品销售示范单位”。2006年，当涂县新华书店、市邮政报刊投递发行公司名列第二批全省“正版产品销售示范单位”行列。2008年，市展望文化传媒公司和三联图书公司被省新闻出版局批准为全省第三批“正版产品销售示范单位”。

2007年6月4日，市版权局联合市信息产业办、商务局、财政局、国资办、工商联、银监分局等部门，制定下发了《马鞍山市推进企业正版软件工作实施方案》。6月6日，马鞍山市企业使用正版软件工作会议召开，正式全面启动企业使用正版软件工作，25家大中型企业被列为首批实施单位。

行业协会　印刷业协会　2001年12月14日，市印刷业协会成立。市、县45家印刷企业的负责人成为首批会员。会议通过了《印刷业协会章程》，选举产生了第一届常务理事会，李涛担任协会会长。

书报刊发行协会　2004年12月17日，市书报刊发行协会成立。全市共有书报刊发行单位101家（不含报刊亭）。书报刊发行协会的成立，有利于加强行业自律，规范市场秩序，提升行业形象，繁荣发展出版物市场。

报刊负责人工作联席会议制度　本市共有报刊出版单位14家，其中期刊8家，报纸6家。为加强报刊出版工作的管理，交流信息，促进发展，2002年1月24日，本局召开了全市报刊出版单位负责人工作会议，传达有关文件精神，通报全市报刊出版工作情况，部署相关工作。与会者一致认为，此种形式很好，形成制度，定期召开，增进联系和交流，共谋报刊出版发展大计。2004年，本市《金属矿山》入选第三届国家期刊奖百种重点期刊，《益寿文摘》《马鞍山日报》双双入围全省“十佳”报纸行列。

驻马鞍山记者站站长工作联席会议制度　为切实加强记者站的管理，严格规范记者站工作秩序和新闻记者采编行为，2006年11月16日，马鞍山市新闻出版局召开了驻马记者站近10位站长或负责人工作会议，学习有关文件精神，交流工作经验，研讨如何加强新闻记者职业道德，树立良好行业形象的工作思路，建立了驻马记者站管理工作平台和机制。

获得荣誉　1999年，市新闻出版管理办公室获“全国地图市场专项检查工作先进单位”称号；

2000年，市新闻出版局获安徽省人事厅、安徽省新闻出版局“全省新闻出版系统先进集体”称号；

2003年，市新闻出版局获全省新闻出版系统先进单位称号；

2002—2003年，市新闻出版局获全省“扫黄打非”工作先进集体称号；

2004年，市新闻出版局获全省新闻出版（版权）行政管理先进单位称号；

2005年，市新闻出版局获全省“扫黄打非”工作先进集体称号；

2005年，市新闻出版局获信息工作先进单位称号；

2003—2005年，市新闻出版局获国家人事部、新闻出版总署“全国新闻出版系统先进集体”称号；

2006 年，马鞍山市政府使用正版软件工作领导小组获全省政府部门使用正版软件工作先进集体称号；

2006 年，市新闻出版局获全省新闻出版系统目标管理考核综合优秀单位称号；

2007 年，市新闻出版局获全省“扫黄打非”工作先进集体称号；

2007 年，市新闻出版局获全省新闻出版系统目标管理考核综合优秀单位称号；

2008 年，市新闻出版局获全省新闻出版系统目标管理考核版权管理优秀单位称号。

第十二节　芜湖市新闻出版（版权）局

机构沿革　2002 年 8 月 14 日，在芜湖市文化局加挂新闻出版局（版权局）牌子，为主管新闻出版事业和著作权管理的市人民政府组成部门，开始承担从市委宣传部划出的新闻出版、著作权管理行政职能。

新闻出版管理工作　市新闻出版局（版权局）人员编制和领导职数：

市新闻出版局（版权局）机关编制 16 名（含纪检、监察编制 2 名），其中行政编制 12 名，机关后勤行政管理服务人员编制数 1 名，单列编制数 3 名。部门领导职数 3 名，其中：局长 1 名、副局长 2 名、纪委书记 1 名。科级领导职数 6 名，其中办公室 1 名，艺术科 1 名，社会文化科 1 名，新闻出版（版权）管理科 1 名，政工科 1 名，纪委（监察室）1 名。

2005 年 7 月 16 日，组建市文化委员会，为主管全市文化艺术、广播电视和新闻出版、著作权管理的市人民政府组成部门，挂新闻出版局（版权局）牌子。这次机构改革，除履行原文化局（新闻出版（版权）局）的职能外，新划入了原市广播电视局的行政职能和行业管理职能，并增加了报社记者站设立的审核、指导、监督和管理以及新闻记者证的审核、报批和管理职能。这次改革后，在原文化市场管理科加设新闻出版（版权）管理科。

2002 年 8 月—2003 年 3 月，房培陵任市新闻出版（版权）局局长、党委书记。2003 年 3 月—2008 年 3 月，何向阳任市新闻出版（版权）局局长、党委书记。2008 年 3 月至今宋建华任市新闻出版（版权）局局长、党委书记。

管理职责：（一）贯彻执行党和国家关于新闻出版、著作权管理工作的路线、方针、政策和法律法规；研究拟定全市新闻出版、著作权管理工作的政策、规范性文件并监督实施。

（二）研究拟定全市新闻出版行业的发展战略和发展规划；指导新闻出版管理体制改革；制定新闻出版产业规划和政策；指导、协调新闻出版产业发展；统筹安排新闻出版的经费和计划财务、统计工作。

（三）归口管理全市新闻出版活动。

（四）审核报批全市新建出版单位（包括图书出版社、音像出版社、电子出版物出版社和报社、期刊社等）及出版物（包括图书、报纸、期刊、音像制品、电子出版物等）发行单位；审核报批音像制品和电子出版物复制单位、报（刊）业集团和著作权管理及涉外代理等机构；审核报批新闻出版中外合资企业和中外合作企业的设立。

（五）负责全市新闻出版活动的规划、审核、申报、许可和监管。审核报批全市报纸开版、刊期和期刊开本等项目变更；审核报批和管理内部资料性出版物；审核报批和管理书刊二级批发单位；对出版物的出版、印刷或复制、发行等新闻出版活动实施监督管理；查处违禁出版物和出版、印刷、复制、发行单位的违法违规活动；承担出版物市场"扫黄打非"工作；负责报社记者站设立的审核、指导、监督和管理，负责新闻记者证的审核、报批和管理。

（六）组织、指导全市中小学教科书、党和国家的重要文献及其他重点出版物的出版发行工作。

（七）管理著作权工作。调解著作权纠纷，组织查处在全市有重大影响的著作权侵权案件；受省版权局委托，负责著作权涉外管理的有关工作。

（八）负责全市古籍整理出版规划工作。

（九）负责全市新闻出版业和著作权方面的对外和对港澳特别行政区及台湾地区的合作与交流工作。

（十）统筹规划全市新闻出版和著作权管理的队伍建设、人才培养。管理、协调新闻出版科研成果的鉴定、评奖、推广及管理。

（十一）指导全市新闻出版等各类社团和行业协会、学会的业务活动。

（十二）承办市政府交办的其它事项。

第十三节　宣城市新闻出版（版权）局

机构沿革　宣城市新闻出版（版权）局成立于1997年4月4日，并于1998年5月正式挂牌。成立之初为宣城市新闻出版管理办公室，副县级事业单位，隶属于市委宣传部，核定事业编制2名。

2002年4月25日，成立宣城市文化局（新闻出版局、版权局）。

1998年5月—2002年4月，冯小秋任宣城市新闻出版管理办公室主任；2002年4月—2006年5月，王欲来任宣城市文化局（新闻出版局、版权局）局长；2006年5月—2008年12月，葛祥普任宣城市文化局（新闻出版局、版权局）局长。

新闻出版管理工作　市文化局（新闻出版局、版权局）是主管文化艺术、新闻出版（版权）事业的市政府组成部门。

市新闻出版局（版权局）主要职责：1. 贯彻执行党和国家新闻出版著作权法律、法规及新闻出版方针、政策，制定地方性新闻出版和著作权管理细则和管理措施，并组织实施和监督检查。2. 研究制定本市新闻出版业发展规划和计划并指导实施，审核本市范围内的报纸、期刊和记者站的申办和变更，审核印刷企业的申办和书刊印刷许可证；审核书刊二级批发及出版物零售、投递、出租许可证，审核办理内部资料性出版物准印证。3. 指导本市出版物的的出版工作，对新闻单位驻宣记者站实施行政管理，指导当地新华书店改革、建设和经营，组织检查和审读本市出版的报纸、期刊和内部资料性出版物及市场上销售的书报刊和电子出版物，并查处违规、违禁出版物。4. 负责协调和组织有关部门制定出版物市场管理规定，依法查处非法出版活动。5. 管理本地著作权（包括电脑软件著作权）工作，查处著作权侵权案件、调解本市发生的著作权纠纷。6. 承办本市政府交办的其他事项。

第十四节　铜陵市新闻出版（版权）局

机构沿革　1996 年，设立铜陵市新闻出版管理办公室，隶属市委宣传部领导。2002 年，设置铜陵市文化局（新闻出版局、版权局），是负责全市文化艺术事业的市人民政府组成部门。由市委宣传部管理的新闻出版行业包括书报刊市场及印刷业市场和著作权管理职能划入文化局。市文化局（新闻出版局、版权局）机关行政编制 23 名。其中：局长兼党委书记 1 名，副书记兼纪委书记 1 名，副局长 3 名（其中 1 名兼任新闻出版局、版权局局长）；文化市场办公室副县职数 1 名。

2008 年，设立铜陵市文化局（新闻出版局、版权局），是市人民政府主管全市文化艺术事业和新闻出版（版权）工作的组成部门。市文化局（新闻出版局、版权局）机关行政编制 19 名。其中：局长 1 名，副局长 2 名（其中 1 名兼新闻出版局、版权局局长）；市文化市场管理办公室主任，副县职数 1 名。

1998 年 2 月—2008 年 4 月，胡风林任铜陵市文化局局长兼党委书记；2002 年 12 月—2008 年 4 月，何迎庆任铜陵市文化局副局长兼新闻出版局（版权局）局长；2008 年 4 月，张德宏任铜陵市文化局（新闻出版局、版权局）局长兼党组书记。

新闻出版管理工作　市新闻出版（版权）局主要职责是：贯彻执行党和国家新闻出版、著作权法律、法规和方针政策，研究制定全市新闻出版、著作权管理细则和管理措施，并组织实施和监督检查。制定全市新闻出版业发展规划并组织实施。负责管理全市书报刊和电子出版物出版、发行及印刷业监督管理工作，组织抽样审读审看本市出版的报纸、期刊和本市市场上销售的各类出版物（含电子出版物），查处非法出版活动。负责新闻出版行业和电子出版物的“扫黄打非”工作。管理著作权工作（包括计算机软件、音像制品等著作权工作），组织或协助查处著作权侵权案件，调解本市发生的著作权纠纷。组织新闻出版和著作权方面的对外交流与合作工作。编制全市新闻出版业和著作权管理队伍建设、人才培养规划并指导实施，开展出版专业技术职称评审工作。审核报批报纸开版、刊期和期刊开本等项目变更，审核报批内部资料性出版物。协助省新闻出版局管理驻铜记者站，发放记者证。承办市政府交办的其他事项。

其内设机构新闻出版与版权管理科的职责是:制定书报刊、电子出版物、印刷业市场管理办法并组织实施;负责公开出版报刊、内部资料性出版物的审读和管理;负责著作权等法律法规的宣传教育及实施情况检查;调解本市发生的著作权纠纷;协助省新闻出版局管理驻铜记者站,发放记者证;承担行政复议工作;指导推进政府部门和企业使用正版软件工作;负责农家书屋工程建设工作。

获得荣誉 2005 年获全省新闻出版(版权)目标管理考核单项奖;2006 年获全省政府部门使用正版软件工作先进集体奖;2007 年获全省新闻出版(版权)目标管理考核单项奖和全省“扫黄打非”先进集体奖。

第十五节 池州市新闻出版(版权)局

机构沿革 1986 年至 2002 年 7 月,池州市新闻出版管理职能一直归池州(地区)市委宣传部,其对外称“池州地区(市)新闻出版管理办公室”。2002 年 7 月,设置池州市文化局,加挂新闻出版局(版权局)的牌子。市文化局是主管文化艺术事业的市人民政府组成部门;市新闻出版局(版权局)是市人民政府主管新闻出版事业和著作权管理的直属机构。在著作权管理上,以市版权局名义单独行使职权。

2002 年 7 月,王传庆任池州市文化局(新闻出版局、版权局)局长。2006 年 5 月,吴松柏任池州市文化局(新闻出版、版权局)局长。2007 年 1 月至 2008 年年底,谭幼平任池州市文化局(新闻出版局、版权局)局长。

新闻出版管理工作 归口管理全市出版物市场,研究拟定全市出版物市场政策及规范性文件,并监督实施;承办新闻出版物经营单位的审批、年检工作,负责音像制品出版、复制管理;协助上级主管部门对市内的报纸、期刊进行检查监督;负责审批上级主管部门授权审批项目,研究提出出版物市场“扫黄打非”工作计划,并指导实施;组织查处非法出版活动,查缴非法出版物;检查著作权法律、法规在池州市的执行情况,协助查处相关侵权案件。

从 2002 年 7 月池州市新闻出版局(版权局)成立以来,该局每年按照省市“扫黄打非”工作领导小组要求,增强新闻出版行业职工政治意识、大局意识和责任意识,严格按照“谁主管谁负责”和“属地管理”的原则,精心组织专项治理行动。同时,在日常监管工作中重点检查校园周边、车站、码头等人群集中地方,严防死守。坚持执法与管理并重、服务至上的原则,坚持亲情执法、文明执法,切实为服务对象考虑,为业主营造宽松的生产环境。

获得荣誉 池州市新闻出版局(版权局)2003—2004 年获得省新闻出版(版权)行政管理先进单位称号。

第十六节　安庆市新闻出版（版权）局

机构沿革　2002 年 6 月，安庆市在市文化局加挂市新闻出版（版权）局牌子，对全市新闻出版、著作权管理以市新闻出版（版权）局名义单独行使职权。2003 年 6 月，新组建新闻出版（版权）管理办公室（副县级），尹思放任新闻出版（版权）管理办公室主任。2008 年 10 月，组建安庆市文化广电新闻出版局，苏斌任局长，尹思放任分管新闻出版（版权）管理工作副局长。将市文化新闻出版（版权）局和广播电视局承担的全部职能归并入新组建的安庆市文化广电新闻出版局，为主管全市文化艺术、广播电视、文物、博物、新闻出版（版权）工作的安庆市人民政府组成部门。

市文化广电新闻出版局人员编制和领导职数：机关行政编制 45 名，其中局长 1 名，副局长 4 名。

新闻出版管理工作　新闻出版管理办公室主要职责：归口管理全市新闻出版工作，贯彻执行党和国家和关于新闻出版的方针政策和法律法规；合理调控全市出版物（包括图书、报纸、期刊、音像制品、电子出版物等）、印刷业市场总量、结构和布局；负责全市出版物零售、出租经营单位的审批、年检工作；监督管理印刷业；负责全市音像制品的出版、制作、复制、进口、批发、零售、出租和放映的监督管理工作；查处非法出版活动和非法出版物；负责对出版物进行审读鉴定；负责内部资料性出版物的审核报批和管理；组织新闻出版方面的对外交流与合作工作；指导新闻出版稽查工作。

负责著作权工作（包括计算机软件，音像制品等著作权工作）的管理，指导著作权登记工作；管理本市内国家享有著作权作品的使用；监督管理涉外著作权贸易、涉外著作权登记、外国作品著作权认证工作；负责对著作权保护中介组织的监督；组织著作权方面的对外交流、合作工作；调解本市发生的著作权纠纷，组织查处著作权侵权案件；指导版权稽查工作。

第十七节　黄山市新闻出版（版权）局

机构沿革　1998 年 6 月 24 日，成立黄山市新闻出版管理办公室，为市委宣传部内设科室，正科级。2002 年 11 月 8 日，设置黄山市文化局（新闻出版局、版权局），为市人民政府组成部门，为正县级机构。

1998 年 6 月，方启华任黄山市委宣传部新闻出版管理办公室主任；2002 年 11 月，路海燕任黄山市新闻出版局局长；2007 年 1 月，金涛任黄山市新闻出版局局长。

新闻出版管理工作　贯彻执行党和国家关于新闻出版、著作权的方针、政策和法律、法规，研究拟定全市新闻出版业、著作权的管理规定、办法，并监督实施；研究拟定新闻出版业发展目标，编制并组织实施全市新闻出版业的发展规划和年度计划，协调新闻出版业发展的比例关系；研究拟定全市新闻出版业的经济政策、措施，统筹安排新闻出版方面的有关经费和统计工作；管理全市新闻出版业和著作权工作；对新闻出版活动实施监督管理；查处违禁出版物和出版、印刷、复制、发行单位的违法违规活动；会同有关部门管理全市出版物市场，组织查处非法出版活动和非法出版物；负责音像制品的出版、复制和进口管理；监督管理印刷业；负责全市古籍整理出版规划工作；承办市政府交办的其他事项。

“扫黄打非”　坚持把查缴政治性非法出版物的工作贯穿到工作的全过程。对中央和省部署查缴政治性非法出版物的密码电报，都在第一时间组织查缴；举报电话保持24小时畅通，公开承诺遇有投诉确保15分钟内到达现场；突发事件，启动应急预案，及时处置。

“农家书屋”建设　2007年，该局将“农家书屋”工程建设纳入工作重点，成立机构，印发相关文件，提高服务水平，满足群众不断增长的阅读需求；引导本市各大媒体多宣传推介优秀作品，营造“全民阅读”的舆论氛围。

促进产业发展　有针对性地指导企业生产，深入到企业了解情况、听取企业的意见和建议，为企业做好服务工作，鼓励和推进企业向“专、精、特、新”方向发展。

打击侵权盗版　一是强化普法宣传教育；二是大力推进企业软件正版化工作；三是积极开展“正版产品销售示范单位”认证工作；四是认真开展打击网络侵权盗版案件。

获得荣誉　2007年获“安徽省‘扫黄打非’先进集体”称号；2007—2008年连续两年获省新闻出版局目标管理考核优秀单位称号；2008年获省新闻出版信息工作先进单位称号。

第三章　行业协会

安徽省出版界行业协会有出版工作者协会、印刷协会、书刊发行业协会和版权保护协会。这些协会是由行业人员自愿组织起来，进行自我调节、自我服务、自我管理的群众性团体行政机构。4个协会做的主要工作有：组织会员开展理论研究和学术交流；进行各种专业培训，配合政府部门进行新闻出版专业人才培养；主办或承办全国性和专业性展览会；开展多种形式的评奖活动；开展对外民间交流与合作活动；制定和实施行业职业道德规范和其他行规、行约。通过行业协会“自律、服务、协调”功能，强化自我管理，在行业和政府之间发挥着桥梁和纽带作用。

第一节　安徽省出版工作者协会

安徽省出版工作者协会（以下简称“协会”）于1985年6月22日在合肥成立。属安徽省新闻出版局主管，安徽省出版界自愿结成的行业性、非营利性的社会团体；是中国出版工作者协会和安徽省社会科学界联合会的团体会员。

协会的宗旨是在中国共产党的领导下，团结全省出版工作者，坚持马克思列宁主义、毛泽东思想、邓小平理论和“三个代表”重要思想，遵循科学发展观，贯彻执行党的基本路线，遵守宪法、法律法规和国家政策，遵守社会道德风尚，坚持为人民服务、为社会主义服务的方向和百花齐放、百花争鸣的方针，促进出版改革和创新，维护出版工作者的合法权益，为繁荣和发展安徽省出版事业作贡献。

协会的主要任务：一、组织和推动全省出版工作者学习马克思列宁主义、毛泽东思想、邓小平理论和“三个代表”重要思想，贯彻执行党和政府的方针政策，坚持正确的政治方向，解放思想，实事求是，与时俱进，开拓创新，不断提高出版工作水平。二、配合协助省新闻出版局进行出版队伍的教育培训，开展出版理论研究和业务交流，提高出版工作者的政治思想素质和业务水平，为培养一支政治强、业务精、纪律严、作风正的出版队伍作出贡献。三、协助省新闻出版局组织优秀出版物评奖活动，表彰和奖励先进出版工作者，促进多出优秀作品，多出人才。四、开展出版法制宣传，推动和监督出版单位和出版工作者遵纪守法，遵守职业道德，加强全省出版行业自律，依法维护出版单位和出版工作者的合法权益。五、加强同兄弟省（区、市）出版工作者协会的联系，交流经验，沟通信息，促进安徽省出版事业的发展。六、发展同境外出版同行的友好往来，增进了解，加强合作。七、关心离休、退休出版工作者，支持并帮助他们从事力所能及的出版活动和其他有益的社会活动。八、在国家政策法规允许范围内，开展同本行业有关的有偿咨询服务和经营活动。

协会会员分团体会员和个人会员。现有团体会员为安徽出版集团及其控股的时代出版传媒股份有限公司下属的各专业出版社、安徽新华印刷股份有限公司、安徽省印刷物资公司，安徽新华发行集团及其下属的安徽新华音像出版社，中国科技大学出版社、安徽大学出版社、合肥工业大学出版社和安徽音像出版社等。

围绕省新闻出版局的中心工作，以“抓好学习、搞好调研、做好服务”为工作方针，以“求真务实，围绕大局，服务基层”为总体工作思路，充分发挥“桥梁和纽带、参谋与助手、协调和服务”的作用，加强会员单位、会员之间的交流、沟通和合作，努力成为政府联系出版企业的桥梁、会员单位和广大出版工作者服务的窗口、出版企业之间交流沟通合作的平台、出版业学术交流的阵地。

安徽省出版工作者协会下设有出版经营管理委员会、教育培训委员会、编校专业委员会、装帧设计委员会、音像电子委员会、老出版工作者委员会等6个专业委员会。

协会的工作和活动：

一、围绕中心，服务大局，和谐出版，增强协会的号召力和凝聚力。

1. 学习实践科学发展观，抓好“三项教育活动”。协会遵照上级的部署，针对实际，加强领导，开展学习，并及时地交流情况，总结经验，表彰先进；按时完成全省各出版社的出版社队伍状况调查汇总工作；推荐报送出版、发行行业基层开展“三项教育活动”的先进典型；分析查找协会在工作方面存在的差距与突出问题，明确协会今后的努力方向，提出并落实解决的具体措施与办法。

2. 积极投入汶川抗震救灾战役。“5·12”汶川大地震发生后，协会闻风而动，积极地为灾区捐款献爱心，协助本省各家出版社编辑出版抗震救灾出版物，并积极推荐报送优秀出版物“抗震救灾特别奖”的图书及电子音像出版物。安徽有4种（件）出版物获第二届中华优秀出版物“抗震救灾特别奖”。

3. 圆满完成了“中华优秀出版物奖”的初评、推荐、报送工作。从首届到第三届的“中华优秀出版物奖”的评选活动中，安徽省一共有15种（件）获奖。

4. 积极参加全国出版社青年编校技能竞赛。在首届大赛中，在来自全国出版社80个代表队282位选手参加此次竞赛的激烈角逐中，安徽代表队一举囊括了团体冠军、个人冠军、安徽省版协荣获了优秀组织奖等三项大奖。在第二届韬奋杯全国出版社青年编校质量大赛中，获得一个团体三等奖，两个个人优秀奖和优秀组织奖。

5. 配合省新闻出版局、安徽省社会科学界联合会和出版集团开展有关科研与学术交流和有关评奖活动。参与配合新书评介、科研论文评奖、“五个一工程”评奖、图书奖评奖、“六个一批”人才工程的评选等活动。

二、开展调研，加强活动，密切联系，发挥协会的桥梁纽带作用。

1．针对当前出版业发展中的难点和重点问题开展调研，拾遗补阙，为出版事业的发展建言献策，促进政府与企业的沟通交流。协助出版社紧扣时代脉搏，围绕新中国成立 60 周年、改革开放 30 周年策划重大时政主题的出版选题。

2．开展出版理论和实践经验的交流活动。

第四届理事会任期内，参加了三届“华东书籍装帧设计双年展”，共推荐约 200 种（件）图书封面设计、版式设计、插图及装帧设计论文参展交流，其中共有 94 种（件）获奖。2008 年，协会装帧设计委员会还承办了“第五届华东书籍装帧设计双年展”，来自上海、江苏、山东、江西、浙江、福建、安徽六省一市的有关代表欢聚安徽，观摩参展作品，交流设计心得。既扩大了安徽出版的影响，又学习了先进地区的经验。

3．协会组织由各专业委员会牵头开展的有关活动。各个专业委员会结合自身的特点，制定活动的主题，开展一系列的专业活动，增强了协会的生命力。

协会出版经营管理委员会召开了全省出版社社长座谈会（社长沙龙）、经营管理座谈会等。安徽时代出版传媒股份有限公司、安徽新华发行集团、省内各家出版社和安徽新华印刷公司负责经营管理的领导，对出版业的经营管理进行探讨与交流。

教育培训委员会多次与安徽出版集团共同举办青年员工培训班，采取了专家讲课、拓展培训、参观考察及综合考核等形式，对新进员工进行集中培训；为提高员工的综合素质和业务技能，还与时代出版传媒股份有限公司联合举办“名校博导大讲堂”，特邀请武汉大学、复旦大学的博士生导师分期前来举行讲座。

编校专业委员会牵头多次举办了“青年编校人员培训讲座”，对近 3 年新进编校人员进行培训；组织召开了全省青年编辑座谈会，汇编了《青年编辑座谈会发言集锦》，受到新老出版工作者的关注和好评；还举办了资深编辑座谈会，围绕“编辑在新的业态下的地位和作用”，结合自己的工作经验和体会，进行探讨与交流。

音像电子委员会牵头召开了音像电子出版专题座谈会。各电子、音像出版单位及安徽时代漫游文化传媒股份有限公司、安徽动漫协会副会长单位等单位负责人就各单位目前发展的现状互相通报，对“金融危机下电子音像出版产业如何发展”这一议题作出探讨。

每年召开了一次老出版工作者座谈会，畅谈感想，建言献策。

4．加强与会员单位的联系。在用电话、传真和电脑网络等方式与会员企业保持联系基础上，还走访会员单位，从会员单位的实际情况和需求入手，实现个性化服务，提高协会服务的针对性和时效性，积极为会员企业之间的业务合作牵线搭桥，实现资源共享和互助共赢。

三、加强建设，规范管理，量化考核，提高协会的自律性和诚信度。

1．做好标准化学会的建设和规范化管理。参加中国版协常务理事（扩大）会议，全国地方版协年会，编校质量工作研讨会等全国性会议；定期召开了主席办公会、常务理事（扩大）会等。

2. 完成日常工作和主管部门交办的工作。圆满完成《中国出版年鉴》的组稿、编辑、发行,组织报送了全国出版界纪念改革开放30年书画摄影展的作品等工作。主动做好相关服务,发挥协会的作用。

3. 处理协会日常事务,做好量化考核、民间团体的年检、审核和财务审计等工作。

第四届理事会顾问、主席、副主席、秘书长、副秘书长名单

顾　　问:汪石满、刘苹、郭永年

主　　席:龚存玲

副 主 席:王亚飞、倪志敏、莫欣、席广辉、杨应芹、朱智润、胡正义、余世班

秘 书 长:王春阳

副秘书长:汤坦

第二节　安徽省印刷协会

安徽省印刷协会的前身名为安徽省印刷技术协会,成立于1984年6月,隶属于安徽省出版事业管理局。

安徽省印刷协会的宗旨和任务是:团结和组织全省印刷界人士开展行业技术改造、加强技术交流和互助、进行学术研究探讨、提供信息服务、推动印刷企业内部管理、促进全行业的发展。

协会的组织机构和会员单位数量,随着时代的脚步,也在不断发展壮大。本届省印协系第四届理事会,下设三个组织机构,即出版专业工作部、企业经营管理工作部、女企业家工作部。本届会员单位共有62家。

协会的工作和活动一直在正常进行,尤其是"十一五"期间,省印协进一步坚持服务行业、促进发展的活动宗旨,开展了大量生动且有效的活动,受到业内一致好评。其中比较突出的工作和活动有:

(一)承办了安徽省首届印刷行业职业技能大赛,派出5支代表队参加了全国大赛总决赛,共有1名选手获全国二等奖、17名选手获全国三等奖、5名选手获全国优秀奖,推动了安徽省印刷业高技能人才队伍建设。

(二)在合肥国际会展中心,主办了安徽省首届印刷包装工业展,为业间开展交流合作、扩大技改搭建了平台。其间,还举办了两场大型印刷专业技术讲座,取得了良好的社会效果。

(三)在深入调研论证的基础上,出台了《安徽省书刊印刷工价指导价》(以下简称《指导价》),并分合肥地区和皖南、皖北三片,组织印刷企业签订《执行〈指导价〉协议书》,此举受到业内广泛关注,多个省市印协向安徽索取《指导价》相关资料,有的省还专程来肥调研取经。虽然受多种因素影响,《指导价》执行不力,但对遏制业内互相压价的恶性竞争起到了积极的作用。

（四）组织会员单位和印刷企业开展参观学习交流活动。比较固定的活动形式是建立了“合肥地区印刷企业碰头会”（以下简称“碰头会”）制度和“安徽省印刷企业互通信息、互相支持会议”（以下简称“互通会”）制度，“碰头会”已开了8次，“互通会”已开了2次。除在省内开展学习交流活动外，安徽印协还不断组织业界人士到省外和国外参观学习。仅“十一五”期间，就组织此类活动达36次，参加人数近1500人。

（五）为了给行业提供信息和相关资讯，省印协编印出版了《安徽省印刷企业概览》一书，编印出版了内部资料性读物《皖印速递》，《皖印速递》已累计出版发行了33期。

（六）参加中国印协组织的各种高级别的印刷奖项评选活动。安徽印刷界计有1人获毕昇印刷奖、1人获森泽信夫印刷奖、3人获“杰出贡献印刷企业家”、3人获“印刷科技创新标兵”称号。

（七）为适应协会发展和开展工作需要，2002年报经省民政厅批准，协会由安徽省印刷技术协会更名为安徽省印刷协会。协会被中国印协评选为“先进省级印刷协会”。

第四届理事会正副理事长、正副秘书长名单

理事长：莫欣

副理事长兼秘书长：王德明

副理事长：盛大全、张全兴、曹露明、郑应传、周树仁、佘玉平、朱维明

副秘书长：陈锦华、孟祥华、王可平、陈小秀

第三节　安徽省书刊发行业协会

安徽省书刊发行业协会（以下简称“协会”）于1990年6月28日在合肥成立，是全省从事中外文书刊批发、零售、出租、进出口业务的经营者自愿组成的全省性书刊发行行业社团组织，挂靠安徽省新闻出版局。其宗旨是：在中国共产党领导下，团结全省书刊发行工作者，坚持马克思列宁主义、毛泽东思想、邓小平理论和“三个代表”的重要思想，落实科学发展观，遵守国家宪法、法律、法规和党的方针政策，以及社会道德风尚，联合全省书刊发行行业，维护会员的合法权益，坚持行业自律和职业道德，倡导会员积极发行优秀书刊，繁荣和发展具有中国特色的书刊发行行业，为安徽的发展和“两个文明”建设作出贡献。其基本任务是：沟通行业与政府部门的联系，发挥协会的桥梁纽带作用，组织会员进行自我教育，自我管理，自我协调，促进书刊发行行业认真履行社会职能，加强经营管理，协助政府深化发行体制改革和对书刊市场综合治理。协会下设图书经营工作委员会、报刊经营工作委员会、对外交流工作委员会、行业自律工作委员会等四个专业工作机构。目前，共有63家市县级新华书店、71家市县邮政局、130多家社会各种类型出版物发行单位和17个地市书刊发行业协会等281个会员单位。

在中国书刊发行业协会和有关部门的协调指导下，协会主要做了以下工作：一是健全内部组织机构，将协会原下设的出版社自办发行工作委员会、新华书店工作委员会和

邮政报刊发行工作委员会合并为图书经营工作委员会、报刊经营工作委员会,增设对外交流工作委员会、行业自律工作委员会。二是做好宣传指导工作,推动市县级行业协会组织建立,目前17个省辖市全部成立协会或纳入新闻出版协会,较大县(市)区也建立了协会。三是加强行业自律,制定《安徽省书刊发行业协会行业公约》,开展诚信经营教育。四是参与出版物市场净化和“扫黄打非”工作,协助有关行政部门清理出版物市场和鉴定非法出版物。五是开展皖版图书发行改革研究活动,撰写《农村出版物市场调研报告》,召开皖版图书发行座谈会、社店互评会、出版社自办发行研讨会,推进皖版图书发行体制改革。六是开拓皖版图书市场,组织市级新华书店举办特价图书展销会、“世界图书日”图书大联展,组织会员单位参加每年全国书市(全国图书交易博览会)和北京图书订货会。七是开展科研论文征文活动,先后开展出版物连锁经营论文、“书业体制改制”论文等征文评奖活动。八是组织考察交流活动,组织人员赴湖南、湖北、江苏等地考察学习书刊市场经营管理经验,赴江西、浙江、上海考察学习连锁经营物流配送经验,赴东南亚和欧洲参观学习。九是参与制订《安徽省出版物发行业“十一五”发展规划》。十是创办《协会工作信息》,加强行业之间的联系,推荐中国书刊发行业协会理事,组织开展评比表彰等活动。

第二届理事会正副会长,正副秘书长名单

会长:梁长森

副会长:曾石铃、涂荣林、王可平

秘书长:王可平(兼)

副秘书长:郑刚、徐元志、李秀英

第三届理事会正副会长,正副秘书长名单

名誉会长:刘苹

会长:曹景希

副会长:倪志敏、郑永胜、席广辉、王士雄、查结联、房化光、吴图平、张国永、李　炜

秘书长:郑永胜(兼)

副秘书长:郭志学、孟容、许牧、范敏

第四节　安徽省版权保护协会

安徽省版权保护协会成立于1996年,是安徽省版权领域非营利性专业社会团体,其主管单位是安徽省新闻出版局,同时接受安徽省民政厅、安徽省社会科学界联合会的业务指导和监督管理。

安徽省版权保护协会的宗旨是遵循为人民服务、为社会主义服务的方向,遵守我国宪法及有关法律法规和国家政策,遵守社会主义道德风尚,团结全省热心版权事业的团体和个人,推动版权法律的实施,组织、推动版权理论研究与学术交流,促进版权制度的

不断完善。同时，为著作权人及作品使用者提供相关服务，维护权利人的合法权益，促进社会主义文化和科学事业的繁荣发展。

安徽省版权保护协会的业务范围包括：一是促进本省版权立法、司法与管理的理论研究；二是开展有关版权的学术信息交流、推介研究成果；三是宣传普及版权知识，组织版权专业培训；四是协助政府版权管理部门表彰奖励优秀版权工作者和有关先进集体、先进个人；五是提供版权法律咨询和政策建议；六是推动版权集体管理，承接版权鉴定，为版权代理、版权贸易等提供服务；七是调查举报侵权盗版，维护权利人的合法权益；八是收集版权文献，整理编印有关资料，创办版权刊物；九是举办符合本会宗旨的社会公益性事业。

协会下设著作权使用报酬收转中心安徽办事处、中国音乐著作权协会安徽代表处、反盗版联盟等三个机构，现有会员 137 人。

安徽省版权保护协会自成立以来，遵循协会宗旨，履行协会各项义务，坚持以马克思列宁主义、毛泽东思想、邓小平理论和“三个代表”重要思想为指导，努力按照科学发展观要求，在加强党和政府同广大版权工作者的联系中发挥了桥梁和纽带作用；在团结广大版权工作者进行学术研究和参与决策的过程中发挥了组织协调作用；在帮助社会公众维护自身权益、提升版权意识中发挥了普及宣传作用，为保障著作权法律法规在安徽省的贯彻实施，促进安徽省版权保护事业的发展等方面，发挥了社团组织的积极作用。

开展活动情况：一是大力宣传《中华人民共和国著作权法》，努力提高公众版权保护意识。安徽省版权保护协会积极配合版权行政管理部门举办了各类版权培训班、知识讲座；每逢《中华人民共和国著作权法》颁布实施纪念日，组织会员走上街头进行宣传咨询，散发宣传材料，邀请各界人士共论版权保护话题；在部分会员单位开展作品版权巡回登记；组织会员单位参加国家版权局、中国版权研究会发起的著作权知识竞赛。协会还编印《安徽版权通讯》，编发版权宣传手册，设计制作宣传广告画等。在宣传版权法律法规、及时报道安徽省版权动态、交流兄弟省市版权保护新情况、新举措等方面，发挥了积极作用。 二是开展版权理论研讨和座谈，推动《著作权法》的深入学习。协会组织召开多次版权理论和实践研讨会，以安徽省版权保护中的实际问题和具体案例，确定研讨议题，并进行论文的评选和表彰，以此促进广大会员深入学习著作权法，积极探索推动协会工作的深入发展。协会成员在省内外报刊上发表的版权学术论文和学习研究文章近百篇，出版了《著作权法概要》《著作权法导论》和《大奖后的风波——版权案例透视》等专著。组织会员单位旁听有关知识产权案件的现场审判，以案释法，提高会员单位的版权意识。三是开展著作权集体管理，提供版权保护的社会服务。协会自 2 000 年接受中国著作权使用报酬收转中心委托开展工作以来，根据著作权法和国家有关规定，配备了兼职人员，在充分调研的基础上，进行了规范管理，做了大量工作，逐步改变了过去报刊转摘作品不付酬的现象，报刊社的版权保护意识有了较大提高。

四是开展版权学术交流活动。加强与海外同行的联系,组织会员单位赴韩国、日本等国家,加强交流合作,学习国外版权社会团体的运作方式和运作理念。发挥相关会员单位作用,组织开展版权专题调研,为安徽省的著作权地方立法工作调研论证、出谋划策。

安徽省版权保护协会第三届会员代表大会名誉理事长、顾问及理事长、秘书长名单

名誉理事长:苏平凡(省人大常委会副主任)

顾　问:王坦(省人民政府副秘书长)

徐承华(省人大常委会教文卫工委主任)

尹朝华(省政协教科文卫体委副主任)

理事长:刘苹

副理事长:杨屹、陈军、汪利民、杜非、韩培刚、李星、张苏洲、罗宏、王洵、李成聪、杨绿章、曾石铃、夏光明、田海明、李国平

秘书长:李国平(兼)

副秘书长:吴安宁(常务)、鲍康健、陈敏、晏凤志、季梅

第四章　出版队伍建设

人才是出版企业的第一资源。改革开放以来，安徽省新闻出版局始终坚持加强队伍建设，提升队伍素质，实施“人才兴业”战略，为出版事业的繁荣和发展提供了强有力的人才保证。省新闻出版局统筹推进出版行政管理人才、企业经营管理人才和专业技术人才队伍建设，使人才总量和结构与行业发展相适应。着力培养出版行业的高层次人才和领军人物，遴选一批学术研究、经营管理和专业技术方面的拔尖人才，抓住培训、吸引、使用三个关键环节，不断创新人才工作体制机制，促进各类人才协调发展。

第一节　出版队伍建设与发展

组织建设　改革开放以来，随着市场经济的不断深入，出版物载体逐步向多样化的趋势发展，为加速省新闻出版产业建设与发展，按照干部队伍“革命化、年轻化、知识化、专业化”的要求，努力培养跨世纪新闻出版优秀人才。1992 年 9 月，省新闻出版局制定《干部聘任制试行办法》和《机关及事业单位补充人员试行考试考核择优录取的暂行办法》两个制度。1993 年 3 月，实行处级领导干部交流制度，凡机关和事业单位调进工作人员一律实行考试考核，择优录用。1994 年年初，所有处科级干部均实行聘任制。遵照省委、省政府《关于鼓励留学人员来安徽工作的若干规定》，积极招贤选才，给予优厚待遇和优越工作条件，鼓励和吸引留学人员到出版行业工作。1996 年，为贯彻落实《安徽省新闻出版局关于“123 跨世纪人才培养工程”实施方案》，选派一批出版行业中的优秀骨干分子出国参观、学习深造，全面提高出版行业从业人员的整体素质，从而带动了一批中青年人才的快速成长。同时安徽省新闻出版局培训中心、合肥中德印刷培训学校、安徽新闻出版职业技术学院，作为培训基地，培养人才。

进入 21 世纪，随着科学技术迅猛发展，为适应新世纪的新闻出版业发展的需要，2001 年，制定了《安徽省新闻出版局“十五”人才培养规划》，并组织实施《出版业跨世纪人才工作纲要》提出的“311 工程”，以加快发展为主题，以培养造就“三支队伍”为根本，培养数量充足、质量上乘、结构合理的人才队伍，培养德才兼备的领导干部队伍、学历层次较高的专业技术骨干队伍和操作熟练的技术工人队伍，进一步提升省新闻出版从业人员的整体素质，促进新闻出版业的快速发展。

2002 年后，先后成功组建安徽省发行、出版两大集团，出版人才队伍结构得到全新的优化整合,推动出版产业集团化建设,推进企业的体制和管理创新。培养了一批在全国有影响力和知名度的领军人物。通过不断的改革干部、人事管理制度,创造人才成长的良好环境;引入竞争、激励、制约机制,极大地改善了出版队伍结构,带动了一大批优秀的中青年人才的快速成长,在历年评先评优中,进入出版行业专家库的高层次人才逐年递增。到2006年,安徽省新闻出版局与安徽出版集团公司分设后,实现了新闻出版行业人才队伍由数量规模型向素质复合型的转变。

思想建设 改革开放以来,省新闻出版局坚持把出版行业人员思想建设放在首位,坚持“两手抓,两手硬”的方针,加大对从业人员的思想教育力度,采取座谈讨论、学习办班、培训深造、参观考察等多种形式,积极开展创建文明行业活动,努力把新闻出版建设成为文明程度较高的行业。组织出版工作者学习邓小平建设中国特色社会主义理论和“三个代表”重要思想,学习社会主义市场经济理论,在实际工作中加深对党的基本路线和改革开放政策的理解,进一步增强大局意识、责任意识、质量意识和精品意识,把社会效益放在首位。坚持以科学的理论武装人,以正确的舆论引导人,以高尚的精神塑造人,以优秀的作品鼓舞人。努力提高出版队伍马克思列宁主义理论水平和思想政治觉悟,保证编辑出版工作沿着社会主义方向前进。1991年成立局职工教育领导小组,经常组织编辑出版人员学习马克思列宁主义、毛泽东著作,学习党和国家的出版方针、政策。倡导爱国、敬业、奉献、成才精神,提高行业人员的思想水平。还组织编辑人员调查研究,锻炼思想,提高觉悟。轮流抽调处级干部深入县以下基层参加抗灾救灾、扶贫和形势政策教育等工作,出版队伍整体素质得到新的提升。1995年,省局(总社)召开全省出版工作者职业道德教育座谈会,开展学习、宣传和贯彻《中国出版工作者职业道德准则》的活动。坚持把思想建设放在首位,坚持出版工作“为人民服务,为社会主义服务”的方向。2003年,省局加强对处以上干部的思想建设、作风建设、党风廉政建设,进一步解决在政治上、思想上同党中央保持一致的问题。并在出版行业中定期组织出版系统先进集体、劳动模范和先进工作者的评选工作,收到了良好的成效。

业务建设 建社之初,编辑人员主要是结合出版工作实际和“地方化、通俗化、群众化”方针学习业务知识。举办业务知识讲座,聘请合肥师范学院教师到出版社讲授汉语语法知识,提高编辑人员的业务和知识水平。有计划地选送青年编辑人员去高等院校深造,或组织行业人员参加各种读书班和业务学习班。实行“一二九”制度,即出版部门编辑每年以1个月时间读书学习,2个月做调查研究,9个月工作,使编辑人员不断提高业务水平和能力。同时,组织经验丰富的老编辑,给年轻编辑讲课,对年轻编辑进行“传、帮、带”,举办年轻编辑培训班,采取专题讲座,对口岗位培训。

改革开放后,省局出版物载体向多样化方向发展。为适应业务建设的需求,省局积极探索,委托安徽财贸学院、安徽大学和北京印刷学院等院校开办财会、图书发行、平版制版、印刷企业管理等四个专业的成人高等教育专业教学班,培训出版业务实用人才。1994成立安徽省新闻出版职工培训中心,负责全省新闻出版行业从业人员的业务培训和本系统在职人员的岗位培训，提升业务建设能力。

为了适应对复合型人才的需求，满足出版行业从业人员拓宽知识、专业领域的要求。自 1991 年以来，省局选派新闻出版行业出国学习、交流、考察人数的比例逐年递增。搭建出版行业交流平台，拓宽出版人员视野，吸收借鉴国外的先进经验，不断提升安徽省新闻出版的知名度。

廉政建设 安徽省新闻出版局在抓出版队伍建设时，把廉政建设作为执行党的路线、方针、政策的重要内容，摆上重要位置贯彻落实。1989 年，局属单位选配兼职监察员。1991 年 11 月组建省纪委派驻本局纪律检查组，纪检组长为党组成员。

1992 年，依据中纪委六次全会和省纪委三次全会精神，局属单位选配兼职纪检员和纪检监察干部，增强反腐倡廉工作的力度，保证廉政建设的贯彻落实。在廉政建设工作中，党组坚持统一领导，齐抓共管，重点抓各级领导干部的廉洁自律，树立廉洁奉公、勤政为民的思想。坚持用领导干部以身作则、率先垂范的自觉行动为广大职工树立榜样。坚持把廉政建设的着眼点放在教育和防范，主要在以下几个方面加强廉政建设：

加强思想教育力度，增强拒腐防变能力。把廉政教育作为对出版行业人员的思想政治工作重要内容，纳入党政领导班子、领导干部目标管理，与“两个文明”建设和其他业务工作同步计划、部署、检查、总结，作为提高干部素质的重要措施，常抓不懈。经常组织广大党员干部，特别是党员领导干部，认真学习中共中央关于党风廉政建设的文件，学习邓小平关于在新的历史时期端正党风和深入开展反腐败斗争重要性的论述，统一思想，提高认识，做到警钟长鸣。针对社会主义市场经济条件下人们的人生观和价值观出现的新问题，在各级干部中开展了一系列有针对性思想教育活动。

针对权力相对集中的情况，及时进行领导干部正确行使手中权力的教育，使各级领导干部牢记手中的权力是党和人民赋予的，只能用在为党和人民的事业上，而不能用来谋取个人利益，强化领导干部为人民服务的思想和公仆意识。

针对在改革开放的新形势下，有些人片面理解解放思想的含义，办事只讲灵活，忽视纪律政策的现象，定期对领导干部进行党纪法规教育，加大对法律法规、党纪党规和党的优良传统、优良作风的教育，增强党员干部的法纪观念，规范从政行为，做到知法、懂法、守法。

针对有些领导干部讲排场、图阔气的现象，及时进行党的优良传统和拒腐防变教育，紧紧围绕廉政文化建设，组织开展扎实有效的活动，把廉政文化建设与反腐倡廉教育有机地结合起来。提倡艰苦奋斗，勤俭办事，反对铺张浪费。

针对社会上一些人以权谋私、贪污腐化的犯罪事实，以及许多干部自觉做到廉洁奉公、无私奉献的典型事例，从正反两个方面对领导干部进行反腐倡廉专题教育，增强领导干部抵制拜金主义、享乐主义、极端个人主义等腐朽思想侵蚀的能力。

针对少数人受经济利益的驱动，无视职业道德，不惜牺牲单位利益为个人谋取私利的现象，加强职业道德教育，弘扬敬业精神，增强广大出版工作者的事业心、责任感和大局意识、法规意识。

健全完善组织领导，建立廉政约束机制。安徽省新闻出版局结合出版工作的实际，制定了一系列针对性强、内容明确、便于执行的规章制度。1989 年，安徽省新闻出版局制定了《领导班子廉政公约》，坚持贯彻落实廉政与干部政绩考核、升降使用及奖惩挂钩，坚持一级抓一级，一级负责一级，谁主管、谁负责，管事与管人相结合。对搞好领导班子自身廉政建设约法十章。成立安徽新闻出版局党风廉政建设工作领导组织，制定《党风廉政建设责任制实施办法》和《党风廉政建设责任制考核办法》，确立领导工作职责，把党风廉政建设责任制贯彻落实情况纳入省局机关和各市局年度目标管理考核，做到年初分解目标任务、年中督促检查落实、年底交流测评考核，形成层层抓落实，上下贯通的领导机制。改变了以往单纯由纪检监察部门抓党风廉政建设的局面，基本形成了党政齐抓的领导格局。

针对出版行业的特点，安徽省新闻出版局把廉政建设工作与出版业务工作结合起来，先后制定了一系列管理制度，如图书选题管理制度、协作出版制度、书号管理制度、图书报刊审批和审读制度、内部图书审批制度，以及人事管理、财务管理、行政管理等各项制度，使各级干部在工作中有章可循、有法可依、按章办事、堵塞漏洞，对防止和纠正行业不正之风起到了积极的作用，确保党风廉政建设责任制落到实处。

积极开展执法监察，建立健全监督机制。根据《行政监察条例》要求，把源头上预防和治理腐败作为党风廉政建设和反腐败斗争的重要举措。坚持从严治党、从严治政的方针，围绕“三无”的目标，开展执法监察，发现问题，及时纠正，对各级领导干部实施有效的监督制约。并在全省范围内聘请 42 名出版物市场特约监督员，强化对出版物市场的社会监督。先后制定了《党组会议议事规则》《局长办公会议议事规则》《安徽省新闻出版局工作规则》《安徽省新闻出版局关于进一步加强新闻出版信息工作的意见》和《安徽省新闻出版局信息工作考核暂行办法》等一系列制度。建立信访举报制度，鼓励广大职工群众对本单位廉政建设和领导干部廉洁自律实施监督。坚持开展民主评议党员领导干部制度和领导干部廉洁自律民主生活会制度，开展批评和自我批评，进行思想互助，加强群众监督和党内监督。提高出版系统党员干部特别是领导干部的思想政治素质，对正确贯彻党的出版方针政策，使出版事业健康、有序发展起到了积极促进作用。2001 年《关于加强政风建设深化（管理年）活动的意见》实施以来，省新闻出版局建立领导干部述职制度和党员领导干部报告个人有关事项制度，要求局属领导班子和领导干部年终述职时必述廉，评议时必评廉，考核时必考廉，推动机关工作步入办事高效、运转协调、行为规范的运行轨道，使机关管理工作逐步走向科学化、规范化。切实加强局机关政风建设，不断把省新闻出版事业推向前进。

第二节 出版队伍培训

培训组织机构 改革开放后，特别是各专业出版社成立后，人员迅速增多，队伍日益壮大。省局坚持把组织建设、思想建设和业务建设与行业培训同步建设，把出版培训工作摆上重要位置，全盘统筹谋划，狠抓出版队伍培训工作。1989 年，成立职工教育培训领导小组，由分管局长挂帅，职能处室主要负责人参加，制订出版系统职工培训工作规划和任务，有主要领导人负责职工培训工作，还配备专职或兼职人员具体抓落实，使省出版系统初步形成了一支政治思想觉悟、业务技能水平高，事业心和责任感强，知识门类较齐全，人员相对稳定的培训队伍。1993 年，成立安徽省新闻出版行业工作考核委员会，分设印刷、发行两个专业考核组，负责指导全省新闻出版行业工作技术等级培训和考核工作。

1998 年，为适应省印刷工业快速发展的需要，提高印刷企业职工技术素质和管理水平。在省政府和国家对外经济贸易部、国家新闻出版署的大力支持下，向德国政府争取了中德印刷培训中心项目，正式成立中德印刷培训中心。1999 年初，建立合肥中德印刷技术学校。2004 年，组建安徽新闻出版职业技术学院，2006 年后，学院在校生 3000 余名，拥有包装工程、印刷工程、传媒出版 3 个系，共计 11 个专业、10 多个实验室、3 个实训中心和 1 个计算机中心，现有书刊印刷、包装印刷、商务印刷、光盘制作与复制四个实习工厂，另有中专部和中德印刷培训中心。已基本实现了“双元制”职业教学对产学研结合、工学一体的要求，并从教育理念、培训模式、专业设置、教学双纲（理论教学和实践教学）编制直至模块化教学设计，形成了一套完整系统的“双元制”职业教育培训模式，负责全省出版行业从业人员的技能培训和鉴定工作，为出版行业培养更多更好的应用型技术人才。

培训规划 省新闻出版局坚持把职工培训规划作为全省出版事业发展规划的一项重要配套内容来抓，把培训工作纳入各单位领导任期目标责任制的重要考核指标。由人事部门牵头，会同有关职能处室制订年度培训计划，全面安排各种行业培训。1995 年，出台安徽省地、（市）县新华书店经理岗位培训实施办法，把地、市（县）新华书店经理的岗位培训列为实施持证上岗制度的首要步骤，对全省新华书店地、市（县）正副经理及担任相应职务的人员进行培训。使其进一步掌握图书发行业务理论知识，提高经营管理水平和科学决策能力，达到书店经理岗位规范的要求。1996 年，又制定《安徽省新闻出版行业八个主要岗位培训实施方案》，加强出版行业领导人培训工作，不断提升领导层的理论水平和政策水平。

此后又制定一系列培训规划，每年对全省出版社及公开报纸校对业务和期刊编校人员进行培训，加强校对队伍建设，提高出版物校对质量。同期又进行中德合作项目第三期出版行业培训，德国 GTZ 公司委托新加坡德新学院开办一期针对安徽省成立中德印刷培训中心的现代管理人才班培训，省新闻出版局选派从事管理、教学人员参加培训，保证中德印刷培训中心教学和生产的人才需要。

2004年年初，为更好地贯彻劳社部《关于三年五十万新技师培养计划》和《关于在我省印刷行业推行国家职业资格证书制度》的文件精神，全省实行出版行业从业人员职业技能鉴定工作，鼓励从业人员钻研业务，提高业务素质，推动技能人才队伍建设，带动各专业级别技能人员成梯次发展，推动出版行业发展步伐。

培训管理　为保证队伍培训工作顺利进行，增强培训管理水平，做到培训管理正规有序，省新闻出版局注重从领导、组织、管理、实施等几个环节狠抓落实，明确专人负责，严格管理、严格要求；加大建立约束激励机制，实行学员考勤、考核制度，把参加培训人数、学员出勤率、考试成绩三项指标，列入培训考核评比重要内容。把参加培训与持证上岗、晋升职务、评聘职称以及年度考核结合起来，对培训工作与单位、个人利益分配结合起来，对完不成培训任务的则予以批评。规定凡参加培训人员未取得合格证书的，除不能上岗、不予晋升外，还须自付培训费用。把行业培训和人员使用结合起来，对于学有专长的人员，及时调整到合适的工作岗位。并注重从“五大”（电视大学、函授大学、业余大学、职工大学、夜大学）毕业生和优秀工人中选聘培训管理干部。

培训考核　在培训师资方面，主要以出版系统内的专家和部分优秀中青年为骨干力量，个别专业聘请高校教师兼职授课，从编辑出版、印刷、发行三个专业的教师队伍中选聘。从2006年起，认真贯彻落实新闻出版总署文件精神，建立新闻出版行业各级领导干部调训制度。凡5年内没有参加岗位培训的新闻出版单位领导干部和新闻出版行政机关的领导干部，都要分别接受上级新闻出版行政机关安排的岗位培训或任职培训的调训。

分类培训　1993年4月，为顺利实施新财会制度，举办新财会制度培训班；1994年6月，举办音像复制类工人技术等级培训班；1994年11月，举办新任编辑人员业务培训班；1996年9月，举办全省出版社编辑室主任岗位培训；1998年4月，举办局系统职称晋升计算机应用能力初、中级培训班；1999年4月，举办印刷专业地方班，招生人数为60人，其中印刷技术40人、制版工艺20人。2000年后，每年举办采编人员培训班。

培训成效　加强思想教育力度。在出版系统普遍开展以党的基本路线和建设中国特色社会主义理论为主要内容的“双基”教育。每年根据上级精神有计划地安排几个专题，采取多种形式，丰富学习内容，转化学习成果，主要有时事政策教育、形势教育、党课教育、党风廉政教育等，并广泛开展专题测试、知识竞赛和理论研讨会等活动。

集中抓好学历教育。省局按照出版队伍“三化”要求，积极鼓励出版行业从业人员在职学习进修。采取选送、进修、委托等形式，出台一系列优惠政策鼓励人员学习深造。1989年，委托安徽大学和安徽财贸学院分别开设了图书发行和财会两个专业的大专“专业证书”教学班。利用北京印刷学院安徽工作站，作为印刷职工培训基地，开办了单科、专科“专业证书”等多层次的印刷函授教育，为安徽印刷战线培训460多名学员。

加大领导培训力度。先后选送上百名厅、处级领导干部和高级知识分子，分别到中央、省委和省直党校读书班和进修班学习，提高管理层管理水平和理论水平。抽调近百名干部参加新闻出版署、省人事厅、安徽行政学院和安徽经济管理学院举办的各类人员培训班。还选派行业业务骨干到德国、日本进行印刷技术及管理的培训和研修，学习国外先进的管理知识和印刷技术。

狠抓业务技能培训。按照“缺什么、补什么”“干什么、学什么”的原则，先后选派机关管理干部参加北京现代管理学院“领导·管理·决策”函授进修班；1989 年以后，先后举办新上岗的编辑人员、新华书店经理、书刊印刷厂厂长、财会审计人员培训班，以及著作权法、监察业务、档案业务学习班；1993 年以后，历年进行全省报刊社和出版社等各类行业从业人员培训班，增强法规意识、质量意识、精品意识。

实施拔尖人才工程。2002 年，为贯彻省委省政府《关于实施省直宣口四个一批拔尖人才工程的意见（试行）》的文件精神，本着面向基层的原则，重点选拔那些在编辑、印刷、发行第一线工作（含经营管理）的优秀人才。在出版系统（含局属出版、印刷、发行单位）各企事业单位具有副高以上（含副高）职务并做出较大贡献的在职在岗人员或在全国有影响的个别优秀人才作为重点选拔对象。通过自下而上，层层推荐，最终选拔 11 人为省直宣口“四个一批”拔尖人才人选。

第三节　专业技术职务评聘

评审组织　1986 年 4 月，根据国家职称改革的有关规定，成立了安徽省出版系列职称改革领导小组，同时还成立职称改革办公室。

1986 年 11 月，经安徽省职称改革领导小组批准，成立了临时性的安徽省出版系列高级专业技术职务评审委员会，由 15 人组成。随着职称评审工作的深入开展和各方面条件的逐步成熟，安徽省职称改革领导小组 1987 年 6 月正式批准成立安徽省出版系列高级专业技术职务评审委员会。其任务是负责全省出版系统范围内出版系列高级专业技术职务和党史办公室、地方志办公室、期刊社、政协文史委等系统靠用出版系统高级专业技术职务的评审工作。

1993 年年初，根据国家人事部的规定，先后组建了安徽省出版系列副高级专业技术职务评审委员会和安徽省出版系列正高级专业技术职务评审委员会，负责全省出版系列副高和正高级专业技术职务任职资格的评审工作。同时，组建安徽省新闻出版局经济系列中级专业技术职务评审委员会，拟定 13 人具体负责本系统经济专业中、初级专业技术职务任职资格的评审工作。

1993 年 9 月，安徽省出版系列职称改革领导小组成员作了调整。

1994 年 10 月，调整安徽省出版系列高级专业技术职务评审委员会。将原安徽省出版系列正、副高级专业技术职务评审委员会撤销，调整为安徽省出版系列高级专业技术职务评审委员会。

为进一步做好专业技术职务资格评审工作，客观公正地评价出版专业技术人员的技术水平和业务能力，鼓励多出好书、好刊，多出人才，繁荣出版事业，1999 年 10 月 31 日，制定了《安徽省出版专业职务任职资格评审办法（试行）》。

评聘上岗 1995 年 12 月，省新闻出版局制定了《安徽省新闻出版局机关、事业单位工作人员评聘实施办法》。考核内容包括德、能、勤、绩四个方面，重点考核工作实绩。考核分为优秀、称职、不称职三个等次。干部全部实行聘任制，对不称职的干部坚决予以解聘。其次是劳动用工制度的改革，扩大企事业单位用人自主权。打破干部、工人身份界限，从工人中聘用干部。安徽省出版系统从工人中聘用 476 名干部，其中事业单位有 21 名，这些工人身份的干部在不同的管理岗位上发挥了积极的作用。同时，在事业单位实行全员劳动聘任制和在企业实行全员劳动合同制的试点工作，都取得了积极进展。再次是分配制度的改革，打破分配上的平均主义，增大岗位职务津贴，在奖金分配上合理拉开差距，向质量和效益倾斜，对责任重、贡献大、成绩突出的人员给予重奖，体现了按劳分配、奖优罚劣、奖勤罚懒。

1998 年 11 月，为进一步加强机关职工队伍建设，充分调动广大职工的积极性，提高机关工作效率，在局机关范围内实行人事制度改革。省局相继制定了《安徽省新闻出版局关于机关处室负责人实行聘任制的暂行办法》《安徽省新闻出版局关于机关处室负责人实行公开选拔竞争上岗的暂行办法》《安徽省新闻出版局关于机关职工实行双向选择竞聘上岗的暂行办法》《安徽省新闻出版局关于机关职工实行待岗的暂行规定》，进一步构建干部职工竞争上岗机制，克服选人用人方面的不正之风。逐步形成了局机关干部职工能上能下、能进能出的良好格局。1996 年，经上级批准同意安徽科技书店人员实行社会招聘，独立核算，自主经营，自负盈亏，正式成为全民所有制企业。

2001 年后，逐步推行干部全员聘任制、补充工作人员公开招聘制、专业技术职务评聘分开制、行政管理人员实行职员职级制和职工辞退等人事管理制度，建立健全各类岗位规范、岗位目标和岗位职责，实行事业单位工资总额与社会效益和经济效益挂钩，采取双效挂钩、双效考核、双效兑现的办法，促进事业单位全面提高社会效益和经济效益。

岗位设置 1986 年，按照国家职称改革的部署，出版专业人员的职称制度改为实行专业技术职务聘任制度。编辑的专业职务（含美术编辑）设编审、副编审、编辑、助理编辑，前两个为高级职务，编辑为中级职务，助理编辑为初级职务。技术编辑的专业职务设技术编辑，助理技术编辑、技术设计员，前者为中级职务，后二者为初级职务。校对职务设一级校对、二级校对、三级校对，一级校对为中级职务，二级校对相当于助理技术编辑职务，三级校对相当于技术设计员职务。在技术编辑和一级校对中，少数专家可评为技术副编审，相当于副编审职务。

1986 年 4 月，安徽省出版系列职称改革领导小组首先在安徽科技出版社和安徽教育出版社进行职称改革工作试点。1987 年 3 月，安徽出版系统的职称改革工作全面铺开，到 1988 年 3 月评审工作全部结束。全省出版系统共评定专业技术职务的有 354 人，其中高级 72 人，中级 150 人，初级 132 人。

1991 年，职称评审工作转入正常化，同时对出版系统聘任期满的专业技术人员进行考核，考核对象经过个人总结、群众评议、组织考核，对被考核者从政治思想、工作表现、业务能力、工作实绩等几个方面进行考评，共评出优秀等级 78 人，称职的 371 人，基本称职的 4 人，不称职的 2 人。通过这次考核，逐步完善了专业技术职务聘任制，在一定程度上强化了竞争机制，从政策上引导和激励专业技术人员做好本职工作，不断进取。

在对专业技术人员进行任期考核的同时，开展了专业技术岗位设置工作。各单位对专业技术岗位设置进行了充分论证，根据工作任务和实际需要，科学合理地确定了高级、中级、初级专业技术岗位指标，较好地贯彻了“因事设岗”的原则，不搞照顾性的“因人设岗”。从设岗比例看，高级岗位占专业技术人员总数的 20%，中级岗位约占 40%。到 1991 年年底，专业技术岗位设置工作基本结束，全省出版系统事业单位设置高级专业技术岗位 83 个，其中正高 22 个，副高 61 个，中级专业技术岗位 165 个。

1986—2008 年安徽省出版系统专业技术职称结构表

表 4-4-1

年　份	总 人 数	专 业 技 术 人 员		
		正高级	副高级	初中级
1986—1990	353	66	84	203
1991—1995	470	109	227	134
1996—2000	581	105	167	309
2001—2005	562	85	132	345
2006—2008	308	34	46	228

说明：1989—1992 年因机构改革，未进行专业技术职称评审

附　　录

重要文献辑存

安徽省图书报刊出版管理条例

（1996 年 9 月 21 日安徽省第八届人民代表大会常务委员会第二十六次会议通过）

第一章　总　则

第一条　为加强图书、报纸、期刊（以下简称书报刊）出版管理，维护书报刊出版、印刷、发行秩序，促进出版事业繁荣与发展，根据国家法律法规，结合本省实际，制定本条例。

第二条　凡在本省境内从事书报刊出版、印刷、发行的单位和个人及有关行政管理部门必须遵守本条例。

第三条　出版工作必须坚持为人民服务、为社会主义现代化建设服务的方向，坚持百花齐放、百家争鸣的方针，把社会效益放在首位。鼓励出版具有思想价值、学术价值和艺术价值的书报刊。

出版活动不得损害国家、社会的公共利益和公民的合法权益。

第四条　禁止出版、印刷、发行下列书报刊：

（一）泄露国家秘密、危害国家安全、损害国家形象的；

（二）宣扬淫秽、色情、凶杀、暴力、封建迷信或传授犯罪手段的；

（三）违反宗教、民族政策的；

（四）国家明令禁止出版的；

（五）其他违反法律法规规定的。

第五条　禁止任何单位和个人以伪造、假冒、侵犯他人著作权等非法手段出版、印刷、发行书报刊。

第六条　各级人民政府应当加强对书报刊出版事业的领导，对在书报刊出版与管理工作中做出显著成绩的单位和个人给予表彰、奖励。

省新闻出版行政管理部门设立的出版专项基金，用于扶持优秀图书的出版。

第二章 管理机构

第七条 省新闻出版行政管理部门负责管理全省的书报刊出版、印刷、发行工作。县级以上人民政府新闻出版行政管理部门或者负责新闻出版工作的行政管理部门（以下统称新闻出版行政管理部门）负责管理本行政区域的书报刊出版、印刷、发行工作。

文化、公安、工商、物价、铁路、邮电、交通和海关等部门按照各自的职责，对书报刊的出版、印刷、发行进行管理。

第八条 新闻出版行政管理部门有权依法检查书报刊的出版、印刷、发行活动，被检查的单位和个人不得拒绝、阻挠。

第九条 新闻出版行政管理部门可以封存、扣押有证据涉嫌违反本条例第四条、第五条规定的书报刊。封存、扣押的期限不得超过15日；因审查工作需要必须延长的，须经上一级新闻出版行政管理部门或省新闻出版行政管理部门批准，延长期不得超过15日。

第十条 新闻出版行政执法人员进行检查时，应有两人以上参加，并出示行政执法证件，佩带执法徽章，使用统一的执法文书，严格按规定程序执法。实施行政处罚的，按照《中华人民共和国行政处罚法》的规定执行。

第三章 图书出版管理

第十一条 图书分为图书出版单位出版的图书和非图书出版单位编印的内部资料性图书两类。

第十二条 成立图书出版单位，必须经省新闻出版行政管理部门审核，报经国家新闻出版行政管理部门批准，并到省新闻出版行政管理部门办理登记手续。

第十三条 图书出版单位在本埠以外设立编辑部或者其他分支机构，必须经国家新闻出版行政管理部门批准，并到省新闻出版行政管理部门办理登记手续。

第十四条 图书出版单位必须遵守下列规定：

（一）按照国家核准的专业分工范围出书；

（二）执行国家选题计划和出书计划的审批或备案制度；

（三）遵守国家有关协作出版、自费出版和代印代发的规定；

（四）向省新闻出版行政管理部门和国家规定的其他有关部门送缴样本；

（五）按照国家版本记录的规定在图书上标明版本记录；

（六）不得转让、买卖书号，不得用书号出版报刊；

（七）严格执行编审稿校对制度，保证图书出版质量。

第十五条 非图书出版单位编印内部资料性图书，必须执行国家有关规定。

第十六条　供本省使用的中小学教材及教学用图书资料，经省教育行政管理部门审定后，由省新闻出版行政管理部门指定的图书出版单位出版。

供全国选用的中小学教材的出版，按国家有关规定执行。

第十七条　涉外图书出版管理按国家有关规定执行。

第四章　报刊出版管理

第十八条　报纸、期刊分为国家新闻出版行政管理部门、国家科学技术行政管理部门批准出版的正式报刊和省新闻出版行政管理部门、省科学技术行政管理部门批准出版的非正式报刊两类。

第十九条　创办正式报刊，由创办单位的主管部门征得行署、省辖市新闻出版行政管理部门同意，经省新闻出版行政管理部门审核，报国家新闻出版行政管理部门批准。国家驻皖单位、省直单位创办正式报刊，由省新闻出版行政管理部门审核后报国家新闻出版行政管理部门批准。

创办科学技术类正式期刊，由创办单位的主管部门向省科学技术行政管理部门提出申请，经省科学技术行政管理部门会同省新闻出版行政管理部门审核同意，报国家科学技术行政管理部门批准，并报国家新闻出版行政管理部门备案。

第二十条　创办非正式报刊，由创办单位的主管部门征得行署、省辖市新闻出版行政管理部门同意，报省新闻出版行政管理部门批准。国家驻皖单位、省直单位创办非正式报刊报省新闻出版行政管理部门批准。

创办科学技术类非正式期刊，由创办单位的主管部门征得行署、省辖市新闻出版行政管理部门同意，报省科学技术行政管理部门和省新闻出版行政管理部门批准。国家驻皖单位、省直单位创办科学技术类非正式期刊，报省科学技术行政管理部门和省新闻出版行政管理部门批准。

省新闻出版行政管理部门对创办非正式报刊的申请实行定期审批制。

第二十一条　两个或两个以上单位合办报刊，必须确定一个主办单位和一个主管部门，并根据报刊种类，按本条例第十九条、第二十条的规定办理审批手续。

第二十二条　报刊合并或者变更名称、宗旨的，必须报原审批机关批准。

报刊变更主办单位或者主管部门、发行范围或者停办的，必须报省新闻出版行政管理部门批准，办理变更或者注销手续。

报刊需增刊、增期、扩版的，必须提前向省新闻出版行政管理部门提出申请，省新闻出版行政管理部门应在接到申请之日起15日内作出决定。

第二十三条　自获得批准文件之日起，报纸主办单位应在2个月内、期刊主办单位应在3个月内持批准文件，到省新闻出版行政管理部门办理登记手续，领取报刊登记证或者准印证。逾期不办理，批准文件失效。

未经批准，报纸停刊超过3个月、期刊停刊超过6个月的，由批准机关注销报刊登记证或者准印证。

第二十四条 报刊出版单位因采访需要设立记者站或者其他分支机构的，必须经省新闻出版行政管理部门批准，领取记者站登记证。

第二十五条 正式报刊，必须标明出版单位、印刷单位、发行单位、出版日期、国内统一刊号、社址、定价、广告经营许可证编号等。

非正式报刊必须标明主办单位和主管部门、社址、出版时间、准印证全称及编号、工本费等。

第二十六条 报刊出版单位必须遵守下列规定：

（一）不得违背办报办刊宗旨；

（二）不得以任何形式出租、转让刊号；

（三）不得用刊号出版图书、用报纸刊号出版期刊或者用期刊刊号出版报纸；

（四）严格执行国家报刊质量标准；

（五）向省新闻出版行政管理部门和其他有关部门送缴样报、样刊、合订本。

第二十七条 涉外报刊出版管理按国家有关规定执行。

第五章 印刷管理

第二十八条 书报刊印刷实行许可证制度。承印书报刊的企业必须经县级以上新闻出版行政管理部门审核同意，报省新闻出版行政管理部门批准，领取书报刊印刷许可证，方可承印。省新闻出版行政管理部门应在接到申请之日起30日内作出批准或者不批准的决定。

省新闻出版行政管理部门对持有书报刊印刷许可证的企业实行书报刊定点印刷管理制度。

第二十九条 承印书报刊的企业合并、分立、迁址或者歇业的，必须报原批准机关批准，办理变更或者注销手续。

第三十条 承印书报刊的企业必须遵守下列规定：

（一）承印省内书报刊，要验明出版单位出具的准印证明；

（二）承印省外书报刊，要验明由外省省级新闻出版行政管理部门核发的准印证明和本省省新闻出版行政管理部门核发的准印证明；

（三）出版物上印有本企业的名称和地址；

（四）不得擅自出租、转让承印书报刊的纸型、印版或者底片；

（五）不得擅自加印、征订和销售承印的书报刊；

（六）不得承印违反国家法律规定的书报刊。

第三十一条 承印涉外书报刊按国家有关规定执行。

第六章　发行管理

第三十二条　书报刊发行（包括批发、零售、出租）实行许可证制度。从事书报刊发行的单位或个人，必须履行下列审批手续，领取发行许可证。

（一）从事图书总批发业务的，经省新闻出版行政管理部门审核，报国家新闻出版行政管理部门批准，领取图书总批发许可证。

（二）从事二级书报刊批发业务的，向行署、省辖市新闻出版行政管理部门提出申请，报省新闻出版行政管理部门批准，领取书报刊批发许可证。

（三）从事零售、出租业务的，持街道办事处或者乡、镇人民政府证明，向县级人民政府新闻出版行政管理部门提出申请，经审核批准，领取书报刊零售、出租许可证。

新闻出版行政管理部门应在接到申请之日起的30内作出批准或者不批准的决定。

严禁伪造、涂改、出租、转让书报刊发行许可证。

第三十三条　书报刊发行单位或个人变更经营方式、经营范围、经营地点或者歇业的，必须经原批准机关批准，办理变更或者注销手续。

第三十四条　书报刊发行单位或个人必须遵守下列规定：

（一）亮证经营；

（二）不得超越经营范围、变更经营方式；

（三）不得办理租型造货或代理出版业务；，

（四）不得经营内部资料性图书、非正式报刊；

（五）不得摊派、加价出售书报刊；

（六）不得经营走私入境的或者国家明令禁止发行的书报刊。

第三十五条　中小学教材及教学用图书资料、内部发行的书报刊的发行，按国家有关规定执行。

第三十六条　书报刊的进出口发行按国家有关规定执行。

第七章　法律责任

第三十七条　对违反本条例第四条规定的单位或个人，根据情节轻重，分别处以停业整顿、吊销许可证，并没收其非法经营的书报刊和违法所得，可并处违法所得2倍以上5倍以下的罚款；构成犯罪的，依法追究刑事责任。

第三十八条　对未经批准从事书报刊出版、印刷、发行的单位或个人，责令其停止违法活动，没收其非法出版、印刷、发行的书报刊和违法所得，可并处违法所得2倍以上5倍以下的罚款。

第三十九条　对伪造出版单位或者盗用出版单位名称出版书报刊的，没收其非法财物和违法所得，可并处违法所得2倍以上5倍以下的罚款；构成犯罪的，依法追究刑事责任。

第四十条 对违反本条例第十四条、第二十二条、第二十六条、第三十条、第三十四条规定的单位和个人，根据情节轻重分别处以警告、停业整顿、吊销许可证，没收非法出版、印刷、发行的书报刊和违法所得，可并处违法所得1倍以上5倍以下的罚款；构成犯罪的，依法追究刑事责任。

第四十一条 按照本条例第三十七条、第三十八条、第三十九条、第四十条规定受到处罚的单位，由其主管部门直接责任人或负责人给予行政处分。

第四十二条 本条例规定的行政处罚，由县级以上人民政府新闻出版行政管理部门执行；其中涉及对出版、印刷、批发单位的停业整顿、吊销许可证的处罚，由省新闻出版行政管理部门执行。

第四十三条 新闻出版行政管理部门及其工作人员侵犯出版、印刷、发行单位和个人的合法权益，造成损害后果的，依法承担赔偿责任；滥用职权、玩忽职守、徇私舞弊、包庇违法行为的，按照有关规定给予行政处分；情节严重构成犯罪的，依法追究刑事责任。

第八章 附 则

第四十四条 以电子出版物形式出版的图书报刊，适用本条例。

第四十五条 本条例应用中的具体问题由省新闻出版行政管理部门负责解释。

第四十六条 本条例自1997年1月1日起施行。

安徽省著作权管理办法

安徽省人民政府令第 181 号

《安徽省著作权管理办法》已经2005年3月17日省政府第二十二次常务会议通过，现予发布，自 2005 年 5 月 1 日起施行。

第一条　为规范著作权行政管理，保护著作权以及与著作权有关的权益，维护社会公共利益，根据《中华人民共和国著作权法》(以下简称《著作权法》)、《中华人民共和国著作权法实施条例》(以下简称《著作权法实施条例》)和《计算机软件保护条例》，结合本省实际，制定本办法。

第二条　本办法适用于本省行政区域的著作权行政管理。

第三条　县级以上人民政府应当加强对著作权管理工作的领导，保障著作权法律、法规的实施。

第四条　县级以上人民政府著作权行政管理部门或负责著作权管理的部门（以下统称著作权行政管理部门）主管本行政区域的著作权管理工作。

新闻出版、文化、教育、科技、广播电视、公安、工商等行政管理部门，应在各自的职责范围内依法做好著作权管理工作。

第五条　对侵犯著作权行为，任何单位和个人都可以向著作权行政管理部门举报。举报损害国家利益和社会公共利益的侵权行为，经查证属实的，著作权行政管理部门应当对举报人予以奖励。

第六条　著作权人可以到著作权行政管理部门办理作品登记。申请办理作品登记应当提供作品原件或出版作品的复制件以及公民的身份证明或法人、其他组织的批准设立、登记注册证明。

计算机软件的登记依照《计算机软件著作权登记办法》执行。

第七条　著作权行政管理部门应当自收到作品登记申请和本办法第六条规定的材料之日起 30 日内进行核查。对超过著作权法定保护期的作品或依法禁止出版、传播的作品，不予登记；对准予登记的作品，发给申请人作品登记证。

作品登记证可以作为著作权人主张权利的证明。

著作权行政管理部门应当对登记的作品名称及著作权人予以公告，并向公众提供作品登记资料查询服务。

第八条 已登记的作品，有下列情形之一的，著作权行政管理部门应当撤销作品登记，收回作品登记证，并予公告：

（一）作品登记资料与司法判决、仲裁裁决或事实情况不相符的；

（二）已登记的作品超过著作权法定保护期的；

（三）申请人申请撤销原作品登记的。

第九条 著作权人和与著作权有关的权利人可以授权著作权集体管理组织行使著作权或与著作权有关的权利。著作权集体管理组织被授权后，可以以自己的名义为著作权人和与著作权有关的权利人主张权利，并可以作为当事人参加涉及著作权或与著作权有关的权利的诉讼、仲裁活动。

第十条 除经著作权人许可或法律另有规定外，公开表演音乐作品以及宾馆、饭店、商场、娱乐场所等经营活动场所在经营活动中播放背景音乐，使用著作权集体管理机构管理的作品的，应当通过著作权集体管理机构办理相关许可手续，并按规定支付报酬。

第十一条 有下列情形之一的，作品的使用权和获得报酬权由省人民政府著作权行政管理部门代表国家行使：

（一）享有著作权的公民死亡后，其著作权无人继承又无人受遗赠的；

（二）享有著作权的法人或其他组织终止后，无法人或其他组织承受其权利义务的；

（三）法律、法规规定的其他情形。

省人民政府著作权行政管理部门代为行使作品的使用权和获得报酬权，应当在行使该权利前60日发布公告；公告无异议后，方可行使。所获得的作品使用报酬应当及时缴入国库。

第十二条 与著作权人订立专有许可使用合同、转让合同的，可以向著作权行政管理部门备案。有下列情形之一的，出版或复制单位应当向著作权行政管理部门提交出版物样品，办理备案手续：

（一）出版图书使用境外作品；

（二）出版、制作或复制涉外电子出版物和计算机软件；

（三）复制境外音像制品；

（四）出版引进版电子游戏出版物或引进版互联网游戏出版物；

（五）法律、法规、规章规定的其他情形。

第十三条 以法定许可方式使用他人作品的，应当自使用该作品之日起两个月内按规定的方式和标准向著作权人支付报酬。法律、法规另有规定的，从其规定。

第十四条 著作权中的财产权可以全部或部分转让。转让著作权中的财产权的，转让人与受让人应当订立书面合同。

著作权人以其著作权中的财产权出质作为债权担保的，应与质权人签订著作权质押合同，并按规定到著作权行政管理部门办理合同登记手续。

第十五条　举办有关著作权的拍卖活动，举办者应当告知著作权行政管理部门，并接受监督。

有关著作权的拍卖活动，可能损害国家利益或社会公共利益的，著作权行政管理部门应当调查甄别。对损害国家利益或社会公共利益的著作权拍卖活动，应当及时制止。

第十六条　经营涉及著作权的制品，经营者应当保存经营制品合法来源的证明。

销售侵犯著作权的制品的，应当承担相应的法律责任。

第十七条　需要著作权行政管理部门对作品进行鉴定的，当事人应当提供作品原件。著作权行政管理部门可以委托专门机构或聘请专业人员送行鉴定。

申请著作权行政管理部门鉴定作品，应当按有关规定缴纳鉴定费。

第十八条　发生著作权纠纷，当事人可以向著作权行政管理部门申请调解。著作权合同中有仲裁条款或事后达成仲裁协议的，当事人可以向仲裁机构申请仲裁；著作权合同中没有仲裁条款或事后未达成仲裁协议的，当事人可以直接向人民法院起诉。

第十九条　对侵犯著作权同时损害国家利益或社会公共利益的行为，著作权行政管理部门应当立案查处。

第二十条　省人民政府著作权行政管理部门负责查处涉及两个以上设区的市或在全省有重大影响的著作权侵权案件，市以下人民政府著作权行政管理部门负责查处本行政区域内的著作权侵权案件。

第二十一条　著作权行政管理部门因管辖权发生争议或管辖不明时，可以协商解决，也可以由共同的上一级著作权行政管理部门指定管辖。

第二十二条　违反本办法第十五条规定，损害国家利益或社会公共利益的，著作权行政管理部门应当责令改正，处5000元以上2万元以下的罚款。

第二十三条　侵犯著作权同时损害国家利益或社会公共利益的，著作权行政管理部门应依照《著作权法》《著作权法实施条例》和《计算机软件保护条例》的有关规定予以处罚。

第二十四条　侵犯著作权构成犯罪的，依法追究刑事责任。

第二十五条　著作权行政管理部门工作人员滥用职权、玩忽职守、徇私舞弊的，依法给予行政处分；构成犯罪的，依法追究刑事责任。

第二十六条　本办法自2005年5月1日起施行。

关于省出版总社 1987—1990 年改革方案意见的函

皖体改办〔87〕第 28 号

省出版总社：

〔87〕出发字 01 号文收悉。经研究，我们认为，《方案》是在认真总结了八四年以来改革经验基础上提出来的，在总社目前的体制下，这个方案有利于促进我省出版事业的发展，改革的基本路子和方向是符合中央和省有关改革精神的，可以试行，现遵照省政府负责同志的批示精神，就《方案》中的几个问题，将有关部门的意见综合整理如下，供进一步修改时参考。

一、《方案》第四部分第七条要求"各地区和省辖市设立出版管理科"，省出版总社为贯彻中发〔87〕10 号文件，已向省委宣传部申报成立省新闻出版局（出发字〔87〕05 号文），此事涉及面较大，须待省委、省政府研究后决定。

二、《方案》中第五部分第二条"企业单位从本市调进工人"，可改为"企业从本市所有制性质相同的企业调进工人，可以根据有关部门关于进入的规定自行办理调动手续"。

三、《方案》第五部分第五条"各二级机构使用临时工及支付工资的计划，需报经总社审批。"建议改为"各二级事业单位使用临时工及支付工资的计划，由总社在上级下达的年度工资总额和劳动计划内安排下达，各二级企业单位应按照国务院和省有关文件规定，在上级下达的劳动指标内，自主聘用临时工、季节工，总社必要时可规定指令性的招聘条件和考核程序。"

四、总社已明确为事业单位，企业管理，经与省劳动局商议不宜再享受 3% 的晋级指标办法，但应明确各下属企业单位继续按规定享受 3% 的晋级指标办法。

五、关于超编、超校、超设计费征收奖金税问题，经与省税务局协商，同意超编费在基本工资总额 20% 以内的部分，免征奖金税，超过基本工资总额 20% 部分，应并入该社发放的奖金总额计征奖金税，奖金税从 1987 年开始计征。

六、《方案》中涉及到建设等事项的要求，请按省政府办公厅二办与有关部门协商的意见办理。

附：安徽省出版总社 1987—1990 年改革方案

安徽省出版总社 1987 年至 1990 年改革方案

1984 年,我省出版系统实行了编辑、印刷、发行、物资供应各个环节的同步改革,在广大职工的奋发努力下,出版工作取得了较好的社会效益和经济效益。三年来,共出版各类图书 2200 余种,平均每年 730 余种,较 1983 年增长 92.2%;总印张为 20 亿印张,平均每年为 6.7 亿印张,较改革前的 1983 年增长 23.1%;图书发行总额由 0.68 亿元,增长到 1.2 亿元,增长 76. 5%。特别是近三年来,图书质量有了显著提高,出版了一批适应社会主义两个文明建设需要,受到省内外读者欢迎的图书。其中,有 16 种图书被选为全国或省内读书活动的推荐书目, 8 种图书在全国的评奖活动中获奖, 20 余种图书在华东地区的图书评奖活动中获奖,百余种图书获皖版优秀图书奖。经济效益也有所增加,全省出版系统上交利税总额由 1983 年的 531.7 万元增长到 1986 年的 892.6 万元,增长 67.9%。实践证明,改革对出版事业的发展起了积极的促进作用,但在改革中也出现了一些偏差,某些改革措施还不够完善,编辑出版工作中还存在一些薄弱环节。

为了将改革引向深入,我们在总结前一步改革的经验教训的基础上,特制订出安徽省出版总社 1987 年至 1990 年改革方案。

一、改革的指导思想和发展目标

1987 年至 1990 年期间,我们将以《中共中央关于社会主义精神文明建设指导方针的决议》为指导,继续贯彻党的出版方针,坚持把社会效益作为最高标准。通过深入改革,进一步简政放权,努力改善经营管理,提高图书出版质量,使我省出版工作有一个大的发展,更好地为两个文明建设服务,今后四年,我省出版事业发展的目标是:在编辑出版方面,出书品种按每年递增 6%,至 1990 年达到 1000 种, 10000 万字,总印张达到 10 亿印张(其中图书 4.24 亿印张,课本 5.76 亿印张),优秀图书的比例不低于出书总数的 15%—20%;在图书印刷方面,总排字能力达 1.8 亿字,比 1986 年增长 80%,书刊印刷能力达到 110 万令,比 1986 年增长 72%;图书印刷周期由现在的 220—250 天缩短到 120—150 天;在图书发行方面,县以下发行网点由现在的 188 个增加到 428 个,图书销售总额按 7% 的比例递增,到 1990 年达到 14418.9 万元,在人才的引进和培养方面,各专业出版社由现在 218 人到 1990 年增加到 320 人,其中编辑人员和行政业务人员的比例为 2:1,使高、中、初级各类专业人员的比例和知识结构趋于合理,人员素质有所提高。

二、进一步提高图书质量,改善选题管理

1. 强化图书质量管理,切实贯彻总社制订的《编辑定额管理和书稿质量管理意见》,精心制作重点书,精心编辑出版好书,并加强对图书质量的检查、监督和评比,表彰先进，鞭策后进，在保证提高图书质量的前提下，保持图书品种和字数的稳步增长。各专业出版社要参照总目标，认真规划本社的工作任务。

2. 各专业出版社要根据已确定的出书范围，认真调查研究，制订好长远选题规划和年度发稿计划，及时报总社编委会审批，年度发稿计划要有可靠性，调整幅度一般不超过20%，专业出版社日常组稿需要确定的选题，由社委会研究决定，并及时按要求报总社备案，总社总编室负责汇集选题备案材料，及时提出意见，对不适当的选题如需加以否决，应报请分管社长审核决定。

3. 各专业出版社健全选题管理制度，从编辑提出选题到纳入计划，必须按程序经过充分的论证，由社委会研究决定，各专业出版社对选题的管理要确定专人负责。

4. 做好重点图书的出版工作，各专业出版社在年度出书计划中要有一定比例的重点书，重点书经总社编委会研究认定后即作为编、印、发、供各部门的“重点工程”，这些部门要采取相应的保证措施。总社编委会要对重点书的编印情况进行检查督促，审查装帧设计，总社每年拨出15万元至20万元作为部分重点书的亏损补贴，受补贴的重点书和补贴金额经总社编委会研究确定，为做好我省古籍整理出版工作，总社根据省政府拨给的专项款额和出书亏损情况，予以适当经济补贴。

5. 进一步加强信息情报和图书宣传工作，要充实力量，创造条件设立专门机构，并积极筹备购置电子计算机，为实现信息情报工作管理现代化创造条件。

三、健全以质量为中心的定额管理奖惩责任制

1. 坚持实行按劳分配的原则，各专业出版社要从本专业社的实际出发，参照原定额标准，制订出编辑人员、校对人员和封面设计人员的工作定额和质量考核办法，报总社审批后实行，编辑人员按定额标准全面完成品种数和字数任务才算完成定额，超定额部分按社外编辑加工费付酬。超编实行封顶，封顶幅度1987年为定额的80%，以后逐年适当递减，校对和封面设计人员超定额也规定封顶幅度，其封顶幅度以内的超额部分按特约校对和外约设计的标准付酬，超额所得可略高于文字编辑超额所得的最高标准。

2. 各专业出版社要按照总社制订的《优秀图书参考标准》，积极开拓优秀图书的出版，制订切实可行的图书质量考核办法和奖惩制度。在质量考核方面，可设立“精编奖”、“好选题奖”“双效书奖”“优秀图书奖”“优秀装帧设计奖”等。以上各项质量奖的奖金来源，由超编、超校、超设计费中提取，提取比例为30%。

3. 对无正当理由未能完成工作定额，或因工作质量差，造成印刷返工，使经济受到损失的，或因单纯追求盈利，违反出版管理规定而造成损失的，应根据情节轻重，对有关人员进行批评教育，或责成其承担部分经济损失，或酌情扣发奖金，或给以必要的行政处分。

四、编、印、发实行合同管理，缩短图书印制周期，拓宽图书发行渠道

1. 为提高图书质量，缩短印制周期，搞活发行工作，编辑、印刷、发行部门应在平等互惠的基础上，制订出业务合同，明确权利和责任。通过履行合同，理顺出版社、印刷厂、书店三者关系,调动各方面的积极性,搞好管理和协调。

2. 省版图书的印制业务由各专业出版社自行承担,总社制订年度排印计划和纸张供应计划,并对计划的执行情况进行监督、检查和考核。对合同履约率达到85%以上的厂、社,总社年终给予适当的奖励,以促使排、校、印等各环节缩短周期,在印制质量方面实行优质优价和劣质低价。凡印制质量被评为部优、省优的皖版图书、年画、挂历、教科书等,印刷工价上浮10%,印制质量不合格的,印刷工价下浮10%。其上下浮动金额由总社印刷业务处掌握。

3. 省新华印刷厂要把皖版图书的印制作为主要任务,图书的印制周期指标、质量指标和合同履约率要作为必要的考核指标,并与印刷厂联利浮动工资制挂钩,以保证皖版图书的印制出版任务的完成。

4. 全省书店系统在宏观控制,微观搞活的原则下,进一步完善管理体制,努力探索和试验图书发行体制的全面改革,推动书店管理规范化,进一步扩大基层书店的自主权,增强基层书店的活力。

5. 书店系统要努力抓好发行网点建设,要继续实行省版图书销售承包奖励制,切实做好省版图书的发行工作,省版图书的发行额应不低于图书发行总额的20%。

6. 继续进行发行体制改革,积极推行多种经济形式,多种流通渠道,多种购销形式,减少流通环节的发行体制,在坚持以新华书店为发行主渠道的同时,各专业出版社要大力开展自办发行,并积极发展横向联合,建立皖版图书联合发行机构,开辟新的发行渠道。

7. 加强出版管理,省内各地区和省辖市设立出版管理科,行使出版行政管理的职能,编制由地、市新华书店解决。

五、健全人事管理制度,加强专业人才的培养和交流,提高机关工作效率

1. 编辑工作是整个出版工作的中心环节,是保证和提高出版物质量的关键。目前,各专业出版社人手少,任务重,人均编发书稿百万字以上,工作量超负荷50%,编制急需增加,为适应出版事业的发展,本着充分挖潜,稳步发展,提高素质的原则,做好专业人才的引进工作。

2. 为使人事管理适应出版改革的需要,本着简政放权、增强企业活力的精神,将部分人事权下放到二级机构。总社只任命二级机构的处级和总社机关处、科级干部,各下属处级机构有权任免科级干部,报人事处备案。企业单位从本市调进工人可以根据有关进人的规定自行办理调动手续。

3. 建立培训制度,加强编辑出版队伍的思想建设和业务培训工作,抓好马克思主义理论学习,加强职业道德教育,纠正行业不正之风,建立好的社风,建立一支有社会主义觉悟、熟悉业务的编辑、出版、印刷、发行和经营管理人员的队伍。要积极做好专业人员的职称改革工作,推行专业人员职务聘任制。

4. 总社处室和专业出版社领导干部实行任期责任制,安徽新华印刷厂实行厂长负责制，省新华书店系统逐步实行经理负责制。

5. 对总社机关现有合同工进行整顿，今后不使用计划内合同工（有专业特长的除外），根据实际需要和条件，本着精简的原则使用计划外临时工。各二级机构使用临时工及支付工资的计划，需报经总社审批。

6. 认真实行干部交流制度。选调机关行政人员，充实到各专业出版社，改革机关行政工作，完善各类人员岗位责任制和各项规章制度，提高工作效率，摒弃拖拉作风和扯皮现象，更好地为编辑出版工作服务。

六、加强经营管理，严格财务制度，正确处理两个效益的关系

1. 总社机关和二级机构要健全财务管理制度，严格财务开支审批手续，解决财务管理不善、各项费用开支过大的问题，认真搞好成本核算，节约使用资金，勤俭办事业，加强和改善经营管理。

2. 要实行民主理财，总社财务开支要接受群众监督。总社对二级单位和各专业出版社加强审计工作，每半年互审一次。各专业出版社的各项重大开支，要逐项统计上报，经总社审核批准。

3. 对各专业出版社的留利分配比例，从 1987 年起进行调整，即创利在 10 万元以下的部分免于上交总社；10 万元以上、30 万元以下的部分上交 20%；30 万元以上、50 万元以下的部分上交 25%；50 万元以上的部分上交 30%，如因经营管理不善或人为因素造成经济亏损的，应追究领导人的经济责任。各专业出版社上交总社的部分，主要用于购置现代化排印设备，以及统一的福利开支、图书宣传费、资料信息费等。

七、为适应“两个文明”建设需要，繁荣我省出版事业，“七五”期间还要努力抓好以下几项重点工作：

1. 努力做好中小学课本的出版发行工作，切实解决好课本用纸，提高印制质量，保证课前到书。目前，中小学教材的用纸量占总社系统整个出版用纸量的 65% 左右，中小学义务教育法实施后，课本印数将会有较大幅度的增加，用纸量也将大幅度增加，为此，总社要加强与各造纸厂联系与协调工作，以保证课本用纸的供应。

2. 更新改造扩建省新华印刷厂，采用生产新工艺，加快发展图书印刷能力，省新华印刷厂部分厂房是 20 世纪 50 年代砖木结构的平房，不适应出版事业的发展和现代化工业生产的需要，大量设备也基本上是 20 世纪 50 年代的机器，陈旧落后，效益低下，急需进行大规模的技术改造。

3. 建造省外文书店营业大楼。省外文书店 1979 年建店至今没有固定营业办公场所，经营业务开展困难极大。1983 年以来，省人大、省政协代表多次提案重视外文书店建设，尽快解决营业大楼建设问题，总社已责成有关部门积极筹建，把省外文书店营业大楼建成。

4. 为适应出版事业的发展，总社拟在“七五”期间积极筹备，购置电脑编排系统，逐步实现编排手段现代化，从根本上解决排字难、出书周期长的问题。

《中共中央关于社会主义精神文明建设指导方针的决议》指出:“我国文化事业的社会主义性质要求必须把社会效益作为最高标准”,出版事业是文化事业的一部分,图书出版不能以盈利为目的,图书定价必须执行国家规定的统一标准,但由于近几年来,纸张价格和稿酬成倍增长,印刷工价上涨幅度也较大,致使图书成本大幅度提高,这对图书发行量的增加和出版社资金的积累产生很不利的影响,目前,各专业出版社自身发展十分困难,资金严重缺乏。为了在“七五”期间切实抓好重点工作,落实我省出版事业各项建设,发展出版事业,我们要认真加强出版系统的经营管理,处理好两个效益的关系,积极筹措生产发展资金,同时,请求省政府对有关建设项目在计划、贷款、外汇诸方面,予以帮助解决:

(1)对于建设农村图书发行网点严重缺乏资金的贫困县,请省政府在经济上给予优惠照顾,适当减税或免税。

(2)关于省新华印刷厂“七五”技术改造规划,总社已于1985年1月份上报省政府、省委。省政府有关负责同志已作过批示,请省有关部门尽快批准立项。

(3)为落实我省出版事业的各项建设项目,请省政府将各专业出版社、安徽新华印刷厂和省新华书店系统近三年(1987—1990年)上缴的所得税减免50%,或请省财政部门采取其他优惠政策。

1986年12月

安徽省财政厅　安徽省出版总社
承包协议书

为增强我省出版系统各企、事业单位的活力，充分调动广大职工的积极性，发展我省出版事业，多出快出好书，为社会主义两个文明建设服务，根据皖政〔1988〕25 号文件精神，经省出版总社和财政厅双方协商决定，从 1988 年 1 月 1 日至 1990 年 12 月 31 日三年内，省出版总社系统实行“上缴所得税递增包干”办法。具体承包内容协议如下：

一、承包任务指标

1. 省出版总社系统以上缴所得税 600 万元为承包基数，从 1988 年起每年递增 3% 上缴，一定三年不变，超收自留。

2. 承包期间，省出版总社抓好各项出版指标的完成，以社会效益为最高准则，保证图书出版的数量和质量。皖版图书以 1987 年 884 种为基数，每年递增 3%，优秀图书比例不得低于总种数的 15%，重版书不低于出书总数的 15%。逐步缩短图书出版周期。.扩大全省图书销售总额。每年两季中小学课本，在有关部门的配合下，按期印刷、发行，做到课前到书。对时间性强的政治宣传图书，按期做好印刷发行工作。

3. 承包期间，省出版总社按计划完成出版系统的技术改造任务，资金自行筹集，三年总投资为 2950 万元。包括：安徽新华印刷厂“七五”期间技术改造计划；扩建安徽新华二厂，建造省外文书店营业办公楼；增建县以下图书发行网点；购置电脑编排系统一套；扩建纸库等。

4. 承包期间，省财政厅同意出版总社系统在不影响完成承包任务前提下，从实现的利润中税前还贷 1500 万元，原则上每年 500 万元，由总社统一掌握。

二、留利的分配使用

省出版总社及所属各单位留利建立的三项基金，其中生产发展基金的比例不低于 75%（含出版事业专用基金）. 职工福利和奖励基金的比例不高于 25%，各单位三项基金的具体比例，由省出版总社核定并报财政厅备案。

三、奖与罚

1. 省出版总社全面完成各项承包任务，1988 年实现利润 2600 万元（以后逐年递增 3%，1989 年为 2678 万元，1990 年为 2758 万元），免税奖金限额为四个月基本工资。利润每超额完成 1%，免税奖金限额增加 0.1 个月基本工资，但增加免税奖金限额最高不超过两个月基本工资。完不成承包任务，免税奖金限额按上述比例递减，最低为三个月基本工资;承包者(总社领导班子)应承担责任,并视情况扣减承包者奖金,直至扣减其基本工资的一半。

2. 总社每年可从本系统留利中提取5万元,作为社长基金,用于奖励承包效果显著的承包者和有特殊贡献的职工,以及开拓业务所必需的支出。

3. 奖金的使用,要体现按劳分配、奖勤罚懒、奖优罚劣的原则,不搞平均主义。总社及所属各单位要制定合理的定额和奖惩办法,将职工的劳动成果与所得利益挂起钩来。超编费仍按皖体改办[1987]28号文件规定执行。

四、其他事项

1. 关于政策性补贴

中小学课本定价和用纸的补贴,仍由省财政按有关规定予以补贴。课本价格放开,即取消财政补贴。

省财政厅1987年所定对我省23个贫困县新华书店每年50万元退库照顾,承包期内继续执行。

承包期间,安徽画报和专业出版社出版的重点图书的补贴,由省出版总社税前列支,各受益单位列为税前收入。

2. 总社系统所属各单位所得税仍按原规定交纳,年终由总社统一与省财政厅按承包数结算。多交部分,由财政厅予以退库;不足部分,由总社以自有资金抵交。

3. 为促进我省出版事业的发展,承包期间,从出版系统所属单位实现利润中集中20%的资金,作为出版事业专用基金,用于各书刊印刷行业的技术改造、发展图书发行事业和出版社的物质技术改造。此项基金具体管理和使用办法另定。

4. 实行承包后,省出版总社及所属各企、事业单位,必须严格执行现行财务规章制度、出版企业成本管理实施细则和国家规定的价格政策。要按国家规定提取折旧和大修理基金,对固定资产要进行正常维修和更新改造,保证设备完好和固定资产增值。

5. 承包期间,如因国家开征新税种、调整税率等重大政策性因素及无法克服的困难而影响承包基数时,省出版总社与财政厅协商后,可适当调增、调减承包基数。

6. 对省出版总社完成承包任务情况,每年年终由省委宣传部、省财政厅共同考核;对总社所属的二级单位,由总社和财政厅共同考核。

本协议书正本一式两份,省出版总社,省财政厅各执一份。副本送省委宣传部、省政府办公厅、省体改办、省税务局、合肥市税务局各一份。

安徽省财政厅　　　　安徽省出版总社

财政厅代表(签名)　　　　出版总社代表(签名)

一九八八年九月二十七日

关于加强音像电子出版管理工作的通知

皖新出图〔2002〕37号

各音像、电子出版社：

近年来，我省音像电子出版事业有了一定的发展，出版规模、质量、效益有所提高，出版结构趋向合理，但是总体上看，发展仍显不足，选题策划、计划和管理的水平较低，市场调研不足，把握不准，营销机制缺乏，重复出版的平庸选题较多。为贯彻落实国务院新修订的《出版管理条例》和《音像制品管理条例》的规定，加强出版监管，坚持正确的出版方向，把好选题关，繁荣和发展我省音像、电子出版事业，希望全省各音像、电子出版单位在全面遵守、执行党和国家有关音像、电子出版的方针政策、法律法规的同时，近期重点抓好以下几方面工作：

一、坚持年度出版计划报送制度。年度出版计划是出版工作的一项基础性工作，是进行出版经营管理的前提和条件。各音像、电子出版社应高度重视选题计划工作，采取切实措施，加强市场调研，努力提高选题计划的策划能力，切实做好年度出版计划的各项工作。

二、坚持重大选题备案制度。重大选题备案制度是出版工作坚持正确政治方向的制度保障。各音像、电子出版单位出版计划中涉及15类须备案的重大选题，必须经省新闻出版局审核后报新闻出版总署备案，未经备案不得出版。

三、坚持执行责任编辑制度。各社应严把质量关，责任到人，严格执行“三审制”，责任编辑由出版社指定，负责初审、选题的整理和编辑加工，确保出版物内容无问题，体例更严谨，无一般技术性和原则性差错；并负责对编辑、设计、制作、复制等出版环节的质量进行监督。要大力压缩平庸、重复选题，禁止“买卖版号”行为，增强创新意识，走“专、特、新”发展之路，多出精品。

四、严格样盘报送制度。为严格审听、审看制度，省新闻出版局组织有关专家，对各音像电子出版单位出版计划中的重大、重点、重要和敏感类选题进行审听、审看，严格把关，防止出现国家法规禁载的十类选题内容，确保我省音像电子出版的健康有序发展。为此，各社应按规定及时送交样盘。

五、严格执行复制委托书申领制度。此项制度是国家对音像、电子出版工作的一项具体监管措施，各出版单位应确定专人负责“复制委托书”的领取和使用，建立“复制委托书”使用情况档案，各音像、电子出版单位在领取“复制委托书”时，应将上一次领取的“复制委托书”具体使用情况以书面形式报省新闻出版局电子音像处。

当前,各音像及电子出版单位要认真做好2003年度本单位的选题论证和申报工作,音像电子出版选题申报表填好后,请于2002年11月30日前报送局图书电子音像管理处。

特此通知

安徽省印刷业管理暂行办法

皖公治〔1987〕122号

（安徽省人民政府一九八七年九月五日批准，省公安厅、省工商行政管理局、省出版总社、省文化厅、省轻工业厅、省乡镇企业局联合印发）

一、为加强我省印刷业的管理，制止非法出版活动，促进社会主义精神文明建设，根据国务院《关于严厉打击非法出版活动的通知》和国家有关的法律法规，特制定本办法。

二、印刷企业依照规定，由公安机关列为特种行业进行治安管理，工商行政管理等有关部门应积极支持公安机关进行管理。

三、经营印刷业必须具备下列条件：

（一）生产设备和安全设施符合有关部门的规定；

（二）生产人员具有相应的技术生产能力；

（三）实际经营范围与申请登记的经营项目一致；

（四）严格遵守国家的法律、法规、政策，保守党和国家的机密。

四、凡申请开办对外营业的印刷厂、制版厂和复印社（店），不论国营、集体、个人经营，不论专营或兼营，均须经县级以上（含县级，下同）主管部门同意，由公安机关审查批准，经工商行政管理机关核准登记，发给营业执照，方可营业。

五、已经工商行政管理机关批准开业的印刷行业，凡未经过公安部门审查同意的，在本《办法》发布后两个月内，向所在地公安部门申请补办审批手续，并到工商行政管理部门登记备案核发执照。逾期不办理的，由工商行政管理部门吊销其营业执照。

六、对无照经营印刷业的，应一律取缔，并由工商行政管理部门处3000元以下罚款；其承印的非法出版物及非法收入，全部没收。

七、印刷企业承印出版物必须按下列规定办理：

（一）承印公开发行的出版物，必须是受国家出版单位或持有"报刊登记证"的单位的委托；

（二）承印内部发行的非营利性的出版物，必须是受持有县以上新闻出版（文化）行政机关核发的准印证的单位的委托；

（三）承印商标，必须是受持有县以上工商行政管理机关签发的《注册商标印制证明》或《未注册商标印制委托书》的单位的委托。

印刷企业不得私自编印、加印和销售出版单位委托印刷的印刷品;不得将纸型或图版转让给非出版单位印刷。

八、对承印非法出版物的企业,由工商行政管理部门没收其全部非法所得,并视情节轻重,加处出版物总定价五倍以内的罚款。同时,由企业的主管部门对企业进行整顿,帮助建立健全各项管理规章制度,经公安、工商行政管理部门检查同意后,方准重新营业。

九、对非法印刷反动、淫秽出版物以及有价证券、计划供应票证、身份证明、保密文件和假冒注册商标等构成犯罪的,对大量承印非法出版物,牟取暴利,触犯刑律的,由司法机关依法追究有关人员的刑事责任。

十、各级轻工部门和国家批准的纸张、印刷机械经销部门,要严格按照有关部门规定的办法供应纸张和印刷物资。不得向无营业执照的印刷厂提供这类物资。

十一、各级公安、工商行政管理、新闻出版和文化、轻工、乡镇企业等部门,应认真履行各自的职责,从各个方面加强对印刷业的监督和管理。

十二、任何单位和个人发现非法出版活动,应及时向有关部门检举揭发。对揭发检举有功人员,各级人民政府要给予表扬或奖励。

1987 年 9 月 5 日

关于认真做好中小学课本供应工作的通知

皖政〔1989〕31 号

各行署，各市、县人民政府，省政府各有关部门：

为切实搞好中小学课本用纸的生产和供应，确保全省中小学每年春秋两季开学时做到课前到书，现就有关问题通知如下：

一、中小学课本用纸今后每年均由省计委以指令性计划下达。所需煤、电和主要原辅材料烧碱、液氯、木浆等，由省计委牵头，会同省经委、电力、物资、轻工等部门制定分配计划，按生产任务戴帽下达各定点生产企业，并主动负责协调解决供应中出现的问题。

二、省轻工业厅要组织企业安排好中小学课本用纸的生产，及时解决生产中的问题，并督促企业履行合同，按规定均衡交货。各定点企业必须优先安排课本用纸的生产，保证按质、按量、按期完成任务，不得以任何借口拒绝执行课本纸张的调拨计划。

三、省出版总社是全省中小学课本印制和供应的主管部门，应积极做好课本用纸的收购工作，安排条件较好的印刷厂印制中小学课本，保证印刷质量，杜绝倒装、混装、白页、残页等质量低劣的残次品和废品出厂。各印刷厂在印制课本的高峰期，必须集中力量赶印课本，不得以任何理由中途拆版插印其他印件。各地新华书店要做好中小学课本的发行工作，及时组织课本发运。任何部门和单位都不准在国家教委、省教委审定选用的课本和补充教材之外，向学生硬性搭售参考书及其他资料。公路、铁路、水运、航空等运输部门对中小学课本运件，应当优先安排发运，不得滞留积压。

四、中小学课本价格及纸张价格，由省物价局会同省财政厅、轻工业厅、出版总社、本着使企业能够保本微利的原则核定。

五、省财政用于中小学课本用纸的价格补贴预算应继续安排，以备发生政策性亏损时使用。

六、对定点造纸厂、印刷厂以及新华书店围绕中小学课本生产、收购、储备所需的资金，省人民银行应予支持，各专业银行负责安排落实。

中小学课本的供应工作涉及千家万户，影响很大。各级人民政府必须高度重视，切实加强领导。各有关部门应该以高度的社会责任感，协同动作，尽职尽责地做好各自应承担的工作。今后，哪个部门、哪个环节出了问题，影响到中小学课本的正常供应，省人民政府将严加追究。

编纂始末

2007年8月，安徽省人民政府决定将《安徽省志·出版志》(1986—2005)(以下简称《出版志》)的编纂任务交给安徽省新闻出版局承编。《出版志》是《安徽省志》的一部分志。

2008年5月，《出版志》编纂工作启动。首先落实编纂人员，莫欣为主编，黄勤堂为编辑。《出版志》编纂工作的首要任务是设置《出版志》篇目。编纂人员通过调查了解出版改革的新情况和出版工作的新变化，通过学习方志的体例章法和篇目设置的要求和做法，草拟了一份《出版志》篇目。将篇目在系统内部广泛征求意见，各单位领导和知情人对篇目提出了不少中肯的意见。根据意见，编纂人员对篇目进行了补充修改。2008年7月，编纂人员带着篇目到省志办去汇报篇目设置情况，并请求把《出版志》的下限由2005年延至《出版志》编纂启动的当年2008年。要求下限延伸的理由是安徽出版集团是2005年年底组建的，安徽出版集团的组建是安徽出版体制的重大改革成果，如果按安徽省志统一下限至2005年，安徽出版体制改革的这一重大成果就写不进这一轮志书；如果下限延至《出版志》编纂启动的当年2008年(恰巧又是中国改革开放三十周年)，安徽出版体制改革成果就能在该轮志书中得到较为充分的反映，该轮《出版志》的内容特色也得以彰显。省志办的专家原则同意这一请求。在省志办专家吴静、王晖的指导下，对《出版志》篇目又作了进一步的调整修订，形成了《出版志》篇目。

2008年8月，安徽省新闻出版局成立《安徽省志·出版志》编纂委员会，局长郭永年任编委会主任，副局长杨绿章、沈光继、莫欣，安徽出版集团副总裁牛昕，安徽新华发行集团副董事长刘建伟任副主任，局和集团的有关职能处室负责人任委员。编委会下设编辑室，莫欣兼任编辑室主任，黄勤堂、江婷为编辑室成员。

根据《安徽省志编纂工作方案》要求，《出版志》编辑室拟定了《〈出版志〉编纂工作方案》，报《出版志》编委会审订，然后再将方案连同篇目一起报省志办总编室审定，付诸实施。

《出版志》篇目一级结构的分类按职能分工为主，分为“出版、印刷复制、发行、管理”四篇，按照“做什么、管什么、写什么”的原则要求，将这四篇的编写任务分别交由安徽出版集团及所管辖的专业出版社以及大学出版社、电子音像出版社、安徽新华印刷股份有限公司和有代表性的民营及外资印刷企业、安徽省旭日光盘有限公司、省印刷物资公司、安徽新华发行集团及有代表性的民营书店、安徽新闻出版职业技术学院、安徽省新闻出版局有关职能处室和全省17个省辖市新闻出版局等60多个单位承担。

《出版志》编辑室把篇目和依据篇目制定的征集资料提纲以及编纂细则，以省新闻出版局文件的形式发到各承编单位，要求各承编单位落实编写人员，搜集整理资料，完善篇目，编写初稿。

《出版志》的编写工作涉及到3个正厅级单位，编辑室主任莫欣和编辑室人员多次登门同各单位的分管领导面谈或电话沟通，争取他们对修志工作的支持。各单位领导都亲自布置修志工作，从而保证了修志工作的顺利进行。

编辑室人员平时注意学习方志的知识和编纂方法，参加省志办举办的培训班和学习会议，提高业务能力。在初稿编写阶段，编辑室人员同省志办责任编辑计媛媛先后到安徽新华发行集团、省新闻出版局、安徽出版集团及大学出版社等承编单位，对编写人员进行分类指导，研究解决初稿编写过程中遇到的问题。安徽新华发行集团刘建伟、林兰，安徽出版集团林清发、王宏金、李绍仁等对修志工作给予了很大的支持和帮助。

编辑室人员还到省人社厅、省文化厅修志办去学习取经，交流修志信息。编辑室还办了一份不定期的《编纂通讯》，借以介绍修志经验、沟通信息、通报进度、推进编纂工作。

2010年4月，省新闻出版局召开《出版志》编纂交流培训会议，省局和几大集团公司的分管领导以及全体编写人员100多人参加了会议。省新闻出版局副局长沈光继作了阶段性工作总结讲话，对下一阶段工作提出了具体要求，4个单位作了交流发言，省志处处长王晖在会上讲课。这次会议推进了《出版志》的编写工作。

2011年3月30日，省政府在池州市召开《安徽省志》编纂工作协调推进会，省政府副秘书长吴行在会议讲话中，对省新闻出版局修志的组织协调工作，提出了表扬，并要求涉及部门多、协调难度大的承编单位，学习、借鉴省新闻出版局修志的经验做法。

其间，由于编委会人员工作的变动，省新闻出版局对《出版志》编委会组成人员进行了调整，省新闻出版局副局长董庆接替沈光继任编委会副主任，安徽出版集团副董事长陈烨接替牛昕任编委会副主任，省新闻出版局办公室主任胡文生兼任《出版志》编辑室副主任。

经过承编单位几十人的共同编写，到2011年年底，形成了近百万字的初稿。由于是众手成志，初稿中出现了体例不统一、前后矛盾、互相重复、互有遗漏、文风不统一的现象。针对初稿中出现的问题，编辑室制定了一个总纂方案，明确总纂的指导思想和质量标准，明确总纂的程序、方法、职责、任务和完成总纂时间，把好政治关、体例关、史实关、文字关、数字图表关。经过总纂，于2013年3月形成约80万字的征求意见稿。将征求意见稿印成20本，在系统内邀请领导、知情人和参编人员进行内部自审。同时，交给省志办的责任编辑审阅。根据反馈意见，对征求意见稿进行修改，于2014年6月修改完毕，形成77万字左右的评议稿。连同图片、编纂始末，做到齐、清、定，印成20册，交评议会参评人员审阅。

2014年7月30日，召开评议会，对评议稿进行评议。评议会外聘法制、档案专家2人，本系统老领导1人，省志办主任朱文根，副主任刘成典、吴静，省志处处长吴良琴，责任编辑计媛媛等方志专家5人，以及省新闻出版局分管领导和《出版志》编辑室人员，共14人参加评议会。会上，专家们对《出版志》的评议稿给予了充分的肯定，同时提出了许多切中肯綮的意见，使编辑人员深受教益。编辑室人员根据专家评议意见，形成书面修改方案，报省志办总编室审定，然后再着手修改，达到齐、清、定要求，形成约75万字的送审稿。2015年5月14日，将送审稿呈送省志办。省志办主任朱文根、副主任吴静，省志处处长吴良琴和责任编辑计媛媛对送审稿进行了全面的审议，形成了书面的审议意见。《意见》中在指出了存在的一些问题后，认为“本送审稿在评议稿的基础上有了较大的修改。送审稿指导思想正确，篇目结构科学合理，内容记述全面系统，文字朴实、准确，特色鲜明，基础较好。下一步进入出版环节。”2015年6月下旬省志办将其审议意见连同送审稿径直送交北京方志出版社。方志出版社经过初审、复审、终审，写出了详细的三级审稿意见，给予送审稿及其作者以充分肯定的评价，对送审稿的终审意见是“同意出版”。同时对该稿的版式问题、全书体式统一问题、称谓和标点符号使用的规范性等诸多问题进行了仔细的修改，消灭了志稿中大量的技术性差错。2016年5月10日省志办计媛媛将省志办和方志出版社的审稿意见一并反馈到《出版志》编辑室，要求编辑室按照指出的问题，逐条对照，举一反三，连类而及，认真进行修改完善。编辑室人员于2016年8月修改完毕。紧接着由省志办把修改稿交省新华印刷股份有限公司进行修改，并统一版式。经过两次校改，于2017年10月中旬修改完毕。

2017年10月18日下午，省志办主持召开会审会。这是“三堂会审”，是为省政府修志把好最后的一道关。参加会审的人员有：省志办副主任吴静、省志办省志处处长吴良琴、省志办本志的责任编辑计媛媛；省新闻出版广电局副局长朱训义、局办公室主任李诗谊；本志主编莫欣、副主编黄勤堂、编辑室工作人员江婷。

会审内容：一、编委会成员名单；二、图片及图注文字；三、凡例；四、“目录”的编章节标题与正文篇章节标题对照；五、概述；六、表格的表题和计量单位；七、附录、重要文献名称；八、编纂始末。

在会审编委会成员名单中，把曾任安徽省地方志编纂委员会主任的王三运的名字除去；增补省新闻出版广电局局长车敦安为《安徽省志·出版志》编委会主任，增补副局长朱训义为编委会副主任，增补局办公室主任李诗谊为编委会委员。

对本志近百幅图片和图注文字一一对照检查。把参加“时代出版传媒股份有限公司成立暨上市大会”的王三运的名字除去。

“目录”的英文翻译由省志办请安徽大学傅悦老师承担。

会审后，把修定稿呈省新闻出版广电局局长车敦安审阅。不久，车敦安调离，由新任省新闻出版广电局局长陈烨审阅、签字，正式出版。

本轮《出版志》与首轮《出版志》编纂工作有着不同的特点和难点。出版体制的变化，使志书编写、组织协调工作难度加大。1995年以前，全省地市级没有独立的新闻出版局管理机构，志书的“管理篇”只写省局的管理。自1995年后，全省17个省辖市都先后成立了新闻出版局，每个局的管理情况都得写进志书，不仅内容增加，而且工作难度加大。

本轮志书编写是"做什么、管什么、写什么"，由各有关单位承编。多数单位编写人员缺乏修志工作系统的学习和培训，对修志业务不熟悉，初稿写得各式各样，给总纂工作带来许多困难，既影响到志书的质量，也影响到编纂的进度。

承编单位编写人员变动大，有的单位编写人员变动不止一次，每变动一次，工作往往都得从头再来，给修志工作增添很多困难。

编辑室编纂人员都已退休，有的退休多年，对出版改革的新情况和出版工作的新发展缺乏了解，加上修志经验的不足和能力水平的有限，志书中的错误和缺漏定然不少，敬希得到出版界同仁和读者批评指正。

《安徽省志·出版志》编辑室

2017年10月30日